案例民法典合同编

葛伟军——编著

法律出版社 | LAW PRESS
——北京——

图书在版编目(CIP)数据

案例民法典合同编 / 葛伟军编著 . -- 北京 : 法律出版社 , 2024
ISBN 978-7-5197-8999-2

Ⅰ. ①案… Ⅱ. ①葛… Ⅲ. ①合同法—案例—中国 Ⅳ. ① D923.65

中国国家版本馆 CIP 数据核字(2024)第 070147 号

案例民法典合同编
ANLI MINFADIAN HETONGBIAN

葛伟军 编著

策划编辑 似 玉
责任编辑 似 玉
装帧设计 汪奇峰

出版发行 法律出版社
编辑统筹 法律应用出版分社
责任校对 李 军
责任印制 刘晓伟
经 销 新华书店

开本 850 毫米 ×1168 毫米 1/32
印张 15.875 **字数** 911 千
版本 2024 年 4 月第 1 版
印次 2024 年 4 月第 1 次印刷
印刷 北京中科印刷有限公司

地址:北京市丰台区莲花池西里 7 号(100073)
网址:www.lawpress.com.cn
投稿邮箱:info@lawpress.com.cn
举报盗版邮箱:jbwq@lawpress.com.cn

销售电话:010-83938349
客服电话:010-83938350
咨询电话:010-63939796

书号:ISBN 978-7-5197-8999-2
定价:79.00 元
凡购买本社图书,如有印装错误,我社负责退换。电话:010-83938349

编著者简介

葛伟军，浙江宁海人，复旦大学法学院教授、博士生导师。

兼任中国法学会商法学研究会常务理事、上海市法学会商法学研究会副会长、上海市法学会文化法学研究会副会长，以及中国国际经济贸易仲裁委员会、上海国际仲裁中心、上海仲裁委员会和深圳国际仲裁院等仲裁机构仲裁员。

毕业于北京大学法律学系（学士）、英国剑桥大学法学院（硕士）和日本九州大学大学院法学府（博士），曾在美国西北大学法学院访学（富布赖特学者）。研究领域为商法、公司法、信托法、艺术法等。

出版专著《艺术法原理与案例》（2021年）、《公司捐赠的法理基础与规则解构》（2015年）、《英国公司法要义》（2014年）和《公司资本制度和债权人保护的相关法律问题》（2007年）等，译著《衡平法与信托的原理》（2018年）、《英国2006年公司法（第3版）》（2017年）和《历史的经典与现代的典范：英国信托成文法编译》（2017年）等，以及编著《案例公司法（第3版）》（2024年）、《民法典一本通》（2020年）等。主持国家社科基金项目及省部级项目若干，发表学术论文数十篇。

编写说明

我国的合同法律制度，是以《民法典》总则编和合同编为主体与基础，由相关法律、行政法规、部门规章、司法解释等一系列规范性法律文件组成的有机的、系统的法律制度体系。除此之外，还包括具有审判参考意义的指导案例和公报案例等司法案例。这些规范性法律文件与司法案例共同构成了我国合同法的法秩序。

合同编有一系列重大制度创新，如确立合同编的参照适用规则（身份关系和非合同之债参照适用合同编通则）、完善电子合同的相关规则（电子合同的成立 / 电子合同标的物的交付）、明确格式合同的新规定（格式条款的订入规制 / 格式条款的效力控制）、新增真正的利益第三人合同、正式确立情势变更制度、合同保全制度的完善（扩大可代位行使债务人权利 / 债权人代位行使保存行为 / 直接清偿规则与入库规则）、合同解除制度的完善（明确解除权的除斥期间 / 不定期继续性合同的当事人具有随时解除权 / 关于解除权行使“附条件和期限”的特殊规定 / 明确起诉状和仲裁申请书副本的送达可以作为行使解除权的方式 / 违约方解除合同）、违约责任的完善（增设违约方对第三人替代履行费用的负担 / 明确实际损失和可得利益均受可预见规则限制）、新增保理合同（保理合同的构成和类型 / 基础关系对保理合同的影响 / 重复保理的效力），等等。

本书收集整理了与我国《民法典》总则编和合同编内容有关的法律规定及司法案例，并以注释方式逐一解释法条。读者在阅读时，可以通过对相关法律规定和司法案例的研习，系统掌握合同法的精神。

在编写时，本书充分考虑法条的新增与废止的现实情况，以及司法案例对于理解法条的重要性等问题，突出时效性和实用性。读者在阅读时应当注意，正文部分以及用以注释法条的材料，采如下体例：

1. 正文为《民法典》总则编和合同编的法条。总则编主要摘取民事法律行为和诉讼时效部分。

2. 脚注为注释每个条款的文件。用以注释的文件，最早始于 20 世纪 90 年代，最晚截至 2023 年 12 月底，主要包括法律、行政法规及国务院规范性文件、司法解释及两高工作文件、部门规章及部门规范性文件、指导案例、公报案例、典型案例等。年代较早或者使用频率较低的文件，并未收录。

3. 每个脚注中注释文件的编排顺序如下：

（1）总体顺序按照四类编排：相关法律规定、相关司法解释及两高工作文件、相关文件规定、相关案例。

（2）在每一类相同性质的文件中，按照发布的时间顺序，从新到老排列。

（3）用以注释的文件，按照注释内容，根据需要或摘录一部分，或省略一部分，或全文使用。

（4）用以注释的案例，均包括简单概括、案例名称和出处、案例要旨等。关于典型案例，《民法典》施行之前的典型案例仅收录了典型意义部分，《民法典》施行之后的典型案例全文纳入。

4.《民法典》施行之前的案例，适用于当时的法律、司法解释的规定。这些案例具有一定意义，放入现行民法典条文项下，以供参考。

对于本书的编写工作，首先要感谢法律出版社似玉编辑的重视。其次，复旦大学法学院硕士研究生李燃同学负责法条和案例的更新，张皓珅、刘星澳、陈孙琪和马朵朵同学负责文稿的校对，对他们的辛勤付出表示感谢。最后，感谢同事以及家人对我工作的支持。

本书可能存在未被发现的错误或纰漏，敬请读者谅解，所有问题由我承担。我们将在今后的再版中改正或更新。

葛伟军

2024 年 1 月 15 日

目　　录

中华人民共和国民法典

第一编　总　　则

第三编　合　　同

中华人民共和国民法典

（2020 年 5 月 28 日第十三届全国人民代表大会第三次会议通过　2020 年 5 月 28 日中华人民共和国主席令第四十五号公布　自 2021 年 1 月 1 日起施行）

第一编　总　　则

第六章　民事法律行为

第一节　一般规定

第一百三十三条　【民事法律行为的定义】民事法律行为是民事主体通过意思表示设立、变更、终止民事法律关系的行为。

第一百三十四条　【民事法律行为的成立】民事法律行为可以基于双方或者多方的意思表示一致成立,也可以基于单方的意思表示成立。

法人、非法人组织依照法律或者章程规定的议事方式和表决程序作出决议的,该决议行为成立。

> 根据**2023年12月29日修订的《中华人民共和国公司法》**,对于决议,规定如下:
>
> **第二十五条**　公司股东会、董事会的决议内容违反法律、行政法规的无效。
>
> **第二十六条**　公司股东会、董事会的会议召集程序、表决方式违反法律、行政法规或者公司章程,或者决议内容违反公司章程的,股东自决议作出之日起六十日内,可以请求人民法院撤销。但是,股东会、董事会的会议召集程序或者表决方式仅有轻微瑕疵,对决议未产生实质影响的除外。
>
> 未被通知参加股东会会议的股东自知道或者应当知道股东会决议作出之日起六十日内,可以请求人民法院撤销;自决议作出之日起一年内没有行使撤销权的,撤销权消灭。
>
> **第二十七条**　有下列情形之一的,公司股东会、董事会的决议不成立:
>
> (一)未召开股东会、董事会会议作出决议;
>
> (二)股东会、董事会会议未对决议事项进行表决;
>
> (三)出席会议的人数或者所持表决权数未达到本法或者公司章程规定的人数或者所持表决权数;
>
> (四)同意决议事项的人数或者所持表决权数未达到本法或者公司章程规定的人数或者所持表决权数。
>
> **第二十八条**　公司股东会、董事会决议被人民法院宣告无效、撤销或者确认不成立的,公司应当向公司登记机关申请撤销根据该决议已办理的登记。
>
> 股东会、董事会决议被人民法院宣告无效、撤销或者确认不成立的,公司根据该决议与善意相对人形成的民事法律关系不受影响。
>
> **第六十六条**　股东会的议事方式和表决程序,除本法有规定的外,由公司章程规定。
>
> 股东会作出决议,应当经代表过半数表决权的股东通过。
>
> 股东会作出修改公司章程、增加或者减少注册资本的决议,以及公司合并、分立、解散或者变更公司形式的决议,应当经代表三分之二以上表决权的股东通过。
>
> **第七十三条**　董事会的议事方式和表决程序,除本法有规定的外,由公司章程规定。
>
> 董事会会议应当有过半数的董事出席方可举行。董事会作出决议,应当经全体董事的过半数通过。

董事会决议的表决，应当一人一票。

董事会应当对所议事项的决定作成会议记录，出席会议的董事应当在会议记录上签名。

第八十一条 监事会每年度至少召开一次会议，监事可以提议召开临时监事会会议。

监事会的议事方式和表决程序，除本法有规定的外，由公司章程规定。

监事会决议应当经全体监事的过半数通过。

监事会决议的表决，应当一人一票。

监事会应当对所议事项的决定作成会议记录，出席会议的监事应当在会议记录上签名。

第一百一十六条 股东出席股东会会议，所持每一股份有一表决权，类别股股东除外。公司持有的本公司股份没有表决权。

股东会作出决议，应当经出席会议的股东所持表决权过半数通过。

股东会作出修改公司章程、增加或者减少注册资本的决议，以及公司合并、分立、解散或者变更公司形式的决议，应当经出席会议的股东所持表决权的三分之二以上通过。

第一百二十四条 董事会会议应当有过半数的董事出席方可举行。董事会作出决议，应当经全体董事的过半数通过。

董事会决议的表决，应当一人一票。

董事会应当对所议事项的决定作成会议记录，出席会议的董事应当在会议记录上签名。

第一百三十二条 监事会每六个月至少召开一次会议。监事可以提议召开临时监事会会议。

监事会的议事方式和表决程序，除本法有规定的外，由公司章程规定。

监事会决议应当经全体监事的过半数通过。

监事会决议的表决，应当一人一票。

监事会应当对所议事项的决定作成会议记录，出席会议的监事应当在会议记录上签名。

根据**2020年12月29日修正的《最高人民法院关于适用〈中华人民共和国公司法〉若干问题的规定（四）》（法释〔2020〕18号）**，对于决议不成立，规定如下：

第三条 原告请求确认股东会或者股东大会、董事会决议不成立、无效或者撤销决议的案件，应当列公司为被告。对决议涉及的其他利害关系人，可以依法列为第三人。

一审法庭辩论终结前，其他有原告资格的人以相同的诉讼请求申请参加前款规定诉讼的，可以列为共同原告。

第五条 股东会或者股东大会、董事会决议存在下列情形之一，当事人主张决议不成立的，人民法院应当予以支持：

（一）公司未召开会议的，但依据公司法第三十七条第二款或者公司章程规定可以不召开股东会或者股东大会而直接作出决定，并由全体股东在决定文件上签名、盖章的除外；

（二）会议未对决议事项进行表决的；

（三）出席会议的人数或者股东所持表决权不符合公司法或者公司章程规定的；

（四）会议的表决结果未达到公司法或者公司章程规定的通过比例的；

（五）导致决议不成立的其他情形。

根据**上海惠骏物流有限公司诉中国平安财产保险股份有限公司上海分公司等财产保险合同纠纷案：上海金融法院2021年6月25日民事判决书［《最高人民法院公报》2023年第8期（总第324期）］**，判断保险合同当事人最终合意形成的真实意思表示，应当结合投保单、保险单或其他保险凭证、保险条款等保险合同的组成内容综合判断。依法订入合同并已产生效力的合同内容，对保险合同各方当事人均有法律约束力。当事人仅以缔约过程中未形成最终合意的单方意思表示主张其保险合同权利的，人民法院不予支持。

第一百三十五条 【民事法律行为的形式】民事法律行为可以采用书面形式、口头形式或者其他形式；法律、行政法规规定或者当事人约定采用特定形式的，应当采用特定形式。

> 根据**2023年12月29日修正的《中华人民共和国慈善法》**，规定如下：
>
> **第四十五条** 设立慈善信托、确定受托人和监察人，应当采取书面形式。受托人应当在慈善信托文件签订之日起七日内，将相关文件向受托人所在地县级以上人民政府民政部门备案。
>
> 未按照前款规定将相关文件报民政部门备案的，不享受税收优惠。
>
> 根据**2001年4月28日公布的《中华人民共和国信托法》**，规定如下：
>
> **第八条** 设立信托，应当采取书面形式。
>
> 书面形式包括信托合同、遗嘱或者法律、行政法规规定的其他书面文件等。
>
> 采取信托合同形式设立信托的，信托合同签订时，信托成立。采取其他书面形式设立信托的，受托人承诺信托时，信托成立。
>
> 根据**2022年2月24日公布的《最高人民法院关于适用〈中华人民共和国民法典〉总则编若干问题的解释》（法释〔2022〕6号）**，规定如下：
>
> **第十八条** 当事人未采用书面形式或者口头形式，但是实施的行为本身表明已经作出相应意思表示，并符合民事法律行为成立条件的，人民法院可以认定为民法典第一百三十五条规定的采用其他形式实施的民事法律行为。

第一百三十六条 【民事法律行为的生效时间】民事法律行为自成立时生效，但是法律另有规定或者当事人另有约定的除外。

行为人非依法律规定或者未经对方同意，不得擅自变更或者解除民事法律行为。

> 根据**重庆雨田房地产开发有限公司与中国农业银行股份有限公司重庆市分行房屋联建纠纷案：最高人民法院（2011）民抗字第48号民事判决书［《最高人民法院公报》2012年第5期（总第187期）］**，双方当事人在平等自愿基础上达成的前后两份协议，符合法律规定，合法有效，两份协议所约定的内容均应对当事人产生约束力。当两份合同（协议）均属有效合同（协议），除当事人有特别约定外，如果前后两份合同（协议）对同一内容有不同约定产生冲突时，基于意思表示最新最近，且不违反合同（协议）目的，可根据合同（协议）成立的时间先后，确定以后一合同（协议）确定的内容为准。如果前后两份合同（协议）所约定的内容并不冲突，只是对合同（协议）的内容进行了不同的约定，因此，不能简单地认定后一协议是前一协议的变更，或后一协议是对前一协议的补充和完善。

第二节 意思表示

第一百三十七条 【有相对人的意思表示生效时间】以对话方式作出的意思表示，相对人知道其内容时生效。

以非对话方式作出的意思表示，到达相对人时生效。以非对话方式作出的采用数据电文形式的意思表示，相对人指定特定系统接收数据电文的，该数据电文进入该特定系统时生效；未指定特定系统的，相对人知道或者应当知道该数据电文进入其系统时生效。当事人对采用数据电文形式的意思表示的生效时间另有约定的，按照其约定。

根据**2019年4月23日修正的《中华人民共和国电子签名法》**，规定如下：

第二条 本法所称电子签名，是指数据电文中以电子形式所含、所附用于识别签名人身份并表明签名人认可其中内容的数据。

本法所称数据电文，是指以电子、光学、磁或者类似手段生成、发送、接收或者储存的信息。

第九条 数据电文有下列情形之一的，视为发件人发送：

（一）经发件人授权发送的；

（二）发件人的信息系统自动发送的；

（三）收件人按照发件人认可的方法对数据电文进行验证后结果相符的。

当事人对前款规定的事项另有约定的，从其约定。

第十条 法律、行政法规规定或者当事人约定数据电文需要确认收讫的，应当确认收讫。发件人收到收件人的收讫确认时，数据电文视为已经收到。

第十一条 数据电文进入发件人控制之外的某个信息系统的时间，视为该数据电文的发送时间。

收件人指定特定系统接收数据电文的，数据电文进入该特定系统的时间，视为该数据电文的接收时间；未指定特定系统的，数据电文进入收件人的任何系统的首次时间，视为该数据电文的接收时间。

当事人对数据电文的发送时间、接收时间另有约定的，从其约定。

第十二条 发件人的主营业地为数据电文的发送地点，收件人的主营业地为数据电文的接收地点。没有主营业地的，其经常居住地为发送或者接收地点。

当事人对数据电文的发送地点、接收地点另有约定的，从其约定。

第一百三十八条 【无相对人的意思表示生效时间】无相对人的意思表示，表示完成时生效。法律另有规定的，依照其规定。

第一百三十九条 【以公告方式作出的意思表示生效时间】以公告方式作出的意思表示，公告发布时生效。

第一百四十条 【意思表示的作出方式】行为人可以明示或者默示作出意思表示。

沉默只有在有法律规定、当事人约定或者符合当事人之间的交易习惯时，才可以视为意思表示。

根据新沂电视台等与徐州市淮海戏剧王音像有限公司侵犯著作权纠纷上诉案：江苏省高级人民法院(2009)苏民三终字第0250号民事判决书[《最高人民法院公报》2010年第6期(总第164期)]，根据《最高人民法院关于贯彻执行〈中华人民共和国民法通则〉若干问题的意见》第六十六条的规定，民事行为的意思表示可以明示或默示的方式为之。所谓明示，一般是指行为人用语言或文字等方法直接表达其内在意思的表意形式；所谓默示，是指行为人虽未用语言或者文字明确表示意见，但可以从其行为间接推断出其意思表示。不作为的默示即沉默只有在法律有规定或者当事人双方有约定的情况下，才可以视为意思表示。本案中，丁相宇是以其积极参与电视琴书《十把穿金扇》拍摄的行为表明其同意淮海戏剧王公司拍摄该电视琴书，而非单纯的沉默，故其许可淮海戏剧王公司拍摄电视琴书的意思表示是明确、清楚的。丁相宇关于其并未明确授权淮海戏剧王公司拍摄电视琴书的上诉理由与事实相悖，本院不予采信。

根据 2023 年 12 月 28 日公布的《最高人民法院发布十二个涉外民商事案件适用国际条约和国际惯例典型案例》，其中案例 3 为西湖橡塑科技有限公司（SEI WOO POLYMER TECHNOLOGIES PTE.LTD）与西湖（天津）橡塑制品有限公司国际货物买卖合同纠纷案（准确认定合同成立　合理划定损害赔偿责任边界），具体如下：

基本案情

天津西湖公司与新加坡西湖公司之间存在长期稳定的货物买卖合同关系。双方之间的交易方式为：新加坡西湖公司按照其客户需求通过邮件方式发送订单订货，天津西湖公司需要在 2 个工作日之内以回复传真的方式对订单和交付计划表进行确认。双方在贸易过程中发生纠纷。天津西湖公司诉请法院判令新加坡西湖公司支付未付货款、模具款等以及逾期付款利息。新加坡西湖公司反诉请求判令天津西湖公司赔偿因未能发货造成的损失及相应利息，承担翻译费、公证认证费等，并与天津西湖公司索赔金额对应部分相互抵销。

裁判结果

天津市高级人民法院二审认为，依照《联合国国际货物销售合同公约》第二部分“合同的订立”相关规定，国际货物买卖合同的订立遵循“发价”（offer）–“接受”（acceptance）的法律程序，即由一方首先提出“发价”，其后对方对该“发价”表示“接受”。“接受”的表现形式不必然限定为“声明”，被发价人做出其他等值于声明的行为，亦属于“接受”的表现形式。新加坡西湖公司主张因特定惯例与习惯做法的存在，可认定天津西湖公司的缄默或不行动属于“接受”的表现形式。但新加坡西湖公司并未举证证明在当事人之间或是双方所属行业、区域乃至世界范围内，存在只要买方发出订单或预测计划表，卖方即应按需持续供货，直至最终客户停止下单的惯例。故新加坡西湖公司所主张的“习惯”不构成“接受”通常表现形式的例外情形。因天津西湖公司对其他相应订单予以确认，其未能发货行为构成违约行为，应赔偿新加坡公司因此受到的损失。据此，改判新加坡西湖公司给付天津西湖公司货款、模具款、代垫款共计 627606.08 美元，天津西湖公司赔偿新加坡西湖公司损失 68817.85 美元，两项抵销后新加坡西湖公司给付天津西湖公司 558788.23 美元；新加坡西湖公司向天津西湖公司支付逾期付款利息损失。

典型意义

本案解读了《联合国国际货物销售合同公约》确定国际货物买卖合同订立所遵循的规则，重申了接受的表现形式不限于“明确声明”一种，还有“通过行为接受”“缄默接受”的形式，需要根据个案情形综合判断合同是否成立。本案尤其对“缄默何时构成接受”作出了清晰的解答，强调只有在当事人间存在缄默表示同意的明确约定惯例、国际贸易惯例、习惯做法时，单纯的沉默才构成接受。关于损害赔偿，本案明确损害赔偿范围应限于违约造成的包括利润在内的可预见损失，权利人不得同时主张“货物转售损失”与“替代交易损失”，否则将超出公约第七十四条的保护范围。本案对适用《联合国国际货物销售合同公约》审理合同成立纠纷、损害赔偿纠纷具有参考意义。

【一审案号】天津市第一中级人民法院（2018）津 01 民初 669 号

【二审案号】天津市高级人民法院（2020）津民终 433 号

第一百四十一条　【意思表示的撤回】行为人可以撤回意思表示。撤回意思表示的通知应当在意思表示到达相对人前或者与意思表示同时到达相对人。

第一百四十二条　【意思表示的解释】有相对人的意思表示的解释，应当按照所使用的词句，结合相关条款、行为的性质和目的、习惯以及诚信原则，确定意思表示的含义。

无相对人的意思表示的解释，不能完全拘泥于所使用的词句，而应当结合相关条款、行为的性质和目的、习惯以及诚信原则，确定行为人的真实意思。

根据2023年12月4日公布的《最高人民法院关于适用〈中华人民共和国民法典〉合同编通则若干问题的解释》（法释〔2023〕13号），规定如下：

第一条 人民法院依据民法典第一百四十二条第一款、第四百六十六条第一款的规定解释合同条款时，应当以词句的通常含义为基础，结合相关条款、合同的性质和目的、习惯以及诚信原则，参考缔约背景、磋商过程、履行行为等因素确定争议条款的含义。

有证据证明当事人之间对合同条款有不同于词句的通常含义的其他共同理解，一方主张按照词句的通常含义理解合同条款的，人民法院不予支持。

对合同条款有两种以上解释，可能影响该条款效力的，人民法院应当选择有利于该条款有效的解释；属于无偿合同的，应当选择对债务人负担较轻的解释。

第二条 下列情形，不违反法律、行政法规的强制性规定且不违背公序良俗的，人民法院可以认定为民法典所称的"交易习惯"：

（一）当事人之间在交易活动中的惯常做法；

（二）在交易行为当地或者某一领域、某一行业通常采用并为交易对方订立合同时所知道或者应当知道的做法。

对于交易习惯，由提出主张的当事人一方承担举证责任。

根据2022年12月26日公布的《最高人民法院关于为促进消费提供司法服务和保障的意见》（法发〔2022〕35号），具体如下：

11. 妥善处理消费者出行纠纷。疫情或者疫情防控措施导致消费者不能履行旅游、客运、住宿等合同，消费者请求解除合同、退还定金和价款等费用的，人民法院应当依法支持。消费者请求变更经营者提供服务的时间等合同内容的，人民法院应当加强调解；调解不成的，人民法院可综合考虑交易习惯、合同目的、案件具体情况等因素作出裁判。经营者仅以消费者超出其公布的退款时间为由，主张拒退、少退定金和价款等费用的，人民法院不予支持。充分发挥旅游巡回法庭作用，就地、快速解决旅游纠纷，方便消费者景区维权。

根据BETA股份公司（BETA S.A.）诉天津鲁冶钢铁贸易有限公司国际货物买卖合同纠纷案［《最高人民法院公报》2023年第10期（总第326期）］，在适用《联合国国际货物销售合同公约》第八条"客观标准"解释合同条款时，应结合当事人实际使用文字的含义、与上下文的关系、商业合理性等因素，并适当考虑相关事实情况，予以综合考量，以确定"一个通情达理的人应有的理解"。买方迟延付款，除卖方依照公约第六十三条、第六十四条的相关规定为买方确定宽限付款日期，而买方在该宽限付款日期结束以前依然没有履行支付义务或声明其将不在所规定的时间内履行外，买方实际付款晚于约定日期在通常情况下并不构成该公约下的根本违反合同。

根据李占江、朱丽敏与贝洪峰、沈阳东昊地产有限公司民间借贷纠纷案：最高人民法院（2014）民一终字第38号民事判决书［《最高人民法院公报》2015年第9期（总第227期）］，《合同法》第一百二十五条规定："当事人对合同条款的理解有争议的，应当按照合同所使用的词句、合同的有关条款、合同的目的、交易习惯以及诚实信用原则，确定该条款的真实意思。"双方当事人签订的合同为《担保借款合同》，具体到该合同第四条第一款约定的目的，是为了保证款项的出借方对款项使用情况的知情权、监督权，以便在发现借款人擅自改变款项用途或发生其他可能影响出借人权利的情况时，及时采取措施、收回款项及利息。用目的解释的原理可以得知，提供不真实的材料和报表固然会影响出借方对借款人使用款项的监督，而不提供相关材料和报表却会使得出借人无从了解案涉款项的使用情况，不利于其及时行使自己的权利。因此，借款人在借款的两年多的时间里，从未向出借人提供相关材料和报表，属于违约。

根据**广州珠江铜厂有限公司与佛山市南海区中兴五金冶炼厂、李烈芬加工合同纠纷案：最高人民法院（2012）民提字第153号民事判决书［《最高人民法院公报》2014年第10期（总第216期）］**，当事人对合同条款的理解有争议的，应当按照合同所使用的词句、合同的有关条款、合同的目的、交易习惯以及诚实信用原则，确定该条款的真实意思。当事人基于实际交易需要而签订合同，在特定条件下会作出特定的意思表示，只要其意思表示是真实的，且不违背法律的强制性或者禁止性规定，即应当予以保护。

根据**重庆建工集团股份有限公司与中铁十九局集团有限公司建设工程合同纠纷案：最高人民法院（2012）民提字第205号民事判决书［《最高人民法院公报》2014年第4期（总第210期）］**，裁决如下：

一、根据审计法的规定，国家审计机关对工程建设单位进行审计是一种行政监督行为，审计人与被审计人之间因国家审计发生的法律关系与本案当事人之间的民事法律关系性质不同。因此，在民事合同中，当事人对接受行政审计作为确定民事法律关系依据的约定，应当具体明确，而不能通过解释推定的方式，认为合同签订时，当事人已经同意接受国家机关的审计行为对民事法律关系的介入。

二、在双方当事人已经通过结算协议确认了工程结算价款并已基本履行完毕的情况下，国家审计机关做出的审计报告，不影响双方结算协议的效力。

根据**枣庄矿业（集团）有限公司柴里煤矿与华夏银行股份有限公司青岛分行、青岛保税区华东国际贸易有限公司联营合同纠纷案：最高人民法院（2009）民提字第137号民事判决书［《最高人民法院公报》2010年第6期（总第164期）］**，对合同约定不明而当事人有争议的合同条款，可以根据订立合同的目的等多种解释方法，综合探究当事人的缔约真意。但就目的解释而言，并非只按一方当事人期待实现的合同目的进行解释，而应按照与合同无利害关系的理性第三人通常理解的当事人共同的合同目的进行解释，且目的解释不应导致对他人合法权益的侵犯或与法律法规相冲突。

根据**淄博万杰医院与中国银行股份有限公司淄博博山支行、淄博博易纤维有限公司、万杰集团有限责任公司借款担保合同纠纷管辖权异议案：最高人民法院（2007）民二终字第99号民事裁定书［《最高人民法院公报》2007年第12期（总第134期）］**，对于合同条文的解释，必须探究合同当事人内在的、真实的意思表示，而判断合同当事人真实意思表示的首要方法，是判断合同条文的字面意思表示，即文义解释的方法。只有在文义解释不能确定合同条文的准确含义时，才能运用其他的解释方法。

根据**厦门东方设计装修工程有限公司与福建省实华房地产开发有限公司商品房包销合同纠纷案：最高人民法院（2005）民一终字第51号民事判决书［《最高人民法院公报》2006年第4期（总第114期）］**，当事人签订的合同中，对某一具体事项使用了不同的词语进行表述，在发生纠纷后双方当事人对这些词语的理解产生分歧的，人民法院在审判案件时应当结合合同全文、双方当事人经济往来的全过程，对当事人订立合同时的真实意思表示作出判断，在此基础上根据诚实信用的原则，对这些词语加以解释。不能简单、片面地强调词语文义上存在的差别。

根据**2017年5月15日公布的《最高人民法院发布的第二批涉“一带一路”建设典型案例》，其中案例7是华立投资有限公司与新加坡LAURITZ KNUDSEN ELECTRIC CO.PTE.LTD.股权转让合同纠纷上诉案**，典型意义如下：

本案是一宗中国国内公司通过股权转让形式对中外合资企业进行投资的案件，其典型意义在于如何判断当事人在合同中约定的股权回购条款的性质，是否属于新型的投融资方式即股权投资估值调整协议，以及该种约定能否得到支持。该判决一方面肯定了股东之间为适应现代市场经济高度融资需求有权自治约定股权投资估值调整的内容；另一方面坚持股权投资估值调整的合意必须清晰地约定于合同中的原则。针对本案《股权转让协议》没有设定经营目标也没有约定埃尔凯公司无法完成股份制改造时由 LKE 公司承担股权回购责任的情况，认定双方真实意思表示是先将埃尔凯公司改制成为股份有限公司，故股权转让协议性质为附未来事实条件的股权转让。在埃尔凯公司改制成为股份有限公司这一条件未成就前，华立公司无权请求 LKE 公司回购股权。该案判决运用文义解释方法，确定当事人的投资意思表示，并有效避免公司资本被随意抽回，维持了中外投资者合资关系的稳定性，依法保护了投资者权益，对于"一带一路"新型投资方式的有序开展起到强有力的保障作用。

第三节 民事法律行为的效力

第一百四十三条 【民事法律行为有效的条件】具备下列条件的民事法律行为有效：

（一）行为人具有相应的民事行为能力；

（二）意思表示真实；

（三）不违反法律、行政法规的强制性规定，不违背公序良俗。

根据**2020年7月15日公布的《全国法院审理债券纠纷案件座谈会纪要》（法〔2020〕185号）**，通知如下：

15. 债券持有人会议决议的效力。债券持有人会议根据债券募集文件规定的决议范围、议事方式和表决程序所作出的决议，除非存在法定无效事由，人民法院应当认定为合法有效，除本纪要第5条、第6条和第16条规定的事项外，对全体债券持有人具有约束力。

根据**云南福运物流有限公司与中国人寿财产保险股份公司曲靖中心支公司财产损失保险合同纠纷案：最高人民法院（2013）民申字第1567号民事裁定书［《最高人民法院公报》2016年第7期（总第237期）］**，裁决如下：

一、当事人就货物保险损失达成的《赔偿协议书》及《货运险赔偿确认书》是对财产损害赔偿金额的自认，是真实意思表示，是有效的民事法律行为。

二、保险合同以当事人双方意思表示一致为成立要件，即保险合同以双方当事人愿意接受特定条件拘束时，保险合同即为成立。签发保险单属于保险方的行为，目的是对保险合同的内容加以确立，便于当事人知晓保险合同的内容，能产生证明的效果。根据《保险法》第十三条第一款关于"投保人提出保险要求，经保险人同意承保，保险合同成立。保险人应当及时向投保人签发保险单或者其他保险凭证，并在保险单或者其他保险凭证中载明当事人双方约定的全部内容"之规定，签发保险单并非保险合同成立时所必须具备的形式。

三、保险费是被保险人获得保险保障的对价。根据《保险法》第十三条第三款关于"依法成立的保险合同，自成立时生效。投保人和保险人可以对合同的效力约定附条件或者附期限"之规定，保险合同可以明确约定以交纳保险费为合同的生效要件。如保险合同约定于交纳保险费后保险合同生效，则投保人对交纳保险费前所发生的损失不承担赔偿责任。

根据**三和贸易有限公司诉平安保险股份有限公司南宁办事处水路运输货物保险合同纠纷案：广西壮族自治区高级人民法院2000年6月6日民事判决书［《最高人民法院公报》2000年第5期（总第67期）］**，裁决如下：

一、《中华人民共和国保险法》第十一条规定："投保人对保险标的应当具有保险利益。投保人对保险标的不具有保险利益的，保险合同无效。保险利益是指投保人对保险标的的具有的法律上承认的利益。保险标的是指作为保险对象的财产及其有关利益或者人的寿命和身体。”三和公司与保险办事处以三和公司所有的原糖为保险标的，于 1996 年 5 月 21 日签订的保险协议，以及保险办事处于同年 5 月 31 日向三和公司签发的保险单，均系双方当事人在平等自愿基础上的真实意思表示，其内容不违背国家法律，故合法有效，双方当事人就此 450 吨原糖形成的保险合同关系对双方均具有约束力。

二、原告三和公司托运原糖，都是通过防城港办理一切手续。受三和公司的委托，防城港负责找来“连机 56”号轮并代该轮签发运单，这一系列作业都是水路货物运输的正常作业，无任何迹象表明其间存在三和公司与船方的恶意串通或保险欺诈。“连机 56”号轮在承运三和公司的原糖后失踪，其原因可能是多方面的。既可能是该轮对三和公司实施诈骗，也可能是该轮已经在海上沉没，等等。这些原因对三和公司来说，都是外部因素造成其投保的货物损失。法律和双方当事人签订的保险合同条款中，都没有投保人对找船承担何种责任，或者投保人被船方所骗保险人可以不负赔偿责任的规定和约定。正是由于海上运输存在着诸多风险，投保人才有向保险人投保的需要，保险业才得以滋生和发展。“连机 56”号轮的失踪，并非三和公司过错，也非三和公司所能预见，故被告保险办事处辩称三和公司对寻找承运人具有过错，其不应承担保险责任的理由，也不能成立。

根据 2023 年 3 月 15 日公布的《最高人民法院发布十件网络消费典型案例》，其中案例 1 是某文化传播公司诉某信息技术公司网络服务合同纠纷案（不正当干预搜索结果的“负面内容压制”约定无效），具体如下：

基本案情

原告某文化传播公司为某新能源电池品牌提供搜索引擎优化及线上传播服务。被告某信息技术公司与原告系合作关系，双方于 2020 年 11 月签订《委托合同》，该《委托合同》附件具体列明了被告应提供的各项服务内容。其中“软文优化”服务项目中的“负面压制”条款约定：被告对某新能源电池品牌方指定的关键词搜索引擎优化，实现某搜索引擎前 5 页无明显关于该品牌的负面内容，以及负面压制期为 30 天等。后原告以被告未按约完成负面压制服务为由诉请解除合同。

裁判结果

审理法院认为，提供网络“负面压制”服务之约定是否有效，应当结合合同目的、行为方式、社会危害依法作出认定。从缔约目的来看，负面压制目的违反诚实信用原则；从履行方式来看，负面压制实质是掩饰了部分公众本可以获取的信息，影响公众对事物的客观和全面的认知；从行为危害性来看，负面压制行为损害消费者权益及市场竞争秩序，有损社会公共利益，违背公序良俗；从社会效果来看，负面压制行为扰乱互联网空间管理秩序，影响互联网公共空间的有序发展。综上，诉争“负面压制”条款具有违法性，依据《中华人民共和国民法总则》（2017 年施行）第一百四十三条、《最高人民法院关于适用〈中华人民共和国民法典〉时间效力的若干规定》第一条规定，应认定为无效。

典型意义

互联网时代，搜索引擎是重要流量来源以及流量分发渠道，搜索结果排序是搜索引擎最核心的部分。“负面内容压制”服务以营利为目的，通过算法技术等手段人为干预搜索结果排名，以实现正面前置，负面后置，严重影响消费者正常、客观、全面地获取信息，侵害消费者知情权，破坏公平有序市场竞争秩序，依法应认定为无效。本案裁判对于维护网络消费者知情权及互联网空间公共秩序具有积极意义。

第一百四十四条 【无民事行为能力人实施的民事法律行为的效力】无民事行为能力人实施的民事法律行为无效。

第一百四十五条 【限制民事行为能力人实施的民事法律行为的效力】限制

民事行为能力人实施的纯获利益的民事法律行为或者与其年龄、智力、精神健康状况相适应的民事法律行为有效;实施的其他民事法律行为经法定代理人同意或者追认后有效。

相对人可以催告法定代理人自收到通知之日起三十日内予以追认。法定代理人未作表示的,视为拒绝追认。民事法律行为被追认前,善意相对人有撤销的权利。撤销应当以通知的方式作出。

根据2022年12月26日公布的《最高人民法院关于为促进消费提供司法服务和保障的意见》(法发〔2022〕35号),具体如下:

14.加强未成年消费者权益保护。妥善处理生育、托育、教育等服务合同纠纷,促进育幼服务消费发展,助力提升教育服务质量。学校、托幼机构等单位的食堂未严格遵守法律、行政法规和食品安全标准,未从取得食品生产经营许可的企业订餐,或者未按照要求对订购的食品进行查验,导致提供的食品不符合食品安全标准,消费者请求其承担赔偿责任的,人民法院应当依法支持。依法办理危害食品安全刑事案件,将"危害专供婴幼儿的主辅食品安全"作为加重处罚情节,加强对未成年人食品安全的特殊保护。网络游戏、网络直播服务提供者违反法律规定向未成年人提供网络游戏、网络直播服务,收取充值费用、接受直播打赏,消费者请求返还游戏充值费、打赏费的,人民法院应当依法支持。限制民事行为能力人未经其监护人同意,通过参与网络付费游戏或者网络直播平台打赏等方式支出与其年龄、智力不相适应的款项,消费者请求返还该款项的,人民法院应当依法支持。加大对网络违法行为整治力度,积极营造健康、清朗、有利于未成年人成长的网络环境。

根据2020年5月15日公布的《最高人民法院关于依法妥善审理涉新冠肺炎疫情民事案件若干问题的指导意见(二)》(法发〔2020〕17号),通知如下:

9.限制民事行为能力人未经其监护人同意,参与网络付费游戏或者网络直播平台"打赏"等方式支出与其年龄、智力不相适应的款项,监护人请求网络服务提供者返还该款项的,人民法院应予支持。

根据2004年8月28日修正的《中华人民共和国票据法》,规定如下:

第六条 无民事行为能力人或者限制民事行为能力人在票据上签章的,其签章无效,但是不影响其他签章的效力。

根据2023年3月15日公布的《最高人民法院发布十件网络消费典型案例》,其中案例3是张某某诉某数码科技有限公司网络买卖合同纠纷案(未成年人超出其年龄智力程度购买游戏点卡监护人可依法追回充值款),具体如下:

基本案情

原告张某某的女儿张小某,出生于2011年,为小学五年级学生。张小某于2022年4月19日晚上在原告不知情的情况下使用原告的手机通过某直播平台,在主播诱导下通过原告支付宝账户支付给被告某数码科技有限公司经营的"某点卡专营店"5949.87元,用于购买游戏充值点卡,共计4笔。该4笔交易记录发生在2022年4月19日21时07分53秒至2022年4月19日21时30分00秒。原告认为,张小某作为限制民事行为能力人使用原告手机在半个小时左右的时间里从被告处购买游戏充值点卡达到5949.87元,并且在当天相近时间段内向其他游戏点卡网络经营者充值及进行网络直播打赏等消费10余万元,显然已经超出与其年龄、智力相适宜的范围,被告应当予以返还,遂诉至法院请求被告返还充值款5949.87元。

裁判结果

审理法院认为:限制民事行为能力人实施的纯获利益的民事法律行为或者与其年龄、智力、精神状况相适应的民事法律行为有效;实施的其他民事法律行为经法定代理人同意或者追认后有效。本案中，原告张某某的女儿张小某为限制民事行为能力人，张小某使用其父支付宝账号分4次向被告经营的点卡专营店共支付5949.87元，该行为明显已经超出与其年龄、智力相适宜的程度，现原告对张小某的行为不予追认，被告应当将该款项退还原告。依据《中华人民共和国民法典》第十九条、第二十三条、第二十七条、第一百四十五条的规定，判令被告返还原告充值款5949.87元。

典型意义

当前，随着互联网的普及，未成年人上网行为日常化，未成年人网络打赏、网络充值行为时有发生。本案裁判结合原告女儿在相近时间内其他充值打赏行为等情况，认定案涉充值行为明显超出与其年龄、智力相适宜的程度，被告应当返还充值款，依法维护未成年人合法权益，有利于为未成年人健康成长营造良好的网络空间和法治环境。

根据2021年3月2日公布的《最高人民法院发布7起未成年人司法保护典型案例》，其中案例7是刘某诉某科技公司合同纠纷案（未成年人大额网络直播打赏应当依法返还），具体如下：

刘某出生于2002年，初中辍学。2018年10月23日至2019年1月5日，刘某使用父母用于生意资金流转的银行卡，多次向某科技公司账户转账用于打赏直播平台主播，打赏金额高达近160万元。刘某父母得知后，希望某科技公司能退还全部打赏金额，遭到该公司拒绝。后刘某诉至法院要求某科技公司返还上述款项。

法院在审理该案中，多次组织双方当事人调解，经过耐心细致的辩法析理，最终当事双方达成庭外和解，刘某申请撤回起诉，某科技公司自愿返还近160万元打赏款项并已经履行完毕。

本案是一起典型的未成年人参与直播打赏案例。司法实践中涉及的网络打赏、网络游戏纠纷，多数是限制行为能力人，也就是8周岁以上的未成年人。这些人在进行网络游戏或者打赏时，有的几千元、几万元，这显然与其年龄和智力水平不相适应，在未得到法定代理人追认的情况下，其行为依法应当是无效的。《最高人民法院关于依法妥善审理涉新冠肺炎疫情民事案件若干问题的指导意见（二）》对未成年人参与网络付费游戏和网络打赏纠纷提供了更为明确的规则指引。意见明确，限制民事行为能力人未经其监护人同意，参与网络付费游戏或者网络直播平台"打赏"等方式支出与其年龄、智力不相适应的款项，监护人请求网络服务提供者返还该款项的，人民法院应予支持。该规定更多地考量了对未成年人合法权益的保护，同时引导网络公司进一步强化社会责任，为未成年人健康成长创造良好的网络环境。

第一百四十六条 【虚假表示与隐藏行为的效力】行为人与相对人以虚假的意思表示实施的民事法律行为无效。

以虚假的意思表示隐藏的民事法律行为的效力，依照有关法律规定处理。

保的意思表示的效力。当事人已经完成财产权利变动的公示，债务人不履行到期债务，债权人请求对该财产享有所有权的，人民法院不予支持；债权人请求参照民法典关于担保物权的规定对财产折价或者以拍卖、变卖该财产所得的价款优先受偿的，人民法院应予支持；债务人履行债务后请求返还财产，或者请求对财产折价或者以拍卖、变卖所得的价款清偿债务的，人民法院应予支持。

债务人与债权人约定将财产转移至债权人名下，在一定期间后再由债务人或者其指定的第三人以交易本金加上溢价款回购，债务人到期不履行回购义务，财产归债权人所有的，人民法院应当参照第二款规定处理。回购对象自始不存在的，人民法院应当依照民法典第一百四十六条第二款的规定，按照其实际构成的法律关系处理。

根据**江西腾荣实业有限公司与江西银行股份有限公司南昌高新支行债权转让合同纠纷案：最高人民法院（2020）最高法民申7094号民事裁定书［《最高人民法院公报》2023年第1期（总第317期）］**，裁决如下：

借款人与贷款银行在双方签订的借款合同之外，另行签订债权转让及资产委托管理协议，约定借款人受让贷款银行的债权并支付一定金额的债权转让费用，但不获取任何利益的，应认定该债权转让及资产委托管理协议系以变相收取借款利息等为目的。

双方签订该债权转让及资产委托管理协议的行为系以虚假的意思表示实施，依法应认定为无效；该行为所隐藏的收取利息的行为的效力，依照有关法律规定处理。

根据**中信银行股份有限公司西安分行与山煤国际能源集团晋城有限公司等合同纠纷案：最高人民法院（2019）最高法民终870号民事判决书［《最高人民法院公报》2021年第8期（总第298期）］**，保兑仓交易以双方有真实买卖关系为前提，无真实买卖关系的，属于名为保兑仓交易实为借款合同，保兑仓交易无效，被隐藏的借款合同是当事人的真实意思表示，如不存在其他无效情形，应当认定有效。保兑仓交易认定为借款合同关系的，不影响卖方和银行之间担保关系的效力，卖方仍应当承担担保责任。

根据**葛亮诉李辉等房屋买卖合同纠纷案：上海市第二中级人民法院2017年1月18日民事判决书［《最高人民法院公报》2021年第2期（总第292期）］**，涉"套路贷"房屋买卖合同效力的判断，不宜仅凭公证授权文书一律认定有效，要查明当事人的真实意思，对隐藏的民事法律行为的效力，综合考量依法作出判定。

根据**日照港集团有限公司煤炭运销部与山西焦煤集团国际发展股份有限公司借款合同纠纷案：最高人民法院（2015）民提字第74号民事判决书［《最高人民法院公报》2017年第6期（总第248期）］**，裁决如下：

在三方或三方以上的企业间进行的封闭式循环买卖中，一方在同一时期先卖后买同一标的物，低价卖出高价买入，明显违背营利法人的经营目的与商业常理，此种异常的买卖实为企业间以买卖形式掩盖的借贷法律关系。企业间为此而签订的买卖合同，属于当事人共同实施的虚伪意思表示，应认定为无效。

在企业间实际的借贷法律关系中，作为中间方的托盘企业并非出于生产、经营需要而借款，而是为了转贷牟利，故借贷合同亦应认定为无效。借款合同无效后，借款人应向贷款人返还借款的本金和利息。因贷款人对合同的无效也存在过错，人民法院可以相应减轻借款人返还的利息金额。

根据**北京博创英诺威科技有限公司与保利民爆科技集团股份有限公司合同纠纷案：最高人民法院（2013）民提字第73号民事判决书［《最高人民法院公报》2015年第3期（总第221期）］**，出口退税是我国为鼓励出口而采取的措施，本案并不存在没有真实货物出口而假冒出口的情形，出口方有权获得出口退税款。本案所涉外贸代理合同约定了出口退税款由外贸代理人支付给委托人的条款，该条款是当事人关于出口退税款再分配的约定，系当事人基于真实意思的有权处分，该合同不应因此被认定为为达到骗取国家出口退税款这一非法目的而签订的合同，不应因此被认定无效。外贸代理人获得的出口退税款应当依约支付给委托人。

根据**徐州大舜房地产开发有限公司诉王志强商品房预售合同纠纷案：江苏省徐州市中级人民法院 2013 年 5 月 13 日民事裁定书［《最高人民法院公报》2013 年第 12 期（总第 206 期）］**，房地产开发企业以规避国家对房地产行业调控为目的，借他人名义与自身签订虚假商品房买卖合同，抵押套取银行信贷资金的，如果商品房买受人明知合同非双方真实意思表示，则该情形符合《合同法》第五十二条第（三）项的规定，应当认定合同无效。

根据**万通实业公司与兰州商业银行借款合同纠纷案：最高人民法院（2004）民二终字第 209 号民事判决书［《最高人民法院公报》2005 年第 9 期（总第 107 期）］**，借款合同双方当事人就借款合同中未履行的债务重新签订借款合同，债务人明知并且认可新合同中的一切内容，没有证据证明新合同的订立违背了当事人的真实意思表示，新合同中关于债务数额的约定，应视为债务人对自己权利的处分。只要该处分行为不损害公共利益，不违反国家法律或行政法规的禁止性规定，即应认定新合同中关于债务数额的约定合法有效。

根据 **2023 年 5 月《人民法院高质量服务保障长三角一体化发展典型案例》，其中案例 10 是滁州市众鑫包装有限公司与赵某某等追收未缴出资纠纷案**，具体如下：

关键词

民事 / 追收未缴出资 / 让与担保 / 追缴出资

裁判要旨

债务人或第三人与债权人订立的合同名为股权转让，实为股权让与担保，应当以当事人的真实意思表示确定双方的权利义务关系。虽然股权已办理变更登记记载于受让人名下，由于该股权受让人并非真正意义上的股东，他人亦不能以发起人股东未全面履行出资义务为由，主张名义上的股权受让人对转让人出资不足部分承担连带缴纳义务。

相关法条

《中华人民共和国民法典》第 146 条（本案适用的是 2017 年 10 月 1 日起施行《中华人民共和国民法总则》第 146 条）

《中华人民共和国企业破产法》第 35 条

《最高人民法院关于适用〈中华人民共和国公司法〉若干问题的规定（三）》第 13 条第 1 款、第 3 款

基本案情

滁州市众鑫包装有限公司（以下简称众鑫公司）于 2014 年 1 月 15 日登记成立，注册资本为 3000 万元，股东赵某某认缴出资额 1650 万元、持股比例为 55%，股东郑某某认缴出资额 1350 万元、持股比例为 45%，二人认缴出资方式均为货币，实缴出资额均为 0 元，出资时间均为两年内。2014 年 3 月 18 日至 7 月 31 日，滁州市中盛小额贷款有限公司（以下简称中盛小贷公司）先后借给众鑫公司 1650 万元。为担保该债权的履行，2014 年 11 月 12 日，赵某某、郑某某作为甲方，中盛小贷公司作为乙方签订《内部股权转让协议》，约定甲方将其持有众鑫公司的 1650 万元股权（占股 55%）转让给乙方，转让后，赵某某占股 24.75%，郑某某占股 20.25%。该合同约定，乙方为支持众鑫公司项目建设，双方签订了全部股权质押借款合同，乙方按照约定投入了借款 1650 万元，甲方考虑乙方借款风险，以不收取乙方转让金的方式转让 55% 股权给乙方作为借款风险保障；股权转让后乙方持有的 55% 股权不参与甲方收益、不承担甲方的任何风险。后众鑫公司修改了章程，该章程第五条载明全体股东于 2034 年 11 月 12 日前缴足注册资本。

为履行上述协议，2014 年 11 月 17 日，赵某某、郑某某与张某某签订《股权转让协议》，约定赵某某、郑某某将其持有的众鑫公司 55% 的股权转让给张某某，并办理工商变更登记。

2014 年 12 月 17 日，赵某某、郑某某与安徽省天享肥业有限责任公司（以下简称天享公司）签订《股权转让协议》，约定赵某某、郑某某将其持有的众鑫公司 45% 的股权转让给天享公司，天享公司承诺在赵某某、郑某某还清欠款及为赵某某、郑某某担保的贷款本息后将股权全部归还给原股东等内容。股东会决议同意此次股权转让，后办理工商变更登记。

2015年6月13日，天享公司、赵某某、郑某某、众鑫公司共同向中盛小贷公司出具《承诺书》，承诺众鑫公司债权、债务不包括从中盛小贷公司借款的1650万元；之前众鑫公司对中盛小贷公司的相关承诺仍有效，如企业重组、转让等须优先偿还该笔借款本息；张某某持有的众鑫公司55%股权是对中盛小贷公司债权的保全。

2015年12月22日，众鑫公司因办理土地使用权的需要形成股东会决议。同年12月30日，赵某某、郑某某与张某某、天享公司分别签订《股权转让协议》并办理工商变更登记，将登记在张某某及天享公司名下的股权变更给原股东赵某某、郑某某。

2016年1月16日，赵某某、郑某某分别与张某某、天享公司签订《股权转让协议》，约定赵某某、郑某某将其持有的众鑫公司55%的股权转让给张某某，将45%的股权转让给天享公司等内容。股东会决议同意此次股权转让，后办理工商变更登记。

2017年9月19日，安徽省滁州市南谯区人民法院裁定受理众鑫公司破产清算案，指定安徽苏滁律师事务所作为管理人。经审计，众鑫公司实缴注册资本为0元；在应付款清查明细表载明，天享公司享有债权7674552.81元，不包括担保债权5438989.60元；资产负债审计调整表载明短期借款36296584.30元。管理人遂代表众鑫公司提起诉讼，请求判令：1.赵某某、郑某某分别补缴出资1650万元、1350万元，并互负连带责任；2.张某某、中盛小贷公司对第一项诉讼请求中的1650万元承担连带责任；3.天享公司对第一项诉讼请求中的1350万元承担连带责任。

裁判结果

安徽省滁州市南谯区人民法院于2019年1月31日作出(2018)皖1103民初2331号民事判决：一、赵某某于本判决生效后十日内向众鑫公司支付出资1650万元；张某某对其中907.5万元承担连带清偿责任，天享公司对其中742.5万元承担连带清偿责任；二、郑某某于本判决生效后十日内向众鑫公司支付出资1350万元；张某某对其中742.5万元承担连带清偿责任，天享公司对其中607.5万元承担连带清偿责任；三、驳回众鑫公司其他诉讼请求。宣判后，天享公司提出上诉。安徽省滁州市中级人民法院于2019年12月30日作出(2019)皖11民终3138号民事判决：一、撤销安徽省滁州市南谯区人民法院(2018)皖1103民初2331号民事判决。二、赵某某于本判决生效后十日内向众鑫公司补缴出资1650万元，郑某某于本判决生效后十日内向众鑫公司补缴出资1350万元；赵某某、郑某某对上述3000万元出资款互负连带责任。三、驳回众鑫公司的其他诉讼请求。

裁判理由

法院生效判决认为，(一)两份《股权转让协议》，名为股权转让，实为股权让与担保。股权转让协议是当事人以转让股权为目的而达成的关于出让人交付股权并收取价金，受让人支付价金获得股权的意思表示。股权让与担保是指债务人或者第三人与债权人订立合同，约定将股权形式上转让至债权人名下，债务人到期清偿债务，债权人将该股权返还给债务人或第三人，债务人到期未清偿债务，债权人可以对股权进行拍卖、变卖、折价偿还债权的一种非典型担保。股权让与担保尽管外观上的股权过户登记与设定担保的真实意思表示不一致，但股权变更登记只是债权人保全自己权利的手段，应根据真实意思表示认定股权让与担保中的权利人享有的是有担保的债权，而非股权。本案中，赵某某、郑某某与中盛小贷公司、张某某、天享公司签订《内部股权转让协议》《股权转让协议》，约定将其持有的众鑫公司的股权转让给中盛小贷公司、张某某。从《内部股权转让协议》约定看，股权受让人不用支付股权转让金，不参与公司收益分配，不承担任何风险，且承诺在赵某某、郑某某还清借款本息后，把所持有的55%股权无偿转给赵某某、郑某某。中盛小贷公司指派张某某为55%股权持有人。赵某某、郑某某与天享公司于2014年12月17日签订的《股权转让协议》也明确约定，天享公司承诺在赵某某、郑某某还清欠款及为赵某某、郑某某担保的贷款本息后将股权全部归还给赵某某、郑某某。从上述约定看，股权转让是双方当事人虚假的意思表示，而真实的意思表示则是以股权转让的方式为其之间的债权债务提供担保，即股权让与担保，该股权让与担保合同不存在违反法律、行政法规强制性规定的情形，合法有效，因此，应当以当事人的真实意思表示确定双方之间实际的权利义务关系。张某某、天享公司虽登记为众鑫公司股东，但实质上并不享有股东权利，不参与经营管理，也不参与利润分配，仅处于担保权人的地位。张某某系代中盛小贷公司持股，实际债权人为中盛小贷公司。

（二）股东应当按期足额缴纳公司章程中规定的各自所认缴的出资额。根据众鑫公司章程规定，赵某某、郑某某作为公司设立发起人股东，分别认缴出资额1650万元、1350万元，应在2034年11月12日前缴足。然而，至一审法院裁定受理众鑫公司破产清算案时，经审计，众鑫公司实收资本账面数为0元，赵某某、郑某某均未履行出资义务。根据《企业破产法》第三十五条的规定，其二人认缴资本的期限依法应加速到期。依照《最高人民法院关于适用〈中华人民共和国公司法〉若干问题的规定（三）》第十三条第一款、第三款之规定，其二人应当缴纳所认缴的出资额，并负连带责任。众鑫公司诉请赵某某、郑某某连带履行出资3000万元义务，符合法律规定，应当支持。众鑫公司主张张某某、中盛小贷公司对其中的1650万元承担连带责任、天享公司对其中的1350万元承担连带责任。因中盛小贷公司、天享公司是以受让股权的形式为其债权提供担保，张某某、天享公司只是名义股东，不是真正意义上的股权受让人，不享有股东权利，故其不应承担股东责任。

根据**2017年12月25日公布的《最高人民法院第四巡回法庭当庭宣判十大案例（2017年度）》，其中案例4为中国华融资产管理股份有限公司河南省分公司与中国建设银行股份有限公司珠海丽景支行票据回购纠纷案**，具体如下：

案情简介

2003年，中国建设银行股份有限公司珠海市分行丽景支行（以下简称丽景支行）时任行长黄某为吸收资金和牟取个人好处费，伙同他人伪造印章、证件，与华信支行签订《回购合同》，华信支行依约交付1.3亿元，但丽景支行未依约回购，由此引发本案纠纷。案涉债权转让给中国华融资产管理有限公司河南省分公司（以下简称华融公司）后，华融公司诉至一审法院，请求判令丽景支行赔偿华融公司本金6830.480935万元及利息。一审法院判决丽景支行赔偿华融公司3086.8134万元。双方均不服，提出上诉。

二审判决：驳回上诉，维持原判。

实务总结

本案一审因等待刑事案件的查处结果中止审理多年，至二审诉讼时间已长达12年之久，双方权利义务一直处于不确定状态，双方均望尽快尘埃落定。本院当庭宣布二审判决结果后，在法庭上针锋相对、激烈辩论的当事双方都平静地接受了这一结果。事实证明，当庭宣判在提高庭审效率、防止诉讼拖延、满足人民群众对司法公开和司法效率的新期待等方面起到了积极有效的作用。本案涉及的法律问题也具有典型和指导意义。民刑交叉合同效力问题一直是审判实务以及理论研究中的一大争议问题，合议庭对于本案《回购合同》的效力虽也有不同认识，但对于合同并不因一方当事人刑事犯罪必然无效，而是应根据案件具体情况、依据合同法的相关规定进行认定的认识并无分歧。虽然华信支行不存在与黄某共同诈骗银行资金的主观犯罪故意，但是其有利用银行之间汇票转贴现业务为他人套取银行资金的意思表示和行为，因此《回购合同》属于“以合法形式掩盖非法目的”之无效合同。另外，一审认定黄某在办理转贴现业务中的行为系职务行为，并无不当，但认定黄某的行为构成表见代理，系对表见代理与表见代表两种制度的混淆，本院予以纠正。

第一百四十七条　【基于重大误解实施的民事法律行为的效力】基于重大误解实施的民事法律行为，行为人有权请求人民法院或者仲裁机构予以撤销。

根据**2022年2月24日公布的《最高人民法院关于适用〈中华人民共和国民法典〉总则编若干问题的解释》（法释〔2022〕6号）**，规定如下：

第十九条　行为人对行为的性质、对方当事人或者标的物的品种、质量、规格、价格、数量等产生错误认识，按照通常理解如果不发生该错误认识行为人就不会作出相应意思表示的，人民法院可以认定为民法典第一百四十七条规定的重大误解。

行为人能够证明自己实施民事法律行为时存在重大误解，并请求撤销该民事法律行为的，人民法院依法予以支持；但是，根据交易习惯等认定行为人无权请求撤销的除外。

第二十条 行为人以其意思表示存在第三人转达错误为由请求撤销民事法律行为的，适用本解释第十九条的规定。

第一百四十八条 【以欺诈手段实施的民事法律行为的效力】一方以欺诈手段，使对方在违背真实意思的情况下实施的民事法律行为，受欺诈方有权请求人民法院或者仲裁机构予以撤销。

根据**2022年2月24日公布的《最高人民法院关于适用〈中华人民共和国民法典〉总则编若干问题的解释》（法释〔2022〕6号）**，规定如下：

第二十一条 故意告知虚假情况，或者负有告知义务的人故意隐瞒真实情况，致使当事人基于错误认识作出意思表示的，人民法院可以认定为民法典第一百四十八条、第一百四十九条规定的欺诈。

根据**2020年12月29日修正的《最高人民法院关于审理技术合同纠纷案件适用法律若干问题的解释》（法释〔2020〕19号）**，规定如下：

第九条 当事人一方采取欺诈手段，就其现有技术成果作为研究开发标的与他人订立委托开发合同收取研究开发费用，或者就同一研究开发课题先后与两个或者两个以上的委托人分别订立委托开发合同重复收取研究开发费用，使对方在违背真实意思的情况下订立的合同，受损害方依照民法典第一百四十八条规定请求撤销合同的，人民法院应当予以支持。

根据**钦州锐丰钒钛铁科技有限公司与北京航空航天大学技术合同纠纷上诉案：最高人民法院（2015）民三终字第8号民事判决书［《最高人民法院公报》2018年第1期（总第255期）］**，判断一个合同是否构成《合同法》第五十四条第二款所规定的欺诈情形下订立的合同，既要看被诉欺诈的一方是否实施了欺诈行为，也要看主张被欺诈的一方是否因欺诈而陷于错误判断，并基于该错误判断作出了违背自己真意的意思表示，二者缺一不可。技术开发活动具有阶段性，其结果具有不确定性。从实验室试验，到半工业试验、工业试验，再到成熟的工业生产，研发阶段的不断递进不只是产量和规模的简单递增，更是不断克服已知和未知困难的复杂过程。每一个研发阶段的成功都只是为后续研发提供了基础性条件，至于下一个研发阶段是否亦能成功，乃至于技术成果能否最终获得，都不可确知。因此，对技术委托开发合同中受托方欺诈行为的认定，必须尊重技术开发活动本身的特点和规律，区分技术开发的不同阶段，以合同签订之时的已知事实和受托方当时可以合理预知的情况作为判断其是否告知了虚假情况或隐瞒了真实情况的标准。对于技术委托开发合同中委托方是否因受欺诈而陷于错误判断，并在此基础上作出违背其真意的意思表示的认定，也应在充分尊重技术开发活动固有特性的前提下，综合考虑委托方对合同项目的认知能力、委托方的信息来源、委托方所能合理预知的情况等因素，认定其是否陷于错误判断，以及其错误判断与受托方的欺诈行为是否具有因果关系。

根据**刘向前诉安邦财产保险公司保险合同纠纷案：江苏省宿迁市中级人民法院2011年11月2日民事判决书［《最高人民法院公报》2013年第8期（总第202期）］**，保险事故发生后，保险公司作为专业理赔机构，基于专业经验及对保险合同的理解，其明知或应知保险事故属于赔偿范围，而在无法律和合同依据的情况下，故意隐瞒被保险人可以获得保险赔偿的重要事实，对被保险人进行诱导，在此基础上双方达成销案协议的，应认定被保险人作出了不真实的意思表示，保险公司的行为违背诚信原则构成保险合同欺诈。被保险人请求撤销该销案协议的，人民法院应予支持。

根据**广东黄河实业集团有限公司与北京然自中医药科技发展中心一般股权转让侵权纠纷案：最高人民法院（2008）民二终字第62号民事判决书［《最高人民法院公报》2009年第1期（总第147期）］**，担任法人之法定代表人的自然人，以该法人的名义，采取欺诈手段与他人订立民事合同，从中获取的财产被该法人占有，由此产生的法律后果，是该自然人涉嫌合同诈骗犯罪，同时该法人与他人之间因合同被撤销而形成债权债务关系。人民法院应当依照《最高人民法院关于在审理经济纠纷案件中涉及经济犯罪嫌疑若干问题的规定》第十条的规定，将自然人涉嫌犯罪部分移交公安机关处理，同时继续审理民事纠纷部分。

根据**中国农业银行长沙市先锋支行与湖南金帆投资管理有限公司、长沙金霞开发建设有限公司借款担保合同纠纷案：最高人民法院（2007）民二终字第33号民事判决书［《最高人民法院公报》2009年第1期（总第147期）］**，导致合同当事人分别持有的合同文本内容有出入的原因复杂多样，不能据此简单地认定合同某一方当事人存在故意欺诈的情形。合同一方当事人如果据此主张对方当事人恶意欺诈，还应当提供其他证据予以证明。

根据**2022年2月28日公布的《最高人民法院发布十起人民法院服务保障自由贸易试验区建设典型案例》，其中案例7是罗某某诉前海通利华公司、天津启隆公司买卖合同纠纷案**，具体如下：

基本案情

罗某某委托他人向天津启隆公司购车，支付购车款107万元。涉案车辆由KIMBERLY ANN MURPHY从美国4S店购买，后出售给美国环球公司，美国环球公司又销售给中信港通公司，之后转运到前海通利华公司仓库。罗某某提车后不久，发现所购车辆是事故车。经鉴定，涉案车辆的后备箱覆盖件、钣金件有焊接、修复痕迹。罗某某遂提起本案诉讼。

裁判结果

深圳前海合作区人民法院一审判决天津启隆公司退还罗某某购车款107万元及利息，赔偿罗某某购买涉案车辆价款的三倍金额321万元。天津启隆公司不服，提起上诉。深圳市中级人民法院二审判决驳回上诉，维持原判。

典型意义

本案买卖标的物为平行进口汽车，是汽车经销商未经品牌厂商授权，直接从海外市场购买并进入国内市场销售的产品。平行进口汽车是自贸试验区探索性政策的重要内容之一，拓宽了消费者选择渠道，但在售后保障、质量保证方面需加强对消费者权益的保护。本案中，人民法院依照消费者权益保护法的规定，认定经销商的行为构成欺诈，并适用惩罚性赔偿，对经销商施以严格的说明义务，督促经销商严格把关汽车质量、认真审核车辆来源，彰显了司法对自贸试验区平行进口汽车产业健康发展的引导和保障功能。

根据**2022年2月28日公布的《最高人民法院发布十起人民法院服务保障自由贸易试验区建设典型案例》，其中案例8是范某某诉星瀚公司游艇买卖合同纠纷案**，具体如下：

基本案情

范某某与星瀚公司签订《销售合同》，约定以总价款1284000元从星瀚公司处购买一艘美国进口Four Winns品牌游艇，星瀚公司保证游艇是全新进口，且按Four Winns公司保修条款提供产品质保期。收货后，在范某某及其家人使用过程中，游艇的发动机等多次出现故障。范某某发现该游艇并非全新，且该游艇进口时配备的《装置概述与信息表》记载发动机主要部件质量保证到期日应为2021年10月10日。范某某诉请撤销《销售合同》，星瀚公司返还货款1284000元，支付赔偿款3852000元。

裁判结果

海口海事法院一审支持范某某全部诉请。星瀚公司不服，提起上诉。海南省高级人民法院二审认为，范某某为其本人及家人生活消费购买游艇，属于消费者权益保护法规定的消费者。星瀚公司隐瞒其曾经出售游艇的事实并缩短发动机质保期，对范某某造成实质性损害，构成欺诈。依照《消费者权益保护法》的规定，星瀚公司应当按照购买游艇价款的三倍赔偿范某某的损失。二审判决驳回上诉，维持原判。

典型意义

旅游业是海南自由贸易港重点发展产业，游艇产业是海南旅游消费提质升级的助推器。本案不仅明确个人购买、使用游艇可依消费者权益保护法主张惩罚性赔偿，而且将“造成实质性损害”作为认定销售欺诈的要件之一，合理兼顾了消费者权益的保护和销售商质量保证义务的承担，对海南自由贸易港旅游业与游艇业的健康发展具有积极促进作用。

根据**2015年6月16日公布的《最高人民法院发布10起消费者维权典型案例》，其中案例6是范建武诉广东省文物总店买卖合同纠纷案(销售者以普通石榴玉石手镯冒充翡翠手镯出售，构成对消费者的欺诈，消费者有权请求向销售者退货，销售者向消费者退还货款并支付价款三倍赔偿)**，具体如下：

基本案情

2014年4月17日，范建武在广东省文物总店(以下简称文物总店)花17100元购买了一只手镯，该商店向其开具了发票，发票载明的商品为“yqgda-0765玉镯”，金额为17100元。同月24日，范建武又到该商店要求换开发票，该商店遂收回原来开的发票，重新为范建武开具一张发票，发票载明的商品为“yqgda-0765翡翠手镯”。所购手镯经广东省地质科学研究所鉴定为“水钙铝榴石手镯”。后应该商店要求，双方当事人共同委托广东省珠宝玉石及贵金属检测中心对手镯进行重新鉴定，鉴定结果为“石榴石质玉手镯”。范建武认为文物总店将普通的石榴石手镯冒充翡翠手镯出售，以假充真，对其构成欺诈，遂向广东省广州市越秀区人民法院起诉，请求文物总店向其退还货款17100元，并依法赔偿其51300元。

裁判结果

一审法院经审理认为，文物总店开具给范建武的销售发票显示为“翡翠手镯”，但经鉴定实为“石榴石质玉手镯”。虽然该商店辩称其是经范建武一再恳求，才将第一次发票项目“玉镯”更改为“翡翠手镯”，但从范建武提供的录音证据来看，该商店主张其销售给范建武的手镯质地就是翡翠，并明确告知范建武购买的玉镯是翡翠制成。该商店作为经营者将“石榴石质玉手镯”冒充“翡翠手镯”销售给范建武，以假充真，能够认定为欺诈消费者。一审法院依照《消费者权益保护法》第五十五条之规定，判决：范建武将所购手镯退还文物总店，该商店退还范建武货款17100元；文物总店向范建武赔偿手镯三倍价款51300元。文物总店不服，以原审认定事实、适用法律有误为由提起上诉，广东省广州市中级人民法院二审认为，根据文物总店开具的发票以及范建武提供的谈话录音，已充分证实其向范建武销售的是“翡翠手镯”，现该手镯经双方共同委托鉴定后被确定为“石榴石质玉手镯”，与文物总店在销售过程中所声称的商品品质存在显著差异，故原审法院认定其行为构成欺诈并无不当。文物总店以讼争的手镯具有文物价值为由，主张其行为不构成欺诈，范建武未遭受损失，理由均不成立。据此，该院判决维持原判。

根据**2015年6月16日公布的《最高人民法院发布10起消费者维权典型案例》，其中案例10是王毅诉天津中进沛显汽车服务有限公司买卖合同纠纷案(经营者销售已公告召回的汽车，构成商业欺诈；消费者有权请求退还所购汽车，并由经营者退还购车款并赔偿一倍的购车款)**，具体如下：

基本案情

2013年9月28日，王毅向天津中进沛显汽车服务有限公司(以下简称中进汽车公司)购买欧蓝德JE3A2693的小型越野客车一辆，价款249800元。中进汽车公司为王毅代缴车辆购置税22700元、车船税225元、机动车交通事故强制险保险费1100元、机动车辆综合险保险费10752元，共计34777元，收取上牌费900元。2013年10月15日，中进汽车公司向王毅交付车辆。2014年2月7日，中进汽车公司通知王毅该车辆应当被召回。2013年6月4日，三菱汽车销售(中国)有限公司发布召回部分进口欧蓝德汽车公告，召回时间为2013年6月5日至2014年6月4日，召回车辆范围包括王毅所购车辆。缺陷情况系供应商制造原因，导致电动动力转向控制组件的监视内部微机电源的元件出现故障。可能出现电源监视线路错误启动等后果，存在安全隐患。维修措施为更换电动动力转向控制组件（EPS-ECU）。王毅遂向天津市滨海新区人民法院起诉，请求退还汽车，中进汽车公司返还购车款285477元，三倍赔偿购车款749400元。

裁判结果

一审法院认为，本案中生产者已经通过媒体发布公告的方式向公众告知了部分进口欧蓝德汽车存在产品缺陷应当召回的事实及需要召回的范围，因此诉争车辆属于应被召回车辆一事属于已向公众告知的事项，不存在隐瞒的情形。另外，根据生产者发布的召回公告，诉争车辆的缺陷可以通过更换改进工艺的电动动力转向控制组件（EPS-ECU）的方式予以消除，且事后中进汽车公司主动告知王毅诉争车辆尚未消除缺陷，需更换组件，故中进汽车公司对此不存在隐瞒的故意。综上，中进汽车公司的行为不构成欺诈，故判决驳回王毅的诉讼请求。王毅以原判决认定事实不清，适用法律错误为由提起上诉。天津市第二中级人民法院二审认为，中进汽车公司作为经营者，对车辆是否属于被召回的范围应当知道，其抗辩对涉案车辆召回不知情的理由不能成立。中进汽车公司隐瞒车辆瑕疵而销售，构成商业欺诈。本案车辆销售行为发生在消费者权益保护法修订前，故中进汽车公司应当承担"退一赔一"的法律责任。该院二审判决：撤销本案一审判决，王毅向中进汽车公司退车，中进汽车公司退还王毅购车款249800元，加倍赔偿王毅249800元，并赔偿王毅车辆购置税等共计35677元。

第一百四十九条 【受第三人欺诈的民事法律行为的效力】第三人实施欺诈行为，使一方在违背真实意思的情况下实施的民事法律行为，对方知道或者应当知道该欺诈行为的，受欺诈方有权请求人民法院或者仲裁机构予以撤销。

根据**2023年12月4日公布的《最高人民法院关于适用〈中华人民共和国民法典〉合同编通则若干问题的解释》（法释〔2023〕13号）**，规定如下：

第五条 第三人实施欺诈、胁迫行为，使当事人在违背真实意思的情况下订立合同，受到损失的当事人请求第三人承担赔偿责任的，人民法院依法予以支持；当事人亦有违背诚信原则的行为的，人民法院应当根据各自的过错确定相应的责任。但是，法律、司法解释对当事人与第三人的民事责任另有规定的，依照其规定。

根据**2022年2月24日公布的《最高人民法院关于适用〈中华人民共和国民法典〉总则编若干问题的解释》（法释〔2022〕6号）**，规定如下：

第二十一条 故意告知虚假情况，或者负有告知义务的人故意隐瞒真实情况，致使当事人基于错误认识作出意思表示的，人民法院可以认定为民法典第一百四十八条、第一百四十九条规定的欺诈。

第一百五十条 【以胁迫手段实施的民事法律行为的效力】一方或者第三人以胁迫手段，使对方在违背真实意思的情况下实施的民事法律行为，受胁迫方有权请求人民法院或者仲裁机构予以撤销。

根据**2022年2月24日公布的《最高人民法院关于适用〈中华人民共和国民法典〉总则编若干问题的解释》（法释〔2022〕6号）**，规定如下：

第二十二条 以给自然人及其近亲属等的人身权利、财产权利以及其他合法权益造成损害或者以给法人、非法人组织的名誉、荣誉、财产权益等造成损害为要挟，迫使其基于恐惧心理作出意思表示的，人民法院可以认定为民法典第一百五十条规定的胁迫。

第一百五十一条 【显失公平的民事法律行为的效力】一方利用对方处于危困状态、缺乏判断能力等情形，致使民事法律行为成立时显失公平的，受损害方有权请求人民法院或者仲裁机构予以撤销。

根据 2023 年 12 月 4 日公布的《最高人民法院关于适用〈中华人民共和国民法典〉合同编通则若干问题的解释》（法释〔2023〕13 号），规定如下：

第十一条 当事人一方是自然人，根据该当事人的年龄、智力、知识、经验并结合交易的复杂程度，能够认定其对合同的性质、合同订立的法律后果或者交易中存在的特定风险缺乏应有的认知能力的，人民法院可以认定该情形构成民法典第一百五十一条规定的"缺乏判断能力"。

根据 2022 年 12 月 26 日公布的《最高人民法院关于为促进消费提供司法服务和保障的意见》（法发〔2022〕35 号），具体如下：

12. 妥善处理涉疫情消费购物纠纷。经营者明知口罩、护目镜、防护服、消毒液等防疫物品属于假冒伪劣商品仍然经营，构成欺诈，消费者请求经营者承担惩罚性赔偿责任的，人民法院应当依法支持。经营者的行为构成犯罪的，依法追究刑事责任。疫情期间，经营者利用消费者处于危困状态、缺乏判断能力等情形，哄抬物价、收取高额快递费等费用，致使所订立合同显失公平，消费者请求撤销合同的，人民法院应当依法支持。合同被撤销后，消费者不能返还或者没有必要返还合同标的物的，人民法院可根据相关法律规定、交易习惯和公平原则认定消费者应折价补偿的价款。

15. 加强老年消费者权益保护。通过夸大宣传、虚构商品或者服务的治疗、保健、养生等功能，向老年消费者销售质次价高的商品或者服务，构成欺诈，消费者请求生产经营者承担惩罚性赔偿责任的，人民法院应当依法支持。经营者诱导老年消费者购买不符合其需求或者明显超出其需求范围的保健食品等商品或者服务，致使合同显失公平，消费者请求撤销合同的，人民法院应当依法支持。经营者的行为构成诈骗罪的，依法追究刑事责任；同时构成生产、销售伪劣产品罪等其他犯罪的，依照处罚较重的规定定罪处罚。通过营造良好法治环境，服务养老事业和养老产业协同发展，助力发展银发经济。

根据黄仲华诉刘三明债权人撤销权纠纷案：四川省德阳市中级人民法院 2011 年 7 月 16 日民事判决书［《最高人民法院公报》2013 年第 1 期（总第 195 期）］，工伤事故发生后，用人单位与劳动者就工伤事故达成赔偿协议，该协议具有法律效力，但约定的赔偿金额明显低于劳动者应当享受的工伤保险待遇的，应当认定为显失公平。劳动者请求撤销该赔偿协议的，人民法院应予支持。

根据天津开发区家园房地产营销有限公司与天津森得瑞房地产经营有限公司特许经营合同纠纷上诉案：天津市第二中级人民法院民事判决书［《最高人民法院公报》2007 年第 2 期（总第 124 期）］，裁决如下：

合同的显失公平，是指合同一方当事人利用自身优势，或者利用对方没有经验等情形，在与对方签订合同中设定明显对自己一方有利的条款，致使双方基于合同的权利义务和客观利益严重失衡，明显违反公平原则。

双方签订的合同中设定了某些看似对一方明显不利的条款，但设立该条款是双方当事人真实的意思表示，其实质恰恰在于衡平双方的权利义务。在此情形下，合同一方当事人以显失公平为由请求撤销该合同条款的，不应予以支持。

第一百五十二条 【撤销权的消灭】有下列情形之一的，撤销权消灭：

（一）当事人自知道或者应当知道撤销事由之日起一年内、重大误解的当事人自知道或者应当知道撤销事由之日起九十日内没有行使撤销权；

（二）当事人受胁迫，自胁迫行为终止之日起一年内没有行使撤销权；

（三）当事人知道撤销事由后明确表示或者以自己的行为表明放弃撤销权。

当事人自民事法律行为发生之日起五年内没有行使撤销权的，撤销权消灭。

> **根据2019年11月8日公布的《最高人民法院关于印发〈全国法院民商事审判工作会议纪要〉的通知》（法〔2019〕254号）**，对撤销权的行使，通知如下：
>
> 42.**【撤销权的行使】**撤销权应当由当事人行使。当事人未请求撤销的，人民法院不应当依职权撤销合同。一方请求另一方履行合同，另一方以合同具有可撤销事由提出抗辩的，人民法院应当在审查合同是否具有可撤销事由以及是否超过法定期间等事实的基础上，对合同是否可撤销作出判断，不能仅以当事人未提起诉讼或者反诉为由不予审查或者不予支持。一方主张合同无效，依据的却是可撤销事由，此时人民法院应当全面审查合同是否具有无效事由以及当事人主张的可撤销事由。当事人关于合同无效的事由成立的，人民法院应当认定合同无效。当事人主张合同无效的理由不成立，而可撤销的事由成立的，因合同无效和可撤销的后果相同，人民法院也可以结合当事人的诉讼请求，直接判决撤销合同。

第一百五十三条　【违反强制性规定及违背公序良俗的民事法律行为的效力】违反法律、行政法规的强制性规定的民事法律行为无效。但是，该强制性规定不导致该民事法律行为无效的除外。

违背公序良俗的民事法律行为无效。

> **根据2023年12月4日公布的《最高人民法院关于适用〈中华人民共和国民法典〉合同编通则若干问题的解释》（法释〔2023〕13号）**，规定如下：
>
> **第十四条**　当事人之间就同一交易订立多份合同，人民法院应当认定其中以虚假意思表示订立的合同无效。当事人为规避法律、行政法规的强制性规定，以虚假意思表示隐藏真实意思表示的，人民法院应当依据民法典第一百五十三条第一款的规定认定被隐藏合同的效力；当事人为规避法律、行政法规关于合同应当办理批准等手续的规定，以虚假意思表示隐藏真实意思表示的，人民法院应当依据民法典第五百零二条第二款的规定认定被隐藏合同的效力。
>
> 依据前款规定认定被隐藏合同无效或者确定不发生效力的，人民法院应当以被隐藏合同为事实基础，依据民法典第一百五十七条的规定确定当事人的民事责任。但是，法律另有规定的除外。
>
> 当事人就同一交易订立的多份合同均系真实意思表示，且不存在其他影响合同效力情形的，人民法院应当在查明各合同成立先后顺序和实际履行情况的基础上，认定合同内容是否发生变更。法律、行政法规禁止变更合同内容的，人民法院应当认定合同的相应变更无效。
>
> **第十五条**　人民法院认定当事人之间的权利义务关系，不应当拘泥于合同使用的名称，而应当根据合同约定的内容。当事人主张的权利义务关系与根据合同内容认定的权利义务关系不一致的，人民法院应当结合缔约背景、交易目的、交易结构、履行行为以及当事人是否存在虚构交易标的等事实认定当事人之间的实际民事法律关系。
>
> **第十六条**　合同违反法律、行政法规的强制性规定，有下列情形之一，由行为人承担行政责任或者刑事责任能够实现强制性规定的立法目的的，人民法院可以依据民法典第

一百五十三条第一款关于“该强制性规定不导致该民事法律行为无效的除外”的规定认定该合同不因违反强制性规定无效：

（一）强制性规定虽然旨在维护社会公共秩序，但是合同的实际履行对社会公共秩序造成的影响显著轻微，认定合同无效将导致案件处理结果有失公平公正；

（二）强制性规定旨在维护政府的税收、土地出让金等国家利益或者其他民事主体的合法利益而非合同当事人的民事权益，认定合同有效不会影响该规范目的的实现；

（三）强制性规定旨在要求当事人一方加强风险控制、内部管理等，对方无能力或者无义务审查合同是否违反强制性规定，认定合同无效将使其承担不利后果；

（四）当事人一方虽然在订立合同时违反强制性规定，但是在合同订立后其已经具备补正违反强制性规定的条件却违背诚信原则不予补正；

（五）法律、司法解释规定的其他情形。

法律、行政法规的强制性规定旨在规制合同订立后的履行行为，当事人以合同违反强制性规定为由请求认定合同无效的，人民法院不予支持。但是，合同履行必然导致违反强制性规定或者法律、司法解释另有规定的除外。

依据前两款认定合同有效，但是当事人的违法行为未经处理的，人民法院应当向有关行政管理部门提出司法建议。当事人的行为涉嫌犯罪的，应当将案件线索移送刑事侦查机关；属于刑事自诉案件的，应当告知当事人可以向有管辖权的人民法院另行提起诉讼。

第十七条 合同虽然不违反法律、行政法规的强制性规定，但是有下列情形之一，人民法院应当依据民法典第一百五十三条第二款的规定认定合同无效：

（一）合同影响政治安全、经济安全、军事安全等国家安全的；

（二）合同影响社会稳定、公平竞争秩序或者损害社会公共利益等违背社会公共秩序的；

（三）合同背离社会公德、家庭伦理或者有损人格尊严等违背善良风俗的。

人民法院在认定合同是否违背公序良俗时，应当以社会主义核心价值观为导向，综合考虑当事人的主观动机和交易目的、政府部门的监管强度、一定期限内当事人从事类似交易的频次、行为的社会后果等因素，并在裁判文书中充分说理。当事人确因生活需要进行交易，未给社会公共秩序造成重大影响，且不影响国家安全，也不违背善良风俗的，人民法院不应当认定合同无效。

第十八条 法律、行政法规的规定虽然有“应当”“必须”或者“不得”等表述，但是该规定旨在限制或者赋予民事权利，行为人违反该规定将构成无权处分、无权代理、越权代表等，或者导致合同相对人、第三人因此获得撤销权、解除权等民事权利的，人民法院应当依据法律、行政法规规定的关于违反该规定的民事法律后果认定合同效力。

第十九条 以转让或者设定财产权利为目的订立的合同，当事人或者真正权利人仅以让与人在订立合同时对标的物没有所有权或者处分权为由主张合同无效的，人民法院不予支持；因未取得真正权利人事后同意或者让与人事后未取得处分权导致合同不能履行，受让人主张解除合同并请求让与人承担违反合同的赔偿责任的，人民法院依法予以支持。

前款规定的合同被认定有效，且让与人已经将财产交付或者移转登记至受让人，真正权利人请求认定财产权利未发生变动或者请求返还财产的，人民法院应予支持。但是，受让人依据民法典第三百一十一条等规定善意取得财产权利的除外。

根据 2022 年 6 月 13 日公布的《最高人民法院关于审理森林资源民事纠纷案件适用法律若干问题的解释》（法释〔2022〕16 号），规定如下：

第三条 当事人以未办理批准、登记、备案、审查、审核等手续为由，主张林地承包、林地承包经营权互换或者转让、林地经营权流转、林木流转、森林资源担保等合同无效的，人民法院不予支持。

因前款原因，不能取得相关权利的当事人请求解除合同、由违约方承担违约责任的，人民法院依法予以支持。

第四条 当事人一方未依法经林权证等权利证书载明的共有人同意，擅自处分林地、林木，另一方主张取得相关权利的，人民法院不予支持。但符合民法典第三百一十一条关于善意取得规定的除外。

第五条 当事人以违反法律规定的民主议定程序为由，主张集体林地承包合同无效的，人民法院应予支持。但下列情形除外：

（一）合同订立时，法律、行政法规没有关于民主议定程序的强制性规定的；

（二）合同订立未经民主议定程序讨论决定，或者民主议定程序存在瑕疵，一审法庭辩论终结前已经依法补正的；

（三）承包方对村民会议或者村民代表会议决议进行了合理审查，不知道且不应当知道决议系伪造、变造，并已经对林地大量投入的。

第六条 家庭承包林地的承包方转让林地承包经营权未经发包方同意，或者受让方不是本集体经济组织成员，受让方主张取得林地承包经营权的，人民法院不予支持。但发包方无法定理由不同意或者拖延表态的除外。

第七条 当事人就同一集体林地订立多个经营权流转合同，在合同有效的情况下，受让方均主张取得林地经营权的，由具有下列情形的受让方取得：

（一）林地经营权已经依法登记的；

（二）林地经营权均未依法登记，争议发生前已经合法占有使用林地并大量投入的；

（三）无前两项规定情形，合同生效在先的。

未取得林地经营权的一方请求解除合同、由违约方承担违约责任的，人民法院依法予以支持。

第八条 家庭承包林地的承包方以林地经营权人擅自再流转林地经营权为由，请求解除林地经营权流转合同、收回林地的，人民法院应予支持。但林地经营权人能够证明林地经营权再流转已经承包方书面同意的除外。

第九条 本集体经济组织成员以其在同等条件下享有的优先权受到侵害为由，主张家庭承包林地经营权流转合同无效的，人民法院不予支持；其请求赔偿损失的，依法予以支持。

第十条 林地承包期内，因林地承包经营权互换、转让、继承等原因，承包方发生变动，林地经营权人请求新的承包方继续履行原林地经营权流转合同的，人民法院应予支持。但当事人另有约定的除外。

第十一条 林地经营权流转合同约定的流转期限超过承包期的剩余期限，或者林地经营权再流转合同约定的流转期限超过原林地经营权流转合同的剩余期限，林地经营权流转、再流转合同当事人主张超过部分无效的，人民法院不予支持。

第十二条 林地经营权流转合同约定的流转期限超过承包期的剩余期限，发包方主张超过部分的约定对其不具有法律约束力的，人民法院应予支持。但发包方对此知道或者应当知道的除外。

林地经营权再流转合同约定的流转期限超过原林地经营权流转合同的剩余期限，承包方主张超过部分的约定对其不具有法律约束力的，人民法院应予支持。但承包方对此知道或者应当知道的除外。

因前两款原因，致使林地经营权流转合同、再流转合同不能履行，当事人请求解除合同、由违约方承担违约责任的，人民法院依法予以支持。

第十三条 林地经营权流转合同终止时，对于林地经营权人种植的地上林木，按照下列情形处理：

（一）合同有约定的，按照约定处理，但该约定依据民法典第一百五十三条的规定应当认定无效的除外；

（二）合同没有约定或者约定不明，当事人协商一致延长合同期限至轮伐期或者其他合理期限届满，承包方请求由林地经营权人承担林地使用费的，对其合理部分予以支持；

（三）合同没有约定或者约定不明，当事人未能就延长合同期限协商一致，林地经营权人请求对林木价值进行补偿的，对其合理部分予以支持。

林地承包合同终止时，承包方种植的地上林木的处理，参照适用前款规定。

第十四条 人民法院对于当事人为利用公益林林地资源和森林景观资源开展林下经济、森林旅游、森林康养等经营活动订立的合同，应当综合考虑公益林生态区位保护要求、公益林生态功能及是否经科学论证的合理利用等因素，依法认定合同效力。

当事人仅以涉公益林为由主张经营合同无效的，人民法院不予支持。

根据**2022年3月1日公布的《最高人民法院关于审理网络消费纠纷案件适用法律若干问题的规定（一）》（法释〔2022〕8号）**，规定如下：

第九条 电子商务经营者与他人签订的以虚构交易、虚构点击量、编造用户评价等方式进行虚假宣传的合同，人民法院应当依法认定无效。

根据**2020年12月31日公布的《最高人民法院关于适用〈中华人民共和国民法典〉有关担保制度的解释》（法释〔2020〕28号）**，规定如下：

第五条 机关法人提供担保的，人民法院应当认定担保合同无效，但是经国务院批准为使用外国政府或者国际经济组织贷款进行转贷的除外。

居民委员会、村民委员会提供担保的，人民法院应当认定担保合同无效，但是依法代行村集体经济组织职能的村民委员会，依照村民委员会组织法规定的讨论决定程序对外提供担保的除外。

第六条 以公益为目的的非营利性学校、幼儿园、医疗机构、养老机构等提供担保的，人民法院应当认定担保合同无效，但是有下列情形之一的除外：

（一）在购入或者以融资租赁方式承租教育设施、医疗卫生设施、养老服务设施和其他公益设施时，出卖人、出租人为担保价款或者租金实现而在该公益设施上保留所有权；

（二）以教育设施、医疗卫生设施、养老服务设施和其他公益设施以外的不动产、动产或者财产权利设立担保物权。

登记为营利法人的学校、幼儿园、医疗机构、养老机构等提供担保，当事人以其不具有担保资格为由主张担保合同无效的，人民法院不予支持。

第七条 公司的法定代表人违反公司法关于公司对外担保决议程序的规定，超越权限代表公司与相对人订立担保合同，人民法院应当依照民法典第六十一条和第五百零四条等规定处理：

（一）相对人善意的，担保合同对公司发生效力；相对人请求公司承担担保责任的，人民法院应予支持。

（二）相对人非善意的，担保合同对公司不发生效力；相对人请求公司承担赔偿责任的，参照适用本解释第十七条的有关规定。

法定代表人超越权限提供担保造成公司损失，公司请求法定代表人承担赔偿责任的，人民法院应予支持。

第一款所称善意，是指相对人在订立担保合同时不知道且不应当知道法定代表人超越权限。相对人有证据证明已对公司决议进行了合理审查，人民法院应当认定其构成善意，但是公司有证据证明相对人知道或者应当知道决议系伪造、变造的除外。

第四十九条 以违法的建筑物抵押的，抵押合同无效，但是一审法庭辩论终结前已经办理合法手续的除外。抵押合同无效的法律后果，依照本解释第十七条的有关规定处理。

当事人以建设用地使用权依法设立抵押，抵押人以土地上存在违法的建筑物为由主张抵押合同无效的，人民法院不予支持。

根据**2020年12月29日公布的《最高人民法院关于审理建设工程施工合同纠纷案件适用法律问题的解释（一）》（法释〔2020〕25号）**，规定如下：

第一条 建设工程施工合同具有下列情形之一的，应当依据民法典第一百五十三条第一款的规定，认定无效：

（一）承包人未取得建筑业企业资质或者超越资质等级的；
（二）没有资质的实际施工人借用有资质的建筑施工企业名义的；
（三）建设工程必须进行招标而未招标或者中标无效的。

承包人因转包、违法分包建设工程与他人签订的建设工程施工合同，应当依据民法典第一百五十三条第一款及第七百九十一条第二款、第三款的规定，认定无效。

根据**2020年12月29日修正的《最高人民法院关于审理因垄断行为引发的民事纠纷案件应用法律若干问题的规定》（法释〔2020〕19号）**，规定如下：

第十五条 被诉合同内容、行业协会的章程等违反反垄断法或者其他法律、行政法规的强制性规定的，人民法院应当依法认定其无效。但是，该强制性规定不导致该民事法律行为无效的除外。

根据**2020年12月29日修正的《最高人民法院关于审理技术合同纠纷案件适用法律若干问题的解释》（法释〔2020〕19号）**，规定如下：

第二十条 民法典第八百六十一条所称"当事人均有使用和转让的权利"，包括当事人均有不经对方同意而自己使用或者以普通使用许可的方式许可他人使用技术秘密，并独占由此所获利益的权利。当事人一方将技术秘密成果的转让权让与他人，或者以独占或者排他使用许可的方式许可他人使用技术秘密，未经对方当事人同意或者追认的，应当认定该让与或者许可行为无效。

根据**2020年12月29日修正的《最高人民法院关于审理期货纠纷案件若干问题的规定》（法释〔2020〕18号）**，规定如下：

第十三条 有下列情形之一的，应当认定期货经纪合同无效：
（一）没有从事期货经纪业务的主体资格而从事期货经纪业务的；
（二）不具备从事期货交易主体资格的客户从事期货交易的；
（三）违反法律、行政法规的强制性规定的。

根据**2020年12月29日修正的《最高人民法院关于审理涉及国有土地使用权合同纠纷案件适用法律问题的解释》（法释〔2020〕17号）**，规定如下：

第二条 开发区管理委员会作为出让方与受让方订立的土地使用权出让合同，应当认定无效。

本解释实施前，开发区管理委员会作为出让方与受让方订立的土地使用权出让合同，起诉前经市、县人民政府自然资源主管部门追认的，可以认定合同有效。

第三条 经市、县人民政府批准同意以协议方式出让的土地使用权，土地使用权出让金低于订立合同时当地政府按照国家规定确定的最低价的，应当认定土地使用权出让合同约定的价格条款无效。

当事人请求按照订立合同时的市场评估价格交纳土地使用权出让金的，应予支持；受让方不同意按照市场评估价格补足，请求解除合同的，应予支持。因此造成的损失，由当事人按照过错承担责任。

第十三条 合作开发房地产合同的当事人一方具备房地产开发经营资质的，应当认定合同有效。

当事人双方均不具备房地产开发经营资质的，应当认定合同无效。但起诉前当事人一方已经取得房地产开发经营资质或者已依法合作成立具有房地产开发经营资质的房地产开发企业的，应当认定合同有效。

根据**2019年11月8日公布的《最高人民法院关于印发〈全国法院民商事审判工作会议纪要〉的通知》（法〔2019〕254号）**，对强制性规定的识别以及违反规章的合同效力，具体如下：

30.**【强制性规定的识别】**合同法施行后，针对一些人民法院动辄以违反法律、行政法规的强制性规定为由认定合同无效，不当扩大无效合同范围的情形，合同法司法解释（二）第十四条将《合同法》第五十二条第五项规定的"强制性规定"明确限于"效力性强制性规定”。此后,《最高人民法院关于当前形势下审理民商事合同纠纷案件若干问题的指导意见》进一步提出了“管理性强制性规定”的概念,指出违反管理性强制性规定的,人民法院应当根据具体情形认定合同效力。随着这一概念的提出,审判实践中又出现了另一种倾向,有的人民法院认为凡是行政管理性质的强制性规定都属于“管理性强制性规定”,不影响合同效力。这种望文生义的认定方法,应予纠正。

人民法院在审理合同纠纷案件时,要依据《民法总则》第一百五十三条第一款和合同法司法解释(二)第14条的规定慎重判断“强制性规定”的性质,特别是要在考量强制性规定所保护的法益类型、违法行为的法律后果以及交易安全保护等因素的基础上认定其性质,并在裁判文书中充分说明理由。下列强制性规定,应当认定为“效力性强制性规定”:强制性规定涉及金融安全、市场秩序、国家宏观政策等公序良俗的;交易标的禁止买卖的,如禁止人体器官、毒品、枪支等买卖;违反特许经营规定的,如场外配资合同;交易方式严重违法的,如违反招投标等竞争性缔约方式订立的合同;交易场所违法的,如在批准的交易场所之外进行期货交易。关于经营范围、交易时间、交易数量等行政管理性质的强制性规定,一般应当认定为“管理性强制性规定”。

31.**【违反规章的合同效力】**违反规章一般情况下不影响合同效力,但该规章的内容涉及金融安全、市场秩序、国家宏观政策等公序良俗的,应当认定合同无效。人民法院在认定规章是否涉及公序良俗时,要在考察规范对象基础上,兼顾监管强度、交易安全保护以及社会影响等方面进行慎重考量,并在裁判文书中进行充分说理。

根据2016年11月21日公布的《最高人民法院关于印发〈第八次全国法院民事商事审判工作会议(民事部分)纪要〉的通知》(法〔2016〕399号),对《城市房地产管理法》第三十九条第一款第二项和《物权法》第一百九十一条第二款的条款性质认定,通知如下:

13.城市房地产管理法第三十九条第一款第二项规定并非效力性强制性规定,当事人仅以转让国有土地使用权未达到该项规定条件为由,请求确认转让合同无效的,不予支持。

14.物权法第一百九十一条第二款并非针对抵押财产转让合同的效力性强制性规定,当事人仅以转让抵押房地产未经抵押权人同意为由,请求确认转让合同无效的,不予支持。受让人在抵押登记未涂销时要求办理过户登记的,不予支持。

根据2016年9月2日公布的《最高人民法院关于依法审理和执行民事商事案件保障民间投资健康发展的通知》(法〔2016〕334号)第三部分,对于“依法妥善审理合同纠纷案件,保护合法交易”,通知如下:

及时审理与民间投资相关的买卖、借款、建筑、加工承揽等合同纠纷案件,正确划分当事人合同责任,保护各类投资主体的合法权利。正确处理意思自治与行政审批的关系,对法律、行政法规规定应当办理批准、登记等手续生效的合同,应当根据《最高人民法院关于适用〈中华人民共和国合同法〉若干问题的解释(一)》,尽量促使合同合法有效。要正确理解、识别和适用合同法第五十二条第(五)项中的“违反法律、行政法规的强制性规定”,注意区分效力性强制规定和管理性强制规定,严格限制认定无效的范围。当事人一方要求解除合同的,应当严格依照合同法第九十三条、第九十四条,审查合同是否具备解除条件,防止不诚信一方当事人通过解除合同逃避债务。

根据2012年12月24日公布的《最高人民法院关于国内水路货物运输纠纷案件法律问题的指导意见》(法发〔2012〕28号),规定如下:

3.根据《国内水路运输管理条例》和《国内水路运输经营资质管理规定》的有关规定,从事国内水路运输的企业和个人,应当达到并保持相应的经营资质条件,并在核定的经营范围内从事水路运输经营活动。没有取得国内水路运输经营资质的承运人签订的国内水路货物运输合同,人民法院应当根据合同法第五十二条第(五)项的规定认定合同无效。

4.国内水路货物运输合同无效,但是承运人已经按照运输合同的约定将货物安全运输到约定地点，承运人请求托运人或者收货人参照合同的约定支付运费，人民法院可以适当予以保护。

国内水路货物运输合同无效，而且运输过程中货物发生了毁损、灭失，托运人或者收货人向承运人主张损失赔偿的，人民法院可以综合考虑托运人或者收货人和承运人对合同无效和货物损失的过错程度，依法判定相应的民事责任。

根据2009年7月7日公布的《最高人民法院关于当前形势下审理民商事合同纠纷案件若干问题的指导意见》(法发〔2009〕40号)第五部分，对于“正确适用强制性规定，稳妥认定民商事合同效力”，具体如下：

15. 正确理解、识别和适用合同法第五十二条第(五)项中的“违反法律、行政法规的强制性规定”，关系到民商事合同的效力维护以及市场交易的安全和稳定。人民法院应当注意根据《合同法解释(二)》第十四条之规定，注意区分效力性强制规定和管理性强制规定。违反效力性强制规定的，人民法院应当认定合同无效；违反管理性强制规定的，人民法院应当根据具体情形认定其效力。

16. 人民法院应当综合法律法规的意旨，权衡相互冲突的权益，诸如权益的种类、交易安全以及其所规制的对象等，综合认定强制性规定的类型。如果强制性规范规制的是合同行为本身即只要该合同行为发生即绝对地损害国家利益或者社会公共利益的，人民法院应当认定合同无效。如果强制性规定规制的是当事人的“市场准入”资格而非某种类型的合同行为，或者规制的是某种合同的履行行为而非某类合同行为，人民法院对于此类合同效力的认定，应当慎重把握，必要时应当征求相关立法部门的意见或者请示上级人民法院。

根据2007年11月28日公布的《最高人民法院关于未取得无船承运业务经营资格的经营者与托运人订立的海上货物运输合同或签发的提单是否有效的请示的复函》(〔2007〕民四他字第19号)，《中华人民共和国国际海运条例》(以下简称《海运条例》)规定，经营无船承运业务，应当向国务院交通主管部门办理提单登记，并交纳保证金。本案中深圳龙峰国际货运代理公司在未取得无船承运业务经营资格的情况下签发了未在交通主管部门登记的提单，违反了《海运条例》的规定，受理案件的法院应当向有关交通主管部门发出司法建议，建议交通主管部门予以处罚。但深圳龙峰国际货运代理公司收到货物后应托运人的要求签发提单的行为，不属于《中华人民共和国合同法》第五十二条第(五)项规定的违反法律、行政法规的强制性规定的情形，该提单应认定为有效。

根据2021年11月9日公布的《最高人民法院关于发布第30批指导性案例的通知》(法〔2021〕272号)，其中指导案例170号是饶国礼诉某物资供应站等房屋租赁合同纠纷案，具体如下：

关键词

民事/房屋租赁合同/合同效力/行政规章/公序良俗/危房

裁判要点

违反行政规章一般不影响合同效力，但违反行政规章签订租赁合同，约定将经鉴定机构鉴定存在严重结构隐患，或将造成重大安全事故的应当尽快拆除的危房出租用于经营酒店，危及不特定公众人身及财产安全，属于损害社会公共利益、违背公序良俗的行为，应当依法认定租赁合同无效，按照合同双方的过错大小确定各自应当承担的法律责任。

相关法条

《中华人民共和国民法总则》第153条，《中华人民共和国合同法》第52条、第58条(注：现行有效的法律为《中华人民共和国民法典》第153条、第157条)

基本案情

南昌市青山湖区晶品假日酒店(以下简称晶品酒店)组织形式为个人经营，经营者系饶国礼，经营范围及方式为宾馆服务。2011年7月27日，晶品酒店通过公开招标的方式中标获得租赁某物资供应站所有的南昌市青山南路1号办公大楼的权利，并向物资供应站出具《承诺书》，承诺中标以后严格按照加固设计单位和江西省建设工程安全质量监督管理局等权威部门出具的加固改造方案，对青山南路1号办公大楼进行科学、安全的加固，并在取得具有法律效力的书面文件后，再使用该大楼。同年8月29日，晶品酒店与物资供应站签订《租赁合同》，约定：物资供应站将南昌市青山南路1号（包含房产证记载的南昌市东湖区青山南路1号和东湖区青山南路3号）办公楼4120平方米建筑出租给晶品酒店，用于经营商务宾馆。租赁期限为十五年，自2011年9月1日起至2026年8月31日止。除约定租金和其他费用标准、支付方式、违约赔偿责任外，还在第五条特别约定：1.租赁物经有关部门鉴定为危楼，需加固后方能使用。晶品酒店对租赁物的前述问题及瑕疵已充分了解。晶品酒店承诺对租赁物进行加固，确保租赁物达到商业房产使用标准，晶品酒店承担全部费用。2.加固工程方案的报批、建设、验收（验收部门为江西省建设工程安全质量监督管理局或同等资质的部门）均由晶品酒店负责，物资供应站根据需要提供协助。3.晶品酒店如未经加固合格即擅自使用租赁物，应承担全部责任。合同签订后，物资供应站依照约定交付了租赁房屋。晶品酒店向物资供应站给付20万元履约保证金，1000万元投标保证金。中标后物资供应站退还了800万元投标保证金。

2011年10月26日，晶品酒店与上海永祥加固技术工程有限公司签订加固改造工程《协议书》，晶品酒店将租赁的房屋以包工包料一次包干（图纸内的全部土建部分）的方式发包给上海永祥加固技术工程有限公司加固改造，改造范围为主要承重柱、墙、梁板结构加固新增墙体全部内粉刷，图纸内的全部内容，图纸、电梯、热泵。开工时间2011年10月26日，竣工时间2012年1月26日。2012年1月3日，在加固施工过程中，案涉建筑物大部分垮塌。

江西省建设业安全生产监督管理站于2007年6月18日出具《房屋安全鉴定意见》，鉴定结果和建议是：1.该大楼主要结构受力构件设计与施工均不能满足现行国家设计和施工规范的要求，其强度不能满足上部结构承载力的要求，存在较严重的结构隐患。2.该大楼未进行抗震设计，没有抗震构造措施，不符合《建筑抗震设计规范》(GB 50011-2001)的要求。遇有地震或其他意外情况发生，将造成重大安全事故。3.根据《危险房屋鉴定标准》(GB 50292-1999)，该大楼按房屋危险性等级划分，属D级危房，应予以拆除。4.建议：(1)应立即对大楼进行减载，减少结构上的荷载。(2)对有问题的结构构件进行加固处理。(3)目前，应对大楼加强观察，并应采取措施，确保大楼安全过渡至拆除。如发现有异常现象，应立即撤出大楼的全部人员，并向有关部门报告。(4)建议尽快拆除全部结构。

饶国礼向一审法院提出诉请：一、解除其与物资供应站于2011年8月29日签订的《租赁合同》；二、物资供应站返还其保证金220万元；三、物资供应站赔偿其各项经济损失共计281万元；四、本案诉讼费用由物资供应站承担。

物资供应站向一审法院提出反诉诉请：一、判令饶国礼承担侵权责任，赔偿其2463.5万元；二、判令饶国礼承担全部诉讼费用。

再审中，饶国礼将其上述第一项诉讼请求变更为：确认案涉《租赁合同》无效。物资供应站亦将其诉讼请求变更为：饶国礼赔偿物资供应站损失418.7万元。

裁判结果

江西省南昌市中级人民法院于2017年9月1日作出（2013）洪民一初字第2号民事判决：一、解除饶国礼经营的晶品酒店与物资供应站2011年8月29日签订的《租赁合同》；二、物质供应站应返还饶国礼投标保证金200万元；三、饶国礼赔偿物资供应站804.3万元，抵扣本判决第二项物资供应站返还饶国礼的200万元保证金后，饶国礼还应于本判决生效后十五日内给付物资供应站604.3万元；四、驳回饶国礼其他诉讼请求；五、驳回物资供应站其他诉讼请求。一审判决后，饶国礼提出上诉。江西省高级人民法院于2018年4月24日作出（2018）赣民终173号民事判决：一、维持江西省南昌市中级人民法院（2013）洪民一初字第2号民事判决第一项、第二项；二、撤销江西省南昌市中级人民法院（2013）洪民一初字第2号民事判决第三项、第四项、第五项；三、物资供应站返还饶国礼履约保证金20万元；四、饶国礼赔偿物资供应站经济损失182.4万元；五、本判决第一项、第三项、第四项确定的金额相互抵扣后，物资供应站应返还饶国礼 375.7 万元，该款项限物资供应站于本判决生效后 10 日内支付；六、驳回饶国礼的其他诉讼请求；七、驳回物资供应站的其他诉讼请求。饶国礼、物资供应站均不服二审判决，向最高人民法院申请再审。最高人民法院于 2018 年 9 月 27 日作出（2018）最高法民申 4268 号民事裁定，裁定提审本案。2019 年 12 月 19 日，最高人民法院作出（2019）最高法民再 97 号民事判决：一、撤销江西省高级人民法院（2018）赣民终 173 号民事判决、江西省南昌市中级人民法院（2013）洪民一初字第 2 号民事判决；二、确认饶国礼经营的晶品酒店与物资供应站签订的《租赁合同》无效；三、物资供应站自本判决发生法律效力之日起 10 日内向饶国礼返还保证金 220 万元；四、驳回饶国礼的其他诉讼请求；五、驳回物资供应站的诉讼请求。

裁判理由

最高人民法院认为：根据江西省建设业安全生产监督管理站于 2007 年 6 月 18 日出具的《房屋安全鉴定意见》，案涉《租赁合同》签订前，该合同项下的房屋存在以下安全隐患：一是主要结构受力构件设计与施工均不能满足现行国家设计和施工规范的要求，其强度不能满足上部结构承载力的要求，存在较严重的结构隐患；二是该房屋未进行抗震设计，没有抗震构造措施，不符合《建筑抗震设计规范》国家标准，遇有地震或其他意外情况发生，将造成重大安全事故。《房屋安全鉴定意见》同时就此前当地发生的地震对案涉房屋的结构造成了一定破坏、应引起业主及其上级部门足够重视等提出了警示。在上述认定基础上，江西省建设业安全生产监督管理站对案涉房屋的鉴定结果和建议是，案涉租赁房屋属于应尽快拆除全部结构的 D 级危房。据此，经有权鉴定机构鉴定，案涉房屋已被确定属于存在严重结构隐患、或将造成重大安全事故的应当尽快拆除的 D 级危房。根据中华人民共和国住房和城乡建设部《危险房屋鉴定标准》（2016 年 12 月 1 日实施）第 6.1 条规定，房屋危险性鉴定属 D 级危房的，系指承重结构已不能满足安全使用要求，房屋整体处于危险状态，构成整幢危房。尽管《危险房屋鉴定标准》第 7.0.5 条规定，对评定为局部危房或整幢危房的房屋可按下列方式进行处理：1. 观察使用；2. 处理使用；3. 停止使用；4. 整体拆除；5. 按相关规定处理。但本案中，有权鉴定机构已经明确案涉房屋应予拆除，并建议尽快拆除该危房的全部结构。因此，案涉危房并不具有可在加固后继续使用的情形。《商品房屋租赁管理办法》第六条规定，不符合安全、防灾等工程建设强制性标准的房屋不得出租。《商品房屋租赁管理办法》虽在效力等级上属部门规章，但是，该办法第六条规定体现的是对社会公共安全的保护以及对公序良俗的维护。结合本案事实，在案涉房屋已被确定属于存在严重结构隐患、或将造成重大安全事故、应当尽快拆除的 D 级危房的情形下，双方当事人仍签订《租赁合同》，约定将该房屋出租用于经营可能危及不特定公众人身及财产安全的商务酒店，明显损害了社会公共利益、违背了公序良俗。从维护公共安全及确立正确的社会价值导向的角度出发，对本案情形下合同效力的认定应从严把握，司法不应支持、鼓励这种为追求经济利益而忽视公共安全的有违社会公共利益和公序良俗的行为。故依照《中华人民共和国民法总则》第一百五十三条第二款关于违背公序良俗的民事法律行为无效的规定，以及《中华人民共和国合同法》第五十二条第四项关于损害社会公共利益的合同无效的规定，确认《租赁合同》无效。关于案涉房屋倒塌后物资供应站支付给他人的补偿费用问题，因物资供应站应对《租赁合同》的无效承担主要责任，根据《中华人民共和国合同法》第五十八条“合同无效后，双方都有过错的，应当各自承担相应的责任”的规定，上述费用应由物资供应站自行承担。因饶国礼对于《租赁合同》无效亦有过错，故对饶国礼的损失依照《中华人民共和国合同法》第五十八条的规定，亦应由其自行承担。饶国礼向物资供应站支付的 220 万元保证金，因《租赁合同》系无效合同，物资供应站基于该合同取得的该款项依法应当退还给饶国礼。

根据**上海友民房地产开发有限公司诉宝山区杨行镇北宗村村民委员会借款合同纠纷案：上海市第二中级人民法院 2020 年 11 月 26 日民事判决书［《最高人民法院公报》2022 年第 5 期（总第 309 期）］**，农村集体所有制企业的资产属于村民集体所有，该企业被征收后的补偿款亦属于村民集体所有。未经村民会议授权，村民委员会擅自对外签章承诺将该村集体企业的部分财产份额或企业被征收后的部分补偿款份额转让给他人的，违反了村民委员会组织法的规定，该承诺或约定应属无效。

根据**濮阳市华龙区华隆天然气有限公司因濮阳华润燃气有限公司诉河南省濮阳市城市管理局、河南省濮阳市人民政府确认行政协议无效再审案：最高人民法院（2020）最高法行再509号行政判决书［《最高人民法院公报》2022年第5期（总第309期）］**，行政协议系行政机关为实现行政管理或公共服务目标，与公民、法人或者其他组织协商订立的具有行政法上权利义务内容的协议。管道燃气特许经营协议作为政府特许经营协议，属于典型的行政协议，该协议兼具“行政性”和“合同性”。人民法院在审理行政协议效力认定案件时，不但要根据行政诉讼法及相关司法解释规定的无效情形进行审查，还要遵从相关民事法律规范对于合同效力认定的规定。

根据**陈某某诉无锡市妇幼保健院医疗服务合同纠纷案：江苏省无锡市梁溪区人民法院2020年6月23日民事判决书［《最高人民法院公报》2022年第2期（总第306期）］**，裁决如下：

夫妻双方与医疗机构订立“体外受精－胚胎移植”医疗服务合同并已经完成取卵、胚胎培养等合同内容，在胚胎正式移植前丈夫死亡且生前并未向医疗机构表示拒绝履行合同，妻子要求医疗机构继续履行胚胎移植义务，既是当事人真实意思的反映，亦具备可履行的内容，且并不违反法律法规及公序良俗，医疗机构应当继续履行医疗服务合同。

丧偶妇女符合国家相关人口和计划生育法律法规情况下以其夫妇通过实施人类辅助生殖技术而获得的胚胎继续生育子女，有别于原卫生部实施人类辅助生殖技术规范中的单身妇女，不违反社会公益原则。医院不得基于部门规章的行政管理规定对抗当事人基于法律所享有的正当生育权利。

根据**吴海澜诉上海聚仁生物科技有限公司买卖合同纠纷案：上海市第一中级人民法院2020年8月11日民事判决书［《最高人民法院公报》2021年第6期（总第296期）］**，通过不违反公序良俗的方法提取的人体组织干细胞，属于民法上的物，但由于干细胞来源于人体，基于独特的生物属性，在法律上不得直接作为交易标的物。干细胞技术作为一种新型的生物治疗技术，相关的临床研究和转化应用应面向医疗卫生需求，因此，与干细胞相关的管理规范具有公共利益属性。干细胞买卖合同因损害社会公共利益而无效。

根据**四川金核矿业有限公司与新疆临钢资源投资股份有限公司特殊区域合作勘查合同纠纷案：最高人民法院（2015）民二终字第167号民事判决书［《最高人民法院公报》2017年第4期（总第246期）］**，当事人关于在自然保护区、风景名胜区、重点生态功能区、生态环境敏感区和脆弱区等区域内勘查开采矿产资源的合同约定，不得违反法律、行政法规的强制性规定或者损害环境公共利益，否则应依法认定无效。环境资源法律法规中的禁止性规定，即便未明确违反相关规定将导致合同无效。但若认定合同有效并继续履行将损害环境公共利益的，应当认定合同无效。

根据**海南康力元药业有限公司、海南通用康力制药有限公司与海口奇力制药股份有限公司技术转让合同纠纷案：最高人民法院（2011）民提字第307号民事判决书［《最高人民法院公报》2013年第2期（总第196期）］**，在合同效力的认定中，应该以合同是否违反法律、行政法规的强制性规定为判断标准，而不宜以合同违反行政规章的规定为由认定合同无效。在技术合同纠纷案件中，如果技术合同涉及的生产产品或提供服务依法须经行政部门审批或者许可而未经审批或者许可的，不影响当事人订立的相关技术合同的效力。

根据**丁福如与石磊房屋买卖合同纠纷案：上海市第二中级人民法院2010年11月24日民事判决书［《最高人民法院公报》2012年第11期（总第193期）］**，房屋行政主管部门对未经审批而改建、重建的房屋，可因现实状况与不动产登记簿记载的权利状况不一致，将其认定为附有违法建筑并结构相连的房屋并限制交易。如何认定这类房屋买卖合同的效力，实践中存在分歧。善意买受人根据不动产登记的公示公信原则，确信登记的权利状态与现实状态相一致，此信赖利益应予保护；根据区分原则，房屋因附有违法建筑而无法过户属合同履行范畴，不应影响合同效力。因此，这类合同如不具备《合同法》第五十二条的无效情形，应当认定有效。出卖人负有将房屋恢复至原登记的权利状态并消除行政限制的义务。在买受人同意按现状交付并自愿承担恢复原状义务的情况下，出卖人应按诚实信用原则将房屋交付买受人，并于买受人将房屋恢复原状、消除行政限制后协助完成过户手续。

根据**中建材集团进出口公司诉北京大地恒通经贸有限公司、北京天元盛唐投资有限公司、天宝盛世科技发展（北京）有限公司、江苏银大科技有限公司、四川宜宾俄欧工程发展有限公司进出口代理合同纠纷案：北京市高级人民法院 2009 年 9 月 22 日民事判决书［《最高人民法院公报》2011 年第 2 期（总第 172 期）］**，2005 年修订的《公司法》第十六条第一款规定："公司向其他企业投资或者为他人提供担保，依照公司章程的规定，由董事会或者股东会、股东大会决议；公司章程对投资或者担保的总额及单项投资或者担保的数额有限额规定的，不得超过规定的限额。"该条第二款规定："公司为公司股东或者实际控制人提供担保的，必须经股东会或者股东大会决议。"但公司违反前述条款的规定，与他人订立担保合同的，不能简单认定合同无效。第一，该条款并未明确规定公司违反上述规定对外提供担保导致担保合同无效；第二，公司内部决议程序，不得约束第三人；第三，该条款并非效力性强制性的规定；第四，依据该条款认定担保合同无效，不利于维护合同的稳定和交易的安全。

根据**梅州市梅江区农村信用合作联社江南信用社与罗苑玲储蓄存款合同纠纷上诉案：广东省梅州市中级人民法院（2009）梅中法民二终字第 75 号民事判决书［《最高人民法院公报》2011 年第 1 期（总第 171 期）］**，裁决如下：

一、根据《中华人民共和国合同法》第五十二条第（五）项的规定，违反法律、行政法规的强制性规定的合同无效。《最高人民法院关于适用〈中华人民共和国合同法〉若干问题的解释（二）》第十四条规定，所谓强制性规定是指效力性强制性规定。仅是针对特定主体的对内管理行为、不涉及公共利益的规定，不属于效力性强制性规定，违反该规定不能导致合同无效。

二、银行作为专业金融机构，对于关乎储户切身利益的内部业务规定，负有告知储户的义务。如银行未向储户履行告知义务，当双方对于储蓄合同相关内容的理解产生分歧时，应当按照一般社会生活常识和普遍认知对合同相关内容作出解释，不能片面依照银行内部业务规定解释合同内容。

根据**巴菲特投资有限公司诉上海自来水投资建设有限公司股权转让纠纷案：上海市高级人民法院 2009 年 5 月 18 日民事判决书［《最高人民法院公报》2010 年第 4 期（总第 162 期）］**，根据相关行政法规的规定，企业国有产权转让应当在依法设立的产权交易机构中公开进行，企业国有产权转让可以采取拍卖、招投标、协议转让等方式进行。企业未按照上述规定在依法设立的产权交易机构中公开进行企业国有产权转让，而是进行场外交易的，其交易行为违反公开、公平、公正的交易原则，损害社会公共利益，应依法认定其交易行为无效，所签订的产权转让合同亦无效。

根据**安徽省福利彩票发行中心与北京德法利科技发展有限责任公司营销协议纠纷案：最高人民法院（2008）民提字第 61 号民事判决书［《最高人民法院公报》2009 年第 9 期（总第 155 期）］**，裁决如下：

一、根据《最高人民法院关于适用〈中华人民共和国民事诉讼法〉审判监督程序若干问题的解释》第三十三条的规定，人民法院应当在具体的再审请求范围内或在抗诉支持当事人请求的范围内审理再审案件。当事人超出原审范围增加、变更诉讼请求的，不属于再审审理范围。但涉及国家利益、社会公共利益，或者当事人在原审诉讼中已经依法要求增加、变更诉讼请求，原审未予审理且客观上不能形成其他诉讼的除外。

二、根据《最高人民法院关于适用〈中华人民共和国合同法〉若干问题的解释（一）》第四条的规定，合同法实施以后，人民法院确认合同无效，应当以全国人大及其常委会制定的法律和国务院制定的行政法规为依据，不得以地方性法规、行政规章为依据。

根据**东风汽车贸易公司、内蒙古汽车修造厂与内蒙古环成汽车技术有限公司、内蒙古物**

资集团有限责任公司、赫连佳新、梁秋玲及第三人内蒙古东风汽车销售技术服务联合公司侵权纠纷案：最高人民法院（2008）民申字第461号民事裁定书［《最高人民法院公报》2009年第2期（总第148期）］，《国有资产评估管理办法》第三条规定，国有资产占有单位进行资产转让的，应当进行资产评估。该规定属于强行性规定，而非任意性规定。原判决根据该规定认定本案所涉房地产转让合同无效正确，不违反《合同法》第五十二条的规定。担保法没有对企业处置国有资产需经的程序作出规定，原判决依据《国有资产评估管理办法》的有关规定认定本案所涉房地产转让合同无效，不违反担保法。申请再审人受让本案所涉房地产违反《国有资产评估管理办法》的强制性规定，亦不能受到物权法的保护。

根据张桂平诉王华股权转让合同纠纷案：江苏省高级人民法院2005年12月6日民事判决书［《最高人民法院公报》2007年第5期（总第127期）］，《公司法》第一百四十一条所禁止的发起人在一定期限内转让股份的行为，是指发起人在自公司成立之日起一定期限内实际转让股份。法律并不禁止发起人为公司成立三年后转让股份而预先签订合同。只要不实际交付股份，就不会引起股东身份和股权关系的变更，即拟转让股份的发起人仍然是公司的股东，其作为发起人的法律责任并不会因签订转让股份的协议而免除。因此，发起人与他人订立合同约定在公司成立禁售期届满之后转让股权的，并不违反《公司法》第一百四十一条的禁止性规定，应认定为合法有效。

根据湘财证券有限责任公司与中国光大银行长沙新华支行、第三人湖南省平安轻化科技实业有限公司借款合同代位权纠纷案：最高人民法院（2006）民二终字第90号民事判决书［《最高人民法院公报》2007年第1期（总第123期）］，裁决如下：

一、客户与证券经营机构签订合同，约定由客户将资金交付给证券经营机构，委托证券经营机构在一定期限内投资于证券市场，并由证券经营机构按期向客户支付投资收益。此类合同属于委托理财合同。

二、客户与证券经营机构在委托理财合同中约定，由证券经营机构保证客户的投资收益达到一定比例，不足部分由证券经营机构补足。此类约定属于委托理财合同中保证本息固定回报的条款，即保底条款。根据《证券法》第一百四十三条的规定，证券商不得以任何方式对客户证券买卖收益或者赔偿证券买卖的损失作出承诺。上述保底条款因违反该规定而无效。因保底条款属于委托理财合同的目的条款或核心条款，故保底条款无效即导致委托理财合同整体无效。

根据西安市商业银行与健桥证券股份有限公司、西部信用担保有限公司借款担保合同纠纷案：最高人民法院（2005）民二终字第150号民事判决书［《最高人民法院公报》2006年第9期（总第119期）］，裁决如下：

一、根据《最高人民法院关于适用〈中华人民共和国合同法〉若干问题的解释（一）》第四条的规定，人民法院确认合同无效，应当以全国人大及其常委会制定的法律和国务院制定的行政法规为依据，不得以地方性法规、行政规章为依据。《中国人民银行关于禁止银行资金违规流入股票市场的通知》属于部门规章。不能作为确认合同效力的依据。

二、债务人无正当理由未在合同约定的期限内还款，担保人未按照合同约定承担保证责任，均构成合同履行中的违约，本应承担违约责任，而债务人、担保人反以不正当理由主张合同无效的，有违诚实信用原则，依法不应支持。

根据万通实业公司与兰州商业银行借款合同纠纷案：最高人民法院（2004）民二终字第209号民事判决书［《最高人民法院公报》2005年第9期（总第107期）］，借款合同双方当事人就借款合同中未履行的债务重新签订借款合同，债务人明知并且认可新合同中的一切内容，没有证据证明新合同的订立违背了当事人的真实意思表示，新合同中关于债务数额的约定，应视为债务人对自己权利的处分。只要该处分行为不损害公共利益，不违反国家法律或行政法规的禁止性规定，即应认定新合同中关于债务数额的约定合法有效。

根据浙江金华市自来水公司诉江西三清山管委会联营建设索道纠纷案：最高人民法院（2001）民二终字第197号民事判决书［《最高人民法院公报》2005年第4期（总第102期）］，

当事人以同一标的先后与他人签订两个协议，两个协议内容均不违反法律、行政法规的强制性规定，依法符合合同生效条件的，不能因前协议有效而认定后协议无效，或认定前、后协议存在效力上的差异。当事人因履行其中一个协议而对另一个协议中的对方当事人构成违约的，应承担违约责任。

根据**国际华侨公司诉长江影业公司影片发行权许可合同纠纷案：最高人民法院（2001）民三终字第3号民事判决书［《最高人民法院公报》2004年第5期（总第91期）］**，电影著作权人可以依照著作权法的规定，自己行使或许可他人行使其著作权。在电影著作权许可使用合同中，著作权人与他人关于按比例分成收入和违约赔偿责任的约定，如不违反民法通则等法律或有关行政法规的禁止性规定，应认定有效。

根据**海军航空兵海南办事处诉深圳市三九旅游酒店有限公司等房屋租赁合同纠纷上诉案：最高人民法院（2003）民一终字第35号民事调解书［《最高人民法院公报》2003年第4期（总第84期）］**，海航办事处投资46734692元所建22344.7平方米的京航大厦，违反了中央军委关于必须向总后勤部报批的规定，出租京航大厦亦没有报总后勤部审批和办理《中国人民解放军利用房地产开展经营活动许可证》，违反了《中华人民共和国城市房地产管理法》，未在法律规定的期限内到有关主管部门登记、办理《国有土地使用证》《房屋所有权证》，故海航办事处与深圳三九公司、海南三九公司所签订的《京航大厦租赁合同》及《补充协议》等附属合同均无效。

根据**大安实业有限责任公司诉海天水产公司、海康达生物技术开发公司、宝通建业有限公司企业收购合同纠纷案：最高人民法院2001年9月14日民事判决书［《最高人民法院公报》2002年第2期（总第76期）］**，美天康公司不仅在签订协议前有海天公司、海康达公司、宝通公司的授权，而且所签订的协议事后也得到海天公司、海康达公司、宝通公司的承认。美天康公司作为签订合同的主体是合格的。合同约定的股权转让内容，不违背国家的强制性规定，不损害他人的利益，应当受法律保护。

根据**甘肃省农垦总公司与中国农业银行阿克塞哈萨克族自治县支行借款合同保证纠纷上诉案：最高人民法院（1999）经终字第347号民事判决书［《最高人民法院公报》2000年第3期（总第65期）］**，当事人在主观上存在以新贷偿还旧贷的共同意思表示，且合同内容并未违反我国现行法律或行政法规，应认定合法有效。

根据**天津市国际信托投资公司诉广州国信物业发展公司、广州国际信托投资公司借款合同纠纷上诉案：最高人民法院1998年7月29日民事判决书［《最高人民法院公报》1999年第2期（总第62期）］**，本案双方当事人所签订的贷款合同，是在双方平等的基础上自愿协商签订的，除罚息的约定违反中国人民银行规定应认定无效外，其余条款不违反国家法律和法规的规定，应认定其合法有效。

根据**海南自力投资有限公司诉海南华鑫物业管理有限公司物业管理承包合同纠纷案：海南省海口市中级人民法院1997年12月4日民事判决书［《最高人民法院公报》1999年第1期（总第57期）］**，物业管理是指物业管理机构统一对住宅小区提供公共性服务，包括社会治安和环境秩序的维护和管理，根据其管理事实和服务行为，依照规定标准向住户收取一定费用的一种社会性服务工作。物业管理权是一种存在于他人所有物上的物权，因此谁可以行使该权利，应当由物的所有权人（业主）决定。本案中，被上诉人投资公司只是顺发新村住宅小区的开发建设单位，其擅自与上诉人物业公司签订合同，将住宅小区的物业管理权"发包"给物业公司行使，借机收取承包金。该行为侵犯了业主的合法权益，该承包合同及其补充协议应为无效合同。

根据**2023年12月5日公布的《最高人民法院发布十起〈关于适用《中华人民共和国民法典》合同编通则若干问题的解释〉相关典型案例》，案例3为某甲银行和某乙银行合同纠纷案**，具体如下：

裁判要点

案涉交易符合以票据贴现为手段的多链条融资交易的基本特征。案涉《回购协议》是双方虚假意思表示，目的是借用银行承兑汇票买入返售的形式为某甲银行向实际用资人提供资金通道，真实合意是资金通道合同。在资金通道合同项下，各方当事人的权利义务是，过桥行提供资金通道服务，由出资银行提供所需划转的资金并支付相应的服务费，过桥行无交付票据的义务，但应根据其过错对出资银行的损失承担相应的赔偿责任。

简要案情

票据中介王某与某甲银行票据部员工姚某等联系以开展票据回购交易的方式进行融资，2015 年 3 月至 12 月，双方共完成 60 笔交易。交易的模式是：姚某与王某达成票据融资的合意后，姚某与王某分别联系为两者之间的交易提供资金划转服务的银行即过桥行，包括某乙银行、某丙银行、某丁银行等。所有的交易资金最终通过过桥行流入由王某控制的企业账户中；在票据的交付上，王某从持票企业收购票据后，通过其控制的村镇银行完成票据贴现，并直接向某甲银行交付。资金通道或过桥的特点是过桥行不需要见票、验票、垫资，没有资金风险，仅收取利差。票据回购到期后，由于王某与姚某等人串通以虚假票据入库，致使某甲银行的资金遭受损失，王某与姚某等人亦因票据诈骗、挪用资金等行为被判处承担刑事责任。之后，某甲银行以其与某乙银行签订的《银行承兑汇票回购合同》（以下简称《回购合同》）为据，以其与某乙银行开展票据回购交易而某乙银行未能如期交付票据为由提起诉讼，要求某乙银行承担回购合同约定的违约责任。

判决理由

生效判决认为：《回购合同》系双方虚假合意，该虚假合意隐藏的真实合意是由某乙银行为某甲银行提供资金通道服务，故双方之间的法律关系为资金通道合同法律关系。具体理由为：第一，某甲银行明知以票据回购形式提供融资发生在其与王某之间，亦明知是在无票据作为担保的情况下向王某融出资金，而某乙银行等过桥行仅凭某甲银行提供的票据清单开展交易，为其提供通道服务。因此，本案是以票据贴现为手段，以票据清单交易为形式的多链条融资模式，某甲银行是实际出资行，王某是实际用资人，某乙银行是过桥行。第二，某甲银行与某乙银行之间不交票、不背书，仅凭清单交易的事实可以证明，《回购合同》并非双方当事人的真实合意。第三，案涉交易存在不符合正常票据回购交易顺序的倒打款，进一步说明《回购合同》并非双方的真实意思表示。《回购合同》表面约定的票据回购系双方的虚假意思而无效；隐藏的资金通道合同违反了金融机构审慎经营原则，且扰乱了票据市场交易秩序、引发金融风险，因此双方当事人基于真实意思表示形成的资金通道合同属于违背公序良俗、损害社会公共利益的合同，依据《中华人民共和国民法总则》第一百五十三条第二款及《中华人民共和国合同法》第五十二条第四项的规定，应为无效。在《回购合同》无效的情形下，某甲银行请求某乙银行履行合同约定的义务并承担违约责任，缺乏法律依据，但某乙银行应根据其过错对某甲银行的损失承担相应的赔偿责任。

司法解释相关条文

《最高人民法院关于适用〈中华人民共和国民法典〉合同编通则若干问题的解释》第十五条

根据 **2023 年 3 月 1 日公布的《最高人民法院发布第三批人民法院大力弘扬社会主义核心价值观典型民事案例》，案例七是唐某诉某网络科技有限公司网络服务合同纠纷案（向未成年人提供内容不健康网络服务的合同无效）**，具体如下：

核心价值

社风文明

基本案情

唐某于 2007 年出生，系未成年人。2019 年 5 月 25 日至 2020 年 12 月 19 日，唐某使用其微信账号向某网络科技有限公司运营的某漫画平台充值浏览漫画，共支付 1466 元，形成 25 笔订单。唐某认为，某网络科技有限公司未尽到有效识别未成年人的义务，未对其消费行为和漫画内容进行必要限制。从唐某阅读以及平台推送的内容看，某网络科技有限公司提供的漫画会对其身心造成损害，违背了公序良俗。唐某向人民法院起诉，请求认定双方订立的网络服务合同无效，判令某网络科技有限公司退还充值款 1466 元。

裁判结果

审理法院认为，对于未成年人这一特殊群体，在判断行为效力时，应注重对行为是否违背公序良俗的审查，并遵循最有利于未成年人的原则。某网络科技有限公司作为网络服务提供者，向未成年人提供的漫画内容中，既包含行政规章规定的互联网文化单位不得提供的文化产品，也包含大量刺激性、挑逗性语言、裸露的画面以及大量不健康内容。案涉漫画内容会对未成年人的身心健康造成损害，对未成年人价值观养成产生错误引导，诱发未成年人对漫画内容进行模仿，对未成年人本人、所在家庭和关联群体产生不良影响，与强化未成年人保护的社会共识明显相悖。案涉合同内容违背公序良俗，应属无效。故判决双方订立的网络服务合同无效，某网络科技有限公司返还唐某充值款 1466 元。

典型意义

强化对未成年人的保护，让未成年人健康成长，是社会共同追求的价值与目标。本案以网络文化产品内容不健康、违背公序良俗为由，认定网络服务合同无效，一方面强调网络服务提供者应当秉持诚信的核心价值观，依法完善服务内容，另一方面发挥司法引领作用，引导网络服务提供者、未成年人及其家长、社会各界共同遵循文明、友善、法治的社会主义核心价值观，将“爱幼”落实到具体生活中来，共同参与网络信息内容生态治理，为未成年人健康成长营造文明、健康、清朗的网络空间。

根据**2023 年 1 月 19 日公布的《最高人民法院发布 2022 年全国法院十大商事案件》，其中案例三是胡兴瑞诉王刚买卖合同纠纷案（国家发布明确禁止“挖矿”活动的监管政策后，当事人签订的比特币“矿机”买卖合同应认定为违背公序良俗的无效合同）**，具体如下：

案情简介

2021 年 10 月 18 日，胡兴瑞与王刚通过微信方式达成买卖协议：胡兴瑞向王刚购买三台神马 M20S 型机器，又名“矿机”，特指在网络上挖比特币的专用计算机设备。2021 年 10 月 19 日，胡兴瑞通过微信、支付宝向王刚转款共计 62220 元。当天，胡兴瑞通过微信指定交货地点为四川省成都市温江区高家村 4 组 45 号、收货人为唐彪，同时王刚通过微信将上游卖家的货物快递单号发送给胡兴瑞。2021 年 10 月 23 日，胡兴瑞以微信电话方式欲告知王刚机器无法使用，但最终没有联系上王刚，胡兴瑞随即对机器进行了拆机检查。2021 年 10 月 24 日，胡兴瑞联系上王刚后将机器的测试视频、SN 码及设备照片发送给王刚，要求协商处理。2021 年 10 月 25 日之后，胡兴瑞无法再联系上王刚。胡兴瑞遂诉请解除合同并返还设备款。四川省乐山市井研县人民法院认定，双方就“矿机”买卖形成的合同无效，设备款和设备由双方互相返还。宣判后，双方当事人均未提起上诉，该判决已发生法律效力。

专家点评 / 程啸

近年来，随着比特币的兴起，围绕比特币生产、交易等经济活动及其上下游、衍生业务活动产生的纠纷，大量出现在司法实践中。对于比特币等虚拟财产及相关经济活动，虽然监管部门近年来发布多份文件予以规制，但在法律层面没有明确规定。这也导致司法实务中对此类纠纷的裁判标准有所不一。2021 年 9 月，中国人民银行等 10 部门发布《关于进一步防范和处置虚拟货币交易炒作风险的通知》、国家发展改革委等 11 部门发布《关于整治虚拟货币“挖矿”活动的通知》，明确虚拟货币相关业务活动属于非法金融活动，严禁新增虚拟货币“挖矿”活动。上述通知表明，对于事关国家金融管理制度、事关金融安全的虚拟货币相关活动，国家采取严格监管态度。市场主体如有违反，相关交易合同的效力应当依据《民法典》第 153 条第 2 款关于“违背公序良俗的民事法律行为无效”的规定，给予否定性评价，并对各方权利义务作出妥善处理。

本案纠纷产生于比特币生产的上游“矿机”买卖环节，合同签订及履行均在 2021 年 9 月前述通知发布之后。审理法院对案涉买卖合同作出无效的认定，体现了人民法院维护国家金融管理秩序和人民群众财产安全的鲜明态度，是司法护航经济高质量发展的重要体现。

第一，本案体现了人民法院有效防范金融风险的积极作用。比特币不具有与我国法定货币等同的法律地位，“挖矿”活动产出的“成果”不是法定货币，也没有实际的价值支撑，虚拟货币生产、交易环节衍生的虚假资产、经营失败、投资炒作等多重风险突出，影响社会经济发展秩序，甚至严重危害人民群众财产安全和国家金融安全，有损社会公共利益，违背公序良俗。所以，国务院相关部门陆续出台一系列政策措施，明确虚拟货币不具有法定货币地位，禁止开展和参与虚拟货币相关业务。本案从比特币交易活动对国家经济社会秩序，尤其是金融秩序的影响出发，对相关交易行为作出否定性评价，将潜在的金融风险尽量化解在风险链条的前端，传达了加强金融监管、防范金融风险的司法态度。

第二，本案也是对《民法典》规定的生态文明原则的有力贯彻。《民法典》确立了生态文明原则，要求民事主体从事民事活动，应当有利于节约资源、保护生态环境。司法审判应当对该原则在民事活动中的体现进行判断和引导，从个案中分析相关民事活动对资源、环境的危害程度、对他人利益和社会公共利益有无损害等。本案中，买卖合同以“挖矿”为目的，而“挖矿”以电力资源、碳排放量为代价，对电力资源造成巨量浪费的同时，不利于我国产业结构优化、节能减排，与经济社会高质量发展和碳达峰、碳中和目标不符，与公共利益相悖，应当作出否定性评价。

第三，本案对于对各类市场主体起到很好的价值引领和提示警醒作用。本案的判决，能够提示和引导从事经济活动的社会大众，其作为社会主义市场经济主体，既应遵守市场经济规则，亦应承担起相应的社会责任，树立起“生态文明”观念，共同推动经济社会高质量发展、可持续发展。同时，也提示广大投资者，要自觉增强风险防范意识，谨防虚拟货币交易及相关活动风险，保护好自己的“钱袋子”。

根据2023年1月19日公布的《最高人民法院发布2022年全国法院十大商事案件》，其中案例四是南京高科新浚成长一期股权投资合伙企业（有限合伙）诉房某某、梁某某等上市公司股份回购合同纠纷案（投资人和上市公司股东、实际控制人签订的与股票市值挂钩的回购条款应认定无效），具体如下：

案情简介

2016年12月，房某某、梁某某与南京高科新浚成长一期股权投资合伙企业（有限合伙）（以下简称高科新浚）、南京高科新创投资有限公司（以下简称高科新创）签订协议约定，高科新浚、高科新创认购绍兴闰康生物医药股权投资合伙企业（有限合伙）（以下简称绍兴闰康）新增出资1亿元，而绍兴闰康是作为江苏硕世的股东之一，对江苏硕世进行股权投资。此后，各方签订《修订合伙人协议》，其中4.2条上市后回售权约定：在江苏硕世完成合格首次公开发行之日起6个月届满之日，投资方有权要求任一回售义务人（房某某、梁某某或绍兴闰康）按照规定的价格购买其全部或部分合伙份额对应的收益权；上市后回售价款以按发出回售通知之日前30个交易日江苏硕世股份在二级市场收盘价算术平均值作为计算依据。

2019年12月，江苏硕世在上海证券交易所科创板上市。根据《上海证券交易所科创板股票发行上市审核问答二》第十条的规定，前述4.2条约定属于发行人在申报科创板股票发行上市前应予以清理的对赌协议。但江苏硕世在申报发行过程中，未按监管要求对回购条款予以披露和清理。2020年7月13日，高科新浚、高科新创向房某某、梁某某、绍兴闰康发出《回售通知书》，要求绍兴闰康履行上市后回购义务。当日，江苏硕世盘中的股票交易价格达到历史最高价476.76元。此前30个交易日，江苏硕世的股票价格涨幅达155%。次日起江苏硕世股价一直处于跌势，直至2020年9月11日交易收盘价为183.80元。因房某某、梁某某、绍兴闰康未于高科新浚发出回售通知后3个月内支付相应回购价款。高科新浚遂提起本案诉讼：(1)判令房某某、梁某某、绍兴闰康共同向高科新浚支付合伙份额的回售价款499023228.60元；(2)判令房某某、梁某某、绍兴闰康共同向高科新浚赔偿因逾期支付回售价款导致的利息损失；(3)判令绍兴闰康协助高科新浚办理绍兴闰康所持江苏硕世204.0995万股股份的质押登记手续，在前述股份质押登记手续办结后或逾期未在法院判决限定期限内办理股份质押手续的，高科新浚可通过协议折价或以拍卖、变卖后的价款在房某某、梁某某、绍兴闰康应向高科新浚支付的回售价款及利息损失范围内享有优先受偿权。

上海市第二中级人民法院一审认为，案涉上市后回售权的约定违反金融监管秩序，判决驳回高科新浚、高科新创全部诉讼请求。高科新浚、高科新创上诉至上海市高级人民法院。二审认为，案涉《修订合伙人协议》系绍兴闰康的合伙人之间签订，但房某某、梁某某系江苏硕世的实际控制人，高科新浚、高科新创借合伙形式，实质上与上市公司股东、实际控制人签订了直接与二级市场短期内股票交易市值挂钩的回购条款，不仅变相架空了禁售期的限制规定，更是对二级市场投资人的不公平对待，有操纵股票价格的风险，扰乱证券市场秩序，属于《民法典》第一百五十三条违反公序良俗之情形，应认定无效，故驳回上诉，维持原判。

专家点评 / 李建伟

贯彻以人民为中心的发展思想是证券监管和金融司法服务金融高质量发展、推动法治中国建设的应有之义。近年来，在最高人民法院的指导下，全国法院贯彻以人民为中心的发展思想，积极支持金融体制改革，坚持协同治理，司法理念与金融监管政策相向而行，切实保护金融消费者和中小投资者的合法权益，为资本市场稳定有序、高质量发展保驾护航。2022年6月最高人民法院发布的《关于为深化新三板改革、设立北京证券交易所提供司法保障的若干意见》明确上市公司“定增保底”条款无效。本案正是人民法院对上市公司对赌协议效力认定作出的示范性裁判。涉案上市后回购股权条款的效力认定，不仅涉及公司内部关系的调整，还涉及证券市场交易秩序维护和金融安全稳定等问题。

本案的典型意义在于：一是对违反证券监管规则的行为效力作出妥当的司法认定，以使金融政策实现完善金融市场治理的使命。根据上海证券交易所的上市审核规则，系争回购条款属于江苏硕世股票发行上市前应当披露，且应予以及时清理的对赌协议。《证券法》将发行上市审核权和规则制定权授权给证券交易所，证券交易所审核规则的效力层级虽然下降，但依然具有规范意义上的强制力。一方面是因为在实质层面上，加大对证券市场违法违规行为的规制，保障广大投资者准确评估证券价值和风险，维护证券市场正常交易秩序，乃是这些规则设置的目的所在；另一方面是因为在形式层面上，低级规范的创造由高级规范决定，高级规范又由更为高级的规范决定，监管规则与上位阶规范同属于法律规范等级体系的有机组成部分。生效裁判参照2019年《全国法院民商事审判工作会议纪要》第31条精神，充分考察证券监管规则背后所保护的法益实质，对系争回购条款的合法性进行审查。涉案回购条款约定的价格完全按照二级市场短期内股票交易市值计算，已经背离了估值调整协议中“估值补偿”的基本属性，且从回购通知前后江苏硕世股票价格走势来看，不排除存在人为操纵股价的可能。上述与二级市场股票市值直接挂钩的回购条款约定，扰乱证券市场正常交易秩序和金融安全稳定，损害社会公共利益，应当认定为违背公序良俗的无效条款。二是形成司法裁判与证券监管的协同互动，实现优势互补，并以此提升金融市场风险治理的绩效。本案当事人均是专业投资人，在目标公司发行上市申报期间隐瞒了涉案回购条款，违规获取上市发行资格。对于上述故意规避监管的违规行为，司法裁判应与金融监管同频共振，坚决予以遏制，否则将助长市场主体通过抽屉协议或设立马甲公司等隐蔽手段规避证券监管，侵蚀注册制以信息披露真实性、准确性、完整性为核心的制度根基。本案裁判受到证券市场广泛关注，也得到了广大投资者和监管部门的良好反响。本案通过司法裁判对规避证券监管要求的行为给与否定评价，不仅提高了违法者的违法成本，避免违法者因违法而不当获益，而且还能充分发挥金融司法与证券监管不同的功能优势，提升金融市场的治理实效。尤其在当前IPO注册制背景下，对保障证券监管要求不被架空，维护金融系统安全，推动金融服务实体经济、服务经济高质量发展具有积极意义。

根据2022年6月14日公布的《最高人民法院发布十起森林资源民事纠纷典型案例》，其中案例八是安某堂等五十四人诉山西省五台县某界村民委员会及第三人郭某华、张某如确认林地承包合同效力纠纷案，具体如下：

基本案情

2009年，被告山西省五台县某界村民委员会（以下简称某界村委会）与第三人张某如、郭某华签订《林权买卖合同》约定：因硬化通村路工程项目资金短缺，经村支两委村民代表会议决定，将登记在村集体名下的220亩林地作价2.5万元，转让给张某如、郭某华经营，经营期为30年。案涉合同签订时，该村约有村民一百人，未选举村民代表。而根据张某如、郭某华提供的2008年5月出卖案涉林地时的干群会议记录显示，仅有十人参加会议并签字按印。该村现有人口八十八人。原告安某堂等五十四人系该村村民，于2020年4月提起本案诉讼，以某界村委会未召开村民会议，未经村民代表同意，未依法公示并报当地政府批准，擅自将集体林地承包给他人，严重损害村民集体利益为由，请求确认《林权买卖合同》无效。

裁判结果

山西省五台县人民法院一审认为，农村土地承包依法必须经本集体经济组织成员的村民会议三分之二以上成员或者三分之二以上村民代表的同意。某界村委会与张某如、郭某华订立的《林权买卖合同》实为林地承包合同，但未按法定的土地承包程序进行，违反《农村土地承包法》的强制性规定，判决确认案涉《林权买卖合同》无效。宣判后，张某如、郭某华提出上诉，山西省忻州市中级人民法院二审判决驳回上诉，维持原判。

典型意义

对于涉及村民利益的重大事项须经村民会议或者村民代表会议讨论决定的民主议定程序规则，是《农村土地承包法》的强制性规定，当事人对此当属明知。交易相对人在承包时，应当按照法律规定，对村民会议或者村民代表会议决议进行合理审查。本案中，承包方提供的会议记录显示，订立合同时仅召开了干群会议，且只有十分之一的村民参加会议并签字按印，明显不符合法律规定的民主议定程序。其未尽合理审查义务，不能认定为善意交易相对人。人民法院依法确认林地承包合同无效，教育引导交易主体杜绝侥幸心理，审慎履行对法定特别程序的注意义务，依法订立和履行涉及集体林地的合同。本案对于保护村集体合法权益，规范集体林地交易规则，促进森林资源的依法有序利用具有示范意义。

根据**2022年2月28日公布的《最高人民法院发布十起人民法院服务保障自由贸易试验区建设典型案例》，其中案例6是翰瑟公司与中意公司买卖合同纠纷案，**具体如下：

基本案情

中意公司是在湖南自贸试验区内设立的外商投资企业，专营进出口贸易。翰瑟公司与中意公司签订了两份买卖合同，约定由中意公司从意大利供应商处为翰瑟公司购买碎皮料，并约定因海关检查等原因致合同不能履行的，免除相应违约责任。涉案货物经海关查验并取样送检被认定为"成品皮革、皮革制品或再生皮革的边角料"，为我国禁止进口的固体废物。海关对中意公司作出处罚。翰瑟公司诉请解除两份买卖合同，判令中意公司返还货款204100元并支付资金占用利息。

裁判结果

长沙市中级人民法院一审认为，涉案买卖合同的标的属于我国禁止进口的固体废物，该合同违反法律、行政法规的强制性规定，故合同无效。两公司明知涉案货物属于我国禁止进口的固体废料，双方对合同的签订和履行均有过错，应按照各自过错承担责任。判决中意公司返还翰瑟公司货款204100元。双方均不服，提起上诉。湖南省高级人民法院二审判决驳回上诉，维持原判。

典型意义

既要依法保护、也要依法监管，是自贸试验区法治化营商环境的完整内涵。近年来，我国深化对固体废物的管理制度改革并取得了明显成效。本案明确了进口固体废物合同系违反我国法律规定的无效合同，依法有效切断洋垃圾进入我国境内，规范和引导中外投资者诚信、合法经营，对优化自由贸易试验区生态环境、保护人民身体健康具有重要意义。

根据**2022年1月25日公布的《最高人民检察院发布12起检察机关服务保障黄河流域生态保护和高质量发展典型案例》**，其中包括陕西省人民检察院抗诉王某龙确认合同无效监督案，具体如下：

关键词

民事抗诉/损害"两益"/合同效力/效力性强制性规定

要旨

《中华人民共和国矿产资源法》关于勘查、开采矿产资源，必须依法申请、批准、登记的有关规定系效力性强制性规定。违反上述规定订立民事合同损害国家和社会公共利益，应当依法确认无效。

基本案情

陕西省泾阳县禄长砂场位于黄河重要支流泾河的彬县河段，2013 年被列为河砂禁采区。2014 年 11 月 1 日，王某龙与武某群签订协议，约定武某群以 150000 元将禄长砂场转让给王某龙。当日，王某龙支付定金 50000 元，出具 100000 元欠条一张。合同签订后，王某龙着手经营砂场。由于原采砂许可证已于 2012 年年底过期，2014 年 11 月 27 日，彬县水利局作出《责令停止违法行为通知书》，认定王某龙擅自在泾河禄长村段存放物料，倾倒垃圾、土石料等废物，无证采砂，责令其停止违法行为。2015 年 4 月，王某龙将武某群诉至彬县人民法院，要求解除合同。彬县人民法院一审判决：禄长砂场转让协议无效，王某龙出具的欠条无效，武某群返还 50000 元，王某龙返还场地和厂房设备。武某群不服，上诉至咸阳市中级人民法院。该院二审认为，一审引用的法律条文中并未规定违反该条文而签订的合同为无效合同，均属管理性强制性规定，并非效力性强制性规定。砂场转让协议，系双方真实意思表示，不违反法律强制性规定，为有效合同。判决撤销原审判决，驳回王某龙的诉讼请求。王某龙向咸阳市中级人民法院申请再审，该院裁定驳回再审申请。王某龙向咸阳市人民检察院申请监督。

检察机关监督情况

2018 年 9 月 19 日，陕西省人民检察院向陕西省高级人民法院提出抗诉。抗诉认为，终审判决适用法律错误。《中华人民共和国矿产资源法》规定从事矿产资源开采必须符合规定的资质条件，禁止非法转让采矿权。该强制性规定虽然未直接规定违反此规定将导致合同无效，但违反该规定将损害国家和社会公共利益，应当认定为效力性强制性规定。本案中，禄长砂场无采砂许可证、无营业执照，非法采砂行为影响泾河行洪通畅安全以及河道生态环境。转让行为本身损害国家和社会公共利益，即使系双方真实意思表示，也应当认定为无效。

2019 年 9 月 11 日，咸阳市中级人民法院作出（2019）陕 04 民再 23 号民事判决。该院认为，《中华人民共和国矿产资源法》第三条、第六条虽未直接规定违反此规定的法律后果，但违反此规定的合同将有损国家和公共利益，因此属于效力性强制性规定。本案中，双方转让砂场行为本身有损国家和公共利益，应为无效合同。判决：撤销咸阳市中级人民法院（2016）陕 04 民终 117 号民事判决；维持彬县人民法院（2015）彬民初字第 00586 号民事判决。

典型意义

黄河流域水资源自然禀赋条件差，水沙关系不协调，对于各主要支流沿河采砂行为应当严格监管。案涉合同约定转让位于黄河支流泾河彬县河段禁采区的砂场，破坏了河床生态保护功能，损害了国家和社会公共利益，该合同意思表示系对效力性强制性规定的违反。检察机关以合同无效提出民事抗诉，对于违法转让砂场行为作出否定性司法评价，维护了黄河干流及主要支流保护、治理秩序。

根据 2021 年 5 月 31 日公布的《最高人民法院发布互联网十大典型案例》，其中案例 4 是常文韬诉许玲、第三人马锋刚网络服务合同纠纷案（（2019）京 0491 民初 2547 号，北京互联网法院），具体如下：

基本案情

2017 年 9 月 11 日，许玲通过其微信向常文韬寻求“暗刷的流量资源”。经过沟通，双方于 2017 年 9 月 15 日就“暗刷需求”达成一致：以单价 0.9 元每千次 UV 每周结算；按许玲指定的第三方后台 CNZZ 统计数据结算。常文韬于 2017 年 9 月 15 日开始为许玲提供网络暗刷服务。2017 年 9 月 20 日，许玲通过微信转账给常文韬结算了 229 元服务费。2017 年 10

月9日，双方将单价调整为1.1元每千次UV。后常文韬催促许玲结算付款，许玲于2017年10月23日微信回复称，“财务去弄发票了，今天能结”。但到2017年11月3日，许玲却意图单方面变更双方商定的以“第三方后台CNZZ数据为结算依据”，而强行要求以其甲方提供的数据为结算依据，只同意付款16293元。常文韬起诉要求许玲支付服务费30743元及利息。人民法院经审理认为，双方“暗刷流量”的行为，侵害了不特定市场竞争者和广大不特定网络用户的利益，最终损害了社会公共利益，认定双方订立的“暗刷流量”合同无效，判决驳回常文韬的诉讼请求。

典型意义

本案是全国首例涉及“暗刷流量”交易的案件。网络产品的真实流量能够反映网络产品的受欢迎度及质量优劣程度，流量成为网络用户选择网络产品的重要因素。本案从产业层面上揭示了互联网经济的流量属性和“暗刷流量”的危害性，并在判决中明确，以“暗刷流量”交易为目的订立的合同，违背公序良俗、损害社会公共利益，应属无效；双方当事人不得基于“暗刷流量”合同获利；法院对交易双方在合同履行过程中的获利，应予收缴。该判决对“暗刷流量”的否定评价，对于构建网络诚信秩序、净化网络道德环境、提高网络治理能力具有重要意义。

专家点评/郭禾

“流量”在网络时代已经成为一种“财富”。凭借客户的好评，电商的销量可以大幅度提高；凭借海量“粉丝”，可以获得丰厚的广告收益。于是，就有了以提供“暗刷流量”，并根据PV值、UV值、IP值明码标价不法之业。本案就是一起因“暗刷流量”合同而引起的纠纷。原告以其已按约定完成暗刷，而被告不按约定支付费用为由提起违约之诉。

众所周知，暗刷流量的结果并不反映网站的实际流量。靠暗刷制造的高流量显属虚夸网站业绩，其目的大多是欺骗、误导消费者，诱骗网民与其交易。最常见的情形是以虚假交易量吸引消费者、编造用户好评价误导公众。这种行为不仅直接损害消费者利益，而且也损害了其他合法经营商家的利益。任何人不得因损害公共利益而获利，为此而订立的合同依照法律当属无效。法律不能保护这种非法行为所生之利。故原告的请求不能支持。与此同时，被告因原告行为所获利益也不应给予保护。

根据2020年5月13日公布的《最高人民法院发布人民法院大力弘扬社会主义核心价值观十大典型民事案例》，具体如下：

案例6是“暗刷流量”合同无效案（常某某诉许某网络服务合同纠纷案），核心价值为“诚实守信、网络秩序”，典型意义为：

此案是全国首例涉及“暗刷流量”虚增网站点击量的案件。网络产品的真实流量能够反映出网络产品的受欢迎度及质量优劣程度，流量成为网络用户选择网络产品的重要因素。“暗刷流量”的行为违反商业道德，违背诚实信用原则，对行业正常经营秩序以及消费者的合法权益均构成侵害，有损社会公共利益。本案对“暗刷流量”交易行为的效力予以否定性评价，并给予妥当的制裁和惩戒，对治理互联网领域内的乱象有积极推动作用。

案例7是开发商“自我举报”无证卖房毁约案（某房地产公司诉李某某确认合同无效案），核心价值为“诚实守信、契约严守”，典型意义为：

本案不因开发商签约时未取得商品房预售许可证而机械认定房屋认购合同无效，而是结合合同目的、合同履行、商品房预售制度的立法目的等因素，认定商品房预售制度所欲避免的风险在本案中已经不存在，开发商提起本案诉讼是为获取超出合同利益的恶意违约行为，故而对开发商违背诚信的行为给予否定性评价，依法保护了消费者合法权益，维护了房地产交易的稳定性，引导市场交易主体诚信经营、严守契约，是一份有温度、有力量的公正判决。

根据2019年12月10日公布的《最高人民法院发布10起行政协议案件典型案例》，其中案例10是徐某某诉安丘市人民政府房屋补偿安置协议案，典型意义如下：

考虑签订涉案协议的目的是改善居民生活条件、实现社会公共利益，如果徐某某依据违反拆迁政策的协议条款再获得100平方米安置房，势必增加政府在旧村改造项目中的公共支出，侵犯整个片区的补偿安置秩序，损害社会公共利益。因此，根据《合同法》第五十二条之规定，涉案争议条款关于给徐某某两套回迁安置房的约定不符合协议目的，损害社会公共利益，亦应无效。故徐某某在按照安置补偿政策已获得相应补偿的情况下，其再要求安丘市人民政府交付剩余 100 平方米安置楼房，缺乏事实和法律依据，人民法院遂判决驳回徐某某的诉讼请求。

根据 **2016 年 10 月 31 日公布的《最高人民法院第二巡回法庭发布关于公正审理跨省重大民商事和行政案件十件典型案例》，其中案例 6 为深圳市新世纪投资发展有限公司与东北石油大学合同纠纷案**，典型意义如下：

本案当事人跨越黑龙江与广东两省，是涉及处置行政事业性国有资产合同效力的典型案例。在涉及国有资产处置的合同纠纷中，如国有资产处置主体具备独立法人资格，合同各方均具有相应的民事权利能力和民事行为能力，合同内容系当事人意思表示真实，国有资产处置主体在诉讼中将其管理的国有资产利益直接等同于《中华人民共和国合同法》第五十二条规定的国家利益或者社会公共利益，以合同损害国家利益或者社会公共利益为由主张国有资产处置合同无效，但没有其他证据证明或补充说明，合同也不存在《中华人民共和国合同法》第五十二条规定的其他情形的，人民法院对其合同无效的主张不应予以支持。本案中，东北石油大学处置的资产属于行政事业性国有资产。现行法律、行政法规对行政事业性国有资产并无效力性强制性规范。东北石油大学处置安达校区资产，并未损害社会公共利益。东北石油大学系具备独立法人资格的事业单位，具有相应的民事权利能力和民事行为能力，东北石油大学转让的安达校区资产，虽然属国有资产和社会公共教育资源，但安达校区资产的转让系东北石油大学与深圳新世纪公司作为平等的民事主体在平等协商的基础上自愿进行的有偿转让，不应将东北石油大学管理的国有资产利益直接等同于《中华人民共和国合同法》第五十二条所称的国家利益或者社会公共利益，亦不应据此认定转让合同无效。

第一百五十四条 【恶意串通的民事法律行为的效力】行为人与相对人恶意串通，损害他人合法权益的民事法律行为无效。

根据 **2015 年 4 月 24 日修正的《中华人民共和国拍卖法》**，规定如下：

第六十五条 违反本法第三十七条的规定，竞买人之间、竞买人与拍卖人之间恶意串通，给他人造成损害的，拍卖无效，应当依法承担赔偿责任。由工商行政管理部门对参与恶意串通的竞买人处最高应价百分之十以上百分之三十以下的罚款；对参与恶意串通的拍卖人处最高应价百分之十以上百分之五十以下的罚款。

根据 **2008 年 10 月 28 日公布的《中华人民共和国企业国有资产法》**，规定如下：

第七十二条 在涉及关联方交易、国有资产转让等交易活动中，当事人恶意串通，损害国有资产权益的，该交易行为无效。

根据 **2022 年 12 月 26 日公布的《最高人民法院关于为促进消费提供司法服务和保障的意见》（法发〔2022〕35 号）**，具体如下：

10. 加强住房消费者权益保护。严格保护依法成立生效的房屋买卖合同，维护市场秩序，助力实施房地产市场平稳健康发展长效机制，积极保护居民合理自住需求，遏制投资投机性需求，促进居住消费健康发展，推动实现稳地价、稳房价、稳预期。对当事人逾期付款、逾期交房、逾期办证等违约行为引起的商品房买卖合同纠纷，人民法院要加强调解，引导当事人协商解决纠纷；当事人请求违约方承担逾期付款、逾期交房、逾期办证的违约责任的，人民法院应当依照合同约定或者商品房买卖合同司法解释第十三条和第十四条规定处理。出卖人出售房屋后又与第三人恶意串通，另行订立商品房买卖合同并将已出售房屋交付第三人使用，导致原来的买受人无法取得房屋的，人民法院应当依法认定出卖人与第三人订立的商品房买卖合同无效。

根据**2023年12月4日公布的《最高人民法院关于适用〈中华人民共和国民法典〉合同编通则若干问题的解释》（法释〔2023〕13号）**，规定如下：

第二十三条 法定代表人、负责人或者代理人与相对人恶意串通，以法人、非法人组织的名义订立合同，损害法人、非法人组织的合法权益，法人、非法人组织主张不承担民事责任的，人民法院应予支持。

法人、非法人组织请求法定代表人、负责人或者代理人与相对人对因此受到的损失承担连带赔偿责任的，人民法院应予支持。

根据法人、非法人组织的举证，综合考虑当事人之间的交易习惯、合同在订立时是否显失公平、相关人员是否获取了不正当利益、合同的履行情况等因素，人民法院能够认定法定代表人、负责人或者代理人与相对人存在恶意串通的高度可能性的，可以要求前述人员就合同订立、履行的过程等相关事实作出陈述或者提供相应的证据。其无正当理由拒绝作出陈述，或者所作陈述不具合理性又不能提供相应证据的，人民法院可以认定恶意串通的事实成立。

根据**2022年4月1日修正的《最高人民法院关于适用〈中华人民共和国民事诉讼法〉的解释》（法释〔2022〕11号）**，规定如下：

第一百零九条 当事人对欺诈、胁迫、恶意串通事实的证明，以及对口头遗嘱或者赠与事实的证明，人民法院确信该待证事实存在的可能性能够排除合理怀疑的，应当认定该事实存在。

根据**2020年12月29日修正的《最高人民法院关于审理与企业改制相关的民事纠纷案件若干问题的规定》（法释〔2020〕18号）**，规定如下：

第十八条 企业出售中，当事人双方恶意串通，损害国家利益的，人民法院在审理相关的民事纠纷案件时，应当确认该企业出售行为无效。

根据**2020年12月29日修正的《最高人民法院关于审理商品房买卖合同纠纷案件适用法律若干问题的解释》（法释〔2020〕17号）**，规定如下：

第七条 买受人以出卖人与第三人恶意串通，另行订立商品房买卖合同并将房屋交付使用，导致其无法取得房屋为由，请求确认出卖人与第三人订立的商品房买卖合同无效的，应予支持。

根据**1994年3月26日公布的《最高人民法院关于债务人有多个债权人将其全部财产抵押给其中一个债权人是否有效问题的批复》（法复〔1994〕2号）**，在债务人有多个债权人的情况下，债务人将其全部财产抵押给其中一个债权人，因而使该债务人丧失了履行其他债务的能力，侵犯了其他债权人的合法权益，根据《中华人民共和国民法通则》第四条、第五条的规定，应当认定该抵押协议无效。

根据2016年9月19日公布的《最高人民法院关于发布第14批指导性案例的通知》（法〔2016〕311号），其中指导案例68号是上海欧宝生物科技有限公司诉辽宁特莱维置业发展有限公司企业借贷纠纷案，具体如下：

裁判要点

人民法院审理民事案件中发现存在虚假诉讼可能时，应当依职权调取相关证据，详细询问当事人，全面严格审查诉讼请求与相关证据之间是否存在矛盾，以及当事人诉讼中言行是否违背常理。经综合审查判断，当事人存在虚构事实、恶意串通、规避法律或国家政策以谋取非法利益，进行虚假民事诉讼情形的，应当依法予以制裁。

相关法条

《中华人民共和国民事诉讼法》第112条

基本案情

上海欧宝生物科技有限公司（以下简称欧宝公司）诉称：欧宝公司借款给辽宁特莱维置

业发展有限公司（以下简称特莱维公司）8650 万元，用于开发辽宁省东港市特莱维国际花园房地产项目。借期届满时，特莱维公司拒不偿还。故请求法院判令特莱维公司返还借款本金 8650 万元及利息。

特莱维公司辩称：对欧宝公司起诉的事实予以认可，借款全部投入特莱维国际花园房地产项目，房屋滞销，暂时无力偿还借款本息。

一审申诉人谢涛述称：特莱维公司与欧宝公司，通过虚构债务的方式，恶意侵害其合法权益，请求法院查明事实，依法制裁。

法院经审理查明：2007 年 7 月至 2009 年 3 月，欧宝公司与特莱维公司先后签订 9 份《借款合同》，约定特莱维公司向欧宝公司共借款 8650 万元，约定利息为同年贷款利率的 4 倍。约定借款用途为：只限用于特莱维国际花园房地产项目。借款合同签订后，欧宝公司先后共汇款 10 笔，计 8650 万元，而特莱维公司却在收到汇款的当日或数日后立即将其中的 6 笔转出，共计转出 7050 万余元。其中 5 笔转往上海翰皇实业发展有限公司（以下简称翰皇公司），共计 6400 万余元。此外，欧宝公司在提起一审诉讼要求特莱维公司还款期间，仍向特莱维公司转款 3 笔，共计 360 万元。

欧宝公司法定代表人为宗惠光，该公司股东曲叶丽持有 73.75%的股权，姜雯琪持有 2%的股权，宗惠光持有 2%的股权。特莱维公司原法定代表人为王作新，翰皇公司持有该公司 90%的股权，王阳持有 10%的股权，2010 年 8 月 16 日法定代表人变更为姜雯琪。工商档案记载，该公司在变更登记时，领取执照人签字处由刘静君签字，而刘静君又是本案原一审诉讼期间欧宝公司的委托代理人，身份系欧宝公司的员工。翰皇公司 2002 年 3 月 26 日成立，法定代表人为王作新，前身为上海特莱维化妆品有限公司，王作新持有该公司 67%的股权，曲叶丽持有 33%的股权，同年 10 月 28 日，曲叶丽将其持有的股权转让给王阳。2004 年 10 月 10 日该公司更名为翰皇公司，公司登记等手续委托宗惠光办理，2011 年 7 月 5 日该公司注销。王作新与曲叶丽系夫妻关系。

本案原一审诉讼期间，欧宝公司于 2010 年 6 月 22 日向辽宁省高级人民法院（以下简称辽宁高院）提出财产保全申请，要求查封、扣押、冻结特莱维公司 5850 万元的财产，王阳以其所有的位于辽宁省沈阳市和平区澳门路、建筑面积均为 236.4 平方米的两处房产为欧宝公司担保。王作鹏以其所有的位于沈阳市皇姑区宁山中路的建筑面积为 671.76 平方米的房产为欧宝公司担保，沈阳沙琪化妆品有限公司（以下简称沙琪公司，股东为王振义和修桂芳）以其所有的位于沈阳市东陵区白塔镇小羊安村建筑面积分别为 212 平方米、946 平方米的两处厂房及使用面积为 4000 平方米的一块土地为欧宝公司担保。

欧宝公司与特莱维公司的《开立单位银行结算账户申请书》记载地址均为东港市新兴路 1 号，委托经办人均为崔秀芳。再审期间谢涛向辽宁高院提供上海市第一中级人民法院（2008）沪一中民三（商）终字第 426 号民事判决书一份，该案系张娥珍、贾世克诉翰皇公司、欧宝公司特许经营合同纠纷案，判决所列翰皇公司的法定代表人为王作新，欧宝公司和翰皇公司的委托代理人均系翰皇公司员工宗惠光。

二审审理中另查明：

（一）关于欧宝公司和特莱维公司之间关系的事实

工商档案表明，沈阳特莱维化妆品连锁有限责任公司（以下简称沈阳特莱维）成立于 2000 年 3 月 15 日，该公司由欧宝公司控股（持股 96.67%），设立时的经办人为宗惠光。公司登记的处所系向沈阳丹菲专业护肤中心承租而来，该中心负责人为王振义。2005 年 12 月 23 日，特莱维公司原法定代表人王作新代表欧宝公司与案外人张娥珍签订连锁加盟（特许）合同。2007 年 2 月 28 日，霍静代表特莱维公司与世安建设集团有限公司（以下简称世安公司）签订关于特莱维国际花园项目施工的《补充协议》。2010 年 5 月，魏亚丽经特莱维公司授权办理银行账户的开户，2011 年 9 月又代表欧宝公司办理银行账户开户。两账户所留联系人均为魏亚丽，联系电话均为同一号码，与欧宝公司 2010 年 6 月 10 日提交辽宁高院的民事起诉状中所留特莱维公司联系电话相同。

2010年9月3日，欧宝公司向辽宁高院出具《回复函》称：同意提供位于上海市青浦区苏虹公路332号的面积12026.91平方米、价值2亿元的房产作为保全担保。欧宝公司庭审中承认，前述房产属于上海特莱维护肤品股份有限公司（以下简称上海特莱维）所有。上海特莱维成立于2002年12月9日，法定代表人为王作新，股东有王作新，以及翰皇公司的股东王阳、邹艳，欧宝公司的股东宗惠光、姜雯琪、王奇等人。王阳同时任上海特莱维董事，宗惠光任副董事长兼副总经理，王奇任副总经理，霍静任董事。

2011年4月20日，欧宝公司向辽宁高院申请执行（2010）辽民二初字第15号民事判决，该院当日立案执行。同年7月12日，欧宝公司向辽宁高院提交书面申请称："为尽快回笼资金，减少我公司损失，经与被执行人商定，我公司允许被执行人销售该项目的剩余房产，但必须由我公司指派财务人员收款，所销售的房款须存入我公司指定账户。"2011年9月6日，辽宁高院向东港市房地产管理处发出《协助执行通知书》，以相关查封房产已经给付申请执行人抵债为由，要求该处将前述房产直接过户登记到案外买受人名下。

欧宝公司申请执行后，除谢涛外，特莱维公司的其他债权人世安公司、江西临川建筑安装工程总公司、东港市前阳建筑安装工程总公司也先后以提交执行异议等形式，向辽宁高院反映欧宝公司与特莱维公司虚构债权进行虚假诉讼。

翰皇公司的清算组成员由王作新、王阳、姜雯琪担任，王作新为负责人；清算组在成立之日起10日内通知了所有债权人，并于2011年5月14日在《上海商报》上刊登了注销公告。2012年6月25日，王作新将翰皇公司所持特莱维公司股权中的1600万元转让于王阳，200万元转让于邹艳，并于2012年7月9日办理了工商变更登记。

沙琪公司的股东王振义和修桂芳分别是王作新的父亲和母亲；欧宝公司的股东王阁系王作新的哥哥王作鹏之女；王作新与王阳系兄妹关系。

（二）关于欧宝公司与案涉公司之间资金往来的事实

欧宝公司尾号为8115的账户（以下简称欧宝公司8115账户），2006年1月4日至2011年9月29日的交易明细显示，自2006年3月8日起，欧宝公司开始与特莱维公司互有资金往来。其中，2006年3月8日欧宝公司该账户汇给特莱维公司尾号为4891账户（以下简称特莱维公司4891账户）300万元，备注用途为借款，2006年6月12日转给特莱维公司801万元。2007年8月16日至23日从特莱维公司账户转入欧宝公司8115账户近70笔款项，备注用途多为货款。该账户2006年1月4日至2011年9月29日与沙琪公司、沈阳特莱维、翰皇公司、上海特莱维均有大笔资金往来，用途多为货款或借款。

欧宝公司在中国建设银行东港支行开立的账户（尾号0357）2010年8月31日至2011年11月9日的交易明细显示：该账户2010年9月15日、17日由欧宝公司以现金形式分别存入168万元、100万元；2010年9月30日支付东港市安邦房地产开发有限公司工程款100万元；2010年9月30日自特莱维公司账户（尾号0549）转入100万元，2011年8月22日、8月30日、9月9日自特莱维公司账户分别转入欧宝公司该账户71.6985万元、51.4841万元、62.3495万元，2011年11月4日特莱维公司尾号为5555账户（以下简称特莱维公司5555账户）以法院扣款的名义转入该账户84.556787万元；2011年9月27日以"往来款"名义转入欧宝公司8115账户193.5万元，2011年11月9日转入欧宝公司尾号4548账户（以下简称欧宝公司4548账户）157.995万元。

欧宝公司设立在中国工商银行上海青浦支行的账户（尾号5617）显示，2012年7月12日该账户以"借款"名义转入特莱维公司50万元。

欧宝公司在中国建设银行沈阳马路湾支行的4548账户2013年10月7日至2015年2月7日的交易明细显示，自2014年1月20日起，特莱维公司以"还款"名义转入该账户的资金，大部分又以"还款"名义转入王作鹏个人账户和上海特莱维的账户。

翰皇公司建设银行上海分行尾号为4917账户（以下简称翰皇公司4917账户）2006年1月5日至2009年1月14日的交易明细显示，特莱维公司4891账户2008年7月7日转入翰皇公司该账户605万元，同日翰皇公司又从该账户将同等数额的款项转入特莱维公司5555

账户，但自翰皇公司打入特莱维公司账户的该笔款项计入了特莱维公司的借款数额，自特莱维公司打入翰皇公司的款项未计入该公司的还款数额。该账户同时间段还分别和欧宝公司、沙琪公司以“借款”“往来款”的名义进行资金转入和转出。

特莱维公司5555账户2006年6月7日至2015年9月21日的交易明细显示，2009年7月2日自该账户以“转账支取”的名义汇入欧宝公司的账户（尾号0801）600万元；自2011年11月4日起至2014年12月31日止，该账户转入欧宝公司资金达30多笔，最多的为2012年12月20日汇入欧宝公司4548账户的一笔达1800万元。此外，该账户还有多笔大额资金在2009年11月13日至2010年7月19日以“借款”的名义转入沙琪公司账户。

沙琪公司在中国光大银行沈阳和平支行的账户（尾号6312）2009年11月13日至2011年6月27日的交易明细显示，特莱维公司转入沙琪公司的资金，有的以“往来款”或者“借款”的名义转回特莱维公司的其他账户。例如，2009年11月13日自特莱维公司5555账户以“借款”的名义转入沙琪公司3800万元，2009年12月4日又以“往来款”的名义转回特莱维公司另外设立的尾号为8361账户（以下简称特莱维公司8361账户）3800万元；2010年2月3日自特莱维公司8361账户以“往来款”的名义转入沙琪公司账户的4827万元，同月10日又以“借款”的名义转入特莱维公司5555账户500万元，以“汇兑”名义转入特莱维公司4891账户1930万元，2010年3月31日沙琪公司又以“往来款”的名义转入特莱维公司8361账户1000万元，同年4月12日以系统内划款的名义转回特莱维公司8361账户1806万元。特莱维公司转入沙琪公司账户的资金有部分流入了沈阳特莱维的账户。例如，2010年5月6日以“借款”的名义转入沈阳特莱维1000万元，同年7月29日以“转款”的名义转入沈阳特莱维2272万元。此外，欧宝公司也以“往来款”的名义转入该账户部分资金。

欧宝公司和特莱维公司均承认，欧宝公司4548账户和在中国建设银行东港支行的账户（尾号0357）由王作新控制。

裁判结果

辽宁高院2011年3月21日作出（2010）辽民二初字第15号民事判决：特莱维公司于判决生效后10日内偿还欧宝公司借款本金8650万元及借款实际发生之日起至判决确定给付之日止的中国人民银行同期贷款利息。该判决发生法律效力后，因案外人谢涛提出申诉，辽宁高院于2012年1月4日作出（2012）辽立二民监字第8号民事裁定再审本案。辽宁高院经再审于2015年5月20日作出（2012）辽审二民再字第13号民事判决，驳回欧宝公司的诉讼请求。欧宝公司提起上诉，最高人民法院第二巡回法庭经审理于2015年10月27日作出（2015）民二终字第324号民事判决，认定本案属于虚假民事诉讼，驳回上诉，维持原判。同时作出罚款决定，对参与虚假诉讼的欧宝公司和特莱维公司各罚款50万元。

裁判理由

法院生效裁判认为：人民法院保护合法的借贷关系，同时对于恶意串通进行虚假诉讼意图损害他人合法权益的行为，应当依法制裁。本案争议的焦点问题有两个，一是欧宝公司与特莱维公司之间是否存在关联关系；二是欧宝公司和特莱维公司就争议的8650万元是否存在真实的借款关系。

一、欧宝公司与特莱维公司是否存在关联关系的问题

《中华人民共和国公司法》第二百一十七条规定，关联关系，是指公司控股股东、实际控制人、董事、监事、高级管理人员与其直接或间接控制的企业之间的关系，以及可能导致公司利益转移的其他关系。可见，公司法所称的关联公司，既包括公司股东的相互交叉，也包括公司共同由第三人直接或者间接控制，或者股东之间、公司的实际控制人之间存在直系血亲、姻亲、共同投资等可能导致利益转移的其他关系。

本案中，曲叶丽为欧宝公司的控股股东，王作新是特莱维公司的原法定代表人，也是案涉合同签订时特莱维公司的控股股东翰皇公司的控股股东和法定代表人，王作新与曲叶

丽系夫妻关系，说明欧宝公司与特莱维公司由夫妻二人控制。欧宝公司称两人已经离婚，却未提供民政部门的离婚登记或者人民法院的生效法律文书。虽然辽宁高院受理本案诉讼后，特莱维公司的法定代表人由王作新变更为姜雯琪，但王作新仍是特莱维公司的实际控制人。同时，欧宝公司股东兼法定代表人宗惠光、王奇等人，与特莱维公司的实际控制人王作新、法定代表人姜雯琪、目前的控股股东王阳共同投资设立了上海特莱维，说明欧宝公司的股东与特莱维公司的控股股东、实际控制人存在其他的共同利益关系。另外，沈阳特莱维是欧宝公司控股的公司，沙琪公司的股东是王作新的父亲和母亲。可见，欧宝公司与特莱维公司之间、前述两公司与沙琪公司、上海特莱维、沈阳特莱维之间均存在关联关系。

欧宝公司与特莱维公司及其他关联公司之间还存在人员混同的问题。首先，高管人员之间存在混同。姜雯琪既是欧宝公司的股东和董事，又是特莱维公司的法定代表人，同时还参与翰皇公司的清算。宗惠光既是欧宝公司的法定代表人，又是翰皇公司的工作人员，虽然欧宝公司称宗惠光自 2008 年 5 月即从翰皇公司辞职，但从上海市第一中级人民法院（2008）沪一中民三（商）终字第 426 号民事判决载明的事实看，该案 2008 年 8 月至 12 月审理期间，宗惠光仍以翰皇公司工作人员的身份参与诉讼。王奇既是欧宝公司的监事，又是上海特莱维的董事，还以该公司工作人员的身份代理相关行政诉讼。王阳既是特莱维公司的监事，又是上海特莱维的董事。王作新是特莱维公司原法定代表人、实际控制人，还曾先后代表欧宝公司、翰皇公司与案外第三人签订连锁加盟（特许）合同。其次，普通员工也存在混同。霍静是欧宝公司的工作人员，在本案中作为欧宝公司原一审诉讼的代理人，2007 年 2 月 23 日代表特莱维公司与世安公司签订建设施工合同，又同时兼任上海特莱维的董事。崔秀芳是特莱维公司的会计，2010 年 1 月 7 日代特莱维公司开立银行账户，2010 年 8 月 20 日本案诉讼之后又代欧宝公司开立银行账户。欧宝公司当庭自述魏亚丽系特莱维公司的工作人员，2010 年 5 月魏亚丽经特莱维公司授权办理银行账户开户，2011 年 9 月诉讼之后又经欧宝公司授权办理该公司在中国建设银行沈阳马路湾支行的开户，且该银行账户的联系人为魏亚丽。刘静君是欧宝公司的工作人员，在本案原一审和执行程序中作为欧宝公司的代理人，2009 年 3 月 17 日又代特莱维公司办理企业登记等相关事项。刘洋以特莱维公司员工名义代理本案诉讼，又受王作新的指派代理上海特莱维的相关诉讼。

上述事实充分说明，欧宝公司、特莱维公司以及其他关联公司的人员之间并未严格区分，上述人员实际上服从王作新一人的指挥，根据不同的工作任务，随时转换为不同关联公司的工作人员。欧宝公司在上诉状中称，在 2007 年借款之初就派相关人员进驻特莱维公司，监督该公司对投资款的使用并协助工作，但早在欧宝公司所称的向特莱维公司转入首笔借款之前 5 个月，霍静即参与该公司的合同签订业务。而且从这些所谓的“派驻人员”在特莱维公司所起的作用看，上述人员参与了该公司的合同签订、财务管理到诉讼代理的全面工作，而不仅是监督工作，欧宝公司的辩解，不足为信。辽宁高院关于欧宝公司和特莱维公司系由王作新、曲叶丽夫妇控制之关联公司的认定，依据充分。

二、欧宝公司和特莱维公司就争议的 8650 万元是否存在真实借款关系的问题

根据《最高人民法院关于适用〈中华人民共和国民事诉讼法〉的解释》第九十条的规定，当事人对自己提出的诉讼请求所依据的事实或者反驳对方诉讼请求所依据的事实，应当提供证据加以证明；当事人未能提供证据或者证据不足以证明其事实主张的，由负有举证证明责任的当事人承担不利的后果。第一百零八条第一款、第二款规定：“对负有举证证明责任的当事人提供的证据，人民法院经审查并结合相关事实，确信待证事实的存在具有高度可能性的，应当认定该事实存在。对一方当事人为反驳负有举证责任的当事人所主张的事实而提供的证据，人民法院经审查并结合相关事实，认为待证事实真伪不明的，应当认定该事实不存在。”在当事人之间存在关联关系的情况下，为防止恶意串通提起虚假诉讼，损害他人合法权益，人民法院对其是否存在真实的借款法律关系，必须严格审查。

欧宝公司提起诉讼，要求特莱维公司偿还借款 8650 万元及利息，虽然提供了借款合同

及转款凭证，但其自述及提交的证据和其他在案证据之间存在无法消除的矛盾，当事人在诉讼前后的诸多言行违背常理，主要表现为以下7个方面：

第一，从借款合意形成过程来看，借款合同存在虚假的可能。欧宝公司和特莱维公司对借款法律关系的要约与承诺的细节事实陈述不清，尤其是作为债权人欧宝公司的法定代表人、自称是合同经办人的宗惠光，对所有借款合同的签订时间、地点、每一合同的己方及对方经办人等细节，语焉不详。案涉借款每一笔均为大额借款，当事人对所有合同的签订细节、甚至大致情形均陈述不清，于理不合。

第二，从借款的时间上看，当事人提交的证据前后矛盾。欧宝公司的自述及其提交的借款合同表明，欧宝公司自2007年7月开始与特莱维公司发生借款关系。向本院提起上诉后，其提交的自行委托形成的审计报告又载明，自2006年12月开始向特莱维公司借款，但从特莱维公司和欧宝公司的银行账户交易明细看，在2006年12月之前，仅欧宝公司8115账户就发生过两笔高达1100万元的转款，其中，2006年3月8日以"借款"名义转入特莱维公司账户300万元，同年6月12日转入801万元。

第三，从借款的数额看，当事人的主张前后矛盾。欧宝公司起诉后，先主张自2007年7月起累计借款金额为5850万元，后在诉讼中又变更为8650万元，上诉时又称借款总额1.085亿元，主张的借款数额多次变化，但只能提供8650万元的借款合同。而谢涛当庭提交的银行转账凭证证明，在欧宝公司所称的1.085亿元借款之外，另有4400多万元的款项以"借款"名义打入特莱维公司账户。对此，欧宝公司自认，这些多出的款项是受王作新的请求帮忙转款，并非真实借款。该自认说明，欧宝公司在相关银行凭证上填写的款项用途极其随意。从本院调取的银行账户交易明细所载金额看，欧宝公司以借款名义转入特莱维公司账户的金额远超出欧宝公司先后主张的上述金额。此外，还有其他多笔以"借款"名义转入特莱维公司账户的巨额资金，没有列入欧宝公司所主张的借款数额范围。

第四，从资金往来情况看，欧宝公司存在单向统计账户流出资金而不统计流入资金的问题。无论是案涉借款合同载明的借款期间，还是在此之前，甚至诉讼开始以后，欧宝公司和特莱维公司账户之间的资金往来，既有欧宝公司转入特莱维公司账户款项的情况，又有特莱维公司转入欧宝公司账户款项的情况，但欧宝公司只计算己方账户转出的借方金额，而对特莱维公司转入的贷方金额只字不提。

第五，从所有关联公司之间的转款情况看，存在双方或多方账户循环转款问题。如上所述，将欧宝公司、特莱维公司、翰皇公司、沙琪公司等公司之间的账户对照检查，存在特莱维公司将己方款项转入翰皇公司账户过桥欧宝公司账户后，又转回特莱维公司账户，造成虚增借款的现象。特莱维公司与其他关联公司之间的资金往来也存在此种情况。

第六，从借款的用途看，与合同约定相悖。借款合同第二条约定，借款限用于特莱维国际花园房地产项目，但是案涉款项转入特莱维公司账户后，该公司随即将大部分款项以"借款""还款"等名义分别转给翰皇公司和沙琪公司，最终又流向欧宝公司和欧宝公司控股的沈阳特莱维。至于欧宝公司辩称，特莱维公司将款项打入翰皇公司是偿还对翰皇公司借款的辩解，由于其提供的翰皇公司和特莱维公司之间的借款数额与两公司银行账户交易的实际数额互相矛盾，且从流向上看大部分又流回了欧宝公司或者其控股的公司，其辩解不足为凭。

第七，从欧宝公司和特莱维公司及其关联公司在诉讼和执行中的行为看，与日常经验相悖。欧宝公司提起诉讼后，仍与特莱维公司互相转款；特莱维公司不断向欧宝公司账户转入巨额款项，但在诉讼和执行程序中却未就还款金额对欧宝公司的请求提出任何抗辩；欧宝公司向辽宁高院申请财产保全，特莱维公司的股东王阳却以其所有的房产为本应是利益对立方的欧宝公司提供担保；欧宝公司在原一审诉讼中另外提供担保的上海市青浦区房产的所有权，竟然属于王作新任法定代表人的上海特莱维；欧宝公司和特莱维公司当庭自认，欧宝公司开立在中国建设银行东港支行、中国建设银行沈阳马路湾支行的银行账户都由王作新控制。

对上述矛盾和违反常理之处，欧宝公司与特莱维公司均未作出合理解释。由此可见，欧宝公司没有提供足够的证据证明其就案涉争议款项与特莱维公司之间存在真实的借贷关系。且从调取的欧宝公司、特莱维公司及其关联公司账户的交易明细发现，欧宝公司、特莱维公司以及其他关联公司之间、同一公司的不同账户之间随意转款，款项用途随意填写。结合在案其他证据，法院确信，欧宝公司诉请之债权系截取其与特莱维公司之间的往来款项虚构而成，其以虚构债权为基础请求特莱维公司返还8650万元借款及利息的请求不应支持。据此，辽宁高院再审判决驳回其诉讼请求并无不当。

至于欧宝公司与特莱维公司提起本案诉讼是否存在恶意串通损害他人合法权益的问题。首先，无论欧宝公司，还是特莱维公司，对特莱维公司与一审申诉人谢涛及其他债权人的债权债务关系是明知的。从案涉判决执行的过程看，欧宝公司申请执行之后，对查封的房产不同意法院拍卖，而是继续允许该公司销售，特莱维公司每销售一套，欧宝公司即申请法院解封一套。在接受法院当庭询问时，欧宝公司对特莱维公司销售了多少查封房产，偿还了多少债务陈述不清，表明其提起本案诉讼并非为实现债权，而是通过司法程序进行保护性查封以阻止其他债权人对特莱维公司财产的受偿。虚构债权，恶意串通，损害他人合法权益的目的明显。其次，从欧宝公司与特莱维公司人员混同、银行账户同为王作新控制的事实可知，两公司同属一人，均已失去公司法人所具有的独立人格。《中华人民共和国民事诉讼法》第一百一十二条规定："当事人之间恶意串通，企图通过诉讼、调解等方式侵害他人合法权益的，人民法院应当驳回其请求，并根据情节轻重予以罚款、拘留；构成犯罪的，依法追究刑事责任。"一审申诉人谢涛认为欧宝公司与特莱维公司之间恶意串通提起虚假诉讼损害其合法权益的意见，以及对有关当事人和相关责任人进行制裁的请求，于法有据，应予支持。

根据2014年12月18日公布的《最高人民法院关于发布第八批指导性案例的通知》(法〔2014〕327号)，其中指导案例33号是瑞士嘉吉国际公司诉福建金石制油有限公司等确认合同无效纠纷案，具体如下：

裁判要点

1. 债务人将主要财产以明显不合理低价转让给其关联公司，关联公司在明知债务人欠债的情况下，未实际支付对价的，可以认定债务人与其关联公司恶意串通、损害债权人利益，与此相关的财产转让合同应当认定为无效。

2.《中华人民共和国合同法》第五十九条规定适用于第三人为财产所有权人的情形，在债权人对债务人享有普通债权的情况下，应当根据《中华人民共和国合同法》第五十八条的规定，判令因无效合同取得的财产返还给原财产所有人，而不能根据第五十九条规定直接判令债务人的关联公司因"恶意串通，损害第三人利益"的合同而取得的债务人的财产返还给债权人。

相关法条

《中华人民共和国合同法》第52条第2项

《中华人民共和国合同法》第58条、第59条

基本案情

瑞士嘉吉国际公司(Cargill International SA，以下简称嘉吉公司)与福建金石制油有限公司(以下简称福建金石公司)以及大连金石制油有限公司、沈阳金石豆业有限公司、四川金石油粕有限公司、北京珂玛美嘉粮油有限公司、宜丰香港有限公司(该六公司以下统称金石集团)存在商业合作关系。嘉吉公司因与金石集团买卖大豆发生争议，双方在国际油类、种子和脂类联合会仲裁过程中于2005年6月26日达成《和解协议》，约定金石集团将在五年内分期偿还债务，并将金石集团旗下福建金石公司的全部资产，包括土地使用权、建筑物和固着物、所有的设备及其他财产抵押给嘉吉公司，作为偿还债务的担保。2005年10月10日，国际油类、种子和脂类联合会根据该《和解协议》作出第3929号仲裁裁决，确认金石集团应向嘉吉公司支付1337万美元。2006年5月，因金石集团未履行该仲裁裁决，福建金石公司

也未配合进行资产抵押，嘉吉公司向福建省厦门市中级人民法院申请承认和执行第3929号仲裁裁决。2007年6月26日，厦门市中级人民法院经审查后裁定对该仲裁裁决的法律效力予以承认和执行。该裁定生效后，嘉吉公司申请强制执行。

2006年5月8日，福建金石公司与福建田源生物蛋白科技有限公司（以下简称田源公司）签订一份《国有土地使用权及资产买卖合同》，约定福建金石公司将其国有土地使用权、厂房、办公楼和油脂生产设备等全部固定资产以2569万元人民币（以下未特别注明的均为人民币）的价格转让给田源公司，其中国有土地使用权作价464万元、房屋及设备作价2105万元，应在合同生效后30日内支付全部价款。王晓琪和柳锋分别作为福建金石公司与田源公司的法定代表人在合同上签名。福建金石公司曾于2001年12月31日以482.1万元取得本案所涉32138平方米国有土地使用权。2006年5月10日，福建金石公司与田源公司对买卖合同项下的标的物进行了交接。同年6月15日，田源公司通过在中国农业银行漳州支行的账户向福建金石公司在同一银行的账户转入2500万元。福建金石公司当日从该账户汇出1300万元、1200万元两笔款项至金石集团旗下大连金石制油有限公司账户，用途为往来款。同年6月19日，田源公司取得上述国有土地使用权证。

2008年2月21日，田源公司与漳州开发区汇丰源贸易有限公司（以下简称汇丰源公司）签订《买卖合同》，约定汇丰源公司购买上述土地使用权及地上建筑物、设备等，总价款为2669万元，其中土地价款603万元、房屋价款334万元、设备价款1732万元。汇丰源公司于2008年3月取得上述国有土地使用权证。汇丰源公司仅于2008年4月7日向田源公司付款569万元，此后未付其余价款。

田源公司、福建金石公司、大连金石制油有限公司及金石集团旗下其他公司的直接或间接控制人均为王政良、王晓莉、王晓琪、柳锋。王政良与王晓琪、王晓莉是父女关系，柳锋与王晓琪是夫妻关系。2009年10月15日，中纺粮油进出口有限责任公司（以下简称中纺粮油公司）取得田源公司80%的股权。2010年1月15日，田源公司更名为中纺粮油（福建）有限公司（以下简称中纺福建公司）。

汇丰源公司成立于2008年2月19日，原股东为宋明权、杨淑莉。2009年9月16日，中纺粮油公司和宋明权、杨淑莉签订《股权转让协议》，约定中纺粮油公司购买汇丰源公司80%的股权。同日，中纺粮油公司（甲方）、汇丰源公司（乙方）、宋明权和杨淑莉（丙方）及沈阳金豆食品有限公司（丁方）签订《股权质押协议》，约定：丙方将所拥有汇丰源公司20%的股权质押给甲方，作为乙方、丙方、丁方履行"合同义务"之担保；"合同义务"系指乙方、丙方在《股权转让协议》及《股权质押协议》项下因"红豆事件"而产生的所有责任和义务；"红豆事件"是指嘉吉公司与金石集团就进口大豆中掺杂红豆原因而引发的金石集团涉及的一系列诉讼及仲裁纠纷以及与此有关的涉及汇丰源公司的一系列诉讼及仲裁纠纷。还约定，下述情形同时出现之日，视为乙方和丙方的"合同义务"已完全履行：(1)因"红豆事件"而引发的任何诉讼、仲裁案件的全部审理及执行程序均已终结，且乙方未遭受财产损失；(2)嘉吉公司针对乙方所涉合同可能存在的撤销权因超过法律规定的最长期间（五年）而消灭。2009年11月18日，中纺粮油公司取得汇丰源公司80%的股权。汇丰源公司成立后并未进行实际经营。

由于福建金石公司已无可供执行的财产，导致无法执行，嘉吉公司遂向福建省高级人民法院提起诉讼，请求：一是确认福建金石公司与中纺福建公司签订的《国有土地使用权及资产买卖合同》无效；二是确认中纺福建公司与汇丰源公司签订的国有土地使用权及资产《买卖合同》无效；三是判令汇丰源公司、中纺福建公司将其取得的合同项下财产返还给财产所有人。

裁判结果

福建省高级人民法院于2011年10月23日作出（2007）闽民初字第37号民事判决，确认福建金石公司与田源公司（后更名为中纺福建公司）之间的《国有土地使用权及资产买卖合同》、田源公司与汇丰源公司之间的《买卖合同》无效；判令汇丰源公司于判决生效之日起

30日内向福建金石公司返还因上述合同而取得的国有土地使用权，中纺福建公司于判决生效之日起30日内向福建金石公司返还因上述合同而取得的房屋、设备。宣判后，福建金石公司、中纺福建公司、汇丰源公司提出上诉。最高人民法院于2012年8月22日作出(2012)民四终字第1号民事判决，驳回上诉，维持原判。

裁判理由

最高人民法院认为：因嘉吉公司注册登记地在瑞士，本案系涉外案件，各方当事人对适用中华人民共和国法律审理本案没有异议。本案源于债权人嘉吉公司认为债务人福建金石公司与关联企业田源公司、田源公司与汇丰源公司之间关于土地使用权以及地上建筑物、设备等资产的买卖合同，因属于《中华人民共和国合同法》第五十二条第二项“恶意串通，损害国家、集体或者第三人利益”的情形而应当被认定无效，并要求返还原物。本案争议的焦点问题是：福建金石公司、田源公司(后更名为中纺福建公司)、汇丰源公司相互之间订立的合同是否构成恶意串通、损害嘉吉公司利益的合同？本案所涉合同被认定无效后的法律后果如何？

一、关于福建金石公司、田源公司、汇丰源公司相互之间订立的合同是否构成“恶意串通，损害第三人利益”的合同

首先，福建金石公司、田源公司在签订和履行《国有土地使用权及资产买卖合同》的过程中，其实际控制人之间系亲属关系，且柳锋、王晓琪夫妇分别作为两公司的法定代表人在合同上签署。因此，可以认定在签署以及履行转让福建金石公司国有土地使用权、房屋、设备的合同过程中，田源公司对福建金石公司的状况是非常清楚的，对包括福建金石公司在内的金石集团因“红豆事件”被仲裁裁决确认对嘉吉公司形成1337万美元债务的事实是清楚的。

其次，《国有土地使用权及资产买卖合同》订立于2006年5月8日，其中约定田源公司购买福建金石公司资产的价款为2569万元，国有土地使用权作价464万元、房屋及设备作价2105万元，并未根据相关会计师事务所的评估报告作价。一审法院根据福建金石公司2006年5月31日资产负债表，以其中载明固定资产原价44042705.75元、扣除折旧后固定资产净值为32354833.70元，而《国有土地使用权及资产买卖合同》中对房屋及设备作价仅2105万元，认定《国有土地使用权及资产买卖合同》中约定的购买福建金石公司资产价格为不合理低价是正确的。在明知债务人福建金石公司欠债权人嘉吉公司巨额债务的情况下，田源公司以明显不合理低价购买福建金石公司的主要资产，足以证明其与福建金石公司在签订《国有土地使用权及资产买卖合同》时具有主观恶意，属于恶意串通，且该合同的履行足以损害债权人嘉吉公司的利益。

再次，《国有土地使用权及资产买卖合同》签订后，田源公司虽然向福建金石公司在同一银行的账户转账2500万元，但该转账并未注明款项用途，且福建金石公司于当日将2500万元分两笔汇入其关联企业大连金石制油有限公司账户；又根据福建金石公司和田源公司当年的财务报表，并未体现该笔2500万元的入账或支出，而是体现出田源公司尚欠福建金石公司“其他应付款”121224155.87元。一审法院据此认定田源公司并未根据《国有土地使用权及资产买卖合同》向福建金石公司实际支付价款是合理的。

最后，从公司注册登记资料看，汇丰源公司成立时股东构成似与福建金石公司无关，但在汇丰源公司股权变化的过程中可以看出，汇丰源公司在与田源公司签订《买卖合同》时对转让的资产来源以及福建金石公司对嘉吉公司的债务是明知的。《买卖合同》约定的价款为2669万元，与田源公司从福建金石公司购入该资产的约定价格相差不大。汇丰源公司除已向田源公司支付569万元外，其余款项未付。一审法院据此认定汇丰源公司与田源公司签订《买卖合同》时恶意串通并足以损害债权人嘉吉公司的利益，并无不当。

综上，福建金石公司与田源公司签订的《国有土地使用权及资产买卖合同》、田源公司与汇丰源公司签订的《买卖合同》，属于恶意串通、损害嘉吉公司利益的合同。根据《合同法》第五十二条第二项的规定，均应当认定无效。

二、关于本案所涉合同被认定无效后的法律后果

对于无效合同的处理，人民法院一般应当根据《合同法》第五十八条“合同无效或者被撤销后，因该合同取得的财产，应当予以返还；不能返还或者没有必要返还的，应当折价补偿。有过错的一方应当赔偿对方因此所受到的损失，双方都有过错的，应当各自承担相应的责任”的规定，判令取得财产的一方返还财产。本案涉及的两份合同均被认定无效，两份合同涉及的财产相同，其中国有土地使用权已经从福建金石公司经田源公司变更至汇丰源公司名下，在没有证据证明本案所涉房屋已经由田源公司过户至汇丰源公司名下、所涉设备已经由田源公司交付汇丰源公司的情况下，一审法院直接判令取得国有土地使用权的汇丰源公司、取得房屋和设备的田源公司分别就各自取得的财产返还给福建金石公司并无不妥。

《合同法》第五十九条规定：“当事人恶意串通，损害国家、集体或者第三人利益的，因此取得的财产收归国家所有或者返还集体、第三人。”该条规定应当适用于能够确定第三人为财产所有权人的情况。本案中，嘉吉公司对福建金石公司享有普通债权，本案所涉财产系福建金石公司的财产，并非嘉吉公司的财产，因此只能判令将系争财产返还给福建金石公司，而不能直接判令返还给嘉吉公司。

根据 2014 年 12 月 18 日公布的《最高人民法院关于发布第八批指导性案例的通知》(法〔2014〕327 号)，其中指导案例 35 号是广东龙正投资发展有限公司与广东景茂拍卖行有限公司委托拍卖执行复议案，具体如下：

裁判要点

拍卖行与买受人有关联关系，拍卖行为存在以下情形，损害与标的物相关权利人合法权益的，人民法院可以视为拍卖行与买受人恶意串通，依法裁定该拍卖无效：(1)拍卖过程中没有其他无关联关系的竞买人参与竞买，或者虽有其他竞买人参与竞买，但未进行充分竞价的；(2)拍卖标的物的评估价明显低于实际价格，仍以该评估价成交的。

相关法条

《中华人民共和国民法通则》第 58 条

《中华人民共和国拍卖法》第 65 条

基本案情

广州白云荔发实业公司(以下简称荔发公司)与广州广丰房产建设有限公司(以下简称广丰公司)、广州银丰房地产有限公司(以下简称银丰公司)、广州金汇房产建设有限公司(以下简称金汇公司)非法借贷纠纷一案，广东省高级人民法院(以下简称广东高院)于 1997 年 5 月 20 日作出(1996)粤法经一初字第 4 号民事判决，判令广丰公司、银丰公司共同清偿荔发公司借款 160647776.07 元及利息，金汇公司承担连带赔偿责任。

广东高院在执行前述判决过程中，于 1998 年 2 月 11 日裁定查封了广丰公司名下的广丰大厦未售出部分，面积 18851.86 平方米。次日，委托广东景茂拍卖行有限公司(以下简称景茂拍卖行)进行拍卖。同年 6 月，该院委托的广东粤财房地产评估所出具评估报告，结论为：广丰大厦该部分物业在 1998 年 6 月 12 日的拍卖价格为 102493594 元。后该案因故暂停处置。

2001 年年初，广东高院重新启动处置程序，于同年 4 月 4 日委托景茂拍卖行对广丰大厦整栋进行拍卖。同年 11 月初，广东高院在报纸上刊登拟拍卖整栋广丰大厦的公告，要求涉及广丰大厦的所有权利人或购房业主，于 2001 年 11 月 30 日前向景茂拍卖行申报权利和登记，待广东高院处理。根据公告要求，向景茂拍卖行申报的权利有申请交付广丰大厦预售房屋、回迁房屋和申请返还购房款、工程款、银行借款等，金额高达 15 亿多元，其中，购房人缴纳的购房款逾 2 亿元。

2003 年 8 月 26 日，广东高院委托广东财兴资产评估有限公司(原广东粤财房地产评估所)对广丰大厦整栋进行评估。同年 9 月 10 日，该所出具评估报告，结论为：整栋广丰大厦(用地面积 3009 平方米，建筑面积 34840 平方米)市值为 3445 万元，建议拍卖保留价为市值

的70%即2412万元。同年10月17日，景茂拍卖行以2412万元将广丰大厦整栋拍卖给广东龙正投资发展有限公司（以下简称龙正公司）。广东高院于同年10月28日作出（1997）粤高法执字第7号民事裁定，确认将广丰大厦整栋以2412万元转给龙正公司所有。2004年1月5日，该院向广州市国土房管部门发出协助执行通知书，要求将广丰大厦整栋产权过户给买受人龙正公司，并声明原广丰大厦的所有权利人，包括购房人、受让人、抵押权人、被拆迁人或拆迁户等的权益，由该院依法处理。龙正公司取得广丰大厦后，在原主体框架结构基础上继续投入资金进行续建，续建完成后更名为“时代国际大厦”。

2011年6月2日，广东高院根据有关部门的意见对该案复查后，作出（1997）粤高法执字第7-1号执行裁定，认定景茂拍卖行和买受人龙正公司的股东系亲属，存在关联关系。广丰大厦两次评估价格差额巨大，第一次评估了广丰大厦约一半面积的房产，第二次评估了该大厦整栋房产，但第二次评估价格仅为第一次评估价格的35%，即使考虑市场变化因素，其价格变化也明显不正常。根据景茂拍卖行报告，拍卖时有三个竞买人参加竞买，另外两个竞买人均未举牌竞价，龙正公司因而一次举牌即以起拍价2412万元竞买成功。但经该院协调有关司法机关无法找到该二人，后书面通知景茂拍卖行提供该二人的竞买资料，景茂拍卖行未能按要求提供；景茂拍卖行也未按照《拍卖监督管理暂行办法》第四条“拍卖企业举办拍卖活动，应当于拍卖日前7天内到拍卖活动所在地工商行政管理局备案……拍卖企业应当在拍卖活动结束后7天内，将竞买人名单、身份证明复印件送拍卖活动所在地工商行政管理局备案”的规定，向工商管理部门备案。现有证据不能证实另外两个竞买人参加了竞买。综上，可以认定拍卖人景茂拍卖行和竞买人龙正公司在拍卖广丰大厦中存在恶意串通行为，导致广丰大厦拍卖不能公平竞价、损害了购房人和其他债权人的利益。根据《中华人民共和国民法通则》（以下简称《民法通则》）第五十八条、《中华人民共和国拍卖法》（以下简称《拍卖法》）第六十五条的规定，裁定拍卖无效，撤销该院2003年10月28日作出的（1997）粤高法执字第7号民事裁定。对此，买受人龙正公司和景茂拍卖行分别向广东高院提出异议。

龙正公司和景茂拍卖行异议被驳回后，又向最高人民法院申请复议。主要复议理由为：对广丰大厦前后两次评估的价值相差巨大的原因存在合理性，评估结果与拍卖行和买受人无关；拍卖保留价也是根据当时实际情况决定的，拍卖成交价是当时市场客观因素造成的；景茂拍卖行不能提供另外两名竞买人的资料，不违反《拍卖法》第五十四条第二款关于“拍卖资料保管期限自委托拍卖合同终止之日起计算，不得少于五年”的规定；拍卖广丰大厦的拍卖过程公开、合法，拍卖前曾四次在报纸上刊出拍卖公告，法律没有禁止拍卖行股东亲属的公司参与竞买。故不存在拍卖行与买受人恶意串通、损害购房人和其他债权人利益的事实。广东高院推定竞买人与拍卖行存在恶意串通行为是错误的。

裁判结果

广东高院于2011年10月9日作出（2011）粤高法执异字第1号执行裁定：维持（1997）粤高法执字第7-1号执行裁定意见，驳回异议。裁定送达后，龙正公司和景茂拍卖行向最高人民法院申请复议。最高人民法院于2012年6月15日作出（2012）执复字第6号执行裁定：驳回龙正公司和景茂拍卖行的复议请求。

裁判理由

最高人民法院认为：受人民法院委托进行的拍卖属于司法强制拍卖，其与公民、法人和其他组织自行委托拍卖机构进行的拍卖不同，人民法院有权对拍卖程序及拍卖结果的合法性进行审查。因此，即使拍卖已经成交，人民法院发现其所委托的拍卖行为违法，仍可以根据《民法通则》第五十八条、《拍卖法》第六十五条等法律规定，对在拍卖过程中恶意串通，导致拍卖不能公平竞价、损害他人合法权益的，裁定该拍卖无效。

买受人在拍卖过程中与拍卖机构是否存在恶意串通，应从拍卖过程、拍卖结果等方面综合考察。如果买受人与拍卖机构存在关联关系，拍卖过程没有进行充分竞价，而买受人和拍卖机构明知标的物评估价和成交价明显过低，仍以该低价成交，损害标的物相关权利人合法权益的，可以认定双方存在恶意串通。

本案中，在景茂拍卖行与买受人之间因股东的亲属关系而存在关联关系的情况下，除非能够证明拍卖过程中有其他无关联关系的竞买人参与竞买，且进行了充分的竞价，否则可以推定景茂拍卖行与买受人之间存在串通。该竞价充分的举证责任应由景茂拍卖行和与其有关联关系的买受人承担。2003年拍卖结束后，景茂拍卖行给广东高院的拍卖报告中指出，还有另外两个自然人参加竞买，现场没有举牌竞价，拍卖中仅一次叫价即以保留价成交，并无竞价。而买受人龙正公司和景茂拍卖行不能提供其他两个竞买人的情况。经审核，其复议中提供的向工商管理部门备案的材料中，并无另外两个竞买人参加竞买的资料。拍卖资料经过了保存期，不是其不能提供竞买人情况的理由。据此，不能认定有其他竞买人参加了竞买，可以认定景茂拍卖行与买受人龙正公司之间存在串通行为。

鉴于本案拍卖系直接以评估机构确定的市场价的70%之保留价成交的，故评估价是否合理对于拍卖结果是否公正合理有直接关系。之前对一半房产的评估价已达1亿多元，但是本次对全部房产的评估价格却只有原来一半房产评估价格的35%。拍卖行明知价格过低，却通过亲属来购买房产，未经多轮竞价，严重侵犯了他人的利益。拍卖整个楼的价格与评估部分房产时的价格相差悬殊，拍卖行和买受人的解释不能让人信服，可以认定两者间存在恶意串通。同时，与广丰大厦相关的权利有申请交付广丰大厦预售房屋、回迁房屋和申请返还购房款、工程款、银行借款等，总额达15亿多元，仅购房人登记所交购房款即超过2亿元。而本案拍卖价款仅为2412万元，对于没有优先受偿权的本案申请执行人毫无利益可言，明显属于无益拍卖。鉴于景茂拍卖行负责接受与广丰大厦相关的权利的申报工作，且买受人与其存在关联关系，可认定景茂拍卖行与买受人对上述问题也应属明知。因此，对于此案拍卖导致与广丰大厦相关的权利人的权益受侵害，景茂拍卖行与买受人龙正公司之间构成恶意串通。

根据**无锡市掌柜无线网络技术有限公司诉无锡嘉宝置业有限公司网络服务合同纠纷案：江苏省无锡市南长区人民法院2014年12月31日民事决定书［《最高人民法院公报》2015年第3期（总第221期）］**，双方当事人明知所发送的电子信息为商业广告性质，却无视手机用户群体是否同意接收商业广告信息的主观意愿，强行向不特定公众发送商业广告短信息，侵害不特定公众的利益，所发送的短信息应认定为垃圾短信，其签订的相关合同无效，所涉价款属于非法所得，人民法院应予收缴。

根据**中国太平洋保险（集团）股份有限公司与中国东方资产管理公司青岛办事处、王志刚、胡建君船舶保险合同纠纷再审案：最高人民法院（2011）民提字第249号民事判决书［《最高人民法院公报》2012年第11期（总第193期）］**，案外人已将其债权转让给他人，又基于已转让的债权，对涉及该债权的生效民事调解书申请再审，没有法律依据，应予以驳回。合同双方当事人在损失能够基本得到补偿的情况下，各自出于对诉讼风险等因素的考虑而自愿达成调解协议，不宜认定为恶意串通放弃债权损害第三人利益。

根据**陈全、皮治勇诉重庆碧波房地产开发有限公司、夏昌均、重庆奥康置业有限公司合同纠纷案：最高人民法院（2009）民申字第1760号民事裁定书［《最高人民法院公报》2010年第10期（总第168期）］**，裁决如下：

一、根据《最高人民法院关于审理涉及国有土地使用权合同纠纷案件适用法律问题的解释》第二十四条的规定，合作开发房地产合同约定提供土地使用权的当事人不承担经营风险，只收取固定利益的，应当认定为土地使用权转让合同。当事人自行约定的合同名称不影响对合同性质的认定。

二、《中华人民共和国合同法》第五十二条规定："有下列情形之一的，合同无效：……（二）恶意串通，损害国家、集体或者第三人利益……"根据前述规定，法人与他人恶意串通签订合同，表面上损害法人自身利益，实质上损害第三人利益的，第三人有权提起确认合同无效之诉。

三、对于前述条款中"恶意串通"行为的认定，应当分析合同双方当事人是否具有主观恶意，并全面分析订立合同时的具体情况、合同约定内容以及合同的履行情况，在此基础上加以综合判定。

根据中国光大银行与内蒙包头华达合资卧具装饰厂、中国农业银行包头市青山区支行、包头市青山区人民政府自由路办事处侵权纠纷案：最高人民法院（2008）民二终字第135号民事判决书［《最高人民法院公报》2010年第2期（总第160期）］，所谓事后抵押，一般是指债务人有多个普通债权人，在清偿债务时，债务人与其中一个债权人恶意串通，将其全部或者部分财产抵押给该债权人。这种事后抵押的设定通常发生在债务人业已陷入支付危机、濒临破产、其财产已经不足以清偿全部债务的情况下。设定事后抵押必然导致其降低或者丧失了履行其他债务的能力，损害了其他债权人的合法利益。因此，这种事后抵押应认定为无效，抵押权人对于行使抵押权获得的价款没有优先受偿权，已经取得该价款的，应当依法予以返还。

第一百五十五条 【无效、被撤销的民事法律行为自始无效】无效的或者被撤销的民事法律行为自始没有法律约束力。

第一百五十六条 【民事法律行为部分无效】民事法律行为部分无效，不影响其他部分效力的，其他部分仍然有效。

第一百五十七条 【民事法律行为无效、被撤销或确定不发生效力的法律后果】民事法律行为无效、被撤销或者确定不发生效力后，行为人因该行为取得的财产，应当予以返还；不能返还或者没有必要返还的，应当折价补偿。有过错的一方应当赔偿对方由此所受到的损失；各方都有过错的，应当各自承担相应的责任。法律另有规定的，依照其规定。

根据2023年12月4日公布的《最高人民法院关于适用〈中华人民共和国民法典〉合同编通则若干问题的解释》（法释〔2023〕13号），规定如下：

第十四条 当事人之间就同一交易订立多份合同，人民法院应当认定其中以虚假意思表示订立的合同无效。当事人为规避法律、行政法规的强制性规定，以虚假意思表示隐藏真实意思表示的，人民法院应当依据民法典第一百五十三条第一款的规定认定被隐藏合同的效力；当事人为规避法律、行政法规关于合同应当办理批准等手续的规定，以虚假意思表示隐藏真实意思表示的，人民法院应当依据民法典第五百零二条第二款的规定认定被隐藏合同的效力。

依据前款规定认定被隐藏合同无效或者确定不发生效力的，人民法院应当以被隐藏合同为事实基础，依据民法典第一百五十七条的规定确定当事人的民事责任。但是，法律另有规定的除外。

当事人就同一交易订立的多份合同均系真实意思表示，且不存在其他影响合同效力情形的，人民法院应当在查明各合同成立先后顺序和实际履行情况的基础上，认定合同内容是否发生变更。法律、行政法规禁止变更合同内容的，人民法院应当认定合同的相应变更无效。

第十五条 人民法院认定当事人之间的权利义务关系，不应当拘泥于合同使用的名称，而应当根据合同约定的内容。当事人主张的权利义务关系与根据合同内容认定的权利义务关系不一致的，人民法院应当结合缔约背景、交易目的、交易结构、履行行为以及当事人是否存在虚构交易标的等事实认定当事人之间的实际民事法律关系。

第二十条 法律、行政法规为限制法人的法定代表人或者非法人组织的负责人的代表权，规定合同所涉事项应当由法人、非法人组织的权力机构或者决策机构决议，或者应当由法人、非法人组织的执行机构决定，法定代表人、负责人未取得授权而以法人、非法人组织的名义订立合同，未尽到合理审查义务的相对人主张该合同对法人、非法人组织发生效力并由其承担违约责任的，人民法院不予支持，但是法人、非法人组织有过错的，可以参照民法典第一百五十七条的规定判决其承担相应的赔偿责任。相对人已尽到合理审查义务，构成表见代表的，人民法院应当依据民法典第五百零四条的规定处理。

合同所涉事项未超越法律、行政法规规定的法定代表人或者负责人的代表权限，但是超越法人、非法人组织的章程或者权力机构等对代表权的限制，相对人主张该合同对法人、非法人组织发生效力并由其承担违约责任的，人民法院依法予以支持。但是，法人、非法人组织举证证明相对人知道或者应当知道该限制的除外。

法人、非法人组织承担民事责任后，向有过错的法定代表人、负责人追偿因越权代表行为造成的损失的，人民法院依法予以支持。法律、司法解释对法定代表人、负责人的民事责任另有规定的，依照其规定。

第二十一条 法人、非法人组织的工作人员就超越其职权范围的事项以法人、非法人组织的名义订立合同，相对人主张该合同对法人、非法人组织发生效力并由其承担违约责任的，人民法院不予支持。但是，法人、非法人组织有过错的，人民法院可以参照民法典第一百五十七条的规定判决其承担相应的赔偿责任。前述情形，构成表见代理的，人民法院应当依据民法典第一百七十二条的规定处理。

合同所涉事项有下列情形之一的，人民法院应当认定法人、非法人组织的工作人员在订立合同时超越其职权范围：

（一）依法应当由法人、非法人组织的权力机构或者决策机构决议的事项；

（二）依法应当由法人、非法人组织的执行机构决定的事项；

（三）依法应当由法定代表人、负责人代表法人、非法人组织实施的事项；

（四）不属于通常情形下依其职权可以处理的事项。

合同所涉事项未超越依据前款确定的职权范围，但是超越法人、非法人组织对工作人员职权范围的限制，相对人主张该合同对法人、非法人组织发生效力并由其承担违约责任的，人民法院应予支持。但是，法人、非法人组织举证证明相对人知道或者应当知道该限制的除外。

法人、非法人组织承担民事责任后，向故意或者有重大过失的工作人员追偿的，人民法院依法予以支持。

第二十四条 合同不成立、无效、被撤销或者确定不发生效力，当事人请求返还财产，经审查财产能够返还的，人民法院应当根据案件具体情况，单独或者合并适用返还占有的标的物、更正登记簿册记载等方式；经审查财产不能返还或者没有必要返还的，人民法院应当以认定合同不成立、无效、被撤销或者确定不发生效力之日该财产的市场价值或者以其他合理方式计算的价值为基准判决折价补偿。

除前款规定的情形外，当事人还请求赔偿损失的，人民法院应当结合财产返还或者折价补偿的情况，综合考虑财产增值收益和贬值损失、交易成本的支出等事实，按照双方当事人的过错程度及原因力大小，根据诚信原则和公平原则，合理确定损失赔偿额。

合同不成立、无效、被撤销或者确定不发生效力，当事人的行为涉嫌违法且未经处理，可能导致一方或者双方通过违法行为获得不当利益的，人民法院应当向有关行政管理部门提出司法建议。当事人的行为涉嫌犯罪的，应当将案件线索移送刑事侦查机关；属于刑事自诉案件的，应当告知当事人可以向有管辖权的人民法院另行提起诉讼。

第二十五条 合同不成立、无效、被撤销或者确定不发生效力，有权请求返还价款或者报酬的当事人一方请求对方支付资金占用费的，人民法院应当在当事人请求的范围内按照中国人民银行授权全国银行间同业拆借中心公布的一年期贷款市场报价利率（LPR）计算。但是，占用资金的当事人对于合同不成立、无效、被撤销或者确定不发生效力没有过错的，应当以中国人民银行公布的同期同类存款基准利率计算。

双方互负返还义务，当事人主张同时履行的，人民法院应予支持；占有标的物的一方对标的物存在使用或者依法可以使用的情形，对方请求将其应支付的资金占用费与应收取的标的物使用费相互抵销的，人民法院应予支持，但是法律另有规定的除外。

根据2022年2月24日公布的《最高人民法院关于适用〈中华人民共和国民法典〉总则编若干问题的解释》（法释〔2022〕6号），规定如下：

第二十三条 民事法律行为不成立，当事人请求返还财产、折价补偿或者赔偿损失的，参照适用民法典第一百五十七条的规定。

根据2020年12月29日修正的《最高人民法院关于审理期货纠纷案件若干问题的规定》（法释〔2020〕18号），对期货经纪合同无效的法律后果，规定如下：

第十四条 因期货经纪合同无效给客户造成经济损失的，应当根据无效行为与损失之间的因果关系确定责任的承担。一方的损失系对方行为所致，应当由对方赔偿损失；双方有过错的，根据过错大小各自承担相应的民事责任。

第十五条 不具有主体资格的经营机构因从事期货经纪业务而导致期货经纪合同无效，该机构按客户的交易指令入市交易的，收取的佣金应当返还给客户，交易结果由客户承担。

该机构未按客户的交易指令入市交易，客户没有过错的，该机构应当返还客户的保证金并赔偿客户的损失。赔偿损失的范围包括交易手续费、税金及利息。

根据2020年12月29日修正的《最高人民法院关于审理与企业改制相关的民事纠纷案件若干问题的规定》（法释〔2020〕18号），规定如下：

第二十三条 企业出售合同被确认无效或者被撤销的，企业售出后买受人经营企业期间发生的经营盈亏，由买受人享有或者承担。

根据2019年11月8日公布的《最高人民法院关于印发〈全国法院民商事审判工作会议纪要〉的通知》（法〔2019〕254号），对合同不成立、无效或者被撤销的法律后果等问题，通知如下：

32.**【合同不成立、无效或者被撤销的法律后果】**《合同法》第五十八条就合同无效或者被撤销时的财产返还责任和损害赔偿责任作了规定，但未规定合同不成立的法律后果。考虑到合同不成立时也可能发生财产返还和损害赔偿责任问题，故应当参照适用该条的规定。

在确定合同不成立、无效或者被撤销后财产返还或者折价补偿范围时，要根据诚实信用原则的要求，在当事人之间合理分配，不能使不诚信的当事人因合同不成立、无效或者被撤销而获益。合同不成立、无效或者被撤销情况下，当事人所承担的缔约过失责任不应超过合同履行利益。比如，依据《最高人民法院关于审理建设工程施工合同纠纷案件适用法律问题的解释》第二条规定，建设工程施工合同无效，在建设工程经竣工验收合格情况下，可以参照合同约定支付工程款，但除非增加了合同约定之外新的工程项目，一般不应超出合同约定支付工程款。

33.**【财产返还与折价补偿】**合同不成立、无效或者被撤销后，在确定财产返还时，要充分考虑财产增值或者贬值的因素。双务合同不成立、无效或者被撤销后，双方因该合同取得财产的，应当相互返还。应予返还的股权、房屋等财产相对于合同约定价款出现增值或者贬值的，人民法院要综合考虑市场因素、受让人的经营或者添附等行为与财产增值或者贬值之间的关联性，在当事人之间合理分配或者分担，避免一方因合同不成立、无效或者被撤销而获益。在标的物已经灭失、转售他人或者其他无法返还的情况下，当事人主张返还原物的，人民法院不予支持，但其主张折价补偿的，人民法院依法予以支持。折价时，应当以当事人交易时约定的价款为基础，同时考虑当事人在标的物灭失或者转售时的获益情况综合确定补偿标准。标的物灭失时当事人获得的保险金或者其他赔偿金，转售时取得的对价，均属于当事人因标的物而获得的利益。对获益高于或者低于价款的部分，也应当在当事人之间合理分配或者分担。

34.**【价款返还】**双务合同不成立、无效或者被撤销时，标的物返还与价款返还互为对待给付，双方应当同时返还。关于应否支付利息问题，只要一方对标的物有使用情形的，一般应当支付使用费，该费用可与占有价款一方应当支付的资金占用费相互抵销，故在一方返还原物前，另一方仅须支付本金，而无须支付利息。

35.【**损害赔偿**】合同不成立、无效或者被撤销时，仅返还财产或者折价补偿不足以弥补损失，一方还可以向有过错的另一方请求损害赔偿。在确定损害赔偿范围时，既要根据当事人的过错程度合理确定责任，又要考虑在确定财产返还范围时已经考虑过的财产增值或者贬值因素，避免双重获利或者双重受损的现象发生。

36.【**合同无效时的释明问题**】在双务合同中，原告起诉请求确认合同有效并请求继续履行合同，被告主张合同无效的，或者原告起诉请求确认合同无效并返还财产，而被告主张合同有效的，都要防止机械适用"不告不理"原则，仅就当事人的诉讼请求进行审理，而应向原告释明变更或者增加诉讼请求，或者向被告释明提出同时履行抗辩，尽可能一次性解决纠纷。例如，基于合同有给付行为的原告请求确认合同无效，但并未提出返还原物或者折价补偿、赔偿损失等请求的，人民法院应当向其释明，告知其一并提出相应诉讼请求；原告请求确认合同无效并要求被告返还原物或者赔偿损失，被告基于合同也有给付行为的，人民法院同样应当向被告释明，告知其也可以提出返还请求；人民法院经审理认定合同无效的，除了要在判决书"本院认为"部分对同时返还作出认定外，还应当在判项中作出明确表述，避免因判令单方返还而出现不公平的结果。

第一审人民法院未予释明，第二审人民法院认为应当对合同不成立、无效或者被撤销的法律后果作出判决的，可以直接释明并改判。当然，如果返还财产或者赔偿损失的范围确实难以确定或者双方争议较大的，也可以告知当事人通过另行起诉等方式解决，并在裁判文书中予以明确。

当事人按照释明变更诉讼请求或者提出抗辩的，人民法院应当将其归纳为案件争议焦点，组织当事人充分举证、质证、辩论。

根据**2003年11月30日公布的《最高人民法院关于蔡德成与大连经济技术开发区龙海房地产开发公司、原审第三人大连翻译专修学院商品房买卖合同纠纷一案请示的答复》（〔2003〕民一他字第13号）**，答复如下：

商品房买卖合同因出卖人责任被确认无效后，应按无效合同的处理原则进行处理。关于善意买受人应该返还给出卖人的房屋使用费标准，因为买受人在签订合同时是善意的，所以应该以买受人在合同中的意思表示为标准。也就是说，应该以买受人与出卖人约定的合同总价款除以房屋的设计使用年限，再乘以买受人实际使用该房屋的年限得出的价款作为买受人所获得的利益返回给出卖人。

根据**饶国礼与江西省监狱管理局物资供应站等房屋租赁合同纠纷案：最高人民法院（2019）最高法民再97号民事判决书［《最高人民法院公报》2022年第6期（总第310期）］**，违反行政规章一般不影响合同效力，但违反行政规章签订租赁合同，约定将经鉴定机构鉴定存在严重结构隐患，或将造成重大安全事故的应当尽快拆除的危房出租用于经营酒店，危及不特定公众人身及财产安全的，属于损害社会公共利益、违背公序良俗的行为，应当依法认定租赁合同无效，按照合同双方的过错大小确定各自应当承担的法律责任。

根据**莫志华、深圳市东深工程有限公司与东莞市长富广场房地产开发有限公司建设工程合同纠纷案：最高人民法院（2011）民提字第235号民事判决书［《最高人民法院公报》2013年第11期（总第205期）］**，鉴于建设工程的特殊性，虽然合同无效，但施工人的劳动和建筑材料已经物化在建筑工程中，依据《最高人民法院关于审理建设工程施工合同纠纷案件适用法律问题的解释》第二条的规定，建设工程合同无效，但建设工程经竣工验收合格，承包人请求参照有效合同处理的，应当参照合同约定来计算涉案工程价款，承包人不应获得比合同有效时更多的利益。

根据**最高人民检察院按照审判监督程序提出抗诉的海南金岗实业投资公司诉吉林省国土资源开发实业总公司合作开发地产项目合同纠纷案：最高人民法院（2004）民二抗字第2号民事判决书［《最高人民检察院公报》2005年第4号（总第87号）］**，根据公平合理原则，合同的无效，不应影响双方在合同之外就存贷差价导致损失进行补偿的约定的效力。补偿已经给付的，不应当要求接受方返还。金岗公司按约定给付吉林国土公司因 2000 万元存贷差价所导致的损失补偿，不应受双方合作合同无效的影响，其要求吉林国土公司返还没有法律依据。

第四节 民事法律行为的附条件和附期限

第一百五十八条 【附条件的民事法律行为】民事法律行为可以附条件，但是根据其性质不得附条件的除外。附生效条件的民事法律行为，自条件成就时生效。附解除条件的民事法律行为，自条件成就时失效。

根据 **2015 年 4 月 24 日修正的《中华人民共和国保险法》**，对于保险合同的附条件或者附期限，规定如下：

第十三条 投保人提出保险要求，经保险人同意承保，保险合同成立。保险人应当及时向投保人签发保险单或者其他保险凭证。

保险单或者其他保险凭证应当载明当事人双方约定的合同内容。当事人也可以约定采用其他书面形式载明合同内容。

依法成立的保险合同，自成立时生效。投保人和保险人可以对合同的效力约定附条件或者附期限。

根据 **2004 年 8 月 28 日修正的《中华人民共和国票据法》**，对于附条件的背书、承兑和保证，规定如下：

第三十三条 背书不得附有条件。背书时附有条件的，所附条件不具有汇票上的效力。

将汇票金额的一部分转让的背书或者将汇票金额分别转让给二人以上的背书无效。

第四十三条 付款人承兑汇票，不得附有条件；承兑附有条件的，视为拒绝承兑。

第四十八条 保证不得附有条件；附有条件的，不影响对汇票的保证责任。

根据 **2022 年 2 月 24 日公布的《最高人民法院关于适用〈中华人民共和国民法典〉总则编若干问题的解释》（法释〔2022〕6 号）**，规定如下：

第二十四条 民事法律行为所附条件不可能发生，当事人约定为生效条件的，人民法院应当认定民事法律行为不发生效力；当事人约定为解除条件的，应当认定未附条件，民事法律行为是否失效，依照民法典和相关法律、行政法规的规定认定。

根据崂山国土局与南太置业公司国有土地使用权出让合同纠纷案：最高人民法院（2004）民一终字第 106 号民事判决书［《最高人民法院公报》2007 年第 3 期（总第 125 期）］，根据《合同法》第四十五条的规定，当事人对合同的效力约定所附条件，是指在合同中特别约定一定的条件，以条件成就与否作为合同效力发生的根据。该条件必须是将来发生的、不确定的、约定的、合法的事实。政府机关对有关事项或者合同审批或者批准的权限和职责，源于法律和行政法规的规定，不属于当事人约定的范畴。当事人将上述权限和职责约定为合同所附条件，不符合法律规定。

根据黄亚君诉上海维纳斯婚纱摄影有限公司返还技术指导费、商标使用费纠纷案：上海市高级人民法院 1999 年 9 月 6 日民事判决书［《最高人民法院公报》2000 年第 1 期（总第 63 期）］，裁决如下：

依照《商标法》第四条、第二十六条第三款的规定，已经注册的服务商标的权利人许可他人使用其商标，除签订商标使用许可合同并应当报商标局备案之外，被许可人还必须是依法登记并能够独立承担民事责任的企业、事业单位和个体工商业者。协议书的乙方尚不具备这一主体资格，不能作为被许可人与甲方签订商标使用许可合同。依照《民法通则》第六十二条的规定，“乙方落实该经营项目”后“双方签订‘商标使用许可合同’并报商标局等有关部门备案”这一约定是商标使用许可协议所附的生效条件。而协议书第四条中提到的交房和办理营业执照，虽然都直接影响到成林婚纱摄影公司能否成立，乙方能否具备提供婚纱摄影服务项目经营者的主体资格，但这不是生效条件本身或者商标使用许可协议条款的一部分，只是生效条件能否成就的前提或者基础。直至本案诉讼期间，乙方的婚纱摄影服务项目还未落实，不能实现与摄影公司签订“商标使用许可合同”并报商标局等有关部门备案的约定，所附条件尚未成就。

需要指出的是，协议书中就婚纱摄影技术指导部分所达成的条款，并未附加任何条件。也就是说，作为混合合同的一部分，“维纳斯”商标使用许可的协议条款必须在所附生效条件成就后才产生法律效力；作为混合合同的另一部分，婚纱摄影技术指导的协议条款自协议书签字之日起即产生法律效力。

第一百五十九条 【条件成就和不成就的拟制】附条件的民事法律行为，当事人为自己的利益不正当地阻止条件成就的，视为条件已经成就；不正当地促成条件成就的，视为条件不成就。

第一百六十条 【附期限的民事法律行为】民事法律行为可以附期限，但是根据其性质不得附期限的除外。附生效期限的民事法律行为，自期限届至时生效。附终止期限的民事法律行为，自期限届满时失效。

根据 **2015 年 4 月 24 日修正的《中华人民共和国保险法》**，对于保险合同的附条件或者附期限，规定如下：

第十三条 投保人提出保险要求，经保险人同意承保，保险合同成立。保险人应当及时向投保人签发保险单或者其他保险凭证。

保险单或者其他保险凭证应当载明当事人双方约定的合同内容。当事人也可以约定采用其他书面形式载明合同内容。

依法成立的保险合同，自成立时生效。投保人和保险人可以对合同的效力约定附条件或者附期限。

第七章 代 理

第一节 一般规定

第一百六十一条 【代理适用范围】民事主体可以通过代理人实施民事法律行为。

依照法律规定、当事人约定或者民事法律行为的性质，应当由本人亲自实施的民事法律行为，不得代理。

根据**2023年12月29日修订的《中华人民共和国公司法》**，规定如下：

第一百一十八条 股东委托代理人出席股东会会议的，应当明确代理人代理的事项、权限和期限；代理人应当向公司提交股东授权委托书，并在授权范围内行使表决权。

第一百一十九条 股东会应当对所议事项的决定作成会议记录，主持人、出席会议的董事应当在会议记录上签名。会议记录应当与出席股东的签名册及代理出席的委托书一并保存。

第一百三十九条 上市公司董事与董事会会议决议事项所涉及的企业或者个人有关联关系的，该董事应当及时向董事会书面报告。有关联关系的董事不得对该项决议行使表决权，也不得代理其他董事行使表决权。该董事会会议由过半数的无关联关系董事出席即可举行，董事会会议所作决议须经无关联关系董事过半数通过。出席董事会会议的无关联关系董事人数不足三人的，应当将该事项提交上市公司股东会审议。

第二百四十五条 外国公司在中华人民共和国境内设立分支机构，应当在中华人民共和国境内指定负责该分支机构的代表人或者代理人，并向该分支机构拨付与其所从事的经营活动相适应的资金。

对外国公司分支机构的经营资金需要规定最低限额的，由国务院另行规定。

根据**2019年12月28日修订的《中华人民共和国证券法》**，规定如下：

第一百三十三条 证券公司接受证券买卖的委托，应当根据委托书载明的证券名称、买卖数量、出价方式、价格幅度等，按照交易规则代理买卖证券，如实进行交易记录；买卖成交后，应当按照规定制作买卖成交报告单交付客户。

证券交易中确认交易行为及其交易结果的对账单必须真实，保证账面证券余额与实际持有的证券相一致。

第一百六十二条 【代理的效力】代理人在代理权限内，以被代理人名义实施的民事法律行为，对被代理人发生效力。

根据湖北金华实业有限公司与苏金水等商品房买卖合同纠纷案：最高人民法院（2012）民抗字第24号民事判决书［《最高人民法院公报》2014年第1期（总第207期）］，在房地产开发企业委托代理机构销售房屋的情况下，房地产开发企业因委托代理机构未告知其特定房屋已经售出而导致一房二卖，属于其选择和监督委托代理人的经营风险，不得转嫁于购房者，房地产开发企业以此为由主张《最高人民法院关于审理商品房买卖合同纠纷案件适用法律若干问题的解释》第八条（编者注：该条已废止）规定的惩罚性赔偿应予免除的请求，人民法院不予支持。

第一百六十三条 【代理的类型】代理包括委托代理和法定代理。

委托代理人按照被代理人的委托行使代理权。法定代理人依照法律的规定行使代理权。

根据**2023年9月1日修正的《中华人民共和国民事诉讼法》**，规定如下：

第五十二条 当事人有权委托代理人，提出回避申请，收集、提供证据，进行辩论，请求调解，提起上诉，申请执行。

当事人可以查阅本案有关材料，并可以复制本案有关材料和法律文书。查阅、复制本案有关材料的范围和办法由最高人民法院规定。

当事人必须依法行使诉讼权利，遵守诉讼秩序，履行发生法律效力的判决书、裁定书和调解书。

第六十条 无诉讼行为能力人由他的监护人作为法定代理人代为诉讼。法定代理人之间互相推诿代理责任的，由人民法院指定其中一人代为诉讼。

第六十一条 当事人、法定代理人可以委托一至二人作为诉讼代理人。

下列人员可以被委托为诉讼代理人：

（一）律师、基层法律服务工作者；

（二）当事人的近亲属或者工作人员；

（三）当事人所在社区、单位以及有关社会团体推荐的公民。

第一百五十三条 有下列情形之一的，中止诉讼：

（一）一方当事人死亡，需要等待继承人表明是否参加诉讼的；

（二）一方当事人丧失诉讼行为能力，尚未确定法定代理人的；

（三）作为一方当事人的法人或者其他组织终止，尚未确定权利义务承受人的；

（四）一方当事人因不可抗拒的事由，不能参加诉讼的；

（五）本案必须以另一案的审理结果为依据，而另一案尚未审结的；

（六）其他应当中止诉讼的情形。

中止诉讼的原因消除后，恢复诉讼。

第二百一十一条 当事人的申请符合下列情形之一的，人民法院应当再审：

（八）无诉讼行为能力人未经法定代理人代为诉讼或者应当参加诉讼的当事人，因不能归责于本人或者其诉讼代理人的事由，未参加诉讼的；

第二百五十二条 被执行人未按执行通知履行法律文书确定的义务，应当报告当前以及收到执行通知之日前一年的财产情况。被执行人拒绝报告或者虚假报告的，人民法院可以根据情节轻重对被执行人或者其法定代理人、有关单位的主要负责人或者直接责任人员予以罚款、拘留。

根据**2017年9月1日修正的《中华人民共和国仲裁法》**，规定如下：

第二十九条 当事人、法定代理人可以委托律师和其他代理人进行仲裁活动。委托律师和其他代理人进行仲裁活动的，应当向仲裁委员会提交授权委托书。

根据**2015年12月27日公布的《中华人民共和国反家庭暴力法》**，规定如下：

第十三条第一款、第二款 家庭暴力受害人及其法定代理人、近亲属可以向加害人或者受害人所在单位、居民委员会、村民委员会、妇女联合会等单位投诉、反映或者求助。有关单位接到家庭暴力投诉、反映或者求助后，应当给予帮助、处理。

家庭暴力受害人及其法定代理人、近亲属也可以向公安机关报案或者依法向人民法院起诉。

根据**2007年12月29日公布的《中华人民共和国劳动争议调解仲裁法》**，规定如下：

第二十五条 丧失或者部分丧失民事行为能力的劳动者，由其法定代理人代为参加仲裁活动；无法定代理人的，由劳动争议仲裁委员会为其指定代理人。劳动者死亡的，由其近亲属或者代理人参加仲裁活动。

根据**2020年12月29日修正的《最高人民法院关于适用〈中华人民共和国民事诉讼法〉执行程序若干问题的解释》（法释〔2020〕21号）**，规定如下：

第二十四条 被执行人为单位的，可以对其法定代表人、主要负责人或者影响债务履行的直接责任人员限制出境。

被执行人为无民事行为能力人或者限制民事行为能力人的，可以对其法定代理人限制出境。

第一百六十四条 【代理人不当行为的法律后果】代理人不履行或者不完全履行职责，造成被代理人损害的，应当承担民事责任。

代理人和相对人恶意串通，损害被代理人合法权益的，代理人和相对人应当承担连带责任。

根据2023年12月4日公布的《最高人民法院关于适用〈中华人民共和国民法典〉合同编通则若干问题的解释》（法释〔2023〕13号），规定如下：

第二十三条 法定代表人、负责人或者代理人与相对人恶意串通，以法人、非法人组织的名义订立合同，损害法人、非法人组织的合法权益，法人、非法人组织主张不承担民事责任的，人民法院应予支持。

法人、非法人组织请求法定代表人、负责人或者代理人与相对人对因此受到的损失承担连带赔偿责任的，人民法院应予支持。

根据法人、非法人组织的举证，综合考虑当事人之间的交易习惯、合同在订立时是否显失公平、相关人员是否获取了不正当利益、合同的履行情况等因素，人民法院能够认定法定代表人、负责人或者代理人与相对人存在恶意串通的高度可能性的，可以要求前述人员就合同订立、履行的过程等相关事实作出陈述或者提供相应的证据。其无正当理由拒绝作出陈述，或者所作陈述不具合理性又不能提供相应证据的，人民法院可以认定恶意串通的事实成立。

根据华埠经济贸易公司与中国外运山东威海公司等船舶进口代理合同、废钢船买卖合同纠纷案：最高人民法院（2000）交提字第3号民事裁定书［《最高人民法院公报》2002年第3期（总第77期）］，裁决如下：

代理人在履行代理义务时，维护委托人的合法权益是其默示的基本义务。威海外运在从俄国船长处取得“尼古拉”号船舶文件和注销船籍的证明文件后，既不代理华埠公司到船舶登记机关办理船舶登记手续，又不将有关文件交与华埠公司去办理船舶登记，其不作为损害了华埠公司的合法权益，应当承担由此产生的损害后果。

原木材公司又与已注销“尼古拉”轮俄国船籍并对该轮丧失所有权的俄船队公司船方人员签订“尼古拉”废钢船买卖合同，属于恶意行为，该“合同”不具有法律效力，由此而发生的后果及给华埠公司造成的损失，原木材公司应当承担相应的民事责任。威海外运作为华埠公司进口的“尼古拉”船的船舶和货物代理人，对华埠公司通过贸易合同合法取得“尼古拉”号所有权是明知的。威海外运在原木材公司与俄船队公司非法签订合同前，已经获取“尼古拉”号船舶文件，得知俄方注销了该船舶船籍，在其以后的代理行为中，认可该不法合同，屡屡维护原木材公司的不当利益，先后将船舶文件和船舶均交给原木材公司，损害委托人的合法权益，与原木材公司恶意串通的事实已经构成，依据《中华人民共和国民法通则》第六十六条第二款、第三款的规定，应当与原木材公司承担连带民事赔偿责任。

第二节 委托代理

第一百六十五条 【授权委托书】委托代理授权采用书面形式的，授权委托书应当载明代理人的姓名或者名称、代理事项、权限和期限，并由被代理人签名或者盖章。

根据中国外运上海公司诉深圳江南经济开发总公司货运代理合同纠纷案：上海市高级人民法院1994年10月31日民事裁定书[《最高人民法院公报》1995年第2期(总第42期)]，委托方向受托人出具空白委托书的，即为委托不明，可视为委托人对受托人代理实施发生的委托事项同意负完全责任。江南公司在向上海外运委托办理货运手续时提交空白委托书，可视为其对实施发生的委托事项同意负完全责任。江南公司提出上海外运没有根据海湾公司转给的文件、资料、价格条件FOB上海来填写空白货运委托书，因该行为引起的主要过错在上海外运的主张不能成立，由此产生的法律后果应由江南公司承担。

第一百六十六条 【共同代理】数人为同一代理事项的代理人的，应当共同行使代理权，但是当事人另有约定的除外。

根据2001年4月28日公布的《中华人民共和国信托法》，规定如下：

第三十一条 同一信托的受托人有两个以上的，为共同受托人。

共同受托人应当共同处理信托事务，但信托文件规定对某些具体事务由受托人分别处理的，从其规定。

共同受托人共同处理信托事务，意见不一致时，按信托文件规定处理；信托文件未规定的，由委托人、受益人或者其利害关系人决定。

第一百六十七条 【违法代理及其法律后果】代理人知道或者应当知道代理事项违法仍然实施代理行为，或者被代理人知道或者应当知道代理人的代理行为违法未作反对表示的，被代理人和代理人应当承担连带责任。

第一百六十八条 【禁止自我代理和双方代理及例外】代理人不得以被代理人的名义与自己实施民事法律行为，但是被代理人同意或者追认的除外。

代理人不得以被代理人的名义与自己同时代理的其他人实施民事法律行为，但是被代理的双方同意或者追认的除外。

根据2017年9月1日修正的《中华人民共和国律师法》，规定如下：

第三十九条 律师不得在同一案件中为双方当事人担任代理人，不得代理与本人或者其近亲属有利益冲突的法律事务。

根据2001年4月28日公布的《中华人民共和国信托法》，规定如下：

第二十八条 受托人不得将其固有财产与信托财产进行交易或者将不同委托人的信托财产进行相互交易，但信托文件另有规定或者经委托人或者受益人同意，并以公平的市场价格进行交易的除外。

受托人违反前款规定，造成信托财产损失的，应当承担赔偿责任。

根据刘杏林诉海港农村信用合作社存款纠纷案：河北省高级人民法院2001年4月26日民事判决书[《最高人民法院公报》2002年第3期(总第77期)]，海港信用社上诉认为，刘杏林将印章存放在程秀丽处是对程的授权，如果有损害行为应当由程对刘负责，而不应由信用社负责。查程秀丽接受刘杏林的印章时，其身份是马坊信用社的主任，正在代表马坊信用社保管着刘杏林的存款。这一身份决定了程秀丽不能同时接受刘杏林的委托，代理刘杏林处理存款事宜。海港信用社的上诉理由不能成立，不予支持。信用社工作人员不能代理储户在本社为存取款行为。

第一百六十九条 【复代理】代理人需要转委托第三人代理的，应当取得被代理人的同意或者追认。

转委托代理经被代理人同意或者追认的，被代理人可以就代理事务直接指示转委托的第三人，代理人仅就第三人的选任以及对第三人的指示承担责任。

转委托代理未经被代理人同意或者追认的，代理人应当对转委托的第三人的行为承担责任；但是，在紧急情况下代理人为了维护被代理人的利益需要转委托第三人代理的除外。

> 根据**2001年4月28日公布的《中华人民共和国信托法》**，规定如下：
>
> **第三十条** 受托人应当自己处理信托事务，但信托文件另有规定或者有不得已事由的，可以委托他人代为处理。
>
> 受托人依法将信托事务委托他人代理的，应当对他人处理信托事务的行为承担责任。
>
> **根据2020年12月29日修正的《最高人民法院关于审理海上货运代理纠纷案件若干问题的规定》（法释〔2020〕18号）**，规定如下：
>
> **第五条** 委托人与货运代理企业约定了转委托权限，当事人就权限范围内的海上货运代理事务主张委托人同意转委托的，人民法院应予支持。
>
> 没有约定转委托权限，货运代理企业或第三人以委托人知道货运代理企业将海上货运代理事务转委托或部分转委托第三人处理而未表示反对为由，主张委托人同意转委托的，人民法院不予支持，但委托人的行为明确表明其接受转委托的除外。

第一百七十条 【职务代理】执行法人或者非法人组织工作任务的人员，就其职权范围内的事项，以法人或者非法人组织的名义实施的民事法律行为，对法人或者非法人组织发生效力。

法人或者非法人组织对执行其工作任务的人员职权范围的限制，不得对抗善意相对人。

> 根据**2006年8月27日修订的《中华人民共和国合伙企业法》**第二章第三节，对于合伙事务执行，参见民法典第一百零二条的附注。

第一百七十一条 【无权代理】行为人没有代理权、超越代理权或者代理权终止后，仍然实施代理行为，未经被代理人追认的，对被代理人不发生效力。

相对人可以催告被代理人自收到通知之日起三十日内予以追认。被代理人未作表示的，视为拒绝追认。行为人实施的行为被追认前，善意相对人有撤销的权利。撤销应当以通知的方式作出。

行为人实施的行为未被追认的，善意相对人有权请求行为人履行债务或者就其受到的损害请求行为人赔偿。但是，赔偿的范围不得超过被代理人追认时相对人所能获得的利益。

相对人知道或者应当知道行为人无权代理的，相对人和行为人按照各自的过错承担责任。

根据2003年11月14日公布的《最高人民法院关于香港享进粮油食品有限公司申请执行香港国际仲裁中心仲裁裁决案的复函》(〔2003〕民四他字第9号)，答复如下：

安徽粮油食品进出口(集团)公司(以下简称安徽粮油公司)系海南高富瑞工贸有限公司(以下简称海南高富瑞公司)的股东。本案所涉合同是海南高富瑞公司总经理张根杰，利用其持有的安徽粮油公司派驻海南高富瑞公司任职人员的相关文件的便利，采取剪取、粘贴、复印、传真等违法手段，盗用安徽粮油公司圆形行政公章，以安徽粮油公司的名义与香港享进粮油食品有限公司(以下简称享进公司)签订的。由于张根杰没有得到安徽粮油公司的明确授权，而是采用违法的手段盗用其印章签订合同，且事后张根杰未告知安徽粮油公司，更未得到追认，根据当事人的属人法即我国内地相应的法律规定，张根杰无权代理安徽粮油公司签订合同，亦即其不具备以安徽粮油公司名义签订合同的行为能力，相应地，其亦不具有以安徽粮油公司名义签订合同中仲裁条款的行为能力。由于本案所涉仲裁协议是张根杰通过欺诈手段签订的，因此，根据本案仲裁地法即香港特别行政区的法律，该仲裁协议也应认定无效。故根据《最高人民法院关于内地与香港特别行政区相互执行仲裁裁决的安排》第七条第一款第(一)项的规定，应不予执行本案仲裁裁决。同意你院的处理意见，但你院不宜以《最高人民法院关于内地与香港特别行政区相互执行仲裁裁决的安排》第七条第三款的规定作为不予执行本案仲裁裁决的法律依据。

根据湖北省汽车工业总公司武汉公司与湖北金源城市信用社、武汉凌美装饰工程有限公司借款担保合同纠纷抗诉案：湖北省武汉市中级人民法院1998年6月25日民事判决书[《最高人民检察院公报》1998年第5号(总第46号)]，裁决如下：

一、《中华人民共和国民法通则》第五十五条规定民事法律行为必须"意思表示真实"。吴军未经授权加盖公章的行为不能视为法人真实意思表示；其冒用武汉公司名义，伪造法定代表人签字所签订的担保合同应为无效。吴军擅自动用公司公章为他人提供担保属无权代理行为。《民法通则》第六十六条规定，没有代理权、超越代理权的行为，未经被代理人追认的行为，由行为人承担民事责任。本案应由吴军个人承担无权代理造成的经济损失。

二、金源信用社在进行贷款业务时，为确保贷款安全，应对担保行为的可行性、真实合法性进行审查，有义务核实担保人的意思表示是否真实。本案吴军冒用武汉公司名义提供担保过程中，金源信用社一直未与武汉公司联系核保考察，对吴军伪造法定代表人签字不加鉴别，使吴军冒用公司名义担保得逞，金源信用社应承担相应的过错责任，而不能简单认定担保有效，由武汉公司承担连带责任。

根据李二娇诉张士辉委托代理纠纷案：广东省深圳市南山区人民法院1991年9月12日民事调解书[《最高人民法院公报》1993年第1期(总第33期)]，代理人在代理权限内，以被代理人的名义实施民事法律行为。代理人超越代理权的行为，只有经过被代理人的追认，被代理人才承担民事责任。未经追认的行为，由行为人承担民事责任。原告李二娇只委托被告张士辉代理其领取股息，但张士辉却擅自将李二娇的股票低价出卖并过户给第三人张士琴，其行为违反了《中华人民共和国民法通则》第六十六条的规定，超越代理权，应当承担民事责任。在审理过程中，李二娇自愿放弃讼争股票1991年派发的红股，只要求张士辉购还发展银行288股股票。张士辉表示同意，应予准许。

第一百七十二条 【表见代理】行为人没有代理权、超越代理权或者代理权终止后，仍然实施代理行为，相对人有理由相信行为人有代理权的，代理行为有效。

根据2023年12月4日公布的《最高人民法院关于适用〈中华人民共和国民法典〉合同编通则若干问题的解释》(法释〔2023〕13号),规定如下:

第二十一条 法人、非法人组织的工作人员就超越其职权范围的事项以法人、非法人组织的名义订立合同,相对人主张该合同对法人、非法人组织发生效力并由其承担违约责任的,人民法院不予支持。但是,法人、非法人组织有过错的,人民法院可以参照民法典第一百五十七条的规定判决其承担相应的赔偿责任。前述情形,构成表见代理的,人民法院应当依据民法典第一百七十二条的规定处理。

合同所涉事项有下列情形之一的,人民法院应当认定法人、非法人组织的工作人员在订立合同时超越其职权范围:

(一)依法应当由法人、非法人组织的权力机构或者决策机构决议的事项;

(二)依法应当由法人、非法人组织的执行机构决定的事项;

(三)依法应当由法定代表人、负责人代表法人、非法人组织实施的事项;

(四)不属于通常情形下依其职权可以处理的事项。

合同所涉事项未超越依据前款确定的职权范围,但是超越法人、非法人组织对工作人员职权范围的限制,相对人主张该合同对法人、非法人组织发生效力并由其承担违约责任的,人民法院应予支持。但是,法人、非法人组织举证证明相对人知道或者应当知道该限制的除外。

法人、非法人组织承担民事责任后,向故意或者有重大过失的工作人员追偿的,人民法院依法予以支持。

第二十二条 法定代表人、负责人或者工作人员以法人、非法人组织的名义订立合同且未超越权限,法人、非法人组织仅以合同加盖的印章不是备案印章或者系伪造的印章为由主张该合同对其不发生效力的,人民法院不予支持。

合同系以法人、非法人组织的名义订立,但是仅有法定代表人、负责人或者工作人员签名或者按指印而未加盖法人、非法人组织的印章,相对人能够证明法定代表人、负责人或者工作人员在订立合同时未超越权限的,人民法院应当认定合同对法人、非法人组织发生效力。但是,当事人约定以加盖印章作为合同成立条件的除外。

合同仅加盖法人、非法人组织的印章而无人员签名或者按指印,相对人能够证明合同系法定代表人、负责人或者工作人员在其权限范围内订立的,人民法院应当认定该合同对法人、非法人组织发生效力。

在前三款规定的情形下,法定代表人、负责人或者工作人员在订立合同时虽然超越代表或者代理权限,但是依据民法典第五百零四条的规定构成表见代表,或者依据民法典第一百七十二条的规定构成表见代理的,人民法院应当认定合同对法人、非法人组织发生效力。

根据2020年12月29日修正的《最高人民法院关于审理海上货运代理纠纷案件若干问题的规定》(法释〔2020〕18号),规定如下:

第六条 一方当事人根据双方的交易习惯,有理由相信行为人有权代表对方当事人订立海上货运代理合同,该方当事人依据民法典第一百七十二条的规定主张合同成立的,人民法院应予支持。

根据2020年12月29日修正的《最高人民法院关于审理期货纠纷案件若干问题的规定》(法释〔2020〕18号),规定如下:

第九条 期货公司授权非本公司人员以本公司的名义从事期货交易行为的,期货公司应当承担由此产生的民事责任;非期货公司人员以期货公司名义从事期货交易行为,具备民法典第一百七十二条所规定的表见代理条件的,期货公司应当承担由此产生的民事责任。

根据2020年12月29日修正的《最高人民法院关于在审理经济纠纷案件中涉及经济犯罪嫌疑若干问题的规定》(法释〔2020〕17号),对涉嫌经济犯罪中的表见代理,规定如下:

第四条 个人借用单位的业务介绍信、合同专用章或者盖有公章的空白合同书,以出借单位名义签订经济合同，骗取财物归个人占有、使用、处分或者进行其他犯罪活动，给对方造成经济损失构成犯罪的，除依法追究借用人的刑事责任外，出借业务介绍信、合同专用章或者盖有公章的空白合同书的单位，依法应当承担赔偿责任。但是，有证据证明被害人明知签订合同对方当事人是借用行为，仍与之签订合同的除外。

第五条 行为人盗窃、盗用单位的公章、业务介绍信、盖有公章的空白合同书，或者私刻单位的公章签订经济合同，骗取财物归个人占有、使用、处分或者进行其他犯罪活动构成犯罪的，单位对行为人该犯罪行为所造成的经济损失不承担民事责任。

行为人私刻单位公章或者擅自使用单位公章、业务介绍信、盖有公章的空白合同书以签订经济合同的方法进行的犯罪行为，单位有明显过错，且该过错行为与被害人的经济损失之间具有因果关系的，单位对该犯罪行为所造成的经济损失，依法应当承担赔偿责任。

第六条 企业承包、租赁经营合同期满后，企业按规定办理了企业法定代表人的变更登记，而企业法人未采取有效措施收回其公章、业务介绍信、盖有公章的空白合同书，或者没有及时采取措施通知相对人，致原企业承包人、租赁人得以用原承包、租赁企业的名义签订经济合同，骗取财物占为已有构成犯罪的，该企业对被害人的经济损失，依法应当承担赔偿责任。但是，原承包人、承租人利用擅自保留的公章、业务介绍信、盖有公章的空白合同书以原承包、租赁企业的名义签订经济合同，骗取财物占为已有构成犯罪的，企业一般不承担民事责任。

单位聘用的人员被解聘后，或者受单位委托保管公章的人员被解除委托后，单位未及时收回其公章，行为人擅自利用保留的原单位公章签订经济合同，骗取财物占为已有构成犯罪，如给被害人造成经济损失的，单位应当承担赔偿责任。

根据 2019 年 11 月 8 日公布的《最高人民法院关于印发〈全国法院民商事审判工作会议纪要〉的通知》（法〔2019〕254 号），通知如下：

民商事审判工作要树立正确的审判理念。注意辩证理解并准确把握契约自由、平等保护、诚实信用、公序良俗等民商事审判基本原则；注意树立请求权基础思维、逻辑和价值相一致思维、同案同判思维，通过检索类案、参考指导案例等方式统一裁判尺度，有效防止滥用自由裁量权；注意处理好民商事审判与行政监管的关系，通过穿透式审判思维，查明当事人的真实意思，探求真实法律关系；特别注意外观主义系民商法上的学理概括，并非现行法律规定的原则，现行法律只是规定了体现外观主义的具体规则，如《物权法》第一百零六条规定的善意取得，《合同法》第四十九条、《民法总则》第一百七十二条规定的表见代理，《合同法》第五十条规定的越权代表，审判实务中应当依据有关具体法律规则进行判断，类推适用亦应当以法律规则设定的情形、条件为基础。从现行法律规则看，外观主义是为保护交易安全设置的例外规定，一般适用于因合理信赖权利外观或意思表示外观的交易行为。实际权利人与名义权利人的关系，应注重财产的实质归属，而不单纯地取决于公示外观。总之，审判实务中要准确把握外观主义的适用边界，避免泛化和滥用。

根据 2009 年 7 月 7 日公布的《印发〈关于当前形势下审理民商事合同纠纷案件若干问题的指导意见〉的通知》（法发〔2009〕40 号）第四部分，对于“正确把握法律构成要件，稳妥认定表见代理行为”，通知如下：

12. 当前在国家重大项目和承包租赁行业等受到全球性金融危机冲击和国内宏观经济形势变化影响比较明显的行业领域，由于合同当事人采用转包、分包、转租方式，出现了大量以单位部门、项目经理乃至个人名义签订或实际履行合同的情形，并因合同主体和效力认定问题引发表见代理纠纷案件。对此，人民法院应当正确适用合同法第四十九条关于表见代理制度的规定，严格认定表见代理行为。

13. 合同法第四十九条规定的表见代理制度不仅要求代理人的无权代理行为在客观上形成具有代理权的表象，而且要求相对人在主观上善意且无过失地相信行为人有代理权。合同相对人主张构成表见代理的，应当承担举证责任，不仅应当举证证明代理行为存在诸如合同书、公章、印鉴等有权代理的客观表象形式要素，而且应当证明其善意且无过失地相信行为人具有代理权。

14. 人民法院在判断合同相对人主观上是否属于善意且无过失时，应当结合合同缔结与履行过程中的各种因素综合判断合同相对人是否尽到合理注意义务，此外还要考虑合同的缔结时间、以谁的名义签字、是否盖有相关印章及印章真伪、标的物的交付方式与地点、购买的材料、租赁的器材、所借款项的用途、建筑单位是否知道项目经理的行为、是否参与合同履行等各种因素，作出综合分析判断。

根据 2005 年 3 月 25 日公布的《最高人民法院关于得暐企业有限公司与荣成丰盛源食品有限公司买卖合同纠纷一案仲裁条款效力的请示的复函》(民四他字〔2005〕第 11 号)，对山东高级人民法院的请示，答复如下：

根据你院请示报告所述事实及所附案卷材料分析，蔡志祥既非得暐企业有限公司（以下简称企业公司）的法定代表人，也非该公司的职员，其以企业公司名义于 2004 年 5 月 5 日与荣成丰盛源食品有限公司（以下简称食品公司）签署包含有仲裁条款的协议时未得到企业公司的明确授权，而且企业公司对蔡志祥以本公司名义签署的该协议明确表示不予追认，因此，蔡志祥无权代表企业公司签署此份协议，该协议对企业公司不具有法律约束力。你院的请示意见和青岛中级人民法院第一种意见是正确的。青岛中级人民法院第二种意见认为蔡志祥的行为构成表见代理，其理由主要有两点：(1)蔡志祥与企业公司之间有密切的联系。(2)在诉讼中蔡志祥接受企业公司的委托，作为其诉讼代理人。

首先，仅以蔡志祥与企业公司有密切联系为由认定蔡志祥的行为构成表见代理，显然是缺乏法律依据的。而且从食品公司提交的几份证据材料看，蔡志祥均是代表其本人或者其他公司签署协议，从未代表企业公司签署过协议。

其次，关于蔡志祥作为企业公司诉讼代理人的问题。本案蔡志祥签署包含有仲裁条款协议的日期是 2004 年 5 月 5 日，而本案诉讼是企业公司于 2004 年 5 月 20 日向青岛中级人民法院提起，青岛中级人民法院于 2004 年 5 月 21 日立案。企业公司委托蔡志祥作为本案诉讼代理人是在青岛中级人民法院立案之后，授权委托书载明台湾台南地方法院公证处对该委托书的公证日期是 2004 年 11 月 19 日。即企业公司委托蔡志祥作为诉讼代理人是在蔡志祥签署协议之后，蔡志祥签署包含有仲裁条款的协议时，并非是企业公司的诉讼代理人，因此以蔡志祥是企业公司的诉讼代理人作为认定蔡志祥签署包含仲裁条款的协议的行为构成表见代理的理由显然亦不能成立。故青岛中级人民法院第二种意见是缺乏根据的。

综上，同意你院的请示意见和青岛中级人民法院的第一种意见。

根据 2001 年 4 月 19 日公布的《最高人民法院关于英国嘉能可有限公司申请承认和执行英国伦敦金属交易所仲裁裁决一案请示的复函》(〔2001〕民四他字第 2 号)，答复如下：

根据联合国《承认及执行外国仲裁裁决公约》第五条第一款（甲）项规定，对合同当事人行为能力的认定，应依照属人主义原则适用我国法律。重庆机械设备进出口公司职员孙健与英国嘉能可有限公司签订合同，孙健在“代表”公司签订本案合同时未经授权且公司也未在该合同上加盖印章，缺乏代理关系成立的形式要件，事后重庆机械设备进出口公司对孙健的上述行为明确表示否认。同时孙健的签约行为也不符合两公司之间以往的习惯做法，不能认定为表见代理。根据《中华人民共和国民法通则》第六十六条第一款和我院《关于适用〈中华人民共和国涉外经济合同法〉若干问题的解答》第三条第一款第四项的规定，孙健不具代理权，其“代表”公司签订的合同应当认定为无效合同，其民事责任不应由重庆机械设备进出口公司承担。同理，孙健“代表”公司签订的仲裁条款亦属无效，其法律后果亦不能及于重庆机械设备进出口公司。本案所涉仲裁裁决，依法应当拒绝承认及执行。

根据中国远大集团有限责任公司与中国轻工业对外经济技术合作公司进出口代理合同纠纷案：最高人民法院（2015）民提字第 128 号民事裁定书［《最高人民法院公报》2016 年第 2 期（总第 232 期）］，行为人以所在单位名义与他人签订经济合同，给他人造成经济损失构成犯罪的，除依法追究行为人的刑事责任外，其所在单位也应对给他人造成的经济损失依法承担相应的民事责任。

根据王见刚与王永安、第三人岚县大源采矿厂侵犯出资人权益纠纷案：最高人民法院（2012）民一终字第65号民事判决书［《最高人民法院公报》2013年第5期（总第199期）］，夫妻一方转让个人独资企业，即使未经另一方同意，相对人有理由相信行为人有代理权的，则构成表见代理，该代理行为有效。个人独资企业的投资人发生变更的，应向工商登记机关申请办理变更登记，但该变更登记不属于转让行为有效的前提条件，未办理变更登记，依照法律规定应当受到相应的行政处罚，但并不影响转让的效力。《个人独资企业法》第十五条的规定应视为管理性的强制性规范而非效力性的强制性规范。

根据农民日报社诉潍坊新东方艺术学校财产损害赔偿纠纷抗诉案：最高人民法院（2011）民抗字第85号民事判决书［《最高人民检察院公报》2013年第3期（总第134号）］，裁决如下：

《最高人民法院关于在审理经济纠纷案件中涉及经济犯罪嫌疑若干问题的规定》第五条第二款规定，行为人私刻单位公章或者擅自使用单位公章、业务介绍信、盖有公章的空白合同书以签订经济合同的方法进行的犯罪行为，单位有明显过错，且该过错行为与被害人的经济损失之间具有因果关系的，单位对该犯罪行为所造成的经济损失，依法应当承担赔偿责任。

农民日报社对中国乡镇企业报青岛记者站的管理也存在明显过错，以致被犯罪分子利用进行诈骗活动。虽然在发现付友军可能利用记者站进行违法活动后于2004年4月21日和9月29日分别收缴了付友军私刻的记者站公章和财务章，并在2004年5月21日撤销了中国乡镇企业报青岛记者站并免除了付友军站长职务，但任命付友军这样一个曾有诈骗犯罪前科的人担任记者站站长后，对付友军利用记者站名义进行的活动，仍然没有尽到管理责任。而且，农民日报社在撤销中国乡镇企业报青岛记者站和免除付友军站长职务后，没有清理该记者站的银行账户，任由该银行账户内大宗的资金往来，失去了察觉诈骗犯罪行为和提醒其他相对人注意的机会，使付友军所骗钱款能够顺利进入该银行账户并转出，客观上为犯罪行为的实施提供了一定的便利条件。故农民日报社对于潍坊艺校因被诈骗造成的损失应当承担相应的赔偿责任。

根据张春英与中国工商银行股份有限公司昌吉回族自治州分行、新疆证券有限责任公司、杨桃、张伟民财产损害赔偿纠纷案：最高人民法院（2011）民提字第320号民事判决书［《最高人民法院公报》2013年第2期（总第196期）］，证券公司员工利用职务之便盗卖客户股票获取价金，应承担赔偿损失的侵权责任。证券公司员工的职务身份增加了其侵权行为发生的可能性和危险性，证券公司对此种行为应当预见到并应采取一定措施予以避免，但因其内部管理不善、内部监控存在漏洞导致未能避免，应当认定证券公司员工的侵权行为与其履行职务有内在关联，证券公司应承担赔偿责任。该损失的计算方法，应根据客户的投资习惯等因素加以判断。如果受害人的投资行为表现长线操作、主要通过对股票的长期持有，获取股票增值以及相应的股利等收益，则其股票被盗卖的损失通常应当包括股票被盗卖后的升值部分以及相应的股利。受害人的开户银行如未履行相应审查义务，导致证券公司员工获取价金的，则应在被盗卖股票的现金价值范围内承担连带责任。

根据兴业银行广州分行与深圳市机场股份有限公司借款合同纠纷案：最高人民法院（2008）民二终字第124号民事判决书［《最高人民法院公报》2009年第11期（总第157期）］，裁决如下：

一、根据《最高人民法院关于在审理经济纠纷案件中涉及经济犯罪嫌疑若干问题的规定》，行为人私刻单位公章或者擅自使用单位公章、业务介绍信、盖有公章的空白合同书以签订经济合同的方法进行的犯罪行为，单位有明显过错，且该过错行为与被害人的经济损失之间有因果关系的，单位对该过错行为所造成的损失，依法应当承担赔偿责任。单位规章制度不健全、用人失察、对其高级管理人员监管不力，属于单位具有明显过错的具体表现。

二、表见代理是指行为人没有代理权、超越代理权或者代理权终止后仍以代理人名义订立合同，而善意相对人客观上有充分的理由相信行为人具有代理权的，该代理行为有效，被代理人应按照合同约定承担其与相对人之间的民事责任。但如果合同系以合法形式掩盖非法目的，则合同依法为无效合同，在此情况下不应适用合同法关于表见代理的规定。

根据新疆农村社会养老保险基金管理中心诉中国银行新疆分行存单纠纷案：最高人民法院（2004）民二终字第34号民事判决书［《最高人民法院公报》2004年第11期（总第97期）］，依据《民法通则》第一百零六条第二款的规定，商业银行对所属工作人员作出除名处理后，未收缴其工作证件，致使其继续使用该证件并利用原单位加盖业务专用章的存款票证骗取他人存款，造成他人经济损失的，商业银行应承担相应的民事责任。

根据安阳汽车运输总公司诉南庄分社、临淇信用合作社质押存单兑付纠纷案：河南省高级人民法院1997年9月22日民事判决书［《最高人民法院公报》1998年第2期（总第54期）］，本案涉及的存单，格式及单位印章都是真实的，对外能产生法律约束力。由于存单的形式要件完备，被上诉人运输公司有足够的理由相信存单的真实性，故运输公司已经尽了合理注意的义务，是善意行为人。贾文庆是原审被告南庄分社的工作人员，依照《中华人民共和国民法通则》第四十三条的规定，南庄分社应当承担其工作人员职务行为所引起的民事责任。

根据赵小妹诉金中富国际期货交易有限公司期货交易纠纷案：江苏省高级人民法院1994年4月29日民事判决书［《最高人民法院公报》1994年第3期（总第39期）］，裁决如下：

一、上诉人金中富期货公司在被上诉人赵小妹账上的保证金符合美盘期货交易规则要求的情况下，却以实存保证金不足100%必需保证金，否则不能过夜为由，口头通知经纪人王勇采取措施。王勇作为赵小妹期货交易活动的委托代理人，未征得委托人的同意，且未核算赵小妹账上保证金的数额，即擅自下单平仓。上述事实说明，上诉人的行为违反了美盘期货交易规则，经纪人王勇超越了委托人的授权范围。

二、王勇作为上诉人的雇员，因其超越客户的授权范围的行为所产生的后果，依法应由上诉人承担。

三、上诉人既同意将被上诉人的四口平仓单保留并将平仓单改为新单，而又不能提供证据证明改单的真实性与合法性，因此，上诉人对其改单行为所产生的后果，应承担法律责任。

根据2016年10月31日公布的《最高人民法院第二巡回法庭发布关于公正审理跨省重大民商事和行政案件十件典型案例》，其中案例5为中国铁路物资沈阳有限公司与天津市长芦盐业总公司买卖合同纠纷案，典型意义如下：

本案当事人跨越辽宁与天津两省市，是一起关于认定表见代理法律关系的典型案例。基于民商事交易的复杂性，在民商事审判中对于表见代理的构成往往不易形成客观上的固定标准，需要结合合同缔结、合同履行、交易模式、交易惯例等各种因素进行综合考量。特别是在连续性交易中，不能孤立地看待某一次的交易而忽视合同双方之前及之后的行为特征，应当尽可能地探究当事人意思表示，进而形成法官内心确信，恰当地运用自由裁量权予以认定。本案即充分考虑行为人、本人、第三人之间在此前及此后的行为表现，并结合相关事实进行了全面分析和综合判断，在还原案件事实的基础上，最终认定表见代理的存在，最大限度地保护了善意行为人的合法权益，体现了维系正常民商事交易关系、保护诚信等方面的良好社会效果。

第三节 代理终止

第一百七十三条 【委托代理终止的情形】有下列情形之一的，委托代理终止：

（一）代理期限届满或者代理事务完成；

（二）被代理人取消委托或者代理人辞去委托；

（三）代理人丧失民事行为能力；

（四）代理人或者被代理人死亡；

（五）作为代理人或者被代理人的法人、非法人组织终止。

> 根据**2001年4月28日公布的《中华人民共和国信托法》**，对于信托的终止，规定如下：
>
> **第十五条** 信托财产与委托人未设立信托的其他财产相区别。设立信托后，委托人死亡或者依法解散、被依法撤销、被宣告破产时，委托人是唯一受益人的，信托终止，信托财产作为其遗产或者清算财产；委托人不是唯一受益人的，信托存续，信托财产不作为其遗产或者清算财产；但作为共同受益人的委托人死亡或者依法解散、被依法撤销、被宣告破产时，其信托受益权作为其遗产或者清算财产。
>
> **第五十二条** 信托不因委托人或者受托人的死亡、丧失民事行为能力、依法解散、被依法撤销或者被宣告破产而终止，也不因受托人的辞任而终止。但本法或者信托文件另有规定的除外。
>
> **第五十三条** 有下列情形之一的，信托终止：
>
> （一）信托文件规定的终止事由发生；
>
> （二）信托的存续违反信托目的；
>
> （三）信托目的已经实现或者不能实现；
>
> （四）信托当事人协商同意；
>
> （五）信托被撤销；
>
> （六）信托被解除。

第一百七十四条 【委托代理终止的例外】被代理人死亡后，有下列情形之一的，委托代理人实施的代理行为有效：

（一）代理人不知道且不应当知道被代理人死亡；

（二）被代理人的继承人予以承认；

（三）授权中明确代理权在代理事务完成时终止；

（四）被代理人死亡前已经实施，为了被代理人的继承人的利益继续代理。

作为被代理人的法人、非法人组织终止的，参照适用前款规定。

第一百七十五条 【法定代理终止的情形】有下列情形之一的，法定代理终止：

（一）被代理人取得或者恢复完全民事行为能力；

（二）代理人丧失民事行为能力；

（三）代理人或者被代理人死亡；

（四）法律规定的其他情形。

第八章 民事责任

第一百七十六条 【民事义务与责任】民事主体依照法律规定或者按照当事人约定，履行民事义务，承担民事责任。

第一百七十七条 【按份责任】二人以上依法承担按份责任，能够确定责任大小的，各自承担相应的责任；难以确定责任大小的，平均承担责任。

第一百七十八条 【连带责任】二人以上依法承担连带责任的，权利人有权请求部分或者全部连带责任人承担责任。

连带责任人的责任份额根据各自责任大小确定；难以确定责任大小的，平均承担责任。实际承担责任超过自己责任份额的连带责任人，有权向其他连带责任人追偿。

连带责任，由法律规定或者当事人约定。

根据**2023年12月29日修订的《中华人民共和国公司法》**，规定如下：

第十四条 公司可以向其他企业投资。

法律规定公司不得成为对所投资企业的债务承担连带责任的出资人的，从其规定。

第二十三条 公司股东滥用公司法人独立地位和股东有限责任，逃避债务，严重损害公司债权人利益的，应当对公司债务承担连带责任。

股东利用其控制的两个以上公司实施前款规定行为的，各公司应当对任一公司的债务承担连带责任。

只有一个股东的公司，股东不能证明公司财产独立于股东自己的财产的，应当对公司债务承担连带责任。

第五十条 有限责任公司设立时，股东未按照公司章程规定实际缴纳出资，或者实际出资的非货币财产的实际价额显著低于所认缴的出资额的，设立时的其他股东与该股东在出资不足的范围内承担连带责任。

第八十八条 股东转让已认缴出资但未届出资期限的股权的，由受让人承担缴纳该出资的义务；受让人未按期足额缴纳出资的，转让人对受让人未按期缴纳的出资承担补充责任。

未按照公司章程规定的出资日期缴纳出资或者作为出资的非货币财产的实际价额显著低于所认缴的出资额的股东转让股权的，转让人与受让人在出资不足的范围内承担连带责任；受让人不知道且不应当知道存在上述情形的，由转让人承担责任。

第九十九条 发起人不按照其认购的股份缴纳股款，或者作为出资的非货币财产的实际价额显著低于所认购的股份的，其他发起人与该发起人在出资不足的范围内承担连带责任。

第一百九十二条 公司的控股股东、实际控制人指示董事、高级管理人员从事损害公司或者股东利益的行为的，与该董事、高级管理人员承担连带责任。

第二百二十三条 公司分立前的债务由分立后的公司承担连带责任。但是，公司在分立前与债权人就债务清偿达成的书面协议另有约定的除外。

第二百四十条 公司在存续期间未产生债务，或者已清偿全部债务的，经全体股东承诺，可以按照规定通过简易程序注销公司登记。

通过简易程序注销公司登记，应当通过国家企业信用信息公示系统予以公告，公告期限不少于二十日。公告期限届满后，未有异议的，公司可以在二十日内向公司登记机关申请注销公司登记。

公司通过简易程序注销公司登记，股东对本条第一款规定的内容承诺不实的，应当对注销登记前的债务承担连带责任。

根据**2021年12月24日修正的《中华人民共和国种子法》**，规定如下：

第七十一条 品种测试、试验和种子质量检验机构伪造测试、试验、检验数据或者出具虚假证明的，由县级以上人民政府农业农村、林业草原主管部门责令改正，对单位处五万元以上十万元以下罚款，对直接负责的主管人员和其他直接责任人员处一万元以上五万元以下罚款；有违法所得的，并处没收违法所得；给种子使用者和其他种子生产经营者造成损失的，与种子生产经营者承担连带责任；情节严重的，由省级以上人民政府有关主管部门取消种子质量检验资格。

根据**2021年6月10日修正的《中华人民共和国安全生产法》**，规定如下：

第九十二条 承担安全评价、认证、检测、检验职责的机构出具失实报告的，责令停业整顿，并处三万元以上十万元以下的罚款；给他人造成损害的，依法承担赔偿责任。

承担安全评价、认证、检测、检验职责的机构租借资质、挂靠、出具虚假报告的，没收违法所得；违法所得在十万元以上的，并处违法所得二倍以上五倍以下的罚款，没有违法所得或者违法所得不足十万元的，单处或者并处十万元以上二十万元以下的罚款；对其直接负责的主管人员和其他直接责任人员处五万元以上十万元以下的罚款；给他人造成损害的，与生产经营单位承担连带赔偿责任；构成犯罪的，依照刑法有关规定追究刑事责任。

对有前款违法行为的机构及其直接责任人员，吊销其相应资质和资格，五年内不得从事安全评价、认证、检测、检验等工作；情节严重的，实行终身行业和职业禁入。

第一百零三条 生产经营单位将生产经营项目、场所、设备发包或者出租给不具备安全生产条件或者相应资质的单位或者个人的，责令限期改正，没收违法所得；违法所得十万元以上的，并处违法所得二倍以上五倍以下的罚款；没有违法所得或者违法所得不足十万元的，单处或者并处十万元以上二十万元以下的罚款；对其直接负责的主管人员和其他直接责任人员处一万元以上二万元以下的罚款；导致发生生产安全事故给他人造成损害的，与承包方、承租方承担连带赔偿责任。

生产经营单位未与承包单位、承租单位签订专门的安全生产管理协议或者未在承包合同、租赁合同中明确各自的安全生产管理职责，或者未对承包单位、承租单位的安全生产统一协调、管理的，责令限期改正，处五万元以下的罚款，对其直接负责的主管人员和其他直接责任人员处一万元以下的罚款；逾期未改正的，责令停产停业整顿。

矿山、金属冶炼建设项目和用于生产、储存、装卸危险物品的建设项目的施工单位未按照规定对施工项目进行安全管理的，责令限期改正，处十万元以下的罚款，对其直接负责的主管人员和其他直接责任人员处二万元以下的罚款；逾期未改正的，责令停产停业整顿。以上施工单位倒卖、出租、出借、挂靠或者以其他形式非法转让施工资质的，责令停产停业整顿，吊销资质证书，没收违法所得；违法所得十万元以上的，并处违法所得二倍以上五倍以下的罚款，没有违法所得或者违法所得不足十万元的，单处或者并处十万元以上二十万元以下的罚款;对其直接负责的主管人员和其他直接责任人员处五万元以上十万元以下的罚款;构成犯罪的,依照刑法有关规定追究刑事责任。

根据**2021年4月29日修正的《中华人民共和国食品安全法》**,规定如下:

第一百二十二条 违反本法规定,未取得食品生产经营许可从事食品生产经营活动,或者未取得食品添加剂生产许可从事食品添加剂生产活动的,由县级以上人民政府食品安全监督管理部门没收违法所得和违法生产经营的食品、食品添加剂以及用于违法生产经营的工具、设备、原料等物品;违法生产经营的食品、食品添加剂货值金额不足一万元的,并处五万元以上十万元以下罚款;货值金额一万元以上的,并处货值金额十倍以上二十倍以下罚款。

明知从事前款规定的违法行为,仍为其提供生产经营场所或者其他条件的,由县级以上人民政府食品安全监督管理部门责令停止违法行为,没收违法所得,并处五万元以上十万元以下罚款;使消费者的合法权益受到损害的,应当与食品、食品添加剂生产经营者承担连带责任。

第一百二十三条 违反本法规定,有下列情形之一,尚不构成犯罪的,由县级以上人民政府食品安全监督管理部门没收违法所得和违法生产经营的食品,并可以没收用于违法生产经营的工具、设备、原料等物品;违法生产经营的食品货值金额不足一万元的,并处十万元以上十五万元以下罚款;货值金额一万元以上的,并处货值金额十五倍以上三十倍以下罚款;情节严重的,吊销许可证,并可以由公安机关对其直接负责的主管人员和其他直接责任人员处五日以上十五日以下拘留:

(一)用非食品原料生产食品、在食品中添加食品添加剂以外的化学物质和其他可能危害人体健康的物质,或者用回收食品作为原料生产食品,或者经营上述食品;

(二)生产经营营养成分不符合食品安全标准的专供婴幼儿和其他特定人群的主辅食品;

(三)经营病死、毒死或者死因不明的禽、畜、兽、水产动物肉类,或者生产经营其制品;

(四)经营未按规定进行检疫或者检疫不合格的肉类,或者生产经营未经检验或者检验不合格的肉类制品;

(五)生产经营国家为防病等特殊需要明令禁止生产经营的食品;

(六)生产经营添加药品的食品。

明知从事前款规定的违法行为,仍为其提供生产经营场所或者其他条件的,由县级以上人民政府食品安全监督管理部门责令停止违法行为,没收违法所得,并处十万元以上二十万元以下罚款;使消费者的合法权益受到损害的,应当与食品生产经营者承担连带责任。

违法使用剧毒、高毒农药的,除依照有关法律、法规规定给予处罚外,可以由公安机关依照第一款规定给予拘留。

第一百三十条 违反本法规定,集中交易市场的开办者、柜台出租者、展销会的举办者允许未依法取得许可的食品经营者进入市场销售食品,或者未履行检查、报告等义务的,由县级以上人民政府食品安全监督管理部门责令改正,没收违法所得,并处五万元以上二十万元以下罚款;造成严重后果的,责令停业,直至由原发证部门吊销许可证;使消费者的合法权益受到损害的,应当与食品经营者承担连带责任。

食用农产品批发市场违反本法第六十四条规定的,依照前款规定承担责任。

第一百三十一条 违反本法规定,网络食品交易第三方平台提供者未对入网食品经营者进行实名登记、审查许可证,或者未履行报告、停止提供网络交易平台服务等义务的,由县级以上人民政府食品安全监督管理部门责令改正,没收违法所得,并处五万元以上二十万元以下罚款;造成严重后果的,责令停业,直至由原发证部门吊销许可证;使消费者的合法权益受到损害的,应当与食品经营者承担连带责任。

消费者通过网络食品交易第三方平台购买食品,其合法权益受到损害的,可以向入网食品经营者或者食品生产者要求赔偿。网络食品交易第三方平台提供者不能提供入网食品经营者的真实名称、地址和有效联系方式的，由网络食品交易第三方平台提供者赔偿。网络食品交易第三方平台提供者赔偿后，有权向入网食品经营者或者食品生产者追偿。网络食品交易第三方平台提供者作出更有利于消费者承诺的，应当履行其承诺。

第一百三十八条 违反本法规定，食品检验机构、食品检验人员出具虚假检验报告的，由授予其资质的主管部门或者机构撤销该食品检验机构的检验资质，没收所收取的检验费用，并处检验费用五倍以上十倍以下罚款，检验费用不足一万元的，并处五万元以上十万元以下罚款；依法对食品检验机构直接负责的主管人员和食品检验人员给予撤职或者开除处分；导致发生重大食品安全事故的，对直接负责的主管人员和食品检验人员给予开除处分。

违反本法规定，受到开除处分的食品检验机构人员，自处分决定作出之日起十年内不得从事食品检验工作；因食品安全违法行为受到刑事处罚或者因出具虚假检验报告导致发生重大食品安全事故受到开除处分的食品检验机构人员，终身不得从事食品检验工作。食品检验机构聘用不得从事食品检验工作的人员的，由授予其资质的主管部门或者机构撤销该食品检验机构的检验资质。

食品检验机构出具虚假检验报告，使消费者的合法权益受到损害的，应当与食品生产经营者承担连带责任。

第一百三十九条 违反本法规定，认证机构出具虚假认证结论，由认证认可监督管理部门没收所收取的认证费用，并处认证费用五倍以上十倍以下罚款，认证费用不足一万元的，并处五万元以上十万元以下罚款；情节严重的，责令停业，直至撤销认证机构批准文件，并向社会公布；对直接负责的主管人员和负有直接责任的认证人员，撤销其执业资格。

认证机构出具虚假认证结论，使消费者的合法权益受到损害的，应当与食品生产经营者承担连带责任。

第一百四十条 违反本法规定，在广告中对食品作虚假宣传，欺骗消费者，或者发布未取得批准文件、广告内容与批准文件不一致的保健食品广告的，依照《中华人民共和国广告法》的规定给予处罚。

广告经营者、发布者设计、制作、发布虚假食品广告，使消费者的合法权益受到损害的，应当与食品生产经营者承担连带责任。

社会团体或者其他组织、个人在虚假广告或者其他虚假宣传中向消费者推荐食品，使消费者的合法权益受到损害的，应当与食品生产经营者承担连带责任。

违反本法规定，食品安全监督管理等部门、食品检验机构、食品行业协会以广告或者其他形式向消费者推荐食品，消费者组织以收取费用或者其他牟取利益的方式向消费者推荐食品的，由有关主管部门没收违法所得，依法对直接负责的主管人员和其他直接责任人员给予记大过、降级或者撤职处分；情节严重的，给予开除处分。

对食品作虚假宣传且情节严重的，由省级以上人民政府食品安全监督管理部门决定暂停销售该食品，并向社会公布；仍然销售该食品的，由县级以上人民政府食品安全监督管理部门没收违法所得和违法销售的食品，并处二万元以上五万元以下罚款。

根据 **2021 年 4 月 29 日修正的《中华人民共和国民用航空法》**，规定如下：

第一百三十六条 由几个航空承运人办理的连续运输，接受旅客、行李或者货物的每一个承运人应当受本法规定的约束，并就其根据合同办理的运输区段作为运输合同的订约一方。

对前款规定的连续运输，除合同明文约定第一承运人应当对全程运输承担责任外，旅客或者其继承人只能对发生事故或者延误的运输区段的承运人提起诉讼。

托运行李或者货物的毁灭、遗失、损坏或者延误，旅客或者托运人有权对第一承运人提起诉讼，旅客或者收货人有权对最后承运人提起诉讼，旅客、托运人和收货人均可以对发生毁灭、遗失、损坏或者延误的运输区段的承运人提起诉讼。上述承运人应当对旅客、托运人或者收货人承担连带责任。

第一百五十九条 未经对民用航空器有航行控制权的人同意而使用民用航空器，对地面第三人造成损害的，有航行控制权的人除证明本人已经适当注意防止此种使用外，应当与该非法使用人承担连带责任。

根据**2021年4月29日修正的《中华人民共和国广告法》**，规定如下：

第五十六条 违反本法规定，发布虚假广告，欺骗、误导消费者，使购买商品或者接受服务的消费者的合法权益受到损害的，由广告主依法承担民事责任。广告经营者、广告发布者不能提供广告主的真实名称、地址和有效联系方式的，消费者可以要求广告经营者、广告发布者先行赔偿。

关系消费者生命健康的商品或者服务的虚假广告，造成消费者损害的，其广告经营者、广告发布者、广告代言人应当与广告主承担连带责任。

前款规定以外的商品或者服务的虚假广告，造成消费者损害的，其广告经营者、广告发布者、广告代言人，明知或者应知广告虚假仍设计、制作、代理、发布或者作推荐、证明的，应当与广告主承担连带责任。

根据**2019年12月28日修订的《中华人民共和国证券法》**，规定如下：

第二十四条第一款 国务院证券监督管理机构或者国务院授权的部门对已作出的证券发行注册的决定，发现不符合法定条件或者法定程序，尚未发行证券的，应当予以撤销，停止发行。已经发行尚未上市的，撤销发行注册决定，发行人应当按照发行价并加算银行同期存款利息返还证券持有人；发行人的控股股东、实际控制人以及保荐人，应当与发行人承担连带责任，但是能够证明自己没有过错的除外。

第四十四条 上市公司、股票在国务院批准的其他全国性证券交易场所交易的公司持有百分之五以上股份的股东、董事、监事、高级管理人员，将其持有的该公司的股票或者其他具有股权性质的证券在买入后六个月内卖出，或者在卖出后六个月内又买入，由此所得收益归该公司所有，公司董事会应当收回其所得收益。但是，证券公司因购入包销售后剩余股票而持有百分之五以上股份，以及有国务院证券监督管理机构规定的其他情形的除外。

前款所称董事、监事、高级管理人员、自然人股东持有的股票或者其他具有股权性质的证券，包括其配偶、父母、子女持有的及利用他人账户持有的股票或者其他具有股权性质的证券。

公司董事会不按照第一款规定执行的，股东有权要求董事会在三十日内执行。公司董事会未在上述期限内执行的，股东有权为了公司的利益以自己的名义直接向人民法院提起诉讼。

公司董事会不按照第一款的规定执行的，负有责任的董事依法承担连带责任。

第八十五条 信息披露义务人未按照规定披露信息，或者公告的证券发行文件、定期报告、临时报告及其他信息披露资料存在虚假记载、误导性陈述或者重大遗漏，致使投资者在证券交易中遭受损失的，信息披露义务人应当承担赔偿责任；发行人的控股股东、实际控制人、董事、监事、高级管理人员和其他直接责任人员以及保荐人、承销的证券公司及其直接责任人员，应当与发行人承担连带赔偿责任，但是能够证明自己没有过错的除外。

第九十三条 发行人因欺诈发行、虚假陈述或者其他重大违法行为给投资者造成损失的，发行人的控股股东、实际控制人、相关的证券公司可以委托投资者保护机构，就赔偿事宜与受到损失的投资者达成协议，予以先行赔付。先行赔付后，可以依法向发行人以及其他连带责任人追偿。

第一百六十三条 证券服务机构为证券的发行、上市、交易等证券业务活动制作、出具审计报告及其他鉴证报告、资产评估报告、财务顾问报告、资信评级报告或者法律意见书等文件，应当勤勉尽责，对所依据的文件资料内容的真实性、准确性、完整性进行核查和验证。其制作、出具的文件有虚假记载、误导性陈述或者重大遗漏，给他人造成损失的，应当与委托人承担连带赔偿责任，但是能够证明自己没有过错的除外。

第一百八十三条 证券公司承销或者销售擅自公开发行或者变相公开发行的证券的，责令停止承销或者销售，没收违法所得，并处以违法所得一倍以上十倍以下的罚款；没有违法所得或者违法所得不足一百万元的，处以一百万元以上一千万元以下的罚款；情节严重的，并处暂停或者撤销相关业务许可。给投资者造成损失的，应当与发行人承担连带赔偿责任。对直接负责的主管人员和其他直接责任人员给予警告，并处以五十万元以上五百万元以下的罚款。

根据**2019年4月23日修正的《中华人民共和国建筑法》**，规定如下：

第二十七条 大型建筑工程或者结构复杂的建筑工程，可以由两个以上的承包单位联合共同承包。共同承包的各方对承包合同的履行承担连带责任。

两个以上不同资质等级的单位实行联合共同承包的，应当按照资质等级低的单位的业务许可范围承揽工程。

第二十九条 建筑工程总承包单位可以将承包工程中的部分工程发包给具有相应资质条件的分包单位；但是，除总承包合同中约定的分包外，必须经建设单位认可。施工总承包的，建筑工程主体结构的施工必须由总承包单位自行完成。

建筑工程总承包单位按照总承包合同的约定对建设单位负责；分包单位按照分包合同的约定对总承包单位负责。总承包单位和分包单位就分包工程对建设单位承担连带责任。

禁止总承包单位将工程分包给不具备相应资质条件的单位。禁止分包单位将其承包的工程再分包。

第三十五条 工程监理单位与承包单位串通，为承包单位谋取非法利益，给建设单位造成损失的，应当与承包单位承担连带赔偿责任。

工程监理单位与承包单位串通，为承包单位谋取非法利益，给建设单位造成损失的，应当与承包单位承担连带赔偿责任。

第五十五条 建筑工程实行总承包的，工程质量由工程总承包单位负责，总承包单位将建筑工程分包给其他单位的，应当对分包工程的质量与分包单位承担连带责任。分包单位应当接受总承包单位的质量管理。

第六十六条 建筑施工企业转让、出借资质证书或者以其他方式允许他人以本企业的名义承揽工程的，责令改正，没收违法所得，并处罚款，可以责令停业整顿，降低资质等级；情节严重的，吊销资质证书。对因该项承揽工程不符合规定的质量标准造成的损失，建筑施工企业与使用本企业名义的单位或者个人承担连带赔偿责任。

第六十七条 承包单位将承包的工程转包的，或者违反本法规定进行分包的，责令改正，没收违法所得，并处罚款，可以责令停业整顿，降低资质等级；情节严重的，吊销资质证书。

承包单位有前款规定的违法行为的，对因转包工程或者违法分包的工程不符合规定的质量标准造成的损失，与接受转包或者分包的单位承担连带赔偿责任。

第六十九条 工程监理单位与建设单位或者建筑施工企业串通，弄虚作假、降低工程质量的，责令改正，处以罚款，降低资质等级或者吊销资质证书；有违法所得的，予以没收；造成损失的，承担连带赔偿责任；构成犯罪的，依法追究刑事责任。

工程监理单位转让监理业务的，责令改正，没收违法所得，可以责令停业整顿，降低资质等级；情节严重的，吊销资质证书。

根据**2018年12月29日修正的《中华人民共和国劳动法》**，规定如下：

第九十九条 用人单位招用尚未解除劳动合同的劳动者，对原用人单位造成经济损失的，该用人单位应当依法承担连带赔偿责任。

根据**2018年12月29日修正的《中华人民共和国产品质量法》**，规定如下：

第五十七条 产品质量检验机构、认证机构伪造检验结果或者出具虚假证明的，责令改正，对单位处五万元以上十万元以下的罚款，对直接负责的主管人员和其他直接责任人员处一万元以上五万元以下的罚款；有违法所得的，并处没收违法所得；情节严重的，取消其检验资格、认证资格；构成犯罪的，依法追究刑事责任。

产品质量检验机构、认证机构出具的检验结果或者证明不实，造成损失的，应当承担相应的赔偿责任；造成重大损失的，撤销其检验资格、认证资格。

产品质量认证机构违反本法第二十一条第二款的规定，对不符合认证标准而使用认证标志的产品，未依法要求其改正或者取消其使用认证标志资格的，对因产品不符合认证标准给消费者造成的损失，与产品的生产者、销售者承担连带责任；情节严重的，撤销其认证资格。

第五十八条 社会团体、社会中介机构对产品质量作出承诺、保证，而该产品又不符合其承诺、保证的质量要求，给消费者造成损失的，与产品的生产者、销售者承担连带责任。

根据**2018年10月26日修正的《中华人民共和国旅游法》**，规定如下：

第五十四条 景区、住宿经营者将其部分经营项目或者场地交由他人从事住宿、餐饮、购物、游览、娱乐、旅游交通等经营的，应当对实际经营者的经营行为给旅游者造成的损害承担连带责任。

根据**2015年4月24日修正的《中华人民共和国证券投资基金法》**，规定如下：

第九十三条 按照基金合同约定，非公开募集基金可以由部分基金份额持有人作为基金管理人负责基金的投资管理活动，并在基金财产不足以清偿其债务时对基金财产的债务承担无限连带责任。

前款规定的非公开募集基金，其基金合同还应载明：

（一）承担无限连带责任的基金份额持有人和其他基金份额持有人的姓名或者名称、住所；

（二）承担无限连带责任的基金份额持有人的除名条件和更换程序；

（三）基金份额持有人增加、退出的条件、程序以及相关责任；

（四）承担无限连带责任的基金份额持有人和其他基金份额持有人的转换程序。

第一百零六条 律师事务所、会计师事务所接受基金管理人、基金托管人的委托，为有关基金业务活动出具法律意见书、审计报告、内部控制评价报告等文件，应当勤勉尽责，对所依据的文件资料内容的真实性、准确性、完整性进行核查和验证。其制作、出具的文件有虚假记载、误导性陈述或者重大遗漏，给他人财产造成损失的，应当与委托人承担连带赔偿责任。

根据**2014年4月24日修订的《中华人民共和国环境保护法》**，规定如下：

第六十五条 环境影响评价机构、环境监测机构以及从事环境监测设备和防治污染设施维护、运营的机构，在有关环境服务活动中弄虚作假，对造成的环境污染和生态破坏负有责任的，除依照有关法律法规规定予以处罚外，还应当与造成环境污染和生态破坏的其他责任者承担连带责任。

根据**2014年8月31日修正的《中华人民共和国政府采购法》**，规定如下：

第二十四条 两个以上的自然人、法人或者其他组织可以组成一个联合体，以一个供应商的身份共同参加政府采购。

以联合体形式进行政府采购的，参加联合体的供应商均应当具备本法第二十二条规定的条件，并应当向采购人提交联合协议，载明联合体各方承担的工作和义务。联合体各方应当共同与采购人签订采购合同，就采购合同约定的事项对采购人承担连带责任。

根据**2006年8月27日修订的《中华人民共和国合伙企业法》**第二条、第三十九条、第四十四条、第五十三条、第五十七条、第八十三条、第八十四条和第九十一条，对于合伙人对合伙企业债务的连带责任，参见民法典第一百零二条的附注。

根据**2004年8月28日修正的《中华人民共和国票据法》**，规定如下：

第五十条 被保证的汇票，保证人应当与被保证人对持票人承担连带责任。汇票到期后得不到付款的，持票人有权向保证人请求付款，保证人应当足额付款。

第五十一条 保证人为二人以上的，保证人之间承担连带责任。

第六十八条 汇票的出票人、背书人、承兑人和保证人对持票人承担连带责任。

持票人可以不按照汇票债务人的先后顺序，对其中任何一人、数人或者全体行使追索权。

持票人对汇票债务人中的一人或者数人已经进行追索的，对其他汇票债务人仍可以行使追索权。被追索人清偿债务后，与持票人享有同一权利。

根据**2001年4月28日公布的《中华人民共和国信托法》**，规定如下：

第三十二条 共同受托人处理信托事务对第三人所负债务，应当承担连带清偿责任。第三人对共同受托人之一所作的意思表示，对其他受托人同样有效。

共同受托人之一违反信托目的处分信托财产或者因违背管理职责、处理信托事务不当致使信托财产受到损失的，其他受托人应当承担连带赔偿责任。

根据**1992年11月7日公布的《中华人民共和国海商法》**，规定如下：

第六十三条 承运人与实际承运人都负有赔偿责任的，应当在此项责任范围内负连带责任。

第一百二十三条 承运人与实际承运人均负有赔偿责任的，应当在此项责任限度内负连带责任。

第一百六十三条 在海上拖航过程中，由于承拖方或者被拖方的过失，造成第三人人身伤亡或者财产损失的，承拖方和被拖方对第三人负连带赔偿责任。除合同另有约定外，一方连带支付的赔偿超过其应当承担的比例的，对另一方有追偿权。

第一百六十九条 船舶发生碰撞，碰撞的船舶互有过失的，各船按照过失程度的比例负赔偿责任；过失程度相当或者过失程度的比例无法判定的，平均负赔偿责任。

互有过失的船舶，对碰撞造成的船舶以及船上货物和其他财产的损失，依照前款规定的比例负赔偿责任。碰撞造成第三人财产损失的，各船的赔偿责任均不超过其应当承担的比例。

互有过失的船舶，对造成的第三人的人身伤亡，负连带赔偿责任。一船连带支付的赔偿超过本条第一款规定的比例的，有权向其他有过失的船舶追偿。

第二百二十九条 海上货物运输保险合同可以由被保险人背书或者以其他方式转让，合同的权利、义务随之转移。合同转让时尚未支付保险费的，被保险人和合同受让人负连带支付责任。

根据**2022年1月21日公布的《最高人民法院关于审理证券市场虚假陈述侵权民事赔偿案件的若干规定》（法释〔2022〕2号）**，规定如下：

第二十三条 承担连带责任的当事人之间的责任分担与追偿，按照民法典第一百七十八条的规定处理，但本规定第二十条第二款规定的情形除外。

保荐机构、承销机构等责任主体以存在约定为由，请求发行人或者其控股股东、实际控制人补偿其因虚假陈述所承担的赔偿责任的，人民法院不予支持。

第三十二条 当事人主张以揭露日或更正日起算诉讼时效的，人民法院应当予以支持。揭露日与更正日不一致的，以在先的为准。

对于虚假陈述责任人中的一人发生诉讼时效中断效力的事由，应当认定对其他连带责任人也发生诉讼时效中断的效力。

根据**2020年12月29日公布的《最高人民法院关于审理建设工程施工合同纠纷案件适用法律问题的解释（一）》（法释〔2020〕25号）**，规定如下：

第七条 缺乏资质的单位或者个人借用有资质的建筑施工企业名义签订建设工程施工

合同，发包人请求出借方与借用方对建设工程质量不合格等因出借资质造成的损失承担连带赔偿责任的，人民法院应予支持。

根据2020年12月29日公布的《最高人民法院关于适用〈中华人民共和国民法典〉婚姻家庭编的解释（一）》（法释〔2020〕22号），规定如下：

第三十六条 夫或者妻一方死亡的，生存一方应当对婚姻关系存续期间的夫妻共同债务承担清偿责任。

根据2020年12月29日修正的《最高人民法院关于适用〈中华人民共和国公司法〉若干问题的规定（三）》（法释〔2020〕18号），规定如下：

第四条第一款 公司因故未成立，债权人请求全体或者部分发起人对设立公司行为所产生的费用和债务承担连带清偿责任的，人民法院应予支持。

第五条 发起人因履行公司设立职责造成他人损害，公司成立后受害人请求公司承担侵权赔偿责任的，人民法院应予支持；公司未成立，受害人请求全体发起人承担连带赔偿责任的，人民法院应予支持。

公司或者无过错的发起人承担赔偿责任后，可以向有过错的发起人追偿。

第十四条 股东抽逃出资，公司或者其他股东请求其向公司返还出资本息、协助抽逃出资的其他股东、董事、高级管理人员或者实际控制人对此承担连带责任的，人民法院应予支持。

公司债权人请求抽逃出资的股东在抽逃出资本息范围内对公司债务不能清偿的部分承担补充赔偿责任、协助抽逃出资的其他股东、董事、高级管理人员或者实际控制人对此承担连带责任的，人民法院应予支持；抽逃出资的股东已经承担上述责任，其他债权人提出相同请求的，人民法院不予支持。

第十八条 有限责任公司的股东未履行或者未全面履行出资义务即转让股权，受让人对此知道或者应当知道，公司请求该股东履行出资义务、受让人对此承担连带责任的，人民法院应予支持；公司债权人依照本规定第十三条第二款向该股东提起诉讼，同时请求前述受让人对此承担连带责任的，人民法院应予支持。

根据2020年12月29日修正的《最高人民法院关于适用〈中华人民共和国公司法〉若干问题的规定（二）》（法释〔2020〕18号），规定如下：

第十八条 有限责任公司的股东、股份有限公司的董事和控股股东未在法定期限内成立清算组开始清算，导致公司财产贬值、流失、毁损或者灭失，债权人主张其在造成损失范围内对公司债务承担赔偿责任的，人民法院应依法予以支持。

有限责任公司的股东、股份有限公司的董事和控股股东因怠于履行义务，导致公司主要财产、账册、重要文件等灭失，无法进行清算，债权人主张其对公司债务承担连带清偿责任的，人民法院应依法予以支持。

上述情形系实际控制人原因造成，债权人主张实际控制人对公司债务承担相应民事责任的，人民法院应依法予以支持。

第二十二条 公司解散时，股东尚未缴纳的出资均应作为清算财产。股东尚未缴纳的出资，包括到期应缴未缴的出资，以及依照公司法第二十六条和第八十条的规定分期缴纳尚未届满缴纳期限的出资。

公司财产不足以清偿债务时，债权人主张未缴出资股东，以及公司设立时的其他股东或者发起人在未缴出资范围内对公司债务承担连带清偿责任的，人民法院应依法予以支持。

根据2020年12月29日修正的《最高人民法院关于适用〈中华人民共和国保险法〉若干问题的解释（四）》（法释〔2020〕18号），规定如下：

第十六条 责任保险的被保险人因共同侵权依法承担连带责任，保险人以该连带责任超出被保险人应承担的责任份额为由，拒绝赔付保险金的，人民法院不予支持。保险人承担保险责任后，主张就超出被保险人责任份额的部分向其他连带责任人追偿的，人民法院应予支持。

根据2020年12月29日修正的《最高人民法院关于审理无正本提单交付货物案件适用法律若干问题的规定》(法释〔2020〕18号)，规定如下：

第十一条 正本提单持有人可以要求无正本提单交付货物的承运人与无正本提单提取货物的人承担连带赔偿责任。

根据2020年12月29日修正的《最高人民法院关于审理环境侵权责任纠纷案件适用法律若干问题的解释》(法释〔2020〕17号)，规定如下：

第二条 两个以上侵权人共同实施污染环境、破坏生态行为造成损害，被侵权人根据民法典第一千一百六十八条规定请求侵权人承担连带责任的，人民法院应予支持。

第三条 两个以上侵权人分别实施污染环境、破坏生态行为造成同一损害，每一个侵权人的污染环境、破坏生态行为都足以造成全部损害，被侵权人根据民法典第一千一百七十一条规定请求侵权人承担连带责任的，人民法院应予支持。

两个以上侵权人分别实施污染环境、破坏生态行为造成同一损害，每一个侵权人的污染环境、破坏生态行为都不足以造成全部损害，被侵权人根据民法典第一千一百七十二条规定请求侵权人承担责任的，人民法院应予支持。

两个以上侵权人分别实施污染环境、破坏生态行为造成同一损害，部分侵权人的污染环境、破坏生态行为足以造成全部损害，部分侵权人的污染环境、破坏生态行为只造成部分损害，被侵权人根据民法典第一千一百七十一条规定请求足以造成全部损害的侵权人与其他侵权人就共同造成的损害部分承担连带责任，并对全部损害承担责任的，人民法院应予支持。

根据2020年12月29日修正的《最高人民法院关于审理医疗损害责任纠纷案件适用法律若干问题的解释》(法释〔2020〕17号)，规定如下：

第二十二条 缺陷医疗产品与医疗机构的过错诊疗行为共同造成患者同一损害，患者请求医疗机构与医疗产品的生产者、销售者、药品上市许可持有人承担连带责任的，应予支持。

医疗机构或者医疗产品的生产者、销售者、药品上市许可持有人承担赔偿责任后，向其他责任主体追偿的，应当根据诊疗行为与缺陷医疗产品造成患者损害的原因力大小确定相应的数额。

输入不合格血液与医疗机构的过错诊疗行为共同造成患者同一损害的，参照适用前两款规定。

根据2020年12月29日修正的《最高人民法院关于审理食品药品纠纷案件适用法律若干问题的规定》(法释〔2020〕17号)，规定如下：

第八条 集中交易市场的开办者、柜台出租者、展销会举办者未履行食品安全法规定的审查、检查、报告等义务，使消费者的合法权益受到损害的，消费者请求集中交易市场的开办者、柜台出租者、展销会举办者承担连带责任的，人民法院应予支持。

第九条 消费者通过网络交易第三方平台购买食品、药品遭受损害，网络交易第三方平台提供者不能提供食品、药品的生产者或者销售者的真实名称、地址与有效联系方式，消费者请求网络交易第三方平台提供者承担责任的，人民法院应予支持。

网络交易第三方平台提供者承担赔偿责任后，向生产者或者销售者行使追偿权的，人民法院应予支持。

网络交易第三方平台提供者知道或者应当知道食品、药品的生产者、销售者利用其平台侵害消费者合法权益，未采取必要措施，给消费者造成损害，消费者要求其与生产者、销售者承担连带责任的，人民法院应予支持。

第十条 未取得食品生产资质与销售资质的民事主体，挂靠具有相应资质的生产者与销售者，生产、销售食品，造成消费者损害，消费者请求挂靠者与被挂靠者承担连带责任的，人民法院应予支持。

消费者仅起诉挂靠者或者被挂靠者的，必要时人民法院可以追加相关当事人参加诉讼。

第十一条 消费者因虚假广告推荐的食品、药品存在质量问题遭受损害，依据消费者权益保护法等法律相关规定请求广告经营者、广告发布者承担连带责任的，人民法院应予支持。

其他民事主体在虚假广告中向消费者推荐食品、药品，使消费者遭受损害，消费者依据消费者权益保护法等法律相关规定请求其与食品、药品的生产者、销售者承担连带责任的，人民法院应予支持。

第十二条 食品、药品检验机构故意出具虚假检验报告，造成消费者损害，消费者请求其承担连带责任的，人民法院应予支持。

食品、药品检验机构因过失出具不实检验报告，造成消费者损害，消费者请求其承担相应责任的，人民法院应予支持。

第十三条 食品认证机构故意出具虚假认证，造成消费者损害，消费者请求其承担连带责任的，人民法院应予支持。

食品认证机构因过失出具不实认证，造成消费者损害，消费者请求其承担相应责任的，人民法院应予支持。

根据**2020年12月29日修正的《最高人民法院关于审理旅游纠纷案件适用法律若干问题的规定》（法释〔2020〕17号）**，规定如下：

第十条 旅游经营者将旅游业务转让给其他旅游经营者，旅游者不同意转让，请求解除旅游合同、追究旅游经营者违约责任的，人民法院应予支持。

旅游经营者擅自将其旅游业务转让给其他旅游经营者，旅游者在旅游过程中遭受损害，请求与其签订旅游合同的旅游经营者和实际提供旅游服务的旅游经营者承担连带责任的，人民法院应予支持。

第十四条 旅游经营者准许他人挂靠其名下从事旅游业务，造成旅游者人身损害、财产损失，旅游者依据民法典第一千一百六十八条的规定请求旅游经营者与挂靠人承担连带责任的，人民法院应予支持。

根据**2020年12月29日修正的《最高人民法院关于审理人身损害赔偿案件适用法律若干问题的解释》（法释〔2020〕17号）**，规定如下：

第二条 赔偿权利人起诉部分共同侵权人的，人民法院应当追加其他共同侵权人作为共同被告。赔偿权利人在诉讼中放弃对部分共同侵权人的诉讼请求的，其他共同侵权人对被放弃诉讼请求的被告应当承担的赔偿份额不承担连带责任。责任范围难以确定的，推定各共同侵权人承担同等责任。

人民法院应当将放弃诉讼请求的法律后果告知赔偿权利人，并将放弃诉讼请求的情况在法律文书中叙明。

根据**2021年12月8日修正的《最高人民法院关于审理铁路运输人身损害赔偿纠纷案件适用法律若干问题的解释》（法释〔2021〕19号）**，规定如下：

第八条 铁路机车车辆与机动车发生碰撞造成机动车驾驶人员以外的人人身损害的，由铁路运输企业与机动车一方对受害人承担连带赔偿责任。铁路运输企业与机动车一方之间的责任份额根据各自责任大小确定；难以确定责任大小的，平均承担责任。对受害人实际承担赔偿责任超出应当承担份额的一方，有权向另一方追偿。

铁路机车车辆与机动车发生碰撞造成机动车驾驶人员人身损害的，按照本解释第四条至第六条的规定处理。

根据**2020年12月29日修正的《最高人民法院关于审理利用信息网络侵害人身权益民事纠纷案件适用法律若干问题的规定》（法释〔2020〕17号）**，规定如下：

第十条 被侵权人与构成侵权的网络用户或者网络服务提供者达成一方支付报酬，另一方提供删除、屏蔽、断开链接等服务的协议，人民法院应认定为无效。

擅自篡改、删除、屏蔽特定网络信息或者以断开链接的方式阻止他人获取网络信息，发布该信息的网络用户或者网络服务提供者请求侵权人承担侵权责任的，人民法院应予支持。接受他人委托实施该行为的，委托人与受托人承担连带责任。

根据**1996年3月20日公布的《最高人民法院关于判决中已确定承担连带责任的一方向其他连带责任人追偿数额的可直接执行问题的复函》（经他〔1996〕4号）**，基本同意你院报告中的第二种意见。我院法经〔1992〕121号复函所指的追偿程序，针对的是判决后连带责任人依照判决代主债务人偿还了债务或承担的连带责任超过自己应承担的份额的情况。而你院请示案件所涉及的生效判决所确认的中国机电设备西北公司应承担的连带责任已在判决前履行完毕，判决主文中已判定该公司向其他连带责任人追偿的数额，判决内容是明确的，可执行的。据此，你院可根据生效判决和该公司的申请立案执行，不必再作裁定。

根据**1992年7月29日公布的《最高人民法院关于生效判决的连带责任人代偿债务后应以何种诉讼程序向债务人追偿问题的复函》（法经〔1992〕121号）**，根据生效的法律文书，连带责任人代主债务人偿还了债务，或者连带责任人对外承担的责任超过了自己应承担的份额的，可以向原审人民法院请求行使追偿权。原审人民法院应当裁定主债务人或其他连带责任人偿还。此裁定不允许上诉，但可复议一次。如果生效法律文书中，对各连带责任人应承担的份额没有确定的，连带责任人对外偿还债务后向其他连带责任人行使追偿权的，应当向人民法院另行起诉。

根据**伟富国际有限公司与黄建荣、上海海成资源（集团）有限公司等服务合同纠纷案〔《最高人民法院公报》2023年第9期（总第325期）〕**，认定连带责任必须以有明确的法律规定或合同约定为基础，不能通过行使自由裁量权的方式任意判定承担连带责任。

第一百七十九条 【承担民事责任的方式】承担民事责任的方式主要有：

（一）停止侵害；

（二）排除妨碍；

（三）消除危险；

（四）返还财产；

（五）恢复原状；

（六）修理、重作、更换；

（七）继续履行；

（八）赔偿损失；

（九）支付违约金；

（十）消除影响、恢复名誉；

（十一）赔礼道歉。

法律规定惩罚性赔偿的，依照其规定。

本条规定的承担民事责任的方式，可以单独适用，也可以合并适用。

根据**2018年10月26日修正的《中华人民共和国旅游法》**，规定如下：

第七十条 旅行社不履行包价旅游合同义务或者履行合同义务不符合约定的，应当依法承担继续履行、采取补救措施或者赔偿损失等违约责任；造成旅游者人身损害、财产损失的，应当依法承担赔偿责任。旅行社具备履行条件，经旅游者要求仍拒绝履行合同，造成旅游者人身损害、滞留等严重后果的，旅游者还可以要求旅行社支付旅游费用一倍以上三倍以下的赔偿金。

由于旅游者自身原因导致包价旅游合同不能履行或者不能按照约定履行，或者造成旅游者人身损害、财产损失的，旅行社不承担责任。

在旅游者自行安排活动期间，旅行社未尽到安全提示、救助义务的，应当对旅游者的人身损害、财产损失承担相应责任。

根据**2015年4月24日修正的《中华人民共和国邮政法》**，规定如下：

第四十七条 邮政企业对给据邮件的损失依照下列规定赔偿：

（一）保价的给据邮件丢失或者全部损毁的，按照保价额赔偿；部分损毁或者内件短少的，按照保价额与邮件全部价值的比例对邮件的实际损失予以赔偿。

（二）未保价的给据邮件丢失、损毁或者内件短少的，按照实际损失赔偿，但最高赔偿额不超过所收取资费的三倍；挂号信件丢失、损毁的，按照所收取资费的三倍予以赔偿。

邮政企业应当在营业场所的告示中和提供给用户的给据邮件单据上，以足以引起用户注意的方式载明前款规定。

邮政企业因故意或者重大过失造成给据邮件损失，或者未履行前款规定义务的，无权援用本条第一款的规定限制赔偿责任。

根据**2013年10月25日修正的《中华人民共和国消费者权益保护法》**，对于惩罚性赔偿等内容，规定如下：

第五十五条 经营者提供商品或者服务有欺诈行为的，应当按照消费者的要求增加赔偿其受到的损失，增加赔偿的金额为消费者购买商品的价款或者接受服务的费用的三倍；增加赔偿的金额不足五百元的，为五百元。法律另有规定的，依照其规定。

经营者明知商品或者服务存在缺陷，仍然向消费者提供，造成消费者或者其他受害人死亡或者健康严重损害的，受害人有权要求经营者依照本法第四十九条、第五十一条等法律规定赔偿损失，并有权要求所受损失二倍以下的惩罚性赔偿。

根据**2020年12月29日修正的《最高人民法院关于审理消费民事公益诉讼案件适用法律若干问题的解释》（法释〔2020〕20号）**，对于承担民事责任的方式，规定如下：

第五条 人民法院认为原告提出的诉讼请求不足以保护社会公共利益的，可以向其释明变更或者增加停止侵害等诉讼请求。

第十三条 原告在消费民事公益诉讼案件中，请求被告承担停止侵害、排除妨碍、消除危险、赔礼道歉等民事责任的，人民法院可予支持。

经营者利用格式条款或者通知、声明、店堂告示等，排除或者限制消费者权利、减轻或者免除经营者责任、加重消费者责任，原告认为对消费者不公平、不合理主张无效的，人民法院应依法予以支持。

第十七条 原告为停止侵害、排除妨碍、消除危险采取合理预防、处置措施而发生的费用，请求被告承担的，人民法院应依法予以支持。

根据**2020年12月29日修正的《最高人民法院关于审理环境民事公益诉讼案件适用法律若干问题的解释》（法释〔2020〕20号）**，对于承担民事责任的方式，规定如下：

第九条 人民法院认为原告提出的诉讼请求不足以保护社会公共利益的，可以向其释明变更或者增加停止侵害、修复生态环境等诉讼请求。

第十八条 对污染环境、破坏生态，已经损害社会公共利益或者具有损害社会公共利益重大风险的行为，原告可以请求被告承担停止侵害、排除妨碍、消除危险、修复生态环境、赔偿损失、赔礼道歉等民事责任。

第十九条 原告为防止生态环境损害的发生和扩大，请求被告停止侵害、排除妨碍、消除危险的，人民法院可以依法予以支持。

原告为停止侵害、排除妨碍、消除危险采取合理预防、处置措施而发生的费用，请求被告承担的，人民法院可以依法予以支持。

根据**2020年12月29日修正的《最高人民法院关于审理旅游纠纷案件适用法律若干问题的规定》(法释〔2020〕17号)**，对于惩罚性赔偿，规定如下：

第十五条 旅游经营者违反合同约定，有擅自改变旅游行程、遗漏旅游景点、减少旅游服务项目、降低旅游服务标准等行为，旅游者请求旅游经营者赔偿未完成约定旅游服务项目等合理费用的，人民法院应予支持。

旅游经营者提供服务时有欺诈行为，旅游者依据消费者权益保护法第五十五条第一款规定请求旅游经营者承担惩罚性赔偿责任的，人民法院应予支持。

根据**2020年12月29日修正的《最高人民法院关于审理商品房买卖合同纠纷案件适用法律若干问题的解释》(法释〔2020〕17号)**，对于违约责任和修复责任等，规定如下：

第三条 商品房的销售广告和宣传资料为要约邀请，但是出卖人就商品房开发规划范围内的房屋及相关设施所作的说明和允诺具体确定，并对商品房买卖合同的订立以及房屋价格的确定有重大影响的，构成要约。该说明和允诺即使未载入商品房买卖合同，亦应当为合同内容，当事人违反的，应当承担违约责任。

第十条 因房屋质量问题严重影响正常居住使用，买受人请求解除合同和赔偿损失的，应予支持。

交付使用的房屋存在质量问题，在保修期内，出卖人应当承担修复责任；出卖人拒绝修复或者在合理期限内拖延修复的，买受人可以自行或者委托他人修复。修复费用及修复期间造成的其他损失由出卖人承担。

第十四条 由于出卖人的原因，买受人在下列期限届满未能取得不动产权属证书的，除当事人有特殊约定外，出卖人应当承担违约责任：

(一)商品房买卖合同约定的办理不动产登记的期限；

(二)商品房买卖合同的标的物为尚未建成房屋的，自房屋交付使用之日起90日；

(三)商品房买卖合同的标的物为已竣工房屋的，自合同订立之日起90日。

合同没有约定违约金或者损失数额难以确定的，可以按照已付购房款总额，参照中国人民银行规定的金融机构计收逾期贷款利息的标准计算。

第一百八十条 【不可抗力】因不可抗力不能履行民事义务的，不承担民事责任。法律另有规定的，依照其规定。

不可抗力是不能预见、不能避免且不能克服的客观情况。

根据**2023年12月29日修正的《中华人民共和国刑法》**，规定如下：

第十六条 行为在客观上虽然造成了损害结果，但是不是出于故意或者过失，而是由于不能抗拒或者不能预见的原因所引起的，不是犯罪。

根据**2023年12月29日修正的《中华人民共和国慈善法》**，规定如下：

第一百一十九条 慈善服务过程中，因慈善组织或者志愿者过错造成受益人、第三人损害的，慈善组织依法承担赔偿责任；损害是由志愿者故意或者重大过失造成的，慈善组织可以向其追偿。

志愿者在参与慈善服务过程中，因慈善组织过错受到损害的，慈善组织依法承担赔偿责任；损害是由不可抗力造成的，慈善组织应当给予适当补偿。

根据**2018年12月29日修正的《中华人民共和国电力法》**，规定如下：

第六十条 因电力运行事故给用户或者第三人造成损害的，电力企业应当依法承担赔偿责任。

电力运行事故由下列原因之一造成的，电力企业不承担赔偿责任：

（一）不可抗力；

（二）用户自身的过错。

因用户或者第三人的过错给电力企业或者其他用户造成损害的，该用户或者第三人应当依法承担赔偿责任。

根据2018年10月26日修正的《中华人民共和国旅游法》，规定如下：

第六十七条　因不可抗力或者旅行社、履行辅助人已尽合理注意义务仍不能避免的事件，影响旅游行程的，按照下列情形处理：

（一）合同不能继续履行的，旅行社和旅游者均可以解除合同。合同不能完全履行的，旅行社经向旅游者作出说明，可以在合理范围内变更合同；旅游者不同意变更的，可以解除合同。

（二）合同解除的，组团社应当在扣除已向地接社或者履行辅助人支付且不可退还的费用后，将余款退还旅游者；合同变更的，因此增加的费用由旅游者承担，减少的费用退还旅游者。

（三）危及旅游者人身、财产安全的，旅行社应当采取相应的安全措施，因此支出的费用，由旅行社与旅游者分担。

（四）造成旅游者滞留的，旅行社应当采取相应的安置措施。因此增加的食宿费用，由旅游者承担；增加的返程费用，由旅行社与旅游者分担。

根据2017年6月27日修正的《中华人民共和国水污染防治法》，规定如下：

第九十六条　因水污染受到损害的当事人，有权要求排污方排除危害和赔偿损失。

由于不可抗力造成水污染损害的，排污方不承担赔偿责任；法律另有规定的除外。

水污染损害是由受害人故意造成的，排污方不承担赔偿责任。水污染损害是由受害人重大过失造成的，可以减轻排污方的赔偿责任。

水污染损害是由第三人造成的，排污方承担赔偿责任后，有权向第三人追偿。

根据2020年4月16日公布的《最高人民法院关于依法妥善审理涉新冠肺炎疫情民事案件若干问题的指导意见（一）》（法发〔2020〕12号），关于不可抗力的适用，通知如下：

二、依法准确适用不可抗力规则。人民法院审理涉疫情民事案件，要准确适用不可抗力的具体规定，严格把握适用条件。对于受疫情或者疫情防控措施直接影响而产生的民事纠纷，符合不可抗力法定要件的，适用《中华人民共和国民法总则》第一百八十条、《中华人民共和国合同法》第一百一十七条和第一百一十八条等规定妥善处理；其他法律、行政法规另有规定的，依照其规定。当事人主张适用不可抗力部分或者全部免责的，应当就不可抗力直接导致民事义务部分或者全部不能履行的事实承担举证责任。

三、依法妥善审理合同纠纷案件。受疫情或者疫情防控措施直接影响而产生的合同纠纷案件，除当事人另有约定外，在适用法律时，应当综合考量疫情对不同地区、不同行业、不同案件的影响，准确把握疫情或者疫情防控措施与合同不能履行之间的因果关系和原因力大小，按照以下规则处理：

（一）疫情或者疫情防控措施直接导致合同不能履行的，依法适用不可抗力的规定，根据疫情或者疫情防控措施的影响程度部分或者全部免除责任。当事人对于合同不能履行或者损失扩大有可归责事由的，应当依法承担相应责任。因疫情或者疫情防控措施不能履行合同义务，当事人主张其尽到及时通知义务的，应当承担相应举证责任。

第一百八十一条　【正当防卫】因正当防卫造成损害的，不承担民事责任。

正当防卫超过必要的限度，造成不应有的损害的，正当防卫人应当承担适当的民事责任。

第一百八十二条 【紧急避险】因紧急避险造成损害的，由引起险情发生的人承担民事责任。

危险由自然原因引起的，紧急避险人不承担民事责任，可以给予适当补偿。

紧急避险采取措施不当或者超过必要的限度，造成不应有的损害的，紧急避险人应当承担适当的民事责任。

第一百八十三条 【见义勇为】因保护他人民事权益使自己受到损害的，由侵权人承担民事责任，受益人可以给予适当补偿。没有侵权人、侵权人逃逸或者无力承担民事责任，受害人请求补偿的，受益人应当给予适当补偿。

第一百八十四条 【紧急救助人不承担民事责任】因自愿实施紧急救助行为造成受助人损害的，救助人不承担民事责任。

第一百八十五条 【涉英烈权益的民事责任】侵害英雄烈士等的姓名、肖像、名誉、荣誉，损害社会公共利益的，应当承担民事责任。

第一百八十六条 【责任竞合】因当事人一方的违约行为，损害对方人身权益、财产权益的，受损害方有权选择请求其承担违约责任或者侵权责任。

根据**2020年12月29日修正的《最高人民法院关于审理著作权民事纠纷案件适用法律若干问题的解释》（法释〔2020〕19号）**，规定如下：

第二十三条 出版者将著作权人交付出版的作品丢失、毁损致使出版合同不能履行的，著作权人有权依据民法典第一百八十六条、第二百三十八条、第一千一百八十四条等规定要求出版者承担相应的民事责任。

根据**2020年12月29日修正的《最高人民法院关于审理旅游纠纷案件适用法律若干问题的规定》（法释〔2020〕17号）**，规定如下：

第三条 因旅游经营者方面的同一原因造成旅游者人身损害、财产损失，旅游者选择请求旅游经营者承担违约责任或者侵权责任的，人民法院应当根据当事人选择的案由进行审理。

根据焦建军与江苏省中山国际旅行社有限公司、第三人中国康辉南京国际旅行社有限责任公司旅游侵权纠纷案：江苏省南京市中级人民法院2013年3月19日民事判决书[《最高人民法院公报》2012年第11期（总第193期）]，旅游者与旅行社签订旅游合同后，双方形成旅游服务合同关系，旅行社所提供的服务应当符合保障旅游者人身、财产安全的要求。同时，旅行社委托的旅游辅助人所提供的食宿、交通运输等服务系旅行社履行旅游服务合同义务的延续，应认定为是代表旅行社的行为，旅游辅助人的侵权行为可直接认定为旅行社的侵权行为。旅游者在旅游过程中乘坐旅行社提供的车辆发生交通事故导致人身损害、财产损失的，构成违约责任和侵权责任的竞合，旅游者有权选择合同之诉或侵权之诉要求旅行社承担相应民事赔偿责任。旅行社擅自将其旅游业务转让给其他旅行社的，与其签订旅游合同的旅行社和实际提供旅游服务的旅行社应承担连带责任。

根据世纪证券有限责任公司与天津市住房公积金管理中心、世纪证券有限责任公司天津世纪大道营业部、中国旅游国际信托投资有限公司天津证券交易营业部、中国旅游国际信托投资有限公司侵权纠纷案：最高人民法院（2005）民二终字第207号民事裁定书[《最高人民法院公报》2006年第5期（总第115期）]，客户在证券公司开户投资后，在客户与证券公司之间既形成合同关系，证券公司对客户账户内的资金或证券即负有合同约定的妥善保管义务。同时，我国《证券法》明确规定，证券公司对客户的股票和资金负有保管的义务，据此这种妥善义务对证券公司而言也是一种法定义务。客户账户内资金或证券被证券公司挪用后，证券公司既违反了合同约定的义务，构成违约，又违反了法律规定，侵害了客户的财产权益，构成侵权。所以，客户对证券公司既可以主张违约责任，也可以主张侵权责任。

根据**陆红诉美国联合航空公司国际航空旅客运输损害赔偿纠纷案：上海市静安区人民法院 2001 年 11 月 26 日民事判决书［《最高人民法院公报》2002 年第 4 期（总第 78 期）］**，原告陆红因乘坐被告美联航的班机受伤致残，而向美联航索赔，索赔请求中包括精神损害赔偿。乘坐班机发生纠纷，通常是旅客运输合同纠纷，解决的是违约责任。但因乘坐班机受伤致残，违约行为同时侵犯了人身权利，就可能使违约责任与侵权责任竞合。《合同法》第一百二十二条规定："因当事人一方的违约行为，侵犯对方人身、财产权益的，受损害方有权选择依照本法要求其承担违约责任或者依照其他法律要求其承担侵权责任。"由此可见，违约责任与侵权责任不能在同一民事案件中并存，二者必居其一，应由受损害方选择。陆红在请求美联航承担违约责任的同时，又请求精神损害赔偿，应视作对责任选择不明。在这种情况下，如何确定责任的选择，对为受害当事人提供必要的司法救济尤为重要。违约责任与侵权责任的重要区别在于，两者的责任范围不同。合同的损害赔偿责任严格按合同的约定执行，主要是对财产损失进行赔偿；侵权的损害赔偿责任按侵权造成的损害后果确定，不仅包括财产损失的赔偿，还包括人身伤害和精神损害的赔偿。从最大限度保护受害人利益的角度出发，法院依职权为受害当事人选择适用侵权损害赔偿责任。

根据**李萍、龚念诉五月花公司人身伤害赔偿纠纷案：广东省高级人民法院 2001 年 11 月 26 日民事判决书［《最高人民法院公报》2002 年第 2 期（总第 76 期）］**，消费者与饭店之间形成是一种以消费与服务为主要内容的合同关系。依据《合同法》第六十条的规定，经营者应履行保护消费者人身、财产不受非法侵害的附随义务。必须根据本行业的性质、特点和条件，随时、谨慎地注意保护消费者的人身、财产安全。但由于刑事犯罪的突发性、隐蔽性以及犯罪手段的智能化、多样化，即使经营者给予应有的注意和防范，也不可能完全避免刑事犯罪对顾客人身、财产的侵害。因此，由于其他自然人的刑事犯罪导致消费者损伤的，经营者在尽到合理的谨慎注意义务情况下，不认为其违约。依照《消费者权益保护法》的规定，经营者应当对自己提供的商品或者服务承担责任，但并不包括对消费者自带的用品负责。消费者被犯罪分子制造的爆炸致死，其责任应由犯罪分子承担。饭店既与犯罪分子没有侵权的共同故意，更没有实施共同的侵权行为，不能依消费者权益保护法的规定认定饭店侵权。因此，消费者在饭店就餐，由于饭店隔壁包间其他客人自带隐蔽爆炸物爆炸导致身亡的。饭店在尽到合理注意义务的情况下，不存在违约也没有侵权。

根据**李彬诉陆仙芹、陆选凤、朱海泉人身损害赔偿纠纷案：江苏省无锡市中级人民法院 2001 年 8 月 21 日民事判决书［《最高人民法院公报》2002 年第 4 期（总第 78 期）］**，消费者与饭店之间存在的是消费服务法律关系。饭店提供的是有偿服务，双方当事人之间还存在要约与承诺的合同法律关系。这种情况属于请求权法律规范的竞合，请求权人有权选择适用的法律规范。在原告以消费者权益保护法为起诉依据情形下，依照《消费者权益保护法》的规定，经营者应当对自己提供的商品或者服务承担责任，并不包括对第三人对消费者的伤害承担责任，该损害责任应由第三人承担。但根据诚实信用原则和现行法律理念，经营者对正在接受其服务的消费者的人身安全，负有谨慎注意和照顾的义务。即在其所控制的范围内，采取力所能及的合理措施，防止消费者的人身安全被第三人侵害，或者在这种侵害发生后尽力避免损害结果的扩大。经营者如果既与第三人没有侵权的共同故意，更没有实施共同的侵权行为，而且，经营者及时采取劝阻和报警的行动，尽力保护消费者的安全，则经营者对消费者在消费过程中被第三人的伤害不负法律责任。

根据新疆维吾尔自治区建筑木材加工总厂与中国民主同盟新疆实业发展总公司房屋租赁纠纷上诉案：最高人民法院（2000）民终字第115号民事判决书［《最高人民法院公报》2002年第1期（总第75期）］，《合同法》第二百一十九条规定，承租人未按照约定的方法或者租赁物的性质使用租赁物，致使租赁物受到损失的，出租人可以解除合同并请求赔偿损失。因此，承租人超出约定使用、收益方法而为之使用、收益，事实上也会使租赁物可获利益减少，构成租赁物的损失，出租人可以解除合同。《合同法》第一百二十二条规定，因当事人一方的违约行为，侵害对方人身、财产权益的，受损害的有权选择依照本法要求其承担违约责任或者依照其他法律要求其承担侵权责任。因此，出租人可以选择提起违约之诉或者侵权之诉要求承租人赔偿因房屋改造所造成的损失。

第一百八十七条　【民事责任优先承担】民事主体因同一行为应当承担民事责任、行政责任和刑事责任的，承担行政责任或者刑事责任不影响承担民事责任；民事主体的财产不足以支付的，优先用于承担民事责任。

根据**2023年12月29日修正的《中华人民共和国刑法》**，规定如下：

第三十六条　由于犯罪行为而使被害人遭受经济损失的，对犯罪分子除依法给予刑事处罚外，并应根据情况判处赔偿经济损失。

承担民事赔偿责任的犯罪分子，同时被判处罚金，其财产不足以全部支付的，或者被判处没收财产的，应当先承担对被害人的民事赔偿责任。

根据**2023年12月29日修订的《中华人民共和国公司法》**，规定如下：

第二百六十三条　公司违反本法规定，应当承担民事赔偿责任和缴纳罚款、罚金的，其财产不足以支付时，先承担民事赔偿责任。

根据**2021年4月29日修正的《中华人民共和国食品安全法》**，规定如下：

第一百四十七条　违反本法规定，造成人身、财产或者其他损害的，依法承担赔偿责任。生产经营者财产不足以同时承担民事赔偿责任和缴纳罚款、罚金时，先承担民事赔偿责任。

根据**2019年12月28日修订的《中华人民共和国证券法》**，规定如下：

第二百二十条　违反本法规定，应当承担民事赔偿责任和缴纳罚款、罚金、违法所得，违法行为人的财产不足以支付的，优先用于承担民事赔偿责任。

根据**2018年12月29日修正的《中华人民共和国产品质量法》**，规定如下：

第六十四条　违反本法规定，应当承担民事赔偿责任和缴纳罚款、罚金，其财产不足以同时支付时，先承担民事赔偿责任。

根据**2015年4月24日修正的《中华人民共和国证券投资基金法》**，规定如下：

第一百五十条　违反本法规定，应当承担民事赔偿责任和缴纳罚款、罚金，其财产不足以同时支付时，先承担民事赔偿责任。

根据**2013年10月25日修正的《中华人民共和国消费者权益保护法》**，规定如下：

第五十八条　经营者违反本法规定，应当承担民事赔偿责任和缴纳罚款、罚金，其财产不足以同时支付的，先承担民事赔偿责任。

根据**2013年6月29日公布的《中华人民共和国特种设备安全法》**，规定如下：

第九十七条　违反本法规定，造成人身、财产损害的，依法承担民事责任。

违反本法规定，应当承担民事赔偿责任和缴纳罚款、罚金，其财产不足以同时支付时，先承担民事赔偿责任。

根据**2006年8月27日修订的《中华人民共和国合伙企业法》**，规定如下：

第一百零六条　违反本法规定，应当承担民事赔偿责任和缴纳罚款、罚金，其财产不足以同时支付的，先承担民事赔偿责任。

根据**1999年8月30日公布的《中华人民共和国个人独资企业法》**，规定如下：

第四十三条 投资人违反本法规定，应当承担民事赔偿责任和缴纳罚款、罚金，其财产不足以支付的，或者被判处没收财产的，应当先承担民事赔偿责任。

根据**2020年12月29日修正的《最高人民法院关于审理食品药品纠纷案件适用法律若干问题的规定》（法释〔2020〕17号）**，规定如下：

第十四条 生产、销售的食品、药品存在质量问题，生产者与销售者需同时承担民事责任、行政责任和刑事责任，其财产不足以支付，当事人依照民法典等有关法律规定，请求食品、药品的生产者、销售者首先承担民事责任的，人民法院应予支持。

根据**2014年10月30日公布的《最高人民法院关于刑事裁判涉财产部分执行的若干规定》（法释〔2014〕13号）**，规定如下：

第十三条 被执行人在执行中同时承担刑事责任、民事责任，其财产不足以支付的，按照下列顺序执行：

（一）人身损害赔偿中的医疗费用；

（二）退赔被害人的损失；

（三）其他民事债务；

（四）罚金；

（五）没收财产。

债权人对执行标的依法享有优先受偿权，其主张优先受偿的，人民法院应当在前款第（一）项规定的医疗费用受偿后，予以支持。

第九章 诉讼时效

第一百八十八条 【普通诉讼时效、最长权利保护期间】向人民法院请求保护民事权利的诉讼时效期间为三年。法律另有规定的，依照其规定。

诉讼时效期间自权利人知道或者应当知道权利受到损害以及义务人之日起计算。法律另有规定的，依照其规定。但是，自权利受到损害之日起超过二十年的，人民法院不予保护，有特殊情况的，人民法院可以根据权利人的申请决定延长。

1. 相关法律法规

【二年诉讼时效期间】

根据**2021年4月29日修正的《中华人民共和国民用航空法》**，规定如下：

第一百三十五条 航空运输的诉讼时效期间为二年，自民用航空器到达目的地点、应当到达目的地点或者运输终止之日起计算。

第一百七十一条 地面第三人损害赔偿的诉讼时效期间为二年，自损害发生之日起计算；但是，在任何情况下，时效期间不得超过自损害发生之日起三年。

根据**2018年12月29日修正的《中华人民共和国产品质量法》**，规定如下：

第四十五条 因产品存在缺陷造成损害要求赔偿的诉讼时效期间为二年，自当事人知道或者应当知道其权益受到损害时起计算。

因产品存在缺陷造成损害要求赔偿的请求权，在造成损害的缺陷产品交付最初消费者满十年丧失；但是，尚未超过明示的安全使用期的除外。

根据 **2012 年 10 月 26 日修正的《中华人民共和国国家赔偿法》**，规定如下：

第三十九条 赔偿请求人请求国家赔偿的时效为两年，自其知道或者应当知道国家机关及其工作人员行使职权时的行为侵犯其人身权、财产权之日起计算，但被羁押等限制人身自由期间不计算在内。在申请行政复议或者提起行政诉讼时一并提出赔偿请求的，适用行政复议法、行政诉讼法有关时效的规定。

赔偿请求人在赔偿请求时效的最后六个月内，因不可抗力或者其他障碍不能行使请求权的，时效中止。从中止时效的原因消除之日起，赔偿请求时效期间继续计算。

【三年诉讼时效期间】

根据 **2020 年 10 月 17 日修正的《中华人民共和国专利法》**，规定如下：

第七十四条 侵犯专利权的诉讼时效为三年，自专利权人或者利害关系人知道或者应当知道侵权行为以及侵权人之日起计算。

发明专利申请公布后至专利权授予前使用该发明未支付适当使用费的，专利权人要求支付使用费的诉讼时效为三年，自专利权人知道或者应当知道他人使用其发明之日起计算，但是，专利权人于专利权授予之日前即已知道或者应当知道的，自专利权授予之日起计算。

根据 **2014 年 4 月 24 日修订的《中华人民共和国环境保护法》**，规定如下：

第六十六条 提起环境损害赔偿诉讼的时效期间为三年，从当事人知道或者应当知道其受到损害时起计算。

根据 **1992 年 11 月 7 日公布的《中华人民共和国海商法》**，规定如下：

第二百五十七条 就海上货物运输向承运人要求赔偿的请求权，时效期间为一年，自承运人交付或者应当交付货物之日起计算；在时效期间内或者时效期间届满后，被认定为负有责任的人向第三人提起追偿请求的，时效期间为九十日，自追偿请求人解决原赔偿请求之日起或者收到受理对其本人提起诉讼的法院的起诉状副本之日起计算。

有关航次租船合同的请求权，时效期间为二年，自知道或者应当知道权利被侵害之日起计算。

【其他长期诉讼时效期间】

根据 **2015 年 4 月 24 日修正的《中华人民共和国保险法》**，规定如下：

第二十六条 人寿保险以外的其他保险的被保险人或者受益人，向保险人请求赔偿或者给付保险金的诉讼时效期间为二年，自其知道或者应当知道保险事故发生之日起计算。

人寿保险的被保险人或者受益人向保险人请求给付保险金的诉讼时效期间为五年，自其知道或者应当知道保险事故发生之日起计算。

根据 **1992 年 11 月 7 日公布的《中华人民共和国海商法》**，规定如下：

第二百六十五条 有关船舶发生油污损害的请求权，时效期间为三年，自损害发生之日起计算；但是，在任何情况下时效期间不得超过从造成损害的事故发生之日起六年。

【一年及以下短期时效期间】

根据 **2015 年 4 月 24 日修正的《中华人民共和国拍卖法》**，规定如下：

第六十一条 拍卖人、委托人违反本法第十八条第二款、第二十七条的规定，未说明拍卖标的的瑕疵，给买受人造成损害的，买受人有权向拍卖人要求赔偿；属于委托人责任的，拍卖人有权向委托人追偿。

拍卖人、委托人在拍卖前声明不能保证拍卖标的的真伪或者品质的，不承担瑕疵担保责任。

因拍卖标的存在瑕疵未声明的，请求赔偿的诉讼时效期间为一年，自当事人知道或者应当知道权利受到损害之日起计算。

因拍卖标的存在缺陷造成人身、财产损害请求赔偿的诉讼时效期间，适用《中华人民共和国产品质量法》和其他法律的有关规定。

2. 司法解释及相关规范性文件

根据**2022年2月24日公布的《最高人民法院关于适用〈中华人民共和国民法典〉总则编若干问题的解释》(法释〔2022〕6号)**,规定如下:

第三十五条 民法典第一百八十八条第一款规定的三年诉讼时效期间,可以适用民法典有关诉讼时效中止、中断的规定,不适用延长的规定。该条第二款规定的二十年期间不适用中止、中断的规定。

第三十六条 无民事行为能力人或者限制民事行为能力人的权利受到损害的,诉讼时效期间自其法定代理人知道或者应当知道权利受到损害以及义务人之日起计算,但是法律另有规定的除外。

第三十七条 无民事行为能力人、限制民事行为能力人的权利受到原法定代理人损害,且在取得、恢复完全民事行为能力或者在原法定代理终止并确定新的法定代理人后,相应民事主体才知道或者应当知道权利受到损害的,有关请求权诉讼时效期间的计算适用民法典第一百八十八条第二款、本解释第三十六条的规定。

根据**2020年12月31日公布的《最高人民法院关于适用〈中华人民共和国民法典〉有关担保制度的解释》(法释〔2020〕28号)**,规定如下:

第二十八条 一般保证中,债权人依据生效法律文书对债务人的财产依法申请强制执行,保证债务诉讼时效的起算时间按照下列规则确定:

(一)人民法院作出终结本次执行程序裁定,或者依照民事诉讼法第二百五十七条第三项、第五项的规定作出终结执行裁定的,自裁定送达债权人之日起开始计算;

(二)人民法院自收到申请执行书之日起一年内未作出前项裁定的,自人民法院收到申请执行书满一年之日起开始计算,但是保证人有证据证明债务人仍有财产可供执行的除外。

一般保证的债权人在保证期间届满前对债务人提起诉讼或者申请仲裁,债权人举证证明存在民法典第六百八十七条第二款但书规定情形的,保证债务的诉讼时效自债权人知道或者应当知道该情形之日起开始计算。

第四十三条 当事人约定禁止或者限制转让抵押财产但是未将约定登记,抵押人违反约定转让抵押财产,抵押权人请求确认转让合同无效的,人民法院不予支持;抵押财产已经交付或者登记,抵押权人请求确认转让不发生物权效力的,人民法院不予支持,但是抵押权人有证据证明受让人知道的除外;抵押权人请求抵押人承担违约责任的,人民法院依法予以支持。

当事人约定禁止或者限制转让抵押财产且已经将约定登记,抵押人违反约定转让抵押财产,抵押权人请求确认转让合同无效的,人民法院不予支持;抵押财产已经交付或者登记,抵押权人主张转让不发生物权效力的,人民法院应予支持,但是因受让人代替债务人清偿债务导致抵押权消灭的除外。

根据**2020年12月29日公布的《最高人民法院关于适用〈中华人民共和国民法典〉婚姻家庭编的解释(一)》(法释〔2020〕22号)**,规定如下:

第八十四条 当事人依据民法典第一千零九十二条的规定向人民法院提起诉讼,请求再次分割夫妻共同财产的诉讼时效期间为三年,从当事人发现之日起计算。

根据**2020年12月29日修正的《最高人民法院关于适用〈中华人民共和国民事诉讼法〉执行程序若干问题的解释》(法释〔2020〕21号)**,规定如下:

第二十一条 生效法律文书规定债务人负有不作为义务的,申请执行时效期间从债务人违反不作为义务之日起计算。

根据**2020年12月29日修正的《最高人民法院关于审理商标民事纠纷案件适用法律若干问题的解释》(法释〔2020〕19号)**,规定如下:

第十八条 侵犯注册商标专用权的诉讼时效为三年,自商标注册人或者利害权利人知道或者应当知道权利受到损害以及义务人之日起计算。商标注册人或者利害关系人超过三年起诉的，如果侵权行为在起诉时仍在持续，在该注册商标专用权有效期限内，人民法院应当判决被告停止侵权行为，侵权损害赔偿数额应当自权利人向人民法院起诉之日起向前推算三年计算。

根据**2020年12月29日修正的《最高人民法院关于审理著作权民事纠纷案件适用法律若干问题的解释》（法释〔2020〕19号）**，规定如下：

第二十七条 侵害著作权的诉讼时效为三年，自著作权人知道或者应当知道权利受到损害以及义务人之日起计算。权利人超过三年起诉的，如果侵权行为在起诉时仍在持续，在该著作权保护期内，人民法院应当判决被告停止侵权行为；侵权损害赔偿数额应当自权利人向人民法院起诉之日起向前推算三年计算。

根据**2020年12月29日修正的《最高人民法院关于审理侵犯专利权纠纷案件应用法律若干问题的解释（二）》（法释〔2020〕19号）**，规定如下：

第二条 权利人在专利侵权诉讼中主张的权利要求被国务院专利行政部门宣告无效的，审理侵犯专利权纠纷案件的人民法院可以裁定驳回权利人基于该无效权利要求的起诉。

有证据证明宣告上述权利要求无效的决定被生效的行政判决撤销的，权利人可以另行起诉。

专利权人另行起诉的，诉讼时效期间从本条第二款所称行政判决书送达之日起计算。

根据**2020年12月29日修正的《最高人民法院关于审理专利纠纷案件适用法律问题的若干规定》（法释〔2020〕19号）**，规定如下：

第十七条 侵犯专利权的诉讼时效为三年，自专利权人或者利害关系人知道或者应当知道权利受到损害以及义务人之日起计算。权利人超过三年起诉的，如果侵权行为在起诉时仍在继续，在该项专利权有效期内，人民法院应当判决被告停止侵权行为，侵权损害赔偿数额应当自权利人向人民法院起诉之日起向前推算三年计算。

根据**2020年12月29日修正的《最高人民法院关于审理因垄断行为引发的民事纠纷案件应用法律若干问题的规定》（法释〔2020〕19号）**，规定如下：

第十六条 因垄断行为产生的损害赔偿请求权诉讼时效期间，从原告知道或者应当知道权益受到损害以及义务人之日起计算。

原告向反垄断执法机构举报被诉垄断行为的，诉讼时效从其举报之日起中断。反垄断执法机构决定不立案、撤销案件或者决定终止调查的，诉讼时效期间从原告知道或者应当知道不立案、撤销案件或者终止调查之日起重新计算。反垄断执法机构调查后认定构成垄断行为的，诉讼时效期间从原告知道或者应当知道反垄断执法机构认定构成垄断行为的处理决定发生法律效力之日起重新计算。

原告知道或者应当知道权益受到损害以及义务人之日起超过三年，如果起诉时被诉垄断行为仍然持续，被告提出诉讼时效抗辩的，损害赔偿应当自原告向人民法院起诉之日起向前推算三年计算。自权利受到损害之日起超过二十年的，人民法院不予保护，有特殊情况的，人民法院可以根据权利人的申请决定延长。

根据**2020年12月29日修正的《最高人民法院关于适用〈中华人民共和国保险法〉若干问题的解释（二）》（法释〔2020〕18号）**，规定如下：

第十六条 保险人应以自己的名义行使保险代位求偿权。

根据保险法第六十条第一款的规定，保险人代位求偿权的诉讼时效期间应自其取得代位求偿之日起算。

根据**2020年12月29日修正的《最高人民法院关于审理无正本提单交付货物案件适用法律若干问题的规定》（法释〔2020〕18号）**，规定如下：

第十四条 正本提单持有人以承运人无正本提单交付货物为由提起的诉讼，适用海商法第二百五十七条的规定，时效期间为一年，自承运人应当交付货物之日起计算。

正本提单持有人以承运人与无正本提单提取货物的人共同实施无正本提单交付货物行为为由提起的侵权诉讼，诉讼时效适用本条前款规定。

根据**2020年12月29日修正的《最高人民法院关于审理融资租赁合同纠纷案件适用法律问题的解释》（法释〔2020〕17号）**，规定如下：

第十四条 当事人因融资租赁合同租金欠付争议向人民法院请求保护其权利的诉讼时效期间为三年，自租赁期限届满之日起计算。

根据**2020年12月29日修正的《最高人民法院关于审理道路交通事故损害赔偿案件适用法律若干问题的解释》（法释〔2020〕17号）**，规定如下：

第十五条 有下列情形之一导致第三人人身损害，当事人请求保险公司在交强险责任限额范围内予以赔偿，人民法院应予支持：

（一）驾驶人未取得驾驶资格或者未取得相应驾驶资格的；

（二）醉酒、服用国家管制的精神药品或者麻醉药品后驾驶机动车发生交通事故的；

（三）驾驶人故意制造交通事故的。

保险公司在赔偿范围内向侵权人主张追偿权的，人民法院应予支持。追偿权的诉讼时效期间自保险公司实际赔偿之日起计算。

根据**2020年12月29日修正的《最高人民法院关于审理民事案件适用诉讼时效制度若干问题的规定》（法释〔2020〕17号）**，规定如下：

第五条 享有撤销权的当事人一方请求撤销合同的，应适用民法典关于除斥期间的规定。对方当事人对撤销合同请求权提出诉讼时效抗辩的，人民法院不予支持。

合同被撤销，返还财产、赔偿损失请求权的诉讼时效期间从合同被撤销之日起计算。

第六条 返还不当得利请求权的诉讼时效期间，从当事人一方知道或者应当知道不当得利事实及对方当事人之日起计算。

第七条 管理人因无因管理行为产生的给付必要管理费用、赔偿损失请求权的诉讼时效期间，从无因管理行为结束并且管理人知道或者应当知道本人之日起计算。

本人因不当无因管理行为产生的赔偿损失请求权的诉讼时效期间，从其知道或者应当知道管理人及损害事实之日起计算。

根据**2020年12月29日修正的《最高人民法院关于在民事审判工作中适用〈中华人民共和国工会法〉若干问题的解释》（法释〔2020〕17号）**，规定如下：

第七条 对于企业、事业单位无正当理由拖延或者拒不拨缴工会经费的，工会组织向人民法院请求保护其权利的诉讼时效期间，适用民法典第一百八十八条的规定。

根据**2020年12月29日修正的《最高人民法院关于债务人在约定的期限届满后未履行债务而出具没有还款日期的欠款条诉讼时效期间应从何时开始计算问题的批复》（法释〔2020〕17号）**，据你院报告称，双方当事人原约定，供方交货后，需方立即付款。需方收货后因无款可付，经供方同意写了没有还款日期的欠款条。根据民法典第一百九十五条的规定，应认定诉讼时效中断。如果供方在诉讼时效中断后一直未主张权利，诉讼时效期间则应从供方收到需方所写欠款条之日起重新计算。

根据**2018年2月6日公布的《最高人民法院关于适用〈中华人民共和国行政诉讼法〉的解释》（法释〔2018〕1号）**，规定如下：

第一百三十八条 人民法院决定在行政诉讼中一并审理相关民事争议，或者案件当事人一致同意相关民事争议在行政诉讼中一并解决，人民法院准许的，由受理行政案件的人民法院管辖。

公民、法人或者其他组织请求一并审理相关民事争议，人民法院经审查发现行政案件已经超过起诉期限，民事案件尚未立案的，告知当事人另行提起民事诉讼；民事案件已经立案的，由原审判组织继续审理。

人民法院在审理行政案件中发现民事争议为解决行政争议的基础，当事人没有请求人民法院一并审理相关民事争议的，人民法院应当告知当事人依法申请一并解决民事争议。当事人就民事争议另行提起民事诉讼并已立案的，人民法院应当中止行政诉讼的审理。民事争议处理期间不计算在行政诉讼审理期限内。

根据2016年11月21日公布的《最高人民法院关于印发〈第八次全国法院民事商事审判工作会议（民事部分）纪要〉的通知》（法〔2016〕399号）第四部分，对于违约责任问题，通知如下：

18.买受人请求出卖人支付逾期办证的违约金，从合同约定或者法定期限届满之次日起计算诉讼时效期间。

合同没有约定违约责任或者损失数额难以确定的，可参照《最高人民法院关于审理民间借贷案件适用法律若干问题的规定》第二十九条第二款规定处理。

根据2016年9月7日公布的《最高人民法院关于审理民事、行政诉讼中司法赔偿案件适用法律若干问题的解释》（法释〔2016〕20号），规定如下：

第十九条 公民、法人或者其他组织依据国家赔偿法第三十八条规定申请赔偿的，应当在民事、行政诉讼程序或者执行程序终结后提出，但下列情形除外：

（一）人民法院已依法撤销对妨害诉讼的强制措施的；

（二）人民法院采取对妨害诉讼的强制措施，造成公民身体伤害或者死亡的；

（三）经诉讼程序依法确认不属于被保全人或者被执行人的财产，且无法在相关诉讼程序或者执行程序中予以补救的；

（四）人民法院生效法律文书已确认相关行为违法，且无法在相关诉讼程序或者执行程序中予以补救的；

（五）赔偿请求人有证据证明其请求与民事、行政诉讼程序或者执行程序无关的；

（六）其他情形。

赔偿请求人依据前款规定，在民事、行政诉讼程序或者执行程序终结后申请赔偿的，该诉讼程序或者执行程序期间不计入赔偿请求时效。

根据2014年12月25日公布的《最高人民法院关于海上保险合同的保险人行使代位请求赔偿权利的诉讼时效期间起算日的批复》（法释〔2014〕15号），依照《中华人民共和国海商法》及《最高人民法院关于审理海上保险纠纷案件若干问题的规定》关于保险人行使代位请求赔偿权利的相关规定，结合海事审判实践，海上保险合同的保险人行使代位请求赔偿权利的诉讼时效期间起算日，应按照《中华人民共和国海商法》第十三章规定的相关请求权之诉讼时效起算时间确定。

根据2006年3月10日公布的《最高人民法院关于买受人在交易时未支付价款向出卖人出具没有还款日期的欠款条诉讼时效期间应从何时开始计算问题的请示的答复》（〔2005〕民二他字第35号），根据你院报告所述情况，冯树根向广州市白云农业综合服务有限公司（以下简称白云农业公司）购买农药，双方并未签订书面买卖合同，也无证据证明双方对合同的履行期限进行约定，因此，该合同属于未定履行期限的合同。根据《中华人民共和国合同法》第六十二条第一款第（四）项及《中华人民共和国民法通则》第八十八条第二款第（二）项、第一百三十七条的规定，本案诉讼时效期间应从白云农业公司向冯树根主张权利时起算。本案不符合法复〔1994〕3号批复适用的条件，故同意你院审判委员会多数意见。

根据2003年9月8日公布的《最高人民法院关于在保证期间内保证人在债权转让协议上签字并承诺履行原保证义务能否视为债权人向担保人主张过债权及认定保证合同的诉讼时效如何起算等问题请示的答复》（〔2003〕］民二他字第25号），《中华人民共和国担保法》（以下简称《担保法》）第二十六条第一款规定的债权人要求保证人承担保证责任应包括债权人在保证期间内向保证人主动催收或提示债权，以及保证人在保证期间内向债权人作出承担保证责任的承诺两种情形。请示所涉案件的保证人一个旧市配件公司于保证期间内，在所担保的债权转让协议上签字并承诺“继续履行原保证合同项下的保证义务”即属《担保法》第二十六条第一款所规定的债权人要求保证人承担保证责任的规定精神。依照本院《关于适用〈中华人民共和国担保法〉若干问题的解释》第三十四条第二款的规定，自保证人个旧市配件公司承诺之日起，保证合同的诉讼时效开始计算。

根据2003年1月9日公布的《最高人民法院关于审理证券市场因虚假陈述引发的民事赔偿案件的若干规定》(法释〔2003〕2号)，规定如下：

第五条 投资人对虚假陈述行为人提起民事赔偿的诉讼时效期间，适用民法通则第一百三十五条的规定，根据下列不同情况分别起算：

（一）中国证券监督管理委员会或其派出机构公布对虚假陈述行为人作出处罚决定之日；

（二）中华人民共和国财政部、其他行政机关以及有权作出行政处罚的机构公布对虚假陈述行为人作出处罚决定之日；

（三）虚假陈述行为人未受行政处罚，但已被人民法院认定有罪的，作出刑事判决生效之日。

因同一虚假陈述行为，对不同虚假陈述行为人作出两个以上行政处罚；或者既有行政处罚，又有刑事处罚的，以最先作出的行政处罚决定公告之日或者作出的刑事判决生效之日，为诉讼时效起算之日。

根据2002年6月25日公布的《最高人民法院关于青岛口岸船务公司与青岛运通船务公司水路货物运输合同纠纷一案中赔偿请求权诉讼时效期间如何计算的请示的复函》(〔2002〕民四他字第13号)，沿海货物运输合同不适用于《中华人民共和国海商法》(以下简称《海商法》)第四章关于海上货物运输合同的规定，但可适用该法其他章节的规定。因此，你院请示的青岛口岸船务公司与青岛运通船务公司水路货物运输合同纠纷一案应当适用《海商法》关于货物运输诉讼时效为1年的规定。

根据2001年8月10日公布的《最高人民法院关于津龙翔(天津)国际贸易公司与南京扬洋化工运贸公司、天津天龙液体化工储运公司沿海货物运输合同货损赔偿纠纷一案请示的复函》(〔2001〕民四他字第7号)，答复如下：

一、根据最高人民法院法释〔2001〕18号《最高人民法院关于如何确定沿海、内河货物运输赔偿请求权时效期间问题的批复》，托运人、收货人就沿海、内河货物运输向承运人要求赔偿的请求权，时效期间为1年，自承运人交付或者应当交付货物之日起计算。因此，该案的诉讼时效期间应为1年。

二、在请求权竞合的情况下，诉讼当事人有权在一审开庭前请求对方当事人承担违约责任或者侵权责任，此后不得进行变更。该案当事人在一审时以违约提起诉讼，二审时不应以侵权确认时效。

根据2001年5月24日公布的《最高人民法院关于如何确定沿海、内河货物运输赔偿请求权时效期间问题的批复》(法释〔2001〕18号)，答复如下：

根据《中华人民共和国海商法》第二百五十七条第一款规定的精神，结合审判实践，托运人、收货人就沿海、内河货物运输合同向承运人要求赔偿的请求权，或者承运人就沿海、内河货物运输向托运人、收货人要求赔偿的请求权，时效期间为一年，自承运人交付或者应当交付货物之日起计算。

根据2001年2月20日公布的《最高人民法院关于对全国证券回购机构间经统一清欠后尚余的债权债务诉讼时效问题的通知》(法〔2001〕9号)，我院于1998年12月18日和1999年1月21日，先后下发了法〔1998〕152号《关于中止审理、中止执行已编入全国证券回购机构间债务清欠链条的证券回购经济纠纷案件的通知》和法〔1999〕6号《关于补发最高人民法院〔1998〕152号通知附件的通知》。对已经编入全国证券回购机构间债务清欠链条的证券回购纠纷，决定暂不受理，对已经立案受理的案件中止诉讼和中止执行。2000年7月26日，我院又下发法〔2000〕115号《关于恢复受理、审理和执行已经编入全国证券回购机构间债务清欠链条的证券回购经济纠纷案件的通知》，对涉及已经编入全国证券回购机构间债务清欠链条，但债权债务未能清欠的证券回购纠纷，符合《中华人民共和国民事诉讼法》第一百零八条规定的，应当予以受理。现就此类案件诉讼时效问题通知如下：

凡已编入全国证券回购机构间债务清欠链条，经全国证券回购债务清欠办公室统一组织清欠后尚余的债权债务，其诉讼时效自我院法〔2000〕115号文件下发之日即2000年7月26日起重新计算。

根据**2000年12月25日公布的《最高人民法院关于对租赁合同债务人因欠付租金而出具的“欠款结算单”不适用普通诉讼时效的复函》（法研〔2000〕122号）**，租赁合同债务人因欠付租金而出具的“欠款结算单”只表明未付租金的数额，并未改变其与债权人之间的租赁关系。因此，租赁合同当事人之间就该欠款结算单所发生纠纷的诉讼时效期间适用《中华人民共和国民法通则》第一百三十六条的规定。

根据**2000年4月5日公布的《最高人民法院关于四川高院请示长沙铁路天群实业公司贸易部与四川鑫达实业有限公司返还代收贷款一案如何适用法（民）复〔1990〕3号批复中“诉讼时效期间”问题的复函》（〔1999〕民他字第12号）**，据报告述称，长沙铁路天群实业公司贸易部（以下简称天群贸易部）为与成都军区铁合金厂清偿货款纠纷，于1994年11月25日向法院起诉，四川鑫达实业有限公司作为第三人参加诉讼。天群贸易部于1997年6月经法院准予撤诉后，又于1998年3月向法院起诉，要求鑫达公司返还代收货款。我院经研究认为，根据《民法通则》第一百四十条的规定，天群贸易部向法院起诉，应视为诉讼时效中断，诉讼时效期间应从撤诉之日起重新计算。

第一百八十九条　【分期履行债务的诉讼时效】当事人约定同一债务分期履行的，诉讼时效期间自最后一期履行期限届满之日起计算。

根据**2020年12月29日修正的《最高人民法院关于审理民事案件适用诉讼时效制度若干问题的规定》（法释〔2020〕17号）**，规定如下：

第四条　未约定履行期限的合同，依照民法典第五百一十条、第五百一十一条的规定，可以确定履行期限的，诉讼时效期间从履行期限届满之日起计算；不能确定履行期限的，诉讼时效期间从债权人要求债务人履行义务的宽限期届满之日起计算，但债务人在债权人第一次向其主张权利之时明确表示不履行义务的，诉讼时效期间从债务人明确表示不履行义务之日起计算。

根据**2004年4月6日公布的《最高人民法院关于分期履行的合同中诉讼时效应如何计算问题的答复》（法函〔2004〕23号）**，对分期履行合同的每一期债务发生争议的，诉讼时效期间自该期债务履行期届满之日的次日起算。

根据**2000年10月26日公布的《最高人民法院关于借款合同中约定借款分期偿还应如何计算诉讼时效期间的答复》（法经〔2000〕244号）**，在借款、买卖合同中，当事人约定分期履行合同债务的，诉讼时效应当从最后一笔债务履行期届满之次日开始计算。

第一百九十条　【对法定代理人请求权的诉讼时效】无民事行为能力人或者限制民事行为能力人对其法定代理人的请求权的诉讼时效期间，自该法定代理终止之日起计算。

第一百九十一条　【受性侵未成年人赔偿请求权的诉讼时效】未成年人遭受性侵害的损害赔偿请求权的诉讼时效期间，自受害人年满十八周岁之日起计算。

第一百九十二条　【诉讼时效期间届满的法律效果】诉讼时效期间届满的，义务人可以提出不履行义务的抗辩。

诉讼时效期间届满后，义务人同意履行的，不得以诉讼时效期间届满为由抗辩；义务人已经自愿履行的，不得请求返还。

根据2022年4月1日修正的《最高人民法院关于适用〈中华人民共和国民事诉讼法〉的解释》(法释〔2022〕11号)，对于诉讼时效届满，规定如下：

第二百一十九条 当事人超过诉讼时效期间起诉的，人民法院应予受理。受理后对方当事人提出诉讼时效抗辩，人民法院经审理认为抗辩事由成立的，判决驳回原告的诉讼请求。

第四百八十一条 申请执行人超过申请执行时效期间向人民法院申请强制执行的，人民法院应予受理。被执行人对申请执行时效期间提出异议，人民法院经审查异议成立的，裁定不予执行。

被执行人履行全部或者部分义务后，又以不知道申请执行时效期间届满为由请求执行回转的，人民法院不予支持。

第五百一十五条 债权人根据民事诉讼法第二百六十一条规定请求人民法院继续执行的，不受民事诉讼法第二百四十六条规定申请执行时效期间的限制。

第五百一十七条 经过财产调查未发现可供执行的财产，在申请执行人签字确认或者执行法院组成合议庭审查核实并经院长批准后，可以裁定终结本次执行程序。

依照前款规定终结执行后，申请执行人发现被执行人有可供执行财产的，可以再次申请执行。再次申请不受申请执行时效期间的限制。

第五百一十八条 因撤销申请而终结执行后，当事人在民事诉讼法第二百四十六条规定的申请执行时效期间内再次申请执行的，人民法院应当受理。

根据2020年12月31日公布的《最高人民法院关于适用〈中华人民共和国民法典〉有关担保制度的解释》(法释〔2020〕28号)，规定如下：

第三十五条 保证人知道或者应当知道主债权诉讼时效期间届满仍然提供保证或者承担保证责任，又以诉讼时效期间届满为由拒绝承担保证责任或者请求返还财产的，人民法院不予支持；保证人承担保证责任后向债务人追偿的，人民法院不予支持，但是债务人放弃诉讼时效抗辩的除外。

根据2020年12月29日修正的《最高人民法院关于审理民事案件适用诉讼时效制度若干问题的规定》(法释〔2020〕17号)，规定如下：

第三条 当事人在一审期间未提出诉讼时效抗辩，在二审期间提出的，人民法院不予支持，但其基于新的证据能够证明对方当事人的请求权已过诉讼时效期间的情形除外。

当事人未按照前款规定提出诉讼时效抗辩，以诉讼时效期间届满为由申请再审或者提出再审抗辩的，人民法院不予支持。

第十八条 主债务诉讼时效期间届满，保证人享有主债务人的诉讼时效抗辩权。

保证人未主张前述诉讼时效抗辩权，承担保证责任后向主债务人行使追偿权的，人民法院不予支持，但主债务人同意给付的情形除外。

第十九条 诉讼时效期间届满，当事人一方向对方当事人作出同意履行义务的意思表示或者自愿履行义务后，又以诉讼时效期间届满为由进行抗辩的，人民法院不予支持。

当事人双方就原债务达成新的协议，债权人主张义务人放弃诉讼时效抗辩权的，人民法院应予支持。

超过诉讼时效期间，贷款人向借款人发出催收到期贷款通知单，债务人在通知单上签字或者盖章，能够认定借款人同意履行诉讼时效期间已经届满的义务的，对于贷款人关于借款人放弃诉讼时效抗辩权的主张，人民法院应予支持。

根据2004年6月4日公布的《最高人民法院关于超过诉讼时效期间后债务人向债权人发出确认债务的询证函的行为是否构成新的债务的请示的答复》(〔2003〕民二他字第59

号),根据你院请示的中国农业银行重庆市渝中区支行与重庆包装技术研究所、重庆嘉陵企业公司华西国际贸易公司借款合同纠纷案有关事实,重庆嘉陵企业公司华西国际贸易公司于诉讼时效期间届满后主动向中国农业银行重庆市渝中区支行发出询证函核对贷款本息的行为,与本院法释〔1999〕7号《关于超过诉讼时效期间借款人在催款通知单上签字或盖章的法律效力问题的批复》所规定的超过诉讼时效期间后借款人在信用社发出的催款通知单上签字或盖章的行为类似,因此,对债务人于诉讼时效期间届满后主动向债权人发出询证函核对贷款本息行为的法律后果问题可参照本院上述《关于超过诉讼时效期间借款人在催款通知单上签字或盖章的法律效力问题的批复》的规定进行认定和处理。

根据1999年2月11日公布的《最高人民法院关于超过诉讼时效期间借款人在催款通知单上签字或者盖章的法律效力问题的批复》(法释〔1999〕7号),根据《中华人民共和国民法通则》第四条、第九十条规定的精神,对于超过诉讼时效期间,信用社向借款人发出催收到期贷款通知单,债务人在该通知单上签字或者盖章的,应当视为对原债务的重新确认,该债权债务关系应受法律保护。

第一百九十三条 【诉讼时效职权禁用规则】人民法院不得主动适用诉讼时效的规定。

根据2020年12月29日修正的《最高人民法院关于审理民事案件适用诉讼时效制度若干问题的规定》(法释〔2020〕17号),规定如下:

第二条 当事人未提出诉讼时效抗辩,人民法院不应对诉讼时效问题进行释明。

第一百九十四条 【诉讼时效中止的情形】在诉讼时效期间的最后六个月内,因下列障碍,不能行使请求权的,诉讼时效中止:

(一)不可抗力;

(二)无民事行为能力人或者限制民事行为能力人没有法定代理人,或者法定代理人死亡、丧失民事行为能力、丧失代理权;

(三)继承开始后未确定继承人或者遗产管理人;

(四)权利人被义务人或者其他人控制;

(五)其他导致权利人不能行使请求权的障碍。

自中止时效的原因消除之日起满六个月,诉讼时效期间届满。

根据2020年12月29日修正的《最高人民法院关于适用〈中华人民共和国民事诉讼法〉执行程序若干问题的解释》(法释〔2020〕21号),规定如下:

第十九条 在申请执行时效期间的最后六个月内,因不可抗力或者其他障碍不能行使请求权的,申请执行时效中止。从中止时效的原因消除之日起,申请执行时效期间继续计算。

根据2020年6月8日公布的《最高人民法院关于依法妥善审理涉新冠肺炎疫情民事案件若干问题的指导意见(三)》(法发〔2020〕20号),通知如下:

5. 根据《中华人民共和国民事诉讼法》第二百三十九条和《最高人民法院关于适用〈中华人民共和国民事诉讼法〉的解释》第五百四十七条的规定,当事人申请承认和执行外国法院作出的发生法律效力的判决、裁定或者外国仲裁裁决的期间为二年。在时效期间的最后六个月内，当事人因疫情或者疫情防控措施不能提出承认和执行申请，依据《中华人民共和国民法总则》第一百九十四条第一款第一项规定主张时效中止的，人民法院应予支持。

根据**2020年4月16日公布的《最高人民法院关于依法妥善审理涉新冠肺炎疫情民事案件若干问题的指导意见（一）》（法发〔2020〕12号）**，通知如下：

六、依法中止诉讼时效。在诉讼时效期间的最后六个月内，因疫情或者疫情防控措施不能行使请求权，权利人依据《中华人民共和国民法总则》第一百九十四条第一款第一项规定主张诉讼时效中止的，人民法院应予支持。

根据**2003年7月4日公布的《最高人民法院关于审理光大银行诉中一公司欠款纠纷一案适用诉讼时效中止问题的答复》（〔2003〕民二他字第20号）**，我院在法明传〔1999〕291号《关于中国光大银行接收原中国投资银行有关问题的通知》（以下简称《通知》）中规定，对涉及原中国投资银行的经济纠纷案件尚未受理的暂不受理。其目的是方便投资银行与光大银行办理资产交接手续。就本案情况而言，在《通知》规定的暂缓受理涉及投资银行案件期间开始时，光大银行与中一公司所争讼债务的履行期尚未届满，诉讼时效期间尚未开始计算。只有在资产移交完毕后债权人方可知晓自己所接收的债务是否处于被侵害的情况。所以，依照《中华人民共和国民法通则》第一百三十七条关于"诉讼时效期间从知道或者应当知道权利被侵害时起计算"的规定，本案诉讼时效期间应当从资产交接完毕之日，即《通知》规定的中止期限届满日（1999年12月31日）之次日起开始计算两年。光大银行于2001年1月17日向中一公司主张债权没有超过法定诉讼时效。

根据农业发展银行青海分行营业部诉青海农牧总公司担保合同纠纷案：最高人民法院2004年3月19日民事判决书［《最高人民法院公报》2004年第8期（总第94期）］，在债务人被宣告破产前，债权人已在保证债务的诉讼时效期间内向保证人主张了权利，破产程序终结后，债权人对其在破产程序中未受清偿的部分债权继续向保证人主张权利的，根据《最高人民法院关于适用〈中华人民共和国担保法〉若干问题的解释》第四十四条的规定，保证人应承担法律责任。

第一百九十五条 【诉讼时效中断的情形】有下列情形之一的，诉讼时效中断，从中断、有关程序终结时起，诉讼时效期间重新计算：

（一）权利人向义务人提出履行请求；

（二）义务人同意履行义务；

（三）权利人提起诉讼或者申请仲裁；

（四）与提起诉讼或者申请仲裁具有同等效力的其他情形。

根据**2022年2月24日公布的《最高人民法院关于适用〈中华人民共和国民法典〉总则编若干问题的解释》（法释〔2022〕6号）**，规定如下：

第三十八条 诉讼时效依据民法典第一百九十五条的规定中断后，在新的诉讼时效期间内，再次出现第一百九十五条规定的中断事由，可以认定为诉讼时效再次中断。

权利人向义务人的代理人、财产代管人或者遗产管理人等提出履行请求的，可以认定为民法典第一百九十五条规定的诉讼时效中断。

根据**2020年12月29日修正的《最高人民法院关于适用〈中华人民共和国民事诉讼法〉执行程序若干问题的解释》（法释〔2020〕21号）**，规定如下：

第二十条 申请执行时效因申请执行、当事人双方达成和解协议、当事人一方提出履行要求或者同意履行义务而中断。从中断时起，申请执行时效期间重新计算。

根据2020年12月29日修正的《最高人民法院关于适用〈中华人民共和国企业破产法〉若干问题的规定（二）》（法释〔2020〕18号），规定如下：

第十九条 债务人对外享有债权的诉讼时效，自人民法院受理破产申请之日起中断。

债务人无正当理由未对其到期债权及时行使权利，导致其对外债权在破产申请受理前一年内超过诉讼时效期间的，人民法院受理破产申请之日起重新计算上述债权的诉讼时效期间。

根据2020年12月29日修正的《最高人民法院关于审理无正本提单交付货物案件适用法律若干问题的规定》（法释〔2020〕18号），规定如下：

第十五条 正本提单持有人以承运人无正本提单交付货物为由提起的诉讼，时效中断适用海商法第二百六十七条的规定。

正本提单持有人以承运人与无正本提单提取货物的人共同实施无正本提单交付货物行为为由提起的侵权诉讼，时效中断适用本条前款规定。

根据2020年12月29日修正的《最高人民法院关于审理票据纠纷案件若干问题的规定》（法释〔2020〕18号），规定如下：

第十九条 票据法第十七条规定的票据权利时效发生中断的，只对发生时效中断事由的当事人有效。

根据2020年12月29日修正的《最高人民法院关于审理海上保险纠纷案件若干问题的规定》（法释〔2020〕18号），规定如下：

第十五条 保险人取得代位请求赔偿权利后，以被保险人向第三人提起诉讼、提交仲裁、申请扣押船舶或者第三人同意履行义务为由主张诉讼时效中断的，人民法院应予支持。

根据2020年12月29日修正的《民事案件适用诉讼时效制度若干问题的规定》（法释〔2020〕17号），规定如下：

第八条 具有下列情形之一的，应当认定为民法典第一百九十五条规定的"权利人向义务人提出履行请求"，产生诉讼时效中断的效力：

（一）当事人一方直接向对方当事人送交主张权利文书，对方当事人在文书上签名、盖章、按指印或者虽未签名、盖章、按指印但能够以其他方式证明该文书到达对方当事人的；

（二）当事人一方以发送信件或者数据电文方式主张权利，信件或者数据电文到达或者应当到达对方当事人的；

（三）当事人一方为金融机构，依照法律规定或者当事人约定从对方当事人账户中扣收欠款本息的；

（四）当事人一方下落不明，对方当事人在国家级或者下落不明的当事人一方住所地的省级有影响的媒体上刊登具有主张权利内容的公告的，但法律和司法解释另有特别规定的，适用其规定。

前款第（一）项情形中，对方当事人为法人或者其他组织的，签收人可以是其法定代表人、主要负责人、负责收发信件的部门或者被授权主体；对方当事人为自然人的，签收人可以是自然人本人、同住的具有完全行为能力的亲属或者被授权主体。

第九条 权利人对同一债权中的部分债权主张权利，诉讼时效中断的效力及于剩余债权，但权利人明确表示放弃剩余债权的情形除外。

第十条 当事人一方向人民法院提交起诉状或者口头起诉的，诉讼时效从提交起诉状或者口头起诉之日起中断。

第十一条 下列事项之一，人民法院应当认定与提起诉讼具有同等诉讼时效中断的效力：

（一）申请支付令；

（二）申请破产、申报破产债权；

（三）为主张权利而申请宣告义务人失踪或死亡；
（四）申请诉前财产保全、诉前临时禁令等诉前措施；
（五）申请强制执行；
（六）申请追加当事人或者被通知参加诉讼；
（七）在诉讼中主张抵销；
（八）其他与提起诉讼具有同等诉讼时效中断效力的事项。

第十二条 权利人向人民调解委员会以及其他依法有权解决相关民事纠纷的国家机关、事业单位、社会团体等社会组织提出保护相应民事权利的请求，诉讼时效从提出请求之日起中断。

第十三条 权利人向公安机关、人民检察院、人民法院报案或者控告，请求保护其民事权利的，诉讼时效从其报案或者控告之日起中断。

上述机关决定不立案、撤销案件、不起诉的，诉讼时效期间从权利人知道或者应当知道不立案、撤销案件或者不起诉之日起重新计算；刑事案件进入审理阶段，诉讼时效期间从刑事裁判文书生效之日起重新计算。

第十四条 义务人作出分期履行、部分履行、提供担保、请求延期履行、制定清偿债务计划等承诺或者行为的，应当认定为民法典第一百九十五条规定的“义务人同意履行义务”。

第十五条 对于连带债权人中的一人发生诉讼时效中断效力的事由，应当认定对其他连带债权人也发生诉讼时效中断的效力。

对于连带债务人中的一人发生诉讼时效中断效力的事由，应当认定对其他连带债务人也发生诉讼时效中断的效力。

第十六条 债权人提起代位权诉讼的，应当认定对债权人的债权和债务人的债权均发生诉讼时效中断的效力。

第十七条 债权转让的，应当认定诉讼时效从债权转让通知到达债务人之日起中断。

债务承担情形下，构成原债务人对债务承认的，应当认定诉讼时效从债务承担意思表示到达债权人之日起中断。

根据**2003年3月31日公布的《最高人民法院关于阜新液压件厂与盼盼集团有限公司购销合同纠纷案件诉讼时效请示问题的答复》(〔2002〕民二他字第30号)**，答复如下：

根据你院请示报告中所述的事实，1998年5月1日，阜新液压件厂（以下简称液压件厂）对原营口机床厂（以下简称机床厂）提起诉讼时，并不知道机床厂与盼盼集团有限公司（以下简称盼盼集团）正在办理收购事宜。此后，液压件厂在同样不知道机床厂已被盼盼集团收购的情况下，于1999年5月6日再次向机床厂及其法定代表人主张债权，对该行为应当视为《中华人民共和国民法通则》第一百四十条规定的“当事人一方提出要求”而使诉讼时效中断的行为。液压件厂对机床厂的诉讼时效应从1999年5月6日起重新计算。液压件厂于2000年5月18日对承接原机床厂债权债务的盼盼集团所提起的诉讼并未超过两年的诉讼时效期间。

第一百九十六条 【不适用诉讼时效的情形】下列请求权不适用诉讼时效的规定：

（一）请求停止侵害、排除妨碍、消除危险；
（二）不动产物权和登记的动产物权的权利人请求返还财产；
（三）请求支付抚养费、赡养费或者扶养费；
（四）依法不适用诉讼时效的其他请求权。

根据**2020年12月29日修正的《最高人民法院关于适用〈中华人民共和国公司法〉若干问题的规定(三)》(法释〔2020〕18号)**,规定如下:

第十九条 公司股东未履行或者未全面履行出资义务或者抽逃出资,公司或者其他股东请求其向公司全面履行出资义务或者返还出资,被告股东以诉讼时效为由进行抗辩的,人民法院不予支持。

公司债权人的债权未过诉讼时效期间,其依照本规定第十三条第二款、第十四条第二款的规定请求未履行或者未全面履行出资义务或者抽逃出资的股东承担赔偿责任,被告股东以出资义务或者返还出资义务超过诉讼时效期间为由进行抗辩的,人民法院不予支持。

根据**2020年12月29日修正的《最高人民法院关于适用〈中华人民共和国企业破产法〉若干问题的规定(二)》(法释〔2020〕18号)**,规定如下:

第二十条 管理人代表债务人提起诉讼,主张出资人向债务人依法缴付未履行的出资或者返还抽逃的出资本息,出资人以认缴出资尚未届至公司章程规定的缴纳期限或者违反出资义务已经超过诉讼时效为由抗辩的,人民法院不予支持。

管理人依据公司法的相关规定代表债务人提起诉讼,主张公司的发起人和负有监督股东履行出资义务的董事、高级管理人员,或者协助抽逃出资的其他股东、董事、高级管理人员、实际控制人等,对股东违反出资义务或者抽逃出资承担相应责任,并将财产归入债务人财产的,人民法院应予支持。

根据**2020年12月29日修正的《最高人民法院关于审理民事案件适用诉讼时效制度若干问题的规定》(法释〔2020〕17号)**,规定如下:

第一条 当事人可以对债权请求权提出诉讼时效抗辩,但对下列债权请求权提出诉讼时效抗辩的,人民法院不予支持:

(一)支付存款本金及利息请求权;

(二)兑付国债、金融债券以及向不特定对象发行的企业债券本息请求权;

(三)基于投资关系产生的缴付出资请求权;

(四)其他依法不适用诉讼时效规定的债权请求权。

根据广西北生集团有限责任公司与北海市威豪房地产开发公司、广西壮族自治区畜产进出口北海公司土地使用权转让合同纠纷案:最高人民法院2006年6月2日民事判决书[《最高人民法院公报》2006年第9期(总第119期)],只有人民法院和仲裁机构有权确认合同是否有效,合同当事人不享有确认合同效力的权利。合同无效系自始无效,当事人请求确认合同无效的,不应受诉讼时效期间的限制,而合同经确认无效后,当事人请求返还财产及赔偿损失的,应当适用法律关于诉讼时效的规定。

第一百九十七条 【诉讼时效法定、时效利益预先放弃无效】诉讼时效的期间、计算方法以及中止、中断的事由由法律规定,当事人约定无效。

当事人对诉讼时效利益的预先放弃无效。

第一百九十八条 【仲裁时效】法律对仲裁时效有规定的,依照其规定;没有规定的,适用诉讼时效的规定。

根据**2017年9月1日修正的《中华人民共和国仲裁法》**,规定如下:

第七十四条 法律对仲裁时效有规定的,适用该规定。法律对仲裁时效没有规定的,适用诉讼时效的规定。

根据**2009年6月27日公布的《中华人民共和国农村土地承包经营纠纷调解仲裁法》**,规定如下:

第十八条 农村土地承包经营纠纷申请仲裁的时效期间为二年,自当事人知道或者应当知道其权利被侵害之日起计算。

根据**2007年12月29日公布的《中华人民共和国劳动争议调解仲裁法》**，规定如下：

第二十七条 劳动争议申请仲裁的时效期间为一年。仲裁时效期间从当事人知道或者应当知道其权利被侵害之日起计算。

前款规定的仲裁时效，因当事人一方向对方当事人主张权利，或者向有关部门请求权利救济，或者对方当事人同意履行义务而中断。从中断时起，仲裁时效期间重新计算。

因不可抗力或者有其他正当理由，当事人不能在本条第一款规定的仲裁时效期间申请仲裁的，仲裁时效中止。从中止时效的原因消除之日起，仲裁时效期间继续计算。

劳动关系存续期间因拖欠劳动报酬发生争议的，劳动者申请仲裁不受本条第一款规定的仲裁时效期间的限制；但是，劳动关系终止的，应当自劳动关系终止之日起一年内提出。

根据**2020年12月29日修正的《最高人民法院关于审理涉及农村土地承包经营纠纷调解仲裁案件适用法律若干问题的解释》（法释〔2020〕17号）**，规定如下：

第一条 农村土地承包仲裁委员会根据农村土地承包经营纠纷调解仲裁法第十八条规定，以超过申请仲裁的时效期间为由驳回申请后，当事人就同一纠纷提起诉讼的，人民法院应予受理。

根据**2013年9月12日公布的《最高人民法院关于人事争议申请仲裁的时效期间如何计算的批复》（法释〔2013〕23号）**，答复如下：

依据《中华人民共和国劳动争议调解仲裁法》第二十七条第一款、第五十二条的规定，当事人自知道或者应当知道其权利被侵害之日起一年内申请仲裁，仲裁机构予以受理的，人民法院应予认可。

第一百九十九条 【除斥期间】法律规定或者当事人约定的撤销权、解除权等权利的存续期间，除法律另有规定外，自权利人知道或者应当知道权利产生之日起计算，不适用有关诉讼时效中止、中断和延长的规定。存续期间届满，撤销权、解除权等权利消灭。

根据**2022年4月1日修正的《最高人民法院关于适用〈中华人民共和国民事诉讼法〉的解释》（法释〔2022〕11号）**，规定如下：

第一百二十七条 民事诉讼法第五十九条第三款、第二百一十二条以及本解释第三百七十二条、第三百八十二条、第三百九十九条、第四百二十条、第四百二十一条规定的六个月，民事诉讼法第二百三十条规定的一年，为不变期间，不适用诉讼时效中止、中断、延长的规定。

根据**2020年12月29日修正的《最高人民法院关于审理买卖合同纠纷案件适用法律问题的解释》（法释〔2020〕17号）**，规定如下：

第十二条 人民法院具体认定民法典第六百二十一条第二款规定的“合理期限”时，应当综合当事人之间的交易性质、交易目的、交易方式、交易习惯、标的物的种类、数量、性质、安装和使用情况、瑕疵的性质、买受人应尽的合理注意义务、检验方法和难易程度、买受人或者检验人所处的具体环境、自身技能以及其他合理因素，依据诚实信用原则进行判断。

民法典第六百二十一条第二款规定的“二年”是最长的合理期限。该期限为不变期间，不适用诉讼时效中止、中断或者延长的规定。

根据**2020年12月29日修正的《最高人民法院关于审理民事案件适用诉讼时效制度若干问题的规定》（法释〔2020〕17号）**，规定如下：

第五条 享有撤销权的当事人一方请求撤销合同的，应适用民法典关于除斥期间的规定。对方当事人对撤销合同请求权提出诉讼时效抗辩的，人民法院不予支持。

合同被撤销，返还财产、赔偿损失请求权的诉讼时效期间从合同被撤销之日起计算。

第三编　合　　同

第一分编　通　　则

第一章　一般规定

第四百六十三条　【合同编的调整范围】本编调整因合同产生的民事关系。

根据**黄陆军等人不服金华市工商行政管理局工商登记行政复议案：浙江省金华市中级人民法院2010年5月21日民事判决书[《最高人民法院公报》2012年第5期（总第187期）]**，涉诉公司经工商行政管理部门登记，作为市场主体与上诉人因购买或租赁发生了民事合同法律关系，双方享有合同权利与承担合同义务。双方因合同权益产生民事纠纷，应受合同法及相关民事法律调整，上诉人应通过民事诉讼寻求救济。

第四百六十四条　【合同的定义和身份关系协议的法律适用】合同是民事主体之间设立、变更、终止民事法律关系的协议。

婚姻、收养、监护等有关身份关系的协议，适用有关该身份关系的法律规定；没有规定的，可以根据其性质参照适用本编规定。

根据**洪秀凤与昆明安钡佳房地产开发有限公司房屋买卖合同纠纷案：最高人民法院（2015）民一终字第78号民事判决书[《最高人民法院公报》2016年第1期（总第231期）]**，裁决如下：

一、合同在性质上属于原始证据、直接证据，应当重视其相对于传来证据、间接证据所具有的较高证明力，并将其作为确定当事人法律关系性质的逻辑起点和基本依据。若要否定书面证据所体现的法律关系，并确定当事人之间存在缺乏以书面证据为载体的其他民事法律关系，必须在证据审核方面给予更为审慎的分析研判。

二、在两种解读结果具有同等合理性的场合，应朝着有利于书面证据所代表法律关系成立的方向作出判定，借此传达和树立重诺守信的价值导向。

三、透过解释确定争议法律关系的性质，应当秉持使争议法律关系项下之权利义务更加清楚，而不是更加模糊的基本价值取向。在没有充分证据佐证当事人之间存在隐藏法律关系且该隐藏法律关系真实并终局地对当事人产生约束力的场合，不宜简单否定既存外化法律关系对当事人真实意思的体现和反映，避免当事人一方不当摆脱既定权利义务约束的结果出现。

根据**中国信达资产管理公司西安办事处与海南华山房地产开发总公司、中国建设银行股份有限公司西安曲江支行借款合同纠纷案：最高人民法院（2008）民二终字第118号民事判决书[《最高人民法院公报》2009年第12期（总第158期）]**，当事人签订民事合同具有复杂的动机、目的和作用，合同除确定具体的交易关系外，还可以具有规范和指引作用，即当事人通过合同对以后发生的权利义务关系进行规范和指引；合同还可以具有确认和评价的作用，即当事人通过合同对双方既往发生的民事法律行为的性质、目的和作用加以确认、补充、完善和评价。

根据大庆市振富房地产开发有限公司与大庆市人民政府债务纠纷案：最高人民法院（2006）民一终字第47号民事裁定书［《最高人民法院公报》2007年第4期（总第126期）］，依据《中华人民共和国合同法》第二条的规定，合同是平等主体的自然人、法人、其他组织之间设立、变更、终止民事权利义务关系的协议。法人响应政府号召，以向政府书面请示报告并经政府审批同意的形式介入市政建设，政府在不通知法人参加的情况下单方就法人介入市政建设而享有的优惠政策作出决定，法人只能按照政府决定执行的，法人与政府之间并非民法意义上的平等主体关系，双方亦没有就此形成民事合同关系。因此发生纠纷的，尽管双方之间的纠纷具有一定的民事因素，亦不属于人民法院受理民事案件的范围。

根据2023年6月21日公布的《最高人民法院发布八起涉体育纠纷民事典型案例》，其中案例三是雷某与某体育公司合同纠纷案（未成年运动员劳动关系的认定），具体如下：

关键词

未成年运动员/确认劳动关系

基本案情

雷某（未满十六周岁）之父代其与某体育公司签订《合约书》，约定：雷某成为某体育公司的台球合约选手，某体育公司承担雷某在培训基地的教育培训、比赛交通等费用及运动器材；雷某不得与其他公司、团体签订类似合约，参加所有赛事及活动必须由某体育公司统一安排，并佩戴指定的产品标识，使用某体育公司提供的球杆等产品，所获奖金双方各占50%，如违约则退还所有费用。后某体育公司与案外人解除了培训基地的投资合作协议，雷某未再参加任何培训及公司安排的比赛活动。雷某以无法享受培训、某体育公司无法继续履行合同义务为由，起诉请求判令解除合同、某体育公司支付违约金。某体育公司以雷某未经同意擅自离开、违约在先为由，反诉请求判令雷某返还学费、住宿费等费用，平均分配雷某自行参赛所获奖金。

裁判结果

审理法院认为，雷某签订合同时系未满十六周岁的未成年人，具备受体育单位招用的资格。某体育公司作为招用单位，应当遵守国家有关规定，并保障雷某接受义务教育的权利。雷某与某体育公司签订的合同性质及履行状况均符合劳动关系建立的组织性、从属性、有偿性等条件，双方已建立劳动关系。本案不属于合同纠纷，属于劳动争议，应当适用劳动法律法规确定双方权利义务。

典型意义

国家促进和规范职业体育市场化、职业化发展。运动员与其接受训练、代表参赛的单位之间的法律关系性质引发社会普遍关注。未满十六周岁的未成年人可以被文艺、体育和特种工艺单位招用，只要招用单位与未满十六周岁的未成年人之间的法律关系具备人身、经济从属性等劳动关系特征，应当认定双方建立劳动关系。人民法院结合案件情况，不简单适用“外观主义”审查，重点审查未成年运动员与招用单位之间是否存在劳动管理事实和从属性特征，有利于充分保障未成年运动员的合法权利，打牢竞技体育人才培养的根基，促进职业体育行业健康有序发展。

根据2017年4月《最高人民法院公布2016年全国法院海事审判十大典型案例》，其中瓦锡兰芬兰有限公司（Wartsila Finland Oy）、西特福船运公司（Spliethoff's Bevrachtingskantoor B.V.）与西特福船运公司、颖勤发动机（上海）有限公司船舶设备买卖侵权纠纷案，典型意义如下：

本案是一起船舶设备买卖侵权纠纷案，涉及中国、荷兰、芬兰等“一带一路”共建国家。本案围绕“一带一路”建设大局依法公正审理，为人民法院发挥服务保障职能发挥示范指导作用。第一，本案通过严格贯彻平等保护原则，确保中国海事司法的国际公信力。最高人民法院在本案的审理中，依法采纳采信证据，认定事实，准确阐释法律，遵循“三段论”推理方式逐一说理论证，发现原审判决认定的基本事实缺乏证据证明、适用法律错误，果断予以纠正，不因当事人国籍而有所偏倚。第二，根据证据推理论证，充分体现了证据裁判原则。再审判决依法分配举证责任，严格依照证据裁判规则，充分考虑船舶建造委托方普遍指定船舶主机之国际海事海商交易实践，认定本案有关证据仅能证明西特福公司坚持选用瓦锡兰公司生产的发动机、案涉发动机为二手翻新主机以及瓦锡兰公司知情或者应当知情三个相对孤立的事实，并不能形成证明瓦锡兰公司与西特福公司存在恶意串通的证据锁链。第三，准确阐释侵权责任法原则上不调整合同债权这一法律原则，起到规范裁判尺度的作用。合同债权作为一种重要的民事权利，《中华人民共和国侵权责任法》第二条并没有将其明确列入该法保护范围，表明侵权责任法不调整违约责任。合同法的基本价值是私法自治，允许合同当事人在不违反法律强制规定的前提下自由约定责任承担、权利救济等权利义务关系。侵权责任法是保护合同债权以外的民事权益的强行法，如果将侵权责任法随意拓展适用于合同债权，准许合同当事人以侵权责任之诉规避合同的有效约定而使合同形同虚设，势必损害私法自治的实现，混淆侵权责任法与合同法的规范体系，削弱当事人对权利义务的可预期性。再审判决明确单纯合同履行利益原则上应坚持根据合同法保护，而不应支持当事人寻求侵权责任救济，具有法律和法理依据。

第四百六十五条 【合同约束力和合同相对性】依法成立的合同，受法律保护。

依法成立的合同，仅对当事人具有法律约束力，但是法律另有规定的除外。

根据**2023年7月31日公布的《最高人民法院发布11个人民法院依法保护民营企业产权和企业家权益典型案例》，其中案例3是沈阳电力工程咨询有限公司与沈阳市浑南区农业农村局服务合同纠纷案**，具体如下：

案例索引

辽宁省沈阳市中级人民法院（2020）辽01民终15053号

基本案情

沈阳电力工程咨询有限公司（以下简称电力咨询公司）系沈阳当地一家小微民营企业。2019年6月，电力咨询公司与沈阳市浑南区农业农村局（以下简称浑南农业局）双方达成合作意向：浑南农业局委托电力咨询公司对沈阳市浑南区12个街道118个行政村的“农村人居环境整治行动项目”通过无人机进行查访。随后，2019年7月电力咨询公司开始实施查访工作。工作成果编制成查访报告，逐期交付给浑南农业局，合计交付查访报告20份，浑南农业局已签收，未提出异议。

2019年12月6日，电力咨询公司与浑南农业局补签《查访合同》，浑南农业局委托电力咨询公司进行农村人居环境整治行动项目第三方查访，约定了查访范围、查访周期、查访目标、验收条件、付款条件、付款时间及方式等内容。

合同补签后，电力咨询公司向浑南农业局送达了《浑南区第三方查访组报价详细说明》，主要载明：人员车辆费用明细：1065400元，税金点9%，管理费3%，总计费用为1193248元。2019年年末浑南农业局收到电力咨询公司开具的相应发票。浑南农业局拒绝付款，理由为：查访服务项目未经政府采购程序，双方签订的协议属于无效协议，双方未结算及未最终验收，不具备付款条件，更不符合财政性资金拨款条件。电力咨询公司因此诉至沈阳市浑南区人民法院。请求法院判令浑南农业局支付服务费1125500元。

沈阳市浑南区人民法院一审判决浑南农业局支付电力咨询公司服务费1125500元。一审宣判后，浑南农业局不服，向沈阳市中级人民法院提起上诉，请求撤销原判，依法改判驳回电力咨询公司的诉讼请求。理由为：电力咨询公司履行合同未完毕，未结算，未最终验收不具备付款条件；电力咨询公司主张的数额与实际工作量不符，不能得到财政性资金认可的拨款条件；电力咨询公司不具备合同服务资质，服务无法达到标准；案涉查访服务项目未经政府采购程序属于无效合同。

二审法院一是依法准确认定合同效力。认定《查访合同》系电力咨询公司与浑南农业局两个平等民事主体基于意思自治原则自愿达成，不存在合同无效的法定事由，合法有效，对双方具有约束力。二是依法认定浑南农业局应当履行付款义务。查访报告的制作和交付属于分批次履行，如浑南农业局确对履行方式、履行内容及报告质量等提出异议，应当在首份报告交付后，及时对其关注问题提出整改意见，并加大力度监督检查尚未履行的合同。但浑南农业局系在电力咨询公司全部合同履行完毕、所有报告交付近半年之久后，在电力咨询公司向其主张服务费时，其对电力咨询公司已完成查访的工作量及工作方法提出异议，实属勉为其难。浑南农业局以电力咨询公司履行合同不符合要求为由拒绝支付服务费，依据不足。二审法院判决驳回上诉，维持原判。

社会影响

本案是发生在民营企业与机关法人之间的债权债务纠纷。每件机关法人与企业的纠纷案件，处理结果均被广大民营企业家关注，都是营商环境是否改善的试金石。法院平等保护机关法人与民营企业权益，确保主体平等、权利平等、机会平等，彰显了发挥司法职能作用优化法治化营商环境的决心和能力，让各方投资者敢于投资，安心投资，乐于投资，勇于投资，服务和保障东北振兴、民营经济健康发展。

典型意义

本案是民营企业与机关法人因签订、履行服务合同发生的争议。法院在审理本案中，首先明确案涉合同系机关法人与民营企业作为平等民事主体、基于意思自治原则所签订，在有大量证据证明民营企业已经适当履行了合同义务的情况下，机关法人不得以有关服务费未经政府部门确认、有关款项未向财政部门申请和审批为由拒绝支付服务费，从而支持民营企业要求机关法人支付服务费的请求。

法院在审理案件过程中，努力实现程序公正与实体公正相统一，体现了对民营企业特别是民营中小微企业发展的保护，有利于民营企业持续回笼欠款、维持造血能力，全面构建亲清政商关系，为持续优化法治化营商环境起到示范作用。

第四百六十六条 【合同条款的解释】当事人对合同条款的理解有争议的，应当依据本法第一百四十二条第一款的规定，确定争议条款的含义。

合同文本采用两种以上文字订立并约定具有同等效力的，对各文本使用的词句推定具有相同含义。各文本使用的词句不一致的，应当根据合同的相关条款、性质、目的以及诚信原则等予以解释。

根据 2023 年 12 月 4 日公布的《最高人民法院关于适用〈中华人民共和国民法典〉合同编通则若干问题的解释》(法释〔2023〕13 号)，规定如下：

第一条 人民法院依据民法典第一百四十二条第一款、第四百六十六条第一款的规定解释合同条款时，应当以词句的通常含义为基础，结合相关条款、合同的性质和目的、习惯以及诚信原则，参考缔约背景、磋商过程、履行行为等因素确定争议条款的含义。

有证据证明当事人之间对合同条款有不同于词句的通常含义的其他共同理解，一方主张按照词句的通常含义理解合同条款的，人民法院不予支持。

对合同条款有两种以上解释，可能影响该条款效力的，人民法院应当选择有利于该条款有效的解释；属于无偿合同的，应当选择对债务人负担较轻的解释。

第四百六十七条 【无名合同及三种特定涉外合同的法律适用】本法或者其他法律没有明文规定的合同，适用本编通则的规定，并可以参照适用本编或者其他法律最相类似合同的规定。

在中华人民共和国境内履行的中外合资经营企业合同、中外合作经营企业合同、中外合作勘探开发自然资源合同，适用中华人民共和国法律。

根据**上海帕弗洛文化用品有限公司诉上海艺想文化用品有限公司、毕加索国际企业股份有限公司商标使用许可合同纠纷案：上海市高级人民法院（2014）沪高民三（知）终字第117号民事判决书［《最高人民法院公报》2017年第2期（总第244期）］**，在后商标使用许可合同相对人明知商标权人和在先商标使用许可合同相对人未解除在先商标独占使用许可合同，仍和商标权人签订许可合同，导致先后两个独占许可合同的许可期间存在重叠的，在后合同并非无效，但在后商标使用许可合同相对人不属于善意第三人，不能依据在后合同获得商标的许可使用权，在先取得的独占许可使用权可以对抗在后的商标使用许可合同关系。

根据**焦建军与江苏省中山国际旅行社有限公司、第三人中国康辉南京国际旅行社有限责任公司旅游侵权纠纷案：江苏省南京市中级人民法院2012年3月19日民事判决书［《最高人民法院公报》2012年第11期（总第193期）］**，旅游者与旅行社签订旅游合同后，双方形成旅游服务合同关系，旅行社所提供的服务应当符合保障旅游者人身、财产安全的要求。同时，旅行社委托的旅游辅助人所提供的食宿、交通运输等服务系旅行社履行旅游服务合同义务的延续，应认定为是代表旅行社的行为，旅游辅助人的侵权行为可直接认定为旅行社的侵权行为。旅游者在旅游过程中乘坐旅行社提供的车辆发生交通事故导致人身损害、财产损失的，构成违约责任和侵权责任的竞合，旅游者有权选择合同之诉或侵权之诉要求旅行社承担相应民事赔偿责任。

根据**长治市华茂副食果品有限公司与长治市杰昌房地产开发有限公司合作开发房地产合同纠纷案：最高人民法院（2005）民一终字第60号民事判决书［《最高人民法院公报》2007年第8期（总第130期）］**，合作开发房地产合同，是指当事人之间订立的以提供土地使用权、资金等方式共同出资，共享利润、共担风险，合作开发房地产项目的合同。土地使用权投入方将其土地使用权变更为合作各方共有或者归于项目公司名下，通常是这类合同的重要内容。确认某合同是以土地使用权作价出资的合作开发房地产合同，还是单一的土地使用权转让合同，应根据合同各方是否对房地产开发项目共享利润、共担风险等情形进行判断。

根据**湘财证券有限责任公司与中国光大银行长沙新华支行、第三人湖南省平安轻化科技实业有限公司借款合同代位权纠纷案：最高人民法院2006年9月29日民事判决书［《最高人民法院公报》2007年第1期（总第123期）］**，裁判要旨如下：

一、客户与证券经营机构签订合同，约定由客户将资金交付给证券经营机构，委托证券经营机构在一定期限内投资于证券市场，并由证券经营机构按期向客户支付投资收益。此类合同属于委托理财合同。

二、客户与证券经营机构在委托理财合同中约定，由证券经营机构保证客户的投资收益达到一定比例，不足部分由证券经营机构补足。此类约定属于委托理财合同中保证本息固定回报的条款，即保底条款。根据《中华人民共和国证券法》第一百四十三条的规定，证券商不得以任何方式对客户证券买卖收益或者赔偿证券买卖的损失作出承诺。上述保底条款因违反该规定而无效。因保底条款属于委托理财合同的目的条款或核心条款，故保底条款无效即导致委托理财合同整体无效。

根据**信连华诉新港商业银行存单纠纷案：天津市第二中级人民法院2004年2月23日民事判决书［《最高人民法院公报》2005年第5期（总第103期）］**，根据《最高人民法院关于审理存单纠纷案件的若干规定》第五条的规定，存单持有人的存单与金融机构的底单记载内容不符，如果存单是真实的，且金融机构只能提交单方制作的证据来抗辩存单，应当认定存单持有人与金融机构之间的存款关系成立，金融机构根据存单承担兑付款项的义务。

根据**国际华侨公司诉长江影业公司影片发行权许可合同纠纷案：最高人民法院（2001）民三终字第3号民事判决书［《最高人民法院公报》2004年第5期（总第91期）］**，电影著作权人可以依照《著作权法》的规定，自己行使或许可他人行使其著作权。在电影著作权许可使用合同中，著作权人与他人关于按比例分成收入和违约赔偿责任的约定，如不违反《民法通则》等法律或有关行政法规的禁止性规定，应认定有效。

根据**王林祥、陈卫东诉雄都旅行社旅游合同纠纷案：江苏省高级人民法院2000年3月2日民事判决书［《最高人民法院公报》2002年第3期（总第77期）］**，上诉人雄都社应当按照行政法规的规定和合同的约定，在旅游出发前履行为王呈代办旅游意外保险的义务。雄都社未履行此项义务，应当承担违约责任。雄都社虽然在事故发生的次日补办了旅游意外保险，但该补办的手续依法不能生效，使被上诉人王林祥、陈卫东不能作为受益人获得保险赔偿，雄都社对此应当承担赔偿责任。按照行政规章的规定和雄都社事后补办的旅游意外保险中的约定，旅游意外保险的最高保险金额为30万元，这是王林祥、陈卫东的可得利益，也是雄都社应当承担的赔偿责任限额。

根据**陈维礼诉赖国发雇佣合同纠纷案：四川省德阳市中级人民法院2000年3月15日民事判决书［《最高人民法院公报》2001年第1期（总第69期）］**，裁判要旨如下：

上诉人赖国发雇佣被上诉人陈维礼干活并给付其劳动报酬，双方形成的是雇佣合同关系。陈维礼在受雇佣期间，为了赖国发的利益而受伤，赖国发应当承担民事责任。因赖国发无证据证实陈维礼的受伤是其故意或重大过失造成，为此一审判决赖国发承担全部责任，是正确的。赖国发未经工商部门依法核准登记，故不具有个体工商户的法律地位，更不属法律规定的个体经济组织。赖国发上诉称"本案应适用劳动法及相关法律调整"的理由，与法律规定相悖，不予支持。

原告陈维礼受伤住院后，其父同被告赖国发达成的善后处理协议，非陈维礼本人的真实意思表示，应为无效。赖国发上诉称"陈维礼之父已收其对事故处理费1000元，并承诺以后费用由陈家自负，故上诉人不应再赔"，因陈维礼是具有完全民事行为能力的人，其民事权利的处分应由其本人或经其委托人行使，故这一上诉理由也不成立。

根据**王会文诉珠海市鑫光期货经纪有限公司期货代理纠纷案：广东省高级人民法院**

1998 年 3 月 10 日民事判决书[《最高人民法院公报》1999 年第 1 期(总第 57 期)]，本案是国内商品期货纠纷，期货交易的各方主体符合法律规定，争议在于期货经纪公司的入市交易行为是否存在，是否合法有效。一审已经指明，上诉人鑫光公司提交的证据存在一系列瑕疵。这些瑕疵充分表明，鑫光公司不仅没有按照上交所的规则进行操作，在纠纷发生后，也无法提交有效的证据证明其已将被上诉人王会文的指令入市交易。一审据此认定鑫光公司没有将王会文的指令入市交易，判决鑫光公司承担返还保证金和赔偿利息损失的民事责任，是正确的。期货的最终交易在上交所进行，交易行为是否规范应当按照上交所的规则评断。鑫光公司上诉称，“先入先出”、混仓操作等违规操作行为是该行业中普遍存在的正常现象，这一说法不能成为免责的理由。关于上诉称王会文的指令不是限价指令一节，既与事实不符，认定没有入市也不是仅凭有无限价为唯一依据，该上诉理由也不能成立。

根据**申克增诉吉林省华侨企业公司联营合同纠纷抗诉案：吉林省高级人民法院 1997 年 7 月 7 日民事判决书[《最高人民检察院公报》1998 年第 1 号(总第 42 号)]**，根据《最高人民法院关于贯彻执行〈中华人民共和国经济合同法〉若干问题的意见》规定：在查明经济合同案件的事实后，按照《经济合同法》第三十二条第一款关于过错方应当承担违约责任的规定，明确合同当事人的违约责任，是解决合同纠纷的基础。本案双方当事人申克增与华侨公司之间的联营合同，主体合格，内容合法、意思表示真实，属有效合同。但协议中规定的投资条款未明确双方的投资方式，投资款管理方法，以致在履行中双方互不信任，各行其是，未能统一投资、统一使用、统一结算，双方没有事实上的联营行为，没有达到共同投资、共同经营、共享盈利、共担风险的程度，因此，该联营协议并未实际履行。终审法院在审理此案时，回避双方当事人之间联营协议的效力及履行情况的认定，是违背法定经济合同纠纷案审理原则的。

根据 **2019 年 12 月 10 日公布的《最高人民法院发布 10 起行政协议案件典型案例》，其中案例 7 是金华市光跃商贸有限公司诉金华市金东区人民政府拆迁行政合同案**，典型意义如下：

行政机关采用签订空白房地产收购补偿协议方式拆除房屋后，双方未能就补偿内容协商一致，行政机关又不作出补偿决定的，人民法院应当判决行政机关限期采取补救措施。

根据 **2019 年 12 月 4 日公布的《最高人民法院发布 10 起中国互联网司法典型案例》，其中案例 1 是福州九农贸易有限公司诉上海寻梦信息技术有限公司网络服务合同纠纷案**，典型意义如下：

基于网络平台发生的购物活动，具有买卖迅速、交易量大、跨地域广、主体分散等特点，行政部门监督难度不断加大，网络平台自治规则的作用不断增强。本案明确平台与商家在入驻协议中约定“消费者赔付金”，属于平台自治行为，且协议内容不违反法律、行政法规的强制性规定。当商家在平台上发生售假行为构成违约时，平台有权按照约定的“消费者赔付金”规则，直接扣付相关钱款给消费者，肯定了互联网平台自治规则的效力。

根据 **2015 年 6 月 16 日公布的《最高人民法院发布 10 起消费者维权典型案例》，其中案例 8 是王某诉北京伊露游婴儿用品有限公司服务合同纠纷案**，典型意义如下：

消费者在使用预付卡消费过程中，因经营者不在原地址经营，导致消费卡无法使用，其有权请求解除合同并退还预付卡余额。

根据 **2015 年 4 月 1 日公布的《最高人民法院发布的四起典型案例》，其中案例 2 是张丰春与泰安市中心医院医疗服务合同纠纷案**，典型意义如下：

医疗服务合同是调整医疗机构与患者之间权利义务关系的合同，我国现阶段医疗纠纷日益增加，不仅影响患者及家属的心理，也加重了医务人员的心理压力，降低了医疗单位和医务人员在社会上的声誉形象。在实践中确实存在部分医疗机构或医务人员为了追求经济利益，给患者开出价格较为昂贵或不必要的药物，加重了患者的经济负担。本案判令被告泰安市中心医院赔偿原告因不合理用药行为给原告造成的经济损失。通过本案，提醒医疗机构在为患者提供服务的过程中，应秉承“救死扶伤、治病救人”的宗旨，本着必要、合理的原则，为患者提供恰当的治疗方案，加强与患者及患者家属之间的沟通，充分尊重患者的知情权，以构建和谐的医患关系。

根据2014年3月19日公布的《最高人民法院公布保障民生第二批典型案例》，其中案例2是俞建水与中国工商银行股份有限公司上海市鞍山路支行、中国工商银行股份有限公司上海市杨浦支行储蓄存款合同纠纷案，典型意义如下：

近年来，储户的银行存款被犯罪分子通过内外勾结等方式诈骗而致涉讼的案件时有发生。本案是一起因银行工作人员内外勾结，以高息揽储业务引诱储户与银行建立储蓄存款合同关系，进而骗划存款资金，引发银行与储户之间储蓄存款合同纠纷的典型案例。本案审理的关键在于银行与储户对存款被骗导致的损失是否具有过错，以及如何承担与其过错相适应的责任。本案中，法院结合储蓄存款合同的性质特点、货币资金所有权的变动、银行履行合同义务的情况以及原告过错与损失结果之间的关联性，认定银行应当按照合同约定对储户的存款本金及利息损失承担全部责任，较好地维护了储户作为金融消费者的合法权益，对促进银行规范交易流程、加强管理具有重要意义。本案的判决充分体现和发挥了司法判决对金融市场的规范导向作用。

根据2012年3月31日公布的《最高人民法院公布2012年中国法院知识产权司法保护50件典型案例》，其中案例39是山东亿家乐房产经纪咨询有限公司与李袁燕特许经营加盟合同纠纷上诉案，典型意义如下：

根据《中华人民共和国合同法》第六条的规定，当事人行使权利、履行义务应当遵循诚实信用原则。根据商业特许经营活动的性质，特许人系有偿提供经营资源，其行为应满足被特许人投资经营的合理期盼。本案中，双方当事人约定李袁燕加盟亿家乐公司经营高新鑫苑国际加盟公司，该加盟公司经营地址明确，由此可以确定，李袁燕加盟亿家乐公司是以高新鑫苑国际没有亿家乐房产经纪咨询业务经营者为前提的。因此，虽然《加盟合同》对亿家乐公司的经营活动未作限制性约定，但在履行合同过程中，按照有利于实现合同目的的方式，亿家乐公司开展经营活动应当符合李袁燕加盟亿家乐公司的合理预期，也即亿家乐公司此后的经营行为不应威胁或影响到李袁燕投资加盟公司的正常经营活动。亿家乐公司作为特许人，在被特许人特定经营区域内开展自营业务，侵占了被特许人的经营空间，违反了诚实信用合同义务。

根据2010年10月14日公布的《最高人民法院公布2010年中国法院知识产权司法保护50件典型案例》，其中案例18是保定双狐软件有限公司、保定恒泰艾普双狐软件技术有限公司诉三河环波软件有限公司、赵殿君计算机软件著作权权属纠纷上诉案，典型意义如下：

《最高人民法院关于审理著作权民事纠纷案件适用法律若干问题的解释》第二十二条规定，著作权的转让合同未采取书面形式的，可依据《合同法》第三十六条、第三十七条的规定审查合同是否成立。《合同法》第三十六条、第三十七条规定，法律规定采用书面形式订立合同，当事人未采用书面形式但一方已经履行主要义务，对方接受的，该合同成立。

第四百六十八条 【非因合同产生的债权债务关系的法律适用】非因合同产生的债权债务关系，适用有关该债权债务关系的法律规定；没有规定的，适用本编通则的有关规定，但是根据其性质不能适用的除外。

第二章 合同的订立

第四百六十九条 【合同订立形式】当事人订立合同，可以采用书面形式、口头形式或者其他形式。

书面形式是合同书、信件、电报、电传、传真等可以有形地表现所载内容的形式。

以电子数据交换、电子邮件等方式能够有形地表现所载内容，并可以随时调取查用的数据电文，视为书面形式。

根据**2021年4月29日修正的《中华人民共和国民用航空法》**，规定如下：

第十四条 民用航空器所有权的取得、转让和消灭，应当向国务院民用航空主管部门登记；未经登记的，不得对抗第三人。

民用航空器所有权的转让，应当签订书面合同。

第一百四十八条 通用航空企业从事经营性通用航空活动，应当与用户订立书面合同，但是紧急情况下的救护或者救灾飞行除外。

根据**2021年4月29日修正的《中华人民共和国广告法》**，规定如下：

第三十条 广告主、广告经营者、广告发布者之间在广告活动中应当依法订立书面合同。

根据**2019年8月26日修正的《中华人民共和国城市房地产管理法》**，规定如下：

第十五条 土地使用权出让，应当签订书面出让合同。

土地使用权出让合同由市、县人民政府土地管理部门与土地使用者签订。

第四十一条 房地产转让，应当签订书面转让合同，合同中应当载明土地使用权取得的方式。

第五十条 房地产抵押，抵押人和抵押权人应当签订书面抵押合同。

第五十四条 房屋租赁，出租人和承租人应当签订书面租赁合同，约定租赁期限、租赁用途、租赁价格、修缮责任等条款，以及双方的其他权利和义务，并向房产管理部门登记备案。

根据**2019年4月23日修正的《中华人民共和国电子签名法》**，规定如下：

第二条 本法所称电子签名，是指数据电文中以电子形式所含、所附用于识别签名人身份并表明签名人认可其中内容的数据。

本法所称数据电文，是指以电子、光学、磁或者类似手段生成、发送、接收或者储存的信息。

第三条 民事活动中的合同或者其他文件、单证等文书，当事人可以约定使用或者不使用电子签名、数据电文。

当事人约定使用电子签名、数据电文的文书，不得仅因为其采用电子签名、数据电文的形式而否定其法律效力。

前款规定不适用下列文书：

（一）涉及婚姻、收养、继承等人身关系的；

（二）涉及停止供水、供热、供气等公用事业服务的；

（三）法律、行政法规规定的不适用电子文书的其他情形。

第四条 能够有形地表现所载内容，并可以随时调取查用的数据电文，视为符合法律、法规要求的书面形式。

第五条 符合下列条件的数据电文，视为满足法律、法规规定的原件形式要求：

（一）能够有效地表现所载内容并可供随时调取查用；

（二）能够可靠地保证自最终形成时起，内容保持完整、未被更改。但是，在数据电文上增加背书以及数据交换、储存和显示过程中发生的形式变化不影响数据电文的完整性。

第六条 符合下列条件的数据电文，视为满足法律、法规规定的文件保存要求：

（一）能够有效地表现所载内容并可供随时调取查用；

（二）数据电文的格式与其生成、发送或者接收时的格式相同，或者格式不相同但是能够准确表现原来生成、发送或者接收的内容；

（三）能够识别数据电文的发件人、收件人以及发送、接收的时间。

第七条 数据电文不得仅因为其是以电子、光学、磁或者类似手段生成、发送、接收或者储存的而被拒绝作为证据使用。

第八条 审查数据电文作为证据的真实性，应当考虑以下因素：

（一）生成、储存或者传递数据电文方法的可靠性；

（二）保持内容完整性方法的可靠性；

（三）用以鉴别发件人方法的可靠性；

（四）其他相关因素。

根据**2019年4月23日修正的《中华人民共和国建筑法》**，规定如下：

第十五条 建筑工程的发包单位与承包单位应当依法订立书面合同，明确双方的权利和义务。

发包单位和承包单位应当全面履行合同约定的义务。不按照合同约定履行义务的，依法承担违约责任。

根据**2015年8月29日修正的《中华人民共和国商业银行法》**，规定如下：

第三十七条 商业银行贷款，应当与借款人订立书面合同。合同应当约定贷款种类、借款用途、金额、利率、还款期限、还款方式、违约责任和双方认为需要约定的其他事项。

根据**2015年4月24日修正的《中华人民共和国保险法》**，规定如下：

第十三条 投保人提出保险要求，经保险人同意承保，保险合同成立。保险人应当及时向投保人签发保险单或者其他保险凭证。

保险单或者其他保险凭证应当载明当事人双方约定的合同内容。当事人也可以约定采用其他书面形式载明合同内容。

依法成立的保险合同，自成立时生效。投保人和保险人可以对合同的效力约定附条件或者附期限。

根据**1992年11月7日公布的《中华人民共和国海商法》**，规定如下：

第一百二十八条 船舶租用合同，包括定期租船合同和光船租赁合同，均应当书面订立。

根据**2020年12月29日修正的《最高人民法院关于审理买卖合同纠纷案件适用法律问题的解释》（法释〔2020〕17号）**，规定如下：

第一条 当事人之间没有书面合同，一方以送货单、收货单、结算单、发票等主张存在买卖合同关系的，人民法院应当结合当事人之间的交易方式、交易习惯以及其他相关证据，对买卖合同是否成立作出认定。

对账确认函、债权确认书等函件、凭证没有记载债权人名称，买卖合同当事人一方以此证明存在买卖合同关系的，人民法院应予支持，但有相反证据足以推翻的除外。

根据**2008年12月16日公布的《最高人民法院关于适用〈中华人民共和国仲裁法〉若干问题的解释》（法释〔2006〕7号）**，规定如下：

第一条 仲裁法第十六条规定的“其他书面形式”的仲裁协议，包括以合同书、信件和数据电文（包括电报、电传、传真、电子数据交换和电子邮件）等形式达成的请求仲裁的协议。

根据**2005年12月26日公布的《最高人民法院关于印发〈第二次全国涉外商事海事审判工作会议纪要〉的通知》（法发〔2005〕26号）**，具体如下：

66.仲裁协议应当采用书面形式。是否具有书面形式，按照《中华人民共和国合同法》第十一条的规定办理。当事人在订立的涉外合同中援引适用其他合同、文件中的有效仲裁条款的，是书面形式的仲裁协议。

根据**2021年7月2日修订的《中华人民共和国土地管理法实施条例》**，规定如下：

第四十一条 土地所有权人应当依据集体经营性建设用地出让、出租等方案，以招标、拍卖、挂牌或者协议等方式确定土地使用者，双方应当签订书面合同，载明土地界址、面积、用途、规划条件、使用期限、交易价款支付、交地时间和开工竣工期限、产业准入和生态环境保护要求，约定提前收回的条件、补偿方式、土地使用权届满续期和地上建筑物、构筑物等附着物处理方式，以及违约责任和解决争议的方法等，并报市、县人民政府自然资源主管部门备案。未依法将规划条件、产业准入和生态环境保护要求纳入合同的，合同无效；造成损失的，依法承担民事责任。合同示范文本由国务院自然资源主管部门制定。

第四十二条 集体经营性建设用地使用者应当按照约定及时支付集体经营性建设用地价款，并依法缴纳相关税费，对集体经营性建设用地使用权以及依法利用集体经营性建设用地建造的建筑物、构筑物及其附属设施的所有权，依法申请办理不动产登记。

第四十三条 通过出让等方式取得的集体经营性建设用地使用权依法转让、互换、出资、赠与或者抵押的，双方应当签订书面合同，并书面通知土地所有权人。

集体经营性建设用地的出租，集体建设用地使用权的出让及其最高年限、转让、互换、出资、赠与、抵押等，参照同类用途的国有建设用地执行，法律、行政法规另有规定的除外。

根据**2020年8月20日公布的《在线旅游经营服务管理暂行规定》**，规定如下：

第十六条 在线旅游经营者为旅游者提供包价旅游服务的，应当依法与旅游者签订合同，并在全国旅游监管服务平台填报合同有关信息。

根据**2020年7月12日公布的《商业银行互联网贷款管理暂行办法》**，规定如下：

第二十三条 商业银行应当与借款人及其他当事人采用数据电文形式签订借款合同及其他文书。借款合同及其他文书应当符合《中华人民共和国合同法》、《中华人民共和国电子签名法》等法律法规的规定。

第二十五条 商业银行应当按照相关法律法规的要求，储存、传递、归档以数据电文形式签订的借款合同、信贷流程关键环节和节点的数据。已签订的借款合同及相关数据应可供借款人随时调取查用。

根据**卫勤俭诉中保财产保险有限公司台山市支公司、中国农业银行台山市支行下川营业所渔船保险合同纠纷案：广东省高级人民法院2000年12月22日民事调解书［《最高人民法院公报》2001年第3期（总第71期）］**，《海商法》第二百二十一条规定，“被保险人提出保险要求，经保险人同意承保，并就海上保险合同的条款达成协议后，合同成立”。本案的渔船险投保单由保险代理人代填写，投保人没有签字盖章却有保险人“中保财产公司台山支公司”的印章。渔船险投保单理论上应当由投保人（船东）逐项填写并签字，但事实上不能排除保险人或者保险代理人代投保人填写的情况。保险人或者保险代理人在保险业务操作中掌握主动权，这种不规范操作的后果应当由保险人或者保险代理人承担，不能由投保人负责。要求投保单由投保人逐项填写并签字，其目的是避免投保人和保险人或者保险代理人因投保人是否提出投保申请发生纠纷。由于本案的保险代理人和投保人在诉讼中都承认投保单内容是投保人的真实意思表示，双方对此没有争议，投保单的法律效力应予确认。就本案说，卫勤俭作为投保人，符合其意思表示的投保单已经填写出来，保险费已经交纳，投保人在保险合同中的义务已经完成。剩下的手续，应当由保险人或者其代理人去完善。

根据**北京市五金矿产进出口公司诉中国五金矿产进出口公司货款纠纷案：北京市高级人民法院2000年6月8日民事判决书［《最高人民法院公报》2000年第5期（总第67期）］**，双方当事人虽未签订合同，但事实上履行了买卖行为，且有相关文件证明，则可认定双方当事人之间存在债权债务关系。债权人有权要求债务人按照合同的约定或者依照法律的规定履行义务。

第四百七十条 【合同一般条款与示范文本】合同的内容由当事人约定，一般包括下列条款：

（一）当事人的姓名或者名称和住所；

（二）标的；

（三）数量；

（四）质量；

（五）价款或者报酬；

（六）履行期限、地点和方式；

（七）违约责任；

（八）解决争议的方法。

当事人可以参照各类合同的示范文本订立合同。

根据**2023年9月1日修正的《中华人民共和国民事诉讼法》**，规定如下：

第三十五条 合同或者其他财产权益纠纷的当事人可以书面协议选择被告住所地、合同履行地、合同签订地、原告住所地、标的物所在地等与争议有实际联系的地点的人民法院管辖，但不得违反本法对级别管辖和专属管辖的规定。

根据**2022年4月20日公布的《中华人民共和国期货和衍生品法》**，规定如下：

第三十二条 衍生品交易采用主协议方式的，主协议、主协议项下的全部补充协议以及交易双方就各项具体交易作出的约定等，共同构成交易双方之间一个完整的单一协议，具有法律约束力。

第三十三条 本法第三十二条规定的主协议等合同范本，应当按照国务院授权的部门或者国务院期货监督管理机构的规定报送备案。

根据**2021年4月29日公布的《中华人民共和国草原法》**，规定如下：

第十四条 承包经营草原，发包方和承包方应当签订书面合同。草原承包合同的内容应当包括双方的权利和义务、承包草原四至界限、面积和等级、承包期和起止日期、承包草原用途和违约责任等。承包期届满，原承包经营者在同等条件下享有优先承包权。

承包经营草原的单位和个人，应当履行保护、建设和按照承包合同约定的用途合理利用草原的义务。

第十五条 草原承包经营权受法律保护，可以按照自愿、有偿的原则依法转让。

草原承包经营权转让的受让方必须具有从事畜牧业生产的能力，并应当履行保护、建设和按照承包合同约定的用途合理利用草原的义务。

草原承包经营权转让应当经发包方同意。承包方与受让方在转让合同中约定的转让期限，不得超过原承包合同剩余的期限。

根据**2018年12月29日修正的《中华人民共和国农村土地承包法》**，规定如下：

第四十条 土地经营权流转，当事人双方应当签订书面流转合同。

土地经营权流转合同一般包括以下条款：

（一）双方当事人的姓名、住所；

（二）流转土地的名称、坐落、面积、质量等级；

（三）流转期限和起止日期；

（四）流转土地的用途；

（五）双方当事人的权利和义务；

（六）流转价款及支付方式；

(七)土地被依法征收、征用、占用时有关补偿费的归属;
(八)违约责任。
承包方将土地交由他人代耕不超过一年的,可以不签订书面合同。
根据2018年10月26日修正的《中华人民共和国旅游法》,规定如下:
第五十八条 包价旅游合同应当采用书面形式,包括下列内容:
(一)旅行社、旅游者的基本信息;
(二)旅游行程安排;
(三)旅游团成团的最低人数;
(四)交通、住宿、餐饮等旅游服务安排和标准;
(五)游览、娱乐等项目的具体内容和时间;
(六)自由活动时间安排;
(七)旅游费用及其交纳的期限和方式;
(八)违约责任和解决纠纷的方式;
(九)法律、法规规定和双方约定的其他事项。
订立包价旅游合同时,旅行社应当向旅游者详细说明前款第二项至第八项所载内容。

根据2022年4月1日修正的《最高人民法院关于适用〈中华人民共和国民事诉讼法〉的解释》(法释〔2022〕11号),规定如下:

第二十九条 民事诉讼法第三十五条规定的书面协议,包括书面合同中的协议管辖条款或者诉讼前以书面形式达成的选择管辖的协议。

第二百一十五条 依照民事诉讼法第一百二十七条第二项的规定,当事人在书面合同中订有仲裁条款,或者在发生纠纷后达成书面仲裁协议,一方向人民法院起诉的,人民法院应当告知原告向仲裁机构申请仲裁,其坚持起诉的,裁定不予受理,但仲裁条款或者仲裁协议不成立、无效、失效、内容不明确无法执行的除外。

根据2015年10月30日公布的《国家工商行政管理总局关于制定推行合同示范文本工作的指导意见》(工商市字〔2015〕178号),具体如下:

(五)合同示范文本的内容。

合同示范文本内容,一般应当包括各方当事人的名称或者姓名和住所、标的、数量、质量、价款或者报酬、履行期限、地点和方式、违约责任和解决争议的方法等基本内容。内容应当尽量全面翔实,并充分考虑文本适用行业或领域的特殊性。

合同示范文本不宜含有政府有关部门对行业或领域监管要求的内容。

第四百七十一条 【合同订立方式】当事人订立合同,可以采取要约、承诺方式或者其他方式。

根据**李德勇与中国农业银行股份有限公司重庆云阳支行储蓄存款合同纠纷案:最高人民法院(2013)民提字第95号民事判决书[《最高人民法院公报》2015年第7期(总第225期)]**,《中华人民共和国合同法》第十三条规定:当事人订立合同,采取要约、承诺方式。第二十五条规定:承诺生效时合同成立。依照上述法律规定,储蓄人主张与银行成立储蓄存款合同,应当证明其与银行分别作出要约和承诺,符合合同成立要件。当储蓄人依据犯罪分子伪造的存单主张与银行成立储蓄合同,人民法院应判定储蓄人与银行是否就储蓄事宜分别作出要约、承诺。在不能认定双方成立储蓄合同情形下,储蓄人依据伪造存单提起的诉讼,应依照《最高人民法院关于审理存单纠纷案件的若干规定》,作为一般存单纠纷处理。

第四百七十二条 【要约的定义及构成要件】要约是希望与他人订立合同的

意思表示，该意思表示应当符合下列条件：

（一）内容具体确定；

（二）表明经受要约人承诺，要约人即受该意思表示约束。

> 根据**2020年12月29日修正的《最高人民法院关于审理商品房买卖合同纠纷案件适用法律若干问题的解释》（法释〔2020〕17号）**，规定如下：
>
> **第三条** 商品房的销售广告和宣传资料为要约邀请，但是出卖人就商品房开发规划范围内的房屋及相关设施所作的说明和允诺具体确定，并对商品房买卖合同的订立以及房屋价格的确定有重大影响的，构成要约。该说明和允诺即使未载入商品房买卖合同，亦应当为合同内容，当事人违反的，应当承担违约责任。

第四百七十三条 【要约邀请】要约邀请是希望他人向自己发出要约的表示。拍卖公告、招标公告、招股说明书、债券募集办法、基金招募说明书、商业广告和宣传、寄送的价目表等为要约邀请。

商业广告和宣传的内容符合要约条件的，构成要约。

> 根据**周益民诉上海联合产权交易所、华融国际信托有限责任公司股权转让纠纷案：上海市第二中级人民法院2010年10月21日民事判决书［《最高人民法院公报》2011年第6期（总第176期）］**，产权交易所发布的产权交易信息是向不特定主体发出的要约邀请。根据产权交易市场的交易管理办法和交易习惯，信息一经发布，公告期内一般不得变更，但在无举牌申请人举牌的情况下，可以按照产权出让人的意愿，根据产权交易所的有关规则进行信息变更。举牌申请人在信息变更之后签收载明新信息的相关法律文件并举牌参加交易，应视为清楚并认可产权交易信息的变更。举牌申请人知晓变更情况并参加交易，在交易结束之后，又请求确认该信息变更无效的，人民法院不予支持。
>
> 根据**时间集团公司诉浙江省玉环县国土局土地使用权出让合同纠纷案：最高人民法院（2003）民一终字第82号民事判决书［《最高人民法院公报》2005年第5期（总第103期）］**，依据《合同法》第十五条第一款的规定，国有土地使用权出让公告属于要约邀请，竞买人在竞买申请中提出报价，并按要约邀请支付保证金的行为，属于要约，双方当事人尚未形成土地使用权出让合同关系。国有土地使用权出让方因出让公告违反法律的禁止性规定，撤销公告后，造成竞买人在缔约阶段发生信赖利益损失的，应对竞买人的实际损失承担缔约过失责任。

第四百七十四条 【要约生效时间】要约生效的时间适用本法第一百三十七条的规定。

第四百七十五条 【要约撤回】要约可以撤回。要约的撤回适用本法第一百四十一条的规定。

第四百七十六条 【要约的撤销及其例外】要约可以撤销，但是有下列情形之一的除外：

（一）要约人以确定承诺期限或者其他形式明示要约不可撤销；

（二）受要约人有理由认为要约是不可撤销的，并已经为履行合同做了合理准备工作。

第四百七十七条 【要约撤销的时间要求】撤销要约的意思表示以对话方式作出的，该意思表示的内容应当在受要约人作出承诺之前为受要约人所知道；撤销要约的意思表示以非对话方式作出的，应当在受要约人作出承诺之前到达受要约人。

第四百七十八条 【要约失效】有下列情形之一的，要约失效：

（一）要约被拒绝；

（二）要约被依法撤销；

（三）承诺期限届满，受要约人未作出承诺；

（四）受要约人对要约的内容作出实质性变更。

> **根据2013年3月22日公布的《最高人民法院关于对诗董橡胶股份有限公司与三角轮胎股份有限公司涉外仲裁一案不予执行的请示的复函》（〔2013〕民四他字第12号）**，答复如下：
>
> 诗董橡胶股份有限公司（以下简称诗董公司）仅提交了载有仲裁条款的合同复印件，三角轮胎股份有限公司（以下简称三角公司）对该复印件的真实性不予认可并否认双方之间存在有效的仲裁协议。诗董公司未能提交其他证据予以佐证，其不能证明与三角公司达成了有效的仲裁协议。且即使认可该合同复印件的真实性，从当事人确认的缔约过程来看，在三角公司将要约传真给诗董公司后，诗董公司对要约中载明的主体、货物数量以及价款等内容进行了实质性修改，构成新的要约。诗董公司亦未能提供证据证明三角公司对该新的要约进行了承诺，双方之间的合同并未成立。退一步讲，即使以当事人已实际履行合同的行为推定合同成立，但是根据我国法律对仲裁协议的书面性要求和仲裁协议的独立性原则，不能据此即认定当事人就纠纷的解决方式达成仲裁协议。况且根据一审法院查明的事实，当事人实际履行的合同不是诗董公司提交的载有仲裁条款的合同，是案外的其他现货买卖合同，而该现货买卖合同中并没有仲裁条款。因此，诗董公司与三角公司之间不存在有效的书面仲裁协议。

第四百七十九条 【承诺的定义】承诺是受要约人同意要约的意思表示。

第四百八十条 【承诺的方式】承诺应当以通知的方式作出；但是，根据交易习惯或者要约表明可以通过行为作出承诺的除外。

第四百八十一条 【承诺的期限】承诺应当在要约确定的期限内到达要约人。

要约没有确定承诺期限的，承诺应当依照下列规定到达：

（一）要约以对话方式作出的，应当即时作出承诺；

（二）要约以非对话方式作出的，承诺应当在合理期限内到达。

第四百八十二条 【以信件或者电报等作出的要约的承诺期限计算方法】要约以信件或者电报作出的，承诺期限自信件载明的日期或者电报交发之日开始计算。信件未载明日期的，自投寄该信件的邮戳日期开始计算。要约以电话、传真、电子邮件等快速通讯方式作出的，承诺期限自要约到达受要约人时开始计算。

第四百八十三条 【合同成立时间】承诺生效时合同成立，但是法律另有规定或者当事人另有约定的除外。

根据**2023年12月4日公布的《最高人民法院关于适用〈中华人民共和国民法典〉合同编通则若干问题的解释》（法释〔2023〕13号）**，规定如下：

第三条 当事人对合同是否成立存在争议，人民法院能够确定当事人姓名或者名称、标的和数量的，一般应当认定合同成立。但是，法律另有规定或者当事人另有约定的除外。

根据前款规定能够认定合同已经成立的，对合同欠缺的内容，人民法院应当依据民法典第五百一十条、第五百一十一条等规定予以确定。

当事人主张合同无效或者请求撤销、解除合同等，人民法院认为合同不成立的，应当依据《最高人民法院关于民事诉讼证据的若干规定》第五十三条的规定将合同是否成立作为焦点问题进行审理，并可以根据案件的具体情况重新指定举证期限。

第四条 采取招标方式订立合同，当事人请求确认合同自中标通知书到达中标人时成立的，人民法院应予支持。合同成立后，当事人拒绝签订书面合同的，人民法院应当依据招标文件、投标文件和中标通知书等确定合同内容。

采取现场拍卖、网络拍卖等公开竞价方式订立合同，当事人请求确认合同自拍卖师落槌、电子交易系统确认成交时成立的，人民法院应予支持。合同成立后，当事人拒绝签订成交确认书的，人民法院应当依据拍卖公告、竞买人的报价等确定合同内容。

产权交易所等机构主持拍卖、挂牌交易，其公布的拍卖公告、交易规则等文件公开确定了合同成立需要具备的条件，当事人请求确认合同自该条件具备时成立的，人民法院应予支持。

根据鲁瑞庚诉东港市公安局悬赏广告纠纷案：辽宁省高级人民法院2002年4月12日民事判决书［《最高人民法院公报》2003年第1期（总第81期）］，发布悬赏广告是一种民事法律行为，即广告人以广告的方式发布声明，承诺对任何按照声明的条件完成指定事项的人给予约定的报酬。任何人按照广告公布的条件，完成了广告所指定的行为，即对广告人享有报酬请求权。发出悬赏广告的人，则应该按照所发布广告的约定，向完成广告指定行为的人支付承诺的报酬。

根据2023年12月5日公布的《最高人民法院发布十起〈关于适用《中华人民共和国民法典》合同编通则若干问题的解释〉相关典型案例》，其中案例一为某物业管理有限公司与某研究所房屋租赁合同纠纷案，具体如下：

裁判要点

招投标程序中，中标通知书送达后，一方当事人不履行订立书面合同的义务，相对方请求确认合同自中标通知书到达中标人时成立的，人民法院应予支持。

简要案情

2021年7月8日，某研究所委托招标公司就案涉宿舍项目公开发出投标邀请。2021年7月28日，某物业管理有限公司向招标公司发出《投标文件》，表示对招标文件无任何异议，愿意提供招标文件要求的服务。2021年8月1日，招标公司向物业管理公司送达中标通知书，确定物业管理公司为中标人。2021年8月11日，研究所向物业管理公司致函，要求解除与物业管理公司之间的中标关系，后续合同不再签订。物业管理公司主张中标通知书送达后双方租赁合同法律关系成立，研究所应承担因违约给其造成的损失。研究所辩称双方并未签订正式书面租赁合同，仅成立预约合同关系。

判决理由

法院生效裁判认为，从合同法律关系成立角度，招投标程序中的招标行为应为要约邀请，投标行为应为要约，经评标后招标人向特定投标人发送中标通知书的行为应为承诺，中标通知书送达投标人后承诺生效，合同成立。预约合同是指约定将来订立本约合同的合同，其主要目的在于将来成立本约合同。《中华人民共和国招标投标法》第四十六条第一款规定："招标人和中标人应当自中标通知书发出之日起三十日内，按照招标文件和中标人的投标文件订立书面合同。招标人和中标人不得再行订立背离合同实质性内容的其他协议。"从该条可以看出，中标通知书发出后签订的书面合同必须按照招投标文件订立。本案中招投标文件对租赁合同内容已有明确记载，故应认为中标通知书到达投标人时双方当事人已就租赁合同内容达成合意。该合意与主要目的为签订本约合同的预约合意存在区别，应认为租赁合同在中标通知书送达时成立。中标通知书送达后签订的书面合同，按照上述法律规定其实质性内容应与招投标文件一致，因此应为租赁合同成立后法律要求的书面确认形式，而非新的合同。由于中标通知书送达后租赁合同法律关系已成立，故研究所不履行合同义务，应承担违约责任。

司法解释相关条文

《最高人民法院关于适用〈中华人民共和国民法典〉合同编通则若干问题的解释》第四条

第四百八十四条 【承诺生效时间】以通知方式作出的承诺，生效的时间适用本法第一百三十七条的规定。

承诺不需要通知的，根据交易习惯或者要约的要求作出承诺的行为时生效。

第四百八十五条 【承诺的撤回】承诺可以撤回。承诺的撤回适用本法第一百四十一条的规定。

第四百八十六条 【迟延承诺】受要约人超过承诺期限发出承诺，或者在承诺期限内发出承诺，按照通常情形不能及时到达要约人的，为新要约；但是，要约人及时通知受要约人该承诺有效的除外。

第四百八十七条 【未迟发而迟到的承诺】受要约人在承诺期限内发出承诺，按照通常情形能够及时到达要约人，但是因其他原因致使承诺到达要约人时超过承诺期限的，除要约人及时通知受要约人因承诺超过期限不接受该承诺外，该承诺有效。

第四百八十八条 【承诺对要约内容的实质性变更】承诺的内容应当与要约的内容一致。受要约人对要约的内容作出实质性变更的，为新要约。有关合同标的、数量、质量、价款或者报酬、履行期限、履行地点和方式、违约责任和解决争议方法等的变更，是对要约内容的实质性变更。

第四百八十九条 【承诺对要约内容的非实质性变更】承诺对要约的内容作出非实质性变更的，除要约人及时表示反对或者要约表明承诺不得对要约的内容作出任何变更外，该承诺有效，合同的内容以承诺的内容为准。

第四百九十条 【书面合同的成立时间】当事人采用合同书形式订立合同的，自当事人均签名、盖章或者按指印时合同成立。在签名、盖章或者按指印之前，当事人一方已经履行主要义务，对方接受时，该合同成立。

法律、行政法规规定或者当事人约定合同应当采用书面形式订立，当事人未采用书面形式但是一方已经履行主要义务，对方接受时，该合同成立。

根据**2019年4月23日修正的《中华人民共和国电子签名法》**，规定如下：

第十三条 电子签名同时符合下列条件的，视为可靠的电子签名：

（一）电子签名制作数据用于电子签名时，属于电子签名人专有；

（二）签署时电子签名制作数据仅由电子签名人控制；

（三）签署后对电子签名的任何改动能够被发现；

（四）签署后对数据电文内容和形式的任何改动能够被发现。

当事人也可以选择使用符合其约定的可靠条件的电子签名。

第十四条 可靠的电子签名与手写签名或者盖章具有同等的法律效力。

第十五条 电子签名人应当妥善保管电子签名制作数据。电子签名人知悉电子签名制作数据已经失密或者可能已经失密时，应当及时告知有关各方，并终止使用该电子签名制作数据。

第二十六条 经国务院信息产业主管部门根据有关协议或者对等原则核准后，中华人民共和国境外的电子认证服务提供者在境外签发的电子签名认证证书与依照本法设立的电子认证服务提供者签发的电子签名认证证书具有同等的法律效力。

第二十七条 电子签名人知悉电子签名制作数据已经失密或者可能已经失密未及时告知有关各方、并终止使用电子签名制作数据，未向电子认证服务提供者提供真实、完整和准确的信息，或者有其他过错，给电子签名依赖方、电子认证服务提供者造成损失的，承担赔偿责任。

第二十八条 电子签名人或者电子签名依赖方因依据电子认证服务提供者提供的电子签名认证服务从事民事活动遭受损失，电子认证服务提供者不能证明自己无过错的，承担赔偿责任。

根据**2018年8月31日公布的《中华人民共和国电子商务法》**，规定如下：

第四十九条 电子商务经营者发布的商品或者服务信息符合要约条件的，用户选择该商品或者服务并提交订单成功，合同成立。当事人另有约定的，从其约定。

电子商务经营者不得以格式条款等方式约定消费者支付价款后合同不成立；格式条款等含有该内容的，其内容无效。

根据**2020年12月29日修正的《最高人民法院关于审理著作权民事纠纷案件适用法律若干问题的解释》（法释〔2020〕19号）**，规定如下：

第二十二条 著作权转让合同未采取书面形式的，人民法院依据民法典第四百九十条的规定审查合同是否成立。

根据**2019年11月8日公布的《最高人民法院关于印发〈全国法院民商事审判工作会议纪要〉的通知》（法〔2019〕254号）**，对于盖章行为的法律效力，通知如下：

41.**【盖章行为的法律效力】**司法实践中，有些公司有意刻制两套甚至多套公章，有的法定代表人或者代理人甚至私刻公章，订立合同时恶意加盖非备案的公章或者假公章，发生纠纷后法人以加盖的是假公章为由否定合同效力的情形并不鲜见。人民法院在审理案件时，应当主要审查签约人于盖章之时有无代表权或者代理权，从而根据代表或者代理的相关规则来确定合同的效力。

法定代表人或者其授权之人在合同上加盖法人公章的行为，表明其是以法人名义签订合同，除《公司法》第16条等法律对其职权有特别规定的情形外，应当由法人承担相应的法律后果。法人以法定代表人事后已无代表权、加盖的是假章、所盖之章与备案公章不一致等为由否定合同效力的，人民法院不予支持。

代理人以被代理人名义签订合同，要取得合法授权。代理人取得合法授权后，以被代理人名义签订的合同，应当由被代理人承担责任。被代理人以代理人事后已无代理权、加盖的是假章、所盖之章与备案公章不一致等为由否定合同效力的，人民法院不予支持。

根据陈呈浴与内蒙古昌宇石业有限公司合同纠纷案：最高人民法院（2014）民提字第178号民事判决书［《最高人民法院公报》2016年第3期（总第233期）］，印章真实不等

于协议真实。协议形成行为与印章加盖行为在性质上具有相对独立性，协议内容是双方合意行为的表现形式，而印章加盖行为是各方确认双方合意内容的方式，二者相互关联又相对独立。在证据意义上，印章真实一般即可推定协议真实，但在有证据否定或怀疑合意形成行为真实性的情况下，即不能根据印章的真实性直接推定协议的真实性。也就是说，印章在证明协议真实性上尚属初步证据，人民法院认定协议的真实性需综合考虑其他证据及事实。

根据河北胜达永强新型建材有限公司与中信银行股份有限公司天津分行、河北宝硕股份有限公司银行承兑汇票协议纠纷案：最高人民法院（2007）民二终字第35号民事判决书[《最高人民法院公报》2008年第1期（总第135期）]，《中华人民共和国合同法》第三十二条规定："当事人采用合同书形式订立合同的，自双方当事人签字或者盖章时合同成立。"因此，当事人在合同书上的签字、盖章的效力，是表明合同内容为当事人的真实意思表示，当事人据此享有合同权利、履行合同义务。同时，当事人在合同书上的签字、盖章，还具有使合同相对人确信交易对方，从而确定合同当事人的作用。

根据建行浦东分行诉中基公司等借款合同纠纷案：最高人民法院（2001）民二终字第155号民事判决书[《最高人民法院公报》2004年第7期（总第93期）]，有争议的合同文本经司法鉴定认定，一方当事人的签名系伪造，印章系变造，且经当事人举证和人民法院查证，均不能证明变造的印章为该当事人自己加盖或授意他人加盖，也不能证明该当事人有明知争议合同文本的存在而不予否认、或者在其他业务活动中使用过变造印章、或者明知他人使用变造印章而不予否认等情形，故不能认定或推定争议合同文本为该当事人真实意思的表示。

第四百九十一条　【信件、数据电文形式合同和网络合同成立时间】当事人采用信件、数据电文等形式订立合同要求签订确认书的，签订确认书时合同成立。

当事人一方通过互联网等信息网络发布的商品或者服务信息符合要约条件的，对方选择该商品或者服务并提交订单成功时合同成立，但是当事人另有约定的除外。

根据**2010年12月21日公布的《最高人民法院关于拍卖出让国有建设用地使用权的土地行政主管部门与竞得人签署成交确认书行为的性质问题请示的答复》（〔2010〕行他字第191号）**，土地行政主管部门通过拍卖出让国有建设用地使用权，与竞得人签署成交确认书的行为，属于具体行政行为。当事人不服提起行政诉讼的，人民法院应当依法受理。

第四百九十二条　【合同成立地点】承诺生效的地点为合同成立的地点。

采用数据电文形式订立合同的，收件人的主营业地为合同成立的地点；没有主营业地的，其住所地为合同成立的地点。当事人另有约定的，按照其约定。

第四百九十三条　【书面合同成立地点】当事人采用合同书形式订立合同的，最后签名、盖章或者按指印的地点为合同成立的地点，但是当事人另有约定的除外。

第四百九十四条　【依国家订货任务、指令性任务订立合同及强制要约、强制承诺】国家根据抢险救灾、疫情防控或者其他需要下达国家订货任务、指令性任务的，有关民事主体之间应当依照有关法律、行政法规规定的权利和义务订立合同。

依照法律、行政法规的规定负有发出要约义务的当事人，应当及时发出合理的要约。

依照法律、行政法规的规定负有作出承诺义务的当事人，不得拒绝对方合理的订立合同要求。

第四百九十五条 【预约合同】当事人约定在将来一定期限内订立合同的认购书、订购书、预订书等，构成预约合同。

当事人一方不履行预约合同约定的订立合同义务的，对方可以请求其承担预约合同的违约责任。

根据2023年12月4日公布的《最高人民法院关于适用〈中华人民共和国民法典〉合同编通则若干问题的解释》（法释〔2023〕13号），规定如下：

第六条 当事人以认购书、订购书、预订书等形式约定在将来一定期限内订立合同，或者为担保在将来一定期限内订立合同交付了定金，能够确定将来所要订立合同的主体、标的等内容的，人民法院应当认定预约合同成立。

当事人通过签订意向书或者备忘录等方式，仅表达交易的意向，未约定在将来一定期限内订立合同，或者虽然有约定但是难以确定将来所要订立合同的主体、标的等内容，一方主张预约合同成立的，人民法院不予支持。

当事人订立的认购书、订购书、预订书等已就合同标的、数量、价款或者报酬等主要内容达成合意，符合本解释第三条第一款规定的合同成立条件，未明确约定在将来一定期限内另行订立合同，或者虽然有约定但是当事人一方已实施履行行为且对方接受的，人民法院应当认定本约合同成立。

第七条 预约合同生效后，当事人一方拒绝订立本约合同或者在磋商订立本约合同时违背诚信原则导致未能订立本约合同的，人民法院应当认定该当事人不履行预约合同约定的义务。

人民法院认定当事人一方在磋商订立本约合同时是否违背诚信原则，应当综合考虑该当事人在磋商时提出的条件是否明显背离预约合同约定的内容以及是否已尽合理努力进行协商等因素。

第八条 预约合同生效后，当事人一方不履行订立本约合同的义务，对方请求其赔偿因此造成的损失的，人民法院依法予以支持。

前款规定的损失赔偿，当事人有约定的，按照约定；没有约定的，人民法院应当综合考虑预约合同在内容上的完备程度以及订立本约合同的条件的成就程度等因素酌定。

根据2020年12月29日修正的《最高人民法院关于审理商品房买卖合同纠纷案件适用法律若干问题的解释》（法释〔2020〕17号），规定如下：

第五条 商品房的认购、订购、预订等协议具备《商品房销售管理办法》第十六条规定的商品房买卖合同的主要内容，并且出卖人已经按照约定收受购房款的，该协议应当认定为商品房买卖合同。

根据成都讯捷通讯连锁有限公司与四川蜀都实业有限责任公司、四川友利投资控股股份有限公司房屋买卖合同纠纷案：最高人民法院（2013）民提字第90号民事判决书［《最高人民法院公报》2015年第1期（总第219期）］，裁决如下：

一、判断当事人之间订立的合同系本约还是预约的根本标准应当是当事人的意思表示，也就是说，当事人是否有意在将来订立一个新的合同，以最终明确在双方之间形成某种法律关系的具体内容。对于当事人之间存在预约还是本约关系，不能仅孤立地以当事人之间签订的协议之约定为依据，而是应当综合审查相关协议的内容以及当事人嗣后为达成交易进行的磋商和有关的履行行为等事实，从中探寻当事人真实意思，并据此对当事人之间法律关系的性质作出准确界定。

二、根据《物权法》第十五条规定之精神，处分行为有别于负担行为，解除合同并非对物进行处分的方式，合同的解除与否不涉及物之所有权的变动，而只与当事人是否继续承担合同所约定的义务有关。

根据**张励与徐州市同力创展房地产有限公司商品房预售合同纠纷案：江苏省徐州市泉山区人民法院 2011 年 4 月 2 日民事判决书［《最高人民法院公报》2012 年第 11 期（总第 193 期）］**，裁决如下：

预约合同是一种约定将来订立一定合同的合同。当事人一方违反预约合同约定，不与对方签订本约合同或无法按照预约的内容与对方签订本约合同的，应当向对方承担违约责任。

判断商品房买卖中的认购、订购、预订等协议究竟是预约合同还是本约合同，最主要的是看此类协议是否具备《商品房销售管理办法》第十六条规定的商品房买卖合同的主要内容，即只要具备了双方当事人的姓名或名称，商品房的基本情况（包括房号、建筑面积）、总价或单价、付款时间、方式、交付条件及日期，同时出卖人已经按照约定收受购房款的，就可以认定此类协议已经具备了商品房买卖合同本约的条件；反之，则应认定为预约合同。如果双方当事人在协议中明确约定在具备商品房预售条件时还需重新签订商品房买卖合同的，该协议应认定为预约合同。

根据**仲崇清诉上海市金轩大邸房地产项目开发有限公司合同纠纷案：上海市第二中级人民法院 2007 年 10 月 19 日民事判决书［《最高人民法院公报》2008 年第 4 期（总第 138 期）］**，预约合同，一般是指双方当事人为将来订立确定性本合同而达成的合意。预约合同生效后，双方当事人均应当按照约定履行自己的义务。一方当事人未尽义务导致本合同的谈判、磋商不能进行，构成违约的，应当承担相应的违约责任。

根据 **2023 年 12 月 5 日公布的《最高人民法院发布十起〈关于适用《中华人民共和国民法典》合同编通则若干问题的解释〉相关典型案例》，其中案例二为某通讯公司与某实业公司房屋买卖合同纠纷案**，具体如下：

裁判要点

判断当事人之间订立的合同是本约还是预约的根本标准应当是当事人是否有意在将来另行订立一个新的合同，以最终明确双方之间的权利义务关系。即使当事人对标的、数量以及价款等内容进行了约定，但如果约定将来一定期间仍须另行订立合同，就应认定该约定是预约而非本约。当事人在签订预约合同后，已经实施交付标的物或者支付价款等履行行为，应当认定当事人以行为的方式订立了本约合同。

简要案情

2006 年 9 月 20 日，某实业公司与某通讯公司签订《购房协议书》，对买卖诉争房屋的位置、面积及总价款等事宜作出约定，该协议书第三条约定在本协议原则下磋商确定购房合同及付款方式，第五条约定本协议在双方就诉争房屋签订房屋买卖合同时自动失效。通讯公司向实业公司的股东某纤维公司共转款 1000 万元，纤维公司为此出具定金收据两张，金额均为 500 万元。次年 1 月 4 日，实业公司向通讯公司交付了诉争房屋，此后该房屋一直由通讯公司使用。2009 年 9 月 28 日，通讯公司发出《商函》给实业公司，该函的内容为因受金融危机影响，且房地产销售价格整体下调，请求实业公司将诉争房屋的价格下调至 6000 万元左右。当天，实业公司发函给通讯公司，要求其在 30 日内派员协商正式的房屋买卖合同。通讯公司于次日回函表示同意商谈购房事宜，商谈时间为同年 10 月 9 日。2009 年 10 月 10 日，实业公司发函致通讯公司，要求通讯公司对其拟定的《房屋买卖合同》作出回复。当月

12日，通讯公司回函对其已收到上述合同文本作出确认。2009年11月12日，实业公司发函给通讯公司，函件内容为双方因对买卖合同的诸多重大问题存在严重分歧，未能签订《房屋买卖合同》，故双方并未成立买卖关系，通讯公司应支付场地使用费。通讯公司于当月17日回函，称双方已实际履行了房屋买卖义务，其系合法占有诉争房屋，故无须支付场地占用费。2010年3月3日，实业公司发函给通讯公司，解除其与通讯公司签订于2006年9月20日的《购房协议书》，且要求通讯公司腾出诉争房屋并支付场地使用费、退还定金。通讯公司以其与实业公司就诉争房屋的买卖问题签订了《购房协议书》，且其已支付1000万元定金，实业公司亦已将诉争房屋交付给其使用，双方之间的《购房协议书》合法有效，且以已实际履行为由，认为其与实业公司于2006年9月20日签订的《购房协议书》已成立并合法有效，请求判令实业公司向其履行办理房屋产权过户登记的义务。

判决理由

法院生效裁判认为，判断当事人之间订立的合同系本约还是预约的根本标准应当是当事人的意思表示，即当事人是否有意在将来订立一个新的合同，以最终明确在双方之间形成某种法律关系的具体内容。如果当事人存在明确的将来订立本约的意思，那么，即使预约的内容与本约已经十分接近，且通过合同解释，从预约中可以推导出本约的全部内容，也应当尊重当事人的意思表示，排除这种客观解释的可能性。不过，仅就案涉《购房协议书》而言，虽然其性质应为预约，但结合双方当事人在订立《购房协议书》之后的履行事实，实业公司与通讯公司之间已经成立了房屋买卖法律关系。对于当事人之间存在预约还是本约关系，不能仅凭一份孤立的协议就简单地加以认定，而是应当综合审查相关协议的内容以及当事人嗣后为达成交易进行的磋商甚至具体的履行行为等事实，从中探寻当事人的真实意思，并据此对当事人之间法律关系的性质作出准确的界定。本案中，双方当事人在签订《购房协议书》时，作为买受人的通讯公司已经实际交付了定金并约定在一定条件下自动转为购房款，作为出卖人的实业公司也接受了通讯公司的交付。在签订《购房协议书》的三个多月后，实业公司将合同项下的房屋交付给了通讯公司，通讯公司接受了该交付。而根据《购房协议书》的预约性质，实业公司交付房屋的行为不应视为对该合同的履行，在当事人之间不存在租赁等其他有偿使用房屋的法律关系的情形下，实业公司的该行为应认定为系基于与通讯公司之间的房屋买卖关系而为的交付。据此，可以认定当事人之间达成了买卖房屋的合意，成立了房屋买卖法律关系。

司法解释相关条文

《最高人民法院关于适用〈中华人民共和国民法典〉合同编通则若干问题的解释》第6条

根据2023年1月19日公布的《最高人民法院发布2022年全国法院十大商事案件》，其中案例二是巩义市嘉成能源有限公司与河南大有能源股份有限公司定金合同纠纷案（为担保将来订立本约而交付的定金，因可归责于交付定金一方的原因导致本约未能订立，定金不再退还），具体如下：

案情简介

2018年7月，巩义市人民政府（乙方）与义煤集团（甲方）签订《转让协议》，约定：经报省政府同意，为置换保留铁生沟煤矿，双方约定由巩义市政府下属的嘉成能源公司收购大有能源公司下属铁生沟煤矿有效资产和铁路专用线资产；嘉成能源公司支付4000万元人民币作为定金，如果未能收购成功，且甲方亦未与其他第三方达成该项资产的交易，则上述定金不再退还。后嘉成能源公司分期交纳了4000万元，大有能源公司向嘉成能源公司出具收据，注明“铁生沟矿转让定金肆仟万元整”。经大有能源公司委托，北京中天华资产评估有限责任公司先后出具转让资产的三份资产评估报告，分别涉及铁生沟煤业的股权、铁路专用线和债权，并在上述评估报告的基础上制订了《资产转让的实施方案》，该实施方案经省国资委备案。2019年11月12日大有能源公司通过中原产权公司，将案涉转让标的公开挂牌出让，所发布的《国有产权转让公告》明确意向受让方要接受并认可《资产转让的实施方案》的内容，并对铁生沟煤业偿还转让方的剩余债务和担保作出相应的承诺。挂牌出让期内均，无意向受让方进场摘牌。2019年11月25日，嘉成能源公司总经理向大有能源公司董事会秘书发送《担保方案》，提出了用铁生沟煤业的采矿权、机器设备、构筑物及其他总价值共4.492亿元的财产向义煤集团及大有能源公司提供担保的意见，但此意见与之前大有能源公司在《国有产权转让公告》及承诺函要求的债务担保主体及方式不一致。2020年3月27日，巩义市接收铁生沟煤业工作领导小组办公室向义煤集团发出《关于巩义铁生沟煤业移交接收工作安排的函》，提到未能摘牌的原因是：资金受银行政策影响，资金没有准备到位，并承诺于2020年4月15日前，将报名摘牌所需的保证金1.2亿元足额存入公司账户上，并建议义煤集团在2020年3月30日开始对铁生沟煤业产权及资产再次进行挂牌。2020年3月31日、5月24日大有能源公司通过中原产权公司，将案涉转让标的二次公开挂牌出让，挂牌出让期内均无意向受让方进场摘牌，案涉资产未能交易成功。后铁生沟煤矿被关闭。嘉成能源公司向一审法院起诉请求：依法判令大有能源公司返还定金4000万元及利息。河南省郑州市中级人民法院于2022年2月26日作出（2021）豫01民初1201号民事判决，判决驳回嘉成能源公司的诉讼请求。嘉成能源公司不服，向河南省高级人民法院提起上诉。河南省高级人民法院判决认为：《转让协议》是具有预约性质的合同，案涉定金为订约定金，只要本约未能订立不是由于出让方的原因，则该定金就不再退回。嘉成能源公司在是否对铁生沟煤业的债务提供担保及担保方式问题上，出现意见反复，最终影响了其进场交易的意愿，导致未能正式签约，收购未能成功，因此案涉收购未能成功签约是嘉成能源公司及其关联公司鸣创能源公司自身原因导致，根据《民法典》第五百八十七条之规定，驳回上诉，维持原判。

专家点评 / 谢鸿飞

实践中以预订书、订购书、意向书、备忘录、初步协议、框架协议、战略协议、原则性协议等形式存在的预约合同非常普遍，尤其在股权转让、土地使用权转让、商品房买卖、大型设备采购、租赁、民间借贷等复杂交易领域。《合同法》并未规定预约合同，但为解决实践中大量存在的预约合同纠纷案件，《买卖合同司法解释》第二条就预约合同作了明确规定。此外，《商品房买卖合同司法解释》第五条还就商品房买卖中立约定金的法律适用作了明确规定。《民法典》第四百九十五条在吸收司法实践经验的基础上，以立法的形式确定了预约合同制度，肯定预约合同是一种独立的合同，回应了实践的需求，具有十分重要的意义。但是，相较于本约合同，预约合同具有一定的特殊性，司法实践对于预约合同的认定、违反预约合同的认定以及违反预约合同的违约责任等问题均存在一定争议。为此，《民法典合同编通则部分解释（征求意见稿）》用3个条款规定了预约合同，并对立约定金的法律适用进行了更加全面的规定。

在本案中，终审判决认为，判断案涉协议是否为预约合同，要根据协议的名称、约定的内容尤其是约束力条款，后续的履行情况、是否交付定金等情况，运用文义解释、目的解释、体系解释等合同解释方法，综合审查分析，以探究协议当事人的真实意思。当事人在案涉转让协议中为担保将来订立正式合同设置了定金条款，则该定金具有立约定金的性质。这对于预约合同的认定具有较为重要的指导意义。从本案也可以看出，立约定金在性质上其实就是预约合同的违约定金。因此，是否适用定金罚则，就要取决于当事人是否违反预约合同。一般认为，在预约合同生效后，如果当事人一方无正当理由拒绝订立本约合同或者在磋商订立本约合同时违背诚信原则导致未能订立本约合同的，就应认定该当事人违反预约合同。在本案中，预约合同生效后，受让方在明确知晓本约合同担保条款内容的情况下，又在提供担保的主体及担保方式问题上出现意见反复，以致未能进场交易并与出让人订立正式的资产转让协议，从而构成违约。据此，终审判决认为，因本约合同未能订立是可归责于交付定金一方的原因，故约定的定金不再退还。这对于违反预约合同的认定以及违反预约合同的违约责任等疑难问题的处理，同样具有一定的指导意义。

根据 2016 年 10 月 31 日公布的《最高人民法院第二巡回法庭发布关于公正审理跨省重大民商事和行政案件十件典型案例》，其中案例九是北京万方源房地产开发有限公司与中国长城资产管理公司沈阳办事处债权置换股份协议纠纷案，对于《意向协议》的性质和效力，裁决如下：

首先，《意向协议》属于预约合同的范畴。所谓预约合同是指约定将来订立一定合同的合同。预约合同本身也是一种合同，其成立、生效、履行、违约责任等适用合同法的一般规定。万方源公司与长城资产沈阳办事处签订的《意向协议》已经双方签字盖章生效，并不违反法律、行政法规的效力性强制性规定，应当认定为合法、有效。但《意向协议》仅具有预约合同的性质。因为：第一，《意向协议》并没有明确约定股权折现的具体时间、价格和支付方式，双方还需要通过签订和履行《股权折现协议》，来实现《意向协议》中约定的股权折现的目的；第二，根据《意向协议》，并不能直接发生支付折现款的法律后果，对于已质押股份的折现，亦需要得到合同双方的再行确认；第三，《意向协议》约定了签订《股权折现协议》的两个履行条件，即由万方源公司向长城资产沈阳办事处支付签约保证金，股权折现方案还需要通过长城资产沈阳办事处的上级机关中国长城资产管理公司的审核批准，而全部履行上述两项义务，才能使签订本约合同即《股权折现协议》成为可能。

其次，分析《意向协议》的具体内容，共涉及两部分。一部分是对于磋商过程和签约背景的表述，该部分内容对当事人双方并不具有约束力。另一部分是合同的实质性内容，主要是对于万方源公司交纳保证金的数额、时间以及违约责任作出了约定，该部分内容具备合同的要素，权利义务内容明确，具有合同约束力。虽然，《意向协议》有“……将质押股份折现人民币伍仟贰佰伍拾万元整(5250 万元)”的内容，但该部分内容系作为合同程序性条款中予以表述，是对合同签订背景的客观性描述，并非合同的实质性内容，该部分内容对合同双方不具有约束力。

最后，《意向协议》的实质性内容并没有得到完全履行。虽然长城资产沈阳办事处对股权折现方案履行了内部审批程序，但是《意向协议》约定为了担保签订《股权折现协议》并完全履行，万方源公司须在该协议生效后 7 日内交纳 2625000 元保证金，而直至长城资产沈阳办事处提起本案诉讼时，万方源公司始终没有按照《意向协议》的约定支付保证金。在万方源公司没有依约支付保证金、双方亦没有签订正式《股权折现协议》的情况下，《意向协议》涉及的股份折现价格的内容自然对双方不具有拘束力，故双方仍应按照原《债权置换股份协议书》继续履行。

综上，上诉人万方源公司主张《意向协议》依法订立并有效的观点虽然成立，但该公司提出的《意向协议》可以取代《债权置换股份协议书》和《股份质押合同》中的相关权利义务，并要求继续履行《意向协议》的上诉主张不能成立，本院不予支持。

第四百九十六条 【格式条款】格式条款是当事人为了重复使用而预先拟定，并在订立合同时未与对方协商的条款。

采用格式条款订立合同的，提供格式条款的一方应当遵循公平原则确定当事人之间的权利和义务，并采取合理的方式提示对方注意免除或者减轻其责任等与对方有重大利害关系的条款，按照对方的要求，对该条款予以说明。提供格式条款的一方未履行提示或者说明义务，致使对方没有注意或者理解与其有重大利害关系的条款的，对方可以主张该条款不成为合同的内容。

根据 **2015 年 4 月 24 日修正的《中华人民共和国保险法》**，规定如下：

第十七条 订立保险合同，采用保险人提供的格式条款的，保险人向投保人提供的投保单应当附格式条款，保险人应当向投保人说明合同的内容。

对保险合同中免除保险人责任的条款，保险人在订立合同时应当在投保单、保险单或者其他保险凭证上作出足以引起投保人注意的提示，并对该条款的内容以书面或者口头形式向投保人作出明确说明；未作提示或者明确说明的，该条款不产生效力。

根据2015年4月24日修正的《中华人民共和国邮政法》，规定如下：

第二十二条 邮政企业采用其提供的格式条款确定与用户的权利义务的，该格式条款适用《中华人民共和国合同法》关于合同格式条款的规定。

根据2013年10月25日修正的《中华人民共和国消费者权益保护法》，规定如下：

第二十六条 经营者在经营活动中使用格式条款的，应当以显著方式提请消费者注意商品或者服务的数量和质量、价款或者费用、履行期限和方式、安全注意事项和风险警示、售后服务、民事责任等与消费者有重大利害关系的内容，并按照消费者的要求予以说明。

经营者不得以格式条款、通知、声明、店堂告示等方式，作出排除或者限制消费者权利、减轻或者免除经营者责任、加重消费者责任等对消费者不公平、不合理的规定，不得利用格式条款并借助技术手段强制交易。

格式条款、通知、声明、店堂告示等含有前款所列内容的，其内容无效。

根据2023年12月4日公布的《最高人民法院关于适用〈中华人民共和国民法典〉合同编通则若干问题的解释》(法释〔2023〕13号)，规定如下：

第九条 合同条款符合民法典第四百九十六条第一款规定的情形，当事人仅以合同系依据合同示范文本制作或者双方已经明确约定合同条款不属于格式条款为由主张该条款不是格式条款的，人民法院不予支持。

从事经营活动的当事人一方仅以未实际重复使用为由主张其预先拟定且未与对方协商的合同条款不是格式条款的，人民法院不予支持。但是，有证据证明该条款不是为了重复使用而预先拟定的除外。

第十条 提供格式条款的一方在合同订立时采用通常足以引起对方注意的文字、符号、字体等明显标识，提示对方注意免除或者减轻其责任、排除或者限制对方权利等与对方有重大利害关系的异常条款的，人民法院可以认定其已经履行民法典第四百九十六条第二款规定的提示义务。

提供格式条款的一方按照对方的要求，就与对方有重大利害关系的异常条款的概念、内容及其法律后果以书面或者口头形式向对方作出通常能够理解的解释说明的，人民法院可以认定其已经履行民法典第四百九十六条第二款规定的说明义务。

提供格式条款的一方对其已经尽到提示义务或者说明义务承担举证责任。对于通过互联网等信息网络订立的电子合同，提供格式条款的一方仅以采取了设置勾选、弹窗等方式为由主张其已经履行提示义务或者说明义务的，人民法院不予支持，但是其举证符合前两款规定的除外。

根据2021年5月24日公布的《最高人民法院关于审理银行卡民事纠纷案件若干问题的规定》(法释〔2021〕10号)，规定如下：

第一条 持卡人与发卡行、非银行支付机构、收单行、特约商户等当事人之间因订立银行卡合同、使用银行卡等产生的民事纠纷，适用本规定。

本规定所称银行卡民事纠纷，包括借记卡纠纷和信用卡纠纷。

第二条 发卡行在与持卡人订立银行卡合同时，对收取利息、复利、费用、违约金等格式条款未履行提示或者说明义务，致使持卡人没有注意或者理解该条款，持卡人主张该条款不成为合同的内容、对其不具有约束力的，人民法院应予支持。

发卡行请求持卡人按照信用卡合同的约定给付透支利息、复利、违约金等，或者给付分期付款手续费、利息、违约金等，持卡人以发卡行主张的总额过高为由请求予以适当减少的，人民法院应当综合考虑国家有关金融监管规定、未还款的数额及期限、当事人过错程度、发卡行的实际损失等因素，根据公平原则和诚信原则予以衡量，并作出裁决。

第七条 发生伪卡盗刷交易或者网络盗刷交易，借记卡持卡人基于借记卡合同法律关系请求发卡行支付被盗刷存款本息并赔偿损失的，人民法院依法予以支持。

发生伪卡盗刷交易或者网络盗刷交易，信用卡持卡人基于信用卡合同法律关系请求发卡行返还扣划的透支款本息、违约金并赔偿损失的，人民法院依法予以支持；发卡行请求信用卡持卡人偿还透支款本息、违约金等的，人民法院不予支持。

前两款情形，持卡人对银行卡、密码、验证码等身份识别信息、交易验证信息未尽妥善保管义务具有过错，发卡行主张持卡人承担相应责任的，人民法院应予支持。

持卡人未及时采取挂失等措施防止损失扩大，发卡行主张持卡人自行承担扩大损失责任的，人民法院应予支持。

第八条 发卡行在与持卡人订立银行卡合同或者在开通网络支付业务功能时，未履行告知持卡人银行卡具有相关网络支付功能义务，持卡人以其未与发卡行就争议网络支付条款达成合意为由请求不承担因使用该功能而导致网络盗刷责任的，人民法院应予支持，但有证据证明持卡人同意使用该网络支付功能的，适用本规定第七条规定。

非银行支付机构新增网络支付业务类型时，未向持卡人履行前款规定义务的，参照前款规定处理。

第九条 发卡行在与持卡人订立银行卡合同或者新增网络支付业务时，未完全告知某一网络支付业务持卡人身份识别方式、交易验证方式、交易规则等足以影响持卡人决定是否使用该功能的内容，致使持卡人没有全面准确理解该功能，持卡人以其未与发卡行就相关网络支付条款达成合意为由请求不承担因使用该功能而导致网络盗刷责任的，人民法院应予支持，但持卡人对于网络盗刷具有过错的，应当承担相应过错责任。发卡行虽然未尽前述义务，但是有证据证明持卡人知道并理解该网络支付功能的，适用本规定第七条规定。

非银行支付机构新增网络支付业务类型时，存在前款未完全履行告知义务情形，参照前款规定处理。

第十条 发卡行或者非银行支付机构向持卡人提供的宣传资料载明其承担网络盗刷先行赔付责任，该允诺具体明确，应认定为合同内容。持卡人据此请求发卡行或者非银行支付机构承担先行赔付责任的，人民法院应予支持。

因非银行支付机构相关网络支付业务系统、设施和技术不符合安全要求导致网络盗刷，持卡人请求判令该机构承担先行赔付责任的，人民法院应予支持。

根据2020年12月29日修正的《最高人民法院关于适用〈中华人民共和国保险法〉若干问题的解释(二)》(法释〔2020〕18号)，对于格式条款的提示和说明义务，规定如下：

第十一条 保险合同订立时，保险人在投保单或者保险单等其他保险凭证上，对保险合同中免除保险人责任的条款，以足以引起投保人注意的文字、字体、符号或者其他明显标志作出提示的，人民法院应当认定其履行了保险法第十七条第二款规定的提示义务。

保险人对保险合同中有关免除保险人责任条款的概念、内容及其法律后果以书面或者口头形式向投保人作出常人能够理解的解释说明的，人民法院应当认定保险人履行了保险法第十七条第二款规定的明确说明义务。

第十二条 通过网络、电话等方式订立的保险合同，保险人以网页、音频、视频等形式对免除保险人责任条款予以提示和明确说明的，人民法院可以认定其履行了提示和明确说明义务。

第十三条 保险人对其履行了明确说明义务负举证责任。

投保人对保险人履行了符合本解释第十一条第二款要求的明确说明义务在相关文书上签字、盖章或者以其他形式予以确认的，应当认定保险人履行了该项义务。但另有证据证明保险人未履行明确说明义务的除外。

根据 **2015 年 12 月 24 日公布的《最高人民法院关于当前商事审判工作中的若干具体问题》**,通知如下:

六、关于银行卡纠纷案件的审理问题

近年来,银行卡在商事交易中广泛使用,因信用卡透支、伪卡交易、网上支付引发的银行卡纠纷案件也呈增加趋势。为平衡保护各方当事人权利,我们正在研究制定银行卡纠纷法律适用问题的指导意见。这里我先谈以下三个问题。

第一,关于银行卡合同中格式条款的效力认定问题。银行卡合同系格式合同,其格式条款的效力应依据《合同法》第三十九、四十条以及《合同法司法解释二》第九、十条的规定来认定。发卡行应对其是否履行了《合同法》第三十九条规定的合理的提示和说明义务承担举证责任。

银行卡合同中约定的"凡密码相符的交易均视为本人合法交易"、"信用卡持卡人选择最低还款额方式时,应当支付全部透支款项自银行记帐日起,按规定利率计算的透支利息"等格式条款,应按照前述法律规定认定其效力。

第二,关于伪卡交易情形下的责任认定问题。伪卡交易引发的银行卡纠纷是目前银行卡纠纷中的主要类型。在审理时,应注意:

1. 关于举证责任问题。持卡人应当对因伪卡交易导致其银行卡账户内资金减少或者透支款数额增加的事实承担举证责任。发卡行、收单机构、特约商户应提交由其持有的案涉刷卡行为发生时的对账单、签购单、监控录像等证据材料。无正当理由拒不提供的,应承担不利法律后果。

2. 关于各方当事人权利义务问题。应注意正确界定各主体之间的法律关系,明确各主体义务,正确确定法律责任。伪卡交易引发的银行卡纠纷案件,涉及发卡行、收单机构、持卡人、特约商户、制作伪卡进行交易的犯罪分子等多方主体,法律关系复杂。

各方主体应依法依约履行相应义务:发卡行负有按约给付存款本息、保障持卡人用卡安全等义务;收单行负有保障持卡人用卡安全的义务;持卡人负有妥善保管银行卡及密码的义务;特约商户负有审核持卡人真实身份和银行卡真伪的义务。任何一方违反义务,均应承担相应责任。

3. 关于责任承担问题。持卡人基于银行卡合同法律关系起诉发卡行,发卡行因第三人制作伪卡构成违约的,应当向持卡人承担违约责任。发卡行承担责任后,有权向第三人主张权利。

第三,关于互联网支付中的法律问题。

近年来,随着网上交易的增多,互联网支付引发的纠纷呈不断增长趋势,成为银行卡纠纷中亟须解决的新问题。互联网支付具有不以银行卡卡片作为交易介质的特性,其在带来交易便利的同时,也加大了交易风险。发卡行与持卡人签订银行卡合同时,负有告知银行卡是否具备网上支付功能、交易规则、交易风险以及法律责任的义务。发卡行未履行上述义务,或者虽履行上述义务,但在持卡人未同意的情形下单方开通网上支付功能导致银行卡被盗刷的,应承担赔偿持卡人损失的责任。网上支付还涉及第三方支付机构法律责任等问题,尚需进一步研究。

根据 **2014 年 7 月 30 日公布的《网络交易平台合同格式条款规范指引》**,规定如下:

第六条 网络交易平台经营者在经营活动中使用合同格式条款的,应当符合法律、法规和规章的规定,按照公平、公开和诚实信用的原则确定双方的权利与义务。

网络交易平台经营者修改合同格式条款的,应当遵循公开、连续、合理的原则,修改内容应当至少提前七日予以公示并通知合同相对人。

第七条 网络交易平台经营者应当在其网站主页面显著位置展示合同格式条款或者其电子链接,并从技术上保证平台内经营者或者消费者能够便利、完整地阅览和保存。

第八条 网络交易平台经营者应当在其网站主页面适当位置公示以下信息或者其电子链接:

(一)营业执照以及相关许可证;

（二）互联网信息服务许可或者备案信息；

（三）经营地址、邮政编码、电话号码、电子信箱等联系信息；

（四）法律、法规规定其他应披露的信息。

网络交易平台经营者应确保所披露的内容清晰、真实、全面、可被识别和易于获取。

第九条 网络交易平台经营者使用合同格式条款的，应当采用显著方式提请合同相对人注意与其有重大利害关系、对其权利可能造成影响的价款或者费用、履行期限和方式、安全注意事项和风险警示、售后服务、民事责任等内容。网络交易平台经营者应当按照合同相对人的要求对格式条款作出说明。鼓励网络交易平台经营者采取必要的技术手段和管理措施确保平台内经营者履行提示和说明义务。

前款所述显著方式是指，采用足以引起合同相对人注意的方式，包括：合理运用足以引起注意的文字、符号、字体等特别标识。不得以技术手段对合同格式条款设置不方便链接或者隐藏格式条款内容，不得仅以提示进一步阅读的方式履行提示义务。

网络交易平台经营者违反合同法第三十九条第一款关于提示和说明义务的规定，导致对方没有注意免除或者限制责任的条款，合同相对人依法可以向人民法院提出撤销该合同格式条款的申请。

网络交易平台经营者使用的合同格式条款，属于《消费者权益保护法》第二十六条第二款和《最高人民法院关于适用〈中华人民共和国合同法〉若干问题的解释（二）》第十条规定情形的，其内容无效。

根据2016年6月30日公布的《最高人民法院关于发布第13批指导性案例的通知》（法〔2016〕214号），其中指导案例64号是刘超捷诉中国移动通信集团江苏有限公司徐州分公司电信服务合同纠纷案［《最高人民法院公报》2012年第10期（总第192期）］，具体如下：

裁判要点

1. 经营者在格式合同中未明确规定对某项商品或服务的限制条件，且未能证明在订立合同时已将该限制条件明确告知消费者并获得消费者同意的，该限制条件对消费者不产生效力。

2. 电信服务企业在订立合同时未向消费者告知某项服务设定了有效期限限制，在合同履行中又以该项服务超过有效期限为由限制或停止对消费者服务的，构成违约，应当承担违约责任。

相关法条

《中华人民共和国合同法》第39条

基本案情

2009年11月24日，原告刘超捷在被告中国移动通信集团江苏有限公司徐州分公司（以下简称移动徐州分公司）营业厅申请办理“神州行标准卡”，手机号码为1590520××××，付费方式为预付费。原告当场预付话费50元，并参与移动徐州分公司充50元送50元的活动。在业务受理单所附《中国移动通信客户入网服务协议》中，双方对各自的权利和义务进行了约定，其中第四项特殊情况的承担中的第1条为：在下列情况下，乙方有权暂停或限制甲方的移动通信服务，由此给甲方造成的损失，乙方不承担责任：（1）甲方银行账户被查封、冻结或余额不足等非乙方原因造成的结算时扣划不成功的；（2）甲方预付费使用完毕而未及时补交款项（包括预付费账户余额不足以扣划下一笔预付费用）的。

2010年7月5日，原告在中国移动官方网站网上营业厅通过银联卡网上充值50元。2010年11月7日，原告在使用该手机号码时发现该手机号码已被停机，原告到被告的营业厅查询，得知被告于2010年10月23日因话费有效期到期而暂停移动通信服务，此时账户余额为11.70元。原告认为被告单方终止服务构成合同违约，遂诉至法院。

裁判结果

徐州市泉山区人民法院于2011年6月16日作出（2011）泉商初字第240号民事判决：被告移动徐州分公司于本判决生效之日起十日内取消对原告刘超捷的手机号码为

1590520×××× 的话费有效期的限制，恢复该号码的移动通信服务。一审宣判后，被告提出上诉，二审期间申请撤回上诉，一审判决已发生法律效力。

裁判理由

法院生效裁判认为：电信用户的知情权是电信用户在接受电信服务时的一项基本权利，用户在办理电信业务时，电信业务的经营者必须向其明确说明该电信业务的内容，包括业务功能、费用收取办法及交费时间、障碍申告等。如果用户在不知悉该电信业务的真实情况下进行消费，就会剥夺用户对电信业务的选择权，达不到真正追求的电信消费目的。

依据《中华人民共和国合同法》第三十九条的规定，采用格式条款订立合同的，提供格式条款的一方应当遵循公平原则确定当事人之间的权利和义务，并采取合理的方式提请对方注意免除或者限制其责任的条款，按照对方的要求，对该条款予以说明。电信业务的经营者作为提供电信服务合同格式条款的一方，应当遵循公平原则确定与电信用户的权利义务内容，权利义务的内容必须符合维护电信用户和电信业务经营者的合法权益、促进电信业的健康发展的立法目的，并有效告知对方注意免除或者限制其责任的条款并向其释明。业务受理单、入网服务协议是电信服务合同的主要内容，确定了原被告双方的权利义务内容，入网服务协议第四项约定有权暂停或限制移动通信服务的情形，第五项约定有权解除协议、收回号码、终止提供服务的情形，均没有因有效期到期而中止、解除、终止合同的约定。而话费有效期限制直接影响到原告手机号码的正常使用，一旦有效期到期，将导致停机、号码被收回的后果，因此被告对此负有明确如实告知的义务，且在订立电信服务合同之前就应如实告知原告。如果在订立合同之前未告知，即使在缴费阶段告知，亦剥夺了当事人的选择权，有违公平和诚实信用原则。被告主张“通过单联发票、宣传册和短信的方式向原告告知了有效期”，但未能提供有效的证据予以证明。综上，本案被告既未在电信服务合同中约定有效期内容，亦未提供有效证据证实已将有效期限制明确告知原告，被告暂停服务、收回号码的行为构成违约，应当承担继续履行等违约责任，故对原告主张“取消被告对原告的话费有效期的限制，继续履行合同”的诉讼请求依法予以支持。

根据**邓美华诉上海永达鑫悦汽车销售服务有限公司买卖合同纠纷案：最高人民法院2017年12月4日民事判决书［《最高人民法院公报》2018年第11期（总第265期）］**，订立合同时，虽然被上诉人永达公司在《订单》上进行了概括性的格式告知，但是不能据此认定其履行了事前的说明义务而因之免责。因为，永达公司未以消费者能够接受和理解的方式特别提示 PDI 检测的性质、目的、范围和内容，以及车辆发生质量瑕疵后的修理行为亦包含在 PDI 检测范围内。同时，双方合同约定交付新车，但对于新车的标准，《订单》第4条注明：“卖方将车辆交予买方前，已根据厂方要求为该车辆做了交车前 PDI 检测，并根据 PDI 检测结果进行车辆检修、调校，确保该车辆符合厂方新车交付标准。”从该条内容的意思看，双方对车辆交付时符合厂方新车标准的检验标准和方法作了约定。虽然订单经上诉人邓美华签字确认，但该条款系格式条款。永达公司并未采取合理、显著的方式提请邓美华注意免除或者限制其责任的条款，或按照邓美华的要求，对该条款予以说明。该条款实际上排除了邓美华作为消费者的重要权利，即知情权、选择权。因此，该条款属于无效条款。

根据**段天国诉中国人民财产保险股份有限公司南京市分公司保险合同纠纷案：江苏省南京市江宁区人民法院2010年5月19日民事判决书［《最高人民法院公报》2011年第3期（总第173期）］**，根据2002年修订的《中华人民共和国保险法》第十七条第一款、第十八条的规定，订立保险合同，保险人应当向投保人说明保险合同的条款内容。保险合同中规定有关于保险人责任免除条款的，保险人在订立保险合同时应当向投保人明确说明，未明确说明的，该条款不产生效力。据此，保险人有义务在订立保险合同时向投保人就责任免除条款作出明确说明，前述义务是法定义务，也是特别告知义务。如果保险合同当事人对保险人是否履行该项告知义务发生争议，保险人应当提供其对有关免责条款内容作出明确解释的相关证据，否则该免责条款不产生效力。

根据**丰海公司与海南人保海运货物保险合同纠纷案：最高人民法院（2003）民四提字第5号民事判决书［《最高人民法院公报》2006年第5期（总第115期）］**，裁决如下：

保险单是典型的格式合同。保险人作为提供格式合同的一方，应当遵循公平原则确定合同的权利和义务，并采取合理方式提请对方注意免除保险人责任的条款，否则该免责条款无效。

在海上运输货物保险合同中，"海洋运输货物保险条款"规定的一切险，除包括平安险和水渍险的各项责任外，还包括被保险货物在运输途中由于外来原因所致的全部或部分损失。在不存在被保险人故意或者过失的情况下，除非被保险货物的损失属于保险合同规定的保险人的除外责任，保险人应当承担运输途中外来原因所致的一切损失。

根据**广东直通电讯有限公司诉洪分明电话费纠纷案：广东省广州市中级人民法院民事判决书［《最高人民法院公报》2001年第6期（总第74期）］**，格式条款是当事人为了重复使用而预先拟定，并在订立合同时未与对方协商的条款。《民法通则》中并没有对格式条款作出明确规定，但根据《民法通则》第四条的规定，民事活动应当遵循自愿、公平、等价有偿、诚实信用的原则。由此可见在有格式条款的合同中，提供合同的一方当事人也不能违背民法通则中的公平原则，只强调自己的权利利益，忽略对方的利益。根据《民法通则》第五十九条、第六十一条的规定，民事行为显失公平的，一方有权请求人民法院或者仲裁机关予以变更或者撤销。被撤销的民事行为从行为开始起无效。民事行为被确认为无效或者被撤销后，当事人因该行为取得的财产，应当返还给受损失的一方。有过错的一方应当赔偿对方因此所受的损失，双方都有过错的，应当各自承担相应的责任。因此，合同法实施以前所签订的格式条款有损对方当事人的利益，应当承担相应的民事责任。

根据**2022年3月15日公布的《最高人民法院发布10起消费者权益保护典型案例》，其中案例6是邬某诉某旅游App经营公司网络服务合同纠纷案（网络消费格式条款中与消费者有重大利害关系内容存在例外情形，应以显著方式进行提示）**，具体如下：

基本案情

邬某通过A公司经营的旅游App预定境外客房，支付方式为"到店支付"，订单下单后即被从银行卡中扣除房款，后原告未入住。原告认为应当到店后付款，A公司先行违约，要求取消订单。A公司认为其已经在服务条款中就"到店支付"补充说明"部分酒店住宿可能会对您的银行卡预先收取全额预订费用"，不构成违约，拒绝退款。邬某将A公司起诉至法院，请求判令退还预扣的房款。

裁判结果

法院经审理认为，对"到店支付"的通常理解应为用户到酒店办理住宿时才会支付款项，未入住之前不需要支付。即使该条款后补充说明部分酒店会"预先收取全额预订费用"，但对这种例外情形应当进行特别提示和说明，如果只在内容复杂繁多的条款中规定，不足以起到提示的作用，A公司作为预定服务的提供者应当承担责任。最终，法院支持邬某退还房款的诉讼请求。

典型意义

在数字经济、互联网产业飞速发展的大背景下，线上交易中企业基本都采用格式条款的方式与消费者建立契约关系。但是，在格式条款发挥其便捷、高效、积极作用的同时，因其本身具有的单方提供、内容固定的特质所带来的问题和风险，也不容忽视。法律明确赋予了格式条款提供者进行提示说明的义务，《民法典》第四百九十六条中规定：提供格式条款的一方未履行提示或者说明义务，致使对方没有注意或者理解与其有重大利害关系的条款的，对方可以主张该条款不成为合同的内容。提供格式条款的企业应当基于公平、诚信原则，依法、合理制定格式条款的内容，并对于履行方式等与消费者有重大利害关系的条款，向消费者进行特别的提醒和说明，从而维护交易秩序，平衡双方利益，促进行业发展。本案的裁判进一步厘清了网络服务提供者作为提供格式条款一方的责任，引导互联网交易模式更加符合契约自由和契约正义的精神。

第四百九十七条 【格式条款无效的情形】有下列情形之一的，该格式条款无效：

（一）具有本法第一编第六章第三节和本法第五百零六条规定的无效情形；

（二）提供格式条款一方不合理地免除或者减轻其责任、加重对方责任、限制对方主要权利；

（三）提供格式条款一方排除对方主要权利。

根据**2021年4月29日修正的《中华人民共和国民用航空法》**，规定如下：

第一百三十条 任何旨在免除本法规定的承运人责任或者降低本法规定的赔偿责任限额的条款，均属无效；但是，此种条款的无效，不影响整个航空运输合同的效力。

根据**2015年4月24日修正的《中华人民共和国保险法》**，规定如下：

第十九条 采用保险人提供的格式条款订立的保险合同中的下列条款无效：

（一）免除保险人依法应承担的义务或者加重投保人、被保险人责任的；

（二）排除投保人、被保险人或者受益人依法享有的权利的。

根据**2013年10月25日修正的《中华人民共和国消费者权益保护法》**，规定如下：

第二十六条 经营者在经营活动中使用格式条款的，应当以显著方式提请消费者注意商品或者服务的数量和质量、价款或者费用、履行期限和方式、安全注意事项和风险警示、售后服务、民事责任等与消费者有重大利害关系的内容，并按照消费者的要求予以说明。

经营者不得以格式条款、通知、声明、店堂告示等方式，作出排除或者限制消费者权利、减轻或者免除经营者责任、加重消费者责任等对消费者不公平、不合理的规定，不得利用格式条款并借助技术手段强制交易。

格式条款、通知、声明、店堂告示等含有前款所列内容的，其内容无效。

根据**1992年11月7日公布的《中华人民共和国海商法》**，规定如下：

第一百二十六条 海上旅客运输合同中含有下列内容之一的条款无效：

（一）免除承运人对旅客应当承担的法定责任；

（二）降低本章规定的承运人责任限额；

（三）对本章规定的举证责任作出相反的约定；

（四）限制旅客提出赔偿请求的权利。

前款规定的合同条款的无效，不影响合同其他条款的效力。

根据**2022年4月1日修正的《最高人民法院关于适用〈中华人民共和国民事诉讼法〉的解释》（法释〔2022〕11号）**，规定如下：

第三十一条 经营者使用格式条款与消费者订立管辖协议，未采取合理方式提请消费者注意，消费者主张管辖协议无效的，人民法院应予支持。

根据**2022年3月1日公布的《最高人民法院关于审理网络消费纠纷案件适用法律若干问题的规定（一）》（法释〔2022〕8号）**，规定如下：

第一条 电子商务经营者提供的格式条款有以下内容的，人民法院应当依法认定无效：

（一）收货人签收商品即视为认可商品质量符合约定；

（二）电子商务平台经营者依法应承担的责任一概由平台内经营者承担；

（三）电子商务经营者享有单方解释权或者最终解释权；

（四）排除或者限制消费者依法投诉、举报、请求调解、申请仲裁、提起诉讼的权利；

（五）其他排除或者限制消费者权利、减轻或者免除电子商务经营者责任、加重消费者责任等对消费者不公平、不合理的内容。

根据 2021 年 11 月 18 日修正的《最高人民法院关于审理食品药品纠纷案件适用法律若干问题的规定》(法释〔2021〕17 号),规定如下:

第十六条 食品、药品的生产者与销售者以格式合同、通知、声明、告示等方式作出排除或者限制消费者权利,减轻或者免除经营者责任、加重消费者责任等对消费者不公平、不合理的规定,消费者依法请求认定该内容无效的,人民法院应予支持。

根据 2021 年 7 月 27 日公布的《最高人民法院关于审理使用人脸识别技术处理个人信息相关民事案件适用法律若干问题的规定》(法释〔2021〕15 号),规定如下:

第十一条 信息处理者采用格式条款与自然人订立合同,要求自然人授予其无期限限制、不可撤销、可任意转授权等处理人脸信息的权利,该自然人依据民法典第四百九十七条请求确认格式条款无效的,人民法院依法予以支持。

根据 2020 年 12 月 29 日修正的《最高人民法院关于审理消费民事公益诉讼案件适用法律若干问题的解释》(法释〔2020〕20 号),规定如下:

第十三条 原告在消费民事公益诉讼案件中,请求被告承担停止侵害、排除妨碍、消除危险、赔礼道歉等民事责任的,人民法院可予支持。

经营者利用格式条款或者通知、声明、店堂告示等,排除或者限制消费者权利、减轻或者免除经营者责任、加重消费者责任,原告认为对消费者不公平、不合理主张无效的,人民法院应依法予以支持。

根据 2020 年 12 月 29 日修正的《最高人民法院关于适用〈中华人民共和国保险法〉若干问题的解释(二)》(法释〔2020〕18 号),规定如下:

第九条 保险人提供的格式合同文本中的责任免除条款、免赔额、免赔率、比例赔付或者给付等免除或者减轻保险人责任的条款,可以认定为保险法第十七条第二款规定的"免除保险人责任的条款"。

保险人因投保人、被保险人违反法定或者约定义务,享有解除合同权利的条款,不属于保险法第十七条第二款规定的"免除保险人责任的条款"。

第十条 保险人将法律、行政法规中的禁止性规定情形作为保险合同免责条款的免责事由,保险人对该条款作出提示后,投保人、被保险人或者受益人以保险人未履行明确说明义务为由主张该条款不成为合同内容的,人民法院不予支持。

根据 2020 年 12 月 29 日修正的《最高人民法院关于审理旅游纠纷案件适用法律若干问题的规定》(法释〔2020〕17 号),规定如下:

第六条 旅游经营者以格式条款、通知、声明、店堂告示等方式作出排除或者限制旅游者权利、减轻或者免除旅游经营者责任、加重旅游者责任等对旅游者不公平、不合理的规定,旅游者依据消费者权益保护法第二十六条的规定请求认定该内容无效的,人民法院应予支持。

根据 2014 年 7 月 30 日公布的《网络交易平台合同格式条款规范指引》,规定如下:

第十条 网络交易平台经营者不得在合同格式条款中免除或者减轻自己的下列责任:

(一)造成消费者人身损害的责任;

(二)因故意或者重大过失造成消费者财产损失的责任;

(三)对平台内经营者提供商品或者服务依法应当承担的连带责任;

(四)对收集的消费者个人信息和经营者商业秘密的信息安全责任;

(五)依法应当承担的违约责任和其他责任。

第十一条 网络交易平台经营者不得有下列利用合同格式条款加重平台内经营者或者消费者责任的行为:

(一)使消费者承担违约金或者损害赔偿明显超过法定数额或者合理数额;

(二)使平台内经营者或者消费者承担依法应由网络交易平台经营者承担的责任;

(三)合同附终止期限的,擅自延长平台内经营者或者消费者履行合同的期限;

(四)使平台内经营者或者消费者承担在不确定期限内履行合同的责任;

（五）违法加重平台内经营者或消费者其他责任的行为。

第十二条 网络交易平台经营者不得在合同格式条款中排除或者限制平台内经营者或者消费者的下列权利：

（一）依法变更、撤销或者解除合同的权利；

（二）依法中止履行或者终止履行合同的权利；

（三）依法请求继续履行、采取补救措施、支付违约金或者损害赔偿的权利；

（四）就合同争议提起诉讼、仲裁或者其他救济途径的权利；

（五）请求解释格式条款的权利；

（六）平台内经营者或消费者依法享有的其他权利。

根据**刘智超诉同方知网（北京）技术有限公司买卖合同纠纷案：江苏省苏州市姑苏区人民法院2019年1月30日民事判决书［《最高人民法院公报》2020年第1期（总第279期）］**，经营者单方设定的最低充值金额条款不仅侵犯了消费者的自主选择权、无故占用了消费者的资金，还会额外增加消费者申请退款时的负担，因此，该最低充值金额条款属于限制消费者合法权益的格式条款，系对消费者不公平、不合理的规定，应认定无效。

根据**张宇、张霞诉上海亚绿实业投资有限公司商品房预售合同纠纷案：上海市第一中级人民法院（2017）沪01民终9095号民事判决书［《最高人民法院公报》2019年第5期（总第271期）］**，责任限制型格式条款本质上是一种风险转移约定，根据诚实信用原则，在签约时，经营者除了需要对条款内容进行重点提示，还应当对免责范围内已经显露的重大风险进行如实告知，以保护相对人的信赖利益。经营者故意隐瞒重大风险，造成相对人在信息不对称的情况下达成免责合意，应当认定相对人的真实意思表示中不包括承担被隐瞒的重大风险，免责合意的范围仅限于签约后发生的不确定风险。在后续履约中，因恶意隐瞒重大风险最终导致违约情形发生，经营者主张适用免责条款排除自身违约责任的，人民法院不予支持。

根据**周显治、俞美芳与余姚众安房地产开发有限公司商品房销售合同纠纷案：浙江省宁波市中级人民法院2014年8月13日民事判决书［《最高人民法院公报》2016年第11期（总第241期）］**，商品房买卖中，开发商的交房义务不仅仅局限于交钥匙，还需出示相应的证明文件，并签署房屋交接单等。合同中分别约定了逾期交房与逾期办证的违约责任，但同时又约定开发商承担了逾期交房的责任之后，逾期办证的违约责任就不予承担的，应认定该约定属于免除开发商按时办证义务的无效格式条款，开发商仍应按照合同约定承担逾期交房、逾期办证的多项违约之责。

根据**王玉国诉中国人寿保险公司淮安市楚州支公司保险合同纠纷案：江苏省淮安市中级人民法院2012年11月13日民事判决书［《最高人民法院公报》2015年第12期（总第230期）］**，保险公司以保险合同格式条款限定被保险人患病时的治疗方式，既不符合医疗规律，也违背保险合同签订的目的。被保险人有权根据自身病情选择最佳的治疗方式，而不必受保险合同关于治疗方式的限制。保险公司不能以被保险人没有选择保险合同指定的治疗方式而免除自己的保险责任。

根据**孙宝静诉上海一定得美容有限公司服务合同纠纷案：上海市第二中级人民法院2012年6月15日民事判决书［《最高人民法院公报》2014年第11期（总第217期）］**，裁决如下：

一、在消费者预先支付全部费用、经营者分期分次提供商品或服务的预付式消费模式中，如果经营者提供的格式条款载明若消费者单方终止消费，则经营者对已经收费但尚未提供商品或服务部分的价款不予退还的，该类格式条款违反我国合同法、消费者权益保护法的相关规定，应属无效。

二、在预付式消费中，如果消费者单方终止消费，经营者并无违约或过错行为的，应结合消费者过错程度、经营者已经提供的商品或服务量占约定总量的比例、约定的计价方式等因素综合确定消费者的违约责任。

根据**杨树岭诉中国平安财产保险股份有限公司天津市宝坻支公司保险合同纠纷案：天**

津市第一中级人民法院 2006 年 10 月 25 日民事判决书［《最高人民法院公报》2007 年第 11 期（总第 133 期）］，裁决如下：

一、“家庭成员”“直系血亲”“亲属”等均为法律概念，经营保险业务的保险公司无权对上述法律概念随意进行解释。“家庭”在法律上等同于户籍，“家庭成员”是指在同一户籍内永久共同生活，每个成员的经济收入都作为家庭共同财产的人。“家庭成员”与“直系血亲”、“亲属”并非同一概念，具有直系血亲关系的人不一定互为家庭成员。

二、根据《保险法》第十八条的规定，保险合同中规定有关于保险人责任免除条款的，保险人在订立合同时应当向投保人明确说明，未明确说明的该条款无效。所谓“明确说明”，是指保险人在与投保人签订保险合同之前或者签订保险合同之时，对于保险合同所约定的免责条款，除了在保险单上提示投保人注意外，还应当对有关免责条款的概念、内容及其法律后果等以书面或者口头形式向投保人或其代理人作出解释，以使投保人明了该条款的真实含义和法律后果。

根据**来云鹏诉北京四通利方信息技术有限公司服务合同纠纷案：北京市第一中级人民法院民事判决书［《最高人民法院公报》2002 年第 6 期（总第 80 期）］**，格式条款是当事人为了重复使用而预先拟定，并在订立合同时未与对方协商的条款。在网络信息服务中，网络信息服务提供商通过网站与用户进行沟通。网站采用电子文本的格式条款合同方式，供用户选择并确定双方有关信息服务的权利义务关系，不违反法律的规定。对于格式条款合同，只要合同的约定内容不存在侵害国家、集体或其他人的合法权益，损害社会公共利益或者免除义务人的法律责任，加重权利人的责任，排除权利人的主要权利等法律禁止的内容，应视为有效。

根据 **2023 年 5 月《人民法院高质量服务保障长三角一体化发展典型案例》，其中案例 7 是周某某与南京市雨花台区尹某某美容美发店、洪某某、孔某、欧某某服务合同纠纷案**，具体如下：

关键词

民事 / 服务合同纠纷 / 消费者权益保护 / 格式条款 / 限制对方主要权利

裁判要旨

消费者有自主选择消费的权利。在美容美发、健身、餐饮等一些消费领域，经营者出于其营销手段的考虑，经常引导消费者选择预付储值的消费方式。而当服务场所无法保障原有服务质量和服务环境，或当特定服务提供者离职时，消费者的预期目的即无法实现。消费者以此诉请退款的，即使预付卡服务协议中有“不退还”“不折现”等条款，人民法院也应支持消费者解除合同的诉请。

相关法条

《中华人民共和国民法典》第 497 条（本案适用的是自 1999 年 10 月 1 日起实施的《中华人民共和国合同法》第 40 条、第 52 条、第 94 条）

《中华人民共和国消费者权益保护法》（2013 年 10 月 25 日修订）第 9 条、第 24 条

基本案情

2018 年 12 月 4 日、2019 年 1 月 5 日，原告周某某通过洪某某美容美发服务中心内的 POS 机刷卡转账的方式，分五笔共向名为“南京 ××× 护肤造型 ×× 路店”的支付宝账户付款 42000 元。上述支付宝账户经实名认证的交易主体为“南京市建邺区阿里波波美容美发店”。

2019 年 1 月 5 日，洪某某美容美发服务中心工作人员与原告周某某签订《×× 护肤造型服务协议书》一份，第一条约定，由周某某办理消费卡一张，支付方式为“支付宝”；第二条约定，原告“持消费卡在公司所有门店通用，直接从预付费中扣除客户消费金额”；第四条约定，该协议一经签订，周某某“即成为 VIP 客户”，“享有优先体验，积分折扣等权益（详见各店宣传为准），双方不得无故解除合同，此卡为消费卡，不给予退还，不折现”。在上述协议第六条补充条款中，双方以手写方式约定，原告周某某当天消费金额共 8000 元、实际扣款 3000

元；该条另约定了“每年赠送中药泡澡 24 次”、做面部“小气泡免费”等优惠内容。

在周某某依据上述协议领取的卡号为 90×××07 的“×× 国际连锁机构”VIP 钻石卡上，“持卡人须知”部分载明，“拥有此卡尊享本店钻石卡优惠，购买疗程及产品七折”。周某某持此卡消费除上述 2019 年 1 月 5 日扣款 3000 元外，另在尹某某美容美发店有 7 次扣款总计 4743 元，至 2019 年 11 月 6 日最后一次消费结束时止，卡内尚有余额 34257 元。

2019 年 5 月 27 日，洪某某、案外人邹某与尹某某签订《转让合同》一份，约定由邹某、洪某某共同将 ××× 美容美发店铺转让给尹某某，该合同约定，店铺应在 2019 年 6 月 1 日前交接完毕，洪某某应将该店目前所有会员及顾客资料移交给尹某某，尹某某承诺接受洪某某原有顾客，尹某某有义务继续未完成的服务。

2019 年 12 月 31 日，周某某提起民事诉讼，要求解除服务协议，并退还剩余预付款。

裁判结果

江苏省南京市雨花台区人民法院于 2020 年 5 月 6 日作出（2019）苏 0114 民初 7536 号民事判决：一、解除原告周某某与被告南京市雨花台区尹某某美容美发店之间的服务合同；二、被告南京市雨花台区尹某某美容美发店于本判决生效后十日内，向原告周某某返还款项 27224 元；三、驳回原告周某某的其他诉讼请求。一审判决后，各方当事人均未提起上诉，一审判决已发生法律效力。

裁判理由

法院生效裁判认为：一、原告与洪某某美容美发服务中心的工作人员签订的《××× 护肤造型服务协议书》上虽然载明了“双方不得无故解除合同，此卡为消费卡，不给予退还，不折现”等内容，但原告周某某作为服务合同的特殊主体即消费者，享有自主选择服务的权利，上述合同内容系洪某某美容美发服务中心作为经营者，以格式条款方式单方作出的对消费者不公平、不合理的规定，依法应认定无效。

二、合同解除后预付费会员卡内余额返还问题。其一，关于返还数额。因原告基于办卡行为享受了相关优惠服务，现其要求退卡、解除合同，故对其已经享受的优惠服务价款应予以扣除。原告现有卡内余额 34257 元，扣除原告已实际享受的办卡优惠 7033 元，对于余款 27224 元，原告有权要求返还。其二，关于款项返还义务主体。原告周某某以预付费充值的方式在洪某某美容美发服务中心办理了会员卡后，其与洪某某美容美发服务中心形成了消费服务合同关系。在服务合同履行过程中，被告洪某某及案外人共同将店铺转让给被告尹某某美容美发店的经营者尹某某，转让双方约定由尹某某美容美发店继续为店铺转让前的会员提供服务，应认定被告尹某某美容美发店承继了洪某某美容美发服务中心在案涉消费服务合同项下的相关义务，故对于原告要求被告尹某某美容美发店承担款项返还责任的诉讼请求，应予支持。原告周某某在得知店铺实际经营者已发生变化的情况下，仍选择持卡在尹某某美容美发店继续接受服务，应视为其对合同义务主体变更已作确认。

根据 **2023 年 3 月 15 日公布的《最高人民法院发布十件网络消费典型案例》，其中案例 10 是张某与吴某网络购物合同纠纷案（“不支持售后维权”的霸王条款无效）**，具体如下：

基本案情

2020 年 12 月，原告张某在某网络交易平台向吴某购买了某品牌二手女款包，价款 14000 元，卖家保证为正品，承诺货到付款，如假包退。后张某委托检测机构进行检测，发现该包并非正品，遂将该包寄回给吴某，张某要求退款未果，遂诉至法院要求全额退款。被告吴某陈述，其专业从事奢侈品经营交易，与原告曾进行过多次交易，并辩称交易是货到付款，买家付款表明已认可商品质量，且平台《用户行为规范》明确：“交易成功后，不支持售后维权”，故不同意退货退款。

裁判结果

审理法院认为，平台《用户行为规范》关于“交易完成，不支持售后维权”的内容，是电子商务经营者为重复使用而预先拟定，在订立合同时未与对方协商的条款，属格式条款。该格式条款不合理地免除了经营者责任，排除了消费者权利，依据《最高人民法院关于审理网络消费纠纷案件适用法律若干问题的规定(一)》第一条之规定,应认定为无效。

典型意义

实践中,存在电子商务经营者利用其优势地位,制定不公平不合理的格式条款侵害消费者合法权益的情况。本案裁判通过对网络消费格式条款进行合法性审查,对于不合理地免除经营者责任、排除消费者权利的格式条款作出否定性评价,有力地维护消费者合法权益和健康、清朗消费环境。

根据2021年2月10日公布的《最高人民法院民二庭发布2020年全国法院十大商事案例》,其中案例一是吴声威与北京爱奇艺科技有限公司网络服务合同纠纷案(作为格式合同的“一对众”互联网视频服务协议不应排除或限制消费者权利),具体如下:

案情简介

原告吴声威系爱奇艺公司的黄金VIP会员。在VIP会员服务合同中,第3.5条:“超前点播剧集,根据爱奇艺实际运营需要,就爱奇艺平台上部分定期更新的视频内容,爱奇艺将提供剧集超前点播的服务模式,会员在进行额外付费后,可提前观看该部分视频内容的更多剧集,具体的点播规则以爱奇艺平台实际说明或提供为准。”导言第二款:“双方同意前述免责、限制责任条款不属于《合同法》第40条规定的‘免除其责任、加重对方责任、排除对方主要权利’的条款,即您和爱奇艺均认可前述条款的合法性及有效性,您不会以爱奇艺未尽到合理提示义务为由而声称协议中条款非法或无效。”第3.1条:“爱奇艺有权基于自身运营策略变更全部或部分会员权益、适用的用户设备终端。”第10.2条:“双方同意,解决争议时,应以您同意的最新《爱奇艺VIP会员服务协议》为准。”第3.3条中“您理解并同意部分视频出于版权方等原因,视频的片头仍会有其他形式的广告呈现,上述呈现不视为爱奇艺侵权或违约”。

吴声威认为在电视剧《庆余年》播出过程中爱奇艺公司又推出的“付费超前点播”模式,使其需要额外付费才能看最新剧集,损害了其会员权益。此外,“VIP会员协议”被爱奇艺公司单方面更改,该协议中亦存在多处违法条款,应属无效。北京互联网法院判决确认服务协议导言第二款内容无效,第3.5条中的内容对原告吴声威不发生效力,爱奇艺公司向吴声威连续15日提供吴声威原享有的“黄金VIP会员”权益,使其享有爱奇艺平台卫视热播电视剧、爱奇艺优质自制剧已经更新的剧集的观看权利,赔偿吴声威公证费损失1500元等。爱奇艺公司上诉,北京四中院判决:驳回上诉、维持原判。

专家点评/王轶

本案涉及网络服务平台经营者创新商业模式的合法性问题。案件的裁判对于如何妥当以“公平原则”规范格式条款的运用具有标杆意义,对于网络服务平台经营者制定和提供格式条款起到了规范指引作用,有力维护了网络用户的合法权益。

在本案审理过程中,法院巧妙运用合同法的既有规则来应对和解决互联网时代商业模式创新引发的新争议。实践中,网络服务平台经营者往往利用格式条款提供方的优势地位,在用户“点击即同意”的格式合同中为自己设置可以单方变更合同的权利。就此类条款的效力,有观点认为,应当认定无效,原因在于不能赋予网络服务平台经营者单方变更合同的权利,这会危及不特定用户的合法权益,损害社会公共利益;有观点认为,不能一概而论,应当根据网络服务平台经营者单方变更后的条款内容,进行具体判断。相较而论,后一种观点更为稳妥恰当。在本案审理的过程中,法院立足协调兼顾互联网产业的未来发展与用户权益的妥当保护,在尊重网络服务平台经营者创新商业模式的基础上,一方面认可本案被告通过格式条款为自己设置单方变更权条款的效力,另一方面又强调单方变更权的行使必须受到公平原则的制约,必须建立在不损害用户合法权益的基础上。如果单方变更权行使后形成的合同条款,不当地克减了用户的主要权利,就应当认定此类合同条款损害社会公共利益,属于无效。

本案之所以备受关注,原因在于一方面公众在案件审理的过程中通过法院的庭审直播和判决书的公布,“围观了”特定用户维护自己看似“细微”权益的历程,不仅看了“热闹”,

也收获了“启蒙”，认识到用户的合法权益无论多小都将受到法律的关注和保护；另一方面网络服务平台的经营者也应当通过本案的审理意识到在探索新型商业模式的进程中必须遵循公平原则、尊重用户感受、遵守法律规定。本案通过对网络服务平台格式条款有效性的审查，起到了对服务平台行业进行规制的示范效应，对于保障互联网平台行业的健康发展也发挥了无可替代的作用。

特别值得一提的是，北京互联网法院借助本案，对涉众服务合同纠纷的妥善化解路径进行了有益尝试。基于网络服务平台“一对众”的特有产业模式，一审判决生效后，北京互联网法院及时向北京市市场监督管理局发送了司法建议。北京市市场监督管理局以行政监管方式督促被告对其他存在类似情况的用户进行补偿，有效化解纠纷，避免了大量产生同类诉讼，借助“府院联动”的方式，本案判决的示范效应也会得到进一步扩大。这一做法，值得推广！

第四百九十八条　【格式条款的解释】对格式条款的理解发生争议的，应当按照通常理解予以解释。对格式条款有两种以上解释的，应当作出不利于提供格式条款一方的解释。格式条款和非格式条款不一致的，应当采用非格式条款。

根据2015年4月24日修正的《中华人民共和国保险法》，规定如下：

第三十条　采用保险人提供的格式条款订立的保险合同，保险人与投保人、被保险人或者受益人对合同条款有争议的，应当按照通常理解予以解释。对合同条款有两种以上解释的，人民法院或者仲裁机构应当作出有利于被保险人和受益人的解释。

根据2022年12月26日公布的《最高人民法院关于为促进消费提供司法服务和保障的意见》（法发〔2022〕35号），具体如下：

5. 依法整治消费领域“霸王条款”。提供格式条款的经营者未依法履行提示或者说明义务，致使消费者没有注意或者理解与其有重大利害关系的条款的，消费者有权主张该条款不成为合同的内容。消费者主张经营者提供的排除或者不合理地限制消费者主要权利的格式条款，以及不合理地免除或者减轻经营者责任的格式条款无效的，人民法院应当依法支持。对格式条款的理解发生争议，消费者主张依照民法典第四百九十八条规定进行解释，经营者以其享有最终解释权为由进行抗辩的，人民法院对其抗辩不予支持。

根据2007年1月26日公布的《最高人民法院关于原告中国平安财产保险股份有限公司大连分公司与被告中远航运股份有限公司、广州远洋运输公司海上货物运输合同保险代位求偿案所涉仲裁条款是否有效的请示的复函》（〔2006〕民四他字第49号），本案提单背页条款未明确解决提单争议或解释提单条款所适用的法律，提单当事人也未就提单纠纷所使用的准据法达成合意，应依据法院地法判定提单正面并入条款是否构成租船合同的仲裁条款有效并入提单条款为承运人事先签署的格式条款，当提单持有人不是租船人时，要实现租船合同中的仲裁条款约束提单持有人目的，应在提单正面以明确的语言表示，且以显著区别于其他条款的形式表示出来，提请对方注意。本案提单正面并入条款记载“2004年4月19日租约中条款、条件除外责任等并入本提单”，没有明确签约的主题和运输标的，没明示包括仲裁条款并入提单。依据《中华人民共和国合同法》第四十一条规定，该并入条款不能产生租船合同中的仲裁条款有效并入提单，约束提单持有人的法律后果。

根据2002年12月25日公布的《最高人民法院关于中国人民保险公司青岛市分公司与巴拿马浮山航运有限公司船舶保险合同纠纷一案的复函》（〔2002〕民四他字第12号），答复如下：

关于巴拿马浮山航运有限公司所属的“浮山”轮与“继承者”轮在青岛主航道发生的无接触碰撞是否属于船舶碰撞的问题，根据最高人民法院法发〔1995〕17号《关于审理船舶碰撞和触碰案件财产损害赔偿的规定》第十六条的规定，船舶碰撞包括两艘或者两艘以上船舶之间发生接触或者无接触的碰撞。“浮山轮”投保了“一切险”，船舶保险条款属于格式条款，该条款第一条订明的碰撞责任包括因被保险船舶与其他船舶碰撞而引起被保险人应负的法律赔偿责任，订立船舶保险合同时保险人并未向被保险人明示船舶碰撞排除无接触碰撞。根据诚信原则和《合同法》第四十一条的规定，对格式条款有两种以上解释的，应当作出不利于提供格式条款一方的解释。因此，本案船舶保险条款所指碰撞应当包括无接触碰撞。

根据**2020年11月29日修订的《旅行社条例》**，规定如下：

第二十九条 旅行社在与旅游者签订旅游合同时，应当对旅游合同的具体内容作出真实、准确、完整的说明。

旅行社和旅游者签订的旅游合同约定不明确或者对格式条款的理解发生争议的，应当按照通常理解予以解释；对格式条款有两种以上解释的，应当作出有利于旅游者的解释；格式条款和非格式条款不一致的，应当采用非格式条款。

根据**2014年7月30日公布的《网络交易平台合同格式条款规范指引》**，规定如下：

第十三条 对网络交易平台经营者提供的合同格式条款内容理解发生争议的，应当按照通常理解予以解释；对相应内容有两种以上解释的，应当作出不利于网络交易平台经营者的解释。格式条款与非格式条款不一致的，应当采用非格式条款。

根据徐蕾诉中汇房产公司财产所有权纠纷案：北京市第一中级人民法院2005年4月20日民事判决书［《最高人民法院公报》2005年第9期（总第107期）］，在房屋租赁合同中，承租人向出租人交付押金，用以保证自己履行合同中的义务。双方在房屋租赁终止协议中约定“双方再无经济关系”的解释产生争议，按照《中华人民共和国合同法》第四十一条关于“对格式条款有两种以上解释的，应当作出不利于提供格式条款一方的解释”的规定，双方对格式条款有争议的，应该作对不利于提供格式条款一方的解释。房屋租赁协议合同中承租人和出租人没有协商免除出租人退还押金的义务，也没有证据表明承租人自愿放弃押金，因此，在房屋租赁终止后，如果承租人履行了租赁合同中的义务，出租人以双方签署的由其提供的解除房屋租赁关系格式合同中有“双方再无经济关系”的约定为由，拒绝退还押金，承租人提出异议的，出租人不能免除退还押金的义务。

根据成路诉无锡轻工大学教学合同纠纷案：江苏省无锡市中级人民法院2000年3月13日民事判决书［《最高人民法院公报》2002年第2期（总第76期）］，格式合同是法律所允许的一种书面合同。格式合同的内容虽由一方当事人事先拟就，但在双方当事人签字后，就成为双方当事人一致的意思表示，合同即告成立。双方当事人如果对格式合同条款的理解发生争议，按照通常的理解予以解释；如果解释有两种以上，应当采用不利于提供格式条款一方的解释。格式合同的条款只在存在法律规定的无效情形时，才能被宣告无效，并非只要是格式合同就一定无效。

第四百九十九条 【悬赏广告】悬赏人以公开方式声明对完成特定行为的人支付报酬的，完成该行为的人可以请求其支付。

根据李珉诉朱晋华、李绍华悬赏广告酬金纠纷上诉案：天津市中级人民法院（原）1994年12月26日民事判决书［《最高人民法院公报》1995年第2期（总第42期）］，悬赏广告，系广告人以广告的方法，对完成一定行为的人给付报酬的行为。只要行为人依法完成了所指定的行为，广告人即负有给付报酬的义务。朱晋华、李绍华先后在天津《今晚报》《天津日报》上刊登的“寻包启示”，即为一种悬赏广告。李绍华还明确表示，“一周内有知情送还者酬谢15000元”，系向社会不特定人的要约。上诉人李珉，即悬赏广告中的行为人，在广告规定的"一周内"完成了广告指定的送还公文包的行为，则是对广告人的有效承诺。从而，在李珉与朱晋华、李绍华之间形成了民事法律关系，即债权债务关系。依照《民法通则》第五十七条关于"民事法律行为从成立时起具有法律约束力。行为人非依法律规定或者取得对方同意，不得擅自变更或解除"的规定，朱晋华、李绍货负有广告中许诺的给付报酬义务。其辩称"寻包启示"许诺给付报酬不是真实意思表示，事后反悔，拒绝给付李珉酬金15000元，有违《民法通则》第四条规定的诚实信用原则，是错误的。

第五百条 【缔约过失责任】当事人在订立合同过程中有下列情形之一，造成对方损失的，应当承担赔偿责任：

（一）假借订立合同，恶意进行磋商；

（二）故意隐瞒与订立合同有关的重要事实或者提供虚假情况；

（三）有其他违背诚信原则的行为。

根据**2020年12月29日修正的《最高人民法院关于审理期货纠纷案件若干问题的规定》（法释〔2020〕18号）**，规定如下：

第十六条 期货公司在与客户订立期货经纪合同时，未提示客户注意《期货交易风险说明书》内容，并由客户签字或者盖章，对于客户在交易中的损失，应当依据民法典第五百条第三项的规定承担相应的赔偿责任。但是，根据以往交易结果记载，证明客户已有交易经历的，应当免除期货公司的责任。

根据**2006年2月21日公布的《中国保险监督管理委员会保险合同纠纷案件有关问题的复函》（保监厅函〔2006〕36号）**，投保时，如果投保人明知或应当知道某些重要事项涉及保险标的风险，影响到保险人决定是否承保或提高保险费率，即使保险人没有进行明确询问，投保人基于诚信原则，也应进行适当说明或者告知；如果投保人故意不履行这种诚信义务，依据合同法第四十二条第（二）、（三）款，投保人要承担缔约过失的损害赔偿责任。

根据**深圳市标榜投资发展有限公司与鞍山市财政局股权转让纠纷案：最高人民法院（2016）最高法民终802号民事判决书［《最高人民法院公报》2017年第12期（总第254期）］**，裁决如下：

一、合同约定生效要件为报批允准，承担报批义务方不履行报批义务的，应当承担缔约过失责任。

二、缔约过失人获得利益以善意相对人丧失交易机会为代价，善意相对人要求缔约过失人赔偿的，人民法院应予支持。

三、除直接损失外，缔约过失人对善意相对人的交易机会损失等间接损失，应予赔偿。间接损失数额应考虑缔约过失人过错程度及获得利益情况、善意相对人成本支出及预期利益等，综合衡量确定。

根据**吴卫明诉上海花旗银行储蓄合同纠纷案：上海市第一中级人民法院2003年2月25日民事判决书［《最高人民法院公报》2005年第9期（总第107期）］**，裁决如下：

《外资金融机构管理条例》第二十二条规定，外资金融机构在经中国人民银行批准开展的业务范围内，有权按照中国人民银行的有关规定确定各种手续费率。对小额储户收取账户管理费，这种做法是不是区别于外汇存款的一项新业务，或者这种做法是否属于外资金融机构可以确定的手续费率问题，中国人民银行目前尚未明确规定。故上诉人吴卫明认为被上诉人上海花旗银行对小额储户收取账户管理费属违法行为的主张，没有法律依据。上海花旗银行在向小额储户收取账户管理费的同时，仍向小额储户计付利息，故收取账户管理费与存款有息互不关联。缔约过失责任，是指在订立合同过程中，当事人因实施违反诚实信用原则的行为给对方造成损失后应承担的法律责任。上海花旗银行在对小额储户收取管理费前，已经通过众多媒体将该信息在社会上进行了广泛报道，尽到了必要和可能的公知义务。即使吴卫明事前不知道这一信息，订立合同的过程，也只能从吴卫明进入上海花旗银行营业场所并受到该行工作人员接待时开始，而不是从吴卫明因存款有息而动身前来缔结外币储蓄合同时开始。在订立合同的过程中，上海花旗银行工作人员向吴卫明介绍了小额存款业务的相关信息，吴卫明也对收费情况有了较详细的了解。没有证据证明一方当事人在订立合同的过程中有故意隐瞒或虚假陈述的行为，也没有证据证明另一方当事人在订立合同过程中因此遭受了损失，故在订立合同的过程中未发生缔约过失。吴卫明尽可在清楚其权利义务后，自主确定是否与上海花旗银行订立储蓄合同。吴卫明认为上海花旗银行对小额储户收取管理费违反诚实信用原则，侵犯其合法权益，构成缔约过失的诉讼主张，缺乏事实根据和法律依据，不能支持。

第五百零一条 【当事人保密义务】当事人在订立合同过程中知悉的商业秘密或者其他应当保密的信息，无论合同是否成立，不得泄露或者不正当地使用；泄露、不正当地使用该商业秘密或者信息，造成对方损失的，应当承担赔偿责任。

根据**2019年4月23日修正的《中华人民共和国反不正当竞争法》**，规定如下：

第九条 经营者不得实施下列侵犯商业秘密的行为：

（一）以盗窃、贿赂、欺诈、胁迫、电子侵入或者其他不正当手段获取权利人的商业秘密；

（二）披露、使用或者允许他人使用以前项手段获取的权利人的商业秘密；

（三）违反保密义务或者违反权利人有关保守商业秘密的要求，披露、使用或者允许他人使用其所掌握的商业秘密；

（四）教唆、引诱、帮助他人违反保密义务或者违反权利人有关保守商业秘密的要求，获取、披露、使用或者允许他人使用权利人的商业秘密。

经营者以外的其他自然人、法人和非法人组织实施前款所列违法行为的，视为侵犯商业秘密。

第三人明知或者应知商业秘密权利人的员工、前员工或者其他单位、个人实施本条第一款所列违法行为，仍获取、披露、使用或者允许他人使用该商业秘密的，视为侵犯商业秘密。

本法所称的商业秘密，是指不为公众所知悉、具有商业价值并经权利人采取相应保密措施的技术信息、经营信息等商业信息。

根据**1998年12月3日修订的《国家工商行政管理局关于禁止侵犯商业秘密行为的若干规定》**，对侵犯商业秘密行为，规定如下：

第二条 本规定所称商业秘密，是指不为公众所知悉、能为权利人带来经济利益、具有实用性并经权利人采取保密措施的技术信息和经营信息。

本规定所称不为公众所知悉，是指该信息是不能从公开渠道直接获取的。

本规定所称能为权利人带来经济利益、具有实用性，是指该信息具有确定的可应用性，能为权利人带来现实的或者潜在的经济利益或者竞争优势。

本规定所称权利人采取保密措施，包括订立保密协议，建立保密制度及采取其他合理的保密措施。

本规定所称技术信息和经营信息，包括设计、程序、产品配方、制作工艺、制作方法、管理诀窍、客户名单、货源情报、产销策略、招投标中的标底及标书内容等信息。

本规定所称权利人，是指依法对商业秘密享有所有权或者使用权的公民、法人或者其他组织。

第三条 禁止下列侵犯商业秘密的行为:
(一)以盗窃、利诱、胁迫或者其他不正当手段获取的权利人的商业秘密;
(二)披露、使用或者允许他人使用以前项手段获取的权利人的商业秘密;
(三)与权利人有业务关系的单位和个人违反合同约定或者违反权利人保守商业秘密的要求,披露、使用或者允许他人使用其所掌握的权利人的商业秘密;
(四)权利人的职工违反合同约定或者违反权利人保守商业秘密的要求,披露、使用或者允许他人使用其所掌握的权利人的商业秘密。
第三人明知或者应知前款所列违法行为,获取、使用或者披露他人的商业秘密,视为侵犯商业秘密。

根据1998年6月12日公布的《国家工商行政管理局关于商业秘密构成要件问题的答复》(工商公字〔1998〕第109号),对商业秘密构成要件,答复如下:
商业秘密的构成要件有三:一是该信息不为公众所知悉。即该信息是不能从公开渠道直接获取的;二是该信息能为权利人带来经济利益,具有实用性;三是权利人对该信息采取了保密措施。概括地说,不能从公开渠道直接获取的,能为权利人带来经济利益,具有实用性,并经权利人采取保密措施的信息,即为《反不正当竞争法》所保护的商业秘密。
权利人采取保密措施,包括口头或书面的保密协议、对商业秘密权利人的职工或与商业秘密权利人有业务关系的他人提出保密要求等合理措施。只要权利人提出了保密要求,商业秘密权利人的职工或与商业秘密权利人有业务关系的他人知道或应该知道存在商业秘密,即为权利人采取了合理的保密措施,职工或他人就对权利人承担保密义务。

第三章　合同的效力

第五百零二条　【合同生效时间与待批准合同】依法成立的合同,自成立时生效,但是法律另有规定或者当事人另有约定的除外。
依照法律、行政法规的规定,合同应当办理批准等手续的,依照其规定。未办理批准等手续影响合同生效的,不影响合同中履行报批等义务条款以及相关条款的效力。应当办理申请批准等手续的当事人未履行义务的,对方可以请求其承担违反该义务的责任。
依照法律、行政法规的规定,合同的变更、转让、解除等情形应当办理批准等手续的,适用前款规定。

根据**2023年12月4日公布的《最高人民法院关于适用〈中华人民共和国民法典〉合同编通则若干问题的解释》(法释〔2023〕13号)**,规定如下:
第十二条 合同依法成立后,负有报批义务的当事人不履行报批义务或者履行报批义务不符合合同的约定或者法律、行政法规的规定,对方请求其继续履行报批义务的,人民法院应予支持;对方主张解除合同并请求其承担违反报批义务的赔偿责任的,人民法院应予支持。
人民法院判决当事人一方履行报批义务后,其仍不履行,对方主张解除合同并参照违反合同的违约责任请求其承担赔偿责任的,人民法院应予支持。
合同获得批准前,当事人一方起诉请求对方履行合同约定的主要义务,经释明后拒绝变更诉讼请求的,人民法院应当判决驳回其诉讼请求,但是不影响其另行提起诉讼。

负有报批义务的当事人已经办理申请批准等手续或者已经履行生效判决确定的报批义务，批准机关决定不予批准，对方请求其承担赔偿责任的，人民法院不予支持。但是，因迟延履行报批义务等可归责于当事人的原因导致合同未获批准，对方请求赔偿因此受到的损失的，人民法院应当依据民法典第一百五十七条的规定处理。

第十三条 合同存在无效或者可撤销的情形，当事人以该合同已在有关行政管理部门办理备案、已经批准机关批准或者已依据该合同办理财产权利的变更登记、移转登记等为由主张合同有效的，人民法院不予支持。

第十四条 当事人之间就同一交易订立多份合同，人民法院应当认定其中以虚假意思表示订立的合同无效。当事人为规避法律、行政法规的强制性规定，以虚假意思表示隐藏真实意思表示的，人民法院应当依据民法典第一百五十三条第一款的规定认定被隐藏合同的效力；当事人为规避法律、行政法规关于合同应当办理批准等手续的规定，以虚假意思表示隐藏真实意思表示的，人民法院应当依据民法典第五百零二条第二款的规定认定被隐藏合同的效力。

依据前款规定认定被隐藏合同无效或者确定不发生效力的，人民法院应当以被隐藏合同为事实基础，依据民法典第一百五十七条的规定确定当事人的民事责任。但是，法律另有规定的除外。

当事人就同一交易订立的多份合同均系真实意思表示，且不存在其他影响合同效力情形的，人民法院应当在查明各合同成立先后顺序和实际履行情况的基础上，认定合同内容是否发生变更。法律、行政法规禁止变更合同内容的，人民法院应当认定合同的相应变更无效。

第十五条 人民法院认定当事人之间的权利义务关系，不应当拘泥于合同使用的名称，而应当根据合同约定的内容。当事人主张的权利义务关系与根据合同内容认定的权利义务关系不一致的，人民法院应当结合缔约背景、交易目的、交易结构、履行行为以及当事人是否存在虚构交易标的等事实认定当事人之间的实际民事法律关系。

根据2020年12月29日修正的《最高人民法院关于审理技术合同纠纷案件适用法律若干问题的解释》(法释〔2020〕19号)，规定如下：

第八条 生产产品或者提供服务依法须经有关部门审批或者取得行政许可，而未经审批或者许可的，不影响当事人订立的相关技术合同的效力。

当事人对办理前款所称审批或者许可的义务没有约定或者约定不明确的，人民法院应当判令由实施技术的一方负责办理，但法律、行政法规另有规定的除外。

根据2020年12月29日修正的《最高人民法院关于审理外商投资企业纠纷案件若干问题的规定(一)》(法释〔2020〕18号)，对外商投资企业设立变更等过程中订立的合同生效要件，规定如下：

第一条 当事人在外商投资企业设立、变更等过程中订立的合同，依法律、行政法规的规定应当经外商投资企业审批机关批准后才生效的，自批准之日起生效；未经批准的，人民法院应当认定该合同未生效。当事人请求确认该合同无效的，人民法院不予支持。

前款所述合同因未经批准而被认定未生效的，不影响合同中当事人履行报批义务条款及因该报批义务而设定的相关条款的效力。

第二条 当事人就外商投资企业相关事项达成的补充协议对已获批准的合同不构成重大或实质性变更的，人民法院不应以未经外商投资企业审批机关批准为由认定该补充协议未生效。

前款规定的重大或实质性变更包括注册资本、公司类型、经营范围、营业期限、股东认缴的出资额、出资方式的变更以及公司合并、公司分立、股权转让等。

第三条 人民法院在审理案件中，发现经外商投资企业审批机关批准的外商投资企业合同具有法律、行政法规规定的无效情形的，应当认定合同无效；该合同具有法律、行政法规规定的可撤销情形，当事人请求撤销的，人民法院应予支持。

第十三条 外商投资企业股东与债权人订立的股权质押合同，除法律、行政法规另有规定或者合同另有约定外，自成立时生效。未办理质权登记的，不影响股权质押合同的效力。

当事人仅以股权质押合同未经外商投资企业审批机关批准为由主张合同无效或未生效的，人民法院不予支持。

股权质押合同依照民法典的相关规定办理了出质登记的，股权质权自登记时设立。

第十五条 合同约定一方实际投资、另一方作为外商投资企业名义股东，不具有法律、行政法规规定的无效情形的，人民法院应认定该合同有效。一方当事人仅以未经外商投资企业审批机关批准为由主张该合同无效或者未生效的，人民法院不予支持。

实际投资者请求外商投资企业名义股东依据双方约定履行相应义务的，人民法院应予支持。

双方未约定利益分配，实际投资者请求外商投资企业名义股东向其交付从外商投资企业获得的收益的，人民法院应予支持。外商投资企业名义股东向实际投资者请求支付必要报酬的，人民法院应酌情予以支持。

根据**2020年12月29日修正的《最高人民法院关于审理涉及农村土地承包纠纷案件适用法律问题的解释》（法释〔2020〕17号）**，规定如下：

第十四条 承包方依法采取出租、入股或者其他方式流转土地经营权，发包方仅以该土地经营权流转合同未报其备案为由，请求确认合同无效的，不予支持。

根据**2020年12月29日修正的《最高人民法院关于审理商品房买卖合同纠纷案件适用法律若干问题的解释》（法释〔2020〕17号）**，对于商品房预售合同的效力，规定如下：

第二条 出卖人未取得商品房预售许可证明，与买受人订立的商品房预售合同，应当认定无效，但是在起诉前取得商品房预售许可证明的，可以认定有效。

第六条 当事人以商品房预售合同未按照法律、行政法规规定办理登记备案手续为由，请求确认合同无效的，不予支持。

当事人约定以办理登记备案手续为商品房预售合同生效条件的，从其约定，但当事人一方已经履行主要义务，对方接受的除外。

第七条 买受人以出卖人与第三人恶意串通，另行订立商品房买卖合同并将房屋交付使用，导致其无法取得房屋为由，请求确认出卖人与第三人订立的商品房买卖合同无效的，应予支持。

根据**2020年12月29日修正的《最高人民法院关于国有土地开荒后用于农耕的土地使用权转让合同纠纷案件如何适用法律问题的批复》（法释〔2020〕17号）**，对国有土地开荒后用于农耕的土地使用权转让合同的效力，答复如下：

开荒后用于农耕而未交由农民集体使用的国有土地，不属于《中华人民共和国农村土地承包法》第二条规定的农村土地。此类土地使用权的转让，不适用《中华人民共和国农村土地承包法》的规定，应适用《中华人民共和国民法典》和《中华人民共和国土地管理法》等相关法律规定加以规范。

对于国有土地开荒后用于农耕的土地使用权转让合同，不违反法律、行政法规的强制性规定的，当事人仅以转让方未取得土地使用权证书为由请求确认合同无效的，人民法院依法不予支持；当事人根据合同约定主张对方当事人履行办理土地使用权证书义务的，人民法院依法应予支持。

根据**2020年12月23日修正的《最高人民法院关于审理与企业改制相关的民事纠纷案件若干问题的规定》（法释〔2020〕18号）**，规定如下：

第十四条 债权人与债务人自愿达成债权转股权协议，且不违反法律和行政法规强制性规定的，人民法院在审理相关的民事纠纷案件中，应当确认债权转股权协议有效。

政策性债权转股权，按照国务院有关部门的规定处理。

第十七条 以协议转让形式出售企业，企业出售合同未经有审批权的地方人民政府或其授权的职能部门审批的，人民法院在审理相关的民事纠纷案件时，应当确认该企业出售合同不生效。

根据 2020 年 5 月 15 日公布的《最高人民法院关于依法妥善审理涉新冠肺炎疫情民事案件若干问题的指导意见(二)》(法发〔2020〕17 号),通知如下:

16. 在审理融资租赁公司与医疗服务机构之间开展的医疗设备融资租赁业务所引发的民事纠纷案件时,对于医疗服务机构以融资租赁公司未取得医疗器械销售行政许可为由主张融资租赁合同无效的抗辩,人民法院不予支持。

根据 2019 年 11 月 8 日公布的《最高人民法院关于印发〈全国法院民商事审判工作会议纪要〉的通知》(法〔2019〕254 号),对于未经批准合同的效力等问题,通知如下:

37.**【未经批准合同的效力】**法律、行政法规规定某类合同应当办理批准手续生效的,如商业银行法、证券法、保险法等法律规定购买商业银行、证券公司、保险公司 5% 以上股权须经相关主管部门批准,依据《合同法》第 44 条第 2 款的规定,批准是合同的法定生效条件,未经批准的合同因欠缺法律规定的特别生效条件而未生效。实践中的一个突出问题是,把未生效合同认定为无效合同,或者虽认定为未生效,却按无效合同处理。无效合同从本质上来说是欠缺合同的有效要件,或者具有合同无效的法定事由,自始不发生法律效力。而未生效合同已具备合同的有效要件,对双方具有一定的拘束力,任何一方不得擅自撤回、解除、变更,但因欠缺法律、行政法规规定或当事人约定的特别生效条件,在该生效条件成就前,不能产生请求对方履行合同主要权利义务的法律效力。

38.**【报批义务及相关违约条款独立生效】**须经行政机关批准生效的合同,对报批义务及未履行报批义务的违约责任等相关内容作出专门约定的,该约定独立生效。一方因另一方不履行报批义务,请求解除合同并请求其承担合同约定的相应违约责任的,人民法院依法予以支持。

39.**【报批义务的释明】**须经行政机关批准生效的合同,一方请求另一方履行合同主要权利义务的,人民法院应当向其释明,将诉讼请求变更为请求履行报批义务。一方变更诉讼请求的,人民法院依法予以支持;经释明后当事人拒绝变更的,应当驳回其诉讼请求,但不影响其另行提起诉讼。

40.**【判决履行报批义务后的处理】**人民法院判决一方履行报批义务后,该当事人拒绝履行,经人民法院强制执行仍未履行,对方请求其承担合同违约责任的,人民法院依法予以支持。一方依据判决履行报批义务,行政机关予以批准,合同发生完全的法律效力,其请求对方履行合同的,人民法院依法予以支持;行政机关没有批准,合同不具有法律上的可履行性,一方请求解除合同的,人民法院依法予以支持。

根据 2014 年 12 月 17 日公布的《最高人民法院关于依法平等保护非公有制经济促进非公有制经济健康发展的意见》(法发〔2014〕27 号),对于"正确认定民商事合同效力,保障非公有制经济的合法交易",意见如下:

要处理好意思自治与行政审批的关系,对法律、行政法规规定应当办理批准、登记等手续生效的合同,应当允许当事人在判决前补办批准、登记手续,尽量促使合同合法有效。要正确理解和适用合同法第五十二条关于无效合同的规定,严格限制认定合同无效的范围。对故意不履行报批手续、恶意违约的当事人,依法严格追究其法律责任,保护守信方的合法权益。要依法审理涉及非公有制经济主体的金融借款、融资租赁、民间借贷等案件,依法支持非公有制经济主体多渠道融资。要根据物权法定原则的最新发展,正确认定新型担保合同的法律效力,助力提升非公有制经济主体的融资担保能力。

根据 2014 年 6 月 3 日公布的《最高人民法院关于人民法院为企业兼并重组提供司法保障的指导意见》(法发〔2014〕7 号),对于法院如何依法认定兼并重组行为效力,意见如下:

6. 依法认定兼并重组行为的效力,促进资本合法有序流转。要严格依照合同法第五十二条关于合同效力的规定,正确认定各类兼并重组合同的效力。结合当事人间交易方式和市场交易习惯,准确认定兼并重组中预约、意向协议、框架协议等的效力及强制执行力。要坚持促进交易进行,维护交易安全的商事审判理念,审慎认定企业估值调整协议、股份转换协议等新类型合同的效力，避免简单以法律没有规定为由认定合同无效。要尊重市场主体的意思自治，维护契约精神，恰当认定兼并重组交易行为与政府行政审批的关系。要处理好公司外部行为与公司内部意思自治之间的关系。要严格依照公司法第二十二条的规定，从会议召集程序、表决方式、决议内容等是否违反法律、行政法规或公司章程方面，对兼并重组中涉及的企业合并、分立、新股发行、重大资产变化等决议的法律效力进行审查。对交叉持股表决方式、公司简易合并等目前尚无明确法律规定的问题，应结合个案事实和行为结果，审慎确定行为效力。

根据**2010年7月1日公布的《最高人民法院关于审理金融资产管理公司利用外资处置不良债权案件涉及对外担保合同效力问题的通知》(法发〔2010〕25号)**，具体如下：

一、2005年1月1日之后金融资产管理公司利用外资处置不良债权，向外国投资者出售或转让不良资产，外国投资者受让债权之后向人民法院提起诉讼，要求债务人及担保人直接向其承担责任的案件，由于债权人变更为外国投资者，使得不良资产中含有的原国内性质的担保具有了对外担保的性质，该类担保有其自身的特性，国家有关主管部门对该类担保的审查采取较为宽松的政策。如果当事人提供证据证明依照《国家外汇管理局关于金融资产管理公司利用外资处置不良资产有关外汇管理问题的通知》(汇发〔2004〕119号)第六条规定，金融资产管理公司通知了原债权债务合同的担保人，外国投资者或其代理人在办理不良资产转让备案登记时提交的材料中注明了担保的具体情况，并经国家外汇管理局分局、管理部审核后办理不良资产备案登记的，人民法院不应以转让未经担保人同意或者未经国家有关主管部门批准或者登记为由认定担保合同无效。

二、外国投资者或其代理人办理不良资产转让备案登记时，向国家外汇管理局分局、管理部提交的材料中应逐笔列明担保的情况，未列明的，视为担保未予登记。当事人在一审法庭辩论终结前向国家外汇管理局分局、管理部补交了注明担保具体情况的不良资产备案资料的，人民法院不应以未经国家有关主管部门批准或者登记为由认定担保合同无效。

三、对于因2005年1月1日之前金融资产管理公司利用外资处置不良债权而产生的纠纷案件，如果当事人能够提供证据证明依照当时的规定办理了相关批准、登记手续的，人民法院不应以未经国家有关主管部门批准或者登记为由认定担保合同无效。

根据**2004年3月23日公布的《最高人民法院关于转发国土资源部〈关于国有划拨土地使用权抵押登记有关问题的通知〉的通知》(法发〔2004〕11号)**，国土资源部于2004年1月15日发布了国土资发〔2004〕9号《关于国有划拨土地使用权抵押登记有关问题的通知》。现将该《通知》转发给你们，在《通知》发布之日起，人民法院尚未审结的涉及国有划拨土地使用权抵押经过有审批权限的土地行政管理部门依法办理抵押登记手续的案件，不以国有划拨土地使用权抵押未经批准而认定抵押无效。已经审结的案件不应依据该《通知》提起再审。

根据**2001年6月19日公布的《最高人民法院关于印发全国法院知识产权审判工作会议关于审理技术合同纠纷案件若干问题的纪要的通知》(法〔2001〕84号)**，对于未办理审批手续的技术合同的效力，具体如下：

22.法律、法规规定生产产品或者提供服务须经有关部门审批手续或者领取许可证，而实际尚未办理该审批手续或者领取许可证的，不影响当事人就有关产品的生产或者服务的提供所订立的技术合同的效力。

当事人对办理前款所称审批手续或者许可证的义务没有约定或者约定不明确，依照合同法第六十一条的规定不能达成补充协议的，除法律、法规另有规定的以外，由实施技术的一方负责办理。

根据**1991年1月11日公布的《最高人民法院关于对一企业租赁经营合同规定由主管部门鉴证后合同生效的条款效力如何认定问题的复函》(〔1991〕法经字第1号)**，本案合同第六条第三项"本合同经双方签字，并经鉴证后生效"的约定，是合同当事人双方真实意思表示，现行法律没有禁止性规定，且，合同鉴证实行的是自愿原则，因此，这一条款不宜认定无效。但就本案而言，在当事人送交鉴证的合同正式文本上，原告方拒绝签字，合同不能视为成立，也不发生法律效力。故，认定合同第六条第三项条款效力如何，似无实际意义。

根据2008年8月5日修订的《中华人民共和国外汇管理条例》，规定如下：

第十九条 提供对外担保，应当向外汇管理机关提出申请，由外汇管理机关根据申请人的资产负债等情况作出批准或者不批准的决定；国家规定其经营范围需经有关主管部门批准的，应当在向外汇管理机关提出申请前办理批准手续。申请人签订对外担保合同后，应当到外汇管理机关办理对外担保登记。

经国务院批准为使用外国政府或者国际金融组织贷款进行转贷提供对外担保的，不适用前款规定。

根据**大宗集团有限公司、宗锡晋与淮北圣火矿业有限公司、淮北圣火房地产开发有限责任公司、涡阳圣火房地产开发有限公司股权转让纠纷案：最高人民法院（2015）民二终字第236号民事判决书［《最高人民法院公报》2016年第6期（总第236期）］**，矿业权与股权是两种不同的民事权利，如果仅转让公司股权而不导致矿业权主体的变更，则不属于矿业权转让，转让合同无须地质矿产主管部门审批，在不违反法律、行政法规强制性规定的情况下，应认定合同合法有效。迟延履行生效合同约定义务的当事人以迟延履行期间国家政策变化为由主张情势变更的，不予支持。

根据**王仕龙与刘俊波采矿权转让合同纠纷案：最高人民法院民事裁定书［《最高人民法院公报》2014年第11期（总第217期）］**，当事人签订采矿权转让合同后，未依法履行报批手续的，此时合同尚未生效。但按照法律规定，合法成立的合同仍然对双方当事人具有法律拘束力，即当事人应当积极履行各自的义务，促使合同生效，以维护交易各方的合法权益。因此，在这种情况下，如果一方提起诉讼要求解除合同的，法院不应当支持其主张，而是应当判令双方按照各自义务办理相应报批手续，积极促使合同生效，以符合合同法鼓励交易、创造财富的原则。

根据**陈允斗与宽甸满族自治县虎山镇老边墙村民委员会采矿权转让合同纠纷案：最高人民法院（2011）民提字第81号民事判决书［《最高人民法院公报》2012年第3期（总第185期）］**，裁决如下：

一、租赁采矿权属于一种特殊的矿业权转让方式，采矿权转让合同属于批准后才生效的合同。根据国务院《探矿权采矿权转让管理办法》第十条第三款的规定，出租采矿权须经有权批准的机关审批，批准转让的，转让合同自批准之日起生效。

二、诉讼中，采矿权租赁合同未经批准，人民法院应认定该合同未生效。采矿权合同虽未生效，但合同约定的报批条款依然有效。如果一方当事人据此请求对方继续履行报批义务，人民法院经审查认为客观条件允许的，对其请求应予支持；继续报批缺乏客观条件的，依法驳回其请求。

根据**张建中诉杨照春股权确认纠纷案：上海市静安区人民法院2010年1月18日民事判决书［《最高人民法院公报》2011年第5期（总第175期）］**，有限责任公司的实际出资人与名义出资人订立合同，约定由实际出资人出资并享有投资权益，以名义出资人为名义股东，该合同如无《合同法》第五十二条规定的情形，应当认定为有效。实际出资人有权依约主张确认投资权益归属。如实际出资人要求变更股东登记名册，须符合《公司法》第七十二条的有关规定。人民法院在审理实际出资人与名义出资人之间的股权转让纠纷中，以在所涉公司办公场所张贴通知并向其他股东邮寄通知的方式，要求其他股东提供书面回复意见，公司其他股东过半数表示同意股权转让的，应当认定该股权转让符合《公司法》第七十二条的规定，名义出资人应依约为实际出资人办理相应的股权变更登记手续。

根据**香港锦程投资有限公司与山西省心血管疾病医院、第三人山西寰能科贸有限公司中外合资经营企业合同纠纷案：最高人民法院（2010）民四终字第3号民事判决书［《最高人民法院公报》2010年第12期（总第170期）］**，《中华人民共和国中外合资经营企业法实施条例》第十四条规定，合营企业协议、合同和章程经审批机构批准后生效，其修改时同。当事人在履行合营企业协议或合同的过程中达成的补充协议，虽然属于对原合同的修改，但其效力应当结合案情全面加以分析。如果补充协议内容不涉及必须报经审批机关审批的事项，对于已获批准的合营企业协议不构成实质性变更的，一方当事人仅以补充协议未经审批机关审批为由主张协议内容无效的，人民法院不予支持。

根据**广州市仙源房地产股份有限公司与广东中大中鑫投资策划有限公司、广州远兴房产有限公司、中国投资集团国际理财有限公司股权转让纠纷案：最高人民法院（2009）民申字第1068号民事裁定书［《最高人民法院公报》2010年第8期（总第166期）］**，裁决如下：

一、合作者一方转让其在中外合作企业合同中的权利、义务，转让合同成立后未报审批机关批准的，合同效力应确定为未生效，而非无效。

二、即使转让合同未经批准，仍应认定"报批"义务在合同成立时即已产生，否则当事人可通过故意不办理或不协助办理"报批"手续而恶意阻止合同生效，有悖于诚实信用原则。

三、最高人民法院《关于适用〈中华人民共和国合同法〉若干问题的解释（二）》第八条规定，有义务办理申请批准手续的一方当事人未按照法律规定或者合同约定办理申请批准手续的，人民法院可以判决相对人自行办理有关手续，对方当事人对由此产生的费用和给相对人造成的实际损失，应当承担损害赔偿责任。据此，人民法院也可以根据当事人的请求判决义务人履行报请审批机关批准的义务。

根据**浙江省乐清市乐城镇石马村村民委员会与浙江顺益房地产开发有限公司合作开发房地产合同纠纷案：最高人民法院（2006）民一终字第59号民事判决书［《最高人民法院公报》2008年第9期（总第143期）］**，根据《中华人民共和国村民委员会组织法》第十八条、第十九条的规定，村民会议由村民委员会召集，对于涉及村民利益的事项和村民会议认为应当由村民会议讨论决定的涉及村民利益的其他事项，村民委员会必须提请村民会议讨论决定后方可办理。村民委员会经依法召集村民会议讨论决定后与他人订立的协议，应当认定为合法有效。

根据**青岛市国土资源和房屋管理局崂山国土资源分局与青岛乾坤木业有限公司土地使用权出让合同纠纷案：最高人民法院（2007）民一终字第84号民事判决书［《最高人民法院公报》2008年第5期（总第139期）］**，《国有土地使用权出让合同》中，部分土地未办理农用地转用审批手续的，此时合同双方当事人意思表示真实，约定内容不损害国家、集体和第三人的合法权益，且已经过公证，应认定合同已经成立。但是是否生效，还需要看合同是否符合了《中华人民共和国合同法》（以下简称《合同法》）有效合同的规定，根据合同法的相关规定，依法成立的合同，自成立时生效，法律、行政法规规定应当办理批准、登记等手续生效的，依照其规定。《中华人民共和国土地管理法》规定，国有土地使用权的出让涉及农用地转为建设用地等事项，应当依法办理农用地转用审批手续，因此，因为部分土地未办理农用地转用审批手续，所以《国有土地使用权出让合同》中涉及农用地转用的部分无效。依据我国《合同法》的规定，合同部分内容无效，不影响其他部分效力的，所以应当认定《国有土地使用权出让合同》其他部分内容有效。合同双方应该继续履行合同的有效部分，当受让人不履行约定义务满足合同解除的条件时，根据《合同法》第九十三条第二款的规定：当事人可以约定一方解除合同的条件。解除合同的条件成就时，解除权人可以解除合同。因此，出让人享有解除权，可以解除合同。

根据**陆丰市陆丰典当行与陈卫平、陈淑铭、陆丰市康乐奶品有限公司清算小组、第三人张其心土地抵债合同纠纷案：最高人民法院（2006）民二提字第10号民事判决书［《最高人民法院公报》2008年第4期（总第138期）］**，典当行持有中国人民银行颁发的金融机构法人许可证，其经营范围包括为非国有中、小企业和个人办理质押贷款业务，属于经批准合法成立的金融机构。行为人以取得土地的合法手续作为抵押向典当行借款的，不违反有关法律的禁止性规定。即使该土地抵押未向有关部门办理抵押登记，也仅仅不发生对抗第三人的法律效力，并不因此影响行为人与典当行之间典当协议的合法有效。

根据中国信达资产管理公司兰州办事处与甘肃亚盛盐化工业(集团)有限责任公司借款合同纠纷案:最高人民法院(2006)民二终字第159号民事判决书[《最高人民法院公报》2007年第10期(总第132期)],双方当事人签订合同,约定以一方当事人的上级主管部门批准作为合同生效条件的,该方当事人即负有及时报请其上级主管部门审批、促使合同生效的义务。如果该方当事人怠于履行上述约定义务,在合同业经双方当事人签字盖章成立,合同内容不违反法律禁止性规定、不损害他人利益且已部分履行的情况下,应当认定合同已经生效。

根据桂馨源公司诉全威公司等土地使用权转让合同纠纷案:最高人民法院(2004)民一终字第46号民事判决书[《最高人民法院公报》2005年第7期(总第105期)],签订国有土地使用权转让合同时,转让人虽未取得国有土地使用权证,但在诉讼前已经取得该证的,应认定转让合同有效。当事人取得国有土地使用权证后未足额缴纳土地出让金,或对转让土地的投资开发未达到投资总额25%以上的,属转让标的瑕疵,不影响转让合同的效力。

根据于存库诉董成斌、董成珍房屋买卖纠纷案:四川省德阳市中级人民法院2001年8月30日民事判决书[《最高人民法院公报》2001年第4期(总第72期)],裁决如下:

第一,房屋买卖合同签订后,双方当事人未办理登记手续的,房屋所有权不发生转移,但并不是指买卖协议本身不能成立。根据《合同法》第四十四条依法成立的合同,自成立时生效。因此,一方当事人不能以该房产未办理权属变更手续为由,主张该房屋买卖合同无效。

第二,根据"地随房走"的原则,于存库在出售自己的房产时,其以划拨方式取得的土地使用权,在依法补办相应手续后,也是可以转让的。即使出让人在签订土地转让合同时没有取得土地使用权,但是合同签订后及时办理了涉案房屋的产权证和土地使用权证的,就应视其为房屋的合法产权人。

根据2022年2月28日公布的《最高人民法院发布第三批涉"一带一路"建设典型案例》,案例3是吉美投资有限公司(Ge Mei Investment Limited)与河南鹰城集团有限公司、张顺义、张磊股权转让纠纷案(阐明外商投资准入负面清单实施后的外资合同效力规则,依法保护外商投资者合法权益),具体如下:

基本案情

2012年7月,吉美公司与鹰城集团及华丰集团,经批准设立了外商投资企业鹰城房地产公司。2016年3月,吉美公司与鹰城集团签署《股权转让合同》,约定:吉美公司将其持有的鹰城房地产公司40%的股权,以1亿元价格转让给鹰城集团,鹰城集团于2016年3月31日前支付吉美公司。合同自各方签字或盖章之日起成立,自审批机关批准之日生效。2016年4月11日,平顶山商务局作出同意股权转让的批复,同日又发出通知书,根据鹰城房地产公司撤回申请,不再继续受理股权转让报批事项,故未作出批准证书。吉美公司据此提起诉讼,请求鹰城集团支付1亿元股权转让款。

裁判结果

最高人民法院审理认为,2016年10月1日起,我国对外商投资准入特别管理措施以外的外商投资企业的设立、变更,已由行政审批制转为备案管理制。对不属于外资准入负面清单的外商投资企业的股权转让合同,不再将审批作为认定合同生效的要件。当事人关于"自审批机关批准之日起生效"的约定,亦不再具有限定合同生效条件的意义,应当认定合同有效。鹰城集团最迟付款履行期间已经届满,故判决鹰城集团向吉美公司支付股权转让款1亿元。

典型意义

我国外商投资管理体制自2016年10月1日起实施重大改革,将运行多年的全面审批制改为普遍备案制与负面清单下的审批制。如何认定备案的性质以及履行期限跨越新法实施日的外商投资企业合同的效力,是司法实践中亟待解决的问题。本案的裁判规则指出,备案不再构成外商投资负面清单以外的外商投资企业合同的生效要件。相应地,未报批的该类外商投资企业股权转让合同亦为生效合同。该判决所确立的裁判规则对于指导外商投资企业纠纷的处理、保护外商投资者的合法权益具有重要意义。

【一审案号】
河南省高级人民法院(2016)豫民初 19 号
【二审案号】
最高人民法院(2017)最高法民终 651 号

根据 2016 年 7 月 12 日公布的《最高人民法院发布十起审理矿业权民事纠纷案件典型案例》,其中案例 5 是资中县鸿基矿业公司、何盛华与吕志鸿劳务承包合同纠纷案,典型意义如下:

劳务承包在矿山企业的生产经营中大量存在,恰当认定承包合同的性质和效力有利于稳定交易秩序和维护交易安全。采矿权人将采矿任务发包给承包人完成,向承包人给付一定的劳务报酬,享有承包人的劳务成果的,其性质应认定为劳务承包合同。矿产资源勘查、开采的劳务承包不发生采矿权人主体的变更,不属于以承包形式转让采矿权,不受合同须经国土资源主管部门批准始生效的法律规制,在不违反法律、行政法规强制性规定的情况下,合同应确认合法有效。

第五百零三条 【被代理人对无权代理合同的追认】无权代理人以被代理人的名义订立合同,被代理人已经开始履行合同义务或者接受相对人履行的,视为对合同的追认。

第五百零四条 【越权订立的合同效力】法人的法定代表人或者非法人组织的负责人超越权限订立的合同,除相对人知道或者应当知道其超越权限外,该代表行为有效,订立的合同对法人或者非法人组织发生效力。

根据 2023 年 12 月 29 日修订的《中华人民共和国公司法》,规定如下:

第十五条 公司向其他企业投资或者为他人提供担保,按照公司章程的规定,由董事会或者股东会决议;公司章程对投资或者担保的总额及单项投资或者担保的数额有限额规定的,不得超过规定的限额。

公司为公司股东或者实际控制人提供担保的,应当经股东会决议。

前款规定的股东或者受前款规定的实际控制人支配的股东,不得参加前款规定事项的表决。该项表决由出席会议的其他股东所持表决权的过半数通过。

根据 2023 年 12 月 4 日公布的《最高人民法院关于适用〈中华人民共和国民法典〉合同编通则若干问题的解释》(法释〔2023〕13 号),规定如下:

第二十条 法律、行政法规为限制法人的法定代表人或者非法人组织的负责人的代表权,规定合同所涉事项应当由法人、非法人组织的权力机构或者决策机构决议,或者应当由法人、非法人组织的执行机构决定,法定代表人、负责人未取得授权而以法人、非法人组织的名义订立合同,未尽到合理审查义务的相对人主张该合同对法人、非法人组织发生效力并由其承担违约责任的,人民法院不予支持,但是法人、非法人组织有过错的,可以参照民法典第一百五十七条的规定判决其承担相应的赔偿责任。相对人已尽到合理审查义务,构成表见代表的,人民法院应当依据民法典第五百零四条的规定处理。

合同所涉事项未超越法律、行政法规规定的法定代表人或者负责人的代表权限,但是超越法人、非法人组织的章程或者权力机构等对代表权的限制,相对人主张该合同对法人、非法人组织发生效力并由其承担违约责任的,人民法院依法予以支持。但是,法人、非法人组织举证证明相对人知道或者应当知道该限制的除外。

法人、非法人组织承担民事责任后,向有过错的法定代表人、负责人追偿因越权代表行为造成的损失的,人民法院依法予以支持。法律、司法解释对法定代表人、负责人的民事责任另有规定的,依照其规定。

第二十一条 法人、非法人组织的工作人员就超越其职权范围的事项以法人、非法人组织的名义订立合同,相对人主张该合同对法人、非法人组织发生效力并由其承担违约责任的,人民法院不予支持。但是,法人、非法人组织有过错的,人民法院可以参照民法典第一百五十七条的规定判决其承担相应的赔偿责任。前述情形,构成表见代理的,人民法院应当依据民法典第一百七十二条的规定处理。

合同所涉事项有下列情形之一的,人民法院应当认定法人、非法人组织的工作人员在订立合同时超越其职权范围:

(一)依法应当由法人、非法人组织的权力机构或者决策机构决议的事项;

(二)依法应当由法人、非法人组织的执行机构决定的事项;

(三)依法应当由法定代表人、负责人代表法人、非法人组织实施的事项;

(四)不属于通常情形下依其职权可以处理的事项。

合同所涉事项未超越依据前款确定的职权范围,但是超越法人、非法人组织对工作人员职权范围的限制,相对人主张该合同对法人、非法人组织发生效力并由其承担违约责任的,人民法院应予支持。但是,法人、非法人组织举证证明相对人知道或者应当知道该限制的除外。

法人、非法人组织承担民事责任后,向故意或者有重大过失的工作人员追偿的,人民法院依法予以支持。

第二十二条 法定代表人、负责人或者工作人员以法人、非法人组织的名义订立合同且未超越权限,法人、非法人组织仅以合同加盖的印章不是备案印章或者系伪造的印章为由主张该合同对其不发生效力的,人民法院不予支持。

合同系以法人、非法人组织的名义订立,但是仅有法定代表人、负责人或者工作人员签名或者按指印而未加盖法人、非法人组织的印章,相对人能够证明法定代表人、负责人或者工作人员在订立合同时未超越权限的,人民法院应当认定合同对法人、非法人组织发生效力。但是,当事人约定以加盖印章作为合同成立条件的除外。

合同仅加盖法人、非法人组织的印章而无人员签名或者按指印,相对人能够证明合同系法定代表人、负责人或者工作人员在其权限范围内订立的,人民法院应当认定该合同对法人、非法人组织发生效力。

在前三款规定的情形下,法定代表人、负责人或者工作人员在订立合同时虽然超越代表或者代理权限,但是依据民法典第五百零四条的规定构成表见代表,或者依据民法典第一百七十二条的规定构成表见代理的,人民法院应当认定合同对法人、非法人组织发生效力。

根据**2020年12月31日公布的《最高人民法院关于适用〈中华人民共和国民法典〉有关担保制度的解释》(法释〔2020〕28号)**,规定如下:

第七条 公司的法定代表人违反公司法关于公司对外担保决议程序的规定,超越权限代表公司与相对人订立担保合同,人民法院应当依照民法典第六十一条和第五百零四条等规定处理:

(一)相对人善意的,担保合同对公司发生效力;相对人请求公司承担担保责任的,人民法院应予支持。

(二)相对人非善意的,担保合同对公司不发生效力;相对人请求公司承担赔偿责任的,参照适用本解释第十七条的有关规定。

法定代表人超越权限提供担保造成公司损失,公司请求法定代表人承担赔偿责任的,人民法院应予支持。

第一款所称善意,是指相对人在订立担保合同时不知道且不应当知道法定代表人超越权限。相对人有证据证明已对公司决议进行了合理审查,人民法院应当认定其构成善意,但是公司有证据证明相对人知道或者应当知道决议系伪造、变造的除外。

第八条 有下列情形之一，公司以其未依照公司法关于公司对外担保的规定作出决议为由主张不承担担保责任的，人民法院不予支持：

（一）金融机构开立保函或者担保公司提供担保；

（二）公司为其全资子公司开展经营活动提供担保；

（三）担保合同系由单独或者共同持有公司三分之二以上对担保事项有表决权的股东签字同意。

上市公司对外提供担保，不适用前款第二项、第三项的规定。

第九条 相对人根据上市公司公开披露的关于担保事项已经董事会或者股东大会决议通过的信息，与上市公司订立担保合同，相对人主张担保合同对上市公司发生效力，并由上市公司承担担保责任的，人民法院应予支持。

相对人未根据上市公司公开披露的关于担保事项已经董事会或者股东大会决议通过的信息，与上市公司订立担保合同，上市公司主张担保合同对其不发生效力，且不承担担保责任或者赔偿责任的，人民法院应予支持。

相对人与上市公司已公开披露的控股子公司订立的担保合同，或者相对人与股票在国务院批准的其他全国性证券交易场所交易的公司订立的担保合同，适用前两款规定。

第十条 一人有限责任公司为其股东提供担保，公司以违反公司法关于公司对外担保决议程序的规定为由主张不承担担保责任的，人民法院不予支持。公司因承担担保责任导致无法清偿其他债务，提供担保时的股东不能证明公司财产独立于自己的财产，其他债权人请求该股东承担连带责任的，人民法院应予支持。

根据 2019 年 11 月 8 日公布的《最高人民法院关于印发〈全国法院民商事审判工作会议纪要〉的通知》（法〔2019〕254 号），关于公司为他人提供担保，通知如下：

关于公司为他人提供担保的合同效力问题，审判实践中裁判尺度不统一，严重影响了司法公信力，有必要予以规范。对此，应当把握以下几点：

17.**【违反《公司法》第 16 条构成越权代表】**为防止法定代表人随意代表公司为他人提供担保给公司造成损失，损害中小股东利益，《公司法》第 16 条对法定代表人的代表权进行了限制。根据该条规定，担保行为不是法定代表人所能单独决定的事项，而必须以公司股东（大）会、董事会等公司机关的决议作为授权的基础和来源。法定代表人未经授权擅自为他人提供担保的，构成越权代表，人民法院应当根据《合同法》第 50 条关于法定代表人越权代表的规定，区分订立合同时债权人是否善意分别认定合同效力：债权人善意的，合同有效；反之，合同无效。

18.**【善意的认定】**前条所称的善意，是指债权人不知道或者不应当知道法定代表人超越权限订立担保合同。《公司法》第 16 条对关联担保和非关联担保的决议机关作出了区别规定，相应地，在善意的判断标准上也应当有所区别。一种情形是，为公司股东或者实际控制人提供关联担保，《公司法》第 16 条明确规定必须由股东（大）会决议，未经股东（大）会决议，构成越权代表。在此情况下，债权人主张担保合同有效，应当提供证据证明其在订立合同时对股东（大）会决议进行了审查，决议的表决程序符合《公司法》第 16 条的规定，即在排除被担保股东表决权的情况下，该项表决由出席会议的其他股东所持表决权的过半数通过，签字人员也符合公司章程的规定。另一种情形是，公司为公司股东或者实际控制人以外的人提供非关联担保，根据《公司法》第 16 条的规定，此时由公司章程规定是由董事会决议还是股东（大）会决议。无论章程是否对决议机关作出规定，也无论章程规定决议机关为董事会还是股东（大）会，根据《民法总则》第 61 条第 3 款关于"法人章程或者法人权力机构对法定代表人代表权的限制，不得对抗善意相对人"的规定，只要债权人能够证明其在订立担保合同时对董事会决议或者股东（大）会决议进行了审查，同意决议的人数及签字人员符合公司章程的规定，就应当认定其构成善意，但公司能够证明债权人明知公司章程对决议机关有明确规定的除外。

债权人对公司机关决议内容的审查一般限于形式审查，只要求尽到必要的注意义务即可，标准不宜太过严苛。公司以机关决议系法定代表人伪造或者变造、决议程序违法、签章（名）不实、担保金额超过法定限额等事由抗辩债权人非善意的，人民法院一般不予支持。但是，公司有证据证明债权人明知决议系伪造或者变造的除外。

19.【**无须机关决议的例外情况**】存在下列情形的，即便债权人知道或者应当知道没有公司机关决议，也应当认定担保合同符合公司的真实意思表示，合同有效：

（1）公司是以为他人提供担保为主营业务的担保公司，或者是开展保函业务的银行或者非银行金融机构；

（2）公司为其直接或者间接控制的公司开展经营活动向债权人提供担保；

（3）公司与主债务人之间存在相互担保等商业合作关系；

（4）担保合同系由单独或者共同持有公司三分之二以上有表决权的股东签字同意。

20.【**越权担保的民事责任**】依据前述3条规定，担保合同有效，债权人请求公司承担担保责任的，人民法院依法予以支持；担保合同无效，债权人请求公司承担担保责任的，人民法院不予支持，但可以按照担保法及有关司法解释关于担保无效的规定处理。公司举证证明债权人明知法定代表人超越权限或者机关决议系伪造或者变造，债权人请求公司承担合同无效后的民事责任的，人民法院不予支持。

21.【**权利救济**】法定代表人的越权担保行为给公司造成损失，公司请求法定代表人承担赔偿责任的，人民法院依法予以支持。公司没有提起诉讼，股东依据《公司法》第151条的规定请求法定代表人承担赔偿责任的，人民法院依法予以支持。

22.【**上市公司为他人提供担保**】债权人根据上市公司公开披露的关于担保事项已经董事会或者股东大会决议通过的信息订立的担保合同，人民法院应当认定有效。

23.【**债务加入准用担保规则**】法定代表人以公司名义与债务人约定加入债务并通知债权人或者向债权人表示愿意加入债务，该约定的效力问题，参照本纪要关于公司为他人提供担保的有关规则处理。

根据招商银行股份有限公司大连东港支行与大连振邦氟涂料股份有限公司、大连振邦集团有限公司借款合同纠纷案：最高人民法院（2012）民提字第156号民事判决书［《最高人民法院公报》2015年第2期（总第220期）］，《公司法》第十六条第二款规定，公司为公司股东或者实际控制人提供担保的，必须经股东会或者股东大会决议。该条款是关于公司内部控制管理的规定，不应以此作为评价合同效力的依据。担保人抗辩认为其法定代表人订立抵押合同的行为超越代表权，债权人以其对相关股东会决议履行了形式审查义务，主张担保人的法定代表人构成表见代表的，人民法院应予支持。

根据北京公达房地产有限责任公司诉北京市祥和三峡房地产开发公司房地产开发合同纠纷案：最高人民法院（2009）民提字第76号民事判决书［《最高人民法院公报》2010年第11期（总第169期）］，公司的法定代表人依法代表公司对外进行民事活动。法定代表人发生变更的，应当在工商管理部门办理变更登记。公司的法定代表人在对外签订合同时已经被上级单位决定停止职务，但未办理变更登记，公司以此主张合同无效的，人民法院不予支持。

第五百零五条　【超越经营范围订立的合同效力】当事人超越经营范围订立的合同的效力，应当依照本法第一编第六章第三节和本编的有关规定确定，不得仅以超越经营范围确认合同无效。

根据**2023年12月29日修订的《中华人民共和国公司法》**，规定如下：

第九条　公司的经营范围由公司章程规定。公司可以修改公司章程，变更经营范围。

公司的经营范围中属于法律、行政法规规定须经批准的项目，应当依法经过批准。

第五百零六条 【免责条款效力】合同中的下列免责条款无效：

（一）造成对方人身损害的；

（二）因故意或者重大过失造成对方财产损失的。

第五百零七条 【争议解决条款效力】合同不生效、无效、被撤销或者终止的，不影响合同中有关解决争议方法的条款的效力。

根据**2017年9月1日修正的《中华人民共和国仲裁法》**，规定如下：

第十九条 仲裁协议独立存在，合同的变更、解除、终止或者无效，不影响仲裁协议的效力。

仲裁庭有权确认合同的效力。

根据**2008年12月16日公布的《最高人民法院关于适用〈中华人民共和国仲裁法〉若干问题的解释》（法释〔2006〕7号）**，规定如下：

第十条 合同成立后未生效或者被撤销的，仲裁协议效力的认定适用仲裁法第十九条第一款的规定。

当事人在订立合同时就争议达成仲裁协议的，合同未成立不影响仲裁协议的效力。

根据**2013年2月26日公布的《最高人民法院关于王国林申请撤销中国国际经济贸易仲裁委员会华南分会（2012）中国贸仲深裁字第3号仲裁裁决一案的请示的复函》（〔2013〕民四他字第8号）**，答复如下：

本案系当事人申请撤销我国仲裁机构作出的涉台仲裁裁决案件，应当参照《中华人民共和国仲裁法》第七十条和《中华人民共和国民事诉讼法》（2012年修正）第二百七十四条第一款的规定进行审查。

关于仲裁条款的效力问题。本案当事人在案涉合同中约定了明确的仲裁条款。根据仲裁条款独立性原则，案涉合同的无效并不影响合同中仲裁条款的效力。同意你院关于案涉仲裁条款有效的意见。关于仲裁裁决是否存在超裁问题。本案中，吴硕琛系以案涉合同有效并要求王国林支付股权转让余款为请求提起仲裁，仲裁庭有权主动对案涉合同的效力进行审查并作出认定。但是，仲裁庭在未向当事人释明合同无效的后果以及未给予当事人变更仲裁请求机会的情况下，直接对合同无效后的返还以及赔偿责任作出裁决，确实超出了当事人的请求，属于超裁。人民法院可以参照《中华人民共和国仲裁法》第七十条和《中华人民共和国民事诉讼法》第二百七十四条第一款第（四）项的规定对案涉仲裁裁决予以撤销。但是考虑到本案标的具体情况，仲裁庭有能力纠正上述错误，人民法院可给予仲裁庭重新仲裁的机会。因此，对于本案的具体处理，人民法院应当根据《中华人民共和国仲裁法》第六十一条的规定通知仲裁庭重新仲裁，如果仲裁庭拒绝重新仲裁，人民法院可以对案涉仲裁裁决予以撤销。

根据**招商银行股份有限公司无锡分行与中国光大银行股份有限公司长春分行委托合同纠纷管辖权异议案：最高人民法院（2015）民二终字第428号民事裁定书［《最高人民法院公报》2016年第7期（总第237期）］**，合同效力是对已经成立的合同是否具有合法性的评价，依法成立的合同，始对当事人具有法律约束力。《中华人民共和国合同法》第五十七条关于"合同无效、被撤销或者终止的，不影响合同中独立存在的有关解决争议方法的条款的效力"的规定适用于已经成立的合同，"有关解决争议方法的条款"应当符合法定的成立条件。

根据**2023年6月21日公布的《最高人民法院发布八起涉体育纠纷民事典型案例》，其中案例2是齐某与某文化公司、郝某健康权纠纷案（体育活动培训协议的免责条款依法无效）**，具体如下：

关键词

免责条款 / 安全保障义务

基本案情

齐某与某文化公司签订《培训协议》，约定由某文化公司对齐某进行泰拳培训，除非公司存在故意或者重大过失，否则在培训中受伤的后果应由齐某自行承担。课程开始前，某文化公司临时将原泰拳教练更换为散打教练为齐某授课；课程即将结束时，教练安排齐某与另一名泰拳学员郝某进行摔跤对练，并未按照规定在旁进行指导保护。齐某在对练中倒地受伤，起诉请求某文化公司及郝某共同赔偿其医疗费等损失。

裁判结果

审理法院认为，《培训协议》的免责条款违反了《中华人民共和国民法典》第五百零六条及《中华人民共和国消费者权益保护法》第二十六条的规定，应当认定为无效。某文化公司作为专门从事体育运动项目培训的机构，应当尽到对学员的专业指导、安全保障等义务；其作为培训活动的组织者，无权以《中华人民共和国民法典》规定的自甘风险规则进行抗辩。现有证据不能认定齐某受伤由齐某、郝某故意或者重大过失所致，二人均不承担责任。审理法院判决某文化公司赔偿齐某医疗费等损失。

典型意义

全民健身在体育事业发展中具有基础性作用。随着“健身热”持续升温，社会力量办体育的积极性不断提高，越来越多的人选择到健身场所锻炼，随之产生的涉体育纠纷也成为公众关注的热点问题。体育活动培训协议有关除非培训公司存在故意或者重大过失，其不承担责任的约定将培训公司承担责任的情形仅限于存在故意或者重大过失，属于“造成对方人身损害的”免责条款无效情形，此约定依法无效。本案裁判维护了体育培训学员的合法权益，有利于提升体育培训机构安保意识、服务质量和教学水平，促使其依法依约开展培训活动，引导体育培训行业良性发展。

第五百零八条 【合同效力援引规定】本编对合同的效力没有规定的，适用本法第一编第六章的有关规定。

第四章 合同的履行

第五百零九条 【合同履行的原则】当事人应当按照约定全面履行自己的义务。

当事人应当遵循诚信原则，根据合同的性质、目的和交易习惯履行通知、协助、保密等义务。

当事人在履行合同过程中，应当避免浪费资源、污染环境和破坏生态。

根据2001年6月19日公布的《最高人民法院关于印发全国法院知识产权审判工作会议关于审理技术合同纠纷案件若干问题的纪要的通知》(法〔2001〕84号)，具体如下：

30.技术合同履行中，当事人一方在技术上发生的能够及时纠正的差错，或者为适应情况变化所作的必要技术调整，不影响合同目的实现的，不认为是违约行为，因此发生的额外费用自行承担。但因未依照合同法第六十条第二款的规定履行通知义务而造成对方当事人损失的，应当承担相应的违约责任。

48.委托开发合同委托人在不妨碍研究开发人正常工作的情况下，有权依据合同法第六十条第二款的规定，对研究开发人履行合同和使用研究开发经费的情况进行必要的监督检查，包括查阅账册和访问现场。

根据2006年2月21日公布的《最高人民法院关于保险合同纠纷案件有关问题的复函》（保监厅函〔2006〕36号），依据保险法第五条、合同法第六十条规定，保险合同当事人行使权利、履行义务应当遵循诚实信用原则，合同履行过程中应当根据合同的性质、目的和交易习惯履行通知、协助等诚信附随义务。

根据苏州工业园区海富投资有限公司与甘肃世恒有色资源再利用有限公司、香港迪亚有限公司、陆波增资纠纷案：最高人民法院（2012）民提字第11号民事判决书［《最高人民法院公报》2014年第8期（总第214期）］，在民间融资投资活动中，融资方和投资者设置估值调整机制（投资者与融资方根据企业将来的经营情况调整投资条件或给予投资者补偿）时要遵守公司法和合同法的规定。投资者与目标公司本身之间的补偿条款如果使投资者可以取得相对固定的收益，则该收益会脱离目标公司的经营业绩，直接或间接地损害公司利益和公司债权人利益，故应认定无效。但目标公司股东对投资者的补偿承诺不违反法律法规的禁止性规定，是有效的。在合同约定的补偿条件成立的情况下，根据合同当事人意思自治、诚实信用的原则，引资者应信守承诺，投资者应当得到约定的补偿。

根据峰峰集团有限公司与中国节能投资公司借款合同纠纷案：最高人民法院（2007）民终二字第19号民事判决书［《最高人民法院公报》2007年第10期（总第132期）］，峰峰集团有限公司与中国节能投资公司之间因国家基本建设经营性基金使用而发生的借款关系仍然合法有效存在，双方对此债权债务关系的性质并没有发生根本性改变。峰峰集团有限公司关于其在本案所占有使用的国家基本建设经营性基金已经按照有关国家"贷改投"政策转变为企业的国家资本金、本案纠纷实为股权之争的上诉理由，缺乏充分的法律和事实依据，不能成立，本院不予支持，峰峰集团有限公司仍应向中国节能投资公司履行偿还其有偿使用的国家基本建设经营性基金的义务。

根据杨艳辉诉南方航空公司、民惠公司客运合同纠纷案：上海市徐汇区人民法院2003年4月10日民事判决书［《最高人民法院公报》2003年第5期（总第85期）］，合同义务有给付义务和附随义务之分。给付义务是债务人根据合同应当履行的基本义务，附随义务是在给付义务以外，为保证债权人利益的实现而需债务人履行的其他义务。《合同法》第六十条第二款规定："当事人应当遵循诚实信用原则，根据合同的性质、目的和交易习惯履行通知、协助、保密等义务。"这是《合同法》对附随义务作出的规定。在客运合同中，明白无误地向旅客通知运输事项，就是承运人应尽的附随义务。只有承运人正确履行了这一附随义务，旅客才能于约定的时间到约定的地点集合，等待乘坐约定的航空工具。

根据王利毅、张丽霞诉上海银河宾馆赔偿纠纷案：上海市第一中级人民法院2001年1月17日民事判决书［《最高人民法院公报》2001年第2期（总第70期）］，宾馆作为服务性行为，以向旅客提供与收费相应的住宿环境和服务，来获取旅客付出的报酬。宾馆与旅客之间的关系符合《民法通则》第八十五条的规定，是合同关系，应当适用合同法律规定来调整。《合同法》第六十条规定："当事人应当按照约定全面履行自己的义务"，"当事人应当遵循诚实信用原则，根据合同的性质、目的和交易习惯履行通知、协助、保密等义务"。因此，根据住宿合同的性质、目的和行业习惯，避免旅客人身、财产受到侵害，就成为此类合同的附随义务。然而由于刑事犯罪的突发性、不可预测性和犯罪手段的多样化，作为宾馆来说，尽管认真履行保护旅客人身、财产不受非法侵害的义务，也不可能完全避免此类犯罪事件在宾馆内发生。一旦此类事件发生，根据罪责自负的原则，必须由犯罪分子承担刑事和民事的法律责任。宾馆能证明自己确实认真履行了保护旅客人身、财产不受非法侵害的合同义务后，可以不承担责任。如若不能，则依据《合同法》第一百一十三条第一款的规定，承担违约责任。

根据2023年8月2日公布的《最高人民法院发布15件人民法院抓实公正与效率践行社会主义核心价值观典型案例》，其中案例9是范某某诉重庆某物业管理有限公司物业服务合同纠纷案，具体如下：

基本案情

范某某系案涉车位不动产的所有权人，相应的物业服务企业是重庆某物业管理有限公司。范某某与重庆某物业管理有限公司签订物业管理服务协议，约定了双方的权利和义务、物业服务等内容，并约定未尽事宜，遵照国家有关法律、法规和规章执行。范某某购买新能源汽车后，向供电企业申请在案涉停车位安装充电桩时，被告知申请材料中应当包含小区物业服务企业出具的同意该业主在其停车位安装充电桩的证明，范某某遂要求重庆某物业管理有限公司出具但被拒绝。范某某遂向人民法院提起诉讼。

裁判结果

重庆市江津区人民法院认为，按照原、被告双方签订的《停车位物业管理服务协议》约定，本协议中未规定的事宜，遵照国家有关法律、法规和规章执行。范某某申请在其停车位安装充电桩，按供电企业要求，需小区物业服务企业出具证明，该“出具证明”为前述协议第四条规定所涵盖，属于重庆某物业管理有限公司的合同义务，其应当履行。故判决重庆某物业管理有限公司于本判决生效后立即向原告范某某出具同意在其停车位安装新能源汽车充电桩的证明。

典型意义

健全推动绿色低碳循环发展的生态文明法律制度是社会主义核心价值观融入法治建设的重要内容。新能源汽车属于“绿色产品”，对于促进节能减排、防治大气污染具有重要意义，要实现新能源汽车的普及推广，配套设施建设尤其重要。民法典第八条、第九条规定了民事主体从事民事活动应当遵循绿色原则。国家部委、地方政府发布的行政规范性文件均要求物业服务企业在充电设施建设时予以配合，提供便利。本案通过适用绿色原则，论证协助义务与物业服务合同义务性质的一致性，进而将“协助义务”纳入“义务群”，并通过对协助义务的合法性、合理性审查，参照国家鼓励性政策对充电桩的环保性质和功能予以确定，在排除阻却事由确保客观可行性情况下，判决物业服务企业应当按照诚实信用原则履行协助安装充电桩的义务。

根据2023年8月2日公布的《最高人民法院发布15件人民法院抓实公正与效率践行社会主义核心价值观典型案例》，其中案例11是武某某诉上海某网络科技有限公司服务合同纠纷案，具体如下：

基本案情

“某某单车”系由上海某网络科技有限公司（以下简称某网络公司）运营的共享单车。根据使用规则，在用户使用前，系统会提示用户勿在服务区外还车，如用户在服务区外还车，会产生相应的调度费，还会显示服务区划分及规划的详细解释。用户骑行前扫码后，会再次弹出相应多项规则，其中，超区调度费标准为：服务区内开锁骑行至服务区外还车将收取调度费20元，服务区外开锁骑行至服务区外还车将收取调度费10元。2019年11月，武某某骑行“某某单车”至某小区门口锁车。因该处为服务区外，某网络公司遂收取武某某调度费10元，后武某某将该车辆又骑回服务区内并锁车。庭审中，武某某对10元调度费的收取表示认可，但认为自己在24小时内将车辆骑回服务区内，某网络公司没有实际产生调度的事实，故应将调度费退还。

裁判结果

上海市闵行区人民法院认为武某某的两次骑行系独立分开的两个合同行为，其将涉案单车骑行至服务区外上锁停放时即已经违反使用规则，违约行为已经实际发生，在合同没有特别约定或未经某网络公司同意的情况下，所产生的违约责任不因武某某再次扫码开锁将同一辆单车骑回服务区内而免除。据此，判决驳回武某某的全部诉讼请求。上海市第一中级人民法院二审维持原判。

典型意义

共享单车快速发展在便利低碳出行的同时，也为城市治理带来挑战。共享单车企业通过划定区域、制定使用规则、收取相应费用等方式进行自治有利于社会公共治理，但共享单车企业收取相应费用应具有事实与法律依据。本案对于如何认定费用性质提出了详细的判定规则，即应结合诚信原则以及行为的性质和目的，从文义、合同约定、合同目的等要素综合认定。本案裁判回应社会治理中的突出问题，肯定和鼓励共享单车企业通过合同约定方式辅助社会公共治理，对于倡导消费者诚实守信、推动城市环境治理具有积极意义。

根据**2023年5月《人民法院高质量服务保障长三角一体化发展典型案例》，其中案例8是陈某某与余姚市中梁宏置业有限公司商品房销售合同纠纷案**，具体如下：

关键词

民事 / 商品房销售 / 固定房屋总价 / 增值税

裁判要旨

因购房人与开发商签订的购房合同为固定房屋总价款的合同，在合同未对降税、退税即应调减合同价款作出约定的情况下，开发商是否确已纳税，以及缴税的具体金额和种类是否发生变化，对于合同约定的固定房屋总价款不产生影响。购房人以国家税率变化为由要求开发商对合同价款予以调减，缺乏事实和法律依据。

相关法条

《中华人民共和国民法典》第509条（本案适用的是1999年10月1日施行的《中华人民共和国合同法》第60条）

基本案情

2016年10月12日，原告陈某某与被告余姚市中梁宏置业有限公司签订《商品房买卖合同》一份，约定原告购买首府 × 幢 × 商品房（预售），建筑面积88.05平方米，以建筑面积作为计价方式，单价10538.66元/平方米，总价927929元，补充协议二第一条第四款约定本期商品房项目根据国家税务总局2016年第18号公告，适用一般征收方式，适用税率为11%，第五款约定本合同约定的商品房销售价款已经包含相应的税金。合同另对其他事宜进行了约定。2017年2月20日，原告按合同约定支付房款927929元。2018年9月23日，原、被告签订房屋交接书一份，双方确认该房屋的预测建筑面积为88.05平方米，实测面积为87.99平方米，总价款为927297元（退房款差额632元）。

另查明，根据财政部、国家税务总局《关于全面推开营业税改征增值税试点的通知》（财税〔2016〕36号）规定，自2016年5月1日起，在全国范围内全面推开营业税改征增值税试点，建筑业、房地产业等全部营业税纳税人纳入试点范围，由缴纳营业税改为缴纳增值税，其中销售不动产增值税税率为11%。

2018年4月4日，财政部、国家税务总局作出《关于调整增值税税率的通知》（财税〔2018〕32号），通知称：纳税人发生增值税应税销售行为或者进口货物，原适用17%和11%税率的，税率分别调整为16%、10%；通知自2018年5月1日起执行。

涉案房屋的增值税发票开票日期为2018年9月5日，金额为842997.27元，税率10%，税额84299.73元，价税合计927297元。

陈某某提起本案诉讼，请求判令被告退回多收增值税税费8422.93元。

裁判结果

浙江省余姚市人民法院于2019年2月25日作出（2018）浙0281民初13045号判决：驳回原告陈某某的诉讼请求。一审宣判后，双方当事人均未提起上诉，一审判决已经发生法律效力。

裁判理由

原、被告之间签订的《商品房买卖合同》系各方当事人之间的真实意思表示，且没有违反法律法规的强制性规定，应为合法有效，对各方当事人均有约束力。本案的争议焦点为因涉案商品房销售而产生的应税销售行为适用的增值税税率由11%降为10%后，对房屋总价款的影响。针对上述争议焦点，首先，原、被告在合同第五条约定，房屋的计价方式以建筑面积作为计价方式，单价 10538.66 元 / 平方米，总价 927929 元，上述约定系原被告双方就涉案房屋约定了固定房屋总价款的计价方法，且不动产属于家庭大额财产，不动产买卖事宜关系重大，故原、被告通过合同作出固定房屋总价款的约定维护商品房交易秩序的稳定。其次，补充协议二第一条第四款约定本期商品房项目根据国家税务总局 2016 年第 18 号公告，适用一般征收方式，适用税率为 11%，第五款约定本合同约定的商品房销售价款已经包含相应的税金。被告辩称上述约定仅具有告知作用，原告主张上述约定系原、被告双方约定将增值税税率作为房屋总价款的计价因素，故税率下调后增值税税金减少，被告收取的该部分金额应当予以返还。开发商因销售商品房而产生的增值税税款系开发商的经营、销售成本之一，开发商在计算商品房的成本时将其考虑在内无可厚非，原、被告已经通过合同作出固定房屋总价款的意思表示，且补充协议的约定并不具有降税降价或退税的意思表示，故在没有降税降价或退税明确约定的情形下，被告是否缴税、缴税的具体金额、种类对于房屋总价款不产生任何影响，换句话说，如果增值税税率并非下降而是上调，对房屋总价款亦无影响。最后，原告主张新的税收政策带来的红利应当由原告方享有。增值税是以商品（含应税劳务）在流转过程中产生的增值额作为计税依据而征收的一种流转税，从计税原理上说，增值税是对商品生产、流通、劳务服务中多个环节的新增价值或商品的附加值征收的一种流转税。本案被告作为开发商销售涉案商品房后，发生了增值税应税销售行为，应当缴纳增值税，故增值税的纳税义务人为被告，并非原告。现国家降低了增值税的税率，直接目的是给企业减轻税负，激发企业活力，但降税后必将会产生一系列的积极效应和连锁反应，从长远来看也必将作用于消费领域，从而惠及广大消费者。综上，因涉案商品房销售而产生的应税销售行为适用的增值税税率由 11% 降为 10% 后，不影响涉案房屋的总价款，被告根据 927297 元的房屋总价款开具增值税发票的行为并无不妥，故原告的诉讼请求，不予支持。被告的抗辩意见，予以采纳。

根据 2023 年 3 月 15 日公布的《最高人民法院发布十件网络消费典型案例》，其中案例 4 是熊某等诉某旅行社网络服务合同纠纷案（提供酒店在线预订服务方应当履行协助退订等合同附随义务），具体如下：

基本案情

原告熊某通过某旅游 App 向被告某旅行社预订了“机票 + 酒店”自由行产品。出行前两日，因同行人员中原告儿子患病无法出行，原告遂向被告申请退订。被告就该酒店产品联系其中间供应商，中间供应商反馈“需要扣除每间每晚 200 元共计违约金 800 元，去申请且不保证结果”。但被告未将酒店取消政策告知原告，亦未继续要求供应商取消订单，而是告知原告该订单不可取消，如未实际入住将全额收取房费。熊某后未实际出行，诉至法院。审理中，经当庭拨打酒店客服电话，确认涉案订单当时的取消政策为“如自行取消要扣除每间每晚 200 元的违约金，如提供相关疾病证明则除节假日外可无损取消。”

裁判结果

审理法院认为，本案双方是网络服务合同关系，被告提供服务的主要内容为通过相应渠道代原告预订其指定酒店，以使原告与酒店方顺利建立住宿服务合同关系。鉴于涉案服务合同履行的特殊性，预订等事宜并非由原告直接与相应产品提供方沟通确定，故在原告因同行人员患病需取消预订时，应当认为被告依法负有及时协助原告向酒店方申请取消订单、申请退款等合同附随义务，而非一经预订成功即视为全部义务已履行完毕。本案中，案涉酒店预订事实上可以取消，至多承担 800 元违约金，但被告未将该情况如实告知原告，依据《中华人民共和国民法典》第五百零九条之规定，应认定被告未能履行附随义务导致原告损失，被告应予以赔偿。

典型意义

现实生活中，人们通过在线旅游平台预订酒店等服务的情况十分常见。线上预订服务提供者上游对接各类服务商或供应商，下游对接广大消费者，中间往往涉及多个环节，容易滋生侵害消费者权益的道德风险。本案裁判认定提供酒店在线预订服务方应当履行协助退订等合同附随义务，防止消费者权益被不当减损，有利于促进在线旅游平台经营模式健康发展。

根据 2023 年 3 月 15 日公布的《最高人民法院发布十件网络消费典型案例》，其中案例 5 是张某与周某、某购物平台信息网络买卖合同纠纷案（限时免单条款约定条件成就，经营者应当依约免单），具体如下：

基本案情

被告周某在经营网上店铺过程中开展了“双 12”限时免单活动，制定并公示了相关规则，原告张某在购买产品时参与了限时免单活动。张某在参与该次活动前向店铺客服咨询了免单的规则为付款优先者享受。但在张某付款时间在先的情况下，周某未按照规则给张某免单，张某认为周某构成违约，诉请周某退还其支付的货款。

裁判结果

审理法院认为，根据《中华人民共和国合同法》（1999 年施行）第十四条、第六十条、第四十四条，《中华人民共和国电子商务法》第四十九条的规定，当事人关于限时免单的约定属于附条件履行义务的合同条款，消费者符合免单规则的要求，经营者即应当履行免单义务，否则构成违约。张某在参加活动前咨询客服获知的规则应视为此次活动的规则，双方应当遵守。张某付款时间在先，周某未按照免单规则为张某免单，构成违约，张某要求周某退还货款的行为，于法有据，应予支持。

典型意义

随着电子商务的蓬勃发展，各种形式的促销手段层出不穷。这些促销活动活跃了市场，刺激了消费，同时也伴生了一些损害消费者权益的问题。本案裁判进一步厘清了电子商务经营者进行免单、打折等各类促销活动制定的活动规则的法律性质，引导经营者依法依约诚信经营，切实保护消费者合法权益。

根据 2016 年 4 月 8 日公布的《最高人民法院发布十起依法平等保护非公有制经济典型案例》，其中案例 6 是邯郸市金城机电物资有限公司与磁县教育局买卖合同纠纷案，典型意义如下：

本案是规范政府机关不履行《采购合同》的典型案例。合同是当事人之间设立、变更、终止民事权利义务的协议，各方当事人都应当按照合同的约定全面履行自己的义务。一方当事人未按照合同约定履行合同，将侵害另一方当事人的合法权益。因此，对于未按照约定履行合同的当事人，应严格依据合同法的规定，依法追究其违约责任。本案中，县教育局通过招投标程序与物资公司签订《采购合同》后，并未按照《采购合同》向物资公司采购钢材，反而以合同未对货物名称、数量等进行约定为由推脱责任，造成物资公司无法实现合同目的。人民法院受理本案后，准确分析本案所涉《采购合同》的效力，依法判决县教育局承担违约责任，有效地保护了作为守约方的物资公司的合法权益。

根据 2015 年 12 月 4 日公布的《最高人民法院发布 19 起合同纠纷典型案例》，其中案例 17 为游某诉鸿达公司买卖合同纠纷案，典型意义如下：

合同当事人应严守合同约定，全面、诚实履行义务。本案中，游某充分履行了付款义务，但鸿达公司并未按约向游某交付配置“航天双龙牌”的水泥罐车，且未告知游某获得认可，应承担违约责任。

第五百一十条 【合同没有约定或者约定不明的补救措施】合同生效后，当事人就质量、价款或者报酬、履行地点等内容没有约定或者约定不明确的，可以协议补充；不能达成补充协议的，按照合同相关条款或者交易习惯确定。

根据 2020 年 12 月 29 日修正的《最高人民法院关于审理买卖合同纠纷案件适用法律问题的解释》(法释〔2020〕17 号),规定如下:

第二条 标的物为无需以有形载体交付的电子信息产品,当事人对交付方式约定不明确,且依照民法典第五百一十条的规定仍不能确定的,买受人收到约定的电子信息产品或者权利凭证即为交付。

根据 2020 年 12 月 29 日修正的《最高人民法院关于审理民事案件适用诉讼时效制度若干问题的规定》(法释〔2020〕17 号),规定如下:

第四条 未约定履行期限的合同,依照民法典第五百一十条、第五百一十一条的规定,可以确定履行期限的,诉讼时效期间从履行期限届满之日起计算;不能确定履行期限的,诉讼时效期间从债权人要求债务人履行义务的宽限期届满之日起计算,但债务人在债权人第一次向其主张权利之时明确表示不履行义务的,诉讼时效期间从债务人明确表示不履行义务之日起计算。

根据 2005 年 6 月 29 日公布的《最高人民法院关于生效法律文书未确定履行期限能否依当事人约定的履行期限受理执行的请示的复函》(〔2004〕执他字第 23 号),答复如下:

一、关于法律文书生效后,当事人在自动履行期间内达成和解协议,申请执行期限是否可以延长的问题,现行法律及司法解释没有明确规定。

二、从本案的实际情况看,当事人是在一审法院审判法官的主持下多次达成和解协议,这是造成债权人未能在法律文书生效后及时向人民法院申请强制执行的主要原因。为充分保护债权人的合法权益,本案可参照最高人民法院《关于适用〈中华人民共和国民事诉讼法〉若干问题的意见》第 267 条规定的精神,作为个案的特殊情况妥善处理。

第五百一十一条 【合同约定不明确时的履行】当事人就有关合同内容约定不明确,依据前条规定仍不能确定的,适用下列规定:

(一)质量要求不明确的,按照强制性国家标准履行;没有强制性国家标准的,按照推荐性国家标准履行;没有推荐性国家标准的,按照行业标准履行;没有国家标准、行业标准的,按照通常标准或者符合合同目的的特定标准履行。

(二)价款或者报酬不明确的,按照订立合同时履行地的市场价格履行;依法应当执行政府定价或者政府指导价的,依照规定履行。

(三)履行地点不明确,给付货币的,在接受货币一方所在地履行;交付不动产的,在不动产所在地履行;其他标的,在履行义务一方所在地履行。

(四)履行期限不明确的,债务人可以随时履行,债权人也可以随时请求履行,但是应当给对方必要的准备时间。

(五)履行方式不明确的,按照有利于实现合同目的的方式履行。

(六)履行费用的负担不明确的,由履行义务一方负担;因债权人原因增加的履行费用,由债权人负担。

根据 2023 年 9 月 1 日修正的《中华人民共和国民事诉讼法》,规定如下:

第二十四条 因合同纠纷提起的诉讼,由被告住所地或者合同履行地人民法院管辖。

第二十五条 因保险合同纠纷提起的诉讼,由被告住所地或者保险标的物所在地人民法院管辖。

第二十八条 因铁路、公路、水上、航空运输和联合运输合同纠纷提起的诉讼，由运输始发地、目的地或者被告住所地人民法院管辖。

第三十五条 合同或者其他财产权益纠纷的当事人可以书面协议选择被告住所地、合同履行地、合同签订地、原告住所地、标的物所在地等与争议有实际联系的地点的人民法院管辖，但不得违反本法对级别管辖和专属管辖的规定。

第二百七十六条 因涉外民事纠纷，对在中华人民共和国领域内没有住所的被告提起除身份关系以外的诉讼，如果合同签订地、合同履行地、诉讼标的物所在地、可供扣押财产所在地、侵权行为地、代表机构住所地位于中华人民共和国领域内的，可以由合同签订地、合同履行地、诉讼标的物所在地、可供扣押财产所在地、侵权行为地、代表机构住所地人民法院管辖。

除前款规定外，涉外民事纠纷与中华人民共和国存在其他适当联系的，可以由人民法院管辖。

第二百七十九条 下列民事案件，由人民法院专属管辖：

（一）因在中华人民共和国领域内设立的法人或者其他组织的设立、解散、清算，以及该法人或者其他组织作出的决议的效力等纠纷提起的诉讼；

（二）因与在中华人民共和国领域内审查授予的知识产权的有效性有关的纠纷提起的诉讼；

（三）因在中华人民共和国领域内履行中外合资经营企业合同、中外合作经营企业合同、中外合作勘探开发自然资源合同发生纠纷提起的诉讼。

根据**2018年8月31日公布的《中华人民共和国电子商务法》**，规定如下：

第五十一条 合同标的为交付商品并采用快递物流方式交付的，收货人签收时间为交付时间。合同标的为提供服务的，生成的电子凭证或者实物凭证中载明的时间为交付时间；前述凭证没有载明时间或者载明时间与实际提供服务时间不一致的，实际提供服务的时间为交付时间。

合同标的为采用在线传输方式交付的，合同标的进入对方当事人指定的特定系统并且能够检索识别的时间为交付时间。

合同当事人对交付方式、交付时间另有约定的，从其约定。

第五十二条 电子商务当事人可以约定采用快递物流方式交付商品。

快递物流服务提供者为电子商务提供快递物流服务，应当遵守法律、行政法规，并应当符合承诺的服务规范和时限。快递物流服务提供者在交付商品时，应当提示收货人当面查验；交由他人代收的，应当经收货人同意。

快递物流服务提供者应当按照规定使用环保包装材料，实现包装材料的减量化和再利用。

快递物流服务提供者在提供快递物流服务的同时，可以接受电子商务经营者的委托提供代收货款服务。

第五十三条 电子商务当事人可以约定采用电子支付方式支付价款。

电子支付服务提供者为电子商务提供电子支付服务，应当遵守国家规定，告知用户电子支付服务的功能、使用方法、注意事项、相关风险和收费标准等事项，不得附加不合理交易条件。电子支付服务提供者应当确保电子支付指令的完整性、一致性、可跟踪稽核和不可篡改。

电子支付服务提供者应当向用户免费提供对账服务以及最近三年的交易记录。

根据**2022年12月26日公布的《最高人民法院关于为促进消费提供司法服务和保障的意见》（法发〔2022〕35号）**，具体如下：

4. 加强预付式消费中消费者权益保护。经营者以打折、低价吸引消费者预存费用、办卡消费后，不兑现承诺，随意扣费、任意加价、降低商品或者服务质量，消费者请求经营者承担违约责任的，人民法院应当依法支持。经营者收取消费者预付款后未与消费者签订书面合同，导致双方对合同内容产生争议的，可依据交易习惯和民法典第五百一十一条规定认定合同内容。经营者收取预付款后，终止营业却不通知消费者退款，导致消费者既无法继续获得商品或者服务也无法申请退款，构成欺诈的，对消费者请求经营者承担惩罚性赔偿责任的诉讼请求，人民法院应当依法支持。经营者的行为构成犯罪的，依法追究刑事责任。

根据**2022年4月1日修正的《最高人民法院关于适用〈中华人民共和国民事诉讼法〉的解释》（法释〔2022〕11号）**，规定如下：

第十八条 合同约定履行地点的，以约定的履行地点为合同履行地。

合同对履行地点没有约定或者约定不明确，争议标的为给付货币的，接收货币一方所在地为合同履行地；交付不动产的，不动产所在地为合同履行地；其他标的，履行义务一方所在地为合同履行地。即时结清的合同，交易行为地为合同履行地。

合同没有实际履行，当事人双方住所地都不在合同约定的履行地的，由被告住所地人民法院管辖。

第十九条 财产租赁合同、融资租赁合同以租赁物使用地为合同履行地。合同对履行地有约定的，从其约定。

第二十条 以信息网络方式订立的买卖合同，通过信息网络交付标的的，以买受人住所地为合同履行地；通过其他方式交付标的的，收货地为合同履行地。合同对履行地有约定的，从其约定。

第二十一条 因财产保险合同纠纷提起的诉讼，如果保险标的物是运输工具或者运输中的货物，可以由运输工具登记注册地、运输目的地、保险事故发生地人民法院管辖。

因人身保险合同纠纷提起的诉讼，可以由被保险人住所地人民法院管辖。

根据**2006年3月10日公布的《最高人民法院关于买受人在交易时未支付价款向出卖人出具没有还款日期的欠款条诉讼时效期间应从何时开始计算问题的请示的答复》（〔2005〕民二他字第35号）**，冯树根向广州市白云农业综合服务有限公司（以下简称白云农业公司）购买农药，双方并未签订书面买卖合同，也无证据证明双方对合同的履行期限进行约定，因此，该合同属于未定履行期限的合同。根据《中华人民共和国合同法》第六十二条第一款第（四）项及《中华人民共和国民法通则》第八十八条第二款第（二）项、第一百三十七条的规定，本案诉讼时效期间应从白云农业公司向冯树根主张权利时起算。本案不符合法复〔1994〕3号批复适用的条件，故同意你院审判委员会多数意见。

根据**1998年7月6日公布的《最高人民法院关于如何确定委托贷款合同履行地问题的答复》（法明传〔1998〕198号）**，经研究认为，委托贷款合同以贷款方（受托方）住所地为合同履行地，但合同中对履行地有约定的除外。

根据**1994年1月24日公布的《最高人民法院关于确定购销合同履行地问题的复函》（法经〔1994〕26号）**，关于合同履行地问题，我院《关于适用〈中华人民共和国民事诉讼法〉若干问题的意见》第19条作了具体解释。依据该条规定，购销合同的双方当事人在合同中对交货地点有约定的，不管采取何种交货方式，约定的交货地点即为合同履行地；合同中没有约定交货地点的，才依交货方式确定合同履行地：采用送货方式，即供方自备运输工具，将货物运至需方所在地或需方指定地点的，不论运费由谁承担，货物送达地为合同履行地；采用自提方式，即需方自备或租用运输工具到供方所在地或供方指定的地点提取货物的，不管运费由谁承担，提货地为合同履行地。

根据**1989年8月8日公布的《最高人民法院关于如何确定加工承揽合同履行地问题的函》（〔1989〕法经［函］字第22号）**，合同履行地应为合同规定义务履行的地点。加工承揽合同主要是以承揽方按照定作方的特定要求完成加工生产任务为履约内容的，承揽方履约又是以使用自己的设备、技术、人力为前提条件的。因此，加工承揽方所在地应为合同规定义务履行的地点，即合同履行地。但是，本案合同签订地在你市虹口区，合同承揽方所在地在你市松江县，松江县应为合同履行地。故，虹口区法院和松江县法院对本案均有管辖权。现两院在管辖上发生争议，根据民事诉讼法（试行）第三十三条规定，应由上海市中级法院指定管辖。

根据**齐河环盾钢结构有限公司与济南永君物资有限责任公司建设工程施工合同纠纷案：最高人民法院（2011）民提字第104号民事判决书［《最高人民法院公报》2012年第9期（总第191期）］**，鉴定机构分别按照定额价和市场价作出鉴定结论的，在确定工程价款时，一般应以市场价确定工程价款。这是因为，以定额为基础确定工程造价大多未能反映企业的施工、技术和管理水平，定额标准往往跟不上市场价格的变化，而建设行政主管部门发布的市场价格信息，更贴近市场价格，更接近建筑工程的实际造价成本，且符合《合同法》的有关规定，对双方当事人更公平。

根据**北京智扬伟博科技发展有限公司与创思生物技术工程（东莞）有限公司、河南省开封市城市管理局居间合同纠纷案：最高人民法院2009年4月1日民事判决书［《最高人民法院公报》2009年第7期（总第153期）］**，合同履行地是指合同主要义务的履行地。居间合同的主要义务履行地应当确定为居间行为地。

根据**中国恒基伟业集团有限公司、北京北大青鸟有限责任公司与广晟投资发展有限公司、香港青鸟科技发展有限公司借款担保合同纠纷案：最高人民法院（2006）民四终字第28号民事判决书［《最高人民法院公报》2008年第1期（总第135期）］**，《中华人民共和国合同法》第六十二条第（三）项规定："履行地点不明确，给付货币的，在接受货币一方所在地履行"，从本案主合同当事人确认的事实看，接受货币的一方为恒基公司在北京的关联公司，即北京恒基伟业电子产品有限公司，住所地在北京，故本案合同履行地应认定为北京。原审法院认定广州为合同履行地之一，并依此认定广东省高级人民法院对本案享有管辖权，缺乏事实和法律依据，应予纠正。

第五百一十二条 【电子合同标的交付时间】通过互联网等信息网络订立的电子合同的标的为交付商品并采用快递物流方式交付的，收货人的签收时间为交付时间。电子合同的标的为提供服务的，生成的电子凭证或者实物凭证中载明的时间为提供服务时间；前述凭证没有载明时间或者载明时间与实际提供服务时间不一致的，以实际提供服务的时间为准。

电子合同的标的物为采用在线传输方式交付的，合同标的物进入对方当事人指定的特定系统且能够检索识别的时间为交付时间。

电子合同当事人对交付商品或者提供服务的方式、时间另有约定的，按照其约定。

根据**2018年8月31日公布的《中华人民共和国电子商务法》**，规定如下：

第五十一条 合同标的为交付商品并采用快递物流方式交付的，收货人签收时间为交付时间。合同标的为提供服务的，生成的电子凭证或者实物凭证中载明的时间为交付时间；前述凭证没有载明时间或者载明时间与实际提供服务时间不一致的，实际提供服务的时间为交付时间。

合同标的为采用在线传输方式交付的，合同标的进入对方当事人指定的特定系统并且能够检索识别的时间为交付时间。

合同当事人对交付方式、交付时间另有约定的，从其约定。

第五十二条 电子商务当事人可以约定采用快递物流方式交付商品。

快递物流服务提供者为电子商务提供快递物流服务，应当遵守法律、行政法规，并应当符合承诺的服务规范和时限。快递物流服务提供者在交付商品时，应当提示收货人当面查验；交由他人代收的，应当经收货人同意。

快递物流服务提供者应当按照规定使用环保包装材料，实现包装材料的减量化和再利用。

快递物流服务提供者在提供快递物流服务的同时，可以接受电子商务经营者的委托提供代收货款服务。

第五百一十三条 【政府定价、政府指导价】执行政府定价或者政府指导价的，在合同约定的交付期限内政府价格调整时，按照交付时的价格计价。逾期交付标的物的，遇价格上涨时，按照原价格执行；价格下降时，按照新价格执行。逾期提取标的物或者逾期付款的，遇价格上涨时，按照新价格执行；价格下降时，按照原价格执行。

第五百一十四条 【金钱之债中对于履行币种约定不明时的处理】以支付金钱为内容的债，除法律另有规定或者当事人另有约定外，债权人可以请求债务人以实际履行地的法定货币履行。

第五百一十五条 【选择之债中选择权归属与移转】标的有多项而债务人只需履行其中一项的，债务人享有选择权；但是，法律另有规定、当事人另有约定或者另有交易习惯的除外。

享有选择权的当事人在约定期限内或者履行期限届满未作选择，经催告后在合理期限内仍未选择的，选择权转移至对方。

第五百一十六条 【选择权的行使方式】当事人行使选择权应当及时通知对方，通知到达对方时，标的确定。标的确定后不得变更，但是经对方同意的除外。

可选择的标的发生不能履行情形的，享有选择权的当事人不得选择不能履行的标的，但是该不能履行的情形是由对方造成的除外。

第五百一十七条 【按份之债】债权人为二人以上，标的可分，按照份额各自享有债权的，为按份债权；债务人为二人以上，标的可分，按照份额各自负担债务的，为按份债务。

按份债权人或者按份债务人的份额难以确定的，视为份额相同。

第五百一十八条 【连带之债】债权人为二人以上，部分或者全部债权人均可以请求债务人履行债务的，为连带债权；债务人为二人以上，债权人可以请求部分或者全部债务人履行全部债务的，为连带债务。

连带债权或者连带债务，由法律规定或者当事人约定。

第五百一十九条 【连带债务人的份额确定及追偿权】连带债务人之间的份额难以确定的，视为份额相同。

实际承担债务超过自己份额的连带债务人，有权就超出部分在其他连带债务人未履行的份额范围内向其追偿，并相应地享有债权人的权利，但是不得损害债权人的利益。其他连带债务人对债权人的抗辩，可以向该债务人主张。

被追偿的连带债务人不能履行其应分担份额的，其他连带债务人应当在相应范围内按比例分担。

第五百二十条 【连带债务涉他效力】部分连带债务人履行、抵销债务或者提存标的物的，其他债务人对债权人的债务在相应范围内消灭；该债务人可以依据前条规定向其他债务人追偿。

部分连带债务人的债务被债权人免除的，在该连带债务人应当承担的份额范围内，其他债务人对债权人的债务消灭。

部分连带债务人的债务与债权人的债权同归于一人的，在扣除该债务人应当承担的份额后，债权人对其他债务人的债权继续存在。

债权人对部分连带债务人的给付受领迟延的，对其他连带债务人发生效力。

第五百二十一条 【连带债权的内部关系及法律适用】连带债权人之间的份额难以确定的，视为份额相同。

实际受领债权的连带债权人，应当按比例向其他连带债权人返还。

连带债权参照适用本章连带债务的有关规定。

第五百二十二条 【向第三人履行的合同】当事人约定由债务人向第三人履行债务，债务人未向第三人履行债务或者履行债务不符合约定的，应当向债权人承担违约责任。

法律规定或者当事人约定第三人可以直接请求债务人向其履行债务，第三人未在合理期限内明确拒绝，债务人未向第三人履行债务或者履行债务不符合约定的，第三人可以请求债务人承担违约责任；债务人对债权人的抗辩，可以向第三人主张。

根据**2023年12月4日公布的《最高人民法院关于适用〈中华人民共和国民法典〉合同编通则若干问题的解释》（法释〔2023〕13号）**，规定如下：

第二十九条 民法典第五百二十二条第二款规定的第三人请求债务人向自己履行债务的，人民法院应予支持；请求行使撤销权、解除权等民事权利的，人民法院不予支持，但是法律另有规定的除外。

合同依法被撤销或者被解除，债务人请求债权人返还财产的，人民法院应予支持。

债务人按照约定向第三人履行债务，第三人拒绝受领，债权人请求债务人向自己履行债务的，人民法院应予支持，但是债务人已经采取提存等方式消灭债务的除外。第三人拒绝受领或者受领迟延，债务人请求债权人赔偿因此造成的损失的，人民法院依法予以支持。

根据中国人民财产保险股份有限公司中山市分公司诉中国太平洋财产保险股份有限公司东莞分公司等财产保险合同纠纷案［《最高人民法院公报》2023年第9期（总第325期）］，在重复保险下，已赔付保险人享有分摊请求权的，可以就实际支付保险赔偿金额超出自己份额的部分，在其他保险人未履行的份额范围内向其追偿。已赔付保险人行使分摊请求权，相应地享有被保险人的权利。其他保险人对被保险人的抗辩，可以向已赔付保险人主张。财产保险合同约定合同以外第三人为被保险人，保险人未证明第三人在合理期限内拒绝，第三人请求保险人承担保险合同约定的赔偿责任的，人民法院应予支持。

第五百二十三条 【由第三人履行的合同】当事人约定由第三人向债权人履行债务，第三人不履行债务或者履行债务不符合约定的，债务人应当向债权人承担违约责任。

根据**2018年10月26日修正的《中华人民共和国旅游法》**，对于组团社因履行辅助人的原因导致违约该如何承担责任，规定如下：

第七十一条 由于地接社、履行辅助人的原因导致违约的，由组团社承担责任；组团社承担责任后可以向地接社、履行辅助人追偿。

由于地接社、履行辅助人的原因造成旅游者人身损害、财产损失的，旅游者可以要求地接社、履行辅助人承担赔偿责任，也可以要求组团社承担赔偿责任；组团社承担责任后可以向地接社、履行辅助人追偿。但是，由于公共交通经营者的原因造成旅游者人身损害、财产损失的，由公共交通经营者依法承担赔偿责任，旅行社应当协助旅游者向公共交通经营者索赔。

第一百一十一条 本法下列用语的含义：

（一）旅游经营者，是指旅行社、景区以及为旅游者提供交通、住宿、餐饮、购物、娱乐等服务的经营者。

（二）景区，是指为旅游者提供游览服务、有明确的管理界限的场所或者区域。

（三）包价旅游合同，是指旅行社预先安排行程，提供或者通过履行辅助人提供交通、住宿、餐饮、游览、导游或者领队等两项以上旅游服务，旅游者以总价支付旅游费用的合同。

（四）组团社，是指与旅游者订立包价旅游合同的旅行社。

（五）地接社，是指接受组团社委托，在目的地接待旅游者的旅行社。

（六）履行辅助人，是指与旅行社存在合同关系，协助其履行包价旅游合同义务，实际提供相关服务的法人或者自然人。

根据**2020年12月29日修正的《最高人民法院关于审理旅游纠纷案件适用法律若干问题的规定》（法释〔2020〕17号）**，对于旅游经营者因履行辅助人的原因违约时的诉讼主体，规定如下：

第一条 本规定所称的旅游纠纷，是指旅游者与旅游经营者、旅游辅助服务者之间因旅游发生的合同纠纷或者侵权纠纷。

"旅游经营者"是指以自己的名义经营旅游业务，向公众提供旅游服务的人。

"旅游辅助服务者"是指与旅游经营者存在合同关系，协助旅游经营者履行旅游合同义务，实际提供交通、游览、住宿、餐饮、娱乐等旅游服务的人。

旅游者在自行旅游过程中与旅游景点经营者因旅游发生的纠纷，参照适用本规定。

第四条 因旅游辅助服务者的原因导致旅游经营者违约，旅游者仅起诉旅游经营者的，人民法院可以将旅游辅助服务者追加为第三人。

根据**焦建军与江苏省中山国际旅行社有限公司、第三人中国康辉南京国际旅行社有限责任公司旅游侵权纠纷案：江苏省南京市中级人民法院2012年3月19日民事判决书［《最高人民法院公报》2012年第11期（总第193期）］**，裁决如下：

旅游者与旅行社签订旅游合同后，双方形成旅游服务合同关系，旅行社所提供的服务应当符合保障旅游者人身、财产安全的要求。同时，旅行社委托的旅游辅助人所提供的食宿、交通运输等服务系旅行社履行旅游服务合同义务的延续，应认定为是代表旅行社的行为，旅游辅助人的侵权行为可直接认定为旅行社的侵权行为。旅游者在旅游过程中乘坐旅行社提供的车辆发生交通事故导致人身损害、财产损失的，构成违约责任和侵权责任的竞合，旅游者有权选择合同之诉或侵权之诉要求旅行社承担相应民事赔偿责任。

旅行社擅自将其旅游业务转让给其他旅行社的，与其签订旅游合同的旅行社和实际提供旅游服务的旅行社应承担连带责任。

第五百二十四条 【第三人清偿规则】债务人不履行债务，第三人对履行该债务具有合法利益的，第三人有权向债权人代为履行；但是，根据债务性质、按照当事人约定或者依照法律规定只能由债务人履行的除外。

债权人接受第三人履行后，其对债务人的债权转让给第三人，但是债务人和第三人另有约定的除外。

根据**2023年12月4日公布的《最高人民法院关于适用〈中华人民共和国民法典〉合同编通则若干问题的解释》（法释〔2023〕13号）**，规定如下：

第三十条 下列民事主体，人民法院可以认定为民法典第五百二十四条第一款规定的对履行债务具有合法利益的第三人：

（一）保证人或者提供物的担保的第三人；

（二）担保财产的受让人、用益物权人、合法占有人；

（三）担保财产上的后顺位担保权人；

（四）对债务人的财产享有合法权益且该权益将因财产被强制执行而丧失的第三人；

（五）债务人为法人或者非法人组织的，其出资人或者设立人；

（六）债务人为自然人的，其近亲属；

（七）其他对履行债务具有合法利益的第三人。

第三人在其已经代为履行的范围内取得对债务人的债权，但是不得损害债权人的利益。

担保人代为履行债务取得债权后，向其他担保人主张担保权利的，依据《最高人民法院关于适用〈中华人民共和国民法典〉有关担保制度的解释》第十三条、第十四条、第十八条第二款等规定处理。

根据**2022年2月25日公布的《最高人民法院发布人民法院贯彻实施民法典典型案例（第一批）》，其中案例6是某物流有限公司诉吴某运输合同纠纷案**，具体如下：

典型意义

民法典合同编新增了具有合法利益的第三人代为履行的规定，对于确保各交易环节有序运转，促进债权实现，维护交易安全，优化营商环境具有重要意义。本案是适用民法典关于具有合法利益的第三人代为履行规则的典型案例。审理法院适用民法典相关规定，依法认定原告某物流有限公司代被告吴某向承运司机支付吴某欠付的运费具有合法利益，且在原告履行后依法取得承运司机对被告吴某的债权。本案判决不仅对维护物流运输行业交易秩序、促进物流运输行业蓬勃发展具有保障作用，也对人民法院探索具有合法利益的第三人代为履行规则的适用具有积极意义。

基本案情

某物流有限公司（甲方）与吴某（乙方）于2020年签订《货物运输合同》，约定该公司的郑州运输业务由吴某承接。合同还约定调运车辆、雇用运输司机的费用由吴某结算，与某物流有限公司无关。某物流有限公司与吴某之间已结清大部分运费，但因吴某未及时向承运司机结清运费，2020年11月某日，承运司机在承运货物时对货物进行扣留。基于运输货物的时效性，某物流有限公司向承运司机垫付了吴某欠付的46万元，并通知吴某，吴某当时对此无异议。后吴某仅向某物流有限公司支付了6万元。某物流有限公司向吴某追偿余款未果，遂提起诉讼。

裁判结果

生效裁判认为，某物流有限公司与吴某存在运输合同关系，在吴某未及时向货物承运司机结清费用，致使货物被扣留时，某物流有限公司对履行该债务具有合法利益，有权代吴某向承运司机履行。某物流有限公司代为履行后，承运司机对吴某的债权即转让给该公司，故依照《民法典》第五百二十四条的规定，判决支持某物流有限公司请求吴某支付剩余运费的诉讼请求。

第五百二十五条 【同时履行抗辩权】当事人互负债务，没有先后履行顺序的，应当同时履行。一方在对方履行之前有权拒绝其履行请求。一方在对方履行债务不符合约定时，有权拒绝其相应的履行请求。

根据2023年12月4日公布的《最高人民法院关于适用〈中华人民共和国民法典〉合同编通则若干问题的解释》(法释〔2023〕13号)，规定如下：

第三十一条 当事人互负债务，一方以对方没有履行非主要债务为由拒绝履行自己的主要债务的，人民法院不予支持。但是，对方不履行非主要债务致使不能实现合同目的或者当事人另有约定的除外。

当事人一方起诉请求对方履行债务，被告依据民法典第五百二十五条的规定主张双方同时履行的抗辩且抗辩成立，被告未提起反诉的，人民法院应当判决被告在原告履行债务的同时履行自己的债务，并在判项中明确原告申请强制执行的，人民法院应当在原告履行自己的债务后对被告采取执行行为；被告提起反诉的，人民法院应当判决双方同时履行自己的债务，并在判项中明确任何一方申请强制执行的，人民法院应当在该当事人履行自己的债务后对对方采取执行行为。

当事人一方起诉请求对方履行债务，被告依据民法典第五百二十六条的规定主张原告应先履行的抗辩且抗辩成立的，人民法院应当驳回原告的诉讼请求，但是不影响原告履行债务后另行提起诉讼。

根据2020年12月29日修正的《最高人民法院关于审理海上货运代理纠纷案件若干问题的规定》(法释〔2020〕18号)，规定如下：

第七条 海上货运代理合同约定货运代理企业交付处理海上货运代理事务取得的单证以委托人支付相关费用为条件，货运代理企业以委托人未支付相关费用为由拒绝交付单证的，人民法院应予支持。

合同未约定或约定不明确，货运代理企业以委托人未支付相关费用为由拒绝交付单证的，人民法院应予支持，但提单、海运单或者其他运输单证除外。

根据北京派尔特医疗科技股份有限公司与深圳市科煦芯科技有限公司技术开发合同纠纷案：最高人民法院(2021)最高法知民终887号民事判决书[《最高人民法院公报》2023年第6期(总第322期)]，在双务合同纠纷案件中，双方互负对待给付义务，一方因对方违约未实际履行己方对待给付义务，但请求对方履行义务的，人民法院不宜仅基于请求方未履行对待给付义务而径行驳回其诉讼请求。为实现双方订立合同的目的，可依据案件事实判决双方互为对待给付义务。

第五百二十六条 【先履行抗辩权】当事人互负债务，有先后履行顺序，应当先履行债务一方未履行的，后履行一方有权拒绝其履行请求。先履行一方履行债务不符合约定的，后履行一方有权拒绝其相应的履行请求。

根据2023年12月4日公布的《最高人民法院关于适用〈中华人民共和国民法典〉合同编通则若干问题的解释》(法释〔2023〕13号)，规定如下：

第三十一条 当事人互负债务，一方以对方没有履行非主要债务为由拒绝履行自己的主要债务的，人民法院不予支持。但是，对方不履行非主要债务致使不能实现合同目的或者当事人另有约定的除外。

当事人一方起诉请求对方履行债务，被告依据民法典第五百二十五条的规定主张双方同时履行的抗辩且抗辩成立，被告未提起反诉的，人民法院应当判决被告在原告履行债务的同时履行自己的债务，并在判项中明确原告申请强制执行的，人民法院应当在原告履行自己的债务后对被告采取执行行为；被告提起反诉的，人民法院应当判决双方同时履行自己的债务，并在判项中明确任何一方申请强制执行的，人民法院应当在该当事人履行自己的债务后对对方采取执行行为。

当事人一方起诉请求对方履行债务，被告依据民法典第五百二十六条的规定主张原告应先履行的抗辩且抗辩成立的，人民法院应当驳回原告的诉讼请求，但是不影响原告履行债务后另行提起诉讼。

根据**2020年12月29日修正的《最高人民法院关于审理买卖合同纠纷案件适用法律问题的解释》（法释〔2020〕17号）**，规定如下：

第三十一条 出卖人履行交付义务后诉请买受人支付价款，买受人以出卖人违约在先为由提出异议的，人民法院应当按照下列情况分别处理：

（一）买受人拒绝支付违约金、拒绝赔偿损失或者主张出卖人应当采取减少价款等补救措施的，属于提出抗辩；

（二）买受人主张出卖人应支付违约金、赔偿损失或者要求解除合同的，应当提起反诉。

根据**东方电气集团东方汽轮机有限公司与大庆高新技术产业开发区大丰建筑安装有限公司、大庆大丰能源技术服务有限公司买卖合同纠纷案：最高人民法院（2019）最高法民终185号民事判决书［《最高人民法院公报》2020年第11期（总第289期）］**，货物交付使用后，买受人未在约定的质保期内提出质量异议，嗣后又以质量存在问题为由主张行使先履行抗辩权而拒绝付款的，不予支持。出卖人违反交付技术材料的从给付义务，买受人可主张相应的违约责任；但违反从给付义务不影响货物正常使用和合同目的实现的，买受人不得以此为由拒绝履行给付货款的主给付义务。

根据**大庆凯明风电塔筒制造有限公司与华锐风电科技（集团）股份有限公司买卖合同纠纷案：最高人民法院（2013）民一终字第181号民事判决书［《最高人民法院公报》2015年第11期（总第229期）］**，合同必须严格遵守。如果合同义务有先后履行顺序，先履行一方怠于履行给后履行一方履行合同造成困难的，后履行一方因此取得先履行抗辩权，并有权要求对方履行全部合同。

根据**新疆伊犁众建房地产开发有限责任公司诉伊犁哈萨克自治州公路旅客运输服务中心合作开发房地产合同纠纷抗诉案：最高人民法院（2011）民抗字第81号民事判决书［《最高人民检察院公报》2013年第4号（总第135号）］**，本案中，众建公司与客运大厦互负债务，按照双方合同约定，众建公司对客运大厦的商用部分进行销售，在所得销售款还清客运中心所欠众建公司投资款后，众建公司再将剩余未售出的房地产产权转至客运中心名下。根据合同的这一约定，应认定双方当事人对互负债务约定了履行顺序，即客运中心向众建公司支付投资款的履行义务在先，众建公司将客运大厦剩余未售出的房地产产权移交给客运中心的履行义务在后。《中华人民共和国合同法》第六十七条规定："当事人互负债务，有先后履行顺序，先履行一方未履行的，后履行一方有权拒绝其履行要求。先履行一方履行债务不符合约定的，后履行一方有权拒绝其相应的履行要求。"在双方当事人对其之间的互负债务已经约定了先后履行顺序的情形下，原审未依合同约定判决双方履行顺序，既不符合合同约定，也不符合法律规定，属于适用法律不当，予以纠正。

根据**2015年12月4日公布的《最高人民法院发布19起合同纠纷典型案例》，其中案例10为周某诉重庆某房地产开发有限公司房屋买卖合同纠纷案**，典型意义如下：

长寿区人民法院审理后认为，原告周某与被告某公司签订的《重庆市商品房买卖合同》合法有效。该合同第八条第二款约定了周某需付清全部房款、付清政府部门规定的费用且无银行按揭欠款方可进行房屋交接，由于周某2014年3月12日才付清房屋余款13434元，且未提交相关证据证明某公司拒绝其履行付款义务，故一审法院驳回了原告周某的诉讼请求。周某对一审判决不服，上诉至重庆市第一中级人民法院，提出本案属于同时履行的合同，购房者没有先履行合同的义务，在看见所购小区的房屋停工停建，某公司董事长李某强被刑事调查，账户被查封的情况下，有理由怀疑某公司无法按期交房，可以单方面行使不安抗辩权，中止房屋尾款的交付。二审法院认为，双方签订的购房合同第八条第二款表达的含义为合同履行有先后顺序，乙方先付清所有合同价款，甲方才履行交房义务。周某称在合同约定的房款交付日期之前，发现某公司财务资料、银行账户以及包括部分项目在内的资产先后被查封、冻结或扣押等不能按期交房的情况出现时，未及时与对方沟通核实，在未通知对方的情况下就自行中止了合同的履行，不符合不安抗辩权的行使条件和履行规范。而某公司在未收到周某支付的全部价款之前，可以行使先履行抗辩权，有权利不履行交房义务。

本案处理重点主要在于对抗辩权的理解与适用。我国《合同法》第六十七条规定，当事人互负债务，有先后履行顺序，先履行一方未履行的，后履行一方有权拒绝其履行要求。先履行一方履行债务不符合约定的，后履行一方有权拒绝其相应的履行要求。第六十八条规定，应当先履行债务的当事人，有确切证据证明对方有下列情形之一的，可以中止履行：（一）经营状况严重恶化；（二）转移财产、抽逃资金，以逃避债务；（三）丧失商业信誉；（四）有丧失或者可能丧失履行债务能力的其他情形。当事人没有确切证据中止履行的，应当承担违约责任。

具体到本案中，一、二审法院审理思路基本一致，抗辩权的行使是对抗违约行为的一种救济手段，在双务合同中，首先应根据双方签订的合同约定来确定双方的权利义务，本案中，某公司未按合同约定的时间向周某交付房屋是事实，但合同中明确约定周某应付清全部房款等费用后，方可进行房屋交接，即周某应该先履行付款的义务，某公司才履行交房的义务。同时，周某在庭审中称其到某公司履行义务，其售房部已关门，但并无证据提交，且如其不能直接履行义务，也可采取其他方式履行付款的义务，如提存等方式。另外，周某在二审中提出其是行使不安抗辩权，但根据上述法律规定，周某发现某公司当时具有不能按期交房的可能性，未及时与对方沟通核实，在未通知对方的情况下就自行中止了合同的履行。不符合不安抗辩权的行使条件和履行规范，其不安抗辩权不能成立。故某公司不应向周某支付违约金。

第五百二十七条　【不安抗辩权】应当先履行债务的当事人，有确切证据证明对方有下列情形之一的，可以中止履行：

（一）经营状况严重恶化；

（二）转移财产、抽逃资金，以逃避债务；

（三）丧失商业信誉；

（四）有丧失或者可能丧失履行债务能力的其他情形。

当事人没有确切证据中止履行的，应当承担违约责任。

根据**2009年7月7日公布的《最高人民法院关于当前形势下审理民商事合同纠纷案件若干问题的指导意见》（法发〔2009〕40号）**第六部分，对于“合理适用不安抗辩权规则，维护权利人合法权益”，意见如下：

17、在当前情势下，为敦促诚信的合同一方当事人及时保全证据、有效保护权利人的正当合法权益，对于一方当事人已经履行全部交付义务，虽然约定的价款期限尚未到期，但其诉请付款方支付未到期价款的，如果有确切证据证明付款方明确表示不履行给付价款义务，或者付款方被吊销营业执照、被注销、被有关部门撤销、处于歇业状态，或者付款方转移财产、抽逃资金以逃避债务，或者付款方丧失商业信誉，以及付款方以自己的行为表明不履行给付价款义务的其他情形的，除非付款方已经提供适当的担保，人民法院可以根据合同法第六十八条第一款、第六十九条、第九十四条第(二)项、第一百零八条、第一百六十七条等规定精神,判令付款期限已到期或者加速到期。

根据俞财新与福建华辰房地产有限公司、魏传瑞商品房买卖(预约)合同纠纷案:最高人民法院(2010)民一终字第13号民事判决书[《最高人民法院公报》2011年第8期(总第178期)],不安抗辩权是指当事人互负债务,有先后履行顺序的,先履行的一方有确切证据表明另一方丧失履行债务能力时,在对方没有履行或者没有提供担保之前,有权中止合同履行的权利。根据合同的相对性原则,涉案合同一方当事人以案外人违约为由,主张在涉案合同履行中行使不安抗辩权的,人民法院不予支持。

根据沛时投资公司诉天津市金属工具公司中外合资合同纠纷上诉案:最高人民法院(2002)民四终字第3号民事判决书[《最高人民法院公报》2003年第4期(总第84期)],根据《合同法》第六十八条、第六十九条的规定,应当先履行债务的当事人行使不安抗辩权首先要有确切证据证明对方存在法定的几种有丧失或者可能丧失履行债务能力的情形,其次要尽及时通知对方的义务。而中外合资合同中,双方投资人并不存在谁先履行债务的问题,不符合合同法有关不安抗辩的规定。中外合资经营企业合同中不按合同规定出资一方构成违约并应承担违约责任。

第五百二十八条 【行使不安抗辩权】当事人依据前条规定中止履行的,应当及时通知对方。对方提供适当担保的,应当恢复履行。中止履行后,对方在合理期限内未恢复履行能力且未提供适当担保的,视为以自己的行为表明不履行主要债务,中止履行的一方可以解除合同并可以请求对方承担违约责任。

第五百二十九条 【因债权人原因致债务履行困难时的处理】债权人分立、合并或者变更住所没有通知债务人,致使履行债务发生困难的,债务人可以中止履行或者将标的物提存。

第五百三十条 【债务人提前履行债务】债权人可以拒绝债务人提前履行债务,但是提前履行不损害债权人利益的除外。

债务人提前履行债务给债权人增加的费用,由债务人负担。

第五百三十一条 【债务人部分履行债务】债权人可以拒绝债务人部分履行债务,但是部分履行不损害债权人利益的除外。

债务人部分履行债务给债权人增加的费用,由债务人负担。

根据2020年12月29日修正的《最高人民法院关于审理民事案件适用诉讼时效制度若干问题的规定》(法释〔2020〕17号),规定如下:

第九条 权利人对同一债权中的部分债权主张权利,诉讼时效中断的效力及于剩余债权,但权利人明确表示放弃剩余债权的情形除外。

第五百三十二条 【当事人变化对合同履行的影响】合同生效后,当事人不得因姓名、名称的变更或者法定代表人、负责人、承办人的变动而不履行合同义务。

第五百三十三条 【情势变更】合同成立后,合同的基础条件发生了当事人在订立合同时无法预见的、不属于商业风险的重大变化，继续履行合同对于当事人一方明显不公平的，受不利影响的当事人可以与对方重新协商；在合理期限内协商不成的，当事人可以请求人民法院或者仲裁机构变更或者解除合同。

人民法院或者仲裁机构应当结合案件的实际情况，根据公平原则变更或者解除合同。

根据**2023年12月4日公布的《最高人民法院关于适用〈中华人民共和国民法典〉合同编通则若干问题的解释》（法释〔2023〕13号）**，规定如下：

第三十二条 合同成立后，因政策调整或者市场供求关系异常变动等原因导致价格发生当事人在订立合同时无法预见的、不属于商业风险的涨跌，继续履行合同对于当事人一方明显不公平的，人民法院应当认定合同的基础条件发生了民法典第五百三十三条第一款规定的"重大变化"。但是，合同涉及市场属性活跃、长期以来价格波动较大的大宗商品以及股票、期货等风险投资型金融产品的除外。

合同的基础条件发生了民法典第五百三十三条第一款规定的重大变化，当事人请求变更合同的，人民法院不得解除合同；当事人一方请求变更合同，对方请求解除合同的，或者当事人一方请求解除合同，对方请求变更合同的，人民法院应当结合案件的实际情况，根据公平原则判决变更或者解除合同。

人民法院依据民法典第五百三十三条的规定判决变更或者解除合同的，应当综合考虑合同基础条件发生重大变化的时间、当事人重新协商的情况以及因合同变更或者解除给当事人造成的损失等因素，在判项中明确合同变更或者解除的时间。

当事人事先约定排除民法典第五百三十三条适用的，人民法院应当认定该约定无效。

根据**2020年5月15日公布的《最高人民法院关于依法妥善审理涉新冠肺炎疫情民事案件若干问题的指导意见（二）》（法发〔2020〕17号）**，关于新冠肺炎疫情中依据情势变更对合同的变更或解除，通知如下：

一、关于合同案件的审理

1. 疫情或者疫情防控措施导致当事人不能按照约定的期限履行买卖合同或者履行成本增加，继续履行不影响合同目的实现，当事人请求解除合同的，人民法院不予支持。

疫情或者疫情防控措施导致出卖人不能按照约定的期限完成订单或者交付货物，继续履行不能实现买受人的合同目的，买受人请求解除合同，返还已经支付的预付款或者定金的，人民法院应予支持；买受人请求出卖人承担违约责任的，人民法院不予支持。

2. 买卖合同能够继续履行，但疫情或者疫情防控措施导致人工、原材料、物流等履约成本显著增加，或者导致产品大幅降价，继续履行合同对一方当事人明显不公平，受不利影响的当事人请求调整价款的，人民法院应当结合案件的实际情况，根据公平原则调整价款。疫情或者疫情防控措施导致出卖人不能按照约定的期限交货，或者导致买受人不能按照约定的期限付款，当事人请求变更履行期限的，人民法院应当结合案件的实际情况，根据公平原则变更履行期限。

已经通过调整价款、变更履行期限等方式变更合同，当事人请求对方承担违约责任的，人民法院不予支持。

…………

4. 疫情或者疫情防控措施导致出卖人不能按照商品房买卖合同约定的期限交付房屋，或者导致买受人不能按照约定的期限支付购房款，当事人请求解除合同，由对方当事人承担违约责任的，人民法院不予支持。但是，当事人请求变更履行期限的，人民法院应当结合案件的实际情况，根据公平原则进行变更。

5. 承租房屋用于经营，疫情或者疫情防控措施导致承租人资金周转困难或者营业收入明显减少，出租人以承租人没有按照约定的期限支付租金为由请求解除租赁合同，由承租人承担违约责任的，人民法院不予支持。

为展览、会议、庙会等特定目的而预订的临时场地租赁合同，疫情或者疫情防控措施导致该活动取消，承租人请求解除租赁合同，返还预付款或者定金的，人民法院应予支持。

6. 承租国有企业房屋以及政府部门、高校、研究院所等行政事业单位房屋用于经营，受疫情或者疫情防控措施影响出现经营困难的服务业小微企业、个体工商户等承租人，请求出租人按照国家有关政策免除一定期限内的租金的，人民法院应予支持。

承租非国有房屋用于经营，疫情或者疫情防控措施导致承租人没有营业收入或者营业收入明显减少，继续按照原租赁合同支付租金对其明显不公平，承租人请求减免租金、延长租期或者延期支付租金的，人民法院可以引导当事人参照有关租金减免的政策进行调解；调解不成的，应当结合案件的实际情况，根据公平原则变更合同。

7. 疫情或者疫情防控措施导致承包方未能按照约定的工期完成施工，发包方请求承包方承担违约责任的，人民法院不予支持；承包方请求延长工期的，人民法院应当视疫情或者疫情防控措施对合同履行的影响程度酌情予以支持。

疫情或者疫情防控措施导致人工、建材等成本大幅上涨，或者使承包方遭受人工费、设备租赁费等损失，继续履行合同对承包方明显不公平，承包方请求调整价款的，人民法院应当结合案件的实际情况，根据公平原则进行调整。

8. 当事人订立的线下培训合同，受疫情或者疫情防控措施影响不能进行线下培训，能够通过线上培训、变更培训期限等方式实现合同目的，接受培训方请求解除的，人民法院不予支持；当事人请求通过线上培训、变更培训期限、调整培训费用等方式继续履行合同的，人民法院应当结合案件的实际情况，根据公平原则变更合同。

受疫情或者疫情防控措施影响不能进行线下培训，通过线上培训方式不能实现合同目的，或者案件实际情况表明不宜进行线上培训，接受培训方请求解除合同的，人民法院应予支持。具有时限性要求的培训合同，变更培训期限不能实现合同目的，接受培训方请求解除合同的，人民法院应予支持。培训合同解除后，已经预交的培训费，应当根据接受培训的课时等情况全部或者部分予以返还。

…………

二、关于金融案件的审理

10. 对于受疫情或者疫情防控措施影响较大的行业，以及具有发展前景但受疫情或者疫情防控措施影响暂遇困难的企业特别是中小微企业所涉金融借款纠纷，人民法院在审理中要充分考虑中国人民银行等五部门发布的《关于进一步强化金融支持防控新型冠状病毒感染肺炎疫情的通知》等系列金融支持政策：对金融机构违反金融支持政策提出的借款提前到期、单方解除合同等诉讼主张，人民法院不予支持；对金融机构收取的利息以及以咨询费、担保费等其他费用为名收取的变相利息，要严格依据国家再贷款再贴现等专项信贷优惠利率政策的规定，对超出部分不予支持；对因感染新冠肺炎住院治疗或者隔离人员、疫情防控需要隔离观察人员、参加疫情防控工作人员以及受疫情或者疫情防控措施影响暂时失去收入来源的人员所涉住房按揭、信用卡等个人还贷纠纷，人民法院应当结合案件的实际情况，根据公平原则变更还款期限。

14. 对于批发零售、住宿餐饮、物流运输、文化旅游等受疫情或者疫情防控措施影响严重的公司或者其股东、实际控制人与投资方因履行“业绩对赌协议”引发的纠纷，人民法院应当充分考虑疫情或者疫情防控措施对目标公司业绩影响的实际情况，引导双方当事人协商变更或者解除合同。当事人协商不成，按约定的业绩标准或者业绩补偿数额继续履行对一方当事人明显不公平的，人民法院应当结合案件的实际情况，根据公平原则变更或者解除合同；解除合同的，应当依法合理分配因合同解除造成的损失。

“业绩对赌协议”未明确约定公司中小股东与控股股东或者实际控制人就业绩补偿承担

连带责任的，对投资方要求中小股东与公司、控制股东或实际控制人共同向其承担连带责任的诉讼请求，人民法院不予支持。

…………

根据2020年4月16日公布的《最高人民法院关于依法妥善审理涉新冠肺炎疫情民事案件若干问题的指导意见（一）》（法发〔2020〕12号），通知如下：

三、依法妥善审理合同纠纷案件。受疫情或者疫情防控措施直接影响而产生的合同纠纷案件，除当事人另有约定外，在适用法律时，应当综合考量疫情对不同地区、不同行业、不同案件的影响，准确把握疫情或者疫情防控措施与合同不能履行之间的因果关系和原因力大小，按照以下规则处理：

…………

（二）疫情或者疫情防控措施仅导致合同履行困难的，当事人可以重新协商；能够继续履行的，人民法院应当切实加强调解工作，积极引导当事人继续履行。当事人以合同履行困难为由请求解除合同的，人民法院不予支持。继续履行合同对于一方当事人明显不公平，其请求变更合同履行期限、履行方式、价款数额等的，人民法院应当结合案件实际情况决定是否予以支持。合同依法变更后，当事人仍然主张部分或者全部免除责任的，人民法院不予支持。因疫情或者疫情防控措施导致合同目的不能实现，当事人请求解除合同的，人民法院应予支持。

（三）当事人存在因疫情或者疫情防控措施得到政府部门补贴资助、税费减免或者他人资助、债务减免等情形的，人民法院可以作为认定合同能否继续履行等案件事实的参考因素。

根据2009年7月7日公布的《最高人民法院关于当前形势下审理民商事合同纠纷案件若干问题的指导意见》（法发〔2009〕40号）第一部分对于"慎重适用情势变更原则，合理调整双方利益关系"，具体如下：

1.当前市场主体之间的产品交易、资金流转因原料价格剧烈波动、市场需求关系的变化、流动资金不足等诸多因素的影响而产生大量纠纷，对于部分当事人在诉讼中提出适用情势变更原则变更或者解除合同的请求，人民法院应当依据公平原则和情势变更原则严格审查。

2.人民法院在适用情势变更原则时，应当充分注意到全球性金融危机和国内宏观经济形势变化并非完全是一个令所有市场主体猝不及防的突变过程，而是一个逐步演变的过程。在演变过程中，市场主体应当对于市场风险存在一定程度的预见和判断。人民法院应当依法把握情势变更原则的适用条件，严格审查当事人提出的"无法预见"的主张，对于涉及石油、焦炭、有色金属等市场属性活泼、长期以来价格波动较大的大宗商品标的物以及股票、期货等风险投资型金融产品标的物的合同，更要慎重适用情势变更原则。

3.人民法院要合理区分情势变更与商业风险。商业风险属于从事商业活动的固有风险，诸如尚未达到异常变动程度的供求关系变化、价格涨跌等。情势变更是当事人在缔约时无法预见的非市场系统固有的风险。人民法院在判断某种重大客观变化是否属于情势变更时，应当注意衡量风险类型是否属于社会一般观念上的事先无法预见、风险程度是否远远超出正常人的合理预期、风险是否可以防范和控制、交易性质是否属于通常的"高风险高收益"范围等因素，并结合市场的具体情况，在个案中识别情势变更和商业风险。

4.在调整尺度的价值取向把握上，人民法院仍应遵循侧重于保护守约方的原则。适用情势变更原则并非简单地豁免债务人的义务而使债权人承受不利后果，而是要充分注意利益均衡，公平合理地调整双方利益关系。在诉讼过程中，人民法院要积极引导当事人重新协商，改订合同；重新协商不成的，争取调解解决。为防止情势变更原则被滥用而影响市场正常的交易秩序，人民法院决定适用情势变更原则作出判决的，应当按照最高人民法院《关于正确适用〈中华人民共和国合同法〉若干问题的解释（二）服务党和国家工作大局的通知》（法〔2009〕165号）的要求，严格履行适用情势变更的相关审核程序。

根据成都鹏伟实业有限公司与江西省永修县人民政府、永修县鄱阳湖采砂管理工作领导小组办公室采矿权纠纷案：最高人民法院(2008)民二终字第91号民事判决书[《最高人民法院公报》2010年第4期(总第162期)]，裁决如下：

一、当事人在网站发布公开拍卖推介书的行为，实质上是就公开拍卖事宜向社会不特定对象发出的要约邀请。在受要约人与之建立合同关系，且双方对合同约定的内容产生争议时，该要约邀请对合同的解释可以产生证据的效力。

二、公平原则是当事人订立、履行民事合同所应遵循的基本原则。最高人民法院《关于适用〈中华人民共和国合同法〉若干问题的解释(二)》根据《中华人民共和国民法通则》关于公平原则的规定，确立了合同履行过程中的情势变更原则，该解释第二十六条规定："合同成立以后客观情况发生了当事人在订立合同时无法预见的、非不可抗力造成的不属于商业风险的重大变化，继续履行合同对于一方当事人明显不公平或者不能实现合同目的，当事人请求人民法院变更或者解除合同的，人民法院应当根据公平原则，并结合案件的实际情况确定是否变更或者解除。"据此，由于无法预料的自然环境变化的影响导致合同目的的无法实现，若继续履行合同则必然造成一方当事人取得全部合同收益，而另一方当事人承担全部投资损失，受损方当事人请求变更合同部分条款的，人民法院应当予以支持。

根据2023年12月5日公布的《最高人民法院发布十起〈关于适用《中华人民共和国民法典》合同编通则若干问题的解释〉相关典型案例》，案例四为某旅游管理公司与某村村民委员会等合同纠纷案，具体如下：

裁判要点

当事人签订具有合作性质的长期性合同，因政策变化对当事人履行合同产生影响，但该变化不属于订立合同时无法预见的重大变化，按照变化后的政策要求予以调整亦不影响合同继续履行，且继续履行不会对当事人一方明显不公平，该当事人不能依据《中华人民共和国民法典》第五百三十三条请求变更或者解除合同。该当事人请求终止合同权利义务关系，守约方不同意终止合同，但双方当事人丧失合作可能性导致合同目的不能实现的，属于《中华人民共和国民法典》第五百八十条第一款第(二)项规定的"债务的标的不适于强制履行"，应根据违约方的请求判令终止合同权利义务关系并判决违约方承担相应的违约责任。

简要案情

2019年年初，某村村委会、村股份经济合作社(甲方)与某旅游管理有限公司(乙方)就某村村域范围内旅游资源开发建设签订经营协议，约定经营期限50年。2019年年底，某村所在市辖区水务局将经营范围内河沟两侧划定为城市蓝线，对蓝线范围内的建设活动进行管理。2019年11月左右，某旅游管理有限公司得知河沟两侧被划定为城市蓝线。2020年5月11日，某旅游管理有限公司书面通知要求解除相关协议。经调查，经营协议确定的范围绝大部分不在蓝线范围内，且对河道治理验收合格就能对在蓝线范围内的部分地域进行开发建设。

判决理由

生效判决认为，双方约定就经营区域进行民宿与旅游开发建设，因流经某村村域的河道属于签订经营协议时既有的山区河道，不属于无法预见的重大变化，城市蓝线主要是根据江、河、湖、库、渠和湿地等城市地标水体来进行地域界限划定，主要目的是水体保护和控制，某旅游管理有限公司可在履行相应行政手续审批或符合政策文件的具体要求时继续进行开发活动，故城市蓝线划定不构成情势变更。某村村委会、村股份经济合作社并不存在违约行为，某旅游管理有限公司明确表示不再对经营范围进行民宿及旅游资源开发，属于违约一方。某旅游管理有限公司以某村村委会及村股份经济合作社根本违约为由要求解除合同，明确表示不再对经营范围进行民宿及旅游资源开发，某村村委会及村股份经济合作社不同意解除合同或终止合同权利义务，双方已构成合同僵局。考虑到双方合同持续履行长达50年，须以双方自愿且相互信赖为前提，如不允许双方权利义务终止，既不利于充分发挥土地等资源的价值利用，又不利于双方利益的平衡保护，案涉经营协议已丧失继续履行的现实可行性，合同权利义务关系应当终止。

司法解释相关条文

《最高人民法院关于适用〈中华人民共和国民法典〉合同编通则若干问题的解释》第32条

第五百三十四条 【合同监管】对当事人利用合同实施危害国家利益、社会公共利益行为的，市场监督管理和其他有关行政主管部门依照法律、行政法规的规定负责监督处理。

根据**2023年5月18日**公布的《合同行政监督管理办法》，规定如下：

第一条 为了维护市场经济秩序，保护国家利益、社会公共利益和消费者合法权益，根据《中华人民共和国民法典》、《中华人民共和国消费者权益保护法》等法律法规，制定本办法。

第二条 市场监督管理部门根据法律、行政法规和本办法的规定，在职责范围内开展合同行政监督管理工作。

第三条 市场监督管理部门开展合同行政监督管理工作，应当坚持监管与指导相结合、处罚与教育相结合的原则。

第四条 经营者订立合同应当遵循平等、自愿、公平、诚信的原则，不得违反法律、行政法规的规定，违背公序良俗，不得利用合同实施危害国家利益、社会公共利益和消费者合法权益的行为。

第五条 经营者不得利用合同从事下列违法行为，扰乱市场经济秩序，危害国家利益、社会公共利益：

（一）虚构合同主体资格或者盗用、冒用他人名义订立合同；

（二）没有实际履行能力，诱骗对方订立合同；

（三）故意隐瞒与实现合同目的有重大影响的信息，与对方订立合同；

（四）以恶意串通、贿赂、胁迫等手段订立合同；

（五）其他利用合同扰乱市场经济秩序的行为。

第六条 经营者采用格式条款与消费者订立合同，应当以单独告知、字体加粗、弹窗等显著方式提请消费者注意商品或者服务的数量和质量、价款或者费用、履行期限和方式、安全注意事项和风险警示、售后服务、民事责任等与消费者有重大利害关系的内容，并按照消费者的要求予以说明。

经营者预先拟定的，对合同双方权利义务作出规定的通知、声明、店堂告示等，视同格式条款。

第七条 经营者与消费者订立合同，不得利用格式条款等方式作出减轻或者免除自身责任的规定。格式条款中不得含有以下内容：

（一）免除或者减轻经营者造成消费者人身伤害依法应当承担的责任；

（二）免除或者减轻经营者因故意或者重大过失造成消费者财产损失依法应当承担的责任；

（三）免除或者减轻经营者对其所提供的商品或者服务依法应当承担的修理、重作、更换、退货、补足商品数量、退还货款和服务费用等责任；

（四）免除或者减轻经营者依法应当承担的违约责任；

（五）免除或者减轻经营者根据合同的性质和目的应当履行的协助、通知、保密等义务；

（六）其他免除或者减轻经营者自身责任的内容。

第八条 经营者与消费者订立合同，不得利用格式条款等方式作出加重消费者责任、排除或者限制消费者权利的规定。格式条款中不得含有以下内容：

（一）要求消费者承担的违约金或者损害赔偿金超过法定数额或者合理数额；

（二）要求消费者承担依法应当由经营者承担的经营风险；

（三）排除或者限制消费者依法自主选择商品或者服务的权利；

（四）排除或者限制消费者依法变更或者解除合同的权利；

（五）排除或者限制消费者依法请求支付违约金或者损害赔偿金的权利；

（六）排除或者限制消费者依法投诉、举报、请求调解、申请仲裁、提起诉讼的权利；

（七）经营者单方享有解释权或者最终解释权；

（八）其他加重消费者责任、排除或者限制消费者权利的内容。

第九条 经营者采用格式条款与消费者订立合同的，不得利用格式条款并借助技术手段强制交易。

第十条 市场监督管理部门引导重点行业经营者建立健全格式条款公示等制度，引导规范经营者合同行为，提升消费者合同法律意识。

第十一条 经营者与消费者订立合同时，一般应当包括《中华人民共和国民法典》第四百七十条第一款规定的主要内容，并明确双方的主要权利和义务。

经营者采用书面形式与消费者订立合同的，应当将双方签订的书面合同交付消费者留存，并不少于一份。

经营者以电子形式订立合同的，应当清晰、全面、明确地告知消费者订立合同的步骤、注意事项、下载方法等事项，并保证消费者能够便利、完整地阅览和下载。

第十二条 任何单位和个人不得在明知或者应知的情况下，为本办法禁止的违法行为提供证明、印章、账户等便利条件。

第十三条 省级以上市场监督管理部门可以根据有关法律法规规定，针对特定行业或者领域，联合有关部门制定合同示范文本。

根据前款规定制定的合同示范文本，应当主动公开，供社会公众免费阅览、下载、使用。

第十四条 合同示范文本供当事人参照使用。合同各方具体权利义务由当事人自行约定。当事人可以对合同示范文本中的有关条款进行修改、补充和完善。

第十五条 参照合同示范文本订立合同的，当事人应当充分理解合同条款，自行承担合同订立和履行所发生的法律后果。

第十六条 省级以上市场监督管理部门可以设立合同行政监督管理专家评审委员会，邀请相关领域专家参与格式条款评审、合同示范文本制定等工作。

第十七条 县级以上市场监督管理部门对涉嫌违反本办法的合同行为进行查处时，可以依法采取下列措施：

（一）对与涉嫌合同违法行为有关的经营场所进行现场检查；

（二）询问涉嫌违法的当事人；

（三）向与涉嫌合同违法行为有关的自然人、法人和非法人组织调查了解有关情况；

（四）查阅、调取、复制与涉嫌违法行为有关的合同、票据、账簿等资料；

（五）法律、法规规定可以采取的其他措施。

采取前款规定的措施，依法需要报经批准的，应当办理批准手续。

市场监督管理部门及其工作人员对履行相关工作职责过程中知悉的国家秘密、商业秘密或者个人隐私，应当依法予以保密。

第十八条 经营者违反本办法第五条、第六条第一款、第七条、第八条、第九条、第十二条规定，法律、行政法规有规定的，依照其规定；没有规定的，由县级以上市场监督管理部门责令限期改正，给予警告，并可以处十万元以下罚款。

第十九条 合同违法行为轻微并及时改正，没有造成危害后果的，不予行政处罚；主动消除或者减轻危害后果的，从轻或者减轻行政处罚。

第二十条 市场监督管理部门作出行政处罚决定后，应当依法通过国家企业信用信息公示系统向社会公示。

第二十一条 违反本办法规定，构成犯罪的，依法追究刑事责任。

第二十二条 市场监督管理部门依照本办法开展合同行政监督管理，不对合同的民事法律效力作出认定，不影响合同当事人民事责任的承担。法律、行政法规另有规定的，依照其规定。

第二十三条 本办法自 2023 年 7 月 1 日起施行。2010 年 10 月 13 日原国家工商行政管理总局令第 51 号公布的《合同违法行为监督处理办法》同时废止。

第五章 合同的保全

第五百三十五条 【债权人代位权】因债务人怠于行使其债权或者与该债权有关的从权利，影响债权人的到期债权实现的，债权人可以向人民法院请求以自己的名义代位行使债务人对相对人的权利，但是该权利专属于债务人自身的除外。

代位权的行使范围以债权人的到期债权为限。债权人行使代位权的必要费用，由债务人负担。

相对人对债务人的抗辩，可以向债权人主张。

根据**2015 年 4 月 24 日修正的《中华人民共和国税收征收管理法》**，规定如下：

第五十条 欠缴税款的纳税人因怠于行使到期债权，或者放弃到期债权，或者无偿转让财产，或者以明显不合理的低价转让财产而受让人知道该情形，对国家税收造成损害的，税务机关可以依照合同法第七十三条、第七十四条的规定行使代位权、撤销权。

税务机关依照前款规定行使代位权、撤销权的，不免除欠缴税款的纳税人尚未履行的纳税义务和应承担的法律责任。

根据**2023 年 12 月 4 日公布的《最高人民法院关于适用〈中华人民共和国民法典〉合同编通则若干问题的解释》（法释〔2023〕13 号）**，规定如下：

第三十三条 债务人不履行其对债权人的到期债务，又不以诉讼或者仲裁方式向相对人主张其享有的债权或者与该债权有关的从权利，致使债权人的到期债权未能实现的，人民法院可以认定为民法典第五百三十五条规定的“债务人怠于行使其债权或者与该债权有关的从权利，影响债权人的到期债权实现”。

第三十四条 下列权利，人民法院可以认定为民法典第五百三十五条第一款规定的专属于债务人自身的权利：

（一）抚养费、赡养费或者扶养费请求权；

（二）人身损害赔偿请求权；

（三）劳动报酬请求权，但是超过债务人及其所扶养家属的生活必需费用的部分除外；

（四）请求支付基本养老保险金、失业保险金、最低生活保障金等保障当事人基本生活的权利；

（五）其他专属于债务人自身的权利。

第三十五条 债权人依据民法典第五百三十五条的规定对债务人的相对人提起代位权

诉讼的，由被告住所地人民法院管辖，但是依法应当适用专属管辖规定的除外。

债务人或者相对人以双方之间的债权债务关系订有管辖协议为由提出异议的，人民法院不予支持。

第三十六条 债权人提起代位权诉讼后，债务人或者相对人以双方之间的债权债务关系订有仲裁协议为由对法院主管提出异议的，人民法院不予支持。但是，债务人或者相对人在首次开庭前就债务人与相对人之间的债权债务关系申请仲裁的，人民法院可以依法中止代位权诉讼。

第三十七条 债权人以债务人的相对人为被告向人民法院提起代位权诉讼，未将债务人列为第三人的，人民法院应当追加债务人为第三人。

两个以上债权人以债务人的同一相对人为被告提起代位权诉讼的，人民法院可以合并审理。债务人对相对人享有的债权不足以清偿其对两个以上债权人负担的债务的，人民法院应当按照债权人享有的债权比例确定相对人的履行份额，但是法律另有规定的除外。

第三十八条 债权人向人民法院起诉债务人后，又向同一人民法院对债务人的相对人提起代位权诉讼，属于该人民法院管辖的，可以合并审理。不属于该人民法院管辖的，应当告知其向有管辖权的人民法院另行起诉；在起诉债务人的诉讼终结前，代位权诉讼应当中止。

第三十九条 在代位权诉讼中，债务人对超过债权人代位请求数额的债权部分起诉相对人，属于同一人民法院管辖的，可以合并审理。不属于同一人民法院管辖的，应当告知其向有管辖权的人民法院另行起诉；在代位权诉讼终结前，债务人对相对人的诉讼应当中止。

第四十条 代位权诉讼中，人民法院经审理认为债权人的主张不符合代位权行使条件的，应当驳回诉讼请求，但是不影响债权人根据新的事实再次起诉。

债务人的相对人仅以债权人提起代位权诉讼时债权人与债务人之间的债权债务关系未经生效法律文书确认为由，主张债权人提起的诉讼不符合代位权行使条件的，人民法院不予支持。

第四十一条 债权人提起代位权诉讼后，债务人无正当理由减免相对人的债务或者延长相对人的履行期限，相对人以此向债权人抗辩的，人民法院不予支持。

根据**2020年12月29日公布的《最高人民法院关于审理建设工程施工合同纠纷案件适用法律问题的解释（一）》（法释〔2020〕25号）**，规定如下：

第四十四条 实际施工人依据民法典第五百三十五条规定，以转包人或者违法分包人怠于向发包人行使到期债权或者与该债权有关的从权利，影响其到期债权实现，提起代位权诉讼的，人民法院应予支持。

根据**2020年12月29日修正的《最高人民法院关于审理民事案件适用诉讼时效制度若干问题的规定》（法释〔2020〕17号）**，规定如下：

第十六条 债权人提起代位权诉讼的，应当认定对债权人的债权和债务人的债权均发生诉讼时效中断的效力。

根据**2011年5月27日公布的《最高人民法院关于依法制裁规避执行行为的若干意见》（法〔2011〕195号）**第四部分，对于"完善对被执行人享有债权的保全和执行措施，运用代位权、撤销权诉讼制裁规避执行行为"，通知如下：

12. 依法执行已经生效法律文书确认的被执行人的债权。对于被执行人已经生效法律文书确认的债权，执行法院可以书面通知被执行人在限期内向有管辖权的人民法院申请执行该生效法律文书。限期届满被执行人仍怠于申请执行的，执行法院可以依法强制执行该到期债权。

被执行人已经申请执行的，执行法院可以请求执行该债权的人民法院协助扣留相应的执行款物。

13. 依法保全被执行人的未到期债权。对被执行人的未到期债权，执行法院可以依法冻结，待债权到期后参照到期债权予以执行。第三人仅以该债务未到期为由提出异议的，不影响对该债权的保全。

14. 引导申请执行人依法诉讼。被执行人怠于行使债权对申请执行人造成损害的，执行法院可以告知申请执行人依照《中华人民共和国合同法》第七十三条的规定，向有管辖权的人民法院提起代位权诉讼。

被执行人放弃债权、无偿转让财产或者以明显不合理的低价转让财产，对申请执行人造成损害的，执行法院可以告知申请执行人依照《中华人民共和国合同法》第七十四条的规定向有管辖权的人民法院提起撤销权诉讼。

根据**2005年9月16日公布的《最高人民法院关于深圳发展银行与赛格（香港）有限公司、深圳赛格集团财务公司代位权纠纷一案的请示的复函》（〔2005〕民四他字第31号）**，根据目前的法律规定和司法解释，债权人仅可以向人民法院请求以自己名义代位行使债务人具有金钱给付内容的到期债权，且该债权不能是专属于债务人自身的，代位权的范畴不能从债权扩张到所有权。

根据成都市国土资源局武侯分局与招商（蛇口）成都房地产开发有限责任公司、成都港招实业开发有限责任公司、海南民丰科技实业开发总公司债权人代位权纠纷案：最高人民法院（2011）民提字第210号民事判决书［《最高人民法院公报》2012年第6期（总第188期）］，裁决如下：

一、根据《中华人民共和国合同法》第七十三条的规定，因债务人怠于行使其到期债权，对债权人造成损害的，债权人可以向人民法院请求以自己的名义代位行使债务人的债权，但该债权专属于债务人自身的除外。债务人与次债务人约定以代物清偿方式清偿债务的，因代物清偿协议系实践性合同，故若次债务人未实际履行代物清偿协议，则次债务人与债务人之间的原金钱债务并未消灭，债权人仍有权代位行使债务人的债权。

二、企业改制只是转换企业的组织形式和变更企业的经济性质，原企业的债权债务并不因改制而消灭。根据最高人民法院《关于审理与企业改制相关的民事纠纷案件若干问题的规定》第五条的规定，企业通过增资扩股或者转让部分产权，实现他人对企业的参股，将企业整体改造为有限责任公司或者股份有限公司的，原企业债务由改造后的新设公司承担。故债权人代位行使对次债务人的债权，次债务人改制的，由改制后的企业向债权人履行清偿义务。

根据中国银行股份有限公司汕头分行与广东发展银行股份有限公司韶关分行、第三人珠海经济特区安然实业（集团）公司代位权纠纷案：最高人民法院（2011）民提字第7号民事判决书［《最高人民法院公报》2011年第11期（总第181期）］，裁决如下：

一、最高人民法院《关于适用〈中华人民共和国合同法〉若干问题的解释（一）》第十一条规定，债权人依照《合同法》第七十三条的规定提起代位权诉讼，应当符合下列条件：（一）债权人对债务人的债权合法；（二）债务人怠于行使其到期债权，对债权人造成损害；（三）债务人的债权已到期；（四）债务人的债权不是专属债务人自身的债权。据此，债权人提起代位权诉讼，应以主债权和次债权的成立为条件。债权成立不仅指债权的内容不违反法律、法规的规定，而且要求债权的数额应当确定。债权数额的确定既可以表现为债务人、次债务人对债权的认可，也可以经人民法院判决或者仲裁机构裁决加以确认。

二、根据最高人民法院《关于审理民事案件适用诉讼时效制度若干问题的规定》第十八条的规定，债权人提起代位权诉讼的，应当认定对债权人的债权和债务人的债权均发生诉讼时效中断的效力。

根据中国农业银行汇金支行诉张家港涤纶厂代位权纠纷案：江苏省高级人民法院2002年2月5日民事判决书［《最高人民法院公报》2004年第4期（总第90期）］，债务人在债务到期后，没有以诉讼或者仲裁方式向次债务人主张债权，而是与次债务人签订协议延长履行债务期限，损害债权人债权的，属于《合同法》第七十三条规定的怠于行使到期债权的行为，债权人可以以自己的名义代位行使债务人的债权。债务人与次债务人之间的具体债务数额是否确定，不影响债权人行使代位权。

根据 2023 年 12 月 5 日公布的《最高人民法院发布十起〈关于适用《中华人民共和国民法典》合同编通则若干问题的解释〉相关典型案例》，其中案例五为某控股株式会社与某利公司等债权人代位权纠纷案，具体如下：

裁判要点

在代位权诉讼中，相对人以其与债务人之间的债权债务关系约定了仲裁条款为由，主张案件不属于人民法院受理案件范围的，人民法院不予支持。

简要案情

2015 年至 2016 年，某控股株式会社与某利国际公司等先后签订《可转换公司债发行及认购合同》及补充协议，至 2019 年 3 月，某利国际公司欠付某控股株式会社款项 6400 余万元。2015 年 5 月，某利公司与其母公司某利国际公司签订《贷款协议》，由某利国际公司向某利公司出借 2.75 亿元用于公司经营。同年 6 月，某利国际公司向某利公司发放了贷款。案涉《可转换公司债发行及认购合同》及补充协议、《贷款协议》均约定了仲裁条款。某控股株式会社认为某利国际公司怠于行使对某利公司的债权，影响了某控股株式会社到期债权的实现，遂提起代位权诉讼。一审法院认为，虽然某控股株式会社与某利公司之间并无直接的仲裁协议，但某控股株式会社向某利公司行使代位权时，应受某利公司与某利国际公司之间仲裁条款的约束。相关协议约定的仲裁条款排除了人民法院的管辖，故裁定驳回某控股株式会社的起诉。某控股株式会社不服提起上诉。二审法院依据《最高人民法院关于适用〈中华人民共和国合同法〉若干问题的解释（一）》第十四条的规定，裁定撤销一审裁定，移送被告住所地人民法院审理。

判决理由

生效裁判认为，虽然案涉合同中均约定了仲裁条款，但仲裁条款只约束签订合同的各方当事人，对合同之外的当事人不具有约束力。本案并非债权转让引起的诉讼，某控股株式会社既非《贷款协议》的当事人，亦非该协议权利义务的受让人，一审法院认为某控股株式会社行使代位权时应受某利公司与某利国际公司之间仲裁条款的约束缺乏依据。

司法解释相关条文

《最高人民法院关于适用〈中华人民共和国民法典〉合同编通则若干问题的解释》第三十六条

根据 2016 年 10 月 31 日公布的《最高人民法院关于公正审理跨省重大民商事和行政案件典型案例》，其中案例 1 是辉南县汇丰煤炭生产有限公司与抚顺长顺热电有限公司、抚顺长顺能源有限公司、抚顺长顺电力有限公司债权人代位权纠纷案，典型意义如下：

本案当事人跨越吉林与辽宁两省，主要涉及债权人代位权纠纷案件的立案审查标准和实体裁判标准的法律尺度问题。《最高人民法院关于适用〈中华人民共和国合同法〉若干问题的解释（一）》第十一条规定虽然使用了"提起代位权诉讼，应当符合下列条件"的表述，但是该条文主要是对合同法的理解与适用作出的解释，偏重于实体裁判标准。从最大限度地保护当事人的诉权，全面推行立案登记制改革的角度出发，对此类案件的立案审查不宜过于严格。债权人提供的证据能够证明其对债务人享有合法到期债权，能够初步证明债务人对次债务人亦享有合法到期债权，债务人怠于行使其债权的，就可以立案受理。经过审理，债权人的代位权请求不能成立的，判决驳回其诉讼请求。这样，既保障了债权人的正当诉讼权利，又不会损害其他当事人的利益。

第五百三十六条 【债权人代位权的提前行使】债权人的债权到期前，债务人的债权或者与该债权有关的从权利存在诉讼时效期间即将届满或者未及时申报破产债权等情形，影响债权人的债权实现的，债权人可以代位向债务人的相对人请求其向债务人履行、向破产管理人申报或者作出其他必要的行为。

第五百三十七条 【债权人代位权行使效果】人民法院认定代位权成立的，由债务人的相对人向债权人履行义务，债权人接受履行后，债权人与债务人、债务人与相对人之间相应的权利义务终止。债务人对相对人的债权或者与该债权有关的从权利被采取保全、执行措施，或者债务人破产的，依照相关法律的规定处理。

根据**2021年11月9日公布的《最高人民法院关于发布第30批指导性案例的通知》(法〔2021〕272号)，其中指导案例167号是北京大唐燃料有限公司诉山东百富物流有限公司买卖合同纠纷案**，具体如下：

关键词

民事/买卖合同/代位权诉讼/未获清偿/另行起诉

裁判要点

代位权诉讼执行中，因相对人无可供执行的财产而被终结本次执行程序，债权人就未实际获得清偿的债权另行向债务人主张权利的，人民法院应予支持。

相关法条

《最高人民法院关于适用〈中华人民共和国合同法〉若干问题的解释(一)》第20条(注：现行有效的法律为《中华人民共和国民法典》第537条)

基本案情

2012年1月20日至2013年5月29日，北京大唐燃料有限公司(以下简称大唐公司)与山东百富物流有限公司(以下简称百富公司)之间共签订采购合同41份，约定百富公司向大唐公司销售镍铁、镍矿、精煤、冶金焦等货物。双方在履行合同过程中采用滚动结算的方式支付货款，但是每次付款金额与每份合同约定的货款金额并不一一对应。自2012年3月15日至2014年1月8日，大唐公司共支付百富公司货款1827867179.08元，百富公司累计向大唐公司开具增值税发票总额为1869151565.63元。大唐公司主张百富公司累计供货货值为1715683565.63元，百富公司主张其已按照开具增值税发票数额足额供货。

2014年11月25日，大唐公司作为原告，以宁波万象进出口有限公司(以下简称万象公司)为被告，百富公司为第三人，向浙江省宁波市中级人民法院提起债权人代位权诉讼。该院作出(2014)浙甬商初字第74号民事判决书，判决万象公司向大唐公司支付款项36369405.32元。大唐公司于2016年9月28日就(2014)浙甬商初字第74号民事案件向浙江省象山县人民法院申请强制执行。该院于2016年10月8日依法向万象公司发出执行通知书，但万象公司逾期仍未履行义务，万象公司尚应支付执行款36369405.32元及利息，承担诉讼费209684元、执行费103769.41元。经该院执行查明，万象公司名下有机动车二辆，该院已经查封但实际未控制。大唐公司在限期内未能提供万象公司可供执行的财产，也未向该院提出异议。该院于2017年3月25日作出(2016)浙0225执3676号执行裁定书，终结本次执行程序。

大唐公司以百富公司为被告，向山东省高级人民法院提起本案诉讼，请求判令百富公司向其返还本金及利息。

裁判结果

山东省高级人民法院于2018年8月13日作出(2018)鲁民初10号民事判决：一、山东百富物流有限公司向北京大唐燃料有限公司返还货款75814208.13元；二、山东百富物流有限公司向北京大唐燃料有限公司赔偿占用货款期间的利息损失(以75814208.13元为基数，自2014年11月25日起至山东百富物流有限公司实际支付之日止，按照中国人民银行同期同类贷款基准利率计算)；三、驳回北京大唐燃料有限公司其他诉讼请求。大唐燃料有限公司不服一审判决，提起上诉。最高人民法院于2019年6月20日作出(2019)最高法民终6

号民事判决：一、撤销山东省高级人民法院（2018）鲁民初 10 号民事判决；二、山东百富物流有限公司向北京大唐燃料有限公司返还货款 153468000 元；三、山东百富物流有限公司向北京大唐燃料有限公司赔偿占用货款期间的利息损失（以 153468000 元为基数，自 2014 年 11 月 25 日起至山东百富物流有限公司实际支付之日止，按照中国人民银行同期同类贷款基准利率计算）；四、驳回北京大唐燃料有限公司的其他诉讼请求。

裁判理由

最高人民法院认为：关于（2014）浙甬商初字第 74 号民事判决书涉及的 36369405.32 元债权问题。大唐公司有权就该笔款项另行向百富公司主张。

第一，《最高人民法院关于适用〈中华人民共和国合同法〉若干问题的解释（一）》（以下简称《合同法解释（一）》）第二十条规定，债权人向次债务人提起的代位权诉讼经人民法院审理后认定代位权成立的，由次债务人向债权人履行清偿义务，债权人与债务人、债务人与次债务人之间相应的债权债务关系即予消灭。根据该规定，认定债权人与债务人之间相应债权债务关系消灭的前提是次债务人已经向债权人实际履行相应清偿义务。本案所涉执行案件中，因并未执行到万象公司的财产，浙江省象山县人民法院已经作出终结本次执行的裁定，故在万象公司并未实际履行清偿义务的情况下，大唐公司与百富公司之间的债权债务关系并未消灭，大唐公司有权向百富公司另行主张。

第二，代位权诉讼属于债的保全制度，该制度是为防止债务人财产不当减少或者应当增加而未增加，给债权人实现债权造成障碍，而非要求债权人在债务人与次债务人之间择一选择作为履行义务的主体。如果要求债权人择一选择，无异于要求债权人在提起代位权诉讼前，需要对次债务人的偿债能力作充分调查，否则应当由其自行承担债务不得清偿的风险，这不仅加大了债权人提起代位权诉讼的经济成本，还会严重挫伤债权人提起代位权诉讼的积极性，与代位权诉讼制度的设立目的相悖。

第三，本案不违反“一事不再理”原则。根据《最高人民法院关于适用〈中华人民共和国民事诉讼法〉的解释》第二百四十七条的规定，判断是否构成重复起诉的主要条件是当事人、诉讼标的、诉讼请求是否相同，或者后诉的诉讼请求是否实质上否定前诉裁判结果等。代位权诉讼与对债务人的诉讼并不相同，从当事人角度看，代位权诉讼以债权人为原告、次债务人为被告，而对债务人的诉讼则以债权人为原告、债务人为被告，两者被告身份不具有同一性。从诉讼标的及诉讼请求上看，代位权诉讼虽然要求次债务人直接向债权人履行清偿义务，但针对的是债务人与次债务人之间的债权债务，而对债务人的诉讼则是要求债务人向债权人履行清偿义务，针对的是债权人与债务人之间的债权债务，两者在标的范围、法律关系等方面亦不相同。从起诉要件上看，与对债务人诉讼不同的是，代位权诉讼不仅要求具备民事诉讼法规定的起诉条件，同时还应当具备《合同法解释（一）》第十一条规定的诉讼条件。基于上述不同，代位权诉讼与对债务人的诉讼并非同一事由，两者仅具有法律上的关联性，故大唐公司提起本案诉讼并不构成重复起诉。

第五百三十八条 【无偿处分、恶意延长到期债权履行期的债权人撤销权】债务人以放弃其债权、放弃债权担保、无偿转让财产等方式无偿处分财产权益，或者恶意延长其到期债权的履行期限，影响债权人的债权实现的，债权人可以请求人民法院撤销债务人的行为。

根据 **2020 年 12 月 29 日修正的《最高人民法院关于适用〈中华人民共和国企业破产法〉若干问题的规定（二）》（法释〔2020〕18 号）**，规定如下：

第十三条 破产申请受理后，管理人未依据企业破产法第三十一条的规定请求撤销债务人无偿转让财产、以明显不合理价格交易、放弃债权行为的，债权人依据民法典第五百三十八条、第五百三十九条等规定提起诉讼，请求撤销债务人上述行为并将因此追回的财产归入债务人财产的，人民法院应予受理。

相对人以债权人行使撤销权的范围超出债权人的债权抗辩的，人民法院不予支持。

根据 2020 年 12 月 23 日修正的《最高人民法院关于审理与企业改制相关的民事纠纷案件若干问题的规定》（法释〔2020〕18 号），规定如下：

第二十九条 出售企业的行为具有民法典第五百三十八条、第五百三十九条规定的情形，债权人在法定期限内行使撤销权的，人民法院应当予以支持。

根据 2011 年 8 月 24 日公布的《最高人民法院关于反规避执行的九起典型案例》，其中案例 3 为上海金地石化有限公司与上海立宇贸易有限公司侵权损害赔偿纠纷执行案，典型意义如下：

被执行人无偿转让财产，对申请执行人造成损害，申请执行人依照《合同法》相关规定向有管辖权的人民法院提起撤销权诉讼，有效地反制规避执行行为。

第五百三十九条 【不合理价格交易时的债权人撤销权行使】债务人以明显不合理的低价转让财产、以明显不合理的高价受让他人财产或者为他人的债务提供担保，影响债权人的债权实现，债务人的相对人知道或者应当知道该情形的，债权人可以请求人民法院撤销债务人的行为。

根据 2023 年 12 月 4 日公布的《最高人民法院关于适用〈中华人民共和国民法典〉合同编通则若干问题的解释》（法释〔2023〕13 号），规定如下：

第四十二条 对于民法典第五百三十九条规定的“明显不合理”的低价或者高价，人民法院应当按照交易当地一般经营者的判断，并参考交易时交易地的市场交易价或者物价部门指导价予以认定。

转让价格未达到交易时交易地的市场交易价或者指导价百分之七十的，一般可以认定为“明显不合理的低价”；受让价格高于交易时交易地的市场交易价或者指导价百分之三十的，一般可以认定为“明显不合理的高价”。

债务人与相对人存在亲属关系、关联关系的，不受前款规定的百分之七十、百分之三十的限制。

第四十三条 债务人以明显不合理的价格，实施互易财产、以物抵债、出租或者承租财产、知识产权许可使用等行为，影响债权人的债权实现，债务人的相对人知道或者应当知道该情形，债权人请求撤销债务人的行为的，人民法院应当依据民法典第五百三十九条的规定予以支持。

第四十四条 债权人依据民法典第五百三十八条、第五百三十九条的规定提起撤销权诉讼的，应当以债务人和债务人的相对人为共同被告，由债务人或者相对人的住所地人民法院管辖，但是依法应当适用专属管辖规定的除外。

两个以上债权人就债务人的同一行为提起撤销权诉讼的，人民法院可以合并审理。

第四十五条 在债权人撤销权诉讼中，被撤销行为的标的可分，当事人主张在受影响的债权范围内撤销债务人的行为的，人民法院应予支持；被撤销行为的标的不可分，债权人主张将债务人的行为全部撤销的，人民法院应予支持。

债权人行使撤销权所支付的合理的律师代理费、差旅费等费用，可以认定为民法典第五百四十条规定的“必要费用”。

第四十六条 债权人在撤销权诉讼中同时请求债务人的相对人向债务人承担返还财产、折价补偿、履行到期债务等法律后果的，人民法院依法予以支持。

债权人请求受理撤销权诉讼的人民法院一并审理其与债务人之间的债权债务关系，属于该人民法院管辖的，可以合并审理。不属于该人民法院管辖的，应当告知其向有管辖权的人民法院另行起诉。

债权人依据其与债务人的诉讼、撤销权诉讼产生的生效法律文书申请强制执行的，人民法院可以就债务人对相对人享有的权利采取强制执行措施以实现债权人的债权。债权人在撤销权诉讼中，申请对相对人的财产采取保全措施的，人民法院依法予以准许。

根据 2021 年 2 月 19 日公布的《最高人民法院关于发布第 27 批指导性案例的通知》(法〔2021〕55 号)，其中指导案例 152 号是鞍山市中小企业信用担保中心诉汪薇、鲁金英第三人撤销之诉案，具体如下：

关键词

民事 / 第三人撤销之诉 / 撤销权 / 原告主体资格

裁判要点

债权人申请强制执行后，被执行人与他人在另外的民事诉讼中达成调解协议，放弃其取回财产的权利，并大量减少债权，严重影响债权人债权实现，符合《合同法》第七十四条规定的债权人行使撤销权条件的，债权人对民事调解书具有提起第三人撤销之诉的原告主体资格。

相关法条

《中华人民共和国民事诉讼法》第 56 条

《中华人民共和国合同法》第 74 条

基本案情

2008 年 12 月，鞍山市中小企业信用担保中心（以下简称担保中心）与台安县农村信用合作社黄沙坨信用社（以下简称黄沙坨信用社）签订保证合同，为汪薇经营的鞍山金桥生猪良种繁育养殖厂（以下简称养殖厂）在该信用社的贷款提供连带责任担保。汪薇向担保中心出具一份个人连带责任保证书，为借款人的债务提供反担保。后因养殖厂及汪薇没有偿还贷款，担保中心于 2010 年 4 月向黄沙坨信用社支付代偿款 2973197.54 元。2012 年担保中心以养殖厂、汪薇等为被告起诉至铁东区人民法院，要求养殖厂及汪薇等偿还代偿款。辽宁省鞍山市铁东区人民法院于 2013 年 6 月作出判决：(1)汪薇于该判决书生效之日起十五日内给付担保中心代偿银行欠款 2973197.54 元及银行利息；(2)张某某以其已办理的抵押房产对前款判项中的本金及利息承担抵押担保责任；(3)驳回担保中心的其他诉讼请求。该判决已经发生法律效力。

2010 年 12 月汪薇将养殖厂转让给鲁金英，转让费 450 万元，约定合同签订后立即给付 163 万余元，余款于 2011 年 12 月 1 日全部给付。如鲁金英不能到期付款，养殖厂的所有资产仍归汪薇，首付款作违约金归汪薇所有。合同签订后，鲁金英支付了约定的首付款。汪薇将养殖厂交付鲁金英，但鲁金英未按约定支付剩余转让款。2014 年 1 月，铁东区人民法院基于担保中心的申请，从鲁金英处执行其欠汪薇资产转让款 30 万元，将该款交给了担保中心。

汪薇于 2013 年 11 月起诉鲁金英，请求判令养殖厂的全部资产归其所有；鲁金英承担违约责任。辽宁省鞍山市中级人民法院经审理认为，汪薇与鲁金英签订的《资产转让合同书》合法有效，鲁金英未按合同约定期限支付余款构成违约。据此作出（2013）鞍民三初字第 66 号民事判决：(1)鲁金英将养殖厂的资产归还汪薇所有；(2)鲁金英赔偿汪薇实际损失及违约金 1632573 元。其中应扣除鲁金英代汪薇偿还的 30 万元，实际履行中由汪薇给付鲁金英 30 万元。鲁金英向辽宁省高级人民法院提起上诉。该案二审期间，汪薇和鲁金英自愿达成调解协议。辽宁省高级人民法院于 2014 年 8 月作出（2014）辽民二终字第 00183 号民事调解书予以确认。调解协议主要内容为养殖厂归鲁金英所有，双方同意将原转让款 450 万元变更为 3132573 元，鲁金英已给付汪薇 1632573 元，再给付 150 万元，不包括鲁金英已给付担保中心的 30 万元等。

鲁金英依据调解书向担保中心、执行法院申请回转已被执行的 30 万元，担保中心知悉汪薇和鲁金英买卖合同纠纷诉讼及调解书内容，随即提起本案第三人撤销之诉。

裁判结果

辽宁省高级人民法院于2017年5月23日作出（2016）辽民撤8号民事判决：一、撤销辽宁省高级人民法院（2014）辽民二终字第00183号民事调解书和鞍山市中级人民法院（2013）鞍民三初字第66号民事判决书；二、被告鲁金英于判决生效之日起十日内，将金桥生猪良种繁育养殖厂的资产归还被告汪薇所有；三、被告鲁金英已给付被告汪薇的首付款1632573元作为实际损失及违约金赔偿汪薇，但应从中扣除代替汪薇偿还担保中心的30万元，即实际履行中由汪薇给付鲁金英30万元。鲁金英不服，提起上诉。最高人民法院于2018年5月30日作出（2017）最高法民终626号民事判决：一、维持辽宁省高级人民法院（2016）辽民撤8号民事判决第一项；二、撤销辽宁省高级人民法院（2016）辽民撤8号民事判决第二项、第三项；三、驳回鞍山市中小企业信用担保中心的其他诉讼请求。

裁判理由

最高人民法院判决认为，本案中，虽然担保中心与汪薇之间基于贷款代偿形成的债权债务关系，与汪薇和鲁金英之间因转让养殖厂形成的买卖合同关系属两个不同法律关系，但是，汪薇系为创办养殖厂与担保中心形成案涉债权债务关系，与黄沙坨信用社签订借款合同的主体亦为养殖厂，故汪薇和鲁金英转让的养殖厂与担保中心对汪薇债权的形成存在关联关系。在汪薇与鲁金英因养殖厂转让发生纠纷提起诉讼时，担保中心对汪薇的债权已经生效民事判决确认并已进入执行程序。在该案诉讼及判决执行过程中，铁东区人民法院已裁定冻结了汪薇对养殖厂（投资人鲁金英）的到期债权。鲁金英亦已向铁东区人民法院确认其欠付汪薇转让款及数额，同意通过法院向担保中心履行，并已实际给付了30万元。铁东区人民法院也对养殖厂的相关财产予以查封冻结，并向养殖厂送达了协助执行通知书。故汪薇与鲁金英因养殖厂资产转让合同权利义务的变化与上述对汪薇财产的执行存在直接牵连关系，并可能影响担保中心的利益。《合同法》第七十四条规定："债务人以明显不合理的低价转让财产，对债权人造成损害，并且受让人知道该情形的，债权人也可以请求人民法院撤销债务人的行为。"因本案汪薇和鲁金英系在诉讼中达成以3132573元交易价转让养殖厂的协议，该协议经人民法院作出（2014）辽民二终字第00183号民事调解书予以确认并已发生法律效力。在此情形下，担保中心认为汪薇与鲁金英该资产转让行为符合《合同法》第七十四条规定的情形，却无法依据《合同法》第七十四条规定另行提起诉讼行使撤销权。故本案担保中心与汪薇之间虽然属于债权债务关系，但基于担保中心对汪薇债权形成与汪薇转让的养殖厂之间的关联关系，法院对汪薇因养殖厂转让形成的到期债权在诉讼和执行程序中采取的保全和执行措施使得汪薇与鲁金英买卖合同纠纷案件处理结果对担保中心利益产生的影响，以及担保中心主张受损害的民事权益因（2014）辽民二终字第00183号民事调解书而存在。根据《合同法》第七十四条提起撤销权诉讼障碍等本案基本事实，可以认定汪薇和鲁金英买卖合同纠纷案件处理结果与担保中心具有法律上的利害关系，担保中心有权提起本案第三人撤销之诉。

根据**2019年12月24日公布的《最高人民法院关于发布第23批指导性案例的通知》（法〔2019〕294号），其中指导案例118号为东北电气发展股份有限公司与国家开发银行股份有限公司、沈阳高压开关有限责任公司等执行复议案**，具体如下：

裁判要点

1. 债权人撤销权诉讼的生效判决撤销了债务人与受让人的财产转让合同，并判令受让人向债务人返还财产，受让人未履行返还义务的，债权人可以债务人、受让人为被执行人申请强制执行。

2. 受让人未通知债权人，自行向债务人返还财产，债务人将返还的财产立即转移，致使债权人丧失申请法院采取查封、冻结等措施的机会，撤销权诉讼目的无法实现的，不能认定生效判决已经得到有效履行。债权人申请对受让人执行生效判决确定的财产返还义务的，人民法院应予支持。

相关法条

《中华人民共和国民事诉讼法》第225条

基本案情

国家开发银行股份有限公司(以下简称国开行)与沈阳高压开关有限责任公司(以下简称沈阳高开)、东北电气发展股份有限公司(以下简称东北电气)、沈阳变压器有限责任公司、东北建筑安装工程总公司、新东北电气(沈阳)高压开关有限公司(现已更名为沈阳兆利高压电器设备有限公司,以下简称新东北高开)、新东北电气(沈阳)高压隔离开关有限公司(原沈阳新泰高压电气有限公司,以下简称新东北隔离)、沈阳北富机械制造有限公司(原沈阳诚泰能源动力有限公司,以下简称北富机械)、沈阳东利物流有限公司(原沈阳新泰仓储物流有限公司,以下简称东利物流)借款合同、撤销权纠纷一案,经北京市高级人民法院(以下简称北京高院)一审、最高人民法院二审,最高人民法院于2008年9月5日作出(2008)民二终字第23号民事判决,最终判决结果为:一、沈阳高开偿还国开行借款本金人民币15000万元及利息、罚息等,沈阳变压器有限责任公司对债务中的14000万元及利息、罚息承担连带保证责任,东北建筑安装工程总公司对债务中的1000万元及利息、罚息承担连带保证责任。二、撤销东北电气以其对外享有的7666万元对外债权及利息与沈阳高开持有的在北富机械95%的股权和在东利物流95%的股权进行股权置换的合同;东北电气与沈阳高开相互返还股权和债权,如不能相互返还,东北电气在24711.65万元范围内赔偿沈阳高开的损失,沈阳高开在7666万元范围内赔偿东北电气的损失。三、撤销沈阳高开以其在新东北隔离74.4%的股权与东北电气持有的在沈阳添升通讯设备有限公司(以下简称沈阳添升)98.5%的股权进行置换的合同。双方相互返还股权,如果不能相互返还,东北电气应在13000万元扣除2787.88万元的范围内赔偿沈阳高开的损失。依据上述判决内容,东北电气需要向沈阳高开返还下列三项股权:在北富机械的95%股权、在东利物流的95%股权、在新东北隔离的74.4%股权,如不能返还,扣除沈阳高开应返还东北电气的债权和股权,东北电气需要向沈阳高开支付的款项总额为27000万余元。判决生效后,经国开行申请,北京高院立案执行,并于2009年3月24日,向东北电气送达了执行通知,责令其履行法律文书确定的义务。

2009年4月16日,被执行人东北电气向北京高院提交了《关于履行最高人民法院(2008)民二终字第23号民事判决的情况说明》(以下简称说明一),表明该公司已通过支付股权对价款的方式履行完毕生效判决确定的义务。北京高院经调查认定,根据中信银行沈阳分行铁西支行的有关票据记载,2007年12月20日,东北电气支付的17046万元分为5800万元、5746万元、5500万元,通过转账付给沈阳高开;当日,沈阳高开向辽宁新泰电气设备经销有限公司(沈阳添升98.5%股权的实际持有人,以下简称辽宁新泰),辽宁新泰向新东北高开,新东北高开向新东北隔离,新东北隔离向东北电气通过转账支付了5800万元、5746万元、5500万元。故北京高院对东北电气已经支付完毕款项的说法未予认可。此后,北京高院裁定终结本次执行程序。

2013年7月1日,国开行向北京高院申请执行东北电气因不能返还股权而按照判决应履行的赔偿义务,请求控制东北电气相关财产,并为此提供保证。2013年7月12日,北京高院向工商管理机关发出协助执行通知书,冻结了东北电气持有的沈阳高东加干燥设备有限公司67.887%的股权及沈阳凯毅电气有限公司10%(10万元)的股权。

对此,东北电气于2013年7月18日向北京高院提出执行异议,理由是:一、北京高院在查封财产前未作出裁定;二、履行判决义务的主体为沈阳高开与东北电气,国开行无申请强制执行的主体资格;三、东北电气已经按本案生效判决之规定履行完毕向沈阳高开返还股权的义务,不应当再向国开行支付17000万元。同年9月2日,东北电气向北京高院出具《关于最高人民法院(2008)民二终字第23号判决书履行情况的说明》(以下简称说明二),具体说明本案终审判决生效后的履行情况:(1)关于在北富机械95%股权和东利物流95%股权返还的判项。2008年9月18日,东北电气、沈阳高开、新东北高开(当时北富机械95%股权的实际持有人)、沈阳恒宇机械设备有限公司(当时东利物流95%股权的实际持有人,以下简称恒宇机械)签订四方协议,约定由新东北高开、恒宇机械代东北电气向沈阳高开分别返还北富机械95%股权和东利物流95%股权。(2)关于新东北隔离74.4%的股权返还的判项。东北电气与沈阳高开、阜新封闭母线有限责任公司(当时新东北隔离74.4%股权的实际持有人,以下简称阜新母线)、辽宁新泰于2008年9月18日签订四方协议,约定由阜新母线代替东北电气向沈阳高开返还新东北隔离74.4%的股权。2008年9月22日,各方按照上述协议交割了股权,并完成了股权变更工商登记。相关协议中约定,股权代返还后,东北电气对代返还的三个公司承担对应义务。

2008年9月23日,沈阳高开将新东北隔离的股权、北富机械的股权、东利物流的股权转让给沈阳德佳经贸有限公司,并在工商管理机关办理完毕变更登记手续。

裁判结果

北京高院审查后,于2016年12月30日作出(2015)高执异字第52号执行裁定,驳回了东北电气的异议。东北电气不服,向最高人民法院申请复议。最高人民法院于2017年8月31日作出(2017)最高法执复27号执行裁定,驳回东北电气的复议请求,维持北京高院(2015)高执异字第52号执行裁定。

裁判理由

最高人民法院认为:

一、关于国开行是否具备申请执行人的主体资格问题

经查,北京高院2016年12月20日的谈话笔录中显示,东北电气的委托代理人雷爱民明确表示放弃执行程序违法、国开行不具备主体资格两个异议请求。从雷爱民的委托代理权限看,其权限为:代为申请执行异议、应诉、答辩,代为承认、放弃、变更执行异议请求,代为接收法律文书。因此,雷爱民在异议审查程序中所作的意思表示,依法由委托人东北电气承担。故,东北电气在异议审查中放弃了关于国开行不具备申请执行人的主体资格的主张,在复议审查程序再次提出该项主张,本院依法可不予审查。即使东北电气未放弃该主张,国开行申请执行的主体资格也无疑问。本案诉讼案由是借款合同、撤销权纠纷,法院经审理,判决支持了国开行的请求,判令东北电气偿还借款,并撤销了东北电气与沈阳高开股权置换的行为,判令东北电气和沈阳高开之间相互返还股权,东北电气如不能返还股权,则承担相应的赔偿责任。相互返还这一判决结果不是基于东北电气与沈阳高开双方之间的争议,而是基于国开行的诉讼请求。东北电气向沈阳高开返还股权,不仅是对沈阳高开的义务,而且实质上主要是对胜诉债权人国开行的义务。故国开行完全有权利向人民法院申请强制有关义务人履行该判决确定的义务。

二、关于东北电气是否履行了判决确定的义务问题

(一)不能认可本案返还行为的正当性

法律设置债权人撤销权制度的目的,在于纠正债务人损害债权的不当处分财产行为,恢复债务人责任财产以向债权人清偿债务。东北电气返还股权、恢复沈阳高开的偿债能力的目的,是为了向国开行偿还其债务。只有在通知胜诉债权人,以使其有机会申请法院采取冻结措施,从而能够以返还的财产实现债权的情况下,完成财产返还行为,才是符合本案诉讼目的的履行行为。任何使国开行诉讼目的落空的所谓返还行为,都是严重背离该判决实质要求的行为。因此,认定东北电气所主张的履行是否构成符合判决要求的履行,都应以该判决的目的为基本指引。尽管在本案诉讼期间及判决生效后,东北电气与沈阳高开之间确实有运作股权返还的行为,但其事前不向人民法院和债权人作出任何通知,且股权变更登记到沈阳高开名下的次日即被转移给其他公司,在此情况下,该种行为实质上应认定为规避判决义务的行为。

(二)不能确定东北电气协调各方履行无偿返还义务的真实性

东北电气主张因为案涉股权已实际分别转由新东北高开、恒宇机械、阜新母线三家公司持有,无法由东北电气直接从自己名下返还给沈阳高开,故由东北电气协调新东北高开、恒宇机械、阜新母线三家公司将案涉股权无偿返还给沈阳高开。如其所主张的该事实成立,则也可以视为其履行了判决确定的返还义务。但依据本案证据不能认定该事实。

1. 东北电气的证据前后矛盾，不能作合理解释。本案在执行过程中，东北电气向北京高院提交过两次说明，即 2009 年 4 月 16 日提交的说明一和 2013 年 9 月 2 日提交的说明二。其中，说明一显示，东北电气与沈阳高开于 2007 年 12 月 18 日签订协议，鉴于双方无法按判决要求相互返还股权和债权，约定东北电气向沈阳高开支付股权转让对价款，东北电气已于 2007 年 12 月 20 日（二审期间）向沈阳高开支付了 17046 万元，并以 2007 年 12 月 18 日东北电气与沈阳高开签订的《协议书》、2007 年 12 月 20 日中信银行沈阳分行铁西支行的三张银行进账单作为证据。说明二则称，2008 年 9 月 18 日，东北电气与沈阳高开、新东北高开、恒宇机械签订四方协议，约定由新东北高开、恒宇机械代东北电气向沈阳高开返还了北富机械 95% 的股权、东利物流 95% 的股权；同日，东北电气与沈阳高开、阜新母线、辽宁新泰亦签订四方协议，约定由阜新母线代东北电气向沈阳高开返还新东北隔离 74.4% 的股权；2008 年 9 月 22 日，各方按照上述协议交割了股权，并完成了股权变更工商登记。

对于其所称的履行究竟是返还上述股权还是以现金赔偿，东北电气的前后两个说明自相矛盾。第一，说明一表明，东北电气在二审期间已履行了支付股权对价款义务，而对于该支付行为，经过北京高院调查，该款项经封闭循环，又返回到东北电气，属虚假给付。第二，在执行程序中，东北电气 2009 年 4 月 16 日提交说明一时，案涉股权的交割已经完成，但东北电气并未提及 2008 年 9 月 18 日东北电气与沈阳高开、新东北高开、恒宇机械签订的四方协议。第三，既然 2007 年 12 月 20 日东北电气与沈阳高开已就股权对价款进行了交付，那么 2008 年 9 月 22 日又通过四方协议，将案涉股权返还给沈阳高开，明显不符合常理。第四，东北电气的《重大诉讼公告》于 2008 年 9 月 26 日发布，其中提到接受本院判决结果，但并未提到其已经于 9 月 22 日履行了判决，且称其收到诉讼代理律师转交的本案判决书的日期是 9 月 24 日，现在又坚持其在 9 月 22 日履行了判决，难以自圆其说。由此只能判断其在执行过程中所谓履行最高法院判决的说法，可能是对过去不同时期已经发生了的某种与涉案股权相关的转让行为，自行解释为是对本案判决的履行行为。故对四方协议的真实性及东北电气的不同阶段的解释的可信度高度存疑。

2. 经东北电气协调无偿返还涉案股权的事实不能认定。工商管理机关有关登记备案的材料载明，2008 年 9 月 22 日，恒宇机械持有的东利物流的股权、新东北高开持有的北富机械的股权、阜新母线持有的新东北隔离的股权已过户至沈阳高开名下。但登记资料显示，沈阳高开与新东北高开、沈阳高开与恒宇机械、沈阳高开与阜新母线签订的《股权转让协议书》中约定有沈阳高开应分别向三公司支付相应的股权转让对价款。东北电气称，《股权转让协议书》系按照工商管理部门的要求而制作，实际上没有也无须支付股权转让对价款。对此，东北电气不能提供充分的证据予以证明，北京高院到沈阳市有关工商管理部门调查，亦未发现足以证明提交《股权转让协议书》确系为了满足工商备案登记要求的证据。且北京高院经查询案涉股权变更登记的工商登记档案，其中除了有《股权转让协议书》，还有主管部门同意股权转让的批复、相关公司同意转让、受让或接收股权的股东会决议、董事会决议等材料，这些材料均未提及作为本案执行依据的生效判决以及两份四方协议。在四方协议本身存在重大疑问的情况下，人民法院判断相关事实应当以经工商备案的资料为准，认定本案相关股权转让和变更登记是以备案的相关协议为基础的，即案涉股权于 2008 年 9 月 22 日登记到沈阳高开名下，属于沈阳高开依据转让协议有偿取得，与四方协议无关。沈阳高开自取得案涉股权至今是否实际上未支付对价，以及东北电气在异议复议过程中所提出的恒宇机械已经注销的事实，新东北高开、阜新母线关于放弃向沈阳高开要求支付股权对价的承诺等，并不具有最终意义，因其不能排除新东北高开、恒宇机械、阜新母线的债权人依据经工商登记备案的有偿《股权转让协议》，向沈阳高开主张权利，故不能改变《股权转让协议》的有偿性质。因此，依据现有证据无法认定案涉股权曾经变更登记到沈阳高开名下系经东北电气协调履行四方协议的结果，无法认定系东北电气履行了生效判决确定的返还股权义务。

根据永安市燕诚房地产开发有限公司与郑耀南、远东（厦门）房地产发展有限公司及第三人高俪珍第三人撤销之诉案：最高人民法院（2017）最高法民终 885 号民事判决书［《最高

人民法院公报》2020 年第 4 期(总第 282 期)],作为普通债权人的第三人一般不具有基于债权提起第三人撤销之诉的事由,但是如果生效裁判所确认的债务人相关财产处分行为符合《合同法》第七十四条所规定的撤销权条件,则依法享有撤销权的债权人与该生效裁判案件处理结果具有法律上的利害关系,从而具备以无独立请求权第三人身份提起第三人撤销之诉的原告主体资格。

根据国家开发银行与沈阳高压开关有限责任公司、新东北电气(沈阳)高压开关有限公司、新东北电气(沈阳)高压隔离开关有限公司、沈阳北富机械制造有限公司等借款合同、撤销权纠纷案:最高人民法院(2008)民二终字第 23 号民事判决书[《最高人民法院公报》2008 年第 12 期(总第 146 期)],依据《中华人民共和国合同法》第七十四条的规定,债务人以明显不合理的低价转让财产,对债权人造成损害,并且受让人知道该情形的,债权人可以请求人民法院撤销债务人转让财产的行为。

根据 2023 年 12 月 5 日公布的《最高人民法院发布十起〈关于适用《中华人民共和国民法典》合同编通则若干问题的解释〉相关典型案例》,其中案例 6 为周某与丁某、薛某债权人撤销权纠纷案,具体如下:

裁判要点

在债权人撤销权诉讼中,债权人请求撤销债务人与相对人的行为并主张相对人向债务人返还财产的,人民法院依法予以支持。

简要案情

周某因丁某未能履行双方订立的加油卡买卖合同,于 2020 年 8 月提起诉讼,请求解除买卖合同并由丁某返还相关款项。生效判决对周某的诉讼请求予以支持,但未能执行到位。执行中,周某发现丁某于 2020 年 6 月至 7 月向其母亲薛某转账 87 万余元,遂提起债权人撤销权诉讼,请求撤销丁某无偿转让财产的行为并同时主张薛某向丁某返还相关款项。

判决理由

生效裁判认为,丁某在其基于加油卡买卖合同关系形成的债务未能履行的情况下,将名下银行卡中的款项无偿转账给其母亲薛某的行为客观上影响了债权人周某债权的实现。债权人周某在法定期限内提起撤销权诉讼,符合法律规定。丁某的行为被撤销后,薛某即丧失占有案涉款项的合法依据,应当负有返还义务,遂判决撤销丁某的行为、薛某向丁某返还相关款项。

司法解释相关条文

《最高人民法院关于适用〈中华人民共和国民法典〉合同编通则若干问题的解释》第四十六条第一款

第五百四十条 【债权人撤销权行使范围以及必要费用承担】撤销权的行使范围以债权人的债权为限。债权人行使撤销权的必要费用,由债务人负担。

第五百四十一条 【债权人撤销权除斥期间】撤销权自债权人知道或者应当知道撤销事由之日起一年内行使。自债务人的行为发生之日起五年内没有行使撤销权的,该撤销权消灭。

根据 2020 年 12 月 29 日修正的《最高人民法院关于审理民事案件适用诉讼时效制度若干问题的规定》(法释〔2020〕17 号),规定如下:

第五条 享有撤销权的当事人一方请求撤销合同的,应适用民法典关于除斥期间的规定。对方当事人对撤销合同请求权提出诉讼时效抗辩的,人民法院不予支持。

合同被撤销,返还财产、赔偿损失请求权的诉讼时效期间从合同被撤销之日起计算。

第五百四十二条 【债权人撤销权行使效果】债务人影响债权人的债权实现的行为被撤销的，自始没有法律约束力。

第六章 合同的变更和转让

第五百四十三条 【协议变更合同】当事人协商一致，可以变更合同。

根据**2004年6月4日公布的《最高人民法院关于超过诉讼时效期间后债务人向债权人发出确认债务的询证函的行为是否构成新的债务的请示的答复》(〔2003〕民二他字第59号)**，重庆嘉陵企业公司华西国际贸易公司于诉讼时效期间届满后主动向中国农业银行重庆市渝中区支行发出询证函核对贷款本息的行为，与本院法释〔1999〕7号《关于超过诉讼时效期间借款人在催款通知单上签字或盖章的法律效力问题的批复》所规定的超过诉讼时效期间后借款人在信用社发出的催款通知单上签字或盖章的行为类似，因此，对债务人于诉讼时效期间届满后主动向债权人发出询证函核对贷款本息行为的法律后果问题可参照本院上述《关于超过诉讼时效期间借款人在催款通知单上签字或盖章的法律效力问题的批复》的规定进行认定和处理。

根据**吉林省东润房地产开发有限公司与吉林佳垒房地集团有限公司、第三人大商股份有限公司合资、合作开发房地产合同纠纷案：最高人民法院(2010)民一终字第109号民事判决书[《最高人民法院公报》2013年第4期(总第198期)]**，双方当事人在签订合同后、履行合同过程中，因情况变化，又签订多份补充协议修改原合同约定的，只要补充协议是当事人的真实意思表示，协议内容符合法律规定，均应认定为有效。当事人对多份补充协议的履行内容存在争议的，应根据协议之间的内在联系，以及协议中约定的权利义务分配的完整性，并结合补充协议签订和成立的时间顺序，根据民法的公平和诚实信用原则，确定协议的最终履行内容。

根据**2022年3月15日公布的《最高人民法院发布10起消费者权益保护典型案例》，其中案例7是李某诉某书店信息网络买卖合同纠纷案(对于网络店铺客服的行为店铺应当负责)**，具体如下：

基本案情

李某在M书店经营的网络店铺付款22172元购买书籍，因该电商平台关联的银行账户额度所限，经与店铺客服沟通后，李某通过平台付款10172元，向店铺客服赵某微信转账12000元。2019年8月25日李某告知赵某书单有变化，待确定后再发货，赵某表示同意。后双方对购买商品品种和数量作了变更，交易价格变更为1223元。M书店将通过平台支付的10172元退还给李某，但通过微信支付给赵某的款项扣除交易价款后尚有10777元未退回。多次要求退款无果，李某将M书店诉至法院，请求退还购书款。

裁判结果

法院认为，案涉交易发生时，赵某系M书店的员工，并作为M书店所经营网络店铺的客服与李某就购书事宜进行了磋商，该行为属于网店客服人员职权范围内的事项。M书店并未就交易磋商的方式和渠道进行特殊提示或告知，故无论该行为是通过电商平台还是微信，只是磋商渠道和方式的不同。李某有理由相信赵某的行为是代表M书店与其进行交易磋商，赵某的行为对M书店应发生效力。李某与M书店之间就购买书籍建立了网络购物合同关系。随后，李某提出变更购买图书的名称及数量，并要求退还剩余款项，赵某表示同意，应视为李某与M书店就合同内容进行了变更，M书店应当退还剩余款项10777元，故判决支持了李某的诉讼请求。

典型意义

便捷、快速进行交易是互联网消费的优势之一，而交易的安全和稳定同样是消费者保护的应有之意，两者不可偏废。现实中，考虑到消费者对购物、沟通软件使用习惯、偏好的不同以及其他具体特殊情况，不宜仅仅因为消费者未完全通过电商平台进行支付轻易否认消费者与商家相关交易行为的效力。该案判决认定店铺客服能够代表店铺进行交易，是对交易中消费者对店铺信任的保护，也是对于交易秩序和安全的维护，压实了商家主体责任，提示、督促商家加强内部管理监督，从而进一步规范线上交易中商家的销售行为，促进互联网数字经济行业有序发展。

第五百四十四条 【变更不明确推定为未变更】当事人对合同变更的内容约定不明确的，推定为未变更。

根据**重庆雨田房地产开发有限公司与中国农业银行股份有限公司重庆市分行房屋联建纠纷案：最高人民法院（2011）民抗字第48号民事判决书［《最高人民法院公报》2012年第5期（总第187期）］**，双方当事人在平等自愿基础上达成的前后两份协议，符合法律规定，合法有效，两份协议所约定的内容均应对当事人产生约束力。当两份合同（协议）均属有效合同（协议），除当事人有特别约定外，如果前后两份合同（协议）对同一内容有不同约定产生冲突时，基于意思表示最新最近，且不违反合同（协议）目的，可根据合同（协议）成立的时间先后，确定以后一合同（协议）确定的内容为准。如果前后两份合同（协议）所约定的内容并不冲突，只是对合同（协议）的内容进行了不同的约定，因此，不能简单地认定后一协议是前一协议的变更，或后一协议是对前一协议的补充和完善。

第五百四十五条 【债权转让】债权人可以将债权的全部或者部分转让给第三人，但是有下列情形之一的除外：

（一）根据债权性质不得转让；

（二）按照当事人约定不得转让；

（三）依照法律规定不得转让。

当事人约定非金钱债权不得转让的，不得对抗善意第三人。当事人约定金钱债权不得转让的，不得对抗第三人。

根据**2015年4月24日修正的《中华人民共和国保险法》**，规定如下：

第三十四条 以死亡为给付保险金条件的合同，经被保险人同意并认可保险金额的，合同无效。

按照以死亡为给付保险金条件的合同所签发的保险单，未经被保险人书面同意，不得转让或者质押。

父母为其未成年子女投保的人身保险，不受本条第一款规定限制。

根据**2011年1月7日公布的《最高人民法院关于判决生效后当事人将判决确认的债权转让债权受让人对该判决不服提出再审申请人民法院是否受理问题的批复》（法释〔2011〕2号）**，判决生效后当事人将判决确认的债权转让，债权受让人对该判决不服提出再审申请的，因其不具有申请再审人主体资格，人民法院应依法不予受理。

根据2009年9月30日公布的《最高人民法院关于审理涉及金融不良债权转让案件工作座谈会纪要》(法发〔2009〕19号)，具体如下：

一、关于审理此类案件应遵循的原则

会议认为，此类案件事关金融不良资产处置工作的顺利进行，事关国有资产保护，事关职工利益保障和社会稳定。因此，人民法院必须高度重视此类案件，并在审理中注意坚持以下原则：

（一）坚持保障国家经济安全原则。民商事审判工作是国家维护经济秩序、防范和化解市场风险、维护国家经济安全的重要手段。全国法院必须服从和服务于国家对整个国民经济稳定和国有资产安全的监控，从中央政策精神的目的出发，以民商事法律、法规的基本精神为依托，本着规范金融市场、防范金融风险、维护金融稳定、保障经济安全的宗旨，依法公正妥善地审理此类纠纷案件，确保国家经济秩序稳定和国有资产安全。

（二）坚持维护企业和社会稳定原则。金融不良资产的处置，涉及企业重大经济利益。全国法院要进一步强化政治意识、大局意识、责任意识和保障意识，从维护国家改革、发展和稳定的大局出发，依法公正妥善地审理好此类纠纷案件，切实防止可能引发的群体性、突发性和恶性事件，切实做到"化解矛盾、理顺关系、安定人心、维护秩序"。

（三）坚持依法公正和妥善合理的原则。人民法院在审理此类案件中，要将法律条文规则的适用与中央政策精神的实现相结合，将坚持民商法的意思自治、平等保护等理念与国家经济政策、金融市场监管和社会影响等因素相结合，正确处理好保护国有资产、保障金融不良资产处置工作顺利进行、维护企业和社会稳定的关系，做到统筹兼顾、妥善合理，确保依法公正与妥善合理的统一，确保审判的法律效果和社会效果统一。

（四）坚持调解优先、调判结合的原则。为了避免矛盾激化，维护社会稳定，平衡各方利益，人民法院在诉讼中应当向当事人充分说明国家的政策精神，澄清当事人对法律和政策的模糊认识。坚持调解优先，积极引导各方当事人本着互谅互让的精神进行协商，尽最大可能采用调解的方式解决纠纷。如果当事人不能达成和解，人民法院要根据相关法律法规以及本座谈会纪要（以下简称《纪要》）进行妥善公正的审理。

二、关于案件的受理

会议认为，为确保此类案件得到公正妥善的处理，凡符合民事诉讼法规定的受理条件及《纪要》有关规定精神涉及的此类案件，人民法院应予受理。不良债权已经剥离至金融资产管理公司又被转让给受让人后，国有企业债务人知道或者应当知道不良债权已经转让而仍向原国有银行清偿的，不得对抗受让人对其提起的追索之诉，国有企业债务人在对受让人清偿后向原国有银行提起返还不当得利之诉的，人民法院应予受理；国有企业债务人不知道不良债权已经转让而向原国有银行清偿的，可以对抗受让人对其提起的追索之诉，受让人向国有银行提起返还不当得利之诉的，人民法院应予受理。

受让人在对国有企业债务人的追索诉讼中，主张追加原国有银行为第三人的，人民法院不予支持；在《纪要》发布前已经终审或者根据《纪要》做出终审的，当事人根据《纪要》认为生效裁判存在错误而申请再审的，人民法院不予支持。

案件存在下列情形之一的，人民法院不予受理：（一）金融资产管理公司与国有银行就政策性金融资产转让协议发生纠纷起诉到人民法院的；（二）债权人向国家政策性关闭破产的国有企业债务人主张清偿债务的；（三）债权人向已列入经国务院批准的全国企业政策性关闭破产总体规划并拟实施关闭破产的国有企业债务人主张清偿债务的；（四）《纪要》发布前，受让人与国有企业债务人之间的债权债务关系已经履行完毕，优先购买权人或国有企业债务人提起不良债权转让合同无效诉讼的；（五）受让人自金融资产管理公司受让不良债权后，以不良债权存在瑕疵为由起诉原国有银行的；（六）国有银行或金融资产管理公司转让享受天然林资源保护工程政策的国有森工企业不良债权而引发受让人向森工企业主张债权的（具体详见《天然林资源保护区森工企业金融机构债务免除申请表》名录）；（七）在不良债权转让合同无效之诉中，国有企业债务人不能提供相应担保或者优先购买权人放弃优先购买权的。

三、关于债权转让生效条件的法律适用和自行约定的效力

会议认为，不良债权成立在合同法施行之前，转让于合同法施行之后的，该债权转让对债务人生效的条件应适用合同法第八十条第一款的规定。

金融资产管理公司受让不良债权后，自行与债务人约定或重新约定诉讼管辖的，如不违反法律规定，人民法院应当认定该约定有效。金融资产管理公司在不良债权转让合同中订有禁止转售、禁止向国有银行、各级人民政府、国家机构等追偿、禁止转让给特定第三人等要求受让人放弃部分权利条款的，人民法院应认定该条款有效。国有银行向金融资产管理公司转让不良债权，或者金融资产管理公司收购、处置不良债权的，担保债权同时转让，无须征得担保人的同意，担保人仍应在原担保范围内对受让人继续承担担保责任。担保合同中关于合同变更需经担保人同意或者禁止转让主债权的约定，对主债权和担保权利转让没有约束力。

四、关于地方政府等的优先购买权

会议认为，为了防止在通过债权转让方式处置不良债权过程中发生国有资产流失，相关地方人民政府或者代表本级人民政府履行出资人职责的机构、部门或者持有国有企业债务人国有资本的集团公司可以对不良债权行使优先购买权。

金融资产管理公司向非国有金融机构法人转让不良债权的处置方案、交易条件以及处置程序、方式确定后，单笔（单户）转让不良债权的，金融资产管理公司应当通知国有企业债务人注册登记地的优先购买权人。以整体“资产包”的形式转让不良债权的，如资产包中主要债务人注册登记地属同一辖区，应当通知该辖区的优先购买权人；如资产包中主要债务人注册登记地属不同辖区，应当通知主要债务人共同的上级行政区域的优先购买权人。

按照确定的处置方案、交易条件以及处置程序、方式，上述优先购买权人在同等条件下享有优先购买权。优先购买权人收到通知后明确表示不予购买或者在收到通知之日起三十日内未就是否行使优先购买权做出书面答复，或者未在公告确定的拍卖、招标日之前做出书面答复或者未按拍卖公告、招标公告的规定时间和条件参加竞拍、竞标的，视为放弃优先购买权。

金融资产管理公司在《纪要》发布之前已经完成不良债权转让，上述优先购买权人主张行使优先购买权的，人民法院不予支持。

债务人主张优先购买不良债权的，人民法院不予支持。

五、关于国有企业的诉权及相关诉讼程序

会议认为，为避免当事人滥用诉权，在受让人向国有企业债务人主张债权的诉讼中，国有企业债务人以不良债权转让行为损害国有资产等为由，提出不良债权转让合同无效抗辩的，人民法院应告知其向同一人民法院另行提起不良债权转让合同无效的诉讼；国有企业债务人不另行起诉的，人民法院对其抗辩不予支持。国有企业债务人另行提起不良债权转让合同无效诉讼的，人民法院应中止审理受让人向国有企业债务人主张债权的诉讼，在不良债权转让合同无效诉讼被受理后，两案合并审理。国有企业债务人在二审期间另行提起不良债权转让合同无效诉讼的，人民法院应中止审理受让人向国有企业债务人主张债权的诉讼，在不良债权转让合同无效诉讼被受理且做出生效裁判后再行审理。

国有企业债务人提出的不良债权转让合同无效诉讼被受理后，对于受让人的债权系直接从金融资产管理公司处受让的，人民法院应当将金融资产管理公司和受让人列为案件当事人；如果受让人的债权系金融资产管理公司转让给其他受让人后，因该受让人再次转让或多次转让而取得的，人民法院应当将金融资产管理公司和该转让人以及后手受让人列为案件当事人。

六、关于不良债权转让合同无效和可撤销事由的认定

会议认为，在审理不良债权转让合同效力的诉讼中，人民法院应当根据合同法和《金

融资产管理公司条例》等法律法规，并参照国家相关政策规定，重点审查不良债权的可转让性、受让人的适格性以及转让程序的公正性和合法性。金融资产管理公司转让不良债权存在下列情形的，人民法院应当认定转让合同损害国家利益或社会公共利益或者违反法律、行政法规强制性规定而无效。(一)债务人或者担保人为国家机关的；(二)被有关国家机关依法认定为涉及国防、军工等国家安全和敏感信息的以及其他依法禁止转让或限制转让情形的；(三)与受让人恶意串通转让不良债权的；(四)转让不良债权公告违反《金融资产管理公司资产处置公告管理办法(修订)》规定，对依照公开、公平、公正和竞争、择优原则处置不良资产造成实质性影响的；(五)实际转让的资产包与转让前公告的资产包内容严重不符，且不符合《金融资产管理公司资产处置公告管理办法(修订)》规定的；(六)根据有关规定应经合法、独立的评估机构评估，但未经评估的；或者金融资产管理公司与评估机构、评估机构与债务人、金融资产管理公司和债务人以及三方之间恶意串通，低估、漏估不良债权的；(七)根据有关规定应当采取公开招标、拍卖等方式处置，但未公开招标、拍卖的；或者公开招标中的投标人少于三家(不含三家)的；或者以拍卖方式转让不良债权时，未公开选择有资质的拍卖中介机构的；或者未依照《中华人民共和国拍卖法》的规定进行拍卖的；(八)根据有关规定应当向行政主管部门办理相关报批或者备案、登记手续而未办理，且在一审法庭辩论终结前仍未能办理的；(九)受让人为国家公务员、金融监管机构工作人员、政法干警、金融资产管理公司工作人员、国有企业债务人管理人员、参与资产处置工作的律师、会计师、评估师等中介机构等关联人或者上述关联人参与的非金融机构法人的；(十)受让人与参与不良债权转让的金融资产管理公司工作人员、国有企业债务人或者受托资产评估机构负责人员等有直系亲属关系的；(十一)存在其他损害国家利益或社会公共利益的转让情形的。

在金融资产管理公司转让不良债权后，国有企业债务人有证据证明不良债权根本不存在或者已经全部或部分归还而主张撤销不良债权转让合同的，人民法院应当撤销或者部分撤销不良债权转让合同；不良债权转让合同被撤销或者部分撤销后，受让人可以请求金融资产管理公司承担相应的缔约过失责任。

七、关于不良债权转让无效合同的处理

会议认为，人民法院认定金融不良债权转让合同无效后，对于受让人直接从金融资产管理公司受让不良债权的，人民法院应当判决金融资产管理公司与受让人之间的债权转让合同无效；受让人通过再次转让而取得债权的，人民法院应当判决金融资产管理公司与转让人、转让人与后手受让人之间的系列债权转让合同无效。债权转让合同被认定无效后，人民法院应当按照合同法的相关规定处理；受让人要求转让人赔偿损失，赔偿损失数额应以受让人实际支付的价金之利息损失为限。相关不良债权的诉讼时效自金融不良债权转让合同被认定无效之日起重新计算。

金融资产管理公司以整体"资产包"的形式转让不良债权中出现单笔或者数笔债权无效情形、或者单笔或数笔不良债权的债务人为非国有企业，受让人请求认定合同全部无效的，人民法院应当判令金融资产管理公司与转让人之间的资产包债权转让合同无效；受让人请求认定已履行或已清结部分有效的，人民法院应当认定尚未履行或尚未清结部分无效，并判令受让人将尚未履行部分或尚未清结部分返还给金融资产管理公司，金融资产管理公司不再向受让人返还相应价金。

八、关于举证责任分配和相关证据的审查

会议认为，人民法院在审查不良债权转让合同效力时，要加强对不良债权转让合同、转让标的、转让程序以及相关证据的审查，尤其是对受让人权利范围、受让人身份合法性以及证据真实性的审查。不良债权转让合同中经常存在诸多限制受让人权利范围的条款，人民法院应当要求受让人向法庭披露不良债权转让合同以证明其权利合法性和权利范围。受让人不予提供的，人民法院应当责令其提供；受让人拒不提供的，应当承担举证不能的法律后果。人民法院在对受让人身份的合法性以及是否存在恶意串通等方面存在合理怀疑时，应当根据最高人民法院《关于民事诉讼证据的若干规定》及时合理地分配举证责任；但人民法院不得仅以不良债权出让价格与资产账面额之间的差额幅度作为引起怀疑的证据，而应当综合判断。对当事人伪造或变造借款合同、担保合同、借款借据、修改缔约时间和债务人还贷时间以及产生诉讼时效中断证据等情形的，人民法院应当严格依据相关法律规定予以制裁。

九、关于受让人收取利息的问题

会议认为，受让人向国有企业债务人主张利息的计算基数应以原借款合同本金为准；受让人向国有企业债务人主张不良债权受让日之后发生的利息的，人民法院不予支持。但不良债权转让合同被认定无效的，出让人在向受让人返还受让款本金的同时，应当按照中国人民银行规定的同期定期存款利率支付利息。

十、关于诉讼或执行主体的变更

会议认为，金融资产管理公司转让已经涉及诉讼、执行或者破产等程序的不良债权的，人民法院应当根据债权转让合同以及受让人或者转让人的申请，裁定变更诉讼主体或者执行主体。在不良债权转让合同被认定无效后，金融资产管理公司请求变更受让人为金融资产管理公司以通过诉讼继续追索国有企业债务人的，人民法院应予支持。人民法院裁判金融不良债权转让合同无效后当事人履行相互返还义务时，应从不良债权最终受让人开始逐一与前手相互返还，直至完成第一受让人与金融资产管理公司的相互返还。后手受让人直接对金融资产管理公司主张不良债权转让合同无效并请求赔偿的，人民法院不予支持。

十一、关于既有规定的适用

会议认为，国有银行向金融资产管理公司转让不良债权，或者金融资产管理公司受让不良债权后，通过债权转让方式处置不良资产的，可以适用最高人民法院《关于审理金融资产管理公司收购、管理、处置国有银行不良贷款形成的资产的案件适用法律若干问题的规定》、《关于贯彻执行最高人民法院“十二条”司法解释有关问题的函的答复》、《关于金融资产管理公司收购、管理、处置银行不良资产有关问题的补充通知》和《关于国有金融资产管理公司处置国有商业银行不良资产案件交纳诉讼费用的通知》。受让人受让不良债权后再行转让的，不适用上述规定，但受让人为相关地方人民政府或者代表本级人民政府履行出资人职责的机构、部门或者持有国有企业债务人国有资本的集团公司除外。

国有银行或者金融资产管理公司根据《关于贯彻执行最高人民法院“十二条”司法解释有关问题的函的答复》的规定，在全国或省级有影响的报纸上发布有催收内容的债权转让通知或公告的，该公告或通知之日应为诉讼时效的实际中断日，新的诉讼时效应自此起算。上述公告或者通知对保证合同诉讼时效发生同等效力。

十二、关于《纪要》的适用范围

会议认为，在《纪要》中，国有银行包括国有独资商业银行、国有控股商业银行以及国有政策性银行；金融资产管理公司包括华融、长城、东方和信达等金融资产管理公司和资产管理公司通过组建或参股等方式成立的资产处置联合体。国有企业债务人包括国有独资和国有控股的企业法人。受让人是指非金融资产管理公司法人、自然人。不良债权转让包括金融资产管理公司政策性和商业性不良债权的转让。政策性不良债权是指 1999 年至 2000 年上述四家金融资产管理公司在国家统一安排下通过再贷款或者财政担保的商业票据形式支付收购成本从中国银行、中国农业银行、中国建设银行、中国工商银行以及国家开发银行收购的不良债权；商业性不良债权是指 2004 年至 2005 年上述四家金融资产管理公司在政府主管部门主导下从交通银行、中国银行、中国建设银行和中国工商银行等收购的不良债权。

《纪要》的内容和精神仅适用于在《纪要》发布之后尚在一审或者二审阶段的涉及最初转让方为国有银行、金融资产管理公司通过债权转让方式处置不良资产形成的相关案件。人民法院依照审判监督程序决定再审的案件，不适用《纪要》。

会议还认为，鉴于此类纠纷案件具有较强政策性，人民法院在案件审理过程中，遇到难度大、涉及面广或者涉及社会稳定的案件，要紧紧依靠党委领导，自觉接受人大监督，必要时也可以请示上级人民法院。在不良债权处置工作中发现违规现象的，要及时与财政、金融监管部门联系或者向金融监管部门提出司法建议；对存在经济犯罪嫌疑、发现犯罪线索的，要及时向有关侦查机关移送案件或者案件线索。上级人民法院要加强审理此类纠纷案件的监督指导，及时总结审判经验，发布案件指导，依法妥善公正地审理好此类案件。

根据**2009年6月16日公布的《最高人民法院关于判决确定的金融不良债权多次转让人民法院能否裁定变更申请执行主体请示的答复》（〔2009〕执他字第1号）**，答复如下：

《最高人民法院关于人民法院执行若干问题的规定（试行）》，已经对申请执行人的资格以明确。其中第十八条第一款规定“人民法院受理执行案件应当符合下列条件：……（2）申请执行人是生效法律文书确定的权利人或继承人、权利承受人”。该条中的“权利承受人”，包含通过债权转让的方式承受债权的人。依法从金融资产管理公司受让债权的受让人将债权再行转让给其他普通受让人的，执行法院可以依据上述规定，依债权转让协议以及受让人或者转让人的申请，裁定变更申请执行主体。

《最高人民法院关于金融资产管理公司收购、处置银行不良资产有关问题的补充通知》第三条，虽只就金融资产管理公司转让金融不良债权环节可以变更申请执行主体作了专门规定，但并未排除普通受让人再行转让给其他普通受让人时变更申请执行主体。此种情况下裁定变更申请执行主体，也符合该通知及其他相关文件中关于支持金融不良债权处置工作的司法政策，但对普通受让人不能适用诉讼费用减半收取和公告通知债务人等专门适用金融资产管理公司处置不良债权的特殊政策规定。

根据**2009年2月5日公布的《中国银行业监督管理委员会关于商业银行向社会投资者转让贷款债权法律效力有关问题的批复》（银监办发〔2009〕24号）**，对于商业银行向个人转让债权，作出如下批复：

一、对商业银行向社会投资者转让贷款债权没有禁止性规定，转让合同具有合同法上的效力。

社会投资者是指金融机构以外的自然人、法人或者其他组织。

二、转让具体的贷款债权，属于债权人将合同的权利转让给第三人，并非向社会不特定对象发放贷款的经营性活动，不涉及从事贷款业务的资格问题，受让主体无须具备从事贷款业务的资格。

三、商业银行向社会投资者转让贷款债权，应当建立风险管理制度、内部控制制度等相应的制度和内部批准程序。

四、商业银行向社会投资者转让贷款债权，应当采取拍卖等公开形式，以形成公允价格，接受社会监督。

五、商业银行向社会投资者转让贷款债权，应当向银监会或其派出机构报告，接受监管部门的监督检查。

根据**2006年8月15日公布的《司法部关于经公证的具有强制执行效力的合同的债权依法转让后，受让人能否持原公证书向公证机构申请出具执行证书问题的批复》（司复〔2006〕13号）**，债权人将经公证的具有强制执行效力的合同的债权依法转让给第三人的，受让人持原公证书、债权转让协议以及债权人同意转让申请人民法院强制执行的权利的证明材料，可以向公证机构申请出具执行证书。

根据**2005年7月4日公布的《财政部关于进一步规范金融资产管理公司不良债权转让有关问题的通知》（财金〔2005〕74号）**，对进一步规范金融资产管理公司债权转让工作，有效处置不良资产，防范国有资产流失，通知如下：

一、资产公司应严格执行《金融资产管理公司条例》、《金融资产管理公司资产处置管理办法（修订）》（财金〔2004〕41号）、《财政部关于金融资产管理公司债权资产打包转让有关问题的通知》(财金〔2005〕12 号)、《金融资产管理公司资产处置公告管理办法》(财金〔2005〕47 号)等有关规定,充分论证采取转让方式处置资产的可行性和必要性,合理确定能够提升处置回收价值的有效方式,确保处置程序的规范性和处置信息的公开透明,并高度重视和积极防范不良债权转让中的国有资产流失问题。

二、下列资产不得对外公开转让:债务人或担保人为国家机关的不良债权;经国务院批准列入全国企业政策性关闭破产计划的国有企业债权;国防、军工等涉及国家安全和敏感信息的债权以及其他限制转让的债权。

三、下列人员不得购买或变相购买不良资产:国家公务员、金融监管机构工作人员、政法干警、资产公司工作人员、原债务企业管理层以及参与资产处置工作的律师、会计师等中介机构人员等关联人。

四、除上述限制转让的债权和限制参与购买的人员外,资产公司应采取公开招标、拍卖等市场化方式,吸引国内外各类合格投资者参与不良资产市场交易,引入市场竞争机制,提高处置回收率,并慎重确定债权买受人,防止借机炒作资产和逃废债务。

五、资产公司应进一步加强内部控制建设,全面梳理、修改和完善现有规章制度,规范债权转让程序和转让过程中评估、定价、处置信息公告、招标拍卖、中介机构选用等各个环节的操作,采取职责分离、岗位轮换、责任追究等措施,严格控制和防范债权转让中的道德风险和操作风险,防止国有资产流失。

根据**2001 年 7 月 30 日公布的《中国人民银行办公厅关于商业银行借款合同项下债权转让有关问题的批复》(银办函〔2001〕648 号)**,根据《合同法》第七十九条关于合同债权转让的规定,商业银行贷款合同项下的债权及其他权利一般原则上是可以转让的,但由于金融业是一种特许行业,金融债权的转让在受让对象上存在一定的限制。按照我国现行法律法规的规定,放贷收息(含罚息)是经营贷款业务的金融机构的一项特许权利。因此,由贷款而形成的债权及其他权利只能在具有贷款业务资格的金融机构之间转让。未经许可,商业银行不得将其债权转让给非金融企业。

根据沈阳银胜天成投资管理有限公司与中国华融资产管理公司沈阳办事处债权转让合同纠纷案:最高人民法院(2009)民提字第 125 号民事判决书[《最高人民法院公报》2010 年第 5 期(总第 163 期)],裁决如下:

一、金融资产管理公司收购和处置银行不良金融债权,具有较强的政策性。银行不良金融债权的转让,不能完全等同于一般民事主体之间的债权转让行为,具有高风险、高收益的特点,与等价交换的市场规律有较为明显的区别。不良债权交易的实物资产,不是一般资产买卖关系,而主要是一种风险与收益的转移。

二、银行不良金融债权以资产包形式整体出售转让的,资产包内各不良金融债权的可回收比例各不相同,而资产包一旦形成,即具有不可分割性。因此,资产包整体买进后,如需解除合同,也必须整体解除,将资产包整体返还。银行不良金融债权的受让人在将资产包中相对优质的债权变卖获益后,又通过诉讼请求部分解除合同,将资产包中其他债权返还的,人民法院不予支持。

三、不良金融资产转让协议之目的是公平合规的完成债权及实物资产的顺利转让,在未对受让人是否能够清收债权及清收债权的比例作出承诺和规范的情况下,受让人以合同预期盈利目的不能实现为由提出解除合同的诉讼请求,人民法院不予支持。

根据陕西西岳山庄有限公司与中建三局建发工程有限公司、中建三局第三建设工程有限责任公司建设工程施工合同纠纷案:最高人民法院(2007)民一终字第 10 号民事判决书[《最高人民法院公报》2007 年第 12 期(总第 134 期)],《中华人民共和国合同法》第七十九条规定,债权人可以将合同的权利全部或者部分转让给第三人,但根据合同性质不得转让的、按照当事人约定不得转让的和依照法律规定不得转让的除外。法律、法规并不禁止建设工程施工合同项下的债权转让,只要建设工程施工合同的当事人没有约定合同项下的债权不得转让,债权人向第三人转让债权并通知债务人的,债权转让合法有效,债权人无须就债权转让事项征得债务人同意。

根据**大连远东房屋开发有限公司与辽宁金利房屋实业公司、辽宁澳金利房地产开发有限公司国有土地使用权转让合同纠纷案：最高人民法院（2005）民一终字第95号民事裁定书［《最高人民法院公报》2006年第12期（总第122期）］**，裁决如下：

一、根据《中华人民共和国民法通则》第七十九条、第八十条的规定，债权人可以将合同权利全部或者部分转让给第三人，转让只需通知到债务人即可而无须征得债务人的同意。因此，转让行为一经完成，原债权人即不再是合同权利主体，亦即丧失以自己名义作为债权人向债务人主张合同权利的资格。

二、当事人的起诉被人民法院裁定驳回，该裁定已经发生法律效力的，如果当事人对该裁定不服，除依法通过启动审判监督程序对案件重新审理外，不得在以后的诉讼中主张与该生效裁定相反的内容，亦不能就同一诉讼标的重复起诉。

第五百四十六条 【债权转让通知】债权人转让债权，未通知债务人的，该转让对债务人不发生效力。

债权转让的通知不得撤销，但是经受让人同意的除外。

根据**2020年12月29日修正的《最高人民法院关于审理民事案件适用诉讼时效制度若干问题的规定》（法释〔2020〕17号）**，规定如下：

第十七条 债权转让的，应当认定诉讼时效从债权转让通知到达债务人之日起中断。

债务承担情形下，构成原债务人对债务承认的，应当认定诉讼时效从债务承担意思表示到达债权人之日起中断。

根据**武汉宝捷投资顾问有限公司诉中国农业银行安陆市支行债权转让纠纷抗诉案：湖北省高级人民法院2007年5月14日民事判决书［《最高人民检察院公报》2008年第1号（总第102号）］**，法律对债权转让与债务转让有不同规定，对债务转让的条件规定得更为严格，法律效果是明显不同的。在债务转让中，经债权人同意是必备条件，未经债权人同意该转让不生效；在债权转让中，未通知债务人，该转让不对债务人生效，但并未涉及债权转让双方的行为效力，即对让与人与受让人仍然有效。债权转让通知债务人的法律后果是使该转让协议对债务人产生法律约束力，一经通知，债务人即应当依照债权转让协议向债权的受让人履行，债务人不得再向原债权人履行。如未通知债务人，债务人仍可向让与人履行，但让与人接受履行后，应将接受履行的款项转给受让人。因此，本案中福兴公司在没有接到债权人通知的情况下，依据其与农行安陆支行之间的债权债务关系向农行安陆支行清偿78万元债务并无不当。

根据**佛山市顺德区太保投资管理有限公司与广东中鼎集团有限公司债权转让合同纠纷案：最高人民法院（2004）民二终字第212号民事判决书［《最高人民法院公报》2005年第12期（总第110期）］**，债权人转让权利的，应当通知债务人。未经通知的，该转让对债务人不发生效力，债务人享有对抗受让人的抗辩权，但不影响债权转让人与受让人之间债权转让协议的效力，而且，债权转让通知义务在案件审理中仍可履行。

根据**何荣兰诉海科公司等清偿债务纠纷案：最高人民法院（2003）民一终字第46号民事判决书［《最高人民法院公报》2004年第4期（总第90期）］**，《合同法》第八十条第一款规定，是为了避免债务人重复履行、错误履行债务或加重履行债务的负担。债权人以登报的形式通知债务人并不违反法律的规定。只要债权人实施了有效的通知行为，债权转让就应对债务人发生法律效力。

根据**镜威公司诉梁金福船舶抵押债权转让合同纠纷案：海南省高级人民法院1997年6月24日民事判决书［《最高人民法院公报》1999年第1期（总第57期）］**，《民法通则》第九十一条规定:"合同一方将合同的权利、义务全部或者部分转让给第三人的,应当取得合同另一方的同意。"这里所说的转让,既指合同权利,也包括合同义务。实践中,合同义务的转让如果不经权利人同意,往往会损害权利人的利益。鉴于此,法律才作这样的规定。如果单独就转让债权而言,则债务人无论向哪一个债权人履行,都没有本质的区别,都不会影响到债权人或者债务人任何一方的利益。债务人如果因此履行而支出了额外的费用,则应由原债权人或新债权人承担。因此,这种转让只要求原债权人通知债务人,不必征求债务人同意,就不违背法律的原意。财务公司与镜威公司之间就包括梁金福欠款在内的债权转让既不违背社会公共利益,也不损害梁金福的利益,是合法有效的。

第五百四十七条 【债权转让时从权利一并变动】债权人转让债权的,受让人取得与债权有关的从权利,但是该从权利专属于债权人自身的除外。

受让人取得从权利不因该从权利未办理转移登记手续或者未转移占有而受到影响。

根据2010年3月23日公布的《最高人民法院关于香港盈伞财务公司诉广东华美集团有限公司担保合同纠纷案有关法律问题的请示的复函》(〔2010〕民四他字第5号),答复如下:

《中华人民共和国合同法》第八十一条规定:"债权人转让权利的,受让人取得与债权有关的从权利,但该从权利专属于债权人自身的除外。"在担保人应当向原债权人承担赔偿责任、且法律并未规定该种赔偿责任具有特定人身属性的情况下,如果原债权人依法将债权转让给了第三人,此时受让债权的第三人享有的权益,既应包括合同有效的情况下,依据合同要求对方履行义务的权利,也应包括在合同无效的情况下,要求存在过错的合同相对方承担赔偿责任的权利。因此未经审批的对外担保的债权人在未经担保人同意的情况下将债权转让给第三人,在债权转让依法有效的情况下,担保人仍应向受让债权的第三人承担相应的赔偿责任,而不应以债权转让未经担保人同意为由免除其赔偿责任。

根据2003年10月20日公布的《最高人民法院关于甘肃省高级人民法院就在诉讼时效期间债权人依法将主债权转让给第三人保证人是否继续承担保证责任等问题请示的答复》(〔2003〕民二他字第39号),答复如下:

一、在诉讼时效期间,凡符合《中华人民共和国合同法》第八十一条和《中华人民共和国担保法》第二十二条规定的,债权人将主债权转让给第三人,保证债权作为从权利一并转移,保证人在原保证担保的范围内继续承担保证责任。

二、按照《关于适用〈中华人民共和国担保法〉若干问题的解释》第三十六条第一款的规定,主债务诉讼时效中断,连带保证债务诉讼时效不因主债务诉讼时效中断而中断。按照上述解释第三十四条第二款的规定,连带责任保证的债权人在保证期间内要求保证人承担保证责任的,自该要求之日起开始计算连带保证债务的诉讼时效。《最高人民法院对〈关于贯彻执行最高人民法院"十二条"司法解释有关问题的函〉的答复》是答复四家资产管理公司的,其目的是最大限度地保全国有资产。因此,债权人对保证人有公告催收行为的,人民法院应比照适用《最高人民法院关于审理涉及金融资产公司收购、管理、处置国有银行不良贷款形成的资产的案件适用法律若干问题的规定》第十条的规定,认定债权人对保证债务的诉讼时效中断。

根据广西壮族自治区丝绸进出口公司诉广西安和投资置业有限公司等债权转让合同纠纷抗诉案:最高人民法院2010年7月23日民事判决书[《最高人民检察院公报》2011年第4号(总第123号)],该院认为,本案所涉债权为附条件债权让与,受让人安和公司以免除担保人丝绸公司的担保义务为条件受让债权。《债权转让合同》的签订,在信达公司与安和公司之间设立了特定的权利义务关系，该合同第十六条的特别约定，排除了安和公司的本案权利也排除了丝绸公司的债务。受让人安和公司再转让时，后手受让人大步公司、桂华公司不能取得大于前手安和公司的合同权利。

第五百四十八条 【债权转让时债务人抗辩权】债务人接到债权转让通知后，债务人对让与人的抗辩，可以向受让人主张。

第五百四十九条 【债权转让时债务人抵销权】有下列情形之一的，债务人可以向受让人主张抵销：

（一）债务人接到债权转让通知时，债务人对让与人享有债权，且债务人的债权先于转让的债权到期或者同时到期；

（二）债务人的债权与转让的债权是基于同一合同产生。

第五百五十条 【债权转让增加的履行费用的负担】因债权转让增加的履行费用，由让与人负担。

第五百五十一条 【免责的债务承担】债务人将债务的全部或者部分转移给第三人的，应当经债权人同意。

债务人或者第三人可以催告债权人在合理期限内予以同意，债权人未作表示的，视为不同意。

根据**2020年12月23日修正的《最高人民法院关于审理与企业改制相关的民事纠纷案件若干问题的规定》（法释〔2020〕18号）**，规定如下：

第六条 企业以其部分财产和相应债务与他人组建新公司，对所转移的债务债权人认可的，由新组建的公司承担民事责任；对所转移的债务未通知债权人或者虽通知债权人，而债权人不予认可的，由原企业承担民事责任。原企业无力偿还债务，债权人就此向新设公司主张债权的，新设公司在所接收的财产范围内与原企业承担连带民事责任。

根据**2016年10月27日公布的《国务院办公厅关于印发〈地方政府性债务风险应急处置预案〉的通知》（国办函〔2016〕88号）**，对非政府债券形式的存量政府债务，经地方政府、债权人、企事业单位等债务人协商一致，可以按照《中华人民共和国合同法》第八十四条等有关规定分类处理：

（1）债权人同意在规定期限内置换为政府债券的，地方政府不得拒绝相关偿还义务转移，并应承担全部偿还责任。地方政府应当通过预算安排、资产处置等方式积极筹措资金，偿还到期政府债务本息。

（2）债权人不同意在规定期限内置换为政府债券的，仍由原债务人依法承担偿债责任，对应的地方政府债务限额由中央统一收回。地方政府作为出资人，在出资范围内承担有限责任。

根据广东达宝物业管理有限公司与广东中岱企业集团有限公司、广东中岱电讯产业有限公司、广州市中珊实业有限公司股权转让合作纠纷案：最高人民法院（2010）民提字第153号民事判决书［《最高人民法院公报》2012年第5期（总第187期）］，裁决如下：

一、股权转让合同中，即使双方约定转让的股权系合同外的第三人所有，但只要双方的约定只是使一方负有向对方转让股权的义务，而没有实际导致股权所有人的权利发生变化，就不能以出让人对股权无处分权为由认定股权转让合同系无权处分合同进而无效。

二、当事人订立合同后，一方要解除合同应当向对方当事人提出。解除合同方未向对方提出而是在其他合同中与他人约定解除前述合同的，不发生合同解除的效果。

三、违约金是合同双方对合同义务不履行时违约方应付损害赔偿额的约定，所以违约金是针对特定的义务而存在。这种特定的义务有时是合同中的某一项义务，有时是合同约定的双方的任何一项义务，法院首先必须准确地认定违约金所针对的义务内容。在认定后，还要审查该义务是否实际发生，商事合同中双方常常对合同义务附加前提条件，在条件未成就时合同义务实际上并不存在，故也谈不上履行问题，此时，针对该义务约定的违约金条款就不能适用。

四、合同外的第三人向合同中的债权人承诺承担债务人义务的，如果没有充分的证据证明债权人同意债务转移给该第三人或者债务人退出合同关系，不宜轻易认定构成债务转移，一般应认定为债务加入。第三人向债权人表明债务加入的意思后，即使债权人未明确表示同意，但只要其未明确表示反对或未以行为表示反对，仍应当认定为债务加入成立，债权人可以依照债务加入关系向该第三人主张权利。

根据**中国工商银行股份有限公司三门峡车站支行与三门峡天元铝业股份有限公司、三门峡天元铝业集团有限公司借款担保合同纠纷案：最高人民法院（2008）民二终字第81号民事判决书［《最高人民法院公报》2008年第11期（总第145期）］**，裁决如下：

一、根据《中华人民共和国合同法》第八十四条的规定，债务人将合同的义务全部或者部分转移给第三人的，应当经债权人同意。因此，债务人向债权人出具承诺书，表示将所负债务全部或者部分转移给第三人，而债权人对此未予接受，亦未在债务人与第三人签订的债务转移协议书上加盖公章的，应当认定债权人不同意债务转让，债务人与第三人之间的债务转让协议对债权人不发生法律效力。

二、借新贷还旧贷，系在贷款到期不能按时收回的情况下，作为债权人的金融机构又与债务人订立协议，向债务人发放新的贷款用于归还旧贷款的行为。该行为与债务人用自有资金偿还贷款，从而消灭原债权债务关系的行为具有本质的区别。虽然新贷代替了旧贷，但原有的债权债务关系并未消除，客观上只是以新贷形式延长了旧贷的还款期限。

根据**工商银行山东分行诉信诚公司等借款合同纠纷案：最高人民法院（2003）民二终字第106号民事判决书［《最高人民法院公报》2004年第11期（总第97期）］**，改制企业转移债务，未经转移债务债权人同意，不发生债务转移的法律后果，债务仍由改制企业承担。改制企业如将部分财产转移给新设公司的，按照法人财产原则，由新设公司在所接收财产范围内与改制企业承担连带民事责任。未转移债务的债权人仍有权按照合同相对性原则和法人财产原则，要求改制企业和接收改制企业财产的新公司承担相应的偿还责任。故信诚公司关于其已依法承担化肥厂有关债务，不应再承担山东工行该笔债务的上诉理由，本院亦不予支持。

第五百五十二条 【并存的债务承担】第三人与债务人约定加入债务并通知债权人，或者第三人向债权人表示愿意加入债务，债权人未在合理期限内明确拒绝的，债权人可以请求第三人在其愿意承担的债务范围内和债务人承担连带债务。

根据**2020年12月31日公布的《最高人民法院关于适用〈中华人民共和国民法典〉有关担保制度的解释》（法释〔2020〕28号）**，规定如下：

第十二条 法定代表人依照民法典第五百五十二条的规定以公司名义加入债务的，人民法院在认定该行为的效力时，可以参照本解释关于公司为他人提供担保的有关规则处理。

第三十六条 第三人向债权人提供差额补足、流动性支持等类似承诺文件作为增信措施，具有提供担保的意思表示，债权人请求第三人承担保证责任的，人民法院应当依照保证的有关规定处理。

第三人向债权人提供的承诺文件，具有加入债务或者与债务人共同承担债务等意思表示的，人民法院应当认定为民法典第五百五十二条规定的债务加入。

前两款中第三人提供的承诺文件难以确定是保证还是债务加入的，人民法院应当将其认定为保证。

第三人向债权人提供的承诺文件不符合前三款规定的情形，债权人请求第三人承担保证责任或者连带责任的，人民法院不予支持，但是不影响其依据承诺文件请求第三人履行约定的义务或者承担相应的民事责任。

根据**谢民视诉张瑞昌、金刚公司股权纠纷案：上海市第二中级人民法院2002年3月31日民事判决书［《最高人民法院公报》2003年第1期（总第81期）］**，根据“3·13决议”，被告金刚公司愿以其所有的房屋抵顶被告张瑞昌欠原告谢民视的股权转让款，属于债的加入。金刚公司在本案中承担有限责任，即仅在用于抵债的房屋范围内承担债务清偿责任。

关于作价抵债的房屋，被告金刚公司应当按约定的价格过户给原告谢民视抵债。关于约定以一定的价格出售后抵债的房屋，由于该房屋至今没有卖出，并且现在也没有买家能恰巧以“3·13决议”中设定的价格购买此房，因此决议中对该房屋约定的处理方式已失去履行基础。在不危及金刚公司其他债权人利益的情况下，对该房屋可通过双方当事人重新作价或者由金刚公司自己出售后还债的方式履行。金刚公司出售此房后用于还债的价款，如果不足原约定的还款数额，差额部分由被告张瑞昌补付，与金刚公司无关。

根据**中远公司诉香港美通公司、天津美通公司拖欠海运费、港杂费纠纷案：天津市高级人民法院2001年10月11日民事判决书［《最高人民法院公报》2002年第4期（总第78期）］**，裁决如下：

债务承担可分为免责的债务承担和并存的债务承担。前者是指由第三人代替债务人承担其全部债务，原债务人脱离债的关系。后者是指第三人加入债的关系与债务人共同承担债务，原债务人并不脱离债的关系。

被上诉人天津美通公司只是在被上诉人香港美通公司出具的《还款计划》上签名确认，双方没有约定各自还款的比例。事实上，《还款计划》出具后，香港美通公司偿还了6笔债务，天津美通公司也偿还了6笔债务。所以，天津美通公司没有完全取代香港美通公司的债务人地位。以上事实证明，天津美通公司只是以第三人身份加入香港美通公司与原集装箱公司的债权债务关系中，与香港美通公司共同承担债务。香港美通公司与天津美通公司之间形成的是连带关系，互为连带债务人。本案是并存的债务承担，不是免责的债务承担，香港美通公司不能因《还款计划》上刘彬的签名而脱离债务关系。虽然现在香港美通公司已经将其在天津美通公司中的股份全部转让给香港大鹏货运仓库有限公司，这也只是投资主体的变更，不影响天津美通公司作为独立的民事主体承担民事权利与义务。《民法通则》第五十七条规定：“民事法律行为从成立时起具有法律约束力。行为人非依法律规定或者取得对方同意，不得擅自变更或者解除。”天津美通公司应当继续为香港美通公司所欠原集装箱公司的款项承担连带偿还的责任。天津美通公司为香港美通公司清偿债务后，有权向香港美通公司追偿。

根据**2023年1月12日公布的《最高人民法院发布人民法院贯彻实施民法典典型案例（第二批）》，案例6是蔡某勤诉姚某、杨某昊买卖合同纠纷案**，具体如下：

典型意义

本案是适用民法典债务加入规则的典型案例。民法典总结民商事审判经验，回应民商事实践发展需要，以立法形式对债务加入作出规定，赋予民事主体更加多元的选择，对于贯彻自愿原则、保障债权安全、优化营商环境具有重要意义。本案中，审理法院结合具体案情，依法认定被告向原告作出的还款意思表示不属于债务转移，而是构成债务加入，是人民法院适用民法典新增制度规则的一次生动实践。

基本案情

2020年春节后新冠疫情暴发期间，蔡某勤与姚某协商订购200支额温枪，并支付77000元货款，姚某收款后与杨某昊联系订购150支额温枪，并付款42000元。后姚某、杨某昊均未能交付货物，经蔡某勤催要，姚某退还蔡某勤15000元。杨某昊向蔡某勤出具承诺，表示其因被他人诈骗不能交付货物，如2020年6月3日前不能退赃退赔，愿意直接退还蔡某勤42000元。后姚某、杨某昊均未退还货款，蔡某勤遂提起诉讼，要求姚某对62000元及利息承担还款责任，杨某昊对其中42000元及利息承担连带责任。

裁判结果

生效裁判认为，蔡某勤、杨某昊均未明示同意免除姚某的还款责任，双方的诉讼主张也表明双方均未同意免除姚某的还款责任，故本案不属于债务转移，姚某应对62000元货款承担还款责任。杨某昊自愿向蔡某勤作出承担42000元债务的意思表示，其行为构成债务加入。民法典之前的法律对债务加入未作规定，根据《最高人民法院关于适用〈中华人民共和国民法典〉时间效力的若干规定》第三条，本案可以适用民法典关于债务加入的规定。故判决由姚某对62000元及利息承担还款责任，杨某昊对其中42000元及利息承担连带责任。

第五百五十三条 【债务转移时新债务人抗辩权】债务人转移债务的，新债务人可以主张原债务人对债权人的抗辩；原债务人对债权人享有债权的，新债务人不得向债权人主张抵销。

根据**2020年12月29日修正的《最高人民法院关于审理民事案件适用诉讼时效制度若干问题的规定》(法释〔2020〕17号)**，规定如下：

第十七条 债权转让的，应当认定诉讼时效从债权转让通知到达债务人之日起中断。

债务承担情形下，构成原债务人对债务承认的，应当认定诉讼时效从债务承担意思表示到达债权人之日起中断。

第五百五十四条 【债务转移时从债务一并转移】债务人转移债务的，新债务人应当承担与主债务有关的从债务，但是该从债务专属于原债务人自身的除外。

第五百五十五条 【合同权利义务一并转让】当事人一方经对方同意，可以将自己在合同中的权利和义务一并转让给第三人。

第五百五十六条 【合同权利义务一并转让的法律适用】合同的权利和义务一并转让的，适用债权转让、债务转移的有关规定。

根据**2020年12月29日修正的《最高人民法院关于审理旅游纠纷案件适用法律若干问题的规定》(法释〔2020〕17号)**，对于旅游经营者因履行辅助人的原因违约时的诉讼主体，规定如下：

第十一条 除合同性质不宜转让或者合同另有约定之外，在旅游行程开始前的合理期间内，旅游者将其在旅游合同中的权利义务转让给第三人，请求确认转让合同效力的，人民法院应予支持。

因前款所述原因，旅游经营者请求旅游者、第三人给付增加的费用或者旅游者请求旅游经营者退还减少的费用的，人民法院应予支持。

根据 **2018 年 8 月 16 日公布的《最高人民法院发布第一批涉互联网典型案例》，其中王兵诉汪帆、周洁、上海舞泡网络科技有限公司网络店铺转让合同纠纷案**，典型意义如下：

网络店铺的私自转让现实中大量存在，因此产生的纠纷亦有不断进入诉讼的趋势。该案涉及网络店铺转让究竟系转让什么、转让的法律效力如何等问题，理论界和实务界并无相对统一之见解。本案例明确了涉网络店铺转让纠纷相应的裁判规则，具有一定的典型性和指导价值。

本案中，汪帆系通过与淘宝平台签订服务协议并经实名认证，取得系争网络店铺之经营权。服务协议内容经双方认可，且不存在违反法律行政法规强制性规定、损害社会公共利益等情形，故汪帆与淘宝平台间形成合法有效的合同关系。现周洁在汪帆认可之情况下，与王兵、舞泡公司签署网络店铺转让合同，实际上系将汪帆与淘宝平台间合同关系项下的权利义务一并转让给王兵。根据《中华人民共和国合同法》第八十八条、第八十九条之规定，当事人一方将自己在合同中的权利和义务一并转让给第三方的，须经对方当事人的同意。现周洁虽有汪帆之认可但未征得淘宝平台同意，私自转让系争网络店铺，该转让行为不发生法律效力。故王兵以合同约定内容为据，要求周洁等支付违约金、双倍返还转让费之主张，缺乏依据。而根据《中华人民共和国合同法》第四十二条的规定，当事人在订立合同过程中有违背诚实信用原则的行为，给对方造成损失的，应当承担损害赔偿责任。周洁在汪帆认可情况下，将系争店铺让与王兵，现转让行为未生效，且店铺已被汪帆找回并实际控制，周洁理应就王兵因此而产生之损失承担赔偿责任。

该案通过对网络店铺店主与网络平台经营方之间法律关系的厘清，对实际普遍存在的网络店铺私自转让行为，从法律上作出了妥当评价，有利于网络平台经营方更好地实施管理、提供服务、控制网络交易风险，促进电子商务的进一步健康、有序发展。

第七章　合同的权利义务终止

第五百五十七条　【债权债务终止情形】有下列情形之一的，债权债务终止：

（一）债务已经履行；

（二）债务相互抵销；

（三）债务人依法将标的物提存；

（四）债权人免除债务；

（五）债权债务同归于一人；

（六）法律规定或者当事人约定终止的其他情形。

合同解除的，该合同的权利义务关系终止。

根据 **2023 年 12 月 4 日公布的《最高人民法院关于适用〈中华人民共和国民法典〉合同编通则若干问题的解释》（法释〔2023〕13 号）**，规定如下：

第二十七条　债务人或者第三人与债权人在债务履行期限届满后达成以物抵债协议，不存在影响合同效力情形的，人民法院应当认定该协议自当事人意思表示一致时生效。

债务人或者第三人履行以物抵债协议后，人民法院应当认定相应的原债务同时消灭；债务人或者第三人未按照约定履行以物抵债协议，经催告后在合理期限内仍不履行，债权人选择请求履行原债务或者以物抵债协议的，人民法院应予支持，但是法律另有规定或者当事人另有约定的除外。

前款规定的以物抵债协议经人民法院确认或者人民法院根据当事人达成的以物抵债协议制作成调解书，债权人主张财产权利自确认书、调解书生效时发生变动或者具有对抗善意第三人效力的，人民法院不予支持。

债务人或者第三人以自己不享有所有权或者处分权的财产权利订立以物抵债协议的，依据本解释第十九条的规定处理。

第二十八条 债务人或者第三人与债权人在债务履行期限届满前达成以物抵债协议的，人民法院应当在审理债权债务关系的基础上认定该协议的效力。

当事人约定债务人到期没有清偿债务，债权人可以对抵债财产拍卖、变卖、折价以实现债权的，人民法院应当认定该约定有效。当事人约定债务人到期没有清偿债务，抵债财产归债权人所有的，人民法院应当认定该约定无效，但是不影响其他部分的效力；债权人请求对抵债财产拍卖、变卖、折价以实现债权的，人民法院应予支持。

当事人订立前款规定的以物抵债协议后，债务人或者第三人未将财产权利转移至债权人名下，债权人主张优先受偿的，人民法院不予支持；债务人或者第三人已将财产权利转移至债权人名下的，依据《最高人民法院关于适用〈中华人民共和国民法典〉有关担保制度的解释》第六十八条的规定处理。

根据**2019年11月8日公布的《最高人民法院关于印发〈全国法院民商事审判工作会议纪要〉的通知》(法〔2019〕254号)**，对于以物抵债协议等问题，通知如下：

44.**【履行期届满后达成的以物抵债协议】**当事人在债务履行期限届满后达成以物抵债协议，抵债物尚未交付债权人，债权人请求债务人交付的，人民法院要着重审查以物抵债协议是否存在恶意损害第三人合法权益等情形，避免虚假诉讼的发生。经审查，不存在以上情况，且无其他无效事由的，人民法院依法予以支持。

当事人在一审程序中因达成以物抵债协议申请撤回起诉的，人民法院可予准许。当事人在二审程序中申请撤回上诉的，人民法院应当告知其申请撤回起诉。当事人申请撤回起诉，经审查不损害国家利益、社会公共利益、他人合法权益的，人民法院可予准许。当事人不申请撤回起诉，请求人民法院出具调解书对以物抵债协议予以确认的，因债务人完全可以立即履行该协议，没有必要由人民法院出具调解书，故人民法院不应准许，同时应当继续对原债权债务关系进行审理。

45.**【履行期届满前达成的以物抵债协议】**当事人在债务履行期届满前达成以物抵债协议，抵债物尚未交付债权人，债权人请求债务人交付的，因此种情况不同于本纪要第71条规定的让与担保，人民法院应当向其释明，其应当根据原债权债务关系提起诉讼。经释明后当事人仍拒绝变更诉讼请求的，应当驳回其诉讼请求，但不影响其根据原债权债务关系另行提起诉讼。

根据**2015年12月24日公布的《最高人民法院关于当前商事审判工作中的若干具体问题》**，通知如下：

九、关于以物抵债合同纠纷案件的审理问题

债权人与债务人之间存在金钱债务，有时双方约定以特定物替代原金钱债务的清偿。实务上将该种替代履行债务的方式称为以物抵债。一般情形下，当事人设定以物抵债的目的是为了及时还清债务。但有的以物抵债则是为了达到其他非法目的，恶意逃避债务，损害第三人的合法权益。我们认为，在以物抵债案件审理中，既要注重以物抵债在了结债务、化解矛盾纠纷、节约交易成本等方面的积极作用，不能对以物抵债约定轻易否定；同时，也要严格审查当事人缔结以物抵债的真实目的，对借以物抵债损害相对人、第三人利益的行为应予以否定。对这些问题我们将在《物权法》担保物权编司法解释中进一步研究。

第一，关于债务履行期届满前约定的以物抵债。

债权人与债务人在债务履行期届满前就作出以物抵债的约定，由于债权尚未到期，债权数额与抵债物的价值可能存在较大差距。如果此时直接认定该约定有效，可能会导致双方利益显失公平。所以在处理上一般认为应参照《物权法》关于禁止流押、流质的相关规定，不确认该种情形下签订的以物抵债协议的效力。在后果处理上：

1. 如果此时抵债物尚未交付给债权人，而债权人请求确认享有抵债物所有权并要求债务人交付的，不予支持。今年最高人民法院颁布的民间借贷司法解释第二十四条规定：当事人以签订买卖合同作为民间借贷合同的担保，应当按照民间借贷法律关系审理。债务人不履行生效判决确定的金钱债务，债权人可以申请拍卖买卖合同标的物以偿还债务。上述处理思路与该司法解释规定是一致的。

2. 如果此时抵债物已交付给债权人，参照《物权法》中质押的有关规定，债务人请求债权人履行清算义务或主张回赎的，法院应予支持。

第二，关于债务履行期届满后约定的以物抵债。

债务履行期届满后，债权的数额就得以确定，在此基础上达成的以物抵债协议，一般不会存在显失公平的问题。在以物抵债行为不存在违反法律、行政法规禁止性规定的情形下，应当尊重当事人的意思自治。在后果的处理上：

1. 如果此时抵债物尚未交付给债权人，债务人反悔但未能提供证据证明有能力继续履行原债务，债权人请求债务人履行以物抵债约定的，应予支持。

此时，对法院是否还应就该物履行清算程序的问题，一种意见认为应当履行，债权人不能就超过债权部分受偿。另一种意见则认为，此时因以物抵债约定系事后达成，所以不会对债务人造成不公平，故无须履行上述程序，债权人可以就抵债物直接受偿。当然，如果该抵债行为损害第三人利益，第三人可以参照《物权法》第一百九十五条第一款的规定主张撤销。这两种意见中，我们倾向于后一种意见。

2. 如果抵债物已交付给债权人，债务人反悔的，不予支持。

但为防止一方当事人利用以物抵债协议损害对方的合法权益，当存在《合同法》第五十四条规定的情形时，债权人、债务人均可请求变更或撤销以物抵债行为。对当事人利用以物抵债恶意逃债，第三人既可依据《合同法》第五十二条的规定主张抵债行为无效，也可依据《合同法》第七十四条的规定行使撤销权。

根据**2004年4月15日公布的《最高人民法院执行工作办公室关于上市公司发起人股份质押合同及红利抵债协议效力问题请示案的复函》(〔2002〕执他字第22号)**，答复如下：

一、关于本案发起人股份质押合同效力的问题，基本同意你院的第二种意见。《公司法》第 一百四十七条规定对发起人股份转让的期间限制，应当理解为是对股权实际转让的时间的限制，而不是对达成股权转让协议的时间的限制。本案质押的股份不得转让期截至2002年3月3日，而质押权行使期至2005年9月25日才可开始，在质押权人有权行使质押权时，该质押的股份已经没有转让期间的限制，因此不应以该股份在设定质押时依法尚不得转让为由确认质押合同无效。

二、关于本案中三方当事人达成的以股份所产生的红利抵债的协议（以下简称三方抵债协议），我们认为：首先，该协议性质上属于三方当事人之间的连环债务的协议抵消关系。在协议抵消的情况下，抵消的条件、标的物、范围，均由当事人自主约定。《合同法》第一百条关于双方当事人协议抵消的规定，并不排除本案中三方当事人协议抵消的做法。其次，该协议属于预定抵消合同。根据这种合同，当事人之间将来发生可以抵消的债务时，无须另行作出抵消的意思表示，而当然发生抵消债务的效果。这种协议并不违反法律的强制性规定，应予以认可。本案中吴江工艺织造厂（以下简称织造厂）在中国服装股份有限公司（以下简称服装公司）中的预期红利收益处于不确定状态，符合这种预定抵消合同的特点。

三、关于股份质押协议与三方抵债协议的关系问题，因本案股份质押权的行使附有期限，故质押的效力只能及于质押权行使期到来（2005年9月25日）之后该股份产生的红利，质押权人中国银行吴江支行（以下简称吴江支行）不能对此前的红利行使质押权。因此，对于织造厂于2001年6月9日从服装公司分得的该期红利，吴江支行不能以股份质押合同有效而对抗服装公司依据三方抵债协议所为的抵消。

四、织造厂在服装公司的红利一旦产生，按照三方抵债协议的约定，服装公司给付织造厂的红利即时自动抵消面料厂对服装公司的债务，不需要实际支付。因此，在宜兴市人民法院向服装公司送达协助执行通知时，被执行人织造厂在服装公司的红利债权已经消灭，不再有可供执行的债权。宜兴市人民法院从服装公司划拨红利的执行是错误的，应予纠正。

根据吉林鑫城房地产综合开发有限责任公司与汤东鹏房屋买卖合同纠纷案：最高人民法院（2018）最高法民申1774号民事裁定书［《最高人民法院公报》2020年第3期（总第281期）］，裁决如下：

人民法院依职权审查合同效力并且予以释明，是引导当事人正确诉讼的基础。债务人到期未能清偿债务，重新与债权人达成合意以房抵债，双方签订的《房屋买卖合同》应当合法有效。

根据通州建总集团有限公司与内蒙古兴华房地产有限责任公司建设工程施工合同纠纷案：最高人民法院（2016）最高法民终484号民事判决书［《最高人民法院公报》2017年第9期（总第251期）］，裁决如下：

一、对以物抵债协议的效力、履行等问题的认定，应以尊重当事人的意思自治为基本原则。一般而言，除当事人有明确约定外，当事人于债务清偿期届满后签订的以物抵债协议，并不以债权人现实地受领抵债物，或取得抵债物所有权、使用权等财产权利，为成立或生效要件。只要双方当事人的意思表示真实，合同内容不违反法律、行政法规的强制性规定，合同即为有效。

二、当事人于债务清偿期届满后达成的以物抵债协议，可能构成债的更改，即成立新债务，同时消灭旧债务；亦可能属于新债清偿，即成立新债务，与旧债务并存。基于保护债权的理念，债的更改一般需有当事人明确消灭旧债的合意，否则，当事人于债务清偿期届满后达成的以物抵债协议，性质一般应为新债清偿。

三、在新债清偿情形下，旧债务于新债务履行之前不消灭，旧债务和新债务处于衔接并存的状态；在新债务合法有效并得以履行完毕后，因完成了债务清偿义务，旧债务才归于消灭。

四、在债权人与债务人达成以物抵债协议、新债务与旧债务并存时，确定债权是否得以实现，应以债务人是否按照约定全面履行自己义务为依据。若新债务届期不履行，致使以物抵债协议目的不能实现的，债权人有权请求债务人履行旧债务，且该请求权的行使，并不以以物抵债协议无效、被撤销或者被解除为前提。

第五百五十八条 【债权债务终止后的义务】债权债务终止后，当事人应当遵循诚信等原则，根据交易习惯履行通知、协助、保密、旧物回收等义务。

第五百五十九条 【债权的从权利消灭】债权债务终止时，债权的从权利同时消灭，但是法律另有规定或者当事人另有约定的除外。

第五百六十条 【债的清偿抵充顺序】债务人对同一债权人负担的数项债务种类相同，债务人的给付不足以清偿全部债务的，除当事人另有约定外，由债务人在清偿时指定其履行的债务。

债务人未作指定的，应当优先履行已经到期的债务；数项债务均到期的，优先履行对债权人缺乏担保或者担保最少的债务；均无担保或者担保相等的，优先履行债务人负担较重的债务；负担相同的，按照债务到期的先后顺序履行；到期时间相同的，按照债务比例履行。

根据**2023年12月4日公布的《最高人民法院关于适用〈中华人民共和国民法典〉合同编通则若干问题的解释》(法释〔2023〕13号)**,规定如下:

第五十六条　行使抵销权的一方负担的数项债务种类相同,但是享有的债权不足以抵销全部债务,当事人因抵销的顺序发生争议的,人民法院可以参照民法典第五百六十条的规定处理。

行使抵销权的一方享有的债权不足以抵销其负担的包括主债务、利息、实现债权的有关费用在内的全部债务,当事人因抵销的顺序发生争议的,人民法院可以参照民法典第五百六十一条的规定处理。

第五百六十一条　【费用、利息和主债务的抵充顺序】债务人在履行主债务外还应当支付利息和实现债权的有关费用,其给付不足以清偿全部债务的,除当事人另有约定外,应当按照下列顺序履行:

(一)实现债权的有关费用;

(二)利息;

(三)主债务。

根据**2023年12月4日公布的《最高人民法院关于适用〈中华人民共和国民法典〉合同编通则若干问题的解释》(法释〔2023〕13号)**,规定如下:

第五十六条第二款　行使抵销权的一方享有的债权不足以抵销其负担的包括主债务、利息、实现债权的有关费用在内的全部债务,当事人因抵销的顺序发生争议的,人民法院可以参照民法典第五百六十一条的规定处理。

根据**2023年12月5日公布的《最高人民法院发布十起〈关于适用《中华人民共和国民法典》合同编通则若干问题的解释〉相关典型案例》,其中案例8为某实业发展公司与某棉纺织品公司委托合同纠纷案**,具体如下:

裁判要点

据以行使抵销权的债权不足以抵销其全部债务,应当按照实现债权的有关费用、利息、主债务的顺序进行抵销。

简要案情

2012年6月7日,某实业发展公司与某棉纺织品公司签订《委托协议》,约定某实业发展公司委托某棉纺织品公司通过某银行向案外人某商贸公司发放贷款5000万元。该笔委托贷款后展期至2015年6月9日。某商贸公司在贷款期间所支付的利息,均已通过某棉纺织品公司支付给某实业发展公司。2015年6月2日,某商贸公司将5000万元本金归还某棉纺织品公司,但某棉纺织品公司未将该笔款项返还给某实业发展公司,形成本案诉讼。另外,截至2015年12月31日,某实业发展公司欠某棉纺织品公司8296517.52元。某棉纺织品公司于2017年7月20日向某实业发展公司送达《债务抵销通知书》,提出以其对某实业发展公司享有的8296517.52元债权抵销案涉5000万元本金债务。某实业发展公司以某棉纺织品公司未及时归还所欠款项为由诉至法院,要求某棉纺织品公司归还本息。在本案一审期间,某棉纺织品公司又以抗辩的形式就该笔债权向一审法院提出抵销,并提起反诉,后主动撤回反诉。

判决理由

生效裁判认为,某棉纺织品公司据以行使抵销权的债权不足以抵销其对某实业发展公司负有的全部债务,参照《最高人民法院关于适用〈中华人民共和国合同法〉若干问题的解释(二)》第二十一条的规定,应当按照实现债权的有关费用、利息、主债务的顺序进行抵销，即某棉纺织品公司对某实业发展公司享有的 8296517.52 元债权，先用于抵销其对某实业发展公司负有的 5000 万元债务中的利息，然后再用于抵销本金。某棉纺织品公司有关 8296517.52 元先用于抵销 5000 万元本金的再审申请缺乏事实和法律依据，故不予支持。

司法解释相关条文

《最高人民法院关于适用〈中华人民共和国民法典〉合同编通则若干问题的解释》第 56 条第 2 款

第五百六十二条 【合同约定解除】当事人协商一致，可以解除合同。

当事人可以约定一方解除合同的事由。解除合同的事由发生时，解除权人可以解除合同。

根据 2023 年 12 月 4 日公布的《最高人民法院关于适用〈中华人民共和国民法典〉合同编通则若干问题的解释》（法释〔2023〕13 号），规定如下：

第五十二条 当事人就解除合同协商一致时未对合同解除后的违约责任、结算和清理等问题作出处理，一方主张合同已经解除的，人民法院应予支持。但是，当事人另有约定的除外。

有下列情形之一的，除当事人一方另有意思表示外，人民法院可以认定合同解除：

（一）当事人一方主张行使法律规定或者合同约定的解除权，经审理认为不符合解除权行使条件但是对方同意解除；

（二）双方当事人均不符合解除权行使的条件但是均主张解除合同。

前两款情形下的违约责任、结算和清理等问题，人民法院应当依据民法典第五百六十六条、第五百六十七条和有关违约责任的规定处理。

根据 2019 年 11 月 8 日公布的《最高人民法院关于印发〈全国法院民商事审判工作会议纪要〉的通知》（法〔2019〕254 号），对于约定解除条件，通知如下：

47.**【约定解除条件】**合同约定的解除条件成就时，守约方以此为由请求解除合同的，人民法院应当审查违约方的违约程度是否显著轻微，是否影响守约方合同目的的实现，根据诚实信用原则，确定合同应否解除。违约方的违约程度显著轻微，不影响守约方合同目的的实现，守约方请求解除合同的，人民法院不予支持；反之，则依法予以支持。

根据王兴华、王振中、吕文富、梅明宇与黑龙江无线电一厂专利实施许可合同纠纷案：最高人民法院（2006）民三提字第 2 号民事判决书［《最高人民法院公报》2007 年第 1 期（总第 123 期）］，专利权人与其他非专利权人共同作为合同的一方当事人，与他人签订专利实施许可合同，且合同中明确约定了其他非专利权人的权利义务的，专利权人行使专利权应当受到合同的约束，非经其他非专利权人同意，专利权人无权独自解除该专利实施许可合同。

根据 2016 年 4 月 8 日公布的《最高人民法院发布十起依法平等保护非公有制经济典型案例》，其中案例 1 是梁昌运与霍邱县人民政府国土资源局建设用地使用权出让合同纠纷案，典型意义如下：

本案是关于违反国有土地使用权出让合同约定应当承担相应违约责任的典型性案例。实践中，在国有土地使用权出让过程中，由于一些地方政府的不规范行为，造成与非公有制企业签订国有土地使用权出让合同后，不能按约交付土地，侵害了非公有制经济主体的合法权益。在此情况下，依法维护非公有制经济主体的合同权益，是对其民事权利平等保护原则的重要体现。本案中，霍邱县人民政府国土资源局通过公开招投标程序与梁昌运签订了土地使用权出让合同，梁昌运也按照合同约定交纳了土地出让金，但霍邱县人民政府国土资源局没有依约交付土地构成违约，梁昌运根据合同约定要求解除合同、返还土地出让金、双倍返还定金等合理请求，均得到了人民法院的支持。人民法院审理该案件时，平等对待政府机关和非公有制经济主体，准确适用《合同法》的相关规定，依法支持梁昌运的相关诉讼请求，妥善维护了非公有制经济的合法权益。

第五百六十三条 【合同法定解除】有下列情形之一的，当事人可以解除合同：

（一）因不可抗力致使不能实现合同目的；

（二）在履行期限届满前，当事人一方明确表示或者以自己的行为表明不履行主要债务；

（三）当事人一方迟延履行主要债务，经催告后在合理期限内仍未履行；

（四）当事人一方迟延履行债务或者有其他违约行为致使不能实现合同目的；

（五）法律规定的其他情形。

以持续履行的债务为内容的不定期合同，当事人可以随时解除合同，但是应当在合理期限之前通知对方。

根据2019年8月26日修正的《中华人民共和国城市房地产管理法》，对于土地使用权出让合同的解除，规定如下：

第十六条 土地使用者必须按照出让合同约定，支付土地使用权出让金；未按照出让合同约定支付土地使用权出让金的，土地管理部门有权解除合同，并可以请求违约赔偿。

第十七条 土地使用者按照出让合同约定支付土地使用权出让金的，市、县人民政府土地管理部门必须按照出让合同约定，提供出让的土地；未按照出让合同约定提供出让的土地的，土地使用者有权解除合同，由土地管理部门返还土地使用权出让金，土地使用者并可以请求违约赔偿。

根据2018年12月29日修正的《中华人民共和国农村土地承包法》，对于承包合同和土地经营权流转合同的解除，规定如下：

第十五条 发包方承担下列义务：

（一）维护承包方的土地承包经营权，不得非法变更、解除承包合同；

（二）尊重承包方的生产经营自主权，不得干涉承包方依法进行正常的生产经营活动；

（三）依照承包合同约定为承包方提供生产、技术、信息等服务；

（四）执行县、乡（镇）土地利用总体规划，组织本集体经济组织内的农业基础设施建设；

（五）法律、行政法规规定的其他义务。

第二十五条 承包合同生效后，发包方不得因承办人或者负责人的变动而变更或者解除，也不得因集体经济组织的分立或者合并而变更或者解除。

第二十六条 国家机关及其工作人员不得利用职权干涉农村土地承包或者变更、解除承包合同。

第四十二条 承包方不得单方解除土地经营权流转合同，但受让方有下列情形之一的除外：

（一）擅自改变土地的农业用途；

（二）弃耕抛荒连续两年以上；

（三）给土地造成严重损害或者严重破坏土地生态环境；

（四）其他严重违约行为。

第六十四条 土地经营权人擅自改变土地的农业用途、弃耕抛荒连续两年以上、给土地造成严重损害或者严重破坏土地生态环境，承包方在合理期限内不解除土地经营权流转合同的，发包方有权要求终止土地经营权流转合同。土地经营权人对土地和土地生态环境造成的损害应当予以赔偿。

第六十五条 国家机关及其工作人员有利用职权干涉农村土地承包经营，变更、解除承包经营合同，干涉承包经营当事人依法享有的生产经营自主权，强迫、阻碍承包经营当事人进行土地承包经营权互换、转让或者土地经营权流转等侵害土地承包经营权、土地经营权的行为，给承包经营当事人造成损失的，应当承担损害赔偿等责任；情节严重的，由上级机关或者所在单位给予直接责任人员处分；构成犯罪的，依法追究刑事责任。

根据**2018年10月26日修正的《中华人民共和国旅游法》**，对于可法定解除旅游合同的情形，规定如下：

第六十三条 旅行社招徕旅游者组团旅游，因未达到约定人数不能出团的，组团社可以解除合同。但是，境内旅游应当至少提前七日通知旅游者，出境旅游应当至少提前三十日通知旅游者。

因未达到约定人数不能出团的，组团社经征得旅游者书面同意，可以委托其他旅行社履行合同。组团社对旅游者承担责任，受委托的旅行社对组团社承担责任。旅游者不同意的，可以解除合同。

因未达到约定的成团人数解除合同的，组团社应当向旅游者退还已收取的全部费用。

第六十六条 旅游者有下列情形之一的，旅行社可以解除合同：

（一）患有传染病等疾病，可能危害其他旅游者健康和安全的；

（二）携带危害公共安全的物品且不同意交有关部门处理的；

（三）从事违法或者违反社会公德的活动的；

（四）从事严重影响其他旅游者权益的活动，且不听劝阻、不能制止的；

（五）法律规定的其他情形。

因前款规定情形解除合同的，组团社应当在扣除必要的费用后，将余款退还旅游者；给旅行社造成损失的，旅游者应当依法承担赔偿责任。

第六十七条 因不可抗力或者旅行社、履行辅助人已尽合理注意义务仍不能避免的事件，影响旅游行程的，按照下列情形处理：

（一）合同不能继续履行的，旅行社和旅游者均可以解除合同。合同不能完全履行的，旅行社经向旅游者作出说明，可以在合理范围内变更合同；旅游者不同意变更的，可以解除合同。

（二）合同解除的，组团社应当在扣除已向地接社或者履行辅助人支付且不可退还的费用后，将余款退还旅游者；合同变更的，因此增加的费用由旅游者承担，减少的费用退还旅游者。

（三）危及旅游者人身、财产安全的，旅行社应当采取相应的安全措施，因此支出的费用，由旅行社与旅游者分担。

（四）造成旅游者滞留的，旅行社应当采取相应的安置措施。因此增加的食宿费用，由旅游者承担；增加的返程费用，由旅行社与旅游者分担。

根据**2015年4月24日修正的《中华人民共和国保险法》**，对于保险合同的解除，规定如下：

第十五条 除本法另有规定或者保险合同另有约定外，保险合同成立后，投保人可以解除合同，保险人不得解除合同。

第十六条 订立保险合同，保险人就保险标的或者被保险人的有关情况提出询问的，投保人应当如实告知。

投保人故意或者因重大过失未履行前款规定的如实告知义务，足以影响保险人决定是否同意承保或者提高保险费率的，保险人有权解除合同。

前款规定的合同解除权，自保险人知道有解除事由之日起，超过三十日不行使而消灭。自合同成立之日起超过二年的，保险人不得解除合同；发生保险事故的，保险人应当承担赔偿或者给付保险金的责任。

投保人故意不履行如实告知义务的，保险人对于合同解除前发生的保险事故，不承担赔偿或者给付保险金的责任，并不退还保险费。

投保人因重大过失未履行如实告知义务，对保险事故的发生有严重影响的，保险人对于合同解除前发生的保险事故，不承担赔偿或者给付保险金的责任，但应当退还保险费。

保险人在合同订立时已经知道投保人未如实告知的情况的，保险人不得解除合同；发生保险事故的，保险人应当承担赔偿或者给付保险金的责任。

保险事故是指保险合同约定的保险责任范围内的事故。

第二十七条 未发生保险事故，被保险人或者受益人谎称发生了保险事故，向保险人提出赔偿或者给付保险金请求的，保险人有权解除合同，并不退还保险费。

投保人、被保险人故意制造保险事故的，保险人有权解除合同，不承担赔偿或者给付保险金的责任；除本法第四十三条规定外，不退还保险费。

保险事故发生后，投保人、被保险人或者受益人以伪造、变造的有关证明、资料或者其他证据，编造虚假的事故原因或者夸大损失程度的，保险人对其虚报的部分不承担赔偿或者给付保险金的责任。

投保人、被保险人或者受益人有前三款规定行为之一，致使保险人支付保险金或者支出费用的，应当退回或者赔偿。

第三十二条 投保人申报的被保险人年龄不真实，并且其真实年龄不符合合同约定的年龄限制的，保险人可以解除合同，并按照合同约定退还保险单的现金价值。保险人行使合同解除权，适用本法第十六条第三款、第六款的规定。

投保人申报的被保险人年龄不真实，致使投保人支付的保险费少于应付保险费的，保险人有权更正并要求投保人补交保险费，或者在给付保险金时按照实付保险费与应付保险费的比例支付。

投保人申报的被保险人年龄不真实，致使投保人支付的保险费多于应付保险费的，保险人应当将多收的保险费退还投保人。

第三十七条 合同效力依照本法第三十六条规定中止的，经保险人与投保人协商并达成协议，在投保人补交保险费后，合同效力恢复。但是，自合同效力中止之日起满二年双方未达成协议的，保险人有权解除合同。

保险人依照前款规定解除合同的，应当按照合同约定退还保险单的现金价值。

第四十九条 保险标的转让的，保险标的的受让人承继被保险人的权利和义务。

保险标的转让的，被保险人或者受让人应当及时通知保险人，但货物运输保险合同和另有约定的合同除外。

因保险标的转让导致危险程度显著增加的，保险人自收到前款规定的通知之日起三十日内，可以按照合同约定增加保险费或者解除合同。保险人解除合同的，应当将已收取的保险费，按照合同约定扣除自保险责任开始之日起至合同解除之日止应收的部分后，退还投保人。

被保险人、受让人未履行本条第二款规定的通知义务的，因转让导致保险标的的危险程度显著增加而发生的保险事故，保险人不承担赔偿保险金的责任。

第五十条 货物运输保险合同和运输工具航程保险合同，保险责任开始后，合同当事人不得解除合同。

第五十一条 被保险人应当遵守国家有关消防、安全、生产操作、劳动保护等方面的规定，维护保险标的的安全。

保险人可以按照合同约定对保险标的的安全状况进行检查，及时向投保人、被保险人提出消除不安全因素和隐患的书面建议。

投保人、被保险人未按照约定履行其对保险标的的安全应尽责任的，保险人有权要求增加保险费或者解除合同。

保险人为维护保险标的的安全，经被保险人同意，可以采取安全预防措施。

第五十二条 在合同有效期内，保险标的的危险程度显著增加的，被保险人应当按照合同约定及时通知保险人，保险人可以按照合同约定增加保险费或者解除合同。保险人解除合同的，应当将已收取的保险费，按照合同约定扣除自保险责任开始之日起至合同解除之日止应收的部分后，退还投保人。

被保险人未履行前款规定的通知义务的，因保险标的的危险程度显著增加而发生的保险事故，保险人不承担赔偿保险金的责任。

第五十八条 保险标的发生部分损失的，自保险人赔偿之日起三十日内，投保人可以解除合同；除合同另有约定外，保险人也可以解除合同，但应当提前十五日通知投保人。

合同解除的，保险人应当将保险标的未受损失部分的保险费，按照合同约定扣除自保险责任开始之日起至合同解除之日止应收的部分后，退还投保人。

根据**2013年10月25日修正的《中华人民共和国消费者权益保护法》**，规定如下：

第二十四条 经营者提供的商品或者服务不符合质量要求的，消费者可以依照国家规定、当事人约定退货，或者要求经营者履行更换、修理等义务。没有国家规定和当事人约定的，消费者可以自收到商品之日起七日内退货；七日后符合法定解除合同条件的，消费者可以及时退货，不符合法定解除合同条件的，可以要求经营者履行更换、修理等义务。

依照前款规定进行退货、更换、修理的，经营者应当承担运输等必要费用。

根据**2006年8月27日公布的《中华人民共和国企业破产法》**，规定如下：

第十八条 人民法院受理破产申请后，管理人对破产申请受理前成立而债务人和对方当事人均未履行完毕的合同有权决定解除或者继续履行，通知对方当事人。管理人自破产申请受理之日起二个月内未通知对方当事人，或者自收到对方当事人催告之日起三十日内未答复的，视为解除合同。

管理人决定继续履行合同的，对方当事人应当履行；但是，对方当事人有权要求管理人提供担保。管理人不提供担保的，视为解除合同。

根据**2023年12月4日公布的《最高人民法院关于适用〈中华人民共和国民法典〉合同编通则若干问题的解释》（法释〔2023〕13号）**，规定如下：

第二十六条 当事人一方未根据法律规定或者合同约定履行开具发票、提供证明文件等非主要债务，对方请求继续履行该债务并赔偿因怠于履行该债务造成的损失的，人民法院依法予以支持；对方请求解除合同的，人民法院不予支持，但是不履行该债务致使不能实现合同目的或者当事人另有约定的除外。

根据**2020年12月29日修正的《最高人民法院关于审理技术合同纠纷案件适用法律若干问题的解释》（法释〔2020〕19号）**，规定如下：

第十五条 技术合同当事人一方迟延履行主要债务，经催告后在30日内仍未履行，另一方依据民法典第五百六十三条第一款第（三）项的规定主张解除合同的，人民法院应当予以支持。

当事人在催告通知中附有履行期限且该期限超过30日的，人民法院应当认定该履行期限为民法典第五百六十三条第一款第（三）项规定的合理期限。

根据**2020年12月29日修正的《最高人民法院关于适用〈中华人民共和国保险法〉若干问题的解释（二）》（法释〔2020〕18号）**，规定如下：

第七条 保险人在保险合同成立后知道或者应当知道投保人未履行如实告知义务，仍然收取保险费，又依照保险法第十六条第二款的规定主张解除合同的，人民法院不予支持。

根据**2020年12月29日修正的《最高人民法院关于审理外商投资企业纠纷案件若干问题的规定（一）》（法释〔2020〕18号）**，规定如下：

第五条 外商投资企业股权转让合同成立后，转让方和外商投资企业不履行报批义务，经受让方催告后在合理的期限内仍未履行，受让方请求解除合同并由转让方返还其已支付的转让款、赔偿因未履行报批义务而造成的实际损失的，人民法院应予支持。

第六条 外商投资企业股权转让合同成立后，转让方和外商投资企业不履行报批义务，受让方以转让方为被告、以外商投资企业为第三人提起诉讼，请求转让方与外商投资企业在一定期限内共同履行报批义务的，人民法院应予支持。受让方同时请求在转让方和外商投资企业于生效判决确定的期限内不履行报批义务时自行报批的，人民法院应予支持。

转让方和外商投资企业拒不根据人民法院生效判决确定的期限履行报批义务，受让方另行起诉，请求解除合同并赔偿损失的，人民法院应予支持。赔偿损失的范围可以包括股权的差价损失、股权收益及其他合理损失。

第七条 转让方、外商投资企业或者受让方根据本规定第六条第一款的规定就外商投资企业股权转让合同报批，未获外商投资企业审批机关批准，受让方另行起诉，请求转让方返还其已支付的转让款的，人民法院应予支持。受让方请求转让方赔偿因此造成的损失的，人民法院应根据转让方是否存在过错以及过错大小认定其是否承担赔偿责任及具体赔偿数额。

第八条 外商投资企业股权转让合同约定受让方支付转让款后转让方才办理报批手续，受让方未支付股权转让款，经转让方催告后在合理的期限内仍未履行，转让方请求解除合同并赔偿因迟延履行而造成的实际损失的，人民法院应予支持。

第十六条 外商投资企业名义股东不履行与实际投资者之间的合同，致使实际投资者不能实现合同目的，实际投资者请求解除合同并由外商投资企业名义股东承担违约责任的，人民法院应予支持。

根据**2020年12月29日修正的《最高人民法院关于审理期货纠纷案件若干问题的规定》(法释〔2020〕18号)**，规定如下：

第四十四条 在交割日，卖方期货公司未向期货交易所交付标准仓单，或者买方期货公司未向期货交易所账户交付足额货款，构成交割违约。

构成交割违约的，违约方应当承担违约责任；具有民法典第五百六十三条第一款第四项规定情形的，对方有权要求终止交割或者要求违约方继续交割。

征购或者竞卖失败的，应当由违约方按照交易所有关赔偿办法的规定承担赔偿责任。

根据**2020年12月29日修正的《最高人民法院关于审理买卖合同纠纷案件适用法律问题的解释》(法释〔2020〕17号)**，规定如下：

第十九条 出卖人没有履行或者不当履行从给付义务，致使买受人不能实现合同目的，买受人主张解除合同的，人民法院应当根据民法典第五百六十三条第一款第四项的规定，予以支持。

根据**2020年12月29日修正的《最高人民法院关于审理商品房买卖合同纠纷案件适用法律若干问题的解释》(法释〔2020〕17号)**，对于商品房买卖合同的解除，规定如下：

第九条 因房屋主体结构质量不合格不能交付使用，或者房屋交付使用后，房屋主体结构质量经核验确属不合格，买受人请求解除合同和赔偿损失的，应予支持。

第十条 因房屋质量问题严重影响正常居住使用，买受人请求解除合同和赔偿损失的，应予支持。

第十一条 根据民法典第五百六十三条的规定，出卖人迟延交付房屋或者买受人迟延支付购房款，经催告后在三个月的合理期限内仍未履行，解除权人请求解除合同的，应予支持，但当事人另有约定的除外。

法律没有规定或者当事人没有约定，经对方当事人催告后，解除权行使的合理期限为三个月。对方当事人没有催告的，解除权人自知道或者应当知道解除事由之日起一年内行使。逾期不行使的，解除权消灭。

第十五条 商品房买卖合同约定或者城市房地产开发经营管理条例第三十二条规定的办理不动产登记的期限届满后超过一年，由于出卖人的原因，导致买受人无法办理不动产登记，买受人请求解除合同和赔偿损失的，应予支持。

根据2020年12月29日修正的《最高人民法院关于审理旅游纠纷案件适用法律若干问题的规定》(法释〔2020〕17号)，规定如下：

第十条 旅游经营者将旅游业务转让给其他旅游经营者，旅游者不同意转让，请求解除旅游合同、追究旅游经营者违约责任的，人民法院应予支持。

旅游经营者擅自将其旅游业务转让给其他旅游经营者，旅游者在旅游过程中遭受损害，请求与其签订旅游合同的旅游经营者和实际提供旅游服务的旅游经营者承担连带责任的，人民法院应予支持。

根据长春泰恒房屋开发有限公司与长春市规划和自然资源局国有土地使用权出让合同纠纷案：最高人民法院(2019)最高法民再246号民事判决书[《最高人民法院公报》2020年第6期(总第284期)]，裁决如下：

一、因国家法律、法规及政策出台导致当事人签订的合同不能履行，以致一方当事人缔约目的不能实现，该方当事人请求法院判决解除合同的，人民法院应予支持；

二、鉴于双方当事人对于合同不能履行及一方当事人缔约目的不能实现均无过错，故可依据《中华人民共和国合同法》第九十七条的规定，仅判决返还已经支付的价款及相应孳息，对一方当事人请求对方当事人赔偿损失的请求不予支持；

三、对于一方当事人为履行合同而支付的契税损失，在双方当事人对于案涉合同的解除均无过错的情况下，可由双方当事人基于公平原则平均分担。

根据寿光中石油昆仑燃气有限公司诉寿光市人民政府、潍坊市人民政府解除政府特许经营协议案：山东省高级人民法院2017年5月5日行政判决书[《最高人民法院公报》2018年第9期(总第263期)]，行政相对人迟延履行政府特许经营协议致使协议目的无法实现的，行政机关可以单方解除政府特许经营协议。行政机关据此强制收回特许经营权行为，应肯定其效力，但对于收回特许经营权过程中没有履行听证程序的做法应给予确认违法的评价。因公用事业特许经营涉及社会公共利益，当程序正当与公共利益发生冲突时，法官应运用利益衡量方法综合考量得出最优先保护的价值。在取消特许经营权行为实体正确、程序违法的情况下，判决确认违法但不撤销该行政行为，并要求行政机关采取补救措施，体现了人民法院在裁判过程中既要优先保护社会公共利益，又要依法保护行政相对人合法权益的司法价值取向。

根据汾州裕源土特产品有限公司与陕西天宝大豆食品技术研究所技术合同纠纷再审案：最高人民法院(2016)最高法民再251号民事判决书[《最高人民法院公报》2018年第2期(总第256期)]，裁决如下：

一、能否产出符合合同约定的产品，与该产品能否上市销售、是否适销对路、有否利润空间等并非同一层面的问题。技术合同领域，尤其是涉及技术工业化的合同中，如果当事人之间没有明确约定，不应将产品商业化认定为技术合同的目的。

二、投资方应审慎签订涉及技术工业化的合同，在技术指标的设置和产品合格标准的选择上，应当尽可能贴近市场对产品的要求，尤应避免在市场竞争较为激烈或者相关公众要求较高的领域，仅以市场准入标准作为合同项下的产品合格标准，从而陷入产品合格而商业失败的窘境。

根据张俭华、徐海英诉启东市取生置业有限公司房屋买卖合同纠纷案：江苏省南通市中级人民法院2016年3月7日民事判决书[《最高人民法院公报》2017年第9期(总第251期)]，当事人将特定主观目的作为合同条件或成交基础并明确约定，则该特定主观目的之客观化，属于《中华人民共和国合同法》第九十四条第一款第(四)项的规制范围。如开发商交付的房屋与购房合同约定的方位布局相反，且无法调换，购房者可以合同目的不能实现解除合同。

根据海南海联工贸有限公司与海南天河旅业投资有限公司、三亚天阔置业有限公司等合作开发房地产合同纠纷案：最高人民法院（2015）民提字第64号民事判决书[《最高人民法院公报》2016年第1期（总第231期）]，裁决如下：

合作开发房地产关系中，当事人约定一方出地、一方出资并以成立房地产项目公司的方式进行合作开发，项目公司只是合作关系各方履行房地产合作开发协议的载体和平台，合作各方当事人在项目公司中是否享有股权不影响其在合作开发合同中所应享有的权益；合作各方当事人在合作项目中的权利义务应当按照合作开发房地产协议约定的内容予以确定。

合作一方（以下简称该合作一方）未经合作对方（以下简称该合作对方）同意即将所持项目公司股权转让给第三人、该第三人又很快再次将其受让的股权转让给其他公司后，以及项目公司的后续股东不仅没有按照约定进行投资完成拆迁工作，而且也拒绝与该合作对方进行协商等行为，充分表明该合作一方已不再履行与该合作对方所签订的《合作项目合同书》所约定的义务。由于该合作一方迟延履行合同义务，后续股东也没有按约完成拆迁安置工作，合作项目仍处于停滞状态，致使该合作对方在《合作项目合同书》中的合同目的不能实现。该合作一方不但明确表示，而且以其行为表明不再履行《合作项目合同书》约定的义务，其行为已构成根本违约。根据《合同法》第九十四条第（二）项、第（四）项；第九十七条的规定，该合作对方请求解除《合作项目合同书》，返还合作项目的开发权和土地使用权的诉讼请求，于法有据，应予支持。

根据深圳富山宝实业有限公司与深圳市股份合作公司、深圳市宝安区福永物业发展总公司、深圳市金安城投资发展有限公司等合作开发房地产合同纠纷案：最高人民法院（2010）民一终字第45号民事判决书[《最高人民法院公报》2011年第5期（总第175期）]，合同一方当事人构成根本违约时，守约的一方当事人享有法定解除权。合同的解除在解除通知送达违约方时即发生法律效力，解除通知送达时间的拖延只能导致合同解除时间相应后延，而不能改变合同解除的法律后果。当事人没有约定合同解除异议期间，在解除通知送达之日起三个月以后才向人民法院起诉的，人民法院不予支持。

根据何丽红诉中国人寿保险股份有限公司佛山市顺德支公司、中国人寿保险股份有限公司佛山分公司保险合同纠纷案：广东省佛山市中级人民法院2006年1月10日民事判决书[《最高人民法院公报》2008年第8期（总第142期）]，裁决如下：

一、基于保险合同的特殊性，合同双方当事人应当最大限度地诚实守信。投保人依法履行如实告知义务，即是最大限度诚实守信的一项重要内容。根据《中华人民共和国保险法》第十七条的规定，投保人在订立保险合同前，应当如实回答保险人就保险标的或者被保险人的有关情况作出的询问，如实告知影响保险人对是否承保以及如何设定承保条件、承保费率做出正确决定的重要事项。对于投保人故意隐瞒事实，不履行如实告知义务的，或者因过失未履行如实告知义务，足以影响保险人决定是否同意承保或者提高保险费率的，保险人有权解除保险合同，并对于保险合同解除前发生的保险事故不承担赔偿或者给付保险金的责任。

二、如果保险人在明知投保人未履行如实告知义务的情况下，不是进一步要求投保人如实告知，而是仍与之订立保险合同，则应视为其主动放弃了抗辩权利，构成有法律约束力的弃权行为，故无权再以投保人违反如实告知义务为由解除保险合同，而应严格依照保险合同的约定承担保险责任。

根据名山电力有限责任公司诉威格尔国际合作发展公司等专利实施许可合同纠纷案：四川省高级人民法院2001年3月20日民事判决书[《最高人民法院公报》2002年第2期（总第76期）]，专利实施许可合同是指专利权人或其授权的人作为让与人，许可受让人在约定的范围内实施专利，受让人支付约定的使用费所订立的合同。受让人在合同成立后，可以在约定的地区、期限内和按约定的方式实施专利技术。专利实施许可合同中，专利权人交付不合格专利设备，经多次调试、整改仍不能达到正常使用标准，致使合同目的无法实现的，专利权人履行合同不符合约定，属于违约。根据《合同法》第九十四条合同法定解除的规定，专利实施许可合同应当解除。合同解除后，专利权人对因合同无法履行导致受让人承受的直接经济损失，应当承担赔偿损失的违约责任。

根据**2023年12月28日公布的《最高人民法院发布十二个涉外民商事案件适用国际条约和国际惯例典型案例》，其中案例1为保加利亚ARTPLAST公司与台州市黄岩斯玛特机械模具有限公司国际货物买卖合同纠纷案(严格遵循《联合国国际货物销售合同公约》合同无效制度 维护买卖双方利益平衡)**，具体如下：

基本案情

2020年5—6月，ARTPLAST公司与斯玛特公司经协商后达成买卖合同，约定ARTPLAST公司向斯玛特公司购买口罩机及配件。后ARTPLAST公司主张斯玛特公司交付的货物并非全新设备，不符合合同约定。经协商无果后，ARTPLAST公司起诉请求宣告合同无效、返还货款并赔偿预期利润损失。

裁判结果

浙江省高级人民法院二审认为，本案当事人营业地分别位于中国和保加利亚，两国均是公约缔约国，双方在合同中并未明确排除适用《联合国国际货物销售合同公约》，故本案应适用该公约解决争议。斯玛特公司交付的口罩机存在多处磨损、腐蚀、刮痕、锈迹等情况，导致ARTPLAST公司利用设备生产疫情期间紧缺口罩的合同目的无法实现，构成公约第二十五条项下的根本违约，ARTPLAST公司有权宣告合同无效并要求斯玛特公司支付已交付货款的利息。斯玛特公司在订立合同时应当能够预见到ARTPLAST公司的运输费、保险费等损失，故酌情由斯玛特公司赔偿。据此，改判案涉买卖合同关系无效，斯玛特公司返还ARTPLAST公司货款人民币740117元及利息损失，赔偿货运费用、保险费用人民币5万元。

典型意义

国际货物贸易对调节各国市场供求关系、促进世界经济发展具有重要作用。维持合同的稳定性是国际货物贸易顺利进行的保障。《联合国国际货物销售合同公约》规定的宣告合同无效制度实质等同于我国法律规定的合同解除制度，其特别规定根本违约的条款，以债权人的履行利益是否受到严重影响作为根本违约的判断标准，限制合同当事人因为履行的细微瑕疵而宣告合同无效。本案二审判决通过分析“交付之货物是否满足质量标准”“质量不达标是否导致合同根本目的不能实现”，认定守约方可以因违约方构成根本违约而宣告整个合同无效并主张损失，同时合理运用公约第七十四条规定的可预见性规则，将违约方对运费、保险费的赔偿责任限定在其订立合同时可以预见的范围之内，避免对违约方产生不公平的结果。本案充分展现了人民法院依法维护国际货物买卖秩序，平等保护中外当事人合法权益的职能作用。

【一审案号】浙江省台州市中级人民法院(2021)浙10民初37号

【二审案号】浙江省高级人民法院(2022)浙民终811号

根据**2023年7月31日公布的《最高人民法院发布11个人民法院依法保护民营企业产权和企业家权益典型案例》，其中案例1是宁波东钱湖文化旅游发展集团有限公司、宁波东钱湖文旅景区管理有限公司诉宁波巨大商业品牌管理有限公司合同纠纷案**，具体如下：

案例索引

浙江省宁波市鄞州区人民法院(2022)浙0212民初671号、浙江省宁波市中级人民法院(2022)浙02民终3448号

基本案情

2017年4月14日，宁波东钱湖旅游度假区管委会办公室以主任办公会议纪要(2017)7号文件明确，将东钱湖水上经营使用权授权给宁波东钱湖文旅景区管理有限公司(以下简称宁波文旅公司)。2017年年底，宁波巨大商业品牌管理有限公司(以下简称巨大公司)、宁波东钱湖文化旅游发展集团有限公司(以下简称宁波文旅集团)、宁波文旅公司就共同开发东钱湖上水运动旅游特色产品展开磋商，并于2018年签订《尚水水上运动旅游体验基地项目合作协议》(以下简称合作协议)，约定宁波文旅集团、宁波文旅公司以“上水帐篷露营地”附

属配套设施及该区域的水域经营权投入，巨大公司以水上运动旅游器材和专业经营管理团队投入，双方以国家级水上运动旅游示范项目和示范基地为长期目标，共同合作创建“尚水水上运动旅游体验基地”项目；项目合作期限为5年；合作期内，如因宁波文旅集团、宁波文旅公司原因，双方合作需提前终止，则宁波文旅集团、宁波文旅公司应以巨大公司评估的价格回购其设备器材，并按合作年限补偿巨大公司最多100000元等。上述协议签订前，巨大公司即已购买了部分水上运动器材和设备。协议签订后，巨大公司为项目运营需要聘请培训了部分员工及专业人员。其间，巨大公司把项目方案发给宁波文旅集团、宁波文旅公司进行审核。后巨大公司在2018年7月曾试运营一小段时间。但此后项目并未正式开始运营，也未发生运营收入。2019年5月，项目水域码头被宁波文旅集团、宁波文旅公司拆除，双方彻底停止项目的合作。

2021年1月，巨大公司以宁波文旅集团、宁波文旅公司迟迟无法落实营地所在水域的经营权，且相关附属配套设施因规划调整而被拆除，导致双方在合作项目下的合同目的已无法实现为由，主张解除合同并向宁波文旅集团、宁波文旅公司主张违约责任。一审法院判决解除合同，由宁波文旅集团、宁波文旅公司向巨大公司支付设备器材回购款105850元、补偿款80000元。宁波文旅集团、宁波文旅公司不服一审判决，提起上诉。

二审法院宁波市中级人民法院审理中准确认定违约责任。认为，签订案涉合作协议之目的是出于营利。尽管双方对于合作项目无法顺利开展的原因各执一词，但宁波文旅集团、宁波文旅公司拆除水上浮动码头的行为客观存在，且自水上浮动码头拆除之后至巨大公司提起诉讼期间，亦未见双方对此进行有效沟通。案涉微信聊天记录等已有证据显示，在协议履行之初，巨大公司并未怠于沟通，对于宁波文旅集团、宁波文旅公司提出的要求也予以配合，并进行了购买设备、聘用员工等相关实际投入，说明巨大公司有积极履行案涉合作协议的意愿和行动。宁波文旅集团、宁波文旅公司认为系巨大公司未能得到当地旅游管理部门的许可才导致案涉项目无法正常运营，然而案涉合作协议约定由宁波文旅集团、宁波文旅公司投入“上水帐篷露营地”的附属配套设施及该区域的水域经营权，并无证据表明还需由巨大公司出面另行办理项目审批。且若如宁波文旅集团、宁波文旅公司所述，该审批义务应由巨大公司承担，则宁波文旅集团、宁波文旅公司作为项目合作方应该尽到提示和督促义务，但却未见其已尽上述义务。故宁波文旅集团、宁波文旅公司在合作期间未经协商而擅自拆除设施，违反了协议约定，且客观上导致双方合作终止，应当承担相应的违约责任。

二审法院判决驳回上诉，维持原判。

社会影响

本案中，根据合作协议约定，水域经营权系宁波文旅集团、宁波文旅公司承诺投入的无形资产，更系双方合作的必备资源和前提条件，但协议履行过程中，宁波文旅集团、宁波文旅公司却将无法取得当地旅游管理部门许可的责任归咎于巨大公司，违反契约精神。

人民法院牢固树立平等保护司法理念，切实加强对各种所有制经济的平等保护依法准确认定违约责任，在司法层面真正落实对民营经济平等对待的要求，坚持“两个毫不动摇”，发挥司法职能作用支持构建诚实守信的经营环境，促使国有企业恪守契约精神，诚信履约。

典型意义

习近平总书记多次强调，法治是最好的营商环境。人民法院要始终把优化更好发展环境、支持民营企业发展作为使命担当，聚焦依法保护民营企业和企业家的合法权益，营造“安商护企”良好生态，为民营经济发展提供更加优质高效的司法服务和保障。人民法院作为维护法治化营商环境的主力军，一方面要坚定不移捍卫法治规则。在法治环境下，才会有公平的竞争，有稳定的预期，有靠得住的信用。本案中，人民法院坚持依法公正裁判，保障合法有效的合同得以依约履行，违约方依法承担相应责任，就是注重以规则的“确定性”、法律适用的“统一性”“平等性”，来应对市场的“不确定性”。另一方面要不偏不倚保护各类经营主体合法权益。本案的巨大公司系一家民营企业，宁波文旅集团、宁波文旅公司均为国有企业。宁波文旅集团、宁波文旅公司未尊重合同约定，欲减轻作为监管合作方的合同义务，加重对方的合同义务，试图将经营风险转嫁至民营企业，该行为当然不能得到司法的支持和保护。唯有如此，司法才能规范各类经营主体合法合规经营，确保主体平等、权利平等、机会平等，为各类所有制企业创造公平竞争、竞相发展的法治化营商环境。

根据2023年2月7日公布的《最高人民法院发布十五起依法保护文物和文化遗产典型案例》，其中案例12是北京宣房投资管理集团有限公司诉吕某霞房屋租赁合同纠纷案，具体如下：

基本案情

北京市西城区达智桥胡同12号×号平房系直管公房（以下简称案涉公房），坐落于北京市文物保护单位——杨椒山祠（明代名臣杨继盛故居）内。2000年，吕某霞与房管部门就案涉公房签订租赁合同。北京宣房投资管理集团有限公司（以下简称宣房公司）经公有资产管理部门授权，行使直管公房的全部经营管理权。2015年12月，北京市文物局向北京市西城区人民政府发出《关于公告施行北京市文物保护单位杨椒山祠（松筠庵）保护措施的函》，后由宣房公司公示了房屋腾退政策和方案。本案双方未能就案涉公房腾退及补偿安置问题达成一致，宣房公司向北京市西城区人民法院起诉，请求判令解除案涉公房租赁合同，吕某霞及其女陈某腾空案涉公房、拆除自建房。诉讼中，宣房公司提供北京市房山区稻田一路1号院的一套房屋，供二人临时周转居住。

裁判结果

北京市西城区人民法院一审认为，一切机关、组织和个人都有依法保护文物的义务。使用不可移动文物，必须遵守不改变文物原状的原则，负责保护建筑物及其附属文物的安全，不得损毁、改建、添建或者拆除不可移动文物。宣房公司作为公有住房的经营管理单位，有权依法履行文物保护职责，其依据北京市西城区人民政府公函，经有关政府主管部门同意，制定了腾退安置方案，与吕某霞一方进行了房屋腾退安置的洽商。在双方未能就腾退协议达成一致的情形下，基于相关法律规定，宣房公司有权要求解除合同，但同时应保障相对人的合法居住利益。经核勘，宣房公司已为吕某霞一方提供了适当住房，可以判定具备腾退条件。对于安置、补偿问题，当事人应当依法另行协商妥处。依法判决：确认解除吕某霞与宣房公司正在履行的案涉公房租赁合同；吕某霞、陈某将案涉公房腾空后交予宣房公司，同时搬至宣房公司提供的周转房屋居住；案件受理费由宣房公司负担。

北京市第二中级人民法院二审维持原判。

典型意义

本案系文物房屋租赁合同纠纷引发的民事案件。案涉公房所在的杨椒山祠具有独特的历史文化价值，由于居民租住等原因，祠内文物建筑年久失修、损毁严重，安全隐患突出，多年来社会各界一直呼吁加强保护工作。该案是当地文物保护腾退系列案件之一，人民法院严格公正司法，正确适用文物保护法、合同法相关规定，在推动文物及时腾退的同时保障被腾退人合法居住利益，实现了保护文物与保障权益、法治力量与司法温度的有机统一。在审理过程中，人民法院还积极探索司法审判与文物保护相结合的专业化机制，并强化与有关部门沟通、配合，推动提升文物保护整体水平。该案彰显了人民法院依法服务大局、维护首都核心区古都风貌保护的使命担当，为加强不可移动文物集群司法保护及类似案件办理提供了参考样本。

根据2022年6月14日公布的《最高人民法院发布十起森林资源民事纠纷典型案例》，其中案例6是黑龙江省穆棱市某村民委员会诉常某春黑土区荒山治理承包合同纠纷案，具体如下：

基本案情

黑龙江省穆棱市属于东北黑土区的低山丘陵地区。1998年4月，为防治水土流失，加快荒山绿化，改善生态环境，原告穆棱市某村民委员会（以下简称某村委会）与被告常某春签订《荒山承包合同》，经营年限30年，至2028年4月。合同履行期间，常某春未依约履行果树栽植、改造嫁接、刨鱼鳞坑及造压谷坊等主要合同义务，未能达到防治水土流失、防止山洪水灾的效果，且擅自非法开垦某村委会的八块土地耕种。某村委会于 2019 年 7 月提起诉讼，请求解除合同，返还承包地及违法侵占土地，并赔偿三年经济损失 13578 元。

裁判结果

黑龙江省穆棱市人民法院一审认为，某村委会与常某春签订《荒山承包合同》的主要目的是加快水土流失防治，加速绿化荒山，改善农业生态环境。常某春虽交纳了承包费，但未履行合同主要义务，致使承包地区域大面积水土流失，合同目的不能实现。后其又擅自非法开垦某村委会的其他土地耕种，给某村委会造成经济损失。遂判决解除《荒山承包合同》，由常某春限期返还承包地及违法侵占土地，赔偿三年经济损失 13578 元。宣判后，当事人均未上诉，一审判决已发生法律效力。

典型意义

黑土高产丰产且稀有，被誉为“耕地中的大熊猫”。黑龙江拥有广袤的黑土地，是我国重要农业生产基地。案涉低山丘陵区黑土层厚度薄、土质疏松、抗蚀能力差，水土流失对耕地有机质含量、地力、粮食产量有较大影响。被告虽然交纳了承包费，但未履行防治水土流失、加快荒山绿化等主要合同义务，未能实现改善农业生态环境的合同目的。《农村土地承包法》明确，对于擅自改变土地的农业用途、弃耕抛荒连续两年以上、给土地造成严重损害或者严重破坏土地生态环境等严重违约行为，承包方有权解除土地经营权流转合同。人民法院依法判令解除合同，由被告返还承包地及违法侵占土地并赔偿损失，有效避免了生态环境损害进一步扩大。本案对于全面加强黑土地保护，推进黑土区周边荒山治理，防治水土流失，具有示范意义，同时有利于引导广大群众增强生态环境保护意识，营造珍惜保护黑土资源的良好社会氛围。

根据 2018 年 1 月 30 日公布的《最高人民法院发布 7 起充分发挥审判职能作用保护产权和企业家合法权益典型案例》，其中案例 3 是重庆某某投资（集团）有限公司与泸州市某某区人民政府等合同纠纷案，典型意义如下：

诚信守约是民事合同的基本要求，行政机关作为一方民事主体更应带头守约践诺。明确在民事合同的履行中作为合同主体的基本规则，对于营造良好的营商环境，维护投资主体合法权益具有重要意义。本案中，人民法院依法平等对待涉案企业与区政府，准确适用合同法关于合同解除的相关规定，支持了企业要求继续履行协议的请求，有效地维护了企业的合法权益。本案的裁判行政机关不得擅自解除合同，对于规范政府行为、推动政府践诺守信，具有积极指引作用。

根据 2016 年 4 月 8 日公布的《最高人民法院发布十起依法平等保护非公有制经济典型案例》，具体如下：

案例 3 是重庆融豪投资（集团）有限公司与泸州市江阳区人民政府等合同纠纷案，典型意义如下：

本案是规范政府机关擅自解除民商事合同行为的典型案例。实践中，个别地方政府与非公有制企业签订民商事合同后，以各种借口否认合同效力，达到不履行合同的目的，影响正常市场交易秩序，侵害了非公有制企业的合法权益，应予规范。本案中，区政府通过公开招商程序与融豪投资公司订立投资协议，但在融豪投资公司作了大量投入后，却以投资协议违反有关文件为由要求终止协议的履行，有违诚信。法院审理该案时，平等对待融豪投资公司与区政府，准确适用《合同法》关于合同解除的相关规定，依法支持融豪投资公司要求继续履行协议的请求，有效地维护了非公有制企业的合法权益。

案例 10 是海门市海永农机经营部与中国石油天然气股份有限公司上海销售分公司租赁合同纠纷案，典型意义如下：

本案是人民法院依法审理大型国有企业与非公有制企业之间租赁合同纠纷的典型案例。本案争议焦点在于如何认定加油站相应证照无法变更时海永农机部与中石油上海分公司各自应承担的责任。中石油上海分公司作为大型国有企业，有能力亦有条件对加油站证照可能无法变更的商业风险作出合理判断与认知。因此，在合同仅对海永农机部课以协助办理并提供必要材料的义务时，中石油上海分公司不能将证照未能变更导致的合同目的无法实现归责于海永农机部，而应自行承担这一商业风险所带来的后果。本案双方当事人不仅所有制性质不同，而且市场地位、经济实力悬殊。人民法院严格遵循平等保护原则，综合考虑合同双方缔约能力和行业经验，依法准确区分商业风险和主观过错，确定了合同目的不能实现的原因和后果，依法公正保护了不同规模、不同区域、不同所有制主体的合法权益。

根据**济川药业集团股份有限公司与北京福瑞康正医药技术研究所技术转让合同纠纷申请再审案：最高人民法院（2013）民申字第718号民事裁定书［2013年中国法院50件典型知识产权案例之三十四、最高人民法院知识产权案件年度报告（2013年）摘要之三十］**，双方签订的技术转让合同约定被告不仅需要提供临床批件和技术资料，还包括指导原告生产出合格产品、协助原告申报生产与申领新药证书、生产批件等，同时，最后一期技术转让费10万元是以原告获得新药证书和生产批件并生产出合格产品后十日内作为支付条件的。由于原告最终未能获得新药证书和生产批件的原因在于被告违反约定向原告提供了不真实的技术资料，致使原告无法获得新药证书和生产批件并生产出合格产品，合同目的无法实现，原告有权要求解除本案的技术转让合同。

第五百六十四条 【解除权行使期限】法律规定或者当事人约定解除权行使期限，期限届满当事人不行使的，该权利消灭。

法律没有规定或者当事人没有约定解除权行使期限，自解除权人知道或者应当知道解除事由之日起一年内不行使，或者经对方催告后在合理期限内不行使的，该权利消灭。

根据**2020年12月29日修正的《最高人民法院关于审理商品房买卖合同纠纷案件适用法律若干问题的解释》（法释〔2020〕17号）**，规定如下：

第十一条 根据民法典第五百六十三条的规定，出卖人迟延交付房屋或者买受人迟延支付购房款，经催告后在三个月的合理期限内仍未履行，解除权人请求解除合同的，应予支持，但当事人另有约定的除外。

法律没有规定或者当事人没有约定，经对方当事人催告后，解除权行使的合理期限为三个月。对方当事人没有催告的，解除权人自知道或者应当知道解除事由之日起一年内行使。逾期不行使的，解除权消灭。

根据**天津市滨海商贸大世界有限公司与天津市天益工贸有限公司、王锡锋财产权属纠纷案：最高人民法院（2012）民再申字第310号民事裁定书［《最高人民法院公报》2013年第10期（总第204期）］**，《最高人民法院关于审理商品房买卖合同纠纷案件适用法律若干问题的解释》第十五条关于解除权行使期限的规定仅适用于该解释所称的商品房买卖合同纠纷案件。对于其他房屋买卖合同解除权的行使期限，法律没有规定或者当事人没有约定的，应当根据《中华人民共和国合同法》第九十五条的规定，在合理期限内行使。何为"合理期限"，由人民法院结合具体案情予以认定。

根据**2017年7月20日公布的《最高人民法院第三巡回法庭发布十个典型案例》，其中案例2是顾明、汪有恒、江苏瑞豪置业有限公司与盐城市大丰区人民政府、盐城市大丰区国土资源局建设用地使用权出让合同纠纷案（合同解除权的默示放弃应设定严格的认定标准）**，典型意义如下：

本案案由为建设用地使用权出让合同纠纷。二审依据现行法律及行政诉讼法司法解释相关规定，在合同性质界定和诉讼程序适用上，既认定建设用地使用权出让合同具备行政协议属性，也尊重当事人的意思自治，遵循当事人选择适用并已经进行的民事诉讼程序，既坚持了法律规定和意思自治的统一，也体现了诉讼经济和效率原则。同时，二审调解书亦充分发挥评价指引作用，对合同解除权的放弃明确了严格的认定标准，强调除法律有明确规定或者当事人有明确约定外，不得仅以单纯的沉默推定解除权人放弃解除权；以解除权人默示的行为推定其放弃解除权的，也应严格加以把握，只有解除权人对债务人依据合同约定全面履行给付义务的行为予以受领的，才构成对解除权的放弃，以实现契约严守和诚实信用。本案的依法公正审理，既监督了行政机关依法行政，又保护了公民、法人的合法产权利益，宣示了人民法院依法平等保护各方当事人的司法理念。

第五百六十五条 【合同解除程序】当事人一方依法主张解除合同的，应当通知对方。合同自通知到达对方时解除；通知载明债务人在一定期限内不履行债务则合同自动解除，债务人在该期限内未履行债务的，合同自通知载明的期限届满时解除。对方对解除合同有异议的，任何一方当事人均可以请求人民法院或者仲裁机构确认解除行为的效力。

当事人一方未通知对方，直接以提起诉讼或者申请仲裁的方式依法主张解除合同，人民法院或者仲裁机构确认该主张的，合同自起诉状副本或者仲裁申请书副本送达对方时解除。

根据2023年12月4日公布的《最高人民法院关于适用〈中华人民共和国民法典〉合同编通则若干问题的解释》（法释〔2023〕13号），规定如下：

第五十三条 当事人一方以通知方式解除合同，并以对方未在约定的异议期限或者其他合理期限内提出异议为由主张合同已经解除的，人民法院应当对其是否享有法律规定或者合同约定的解除权进行审查。经审查，享有解除权的，合同自通知到达对方时解除；不享有解除权的，不发生合同解除的效力。

根据2019年11月8日公布的《最高人民法院关于印发〈全国法院民商事审判工作会议纪要〉的通知》（法〔2019〕254号），对于通知解除的条件，通知如下：

46.**【通知解除的条件】**审判实践中，部分人民法院对合同法司法解释（二）第二十四条的理解存在偏差，认为不论发出解除通知的一方有无解除权，只要另一方未在异议期限内以起诉方式提出异议，就判令解除合同，这不符合合同法关于合同解除权行使的有关规定。对该条的准确理解是，只有享有法定或者约定解除权的当事人才能以通知方式解除合同。不享有解除权的一方向另一方发出解除通知，另一方即便未在异议期限内提起诉讼，也不发生合同解除的效果。人民法院在审理案件时，应当审查发出解除通知的一方是否享有约定或者法定的解除权来决定合同应否解除，不能仅以受通知一方在约定或者法定的异议期限届满内未起诉这一事实就认定合同已经解除。

根据2013年6月4日公布的《最高人民法院研究室在对最高人民法院关于适用〈中华人民共和国合同法〉若干问题的解释（二）》第二十四条理解与适用的请示的答复（法研〔2013〕79号），当事人根据合同法第九十六条的规定通知对方要求解除合同的，必须具备合同法第九十三条或者第九十四条规定的条件，才能发生解除合同的法律效力。当事人没有约定异议期间，一方当事人在《合同法解释（二）》施行前已依法通知对方当事人解除合同，对方当事人在《合同法解释（二）》施行之日起三个月以后才起诉的，人民法院不予支持。

根据万顺公司诉永新公司等合作开发协议纠纷案：最高人民法院（2003）民一终字第47号民事判决书［《最高人民法院公报》2005年第3期（总第101期）］，催告对方履行的当事人应当是守约方，处于违约状态的当事人不享有基于催告对方仍不履行而产生的合同解除权。合同解除权的行使须以解除权成就为前提，解除行为应当符合法律规定的程序，否则不能引起合同解除的法律效果。

根据**2023年12月28日公布的《最高人民法院发布十二个涉外民商事案件适用国际条约和国际惯例典型案例》，其中案例2为夏发集团公司（Shaphar Group LLC）与佰启控股（中国）有限公司国际货物买卖合同纠纷案（明确国际条约优先适用 准确认定宣告合同无效声明的生效时点）**，具体如下：

基本案情

2020年4月3日，夏发公司与佰启公司达成手套买卖合同，约定夏发公司向佰启公司购买手套。后夏发公司主张佰启公司存在瑕疵给付、迟延给付等违约行为，起诉请求宣告合同无效、返还货款和利息并赔偿因佰启公司违约而造成的损失。

裁判结果

北京市第四中级人民法院审理认为，本案当事人营业地所在国中国和美国均为《联合国国际货物销售合同公约》缔约国，本案不存在该公约规定的不适用情形，且双方当事人亦未排除该公约的适用，故本案应当适用该公约（除我国声明保留的条款外）的规定。佰启公司所交付的货物中，质量不符合约定的瑕疵货物占一半以上，完全不适用于同一规格医用手套通常的使用目的。佰启公司至今未交付部分货物，已经严重超过合同约定的交货时间。本案合同签订于新冠疫情期间，夏发公司从我国购买手套后向其本国客户售卖属于商机，但佰启公司的违约行为足以使夏发公司通过案涉合同赚取利润的目的落空，构成根本违约。夏发公司于2021年5月20日向佰启公司发出律师函，通知其解除《手套买卖合同》。该函件虽然于5月22日才被佰启公司签收，但是公约对此种通知并不采用"到达生效"原则，而是"投邮主义生效"原则。因此，案涉《手套买卖合同》于发出函件之日无效。据此，判决案涉买卖合同于2021年5月20日宣告无效，佰启公司向夏发公司返还货款945000美元并支付利息，赔偿实际损失18882.12美元。

典型意义

合同解除可使合同效力归于消灭，打破已有的交易秩序，对双方当事人的权利义务产生重大影响。故《联合国国际货物销售合同公约》在规定宣告合同无效制度的同时，对行使要件、行使时间都作出了相应的规定。公约在第二部分合同的订立和第三部分货物销售中对通知的效力采用了不同的生效原则。要约、承诺的生效、撤回、撤销均采用"送达生效"原则，即送达对方才生效。而公约第27条就合同宣告无效发出的通知则规定，宣告无效的声明只要"以适合情况的方法"发出即生效，传递过程中的风险并不由解除权人承担。这不同于我国《民法典》第五百六十五条规定的"到达生效"原则。本案准确适用《联合国国际货物销售合同公约》，对我国缔结的国际条约与中华人民共和国法律有不同规定的，优先适用国际条约的规定，体现了我国法院适用国际条约的全面性与精确性，对审理此类案件具有示范作用。

【一审案号】北京市第四中级人民法院（2022）京04民初294号

根据**2023年12月5日公布的《最高人民法院发布十起〈关于适用《中华人民共和国民法典》合同编通则若干问题的解释〉相关典型案例》，其中案例7为孙某与某房地产公司合资、合作开发房地产合同纠纷案**，具体如下：

裁判要点

合同一方当事人以通知形式行使合同解除权的，须以享有法定或者约定解除权为前提。不享有解除权的一方向另一方发出解除通知，另一方即便未在合理期限内提出异议，也不发生合同解除的效力。

简要案情

2014年5月，某房地产开发有限公司（以下简称房地产公司）与孙某签订《合作开发协议》。协议约定：房地产公司负有证照手续办理、项目招商、推广销售的义务，孙某承担全部建设资金的投入；房地产公司拟定的《项目销售整体推广方案》，应当与孙某协商并取得孙某书面认可；孙某投入 500 万元（保证金）资金后，如果销售额不足以支付工程款，孙某再投入 500 万元，如不到位按违约处理；孙某享有全权管理施工项目及承包商、施工场地权利，房地产公司支付施工方款项必须由孙某签字认可方能转款。

同年 10 月，房地产公司向孙某发出协调函，双方就第二笔 500 万元投资款是否达到支付条件产生分歧。2015 年 1 月 20 日，房地产公司向孙某发出《关于履行的通知》，告知孙某 5 日内履行合作义务，向该公司支付 500 万元投资款，否则将解除《合作开发协议》。孙某在房地产公司发出协调函后，对其中提及的需要支付的工程款并未提出异议，亦未要求该公司提供依据，并于 2015 年 1 月 23 日向该公司发送回复函，要求该公司近日内尽快推出相关楼栋销售计划并取得其签字认可，尽快择期开盘销售，并尽快按合同约定设立项目资金管理共同账户。房地产公司于 2015 年 3 月 13 日向孙某发出《解除合同告知函》，通知解除《合作开发协议》。孙某收到该函后，未对其形式和内容提出异议。2015 年 7 月 17 日，孙某函告房地产公司，请该公司严格执行双方合作协议约定，同时告知“销售已近半月，望及时通报销售进展实况”。后孙某诉至法院，要求房地产公司支付合作开发房地产收益分红总价值 3000 万元；房地产公司提出反诉，要求孙某给付违约金 300 万元。一审、二审法院认为，孙某收到解除通知后，未对通知的形式和内容提出异议，亦未在法律规定期限内请求人民法院或者仲裁机构确认解除合同的效力，故认定双方的合同已经解除。孙某不服二审判决，向最高人民法院申请再审。

判决理由

生效裁判认为，房地产公司于 2015 年 3 月 13 日向孙某发送《解除合同告知函》，通知解除双方签订的《合作开发协议》，但该《解除合同告知函》产生解除合同的法律效果须以该公司享有法定或者约定解除权为前提。从案涉《合作开发协议》的约定看，孙某第二次投入 500 万元资金附有前置条件，即房地产公司应当对案涉项目进行销售，只有在销售额不足以支付工程款时，才能要求孙某投入第二笔 500 万元。结合《合作开发协议》的约定，能否认定房地产公司作为守约方，享有法定解除权，应当审查该公司是否依约履行了己方合同义务。包括案涉项目何时开始销售，销售额是否足以支付工程款；房地产公司在房屋销售前后，是否按照合同约定，将《项目销售整体推广方案》报孙某审批；工程款的支付是否经由孙某签字等一系列事实。一审、二审法院未对上述涉及房地产公司是否享有法定解除权的事实进行审理，即以孙某“未在法律规定期限内请求人民法院或者仲裁机构确认解除合同的效力”为由，认定《合作开发协议》已经解除，属于认定事实不清，适用法律错误。

司法解释相关条文

《最高人民法院关于适用〈中华人民共和国民法典〉合同编通则若干问题的解释》第 53 条

第五百六十六条 【合同解除的效力】合同解除后，尚未履行的，终止履行；已经履行的，根据履行情况和合同性质，当事人可以请求恢复原状或者采取其他补救措施，并有权请求赔偿损失。

合同因违约解除的，解除权人可以请求违约方承担违约责任，但是当事人另有约定的除外。

主合同解除后，担保人对债务人应当承担的民事责任仍应当承担担保责任，但是担保合同另有约定的除外。

根据 **2020 年 12 月 29 日修正的《最高人民法院关于适用〈中华人民共和国保险法〉若干问题的解释（三）》（法释〔2020〕18 号）**，规定如下：

第十六条 人身保险合同解除时，投保人与被保险人、受益人为不同主体，被保险人或者受益人要求退还保险单的现金价值的，人民法院不予支持，但保险合同另有约定的除外。

投保人故意造成被保险人死亡、伤残或者疾病，保险人依照保险法第四十三条规定退还保险单的现金价值的，其他权利人按照被保险人、被保险人的继承人的顺序确定。

根据2020年12月29日修正的《最高人民法院关于审理外商投资企业纠纷案件若干问题的规定（一）》（法释〔2020〕18号），规定如下：

第六条 外商投资企业股权转让合同成立后，转让方和外商投资企业不履行报批义务，受让方以转让方为被告、以外商投资企业为第三人提起诉讼，请求转让方与外商投资企业在一定期限内共同履行报批义务的，人民法院应予支持。受让方同时请求在转让方和外商投资企业于生效判决确定的期限内不履行报批义务时自行报批的，人民法院应予支持。

转让方和外商投资企业拒不根据人民法院生效判决确定的期限履行报批义务，受让方另行起诉，请求解除合同并赔偿损失的，人民法院应予支持。赔偿损失的范围可以包括股权的差价损失、股权收益及其他合理损失。

第七条 转让方、外商投资企业或者受让方根据本规定第六条第一款的规定就外商投资企业股权转让合同报批，未获外商投资企业审批机关批准，受让方另行起诉，请求转让方返还其已支付的转让款的，人民法院应予支持。受让方请求转让方赔偿因此造成的损失的，人民法院应根据转让方是否存在过错以及过错大小认定其是否承担赔偿责任及具体赔偿数额。

根据2020年12月29日修正的《最高人民法院关于审理商品房买卖合同纠纷案件适用法律若干问题的解释》（法释〔2020〕17号），规定如下：

第十九条 商品房买卖合同约定，买受人以担保贷款方式付款、因当事人一方原因未能订立商品房担保贷款合同并导致商品房买卖合同不能继续履行的，对方当事人可以请求解除合同和赔偿损失。因不可归责于当事人双方的事由未能订立商品房担保贷款合同并导致商品房买卖合同不能继续履行的，当事人可以请求解除合同，出卖人应当将收受的购房款本金及其利息或者定金返还买受人。

第二十条 因商品房买卖合同被确认无效或者被撤销、解除，致使商品房担保贷款合同的目的无法实现，当事人请求解除商品房担保贷款合同的，应予支持。

第二十一条 以担保贷款为付款方式的商品房买卖合同的当事人一方请求确认商品房买卖合同无效或者撤销、解除合同的，如果担保权人作为有独立请求权第三人提出诉讼请求，应当与商品房担保贷款合同纠纷合并审理；未提出诉讼请求的，仅处理商品房买卖合同纠纷。担保权人就商品房担保贷款合同纠纷另行起诉的，可以与商品房买卖合同纠纷合并审理。

商品房买卖合同被确认无效或者被撤销、解除后，商品房担保贷款合同也被解除的、出卖人应当将收受的购房贷款和购房款的本金及利息分别返还担保权人和买受人。

第二十二条 买受人未按照商品房担保贷款合同的约定偿还贷款，亦未与担保权人办理不动产抵押登记手续，担保权人起诉买受人，请求处分商品房买卖合同项下买受人合同权利的，应当通知出卖人参加诉讼；担保权人同时起诉出卖人时，如果出卖人为商品房担保贷款合同提供保证的，应当列为共同被告。

第二十三条 买受人未按照商品房担保贷款合同的约定偿还贷款，但是已经取得不动产权属证书并与担保权人办理了不动产抵押登记手续，抵押权人请求买受人偿还贷款或者就抵押的房屋优先受偿的，不应当追加出卖人为当事人，但出卖人提供保证的除外。

根据2020年12月29日修正的《最高人民法院关于审理旅游纠纷案件适用法律若干问题的规定》（法释〔2020〕17号），规定如下：

第十二条 旅游行程开始前或者进行中，因旅游者单方解除合同，旅游者请求旅游经营者退还尚未实际发生的费用，或者旅游经营者请求旅游者支付合理费用的，人民法院应予支持。

根据**2019年11月8日公布的《最高人民法院关于印发〈全国法院民商事审判工作会议纪要〉的通知》（法〔2019〕254号）**，对于合同解除的法律后果，通知如下：

49.**【合同解除的法律后果】**合同解除时，一方依据合同中有关违约金、约定损害赔偿的计算方法、定金责任等违约责任条款的约定，请求另一方承担违约责任的，人民法院依法予以支持。

双务合同解除时人民法院的释明问题，参照本纪要第36条的相关规定处理。

根据**广西桂冠电力股份有限公司与广西泳臣房地产开发有限公司房屋买卖合同纠纷案：最高人民法院（2009）民一终字第23号民事判决书［《最高人民法院公报》2010年第5期（总第163期）］**，《中华人民共和国合同法》第九十七条规定，合同解除后，尚未履行的，终止履行，已经履行的，根据履行情况和合同性质，当事人可以请求恢复原状、采取其他补救措施，并有权要求赔偿损失。合同解除导致合同关系归于消灭，故合同解除的法律后果不表现为违约责任，而是返还不当得利、赔偿损失等形式的民事责任。

根据**孟元诉中佳旅行社旅游合同纠纷案：北京市第一中级人民法院2004年11月20日民事判决书［《最高人民法院公报》2005年第2期（总第100期）］**，一方当事人提出解除合同后，在未与对方协商一致的情况下，拒绝对方提出减少其损失的建议，坚持要求对方承担解除合同的全部损失，并放弃履行合同，致使自身利益受到损害的，应自负全部责任。

根据**2023年10月10日公布的《最高人民法院发布十二起涉民营企业产权和企业家合法权益保护再审典型案例》，其中案例9是蠡园公司与名城公司房屋租赁合同纠纷案**，具体如下：

基本案情

2011年7月15日，名城公司与蠡园公司签订房屋租赁合同，约定名城公司将下属三个单位房屋共计7422.24平方米整体出租给蠡园公司经营，租期10年，年租金283.5万元，以后每三年递增10%。蠡园公司承租后，引进了证券公司、酒店、茶艺馆等经营项目。2020年3月、5月，蠡园公司先后以疫情影响为由向名城公司请求缓交房租、退出租赁房屋。2020年7月后蠡园公司未支付剩余租金。2020年9月名城公司同意减免3个月租金。后双方多次协商，但未就欠付租金和解除租赁合同等事宜达成一致意见。名城公司未认可已解除租赁关系，蠡园公司亦未腾退全部承租房屋。2021年1月，名城公司诉至法院，要求解除租赁合同，判令蠡园公司腾退租赁房屋，并支付拖欠租金及房屋占有使用费。蠡园公司则认为双方已协商解除合同，部分房屋已经腾退，剩余租金应扣减已经腾退房屋部分的租金。

裁判结果

一审、二审法院均认为，蠡园公司提交的证据尚不足以证明双方已经协商一致解除合同，确认本案一审起诉状送达之日租赁合同解除，判令蠡园公司按约支付全部剩余租金及合同解除之日起至实际返还房屋之日止的全部房屋占有使用费。

判决生效后，根据蠡园公司提交的新证据，绍兴市中级人民法院依职权对本案提起再审，认为能够认定部分房屋已腾退给名城公司。名城公司在实际接收部分房屋后，仍要求蠡园公司支付全部房屋租金及占有使用费，显失公平。再审法院于2023年6月6日作出再审判决，依法根据已腾退房屋占整体租赁房屋面积的比重扣减蠡园公司需支付的租金及占有使用费共计500余万元。

典型意义

本案是一件受新冠疫情影响而发生的租赁合同纠纷案件。人民法院在处理此类纠纷时应当秉持审慎、善意、文明的司法理念，坚持对各类市场主体予以平等、全面、依法保护。再审法院在查明案件事实的基础上，充分考虑新冠疫情对民营企业生产经营带来的不利影响，妥善平衡作为出租方的国有企业和作为承租方的民营企业之间的利益，依法支持民营企业的合理诉求，有效帮助民营企业渡过难关，促进民营经济持续健康发展。

案例索引：浙江省绍兴市中级人民法院（2023）浙06民再4号民事判决书。

根据 2023 年 10 月 9 日公布的《最高人民法院发布六起人民法院服务保障京津冀协同发展典型案例》，其中案例 1 是侯某某等诉北京市某服装商城公司租赁合同纠纷系列案件，具体如下：

基本案情

北京市某服装商城公司承租了北京市某研究总院名下位于北京市西城区文兴街某房屋经营商铺租赁业务。原告侯某某等与被告北京市某服装商城公司签订租赁合同，约定原告侯某某等承租被告商铺用于经营服装服饰，租金分期支付。原告侯某某等在办理工商登记和税务登记过程中得知被告所出租的商铺不具备出租条件。被告承诺负责协调办理始终未果。北京市某服装商城公司地处动物园服装批发市场，该商圈被列为北京非首都功能疏解重点区域，原告侯某某等因与北京市某服装商城公司签订的租赁合同无法继续履行诉至北京市西城区人民法院，要求解除租赁合同并返还租金，案件涉及百余商户。

裁判结果

人民法院生效判决认为，原告侯某某等与北京市某服装商城公司之间签订的商铺租赁合同系双方当事人的真实意思表示，不违反法律、行政法规的强制性规定，应为合法有效。因北京市某服装商城公司不具备办理市场内摊商个体工商户营业执照条件，致使原告侯某某等无法按照合同约定以自己的名义办理个体工商户营业执照持证经营。现原告侯某某等要求解除合同，理由正当，应予支持。北京市某服装商城公司在合同签订后虽将涉案商铺交付原告侯某某等，但商城尚未开业亦无法正常经营，故商城开业之前商铺租金应予退还。商城开业之后，原告侯某某等实际经营商铺并获得经营收益，故原告侯某某等应承担商铺实际使用期间的商铺租金。最终判决解除合同，由被告返还原告侯某某等未实际使用租赁商铺期间的租金费用。在案件执行过程中，北京市某服装商城公司因无可供执行财产导致部分商户无法受偿。法院审执部门联动积极促成北京市某服装商城公司与北京市某研究总院达成退租调解协议，将应返还北京市某服装商城公司的预付租金、押金、补偿款等款项汇入法院账户，并集中发还给租户，全部商户租金受偿完毕，该系列案件得以顺利执结。

典型意义

北京市动物园批发市场商圈的疏解系京津冀协同发展和非首都功能疏解工作中的一环，疏解后的北京市动物园批发市场商圈将建成南中轴国际文化科技园，是国家级金融科技示范区核心区的重点项目，对于产业升级改造、城市提质增效意义重大。但北京市动物园批发市场商圈市场产权分散、业主单位众多、经营商户群体广，疏解工作必须要维护各商户的合法权益，在法治轨道上稳步推进。人民法院在该系列案件的审执过程中，坚持能动司法，成立专案小组，加大庭前调解力度，并通过集中宣判、充分答疑引导商户服判息诉。案件审结后通过审执联动及时掌握被执行人关联案件审理情况，对被执行人可能通过胜诉裁决取得的财产及时控制，确保各方当事人权益得到有效保护。

第五百六十七条 【合同终止后有关结算和清理条款效力】合同的权利义务关系终止，不影响合同中结算和清理条款的效力。

第五百六十八条 【债务法定抵销】当事人互负债务，该债务的标的物种类、品质相同的，任何一方可以将自己的债务与对方的到期债务抵销；但是，根据债务性质、按照当事人约定或者依照法律规定不得抵销的除外。

当事人主张抵销的，应当通知对方。通知自到达对方时生效。抵销不得附条件或者附期限。

根据**2023年12月4日公布的《最高人民法院关于适用〈中华人民共和国民法典〉合同编通则若干问题的解释》(法释〔2023〕13号)**,规定如下:

第五十四条 当事人一方未通知对方,直接以提起诉讼的方式主张解除合同,撤诉后再次起诉主张解除合同,人民法院经审理支持该主张的,合同自再次起诉的起诉状副本送达对方时解除。但是,当事人一方撤诉后又通知对方解除合同且该通知已经到达对方的除外。

第五十五条 当事人一方依据民法典第五百六十八条的规定主张抵销,人民法院经审理认为抵销权成立的,应当认定通知到达对方时双方互负的主债务、利息、违约金或者损害赔偿金等债务在同等数额内消灭。

第五十六条 行使抵销权的一方负担的数项债务种类相同,但是享有的债权不足以抵销全部债务,当事人因抵销的顺序发生争议的,人民法院可以参照民法典第五百六十条的规定处理。

行使抵销权的一方享有的债权不足以抵销其负担的包括主债务、利息、实现债权的有关费用在内的全部债务,当事人因抵销的顺序发生争议的,人民法院可以参照民法典第五百六十一条的规定处理。

第五十七条 因侵害自然人人身权益,或者故意、重大过失侵害他人财产权益产生的损害赔偿债务,侵权人主张抵销的,人民法院不予支持。

第五十八条 当事人互负债务,一方以其诉讼时效期间已经届满的债权通知对方主张抵销,对方提出诉讼时效抗辩的,人民法院对该抗辩应予支持。一方的债权诉讼时效期间已经届满,对方主张抵销的,人民法院应予支持。

根据**2015年4月24日修正的《中华人民共和国证券投资基金法》**,规定如下:

第六条 基金财产的债权,不得与基金管理人、基金托管人固有财产的债务相抵销;不同基金财产的债权债务,不得相互抵销。

根据**2006年8月27日修订的《中华人民共和国合伙企业法》**,规定如下:

第四十一条 合伙人发生与合伙企业无关的债务,相关债权人不得以其债权抵销其对合伙企业的债务;也不得代位行使合伙人在合伙企业中的权利。

根据**2006年8月27日公布的《中华人民共和国企业破产法》**,规定如下:

第四十条 债权人在破产申请受理前对债务人负有债务的,可以向管理人主张抵销。但是,有下列情形之一的,不得抵销:

(一)债务人的债务人在破产申请受理后取得他人对债务人的债权的;

(二)债权人已知债务人有不能清偿到期债务或者破产申请的事实,对债务人负担债务的;但是,债权人因为法律规定或者有破产申请一年前所发生的原因而负担债务的除外;

(三)债务人的债务人已知债务人有不能清偿到期债务或者破产申请的事实,对债务人取得债权的;但是,债务人的债务人因为法律规定或者有破产申请一年前所发生的原因而取得债权的除外。

根据**2001年4月28日公布的《中华人民共和国信托法》**,规定如下:

第十八条 受托人管理运用、处分信托财产所产生的债权,不得与其固有财产产生的债务相抵销。

受托人管理运用、处分不同委托人的信托财产所产生的债权债务,不得相互抵销。

根据**2020年12月29日修正的《最高人民法院关于人民法院办理执行异议和复议案件若干问题的规定》(法释〔2020〕21号)**,规定如下:

第十九条 当事人互负到期债务,被执行人请求抵销,请求抵销的债务符合下列情形的,除依照法律规定或者按照债务性质不得抵销的以外,人民法院应予支持:

(一)已经生效法律文书确定或者经申请执行人认可;

(二)与被执行人所负债务的标的物种类、品质相同。

根据 2020 年 12 月 29 日修正的《最高人民法院关于适用〈中华人民共和国企业破产法〉若干问题的规定(二)》(法释〔2020〕18 号),规定如下:

第四十一条 债权人依据企业破产法第四十条的规定行使抵销权,应当向管理人提出抵销主张。

管理人不得主动抵销债务人与债权人的互负债务,但抵销使债务人财产受益的除外。

第四十二条 管理人收到债权人提出的主张债务抵销的通知后,经审查无异议的,抵销自管理人收到通知之日起生效。

管理人对抵销主张有异议的,应当在约定的异议期限内或者自收到主张债务抵销的通知之日起三个月内向人民法院提起诉讼。无正当理由逾期提起的,人民法院不予支持。

人民法院判决驳回管理人提起的抵销无效诉讼请求的,该抵销自管理人收到主张债务抵销的通知之日起生效。

第四十三条 债权人主张抵销,管理人以下列理由提出异议的,人民法院不予支持:

(一)破产申请受理时,债务人对债权人负有的债务尚未到期;

(二)破产申请受理时,债权人对债务人负有的债务尚未到期;

(三)双方互负债务标的物种类、品质不同。

第四十四条 破产申请受理前六个月内,债务人有企业破产法第二条第一款规定的情形,债务人与个别债权人以抵销方式对个别债权人清偿,其抵销的债权债务属于企业破产法第四十条第(二)、(三)项规定的情形之一,管理人在破产申请受理之日起三个月内向人民法院提起诉讼,主张该抵销无效的,人民法院应予支持。

第四十五条 企业破产法第四十条所列不得抵销情形的债权人,主张以其对债务人特定财产享有优先受偿权的债权,与债务人对其不享有优先受偿权的债权抵销,债务人管理人以抵销存在企业破产法第四十条规定的情形提出异议的,人民法院不予支持。但是,用以抵销的债权大于债权人享有优先受偿权财产价值的除外。

第四十六条 债务人的股东主张以下列债务与债务人对其负有的债务抵销,债务人管理人提出异议的,人民法院应予支持:

(一)债务人股东因欠缴债务人的出资或者抽逃出资对债务人所负的债务;

(二)债务人股东滥用股东权利或者关联关系损害公司利益对债务人所负的债务。

根据 2020 年 12 月 29 日修正的《最高人民法院关于审理民事案件适用诉讼时效制度若干问题的规定》(法释〔2020〕17 号),规定如下:

第十一条 下列事项之一,人民法院应当认定与提起诉讼具有同等诉讼时效中断的效力:

(一)申请支付令;

(二)申请破产、申报破产债权;

(三)为主张权利而申请宣告义务人失踪或死亡;

(四)申请诉前财产保全、诉前临时禁令等诉前措施;

(五)申请强制执行;

(六)申请追加当事人或者被通知参加诉讼;

(七)在诉讼中主张抵销;

(八)其他与提起诉讼具有同等诉讼时效中断效力的事项。

根据 2020 年 12 月 29 日修正的《最高人民法院关于审理涉及农村土地承包纠纷案件适用法律问题的解释》(法释〔2020〕17 号),规定如下:

第十七条 发包方或者其他组织、个人擅自截留、扣缴承包收益或者土地经营权流转收益,承包方请求返还的,应予支持。

发包方或者其他组织、个人主张抵销的,不予支持。

根据 2019 年 11 月 8 日公布的《最高人民法院关于印发〈全国法院民商事审判工作会议纪要〉的通知》(法〔2019〕254 号),对于抵销,通知如下:

43.**【抵销】**抵销权既可以通知的方式行使,也可以提出抗辩或者提起反诉的方式行使。

抵销的意思表示自到达对方时生效,抵销一经生效,其效力溯及自抵销条件成就之时,双方互负的债务在同等数额内消灭。双方互负的债务数额,是截至抵销条件成就之时各自负有的包括主债务、利息、违约金、赔偿金等在内的全部债务数额。行使抵销权一方享有的债权不足以抵销全部债务数额,当事人对抵销顺序又没有特别约定的,应当根据实现债权的费用、利息、主债务的顺序进行抵销。

根据 1995 年 4 月 10 日公布的《最高人民法院关于破产债权能否与未到位的注册资金抵销问题的复函》(法函〔1995〕32 号),答复如下:

中国外运武汉公司(以下简称武汉公司)与香港德仓运输股份有限公司合资成立的武汉货柜有限公司(以下简称货柜公司),于 1989 年 3 月 7 日至 8 日曾召开董事会议,决定将注册资金由原来的 110 万美元增加到 180 万美元。1993 年 1 月 4 日又以董事会议对合资双方同意将注册资金增加到 240 万美元的《合议书》予以认可。事后,货柜公司均依规定向有关审批机构和国家工商行政管理局办理了批准、变更手续。因此,应当确认货柜公司的注册资金已变更为 240 万美元,尚未到位的资金应由出资人予以补足。货柜公司被申请破产后,武汉公司作为货柜公司的债权人同货柜公司的其他债权人享有平等的权利。为保护其他债权人的合法权益,武汉公司对货柜公司享有的破产债权不能与该公司对货柜公司未出足的注册资金相抵销。

根据 2015 年 8 月 17 日公布的《国务院关于印发〈基本养老保险基金投资管理办法〉的通知》(国发〔2015〕48 号),规定如下:

第九条 养老基金资产的债权,不得与委托人、受托机构、托管机构、投资管理机构和其他为养老基金投资管理提供服务的自然人、法人或者其他组织固有财产的债务相互抵销;养老基金不同投资组合基金资产的债权债务,不得相互抵销。

根据**厦门源昌房地产开发有限公司与海南悦信集团有限公司委托合同纠纷案:最高人民法院(2018)最高法民再 51 号民事判决书[《最高人民法院公报》2019 年第 4 期(总第 270 期)]**,裁决如下:

双方债务均已到期属于法定抵销权形成的积极条件之一。该条件不仅意味着双方债务均已届至履行期,同时还要求双方债务各自从履行期届至到诉讼时效期间届满的时间段,应当存在重合的部分。在上述时间段的重合部分,双方债权均处于没有时效等抗辩的可履行状态,"双方债务均已到期"之条件即为成就,即使此后抵销权行使之时主动债权已经超过诉讼时效,亦不影响该条件的成立。

因被动债权诉讼时效的抗辩可由当事人自主放弃,故在审查抵销权形成的积极条件时,当重点考察主动债权的诉讼时效,即主动债权的诉讼时效届满之前,被动债权进入履行期的,当认为满足双方债务均已到期之条件;反之则不得认定该条件已经成就。

抵销权的行使不同于抵销权的形成。作为形成权,抵销权的行使不受诉讼时效的限制。我国法律并未对法定抵销权的行使设置除斥期间。在法定抵销权已经有效成立的情况下,如抵销权的行使不存在不合理迟延之情形,综合实体公平及抵销权的担保功能等因素,人民法院应认可抵销的效力。

根据**青岛澳柯玛集团销售公司与中国银行利津支行票据兑付纠纷上诉案:最高人民法院(2000)经终字第 72 号民事判决书[《最高人民法院公报》2000 年第 4 期(总第 66 期)]**,按照《中华人民共和国合同法》第九十九条关于"当事人互负到期债务,该债务的标的物种类、品质相同的,任何一方可以将自己的债务与对方的债务相抵销"的规定,利津中行行使上述抵销权有法律依据。澳柯玛销售公司的《退票说明》也表明双方达成对彼此之间的债务进行抵销的合意。澳柯玛销售公司在与利津中行的票据关系中止后又提起诉讼,显属不当。其有关"票据保证与贷款保证是两个法律关系,本案所涉贷款未贷出,澳柯玛销售公司即无保证责任"的上诉主张于法无据,本院不予支持。

第五百六十九条 【债务约定抵销】当事人互负债务，标的物种类、品质不相同的，经协商一致，也可以抵销。

第五百七十条 【标的物提存的条件】有下列情形之一，难以履行债务的，债务人可以将标的物提存：

（一）债权人无正当理由拒绝受领；

（二）债权人下落不明；

（三）债权人死亡未确定继承人、遗产管理人，或者丧失民事行为能力未确定监护人；

（四）法律规定的其他情形。

标的物不适于提存或者提存费用过高的，债务人依法可以拍卖或者变卖标的物，提存所得的价款。

根据**2017年9月1日修正的《中华人民共和国公证法》**，规定如下：

第十二条 根据自然人、法人或者其他组织的申请，公证机构可以办理下列事务：

（一）法律、行政法规规定由公证机构登记的事务；

（二）提存；

（三）保管遗嘱、遗产或者其他与公证事项有关的财产、物品、文书；

（四）代写与公证事项有关的法律事务文书；

（五）提供公证法律咨询。

根据**2006年8月27日公布的《中华人民共和国企业破产法》**，对破产财产分配额的提存，规定如下：

第一百一十七条 对于附生效条件或者解除条件的债权，管理人应当将其分配额提存。

管理人依照前款规定提存的分配额，在最后分配公告日，生效条件未成就或者解除条件成就的，应当分配给其他债权人；在最后分配公告日，生效条件成就或者解除条件未成就的，应当交付给债权人。

第一百一十八条 债权人未受领的破产财产分配额，管理人应当提存。债权人自最后分配公告之日起满二个月仍不领取的，视为放弃受领分配的权利，管理人或者人民法院应当将提存的分配额分配给其他债权人。

第一百一十九条 破产财产分配时，对于诉讼或者仲裁未决的债权，管理人应当将其分配额提存。自破产程序终结之日起满二年仍不能受领分配的，人民法院应当将提存的分配额分配给其他债权人。

根据**1995年6月2日公布的《提存公证规则》**，规定如下：

第二条 提存公证是公证处依照法定条件和程序，对债务人或担保人为债权人的利益而交付的债之标的物或担保物（含担保物的替代物）进行寄托、保管，并在条件成就时交付债权人的活动。为履行清偿义务或担保义务而向公证处申请提存的人为提存人。提存之债的债权人为提存受领人。

第三条 以清偿为目的的提存公证具有债的消灭和债之标的物风险责任转移的法律效力。

以担保为目的的提存公证具有保证债务履行和替代其他担保形式的法律效力。

不符合法定条件的提存或提存人取回提存标的的，不具有提存公证的法律效力。

第四条 提存公证由债务履行地的公证处管辖。

以担保为目的的提存公证或在债务履行地申办提存公证有困难的，可由担保人住所地或债务人住所地的公证处管辖。

第五条 债务清偿期限届至，有下列情况之一使债务人无法按时给付的，公证处可以根据债务人申请依法办理提存：

（一）债权人无正当理由拒绝或延迟受领债之标的的；

（二）债权人不在债务履行地又不能到履行地受领的；

（三）债权人不清、地址不详，或失踪、死亡（消灭）其继承人不清，或无行为能力其法定代理人不清的。

第六条 有下列情况之一的，公证处可以根据当事人申请办理提存公证：

（一）债的双方在合同（协议）中约定以提存方式给付的；

（二）为了保护债权人利益，保证人、抵押人或质权人请求将担保物（金）或其替代物提存的；

当事人申办前款所列提存公证，必须列明提存物给付条件，公证处应按提存人所附条件给付提存标的物。

第七条 下列标的物可以提存：

（一）货币；

（二）有价证券、票据、提单、权利证书；

（三）贵重物品；

（四）担保物（金）或其替代物；

（五）其他适宜提存的标的物。

第八条 公证处应当在指定银行设立提存帐户，并置备保管有价证券、贵重物品的专用设备或租用银行的保险箱。

第五百七十一条 【提存成立及提存对债务人效力】债务人将标的物或者将标的物依法拍卖、变卖所得价款交付提存部门时，提存成立。

提存成立的，视为债务人在其提存范围内已经交付标的物。

第五百七十二条 【提存通知】标的物提存后，债务人应当及时通知债权人或者债权人的继承人、遗产管理人、监护人、财产代管人。

根据**1995年6月2日公布的《提存公证规则》**，规定如下：

第十八条 提存人应将提存事实及时通知提存受领人。

以清偿为目的的提存或提存人通知有困难的，公证处应自提存之日起七日内，以书面形式通知提存受领人，告知其领取提存物的时间、期限、地点、方法。

提存受领人不清或下落不明、地址不详无法送达通知的，公证处应自提存之日起六十日内，以公告方式通知。公告应刊登在国家或债权人在国内住所地的法制报刊上，公告应在一个月内在同一报刊刊登三次。

第五百七十三条 【提存对债权人效力】标的物提存后，毁损、灭失的风险由债权人承担。提存期间，标的物的孳息归债权人所有。提存费用由债权人负担。

根据**1995年6月2日公布的《提存公证规则》**，规定如下：

第二十五条 除当事人另有约定外，提存费用由提存受领人承担。

提存费用包括：提存公证费、公告费、邮电费、保管费、评估鉴定费、代管费、拍卖变卖费、保险费，以及为保管、处理、运输提存标的物所支出的其他费用。

> 提存受领人未支付提存费用前，公证处有权留置价值相当的提存标的物。
> **第二十七条** 公证处不得挪用提存标的。公证处或公证人员挪用提存标的的，除应负相应的赔偿责任外，对直接责任人员要追究行政或刑事责任。
> 提存期间，提存物毁损灭失的风险责任由提存受领人负担；但因公证处过错造成毁损、灭失的，公证处负有赔偿责任。
> 公民、法人以不正当手段骗取提存标的的，负有赔偿责任；构成犯罪的，依法追究刑事责任。
> 公证处未按法定或当事人约定条件给付提存标的给当事人造成损失的，公证处负有连带赔偿责任。

第五百七十四条 【提存物的受领及受领权消灭】债权人可以随时领取提存物。但是，债权人对债务人负有到期债务的，在债权人未履行债务或者提供担保之前，提存部门根据债务人的要求应当拒绝其领取提存物。

债权人领取提存物的权利，自提存之日起五年内不行使而消灭，提存物扣除提存费用后归国家所有。但是，债权人未履行对债务人的到期债务，或者债权人向提存部门书面表示放弃领取提存物权利的，债务人负担提存费用后有权取回提存物。

> 根据**1995年6月2日公布的《提存公证规则》**，规定如下：
> **第十九条** 公证处有保管提存标的物的权利和义务。公证处应当采取适当的方法妥善保管提存标的，以防毁损、变质或灭失。
> 对不宜保存的、提存受领人到期不领取或超过保管期限的提存物品，公证处可以拍卖，保存其价款。
> **第二十条** 下列物品的保管期限为六个月：
> （一）不适于长期保管或长期保管将损害其价值的；
> （二）六个月的保管费用超过物品价值5%的。
> **第二十一条** 从提存之日起，超过二十年无人领取的提存标的物，视为无主财产；公证处应在扣除提存费用后将其余额上缴国库。

第五百七十五条 【债务免除】债权人免除债务人部分或者全部债务的，债权债务部分或者全部终止，但是债务人在合理期限内拒绝的除外。

第五百七十六条 【债权债务混同】债权和债务同归于一人的，债权债务终止，但是损害第三人利益的除外。

第八章 违约责任

第五百七十七条 【违约责任】当事人一方不履行合同义务或者履行合同义务不符合约定的，应当承担继续履行、采取补救措施或者赔偿损失等违约责任。

根据 2023 年 12 月 4 日公布的《最高人民法院关于适用〈中华人民共和国民法典〉合同编通则若干问题的解释》(法释〔2023〕13 号),规定如下:

第二十六条 当事人一方未根据法律规定或者合同约定履行开具发票、提供证明文件等非主要债务,对方请求继续履行该债务并赔偿因怠于履行该债务造成的损失的,人民法院依法予以支持;对方请求解除合同的,人民法院不予支持,但是不履行该债务致使不能实现合同目的或者当事人另有约定的除外。

根据 2021 年 11 月 18 日修正的《最高人民法院关于审理食品药品纠纷案件适用法律若干问题的规定》(法释〔2021〕17 号),规定如下:

第五条 消费者举证证明所购买食品、药品的事实以及所购食品、药品不符合合同的约定,主张食品、药品的生产者、销售者承担违约责任的,人民法院应予支持。

消费者举证证明因食用食品或者使用药品受到损害,初步证明损害与食用食品或者使用药品存在因果关系,并请求食品、药品的生产者、销售者承担侵权责任的,人民法院应予支持,但食品、药品的生产者、销售者能证明损害不是因产品不符合质量标准造成的除外。

根据 2020 年 12 月 29 日公布的《最高人民法院关于审理建设工程施工合同纠纷案件适用法律问题的解释(一)》(法释〔2020〕25 号),规定如下:

第十九条 当事人对建设工程的计价标准或者计价方法有约定的,按照约定结算工程价款。

因设计变更导致建设工程的工程量或者质量标准发生变化,当事人对该部分工程价款不能协商一致的,可以参照签订建设工程施工合同时当地建设行政主管部门发布的计价方法或者计价标准结算工程价款。

建设工程施工合同有效,但建设工程经竣工验收不合格的,依照民法典第五百七十七条规定处理。

根据 2020 年 12 月 29 日修正的《最高人民法院关于适用〈中华人民共和国公司法〉若干问题的规定(四)》(法释〔2020〕18 号),规定如下:

第二十一条 有限责任公司的股东向股东以外的人转让股权,未就其股权转让事项征求其他股东意见,或者以欺诈、恶意串通等手段,损害其他股东优先购买权,其他股东主张按照同等条件购买该转让股权的,人民法院应当予以支持,但其他股东自知道或者应当知道行使优先购买权的同等条件之日起三十日内没有主张,或者自股权变更登记之日起超过一年的除外。

前款规定的其他股东仅提出确认股权转让合同及股权变动效力等请求,未同时主张按照同等条件购买转让股权的,人民法院不予支持,但其他股东非因自身原因导致无法行使优先购买权,请求损害赔偿的除外。

股东以外的股权受让人,因股东行使优先购买权而不能实现合同目的的,可以依法请求转让股东承担相应民事责任。

根据 2020 年 7 月 15 日公布的《全国法院审理债券纠纷案件座谈会纪要》(法〔2020〕185 号),通知如下:

21. 发行人的违约责任范围。债券发行人未能如约偿付债券当期利息或者到期本息的,债券持有人请求发行人支付当期利息或者到期本息,并支付逾期利息、违约金、实现债权的合理费用的,人民法院应当予以支持。

债券持有人以发行人出现债券募集文件约定的违约情形为由,要求发行人提前还本付息的,人民法院应当综合考量债券募集文件关于预期违约、交叉违约等的具体约定以及发生事件的具体情形予以判断。

债券持有人以发行人存在其他证券的欺诈发行、虚假陈述为由,请求提前解除合同并要求发行人承担还本付息等责任的,人民法院应当综合考量其他证券的欺诈发行、虚假陈述等行为是否足以导致合同目的不能实现等因素,判断是否符合提前解除合同的条件。

根据**2004年12月20日公布的《最高人民法院关于合营企业起诉股东承担不履行出资义务的违约责任是否得当及合资经营合同仲裁条款是否约束合营企业的请示的复函》（民四他字〔2004〕第41号）**，在合营企业成立之后，合资一方未按合资经营合同履行出资义务的行为，既损害了合资他方的权益，也损害了合资经营企业的权益。在合资他方未依约对违约方提请仲裁或者诉讼的情况下，合营企业有权以自己的名义提起诉讼，要求未履行出资义务的一方股东承担民事责任。

根据**2021年11月9日公布的《最高人民法院关于发布第30批指导性案例的通知》（法〔2021〕272号），其中指导案例169号是徐欣诉招商银行股份有限公司上海延西支行银行卡纠纷案**，具体如下：

关键词

民事/银行卡纠纷/网络盗刷/责任认定

裁判要点

持卡人提供证据证明他人盗用持卡人名义进行网络交易，请求发卡行承担被盗刷账户资金减少的损失赔偿责任，发卡行未提供证据证明持卡人违反信息妥善保管义务，仅以持卡人身份识别信息和交易验证信息相符为由主张不承担赔偿责任的，人民法院不予支持。

相关法条

《中华人民共和国合同法》第107条（注：现行有效的法律为《中华人民共和国民法典》第577条）

基本案情

徐欣系招商银行股份有限公司上海延西支行（以下简称招行延西支行）储户，持有卡号为××××的借记卡一张。

2016年3月2日，徐欣上述借记卡发生3笔转账，金额分别为50000元、50000元及46200元，共计146200元。转入户名均为石某，卡号：××××，转入行：中国农业银行。

2016年5月30日，徐欣父亲徐某至上海市公安局青浦分局经侦支队报警并取得《受案回执》。当日，上海市公安局青浦分局经侦支队向徐欣发送沪公（青）立告字（2016）3923号《立案告知书》，告知信用卡诈骗案决定立案。

2016年4月29日，福建省福清市公安局出具融公（刑侦）捕字（2016）00066号《逮捕证》，载明：经福清市人民检察院批准，兹由我局对涉嫌盗窃罪的谢某1执行逮捕，送福清市看守所羁押。

2016年5月18日，福建省福清市公安局刑侦大队向犯罪嫌疑人谢某1制作《讯问笔录》，载明：……我以9800元人民币向我师傅购买了笔记本电脑、银行黑卡（使用别人身份办理的银行卡）、身份证、优盘等设备用来实施盗刷他人银行卡存款。我师傅卖给我的优盘里有受害人的身份信息、手机号码、银行卡号、取款密码以及银行卡内的存款情况。……用自己人的头像补一张虚假的临时身份证，办理虚假的临时身份证的目的是用于到手机服务商营业厅将我们要盗刷的那个受害者的手机挂失并补新的SIM卡，我们补新SIM卡的目的是掌握受害者预留给银行的手机，以便于接收转账等操作时银行发送的验证码，只有输入验证码手机银行内的钱才能被转账成功。而且将受害者的银行卡盗刷后，他手上持有的SIM卡接收不到任何信息，我们转他银行账户内的钱不至于被他发现。……2016年3月2日，我师傅告诉我说这次由他负责办理受害人假的临时身份证，并补办受害者关联银行卡的新手机SIM卡。他给了我三个银行账号和密码（经辨认银行交易明细……一张是招行卡号为××××，户名：徐欣）。

2016年6月，福建省福清市公安局出具《呈请案件侦查终结报告书》，载明：……2016年3月2日，此次作案由谢某1负责转账取款，上家负责提供信息、补卡，此次谢某1盗刷了周某、徐欣、汪某等人银行卡内存款共计400700元……

2016年6月22日，福建省福清市人民检察院向徐欣发送《被害人诉讼权利义务告知书》，载明：犯罪嫌疑人谢某1、谢某2等3人盗窃案一案，已由福清市公安局移送审查起诉……

徐欣向人民法院起诉请求招行延西支行赔偿银行卡盗刷损失及利息。

裁判结果

上海市长宁区人民法院于2017年4月25日作出(2017)沪0105民初1787号民事判决:一、招商银行股份有限公司上海延西支行给付徐欣存款损失146200元;二、招商银行股份有限公司上海延西支行给付原告徐欣自2016年3月3日起至判决生效之日止,以146200元为基数,按照中国人民银行同期存款利率计算的利息损失。招商银行股份有限公司上海延西支行不服一审判决,向上海市第一中级人民法院提起上诉。上海市第一中级人民法院2017年10月31日作出(2017)沪01民终9300号民事判决:驳回上诉,维持原判。

裁判理由

法院生效裁判认为:被上诉人在上诉人处办理了借记卡并将资金存入上诉人处,上诉人与被上诉人之间建立储蓄存款合同关系。《中华人民共和国商业银行法》第六条规定,"商业银行应当保障存款人的合法权益不受任何单位和个人的侵犯"。在储蓄存款合同关系中,上诉人作为商业银行对作为存款人的被上诉人,具有保障账户资金安全的法定义务以及向被上诉人本人或者其授权的人履行的合同义务。为此,上诉人作为借记卡的发卡行及相关技术、设备和操作平台的提供者,应当对交易机具、交易场所加强安全管理,对各项软硬件设施及时更新升级,以最大限度地防范资金交易安全漏洞。尤其是,随着电子银行业务的发展,商业银行作为电子交易系统的开发、设计、维护者,也是从电子交易便利中获得经济利益的一方,应当也更有能力采取更为严格的技术保障措施,以增强防范银行卡违法犯罪行为的能力。本案根据查明的事实,被上诉人涉案账户的资金损失,系因案外人谢某1非法获取被上诉人的身份信息、手机号码、取款密码等账户信息后,通过补办手机SIM卡截获上诉人发送的动态验证码,进而进行转账所致。在存在网络盗刷的情况下,上诉人仍以身份识别信息和交易验证信息通过为由主张案涉交易是持卡人本人或其授权交易,不能成立。而且,根据本案现有证据无法查明案外人谢某1如何获得交易密码等账户信息,上诉人亦未提供相应的证据证明账户信息泄露系因被上诉人没有妥善保管使用银行卡所导致,因此,就被上诉人自身具有过错,应当由上诉人承担举证不能的法律后果。上诉人另主张,手机运营商在涉案事件中存在过错。然而,本案被上诉人提起诉讼的请求权基础为储蓄存款合同关系,手机运营商并非合同以及本案的当事人,手机运营商是否存在过错以及上诉人对被上诉人承担赔偿责任后,是否有权向手机运营商追偿,并非本案审理范围。综上,上诉人在储蓄存款合同履行过程中,对上诉人账户资金未尽到安全保障义务,又无证据证明被上诉人存在违约行为可以减轻责任,上诉人对被上诉人的账户资金损失应当承担全部赔偿责任。上诉人的上诉请求,理由不成立,不予支持。

根据连成贤诉臧树林排除妨害纠纷案:上海市第一中级人民法院2014年3月13日民事判决书[《最高人民法院公报》2015年第10期(总第228期)],签订房屋买卖合同后出卖方应向买受人履行权利与实物的双重交付,在买受方已取得房屋产权而未实际占有的情况下,其仅仅基于物权请求权要求有权占有人迁出,法院应作慎重审查。若占有人对房屋的占有具有合法性、正当性,买受方应以合同相对方为被告提起债权给付之诉,要求对方履行交付房屋的义务或在房屋客观上无法交付的情况下承担相应的违约责任。

根据喜宝集团控股有限公司诉中国农业银行股份有限公司青岛城阳支行银行结算合同纠纷案:山东省青岛市中级人民法院2013年9月22日民事判决书[《最高人民法院公报》2014年第12期(总第218期)],指定收款人与实际收款人名称之间表面上不完全一致,但根据法律规定,并不导致产生歧义的,不应认定为不符。跨境结算行为仅构成基础交易的条件,导致损失的直接原因在于基础交易债务人的行为,结算行为与损失之间缺乏客观、必然的联系,结算银行不承担赔偿责任。

根据范有孚与银建期货经纪有限责任公司天津营业部期货交易合同纠纷再审案:最高人民法院(2010)民提字第111号民事判决书[《最高人民法院公报》2011年第6期(总第

176 期)],根据《期货交易管理条例》第三十八条第二款的规定,期货公司采取强行平仓措施必须具备三个前提条件:一是客户保证金不足;二是客户没有按照要求及时追加保证金;三是客户没有及时自行平仓。期货公司违反上述规定和合同约定强行平仓,导致客户遭受损害的,应依法承担相应的责任。

根据**荷属安的列斯·东方航运有限公司与中国·澄西船舶修造厂船舶修理合同纠纷案:最高人民法院(2007)民四监字第 27 号民事判决书**[**《最高人民法院公报》2008 年第 12 期(总第 146 期)**],船舶虽然在修理厂进行修理,但并非全船属于修理厂的修理范围,船员始终保持全编在岗状态。在此情况下发生火灾,船方主张修理厂对火灾损失承担违约责任的,应当对起火点位于船舶修理合同范围之内、修理厂存在不履行合同或者不按约定履行合同的违约行为、火灾损失的存在以及修理厂的违约行为与火灾损失的发生之间存在因果关系等问题承担举证责任。船方不能就上述问题举证的,人民法院对其诉讼请求不予支持。

根据**刘超捷诉中国移动徐州分公司电信服务合同纠纷案:江苏省徐州市中级人民法院(2011)徐商终字第 391 号民事裁定书**[**《最高人民法院公报》2012 年第 10 期(总第 192 期)**],《中华人民共和国消费者权益保护法》第十九条规定,经营者应当向消费者提供有关服务的真实信息。如经营者对其提供的某项服务业务存在限制条件,应当在订立合同时向消费者明确告知,以便消费者进行选择。电信服务企业在订立合同时未向消费者告知某项服务设定了使用期限限制,在合同履行中又以该项服务超过有效期限为由限制或停止对消费者的服务的,属于违约行为,应当承担违约责任。

根据**黄颖诉美晟房产公司商品房预售合同纠纷案:北京市第一中级人民法院 2005 年 7 月 8 日民事判决书**[**《最高人民法院公报》2006 年第 2 期(总第 112 期)**],裁决如下:

一、对所购房屋显而易见的瑕疵,业主主张已经在开发商收执的《业主入住验收单》上明确提出书面异议。开发商拒不提交有业主签字的《业主入住验收单》,却以业主已经入住为由,主张业主对房屋现状认可。根据《最高人民法院关于民事诉讼证据的若干规定》,可以推定业主关于已提出异议的主张成立。

二、根据《合同法》第一百零七条规定,交付房屋不符合商品房预售合同中的约定,应由开发商向业主承担违约责任。交付房屋改变的建筑事项,无论是否经过行政机关审批或者是否符合建筑规范,均属另一法律关系,不能成为开发商不违约或者免除违约责任的理由。

根据**周培栋诉江东农行储蓄合同纠纷案:湖南省衡阳市中级人民法院 2004 年 7 月 28 日民事判决书**[**《最高人民法院公报》2006 年第 2 期(总第 112 期)**],对于商业银行法规定的保证支付、取款自由、为储户保密应当进行全面理解。保证支付不仅是指银行不得拖延、拒绝支付,还包括银行应当以适当的方式履行支付义务;取款自由,不仅包括取款时间、取款数额上的自由,在有柜台和自动取款机等多种取款方式的情况下,还应当包括选择取款方式的自由;为储户保密不仅是指银行应当对储户已经提供的个人信息保密,也包括应当为到银行办理交易的储户提供必要的安全、保密的环境。

银行如果没有履行上述义务,即构成违约,应当承担相应违约责任。

根据**顾骏诉上海交行储蓄合同纠纷案:上海市第二中级人民法院 2004 年 12 月 20 日民事判决书**[**《最高人民法院公报》2005 年第 4 期(总第 102 期)**],依照《商业银行法》第六条的规定,商业银行应当对利用自助银行和 ATM 实施的各种犯罪承担防范责任。犯罪分子以在自助银行门禁系统上安装盗码器的方法,窃取储户的银行卡信息和密码造成储户损失的,如储户无过错,商业银行应承担赔偿责任。

根据**长城公司诉远洋大厦公司商品房买卖合同纠纷案:北京市第一中级人民法院 2004 年 6 月 28 日民事判决书**[**《最高人民法院公报》2004 年第 10 期(总第 96 期)**],房屋出卖人交付使用的房屋建筑面积超出商品房买卖合同约定面积的,应按照《最高人民法院关于审理商品房买卖合同纠纷案件适用法律若干问题的解释》第十四条的规定处理。该条规定,合同有约定的,按照约定处理;合同没有约定或者约定不明确的,则面积误差比绝对值在 3% 以内(含 3%),按照合同约定的价格据实结算,买受人请求解除合同的,不予支持;面积误差比绝对值超出3%,买受人请求解除合同、返还已付购房款及利息的,应予支持。买受人同意继续履行合同,房屋实际面积大于合同约定面积的,面积误差比在3%以内(含3%)部分的房价款由买受人按照约定的价格补足,面积误差比超出3%部分的房价款由出卖人承担,所有权归买受人;房屋实际面积小于合同约定面积的,面积误差比在3%以内(含3%)部分的房价款及利息由出卖人返还买受人,面积误差比超过3%部分的房价款由出卖人双倍返还买受人。

根据**郑雪峰、陈国青诉江苏省人民医院医疗服务合同纠纷案:江苏省南京市中级人民法院2003年11月18日民事判决书[《最高人民法院公报》2004年第8期(总第94期)]**,在医疗服务合同中,医院与患者是平等的民事主体关系,在非紧急情况下,医院对实施的医疗方案负有向患者进行说明的义务,患者也有权充分了解医疗方案对自己可能产生的影响,对医疗方案享有选择权。公共医疗卫生服务机构履行医疗服务合同时,在非紧急情况下,未经同意擅自改变合同双方约定的医疗方案,属于《合同法》第一百零七条规定的履行合同义务不符合约定的行为,应当对患者承担违约责任。

根据**谢福星、赖美兰诉太阳城游泳池有限公司服务合同纠纷案:福建省龙岩市新罗区人民法院民事判决书[《最高人民法院公报》2003年第6期(总第86期)]**,死者和他人到被告公司开办的游泳池游泳,属生活消费范畴,死者等四人与公司形成了消费和服务关系,该关系受《消费者权益保护法》调整。双方同时还形成以消费和服务为内容的合同关系,该关系受《合同法》的调整。虽然对服务质量、双方的权利与义务等服务合同内容,双方没有书面约定和口头约定,但根据订立合同的目的、行业要求和交易惯例,可以推定公司应承担提供安全游泳环境和保障游泳者人身安全的合同附随义务。死者是在接受公司有瑕疵的服务过程中死亡的,公司不能提供死者是因自身过错致死的任何证据,因此可以推定其死亡与公司的瑕疵服务具有因果关系。公司未尽保障游泳者人身安全的合同附随义务,应当承担赔偿损失的违约责任。

根据**广东省肇庆市经贸发展总公司诉辽宁轻型飞机公司、辽宁沈阳轻型飞机制造厂、中国建设银行沈阳开发区支行拖欠货款纠纷抗诉案:最高人民法院(2001)民二抗字第30号民事判决书[《最高人民检察院公报》2003年第3号(总第74号)]**,根据合同法原理,当事人在合同中的权利义务,以合同约定为准,违反合同的约定,视为违约,应承担违约责任。据此,如果根据合同约定,当事人并不负有特定义务,就不需承担相应的责任。所以,当买卖协议的双方当事人与银行约定,由银行对指定账户中存入的货款进行监督的,如果买方根本没有存入货款,则银行履行监督责任的条件就没有成就,银行对卖方无法获得货款这一损失的发生没有过错,不应该承担责任。

根据**上海申合进出口有限公司诉日本国伊藤忠商事株式会社国际货物买卖合同纠纷抗诉案:江苏省高级人民法院(2001)苏民再终字第027号民事判决书[《最高人民检察院公报》2002年第4号(总第69号)]**,国际货物买卖合同中,在出口港装船时的质检报告即表明货物不符合合同要求的,应认定货物越过船舷时货物质量就不符合约定。因此,卖方提供货物不符合合同约定的质量要求的,构成违约行为,应赔偿买方降价损失、可得利润损失、仓储费损失等。

根据**上海市第七建筑工程公司诉交通银行海南分行存款被冒领损害赔偿纠纷案:海南省海口市新华区人民法院1998年11月27日民事判决书[《最高人民法院公报》2000年第5期(总第67期)]**,裁决如下:

原告建筑公司在被告海南交行处开户存款,双方的权利、义务关系明确。海南交行既然接受了建筑公司的存款,就有义务保障该存款的安全。建筑公司的存款现已被他人冒领,说明海南交行没有尽到自己的责任,是有过错的。依照《中华人民共和国民法通则》第一百零六条第一款、第二款的规定,海南交行对建筑公司被冒领的65.7万元存款,以及该存款按活期存款利率应得的利息,给予赔偿。

折角核对是现行《银行结算会计核算手续》规定的鉴别印章真伪方法。该规定属于银行内部规定，只对银行工作人员有约束作用。随着科技的发展，犯罪分子的作案手段越来越多。银行必须针对这种现状，不断改进、提高自己的防伪鉴别能力，以充分保障客户存款的安全。如果银行在不断提高自己的防伪鉴别能力时自愿接受客户的存款，这些存款一旦被他人以伪造的印章冒领，银行必须承担赔偿责任。被告海南交行以其工作人员已经按照规定履行了折角核对的工作制度，没有发现印章是伪造的，对存款被冒领主观上没有过错为由，拒绝承担赔偿责任，理由不能成立。

根据江宁县东山镇副业公司与江苏省南京机场高速公路管理处损害赔偿纠纷上诉案：江苏省南京市中级人民法院1999年8月24日民事判决书［《最高人民法院公报》2000年第1期（总第63期）］，依照《中华人民共和国民法通则》第四条的规定，民事活动应当遵循公平、等价有偿的原则。高速公路管理处在收取费用后不能及时清除路上障碍物，致使副业公司的车辆在通过时发生事故，既是不作为的侵权行为，也是不履行保障公路安全畅通义务的违约行为。原审以违反合同义务处理，并无不当。副业公司对此次事故给自己造成的损失，要求高速公路管理处赔偿，符合《中华人民共和国民法通则》第一百一十一条的规定；高速公路管理处应当对自己的违约行为承担民事责任。原审法院据此判决高速公路管理处给副业公司赔偿损失，是正确的。

根据和平艺术品拍卖有限公司诉李进拍卖纠纷案：广东省高级人民法院1997年2月24日民事判决书［《最高人民法院公报》1998年第2期（总第54期）］，拍卖规则规定，买受人在离场前对其竞得的拍卖物，应当支付价款30%的定金。李进离场时交给和平公司的转账支票尽管是空头支票，也足以证明李进承认其与和平公司达成了拍卖合同，并且对合同中的这一条款正在履行。故李进未依拍卖规则的规定在7日内付款提货，是违约行为。李进应当根据和平公司的请求继续履行付款提货的义务，并应当依照《拍卖管理办法》第三十五条的规定，向和平公司支付总价款20%的违约金。李进若仍不履行付款提货义务，和平公司有权将李进竞得的书画作品再行拍卖，和平公司拍卖所得低于原拍卖价款，违约金又不足以补偿损失时，李进应对不足部分予以赔偿。

根据2023年5月《人民法院高质量服务保障长三角一体化发展典型案例》，其中案例5是招商银行股份有限公司与光大资本投资有限公司其他合同纠纷案，具体如下：

关键词

民事／私募基金／差额补足

裁判要旨

差额补足协议的性质应当根据协议主体、权利义务约定等内容综合认定。差额补足义务的主体不是所涉投资资金的管理人或者销售机构的，不属于法律法规所规制的“刚性兑付”。协议双方自愿利用基金的结构化安排以及差额补足的方式就投资风险及投资收益进行分配的，不能仅以此否定行为效力。差额补足义务与被补足的债务本身不具有同一性、从属性等保证担保构成要件的，应认定构成独立合同关系。差额补足的条件及范围依合同约定确定。

相关法条

《中华人民共和国民法典》第577条、第584条（本案适用的是1999年10月1日起施行的《中华人民共和国合同法》第107条、第113条）

基本案情

2016年2月，招商银行股份有限公司（以下简称招商银行）通过招商财富资产管理有限公司（以下简称招商财富公司）与光大资本投资有限公司（以下简称光大资本公司）等共同发起设立上海浸鑫投资咨询合伙企业（有限合伙）（以下简称上海浸鑫基金），其中招商财富公司认购优先级有限合伙份额28亿元，光大资本公司认购劣后级有限合伙份额6000万元，光大浸辉公司为基金执行事务合伙人。2016年4月，光大资本公司向招商银行出具《差额补足函》，载明“招商银行通过招商财富公司设立的专项资产管理计划，认购基金的优先级有限合伙份额28亿元：……我司同意在基金成立满36个月之内，由暴风科技或我司指定的其他第三方以不少于[28亿元×(1+8.2%×资管计划存续天数/365)]的目标价格受让基金持有的JINXIN HK LIMITED浸辉(香港)投资管理有限公司100%的股权,我司将对目标价格与股权实际转让价格之间的差额无条件承担全额补足义务。届时,资管计划终止日,如果MPS股权没有完全处置,我司同意承担全额差额补足义务”。光大证券股份有限公司(以下简称光大证券公司)系光大资本公司唯一股东,其向光大资本公司出具《关于光大跨境并购基金的回复》,载明“我司已知悉并认可光大资本公司对招商银行的补足安排”。后因收购的MPS公司濒临破产,上海浸鑫基金无法顺利退出,招商银行遂诉请光大资本公司履行差额补足义务。

裁判结果

上海金融法院于2020年7月30日作出(2019)沪74民初601号民事判决:一、光大资本投资有限公司向招商银行股份有限公司支付3115778630.04元;二、光大资本投资有限公司向招商银行股份有限公司支付以3115778630.04元为基数,自2019年5月6日起至实际清偿之日止的利息损失。一审宣判后,光大资本公司提起上诉。上海市高级人民法院于2021年6月4日作出(2020)沪民终567号,判决驳回上诉,维持原判。

裁判理由

法院生效裁判认为:关于《差额补足函》的效力认定问题,被告并非所涉投资资金的管理人或者销售机构,不属于《私募股权投资基金监督管理暂行办法》所规制的刚性兑付行为。上海浸鑫基金系被告与暴风集团公司共同发起设立的产业并购基金,原、被告分别认购上海浸鑫基金的优先级、劣后级合伙份额,被告系基于自身利益需求,自愿利用上述结构化安排以及《差额补足函》的形式,与原告就双方的投资风险及投资收益进行分配,该行为不构成法定无效情形。《差额补足函》系原、被告双方真实意思表示,不存在违反法律、法规强制性规定的情形,被告股东光大证券公司对差额补足安排明确予以同意,应认定其合法有效。

关于《差额补足函》的法律性质认定,被告出具《差额补足函》的目的确系为原告投资资金的退出提供增信服务,但是否构成保证仍需根据保证法律关系的构成要件进行具体判断。本案中,原告不是《合伙协议》及MPS公司股权回购协议中的直接债权人,被告履行差额补足义务也不以《合伙协议》中上海浸鑫基金的债务履行为前提。被告在《差额补足函》中承诺的是就香港浸鑫公司股权转让目标价格与实际转让价格之间的差额承担补足义务或在MPS公司股权没有完全处置时承担全额差额补足义务,与MPS公司股权回购协议的相关债务不具有同一性。因此,差额补足义务具有独立性。被告直接向原告承诺差额补足义务是为确保原告的理财资金能够在资管计划管理期限届满时及时退出。在未能按期完成股权转让交易的情况下,被告需无条件独立承担支付义务,与基金项目是否清算无关,故履行条件已成就,被告应依约承担差额补足义务。

根据**2023年3月15日公布的《最高人民法院发布十件网络消费典型案例》,其中案例9是杨某与某租车公司车辆租赁合同纠纷案(在线租车公司未按照承诺足额投保三责险,应在不足范围内对消费者损失承担赔偿责任)**,具体如下:

基本案情

原告杨某通过某租车App向被告某租车公司承租一辆小型客车,并按约享受“尊享服务”,租期4天。某租车公司为该租车App的运营者。租车App中说明:“在您购买尊享服务后,无须承担保险理赔范围内的损失以及保险理赔范围外的轮胎损失。”某租车公司在保险责任中承诺商业第三者责任险保险金额为200000元,但实际仅投保50000元。后杨某驾驶租赁车辆发生交通事故,造成他人财产损失。因商业第三者责任险投保不足,扣除通过保险获赔金额后,杨某被判赔偿案外人428000元。后杨某诉至法院,请求某租车公司支付其事故赔偿428000元等。

裁判结果

审理法院认为,某租车公司承诺投保商业第三者责任险保险金额200000元,尊享服务说明承租人无须承担保险理赔范围内的损失,但本案中杨某发生交通事故后保险公司赔付的商业第三者责任险保险金仅50000元，差额部分150000元属于杨某本可以通过商业保险避免的损失，该损失应由被告承担。依据《中华人民共和国合同法》(1999年施行)第一百零七条的规定，判决被告某租车公司赔偿原告杨某150000元。

典型意义

网络租车平台是数字化赋能的典型商业模式。实际经营中，存在经营者为规避风险、提高利润，违背向租车人作出的承诺，为出租的汽车投保保险金额较低的商业保险的情况。本案裁判通过认定在线租赁公司承担投保不足导致的赔偿责任，树立正确的价值导向，引导在线租赁公司诚信经营，保障租车消费者的合法权益。

根据**2022年6月14日公布的《最高人民法院发布十起森林资源民事纠纷典型案例》，其中案例7是杨某家诉贵州省安龙县某村民委员会、某村二组林业承包合同纠纷案**，具体如下：

基本案情

2004年2月，被告贵州省安龙县某村二组(以下简称某村二组)举行公开招标会议，对该组一处集体林地的承包经营权进行拍卖，该组村民原告杨某家中标。双方于同年4月签订《拍卖(租赁)山林合同书》，约定：某村二组将集体山林租赁给杨某家，期限15年，价款4500元；15年期限届满后，直径10厘米以上的树木由杨某家自行处理；15年内如杨某家出售林木，某村二组给予出证，手续由杨某家自行办理。合同签订当日，杨某家付清租赁费用，之后对林地进行管理。2009年12月，杨某家取得该片林地的《林权证》，载明：林地所有权人为某村二组，林地使用权人、林木所有权人为杨某家，林地面积176.93亩，林种为用材林，林地使用期15年，终止日期为2019年3月31日。合同约定期限届满后，杨某家要求某村二组出具办理林木采伐许可证的手续。某村二组以其负责人发生变更、对合同不知情为由，拒绝出具相关手续。双方产生争议，杨某家诉至法院。

裁判结果

贵州省安龙县人民法院一审认为，双方签订的《拍卖(租赁)山林合同书》合法有效，某村二组负责人变更不影响该合同的效力与履行。杨某家取得的《林权证》上登记林种为用材林，用材林经申请采伐许可证后允许限额采伐。杨某家订立案涉合同，支付招标价款并付出管理劳务，目的在于出售木材以实现其利益。而某村二组在杨某家履行合同义务后，拒绝为杨某家出具办理地上林木采伐许可的手续，违反合同约定，应承担继续履行的违约责任，判决某村二组限期为杨某家申请办理采伐许可证出具相关手续。宣判后，当事人均未上诉，一审判决已发生法律效力。

典型意义

根据《森林法》第二十条确立的“谁造谁有”规则，植树造林为林木所有权原始取得的方式之一。但林木附着于土地之上，林地承包、经营合同终止时，需要妥善处理地上林木，依法保护当事人合法权益，避免森林资源的损失和浪费。本案中，原告作为林业经营者，通过竞标、经营并经依法登记，取得案涉林地使用权及地上林木所有权，其合法权益受法律保护。双方对合同终止时地上林木的处理有明确约定，该约定未违反公益林保护、林木采伐等法律、行政法规的强制性规定。被告作为林地所有权人，应当按照合同约定为原告申请办理采伐许可证出具相关手续。人民法院判决被告继续履行合同约定的出证义务，依法保护林业经营者的合法权益，倡导了诚实守信的社会主义核心价值观。

根据**2022年2月28日公布的《最高人民法院发布第三批涉“一带一路”建设典型案例》，案例4是波兰INDECO股份公司与广东澳美铝业有限公司国际货物买卖合同纠纷案(准确适用《联合国国际货物销售合同公约》，依法保护当事人合法权益)**，具体如下：

基本案情

2006年8月10日和2010年6月10日，INDECO公司作为买方、澳美公司作为卖方，签订了两份《铝型材供货合同》，由澳美公司向INDECO公司出售铝合金挤压型材。2010年10月21日，双方召开协调会，INDECO公司同意解除于2010年6月10日签订的合同，暂时终止双方的合作关系，同意就上述合同向澳美公司发出的订单约 90 吨货物不再生产。2011 年 12 月 19 日，INDECO 公司以澳美公司为被告提起诉讼，请求宣告《铝型材供货合同》无效并由澳美公司赔偿损失。2012 年 3 月 19 日，澳美公司以 INDECO 公司为被告提起起诉，请求 INDECO 公司赔偿铝型材加工费、铝型材回炉处理损失，支付已经收货但未付货款。

裁判结果

佛山市中级人民法院审理认为，无论是按照《联合国国际货物销售合同公约》的规定还是按照合同的约定，澳美公司均应先履行供货义务，INDECO 公司在付款条件成就后再向澳美公司付款。澳美公司没有履行关于供货的先义务，构成违约。双方当事人协议终止合同后，INDECO 公司不得以根本违约致合同无效的理由请求澳美公司赔偿损失，但可以主张违约赔偿责任。故判决澳美公司向 INDECO 公司赔偿利润损失、模具费、法律服务费，返还保证金；INDECO 公司向澳美公司支付货款。

典型意义

本案是中国企业与“一带一路”沿线国企业之间发生的国际货物买卖合同纠纷。一审法院根据《联合国国际货物销售合同公约》的规定，正确认定合同权利义务、厘清双方各自权责，并对涉及双方交易习惯和合同文本中不同法律术语的解释作出了准确的认定。双方均撤回上诉，服从一审判决。本案提醒企业要注意遵守契约精神，防范商业及法律风险。

根据 2015 年 12 月 4 日公布的《最高人民法院发布 19 起合同纠纷典型案例》，其中案例 8 是冉某、张某诉重庆某地产有限公司房屋买卖合同纠纷案，典型意义如下：

本案争议焦点是：开发商以欺诈方式交房但未造成购房者实际损失的是否应当承担违约责任？诚实守信是市场经济活动的一项基本原则。《民法通则》第四条规定，民事活动应当遵循自愿、公平、等价有偿、诚实信用的原则。第一百零六条规定，公民、法人违反合同或者不履行其他义务的，应当承担民事责任。《合同法》第五条规定，当事人应当遵循公平原则确定各方的权利和义务。第六十条规定，当事人应当按照约定全面履行自己的义务。当事人应当遵循诚实信用原则，根据合同的性质、目的和交易习惯履行通知、协助、保密等义务。第一百零七条规定，当事人一方不履行合同义务或者履行合同义务不符合约定的，应当承担继续履行、采取补救措施或者赔偿损失等违约责任。第一百一十四条规定，当事人可以约定一方违约时应当根据违约情况向对方支付一定数额的违约金，也可以约定因违约产生的损失赔偿额的计算方法。

本案中，虽然涉案商品房最后通过了竣工验收，房屋质量也是合格的，并且开发商迟延取得竣工验收备案登记证并未实际影响购房人接收商品房后对房屋的占有、使用、收益和处分，即购房人实际上并没有损失。但是，作为开发商采取欺诈的方式交付房屋，侵犯了购房人的知情选择权。法院依法判决开发商承担逾期交房的违约责任，既可以维护买房人的合法权益，又可以给开发商以警示，有利于促进开发商增强法治意识，遵守市场经济规则，在全社会弘扬诚信原则，减少纷争的产生。因此，法院判决开发商部分违约，承担 80% 的责任比较合理。

第五百七十八条　【预期违约责任】当事人一方明确表示或者以自己的行为表明不履行合同义务的，对方可以在履行期限届满前请求其承担违约责任。

第五百七十九条　【金钱债务实际履行责任】当事人一方未支付价款、报酬、租金、利息，或者不履行其他金钱债务的，对方可以请求其支付。

第五百八十条　【非金钱债务实际履行责任及违约责任】当事人一方不履行非金钱债务或者履行非金钱债务不符合约定的，对方可以请求履行，但是有下列情形之一的除外：

(一)法律上或者事实上不能履行;

(二)债务的标的不适于强制履行或者履行费用过高;

(三)债权人在合理期限内未请求履行。

有前款规定的除外情形之一,致使不能实现合同目的的,人民法院或者仲裁机构可以根据当事人的请求终止合同权利义务关系,但是不影响违约责任的承担。

根据2023年12月4日公布的《最高人民法院关于适用〈中华人民共和国民法典〉合同编通则若干问题的解释》(法释〔2023〕13号),规定如下:

第五十九条 当事人一方依据民法典第五百八十条第二款的规定请求终止合同权利义务关系的,人民法院一般应当以起诉状副本送达对方的时间作为合同权利义务关系终止的时间。根据案件的具体情况,以其他时间作为合同权利义务关系终止的时间更加符合公平原则和诚信原则的,人民法院可以以该时间作为合同权利义务关系终止的时间,但是应当在裁判文书中充分说明理由。

根据2019年11月8日公布的《最高人民法院关于印发〈全国法院民商事审判工作会议纪要〉的通知》(法〔2019〕254号),对于违约方起诉解除,通知如下:

48.**【违约方起诉解除】**违约方不享有单方解除合同的权利。但是,在一些长期性合同如房屋租赁合同履行过程中,双方形成合同僵局,一概不允许违约方通过起诉的方式解除合同,有时对双方都不利。在此前提下,符合下列条件,违约方起诉请求解除合同的,人民法院依法予以支持:

(1)违约方不存在恶意违约的情形;

(2)违约方继续履行合同,对其显失公平;

(3)守约方拒绝解除合同,违反诚实信用原则。

人民法院判决解除合同的,违约方本应当承担的违约责任不能因解除合同而减少或者免除。

根据新宇公司诉冯玉梅商铺买卖合同纠纷案:江苏省南京市中级人民法院2004年9月6日民事判决书[《最高人民法院公报》2006年第6期(总第116期)],裁决如下:

一、根据《合同法》第一百一十条规定,有违约行为的一方当事人请求解除合同,没有违约行为的另一方当事人要求继续履行合同,当违约方继续履约所需的财力、物力超过合同双方基于合同履行所能获得的利益,合同已不具备继续履行的条件时,为衡平双方当事人利益,可以允许违约方解除合同,但必须由违约方向对方承担赔偿责任,以保证对方当事人的现实既得利益不因合同解除而减少。

二、在以分割商铺为标的物的买卖合同中,买方对商铺享有的权利,不同于独立商铺。为保证物业整体功能的发挥,买方行使的权利必须受到其他商铺业主整体意志的限制。

根据2023年1月12日公布的《最高人民法院发布人民法院贯彻实施民法典典型案例(第二批)》,案例7是北京某旅游公司诉北京某村民委员会等合同纠纷案,具体如下:

典型意义

本案是人民法院准确适用民法典关于合同权利义务关系终止和违约责任承担等制度,依法妥善化解民事纠纷的典型案例。审理法院根据案件具体情况认定所涉案件事实不构成情势变更,防止市场主体随意以构成情势变更为由逃避合同规定的义务,同时考虑到合同已经丧失继续履行的现实可行性,依法终止合同权利义务关系。本案裁判有利于指引市场主体遵循诚信原则依法行使权利、履行义务,对于维护市场交易秩序、弘扬诚实守信的社会主义核心价值观具有积极意义。

基本案情

2019年2月26日,北京某村民委员会、北京某经济合作社、北京某旅游公司就北京某村域范围内旅游资源开发建设签订经营协议，经营面积595.88公顷，经营范围内有河沟、山谷、民宅等旅游资源，经营期限50年。北京某旅游公司交纳合作费用300万元。2018年年中，区水务局开始进行城市蓝线规划工作，至2019年年底形成正式稿，将涉案经营范围内河沟两侧划定为城市蓝线。2019年11月前后，北京某旅游公司得知河沟两侧被划定为城市蓝线，于2020年5月11日通知要求解除相关协议，后北京某旅游公司撤场。区水务局提供的城市蓝线图显示，城市蓝线沿着河沟两侧划定，大部分村民旧宅在城市蓝线范围外。区水务局陈述，城市蓝线是根据标准不同以及河道防洪等级不同划定的，开发建设必须保证不影响防洪，如果影响，需要对河道进行治理，治理验收合格后则能正常开发建设。庭审中，北京某旅游公司未提交证据证明其对经营范围内区域进行旅游开发时，曾按照政策要求报请相关审批手续，也未提交证据证明因城市蓝线的划定相关政府部门向其出具禁止开展任何活动的通知。

裁判结果

生效裁判认为，本案中城市蓝线的划定不属于情势变更。城市蓝线划定不属于无法预见的重大变化，不会导致一方当事人无法履约。经营协议确定的绝大部分经营区域并不在城市蓝线范围内，对于在城市蓝线范围内的经营区域，北京某旅游公司亦可在履行相应行政审批手续、符合政策文件具体要求的情况下继续进行开发活动，城市蓝线政策不必然导致其履约困难。北京某村民委员会、北京某经济合作社并不存在违约行为，北京某旅游公司明确表示不再对经营范围进行民宿及旅游资源开发，属于违约一方，不享有合同的法定解除权。本案中，北京某旅游公司已撤场，且明确表示不再对经营范围进行民宿及旅游资源开发，要求解除或终止合同，而北京某村民委员会不同意解除或终止合同，要求北京某旅游公司继续履行合同。双方签订的经营协议系具有合作性质的长期性合同，北京某旅游公司是否对民宿及旅游资源进行开发建设必将影响北京某村民委员会的后期收益，北京某旅游公司的开发建设既属权利，也系义务，该不履行属“不履行非金钱债务”情形，且该债务不适合强制履行。同时，长期性合作合同须以双方自愿且相互信赖为前提，在涉案经营协议已丧失继续履行的现实可行性情形下，如不允许双方权利义务终止，既不利于充分发挥土地等资源的价值，又不利于双方利益的平衡保护。因此，涉案经营协议履行已陷入僵局，故对于当事人依据《民法典》第五百八十条请求终止合同权利义务关系的主张，人民法院予以支持。本案中，旅游开发建设未实际开展，合同权利义务关系终止后，产生恢复原状的法律后果，但合同权利义务关系终止不影响违约责任的承担。综合考虑北京某村民委员会前期费用支出、双方合同权利义务约定、北京某旅游公司的违约情形、合同实际履行期间等因素，酌定北京某村民委员会、北京某经济合作社退还北京某旅游公司部分合作费120万元。

根据2016年4月8日公布的《最高人民法院发布十起依法平等保护非公有制经济典型案例》，其中案例5是锦州市自来水总公司与锦州市古塔区古塔宾馆供用水合同纠纷案，典型意义如下：

本案是人民法院依法审理供用水合同纠纷，保护非公有制企业正常生产经营的典型案例。用水、用电是企业正常生产经营的基础，因此，对于非公有制企业在生产经营活动中发生的用水、用电纠纷，要及时依法审理，保证企业的正常生产经营。本案中，自来水公司在没有正当理由的情况下擅自停止供水，给古塔宾馆的正常经营带来很大影响。人民法院受理古塔宾馆的起诉后，依法及时审理了该案，判决自来水公司在判决生效后立即恢复供水，有效维护了古塔宾馆的合法权益。

根据2013年4月15日公布的《最高人民法院办公厅印发2012年中国法院知识产权司法保护10大案件、10大创新性案件和50件典型案例的通知》，其中典型案例9是上海玄霆娱乐信息科技有限公司诉王钟、北京幻想纵横网络技术有限公司著作权合同纠纷案，典型意义如下：

玄霆公司请求判令王钟继续履行《白金作者作品协议》及《委托创作协议》，停止在其他网站（包含且不限于纵横中文网 www.zongheng.com）发布其创作作品的行为，并确认王钟创作的《永生》著作权归玄霆公司所有，性质上属于请求王钟承担继续履行合同义务。在委托创作协议中，双方约定王钟为玄霆公司的“专属作者”，只能创作“协议作品”，不得为他人创作作品或者将作品交于第三方发表，在协议期间以外创作的作品还应当由玄霆公司享有优先受让权，并且规定了王钟交稿时间和字数，等等。这些义务，涉及王钟的创作自由，具有人身属性，在性质上并不适于强制履行。在王钟违约时，玄霆公司不得请求王钟继续履行，只能请求王钟支付违约金或者赔偿损失。但是，对于已经创作出的作品的权利归属，并不属于不能强制履行的义务，玄霆公司主张依据合同享有《永生》著作权于法有据。

第五百八十一条 【替代履行】当事人一方不履行债务或者履行债务不符合约定，根据债务的性质不得强制履行的，对方可以请求其负担由第三人替代履行的费用。

第五百八十二条 【瑕疵履行违约责任】履行不符合约定的，应当按照当事人的约定承担违约责任。对违约责任没有约定或者约定不明确，依据本法第五百一十条的规定仍不能确定的，受损害方根据标的的性质以及损失的大小，可以合理选择请求对方承担修理、重作、更换、退货、减少价款或者报酬等违约责任。

根据**2020年12月29日修正的《最高人民法院关于审理买卖合同纠纷案件适用法律问题的解释》（法释〔2020〕17号）**，对于质量不符合约定的违约责任，规定如下：

第十五条 买受人依约保留部分价款作为质量保证金，出卖人在质量保证期未及时解决质量问题而影响标的物的价值或者使用效果，出卖人主张支付该部分价款的，人民法院不予支持。

第十六条 买受人在检验期限、质量保证期、合理期限内提出质量异议，出卖人未按要求予以修理或者因情况紧急，买受人自行或者通过第三人修理标的物后，主张出卖人负担因此发生的合理费用的，人民法院应予支持。

第十七条 标的物质量不符合约定，买受人依照民法典第五百八十二条的规定要求减少价款的，人民法院应予支持。当事人主张以符合约定的标的物和实际交付的标的物按交付时的市场价值计算差价的，人民法院应予支持。

价款已经支付，买受人主张返还减价后多出部分价款的，人民法院应予支持。

根据**2020年12月29日修正的《最高人民法院关于审理商品房买卖合同纠纷案件适用法律若干问题的解释》（法释〔2020〕17号）**，规定如下：

第十三条 商品房买卖合同没有约定违约金数额或者损失赔偿额计算方法，违约金数额或者损失赔偿额可以参照以下标准确定：

逾期付款的，按照未付购房款总额，参照中国人民银行规定的金融机构计收逾期贷款利息的标准计算。

逾期交付使用房屋的，按照逾期交付使用房屋期间有关主管部门公布或者有资格的房地产评估机构评定的同地段同类房屋租金标准确定。

第十四条 由于出卖人的原因，买受人在下列期限届满未能取得不动产权属证书的，除当事人有特殊约定外，出卖人应当承担违约责任：

（一）商品房买卖合同约定的办理不动产登记的期限；

（二）商品房买卖合同的标的物为尚未建成房屋的，自房屋交付使用之日起90日；

（三）商品房买卖合同的标的物为已竣工房屋的，自合同订立之日起90日。

合同没有约定违约金或者损失数额难以确定的，可以按照已付购房款总额，参照中国人民银行规定的金融机构计收逾期贷款利息的标准计算。

根据杨珺诉东台市东盛房地产开发有限公司商品房销售合同纠纷案：江苏省盐城市中级人民法院 2009 年 5 月 15 日民事判决书［《最高人民法院公报》2010 年第 11 期（总第 169 期）］，裁决如下：

一、人民法院依法独立行使审判权，在审理案件中以事实为根据，以法律为准绳。人民法院据以定案的事实根据，是指经依法审理查明的客观事实。建设行政主管部门的审批文件以及建筑工程勘察、设计、施工、工程监理等单位分别签署的质量合格文件，在关于房屋建筑工程质量的诉讼中仅属诉讼证据，对人民法院认定事实不具有当然的确定力和拘束力，如果存在房屋裂缝、渗漏等客观事实，并且该客观事实确系建筑施工所致，则人民法院应当依法认定房屋存在质量缺陷。

二、除有特别约定外，房屋出卖人应当保证房屋质量符合工程建设强制性标准以及合同的约定，房屋买受人因房屋存在质量缺陷为由向出卖人主张修复等民事责任的，人民法院应当予以支持。

第五百八十三条 【违约损害赔偿责任】当事人一方不履行合同义务或者履行合同义务不符合约定的，在履行义务或者采取补救措施后，对方还有其他损失的，应当赔偿损失。

根据 2018 年 12 月 29 日修正的《中华人民共和国产品质量法》，规定如下：

第四十条 售出的产品有下列情形之一的，销售者应当负责修理、更换、退货；给购买产品的消费者造成损失的，销售者应当赔偿损失：

（一）不具备产品应当具备的使用性能而事先未作说明的；

（二）不符合在产品或者其包装上注明采用的产品标准的；

（三）不符合以产品说明、实物样品等方式表明的质量状况的。

销售者依照前款规定负责修理、更换、退货、赔偿损失后，属于生产者的责任或者属于向销售者提供产品的其他销售者（以下简称供货者）的责任的，销售者有权向生产者、供货者追偿。

销售者未按照第一款规定给予修理、更换、退货或者赔偿损失的，由市场监督管理部门责令改正。

生产者之间，销售者之间，生产者与销售者之间订立的买卖合同、承揽合同有不同约定的，合同当事人按照合同约定执行。

第五百八十四条 【损害赔偿范围】当事人一方不履行合同义务或者履行合同义务不符合约定，造成对方损失的，损失赔偿额应当相当于因违约所造成的损失，包括合同履行后可以获得的利益；但是，不得超过违约一方订立合同时预见到或者应当预见到的因违约可能造成的损失。

根据 2021 年 4 月 29 日修正的《中华人民共和国食品安全法》，规定如下：

第一百四十八条 消费者因不符合食品安全标准的食品受到损害的，可以向经营者要求赔偿损失，也可以向生产者要求赔偿损失。接到消费者赔偿要求的生产经营者，应当实行首负责任制，先行赔付，不得推诿；属于生产者责任的，经营者赔偿后有权向生产者追偿；属于经营者责任的，生产者赔偿后有权向经营者追偿。

生产不符合食品安全标准的食品或者经营明知是不符合食品安全标准的食品，消费者除要求赔偿损失外，还可以向生产者或者经营者要求支付价款十倍或者损失三倍的赔偿金；增加赔偿的金额不足一千元的，为一千元。但是，食品的标签、说明书存在不影响食品安全且不会对消费者造成误导的瑕疵的除外。

根据2013年10月25日修正的《中华人民共和国消费者权益保护法》第七条、第十一条、第四十条至第五十五条，对于消费者获得赔偿的权利以及经营者的责任等，参见民法典第一百二十八条的附注。

根据2023年12月4日公布的《最高人民法院关于适用〈中华人民共和国民法典〉合同编通则若干问题的解释》（法释〔2023〕13号），规定如下：

第六十条 人民法院依据民法典第五百八十四条的规定确定合同履行后可以获得的利益时，可以在扣除非违约方为订立、履行合同支出的费用等合理成本后，按照非违约方能够获得的生产利润、经营利润或者转售利润等计算。

非违约方依法行使合同解除权并实施了替代交易，主张按照替代交易价格与合同价格的差额确定合同履行后可以获得的利益的，人民法院依法予以支持；替代交易价格明显偏离替代交易发生时当地的市场价格，违约方主张按照市场价格与合同价格的差额确定合同履行后可以获得的利益的，人民法院应予支持。

非违约方依法行使合同解除权但是未实施替代交易，主张按照违约行为发生后合理期间内合同履行地的市场价格与合同价格的差额确定合同履行后可以获得的利益的，人民法院应予支持。

第六十一条 在以持续履行的债务为内容的定期合同中，一方不履行支付价款、租金等金钱债务，对方请求解除合同，人民法院经审理认为合同应当依法解除的，可以根据当事人的主张，参考合同主体、交易类型、市场价格变化、剩余履行期限等因素确定非违约方寻找替代交易的合理期限，并按照该期限对应的价款、租金等扣除非违约方应当支付的相应履约成本确定合同履行后可以获得的利益。

非违约方主张按照合同解除后剩余履行期限相应的价款、租金等扣除履约成本确定合同履行后可以获得的利益的，人民法院不予支持。但是，剩余履行期限少于寻找替代交易的合理期限的除外。

第六十二条 非违约方在合同履行后可以获得的利益难以根据本解释第六十条、第六十一条的规定予以确定的，人民法院可以综合考虑违约方因违约获得的利益、违约方的过错程度、其他违约情节等因素，遵循公平原则和诚信原则确定。

第六十三条 在认定民法典第五百八十四条规定的“违约一方订立合同时预见到或者应当预见到的因违约可能造成的损失”时，人民法院应当根据当事人订立合同的目的，综合考虑合同主体、合同内容、交易类型、交易习惯、磋商过程等因素，按照与违约方处于相同或者类似情况的民事主体在订立合同时预见到或者应当预见到的损失予以确定。

除合同履行后可以获得的利益外，非违约方主张还有其向第三人承担违约责任应当支出的额外费用等其他因违约所造成的损失，并请求违约方赔偿，经审理认为该损失系违约一方订立合同时预见到或者应当预见到的，人民法院应予支持。

在确定违约损失赔偿额时，违约方主张扣除非违约方未采取适当措施导致的扩大损失、非违约方也有过错造成的相应损失、非违约方因违约获得的额外利益或者减少的必要支出的，人民法院依法予以支持。

第六十四条 当事人一方通过反诉或者抗辩的方式，请求调整违约金的，人民法院依法予以支持。

违约方主张约定的违约金过分高于违约造成的损失，请求予以适当减少的，应当承担举证责任。非违约方主张约定的违约金合理的，也应当提供相应的证据。

当事人仅以合同约定不得对违约金进行调整为由主张不予调整违约金的，人民法院不予支持。

第六十五条 当事人主张约定的违约金过分高于违约造成的损失，请求予以适当减少的，人民法院应当以民法典第五百八十四条规定的损失为基础，兼顾合同主体、交易类型、合同的履行情况、当事人的过错程度、履约背景等因素，遵循公平原则和诚信原则进行衡量，并作出裁判。

约定的违约金超过造成损失的百分之三十的，人民法院一般可以认定为过分高于造成的损失。

恶意违约的当事人一方请求减少违约金的，人民法院一般不予支持。

第六十六条 当事人一方请求对方支付违约金，对方以合同不成立、无效、被撤销、确定不发生效力、不构成违约或者非违约方不存在损失等为由抗辩，未主张调整过高的违约金的，人民法院应当就若不支持该抗辩，当事人是否请求调整违约金进行释明。第一审人民法院认为抗辩成立且未予释明，第二审人民法院认为应当判决支付违约金的，可以直接释明，并根据当事人的请求，在当事人就是否应当调整违约金充分举证、质证、辩论后，依法判决适当减少违约金。

被告因客观原因在第一审程序中未到庭参加诉讼，但是在第二审程序中到庭参加诉讼并请求减少违约金的，第二审人民法院可以在当事人就是否应当调整违约金充分举证、质证、辩论后，依法判决适当减少违约金。

根据 2020 年 12 月 29 日修正的《最高人民法院关于审理买卖合同纠纷案件适用法律问题的解释》（法释〔2020〕17 号），对于损害赔偿的范围，规定如下：

第二十二条 买卖合同当事人一方违约造成对方损失，对方主张赔偿可得利益损失的，人民法院在确定违约责任范围时，应当根据当事人的主张，依据民法典第五百八十四条、第五百九十一条、第五百九十二条、本解释第二十三条等规定进行认定。

第二十三条 买卖合同当事人一方因对方违约而获有利益，违约方主张从损失赔偿额中扣除该部分利益的，人民法院应予支持。

根据 2020 年 12 月 29 日修正的《最高人民法院关于审理旅游纠纷案件适用法律若干问题的规定》（法释〔2020〕17 号），规定如下：

第二十一条 旅游经营者因过错致其代办的手续、证件存在瑕疵，或者未尽妥善保管义务而遗失、毁损，旅游者请求旅游经营者补办或者协助补办相关手续、证件并承担相应费用的，人民法院应予支持。

因上述行为影响旅游行程，旅游者请求旅游经营者退还尚未发生的费用、赔偿损失的，人民法院应予支持。

根据 2009 年 7 月 7 日公布的《最高人民法院关于当前形势下审理民商事合同纠纷案件若干问题的指导意见》（法发〔2009〕40 号）第三部分，对于“区分可得利益损失类型，妥善认定可得利益损失”，意见如下：

9. 在当前市场主体违约情形比较突出的情况下，违约行为通常导致可得利益损失。根据交易的性质、合同的目的等因素，可得利益损失主要分为生产利润损失、经营利润损失和转售利润损失等类型。生产设备和原材料等买卖合同违约中，因出卖人违约而造成买受人的可得利益损失通常属于生产利润损失。承包经营、租赁经营合同以及提供服务或劳务的合同中，因一方违约造成的可得利益损失通常属于经营利润损失。先后系列买卖合同中，因原合同出卖方违约而造成其后的转售合同出售方的可得利益损失通常属于转售利润损失。

10. 人民法院在计算和认定可得利益损失时，应当综合运用可预见规则、减损规则、损益相抵规则以及过失相抵规则等，从非违约方主张的可得利益赔偿总额中扣除违约方不可预见的损失、非违约方不当扩大的损失、非违约方因违约获得的利益、非违约方亦有过失所造成的损失以及必要的交易成本。存在合同法第一百一十三条第二款规定的欺诈经营、合同法第一百一十四条第一款规定的当事人约定损害赔偿的计算方法以及因违约导致人身伤亡、精神损害等情形的，不宜适用可得利益损失赔偿规则。

11. 人民法院认定可得利益损失时应当合理分配举证责任。违约方一般应当承担非违约方没有采取合理减损措施而导致损失扩大、非违约方因违约而获得利益以及非违约方亦有过失的举证责任;非违约方应当承担其遭受的可得利益损失总额、必要的交易成本的举证责任。对于可以预见的损失,既可以由非违约方举证,也可以由人民法院根据具体情况予以裁量。

根据 2021 年 11 月 9 日公布的《最高人民法院关于发布第 30 批指导性案例的通知》(法〔2021〕272 号),其中指导案例 168 号是中信银行股份有限公司东莞分行诉陈志华等金融借款合同纠纷案,具体如下:

关键词

民事 / 金融借款合同 / 未办理抵押登记 / 赔偿责任 / 过错

裁判要点

以不动产提供抵押担保,抵押人未依抵押合同约定办理抵押登记的,不影响抵押合同的效力。债权人依据抵押合同主张抵押人在抵押物的价值范围内承担违约赔偿责任的,人民法院应予支持。抵押权人对未能办理抵押登记有过错的,相应减轻抵押人的赔偿责任。

相关法条

《中华人民共和国物权法》第 15 条(注:现行有效的法律为《中华人民共和国民法典》第 215 条)

《中华人民共和国合同法》第 107 条、第 113 条第 1 款、第 119 条第 1 款(注:现行有效的法律为《中华人民共和国民法典》第 577 条、第 584 条、第 591 条第 1 款)

基本案情

2013 年 12 月 31 日,中信银行股份有限公司东莞分行(以下简称中信银行东莞分行)与东莞市华丰盛塑料有限公司(以下简称华丰盛公司)、东莞市亿阳信通集团有限公司(以下简称亿阳公司)、东莞市高力信塑料有限公司(以下简称高力信公司)签订《综合授信合同》,约定中信银行东莞分行为亿阳公司、高力信公司、华丰盛公司提供 4 亿元的综合授信额度,额度使用期限自 2013 年 12 月 31 日起至 2014 年 12 月 31 日止。为担保该合同,中信银行东莞分行于同日与陈志波、陈志华、陈志文、亿阳公司、高力信公司、华丰盛公司、东莞市怡联贸易有限公司(以下简称怡联公司)、东莞市力宏贸易有限公司(以下简称力宏公司)、东莞市同汇贸易有限公司(以下简称同汇公司)分别签订了《最高额保证合同》,约定:高力信公司、华丰盛公司、亿阳公司、力宏公司、同汇公司、怡联公司、陈志波、陈志华、陈志文为上述期间的贷款本息、实现债权费用在各自保证限额内向中信银行东莞分行提供连带保证责任。同时,中信银行东莞分行还分别与陈志华、陈志波、陈仁兴、梁彩霞签订了《最高额抵押合同》,陈志华、陈志波、陈仁兴、梁彩霞同意为中信银行东莞分行自 2013 年 12 月 31 日至 2014 年 12 月 31 日对亿阳公司等授信产生的债权提供最高额抵押,担保的主债权限额均为 4 亿元,担保范围包括贷款本息及相关费用,抵押物包括:(1)陈志华位于东莞市中堂镇东泊村的房产及位于东莞市中堂镇东泊村中堂汽车站旁的一栋综合楼(未取得不动产登记证书);(2)陈志波位于东莞市中堂镇东泊村陈屋东兴路东一巷面积为 4667.7 平方米的土地使用权及地上建筑物、位于东莞市中堂镇吴家涌面积为 30801 平方米的土地使用权、位于东莞市中堂镇东泊村面积为 12641.9 平方米的土地使用权(均未取得不动产登记证书);(3)陈仁兴位于东莞市中堂镇的房屋;(4)梁彩霞位于东莞市中堂镇东泊村陈屋新村的房产。以上不动产均未办理抵押登记。

另外,中信银行东莞分行于同日与亿阳公司签订了《最高额权利质押合同》《应收账款质押登记协议》。

基于《综合授信合同》,中信银行东莞分行与华丰盛公司于 2014 年 3 月 18 日、19 日分别签订了《人民币流动资金贷款合同》,约定:中信银行东莞分行为华丰盛公司分别提供 2500 万元、2500 万元、2000 万元流动资金贷款,贷款期限分别为 2014 年 3 月 18 日至 2015 年 3 月 18 日、2014 年 3 月 19 日至 2015 年 3 月 15 日、2014 年 3 月 19 日至 2015 年 3 月 12 日。

东莞市房产管理局于 2011 年 6 月 29 日向东莞市各金融机构发出《关于明确房地产抵

押登记有关事项的函》(东房函〔2011〕119号),内容为:"东莞市各金融机构:由于历史遗留问题,我市存在一些土地使用权人与房屋产权人不一致的房屋。2008年,住建部出台了《房屋登记办法》(建设部令第168号),其中第八条明确规定'办理房屋登记,应当遵循房屋所有权和房屋占用范围内的土地使用权权利主体一致的原则'。因此,上述房屋在申请所有权转移登记时,必须先使房屋所有权与土地使用权权利主体一致后才能办理。为了避免抵押人在实现该类房屋抵押权时,因无法在房管部门办理房屋所有权转移登记而导致合法利益无法得到保障,根据《物权法》《房屋登记办法》等相关规定,我局进一步明确房地产抵押登记的有关事项,现函告如下:一、土地使用权人与房屋产权人不一致的房屋需办理抵押登记的,必须在房屋所有权与土地使用权权利主体取得一致后才能办理。二、目前我市个别金融机构由于实行先放款再到房地产管理部门申请办理抵押登记,产生了一些不必要的矛盾纠纷。为了减少金融机构信贷风险和信贷矛盾纠纷,我局建议各金融机构在日常办理房地产抵押贷款申请时,应认真审查抵押房地产的房屋所有权和土地使用权权利主体是否一致,再决定是否发放该笔贷款。如对房地产权属存在疑问,可咨询房地产管理部门。三、为了更好地保障当事人利益,我局将从2011年8月1日起,对所有以自建房屋申请办理抵押登记的业务,要求申请人必须同时提交土地使用权证。"

中信银行东莞分行依约向华丰盛公司发放了7000万元贷款。然而,华丰盛公司自2014年8月21日起未能按期付息。中信银行东莞分行提起本案诉讼。请求:华丰盛公司归还全部贷款本金7000万元并支付贷款利息等;陈志波、陈志华、陈仁兴、梁彩霞在抵押物价值范围内承担连带赔偿责任。

裁判结果

广东省东莞市中级人民法院于2015年11月19日作出(2015)东中法民四初字第15号民事判决:一、东莞市华丰盛塑料有限公司向中信银行股份有限公司东莞分行偿还借款本金7000万元、利息及复利并支付罚息;二、东莞市华丰盛塑料有限公司赔偿中信银行股份有限公司东莞分行支出的律师费13万元;三、东莞市亿阳信通集团有限公司、东莞市高力信塑料有限公司、东莞市力宏贸易有限公司、东莞市同汇贸易有限公司、东莞市怡联贸易有限公司、陈志波、陈志华、陈志文在各自《最高额保证合同》约定的限额范围内就第一、二判项确定的东莞市华丰盛塑料有限公司所负中信银行股份有限公司东莞分行的债务范围内承担连带清偿责任,保证人在承担保证责任后,有权向东莞市华丰盛塑料有限公司追偿;四、陈志华在位于广东省东莞市中堂镇东泊村中堂汽车站旁的一栋综合楼、陈志波在位于广东省东莞市中堂镇东泊村陈屋东兴路东一巷面积为4667.7平方米的土地使用权及地上建筑物(面积为3000平方米的三幢住宅)、位于东莞市中堂镇吴家涌面积为30801平方米的土地使用权、位于东莞市中堂镇东泊村面积为12641.9平方米的土地使用权的价值范围内就第一、二判项确定的东莞市华丰盛塑料有限公司所负中信银行股份有限公司东莞分行债务的未受清偿部分的二分之一范围内承担连带赔偿责任;五、驳回中信银行股份有限公司东莞分行的其他诉讼请求。中信银行股份有限公司东莞分行提出上诉。广东省高级人民法院于2017年11月14日作出(2016)粤民终1107号民事判决:驳回上诉,维持原判。中信银行股份有限公司东莞分行不服向最高人民法院申请再审。最高人民法院于2018年9月28日作出(2018)最高法民申3425号民事裁定,裁定提审本案。2019年12月9日,最高人民法院作出(2019)最高法民再155号民事判决:一、撤销广东省高级人民法院(2016)粤民终1107号民事判决;二、维持广东省东莞市中级人民法院(2015)东中法民四初字第15号民事判决第一、二、三、四项;三、撤销广东省东莞市中级人民法院(2015)东中法民四初字第15号民事判决第五项;四、陈志华在位于东莞市中堂镇东泊村的房屋价值范围内、陈仁兴在位于东莞市中堂镇的房屋价值范围内、梁彩霞在位于东莞市中堂镇东泊村陈屋新村的房屋价值范围内,就广东省东莞市中级人民法院(2015)东中法民四初字第15号民事判决第一、二判项确定的东莞市华丰盛塑料有限公司所负债务未清偿部分的二分之一范围内向中信银行股份有限公司东莞分行承担连带赔偿责任;五、驳回中信银行股份有限公司东莞分行的其他诉讼请求。

裁判理由

最高人民法院认为:《中华人民共和国物权法》第十五条规定:"当事人之间订立有关设立、变更、转让和消灭不动产物权的合同,除法律另有规定或者合同另有约定外,自合同成立时生效;未办理物权登记的,不影响合同效力。"本案中,中信银行东莞分行分别与陈志华等三人签订的《最高额抵押合同》,约定陈志华以其位于东莞市中堂镇东泊村的房屋、陈仁兴以其位于东莞市中堂镇的房屋、梁彩霞以其位于东莞市中堂镇东泊村陈屋新村的房屋为案涉债务提供担保。上述合同内容系双方当事人的真实意思表示,内容不违反法律、行政法规的强制性规定,应为合法有效。虽然前述抵押物未办理抵押登记,但根据《中华人民共和国物权法》第十五条之规定,该事实并不影响抵押合同的效力。

依法成立的合同,对当事人具有法律约束力,当事人应当按照合同约定履行各自义务,不履行合同义务或履行合同义务不符合约定的,应依据合同约定或法律规定承担相应责任。《最高额抵押合同》第六条"甲方声明与保证"约定:"6.2 甲方对本合同项下的抵押物拥有完全的、有效的、合法的所有权或处分权,需依法取得权属证明的抵押物已依法获发全部权属证明文件,且抵押物不存在任何争议或任何权属瑕疵……6.4 设立本抵押不会受到任何限制或不会造成任何不合法的情形。"第十二条"违约责任"约定:"12.1 本合同生效后,甲乙双方均应履行本合同约定的义务,任何一方不履行或不完全履行本合同约定的义务的,应当承担相应的违约责任,并赔偿由此给对方造成的损失。12.2 甲方在本合同第六条所作声明与保证不真实、不准确、不完整或故意使人误解,给乙方造成损失的,应予赔偿。"根据上述约定,陈志华等三人应确保案涉房产能够依法办理抵押登记,否则应承担相应的违约责任。本案中,陈志华等三人尚未取得案涉房屋所占土地使用权证,因房地权属不一致,案涉房屋未能办理抵押登记,抵押权未依法设立,陈志华等三人构成违约,应依据前述约定赔偿由此给中信银行东莞分行造成的损失。

《中华人民共和国合同法》第一百一十三条第一款规定:"当事人一方不履行合同义务或者履行合同义务不符合约定,给对方造成损失的,损失赔偿额应当相当于因违约所造成的损失,包括合同履行后可以获得的利益,但不得超过违反合同一方订立合同时预见到或者应当预见到的因违反合同可能造成的损失。"《最高额抵押合同》第 6.6 条约定:"甲方承诺:当主合同债务人不履行到期债务或发生约定的实现担保物权的情形,无论乙方对主合同项下的债权是否拥有其他担保(包括但不限于主合同债务人自己提供物的担保、保证、抵押、质押、保函、备用信用证等担保方式),乙方有权直接请求甲方在其担保范围内承担担保责任,无需行使其他权利(包括但不限于先行处置主合同债务人提供的物的担保)。"第 8.1 条约定:"按照本合同第二条第 2.2 款确定的债务履行期限届满之日债务人未按主合同约定履行全部或部分债务的,乙方有权按本合同的约定处分抵押物。"在《最高额抵押合同》正常履行的情况下,当主债务人不履行到期债务时,中信银行东莞分行可直接请求就抵押物优先受偿。本案抵押权因未办理登记而未设立,中信银行东莞分行无法实现抵押权,损失客观存在,其损失范围相当于在抵押财产价值范围内华丰盛公司未清偿债务数额部分,并可依约直接请求陈志华等三人进行赔偿。同时,根据本案查明的事实,中信银行东莞分行对《最高额抵押合同》无法履行亦存在过错。东莞市房产管理局已于 2011 年明确函告辖区各金融机构,房地权属不一致的房屋不能再办理抵押登记。据此可以认定,中信银行东莞分行在 2013 年签订《最高额抵押合同》时对于案涉房屋无法办理抵押登记的情况应当知情或者应当能够预见。中信银行东莞分行作为以信贷业务为主营业务的专业金融机构,应比一般债权人具备更高的审核能力。相对于此前曾就案涉抵押物办理过抵押登记的陈志华等三人来说,中信银行东莞分行具有更高的判断能力,负有更高的审查义务。中信银行东莞分行未尽到合理的审查和注意义务,对抵押权不能设立亦存在过错。同时,根据《中华人民共和国合同法》第一百一十九条"当事人一方违约后,对方应当采取适当措施防止损失的扩大;没有采取适当措施致使损失扩大的,不得就扩大的损失要求赔偿"的规定,中信银行东莞分行在知晓案涉房屋无法办理抵押登记后,没有采取降低授信额度、要求提供补充担保等措施防止损失扩大,可以适当减轻陈志华等三人的赔偿责任。综合考虑双方当事人的过错程度以及本案具体情况，酌情认定陈志华等三人以抵押财产价值为限，在华丰盛公司尚未清偿债务的二分之一范围内，向中信银行东莞分行承担连带赔偿责任。

根据李明柏诉南京金陵置业发展有限公司商品房预售合同纠纷案：江苏省南京市中级人民法院 2015 年 9 月 25 日民事判决书［《最高人民法院公报》2016 年第 12 期（总第 242 期）］，因出卖人所售房屋存在质量问题，致购房人无法对房屋正常使用、收益，双方当事人对由此造成的实际损失如何计算未作明确约定的，人民法院可以房屋同期租金作为标准计算购房人的实际损失。

根据新疆亚坤商贸有限公司与新疆精河县康瑞棉花加工有限公司买卖合同纠纷案：最高人民法院（2006）民二终字第 111 号民事判决书［《最高人民法院公报》2006 年第 11 期（总第 121 期）］，在审理合同纠纷案件中，确认违约方的赔偿责任应当遵循可预见性原则，即违约方仅就其违约行为给对方造成的损失承担赔偿责任，对由于市场风险等因素造成的、双方当事人均不能预见的损失，因非违约方过错所致，与违约行为之间亦没有因果关系，违约方对此不承担赔偿责任。

根据 2023 年 12 月 5 日公布的《最高人民法院发布十起〈关于适用《中华人民共和国民法典》合同编通则若干问题的解释〉相关典型案例》，其中案例 9 为某石材公司与某采石公司买卖合同纠纷案，具体如下：

裁判要点

非违约方主张按照违约行为发生后合理期间内合同履行地的市场价格与合同价格的差额确定合同履行后可以获得的利益的，人民法院依法予以支持。

简要案情

某石材公司与某采石公司签订《大理石方料买卖合同》，约定自某采石公司在某石材公司具备生产能力后前两年每月保证供应石料 1200 立方米至 1500 立方米。合同约定的大理石方料收方价格根据体积大小，主要有两类售价：每立方米 350 元和每立方米 300 元。自 2011 年 7 月至 9 月，某采石公司向某石材公司供应了部分石料，但此后某采石公司未向某石材公司供货，某石材公司遂起诉主张某采石公司承担未按照合同供货的违约损失。某采石公司提供的评估报告显示荒料单价为每立方米 715.64 元。

判决理由

生效裁判认为，某采石公司提供的评估报告显示的石材荒料单价每立方米 715.64 元，是某石材公司在某采石公司违约后如采取替代交易的方法再购得每立方米同等质量的石料所需要支出的费用。以该价格扣除合同约定的供货价每立方米 350 元，即某石材公司受到的单位损失。

司法解释相关条文

《最高人民法院关于适用〈中华人民共和国民法典〉合同编通则若干问题的解释》第 60 第 3 款

根据 2023 年 12 月 5 日公布的《最高人民法院发布十起〈关于适用《中华人民共和国民法典》合同编通则若干问题的解释〉相关典型案例》，其中案例 10 为柴某与某管理公司房屋租赁合同纠纷案，具体如下：

裁判要点

当事人一方违约后，对方没有采取适当措施致使损失扩大的，不得就扩大的损失请求赔偿。承租人已经通过多种途径向出租人作出了解除合同的意思表示，而出租人一直拒绝接收房屋，造成涉案房屋的长期空置，不得向承租人主张全部空置期内的租金。

简要案情

2018 年 7 月 21 日，柴某与某管理公司签订《资产管理服务合同》，约定：柴某委托某管理公司管理运营涉案房屋，用于居住；管理期限自 2018 年 7 月 24 日起至 2021 年 10 月 16 日止。合同签订后，柴某依约向某管理公司交付了房屋。某管理公司向柴某支付了服务质量保证金，以及至2020年10月16日的租金。后某管理公司与柴某协商合同解除事宜，但未能达成一致，某管理公司向柴某邮寄解约通知函及该公司单方签章的结算协议，通知柴某该公司决定于2020年11月3日解除《资产管理服务合同》。柴某对某管理公司的单方解除行为不予认可。2020年12月29日，某管理公司向柴某签约时留存并认可的手机号码发送解约完成通知及房屋密码锁的密码。2021年10月8日，法院判决终止双方之间的合同权利义务关系。柴某起诉请求某管理公司支付2020年10月17日至2021年10月16日房屋租金114577.2元及逾期利息、违约金19096.2元、未履行租期年度对应的空置期部分折算金额7956.75元等。

判决理由

生效裁判认为，当事人一方违约后，对方应当采取适当措施防止损失的扩大；没有采取适当措施致使损失扩大的，不得就扩大的损失请求赔偿。合同终止前，某管理公司应当依约向柴某支付租金。但鉴于某管理公司已经通过多种途径向柴某表达解除合同的意思表示，并向其发送房屋密码锁密码，而柴某一直拒绝接收房屋，造成涉案房屋的长期空置。因此，柴某应当对其扩大损失的行为承担相应责任。法院结合双方当事人陈述、合同实际履行情况、在案证据等因素，酌情支持柴某主张的房屋租金至某管理公司向其发送电子密码后一个月，即2021年1月30日，应付租金为33418.35元。

司法解释相关条文

《最高人民法院关于适用〈中华人民共和国民法典〉合同编通则若干问题的解释》第61条第2款

根据2015年12月4日公布的《最高人民法院发布19起合同纠纷典型案例》，其中案例19是闫作臣、李秋霞诉北京中国国际旅行社有限公司旅游合同纠纷案，典型意义如下：

旅行社和游客在平等自愿基础上订立了旅游合同，合同中对交通标准、旅游费用等作出明确的约定，其中包括游客已经缴纳的旅游费用包含了所有的机票交通费用。根据上述约定，游客另行支付机票费用的有权要求旅行社来承担费用。旅行社在安排上存在瑕疵，导致因航班晚点致使游客自己另行购买机票的损失发生，而该损失与旅行社的不当行为具有直接的关系，且违反了双方订立的旅游合同的约定内容。因此，旅行社应对游客支出的机票费用承担赔偿责任。

第五百八十五条　【违约金】当事人可以约定一方违约时应当根据违约情况向对方支付一定数额的违约金，也可以约定因违约产生的损失赔偿额的计算方法。

约定的违约金低于造成的损失的，人民法院或者仲裁机构可以根据当事人的请求予以增加；约定的违约金过分高于造成的损失的，人民法院或者仲裁机构可以根据当事人的请求予以适当减少。

当事人就迟延履行约定违约金的，违约方支付违约金后，还应当履行债务。

根据**2020年12月29日修正的《最高人民法院关于审理买卖合同纠纷案件适用法律问题的解释》（法释〔2020〕17号）**，对于违约金，规定如下：

第十八条　买卖合同对付款期限作出的变更，不影响当事人关于逾期付款违约金的约定，但该违约金的起算点应当随之变更。

买卖合同约定逾期付款违约金，买受人以出卖人接受价款时未主张逾期付款违约金为由拒绝支付该违约金的，人民法院不予支持。

买卖合同约定逾期付款违约金，但对账单、还款协议等未涉及逾期付款责任，出卖人根据对账单、还款协议等主张欠款时请求买受人依约支付逾期付款违约金的，人民法院应予支持，但对账单、还款协议等明确载有本金及逾期付款利息数额或者已经变更买卖合同中关于本金、利息等约定内容的除外。

买卖合同没有约定逾期付款违约金或者该违约金的计算方法，出卖人以买受人违约为由主张赔偿逾期付款损失，违约行为发生在2019年8月19日之前的，人民法院可以中国人民银行同期同类人民币贷款基准利率为基础，参照逾期罚息利率标准计算；违约行为发生在2019年8月20日之后的，人民法院可以违约行为发生时中国人民银行授权全国银行间同业拆借中心公布的一年期贷款市场报价利率（LPR）标准为基础，加计30-50%计算逾期付款损失。

第二十条 买卖合同因违约而解除后，守约方主张继续适用违约金条款的，人民法院应予支持；但约定的违约金过分高于造成的损失的，人民法院可以参照民法典第五百八十五条第二款的规定处理。

第二十一条 买卖合同当事人一方以对方违约为由主张支付违约金，对方以合同不成立、合同未生效、合同无效或者不构成违约等为由进行免责抗辩而未主张调整过高的违约金的，人民法院应当就法院若不支持免责抗辩，当事人是否需要主张调整违约金进行释明。

一审法院认为免责抗辩成立且未予释明，二审法院认为应当判决支付违约金的，可以直接释明并改判。

根据2020年12月29日修正的《最高人民法院关于审理商品房买卖合同纠纷案件适用法律若干问题的解释》（法释〔2020〕17号），规定如下：

第十二条 当事人以约定的违约金过高为由请求减少的，应当以违约金超过造成的损失30%为标准适当减少；当事人以约定的违约金低于造成的损失为由请求增加的，应当以违约造成的损失确定违约金数额。

根据2019年11月8日公布的《最高人民法院关于印发〈全国法院民商事审判工作会议纪要〉的通知》（法〔2019〕254号），对于违约金过高标准及举证责任，通知如下：

50.**【违约金过高标准及举证责任】**认定约定违约金是否过高，一般应当以《合同法》第一百一十三条规定的损失为基础进行判断，这里的损失包括合同履行后可以获得的利益。除借款合同外的双务合同，作为对价的价款或者报酬给付之债，并非借款合同项下的还款义务，不能以受法律保护的民间借贷利率上限作为判断违约金是否过高的标准，而应当兼顾合同履行情况、当事人过错程度以及预期利益等因素综合确定。主张违约金过高的违约方应当对违约金是否过高承担举证责任。

根据2014年7月7日公布的《最高人民法院关于执行程序中计算迟延履行期间的债务利息适用法律若干问题的解释》（法释〔2014〕8号），具体如下：

第一条 根据民事诉讼法第二百五十三条规定加倍计算之后的迟延履行期间的债务利息，包括迟延履行期间的一般债务利息和加倍部分债务利息。

迟延履行期间的一般债务利息，根据生效法律文书确定的方法计算；生效法律文书未确定给付该利息的，不予计算。

加倍部分债务利息的计算方法为：加倍部分债务利息＝债务人尚未清偿的生效法律文书确定的除一般债务利息之外的金钱债务 × 日万分之一点七五 × 迟延履行期间。

第二条 加倍部分债务利息自生效法律文书确定的履行期间届满之日起计算；生效法律文书确定分期履行的，自每次履行期间届满之日起计算；生效法律文书未确定履行期间的，自法律文书生效之日起计算。

第三条 加倍部分债务利息计算至被执行人履行完毕之日；被执行人分次履行的，相应部分的加倍部分债务利息计算至每次履行完毕之日。

人民法院划拨、提取被执行人的存款、收入、股息、红利等财产的，相应部分的加倍部分债务利息计算至划拨、提取之日；人民法院对被执行人财产拍卖、变卖或者以物抵债的，计算至成交裁定或者抵债裁定生效之日；人民法院对被执行人财产通过其他方式变价的，计算至财产变价完成之日。

非因被执行人的申请，对生效法律文书审查而中止或者暂缓执行的期间及再审中止执行的期间，不计算加倍部分债务利息。

第四条 被执行人的财产不足以清偿全部债务的，应当先清偿生效法律文书确定的金钱债务，再清偿加倍部分债务利息，但当事人对清偿顺序另有约定的除外。

第五条 生效法律文书确定给付外币的，执行时以该种外币按日万分之一点七五计算加倍部分债务利息，但申请执行人主张以人民币计算的，人民法院应予准许。

以人民币计算加倍部分债务利息的，应当先将生效法律文书确定的外币折算或者套算为人民币后再进行计算。

外币折算或者套算为人民币的，按照加倍部分债务利息起算之日的中国外汇交易中心或者中国人民银行授权机构公布的人民币对该外币的中间价折合成人民币计算；中国外汇交易中心或者中国人民银行授权机构未公布汇率中间价的外币，按照该日境内银行人民币对该外币的中间价折算成人民币，或者该外币在境内银行、国际外汇市场对美元汇率，与人民币对美元汇率中间价进行套算。

第六条 执行回转程序中，原申请执行人迟延履行金钱给付义务的，应当按照本解释的规定承担加倍部分债务利息。

第七条 本解释施行时尚未执行完毕部分的金钱债务，本解释施行前的迟延履行期间债务利息按照之前的规定计算；施行后的迟延履行期间债务利息按照本解释计算。

本解释施行前本院发布的司法解释与本解释不一致的，以本解释为准。

根据**2009年7月7日公布的《最高人民法院关于当前形势下审理民商事合同纠纷案件若干问题的指导意见》(法发〔2009〕40号)**第二部分，对于"依法合理调整违约金数额，公平解决违约责任问题"，意见如下：

5. 现阶段由于国内宏观经济环境的变化和影响，民商事合同履行过程中违约现象比较突出。对于双方当事人在合同中所约定的过分高于违约造成损失的违约金或者极具惩罚性的违约金条款，人民法院应根据合同法第一百一十四条第二款和《最高人民法院关于适用中华人民共和国合同法若干问题的解释（二）》(以下简称《合同法解释（二）》)第二十九条等关于调整过高违约金的规定内容和精神，合理调整违约金数额，公平解决违约责任问题。

6. 在当前企业经营状况普遍较为困难的情况下，对于违约金数额过分高于违约造成损失的，应当根据合同法规定的诚实信用原则、公平原则，坚持以补偿性为主、以惩罚性为辅的违约金性质，合理调整裁量幅度，切实防止以意思自治为由而完全放任当事人约定过高的违约金。

7. 人民法院根据合同法第一百一十四条第二款调整过高违约金时，应当根据案件的具体情形，以违约造成的损失为基准，综合衡量合同履行程度、当事人的过错、预期利益、当事人缔约地位强弱、是否适用格式合同或条款等多项因素，根据公平原则和诚实信用原则予以综合权衡，避免简单地采用固定比例等"一刀切"的做法，防止机械司法而可能造成的实质不公平。

8. 为减轻当事人诉累，妥当解决违约金纠纷，违约方以合同不成立、合同未生效、合同无效或者不构成违约进行免责抗辩而未提出违约金调整请求的，人民法院可以就当事人是否需要主张违约金过高问题进行释明。人民法院要正确确定举证责任，违约方对于违约金约定过高的主张承担举证责任，非违约方主张违约金约定合理的，亦应提供相应的证据。合同解除后，当事人主张违约金条款继续有效的，人民法院可以根据合同法第九十八条的规定进行处理。

根据**2009年5月11日公布的《最高人民法院关于在执行工作中如何计算迟延履行期间的债务利息等问题的批复》**，答复如下：

一、人民法院根据《中华人民共和国民事诉讼法》第二百二十九条计算"迟延履行期间的债务利息”时，应当按照中国人民银行规定的同期贷款基准利率计算。

二、执行款不足以偿付全部债务的，应当根据并还原则按比例清偿法律文书确定的金钱债务与迟延履行期间的债务利息，但当事人在执行和解中对清偿顺序另有约定的除外。

根据2003年7月30日公布的《最高人民法院执行工作办公室关于广东省高级人民法院请示的交通银行汕头分行与汕头经济特区龙湖乐园发展有限公司申请不予执行仲裁裁决案的复函》(〔2003〕执他字第10号)，我国《合同法》第一百一十四条第二款规定：“约定的违约金低于造成的损失的，当事人可以请求人民法院或者仲裁机构予以增加；约定的违约金过分高于造成的损失的，当事人可以请求人民法院或者仲裁机构予以适当减少。”违约金由双方当事人自由约定，只要不违反法律规定和不损害第三人合法权益，国家一般不予干涉。国家认为双方当事人约定的违约金过高或者过低的，可以予以调整，但必须是基于一方当事人的请求。在本案中，交通银行汕头分行作为仲裁案件的被申请人和向汕头市中级人民法院申请不予执行仲裁裁决的申请人，始终未就违约金提出异议。依据我国《民法通则》第一百一十二条规定，当事人可以在合同中约定赔偿额的计算方法，本仲裁庭对本案违约金的计算和确认的数额并无不当。因此，本仲裁案的裁决不存在《民事诉讼法》第二百一十七条第二款第（五）项规定的适用法律确有错误的情形，人民法院应予执行。

根据2022年12月8日公布的《最高人民法院关于发布第34批指导性案例的通知》(法〔2022〕240号)，其中指导案例189号是上海熊猫互娱文化有限公司诉李岑、昆山播爱游信息技术有限公司合同纠纷案，具体如下：

关键词

民事 / 合同纠纷 / 违约金调整 / 网络主播

裁判要点

网络主播违反约定的排他性合作条款，未经直播平台同意在其他平台从事类似业务的，应当依法承担违约责任。网络主播主张合同约定的违约金明显过高请求予以减少的，在实际损失难以确定的情形下，人民法院可以根据网络直播行业特点，以网络主播从平台中获取的实际收益为参考基础，结合平台前期投入、平台流量、主播个体商业价值等因素合理酌定。

相关法条

《中华人民共和国民法典》第585条（本案适用的是自1999年10月1日起实施的《中华人民共和国合同法》第114条）

基本案情

被告李岑原为原告上海熊猫互娱文化有限公司（以下简称熊猫公司）创办的熊猫直播平台游戏主播，被告昆山播爱游信息技术有限公司（以下简称播爱游公司）为李岑的经纪公司。2018年2月28日，熊猫公司、播爱游公司及李岑签订《主播独家合作协议》(以下简称《合作协议》)，约定李岑在熊猫直播平台独家进行“绝地求生游戏”的第一视角游戏直播和游戏解说。该协议违约条款中约定，协议有效期内，播爱游公司或李岑未经熊猫公司同意，擅自终止本协议或在直播竞品平台上进行相同或类似合作，或将已在熊猫直播上发布的直播视频授权给任何第三方使用的，构成根本性违约，播爱游公司应向熊猫直播平台支付如下赔偿金：(1)本协议及本协议签订前李岑因与熊猫直播平台开展直播合作熊猫公司累计支付的合作费用；(2)5000万元人民币；(3)熊猫公司为李岑投入的培训费和推广资源费。主播李岑对此向熊猫公司承担连带责任。合同约定的合作期限为一年，从2018年3月1日至2019年2月28日。

2018年6月1日，播爱游公司向熊猫公司发出主播催款单，催讨欠付李岑的两个月合作费用。截至2018年6月4日，熊猫公司为李岑直播累计支付2017年2月至2018年3月的合作费用1111661元。

2018年6月27日，李岑发布微博称其将带领所在直播团队至斗鱼直播平台进行直播，并公布了直播时间及房间号。2018年6月29日，李岑在斗鱼直播平台进行首播。播爱游公司也于官方微信公众号上发布李岑在斗鱼直播平台的直播间链接。根据“腾讯游戏”微博新闻公开报道："BIU 雷哥（李岑）是全国主机游戏直播节目的开创者，也是全国著名网游直播明星主播，此外也是一位优酷游戏频道的原创达人，在优酷视频拥有超过 20 万的粉丝和 5000 万的点击……"

2018 年 8 月 24 日，熊猫公司向人民法院提起诉讼，请求判令两被告继续履行独家合作协议、立即停止在其他平台的直播活动并支付相应违约金。一审审理中，熊猫公司调整诉讼请求为判令两被告支付原告违约金 300 万元。播爱游公司不同意熊猫公司请求，并提出反诉请求：(1) 判令确认熊猫公司、播爱游公司、李岑三方于 2018 年 2 月 28 日签订的《合作协议》于 2018 年 6 月 28 日解除；(2) 判令熊猫公司向播爱游公司支付 2018 年 4 月至 6 月之间的合作费用 224923.32 元；(3) 判令熊猫公司向播爱游公司支付律师费 20000 元。

裁判结果

上海市静安区人民法院于 2019 年 9 月 16 日作出（2018）沪 0106 民初 31513 号民事判决：一、播爱游公司于判决生效之日起十日内支付熊猫公司违约金 2600000 元；二、李岑对播爱游公司上述付款义务承担连带清偿责任；三、熊猫公司于判决生效之日起十日内支付播爱游公司 2018 年 4 月至 6 月的合作费用 186640.10 元；四、驳回播爱游公司其他反诉请求。李岑不服一审判决，提起上诉。上海市第二中级人民法院于 2020 年 11 月 12 日作出（2020）沪 02 民终 562 号民事判决：驳回上诉，维持原判。

裁判理由

法院生效裁判认为：

第一，根据本案查明的事实，熊猫公司与播爱游公司、李岑签订《合作协议》，自愿建立合同法律关系，而非李岑主张的劳动合同关系。《合作协议》系三方真实意思表示，不违反法律法规的强制性规定，应认定为有效，各方理应依约恪守。从《合作协议》的违约责任条款来看，该协议对合作三方的权利义务都进行了详细约定，主播未经熊猫公司同意在竞争平台直播构成违约，应当承担赔偿责任。

第二，熊猫公司虽然存在履行瑕疵但并不足以构成根本违约，播爱游公司、李岑并不能以此为由主张解除《合作协议》。且即便从解除的方式来看，合同解除的意思表示也应当按照法定或约定的方式明确无误地向合同相对方发出，李岑在微博平台上向不特定对象发布的所谓"官宣"或直接至其他平台直播的行为，均不能认定为向熊猫公司发出明确的合同解除的意思表示。因此，李岑、播爱游公司在二审中提出因熊猫公司违约而已经行使合同解除权的主张不能成立。

第三，当事人主张约定的违约金过高请求予以适当减少的，应当以实际损失为基础，兼顾合同的履行情况、当事人的过错程度以及预期利益等综合因素，根据公平原则和诚实信用原则予以衡量。对于公平、诚信原则的适用尺度，与因违约所受损失的准确界定，应当充分考虑网络直播这一新兴行业的特点。网络直播平台是以互联网为必要媒介、以主播为核心资源的企业，在平台运营中通常需要在带宽、主播上投入较多的前期成本，而主播违反合同在第三方平台进行直播的行为给直播平台造成损失的具体金额实际难以量化，如对网络直播平台苛求过重的举证责任，则有违公平原则。故本案违约金的调整应当考虑网络直播平台的特点以及签订合同时对熊猫公司成本及收益的预见性。本案中，考虑主播李岑在游戏直播行业中享有很高的人气和知名度的实际情况，结合其收益情况、合同剩余履行期间、双方违约及各自过错大小、熊猫公司能够量化的损失、熊猫公司已对约定违约金作出的减让、熊猫公司平台的现状等情形，根据公平与诚实信用原则以及直播平台与主播个人的利益平衡，酌情将违约金调整为 260 万元。

根据 2021 年 11 月 9 日公布的《最高人民法院关于发布第 30 批指导性案例的通知》（法〔2021〕272 号），其中指导案例 166 号是北京隆昌伟业贸易有限公司诉北京城建重工有限公司合同纠纷案，具体如下：

关键词

民事 / 合同纠纷 / 违约金调整 / 诚实信用原则

裁判要点

当事人双方就债务清偿达成和解协议，约定解除财产保全措施及违约责任。一方当事人依约申请人民法院解除了保全措施后，另一方当事人违反诚实信用原则不履行和解协议，并在和解协议违约金诉讼中请求减少违约金的，人民法院不予支持。

相关法条

《中华人民共和国合同法》第6条、第114条（注：现行有效的法律为《中华人民共和国民法典》第7条、第585条）

基本案情

2016年3月，北京隆昌伟业贸易有限公司（以下简称隆昌贸易公司）因与北京城建重工有限公司（以下简称城建重工公司）买卖合同纠纷向人民法院提起民事诉讼，人民法院于2016年8月作出（2016）京0106民初6385号民事判决，判决城建重工公司给付隆昌贸易公司货款5284648.68元及相应利息。城建重工公司对此判决提起上诉，在上诉期间，城建重工公司与隆昌贸易公司签订协议书，协议书约定：（1）城建重工公司承诺于2016年10月14日前向隆昌贸易公司支付人民币300万元，剩余的本金2284648.68元、利息462406.72元及诉讼费25802元（共计2772857.4元）于2016年12月31日前支付完毕；城建重工公司未按照协议约定的时间支付首期给付款300万元或未能在2016年12月31日前足额支付完毕全部款项的，应向隆昌贸易公司支付违约金80万元；如果城建重工公司未能在2016年12月31日前足额支付完毕全部款项的，隆昌贸易公司可以自2017年1月1日起随时以（2016）京0106民初6385号民事判决为依据向人民法院申请强制执行，同时有权向城建重工公司追索本协议确定的违约金80万元。（2）隆昌贸易公司申请解除在他案中对城建重工公司名下财产的保全措施。双方达成协议后城建重工公司向二审法院申请撤回上诉并按约定于2016年10月14日给付隆昌贸易公司首期款项300万元，隆昌贸易公司按协议约定申请解除了对城建重工公司财产的保全。后城建重工公司未按照协议书的约定支付剩余款项，2017年1月隆昌贸易公司申请执行（2016）京0106民初6385号民事判决书所确定的债权，并于2017年6月起诉城建重工公司支付违约金80万元。

一审中，城建重工公司答辩称：隆昌贸易公司要求给付的请求不合理，违约金数额过高。根据生效判决，城建重工公司应给付隆昌贸易公司的款项为5284648.68元及利息。隆昌贸易公司诉求城建重工公司因未完全履行和解协议承担违约金的数额为80万元，此违约金数额过高，有关请求不合理。一审宣判后，城建重工公司不服一审判决，上诉称：一审判决在错误认定城建重工公司恶意违约的基础上，适用惩罚性违约金，不考虑隆昌贸易公司的损失情况等综合因素而全部支持其诉讼请求，显失公平，请求适当减少违约金。

裁判结果

北京市丰台区人民法院于2017年6月30日作出（2017）京0106民初15563号民事判决：北京城建重工有限公司于判决生效之日起十日内支付北京隆昌伟业贸易有限公司违约金80万元。北京城建重工有限公司不服一审判决，提起上诉。北京市第二中级人民法院于2017年10月31日作出（2017）京02民终8676号民事判决：驳回上诉，维持原判。

裁判理由

法院生效裁判认为：隆昌贸易公司与城建重工公司在诉讼期间签订了协议书，该协议书均系双方的真实意思表示，不违反法律法规强制性规定，合法有效，双方应诚信履行。本案涉及诉讼中和解协议的违约金调整问题。本案中，隆昌贸易公司与城建重工公司签订协议书约定城建重工公司如未能于2016年10月14日前向隆昌贸易公司支付人民币300万元，或未能于2016年12月31日前支付剩余的本金2284648.68元、利息462406.72元及诉讼费25802元（共计2772857.4元），则隆昌贸易公司有权申请执行原一审判决并要求城建重工公司承担80万元违约金。现城建重工公司于2016年12月31日前未依约向隆昌贸易公司支付剩余的2772857.4元，隆昌贸易公司的损失主要为尚未得到清偿的2772857.4元。城建重工公司在诉讼期间与隆昌贸易公司达成和解协议并撤回上诉，隆昌贸易公司按协议约定申请解除了对城建重工公司账户的冻结。而城建重工公司作为商事主体自愿给隆昌贸易公司出具和解协议并承诺高额违约金，但在账户解除冻结后城建重工公司并未依约履行后续给付义务，具有主观恶意，有悖诚实信用。一审法院判令城建重工公司依约支付80万元违约金，并无不当。

根据**金昌久策工业气体有限公司与甘肃丰盛环保科技股份有限公司加工合同纠纷案［《最高人民法院公报》2023年第8期（总第324期）］**，合同约定的逾期付款违约金与民事诉讼法规定的迟延履行金系两种不同且可并用的民事责任。法院判决生效后，逾期付款的违约行为在债务清偿前持续存在，债务人应继续承担逾期付款违约责任，债权人请求将违约金计算至实际清偿之日的，人民法院应予支持。

根据**周杰帅诉余姚绿城房地产有限公司商品房预售合同纠纷案：浙江省宁波市中级人民法院2018年8月24日民事判决书［《最高人民法院公报》2019年第12期（总第278期）］**，当事人约定的违约金超过损失的百分之三十的，一般可以认定为《合同法》第一百一十四条第二款规定的"过分高于造成的损失"，当事人主张约定的违约金过高请求予以适当减少的，人民法院应当以实际损失为基础，兼顾合同的约定、履行情况、当事人的过错程度以及预期利益等综合因素，根据公平原则和诚实信用原则进行考量，作出认定。

根据**韶关市汇丰华南创展企业有限公司与广东省环境工程装备总公司广东省环境保护工程研究设计院合同纠纷案：最高人民法院（2011）民再申字第84号民事裁定书［《最高人民法院公报》2011年第9期（总第179期）］**，裁决如下：

《最高人民法院关于适用〈中华人民共和国合同法〉若干问题的解释（二）》第二十九条规定：当事人主张约定的违约金过高请求予以适当减少的，人民法院应当以实际损失为基础，兼顾合同的履行情况、当事人的过错程度以及预期利益等综合因素，根据公平原则和诚实信用原则予以衡量，并作出裁决。当事人约定的违约金超过造成损失的百分之三十的，一般可以认定为《合同法》第一百一十四条第二款规定的"过分高于造成的损失"。在计算实际损失数额时，应当以因违约方未能履行双方争议的、含有违约金条款的合同，给守约方造成的实际损失为基础进行计算，将合同以外的其他损失排除在外。对于一方当事人因其他合同受到的损失，即使该合同与争议合同有一定的牵连关系，也不能简单作为认定争议合同实际损失的依据。

对于前述司法解释中当事人约定的违约金超过造成损失的百分之三十的规定应当全面、正确地理解。一方面，违约金约定是否过高应当根据案件具体情况，以实际损失为基础，兼顾合同的履行情况、当事人的过错程度以及预期利益等综合因素，根据公平原则和诚实信用原则综合予以判断，百分之三十并不是一成不变的固定标准；另一方面，前述规定解决的是认定违约金是否过高的标准，不是人民法院适当减少违约金的标准。因此，在审理案件中，既不能机械地将当事人约定的违约金超过造成损失的百分之三十的情形一概认定为《合同法》第一百一十四条第二款规定的过分高于造成的损失，也不能在依法适当减少违约金数额时，机械地将违约金数额减少至实际损失的百分之一百三十。

根据**史文培与甘肃皇台酿造（集团）有限责任公司、北京皇台商贸有限责任公司互易合同纠纷案：最高人民法院（2007）民二终字第139号民事判决书［《最高人民法院公报》2008年第7期（总第141期）］**，裁决如下：

一、双方当事人之间签订的两个合同虽然涉及同一批货物，但因两个合同的订立目的及约定内容各不相同，故应分别依照合同约定确定货物价值，不能以一个合同关于货物价值的约定否定另一个合同的相关约定。

二、根据《合同法》第一百一十四条第二款的规定，只有当约定的违约金过分高于造成的损失时，当事人可以请求人民法院或者仲裁机构予以适当减少。因此，在当事人恶意违约的情况下，如果没有证据证明合同约定的违约金过分高于造成的损失，当事人请求减少违约金的，人民法院可不予支持。

根据山西嘉和泰房地产开发有限公司与太原重型机械（集团）有限公司土地使用权转让合同纠纷案：最高人民法院（2007）民一终字第62号民事判决书［《最高人民法院公报》2008年第3期（总第137期）］，裁决如下：

一、根据《最高人民法院关于审理涉及国有土地使用权合同纠纷案件适用法律问题的解释》第九条的规定，转让方未取得出让土地使用权证书与受让方订立合同转让土地使用权，起诉前转让方已经取得出让土地使用权证书或者有批准权的人民政府同意转让的，应当认定合同有效。

二、虽然我国税收管理方面的法律、法规对于各种税收的征收均明确规定了纳税义务人，但是并未禁止纳税义务人与合同相对人约定由合同相对人或者第三人缴纳税款，即对于实际由谁缴纳税款并未作出强制性或禁止性规定。因此，当事人在合同中约定由纳税义务人以外的人承担转让土地使用权税费的，并不违反相关法律、法规的强制性规定，应认定为合法有效。

三、根据《中华人民共和国合同法》第一百一十四条的规定，对于当事人在合同中约定的违约金数额，只有在当事人请求调整且合同约定的违约金数额确实低于或者过分高于违约行为给当事人造成的损失时，人民法院才能进行调整。

根据北沙坡村村委会诉西安市高新技术产业开发区东区管委会等拖欠征地款纠纷案：最高人民法院（2003）民一终字第40号民事判决书［《最高人民法院公报》2005年第1期（总第99期）］，在当事人对违约金有约定的情况下，一般应当适用约定违约金，但在当事人提出约定违约金过分高于造成的损失时，人民法院依法有权参照一定的计算标准予以适当调整，但不应直接适用法定违约金。

根据2023年5月公布的《人民法院高质量服务保障长三角一体化发展典型案例》，其中案例4是周某某与余姚绿城房地产有限公司商品房预售合同纠纷案，具体如下：

关键词

商品房预售/违约金/实际损失/公平原则

裁判要旨

1. 合同约定以房屋交接单的签署作为完成房屋交付，仅由于买房人原因未办理验收交接手续的视为交付。买房人在办理交付验收的过程中提出质量异议，并拒绝签署房屋交接单，双方约定开发商修复后再行交付。但此后开发商一直未履行修复义务，且再未与买受人协商交付事宜，故不能认为其已经完成了房屋交付。

2. 当事人约定的违约金超过损失的百分之三十的，一般可以认定为《中华人民共和国合同法》第一百一十四条第二款规定的“过分高于造成的损失”。当事人主张约定的违约金过高请求予以适当减少的，人民法院应当以实际损失为基础，兼顾合同的约定、履行情况、当事人的过错程度以及预期利益等综合因素，根据公平原则和诚实信用原则进行考量，作出认定。

相关法条

《中华人民共和国民法典》第496条、第497条、第498条、第502条、第509条、第577条、第585条（本案适用的是1999年10月1日起施行的《中华人民共和国合同法》第39条、第40条、第41条、第44条、第60条、第107条、第114条）

《最高人民法院关于审理商品房买卖合同纠纷案件适用法律若干问题的规定》第11条、第16条

基本案情

2014年10月22日，原告周某某与被告余姚绿城房地产开发有限公司（以下简称绿城公司）签订《商品房买卖合同》一份，合同第九条约定被告绿城公司应当于2016年9月30日前将绿城明园锦兰苑×幢×室（附属车位×1、×2）交付原告周某某使用。合同第十条约定被告逾期交房的违约责任逾期不超过90日，自合同约定的最后交付期限的第二天起至实际交付之日止，被告按日向原告支付已付房款万分之二的违约金，合同继续履行；逾期超过90日后，原告有权解除合同，原告解除合同的，被告应当自原告解除合同通知到达之日起30

天内退还全部已付房款，并按原告累计已付购房款的10%向原告支付违约金。原告要求继续履行合同的，合同继续履行，自合同约定的最后交付期限的第二天起至实际交付日止，被告按日向原告支付已交付房款万分之五的违约金。合同第十六条约定被告承诺于2016年12月30日前取得土地、房屋权属证书，交付给原告，原告委托被告办理商品房转移登记。被告不能在约定期限内交付权属证书，约定日期起90日内，被告交付权属证书或登记证明的，按已付房价款的每日万分之一承担违约责任；约定日期起90日以后，出卖人仍不能交付权属证书或登记证明的，原告不退房，被告自约定日期至实际交付权属证书或登记证明之日止，按日向买受人支付已交付房价款万分之二的违约金。

原告周某某于2014年10月14日、12月31日分两次共向被告绿城公司支付房款共计2193799元。

2016年6月17日，被告绿城公司组织设计、施工、工程监理和有关单位验收，于2016年8月2日完成房屋建筑工程竣工验收备案。2016年9月19日，被告向原告周某某发送《绿城明园锦兰苑入伙通知书》，通知原告于2016年9月30日9时30分办理交房手续。

2016年9月30日交房过程中原告周某某发现（1）厨房下水管边渗水及顶部渗水，（2）东阳台右侧下水管下梁与顶面交界处疑似渗水，（3）次卧东南角边疑似渗水，上述问题记载在绿城明园锦兰苑 × 幢 × 室住宅交付验收清单的“验收意见”一栏中，并在“验收意见”这栏中记载有“待处理好后再交房，其他验房步骤下次再验”，原告在业主签名处签名。被告工作人员在备注栏记载“重点关注”并签名。

2017年12月26日，被告绿城公司向原告周某某发送《关于再次提醒收房的通知书》，通知原告于2017年12月31日前到绿城明园锦兰苑物业服务中心办理交房手续。截至2018年2月27日本案庭审时，原、被告双方尚未完成交房手续，庭审中双方表示会尽快完成交房手续并办理权属证书。后法院于2018年3月14日组织原、被告双方现场查勘，被告工作人员表示2016年9月30日交房过程中发现的问题在2016年10月维修结束，原告表示2016年11月查看时原告认为渗水还未完全修复，要求被告继续维修，后原告指出存在其他漏水问题，被告陆续在2017年间进行维修。原告在查勘时表示其认可涉案房屋目前已不存在渗漏，满足交付条件，但原告在法庭庭审结束后前往被告处要求办理交房手续时，因被告要求原告支付自2016年9月30日起算的物业费，双方对此存在争议，故未完成交房手续。

裁判结果

浙江省余姚市人民法院于2018年6月6日作出（2018）浙0281民初931号判决：一、被告余姚绿城房地产开发有限公司于本判决生效之日起十日内向原告周某某交付余姚市绿城明园锦兰苑 × 幢 × 室的房屋，并于本判决生效之日起三十日内向原告交付余姚市绿城明园锦兰苑 × 幢 × 室的土地、房屋权属证书（被告办理余姚市绿城明园锦兰苑 × 幢 × 室房屋的转移登记过户手续，办理过户所需应当由买方交纳的税费由原告承担）。二、被告余姚绿城房地产开发有限公司按原告周某某已付购房款2193799元的10%支付违约金219379.9元，于本判决发生法律效力后十日内付清。三、驳回原告周某某的其他诉讼请求。宣判后，余姚绿城房地产开发有限公司提起上诉。向浙江省宁波市中级人民法院提起上诉，浙江省宁波市中级人民法院于2018年8月24日作出（2018）浙02民终2725号判决：驳回上诉，维持原判。

裁判理由

法院生效裁判认为：《关于审理商品房买卖合同纠纷案件适用法律若干问题的解释》第十一条规定对房屋的转移占有，视为房屋的交付使用，但当事人另有约定的除外。而依据原、被告签订的《商品房买卖合同》第九条约定被告绿城公司应当于2016年9月30日前将符合各项条件的商品房交付原告周某某使用。第十二条约定商品房达到交付使用条件后，被告应当书面通知原告办理交付手续，双方进行验收交接时，被告应当出示合同规定的证明文件，并签署房屋交接单。在签署房屋交接单前，出卖人不得拒绝买受人查验房屋。商品房交付使用时，原告对房屋及装修质量，公共设施、设备质量提出异议的，被告应当给予解释和说明，仍不能达成一致意见的，双方委托有相应资质的专业检测机构进行质量检测。检测结果为合格的，被告书面通知的交付日期视为交付，检测单位提出返修意见的，被告应当按要求返修，并承担赔偿责任。从原、被告之间的合同约定可见，双方约定也以房屋交接单的签署作为房屋交付，同时仅约定由于原告原因未在《入伙通知书》规定的交付日期内办理房屋验收交接手续的则自《入伙通知书》规定的交付期限届满日之次日起即视为交付，以及在原告对质量有异议双方不能达成一致意见而委托检测机构进行检测，检测结果为合格的情况下被告书面通知的交付日期视为交付。本案中原、被告均认可原告在 2016 年 9 月 30 日前往被告处办理交房手续，但在交付验收过程中原告指出房屋存在渗水，留存在被告处的绿城明园锦兰苑 × 幢 × 室住宅交付验收清单记录了相应的验收意见，并记录有“待处理好后再交房，其他验房步骤下次再验”。故原、被告之间系在交房过程中因原告对质量有异议双方达成一致意见，即处理好“(1)厨房下水管边渗水及顶部渗水，(2)东阳台右侧下水管下梁与顶面交界处疑似渗水，(3)次卧东南角边疑似渗水”问题后再行交付，并未变更以房屋交接单的签署作为房屋交付的合同约定。但被告直至 2017 年 12 月 26 日才第二次书面通知原告办理交房手续。在《关于再次提醒收房的通知》中表述“我们于 2016 年 9 月 19 日向您发送《绿城明园锦兰苑入伙通知书》，请您于 2016 年 9 月 30 日 9 时 30 分到绿城明园锦兰苑物业服务中心办理绿城明园锦兰苑 × 幢 × 室交房手续。但您至今未来办理交房手续”，上述表述与法院查明事实不符，2017 年 12 月 26 日第二次书面通知之前被告一直未完成修复后再次交付房屋的书面通知义务。

至于被告绿城公司认为，《商品房买卖合同》附件九明确约定除主体结构质量问题以外的质量瑕疵，被告根据法律法规及《住宅质量保证书》承诺的内容承担相应的保修责任，原告周某某不能拒绝接受房屋交付，被告不承担逾期交付责任的抗辩，原告表示对《商品房买卖合同》附件九的具体内容并不知情。法院注意到涉案《商品房买卖合同》的备案内容并不包括附件九，且附件九中关于被告不承担逾期交付责任的内容约定系被告方提供的免除责任条款，被告虽在附件九文首作出特别提示，但特别提示内容并未对免责条款进行特别提醒，应当属于无效的格式条款。至于被告认为 2016 年 9 月 30 日在验收过程中即使被告认可验收意见内容以及待处理好后交房的约定，也就意味着原、被告双方对合同约定的交房时间做出了变更，被告不存在逾期交房的辩称意见，法院认为原、被告仅是对交房过程中发现的质量问题的处理意见作出了约定，原告并未作出放弃向被告主张逾期交房责任的意思表示，且质量问题的修复所需要的时间导致原告无法在《商品房买卖合同》约定的交房期限内取得房屋的占有使用权完全系被告过错，被告无须承担逾期交房违约责任的抗辩不能成立。

关于违约责任的承担，被告绿城公司认为双方约定的违约金明显过高，要求调至每日万分之一，并且根据《商品房买卖合同》附件九“若被告逾期交房，则被告承诺取得土地、房屋权属证书的时间相应顺延，顺延期限与商品房交付的逾期期限相同，该期限内被告不承担逾期办证的相应违约责任及赔偿责任”的约定，原告周某某也无权要求被告同时承担逾期交付土地、房屋权属证书的违约责任。对合同约定的违约金是否需要调整，法院注意到，首先《商品房买卖合同》附件九中存在“买受人同意，出卖人逾期交房且应按照本合同第十条相关约定承担逾期交房违约责任时，买受人要求继续履行合同的，出卖人向买受人支付的违约金总金额最高不超过买受人已付房价款的 10%”的约定。其次，在法院组织原、被告双方现场查勘过程中，原告认可被告在 2016 年 10 月已对验房时发现的渗水问题进行修复，在原告向法院提交的书面说明中也认可被告于 2016 年 10 月 29 日让物业工作人员通知原告渗水问题已经修复，原告也于 2016 年 11 月 11 日再次去查验房屋。但再次查验过程中原告要求被告对东阳台渗水的修复采取养水 24 小时观察，并要求被告对养水后遗留的渗漏点继续修复。后原告在 2016 年年底至 2017 年 11 月多次前往涉案房屋查验，并在 2016 年年底以及 2017 年后续指出北阳台渗水、南卧室窗台下渗水等问题。考量到北阳台渗水、南卧室窗台下渗水等问题并未在 2016 年 9 月 30 日的验房问题清单中，即不属于原、被告关于“待处理好后再交房，其他验房步骤下次再验”的约定范围内，且双方也认可后续发现的渗水问题主要涉及譬如楼上住户装修时安装的热水器摆放位置、阳台水管皮圈的更换以及水管检修口未拧紧此类通过物业协调以及配件更换检查的问题，并不影响房屋质量，被告物业工作人员也作出了相应处理。因此综合考虑上述因素以及原告因被告逾期交付房屋、逾期交付权属证书所造成的损失范围，法院认为将被告承担的违约金从按日万分之五、日万分之二分别计算至交付日调整至整体按原告已付房价款的10%计算违约金较为合理。至于被告提出原告质量异议不涉及所购车位，违约金标准应按照已付房屋价款1893799元为基数计算，车位款300000元不应作为违约金计算基数的抗辩，法院认为，《商品房买卖合同》中对相关违约金的约定中并未对“已付房价款”作出进一步限制说明，不宜作出对格式合同提供方有利的解释，且在房屋存在逾期交付的情况下原告也无法单独使用附属车位，故法院对被告上述抗辩不予支持。

根据2022年4月19日公布的《最高人民法院发布12起人民法院助力中小微企业发展典型案例》，其中案例8是某市国有资产经营公司与某建设集团公司、某银行分行等借款合同纠纷案（发挥司法审判职能，降低民企融资成本），具体如下：

裁判要旨

依法保护地方政府为降低中小微企业融资成本推出的“政府＋银行”新型融资模式应急循环资金，运用司法手段引导银行以融资合作方式持续为应急资金池注入资金，保障应急资金的良性循环，并以降低利率方式减少中小微企业融资成本，以房产抵押方式保障国资金融债权实现，找准各方当事人利益平衡点，求得最大公约数。

基本案情

某建设集团公司因其在某银行分行的贷款即将到期，于2016年12月15日向某市国有资产经营公司申请等额的应急循环资金用于偿还贷款，期限为10天。同年12月22日，某银行分行向某市国有资产经营公司出具《续贷承诺书》，承诺在该行的贷款于2016年12月22日到期后为某建设集团公司续贷2330万元，保证在2016年12月31日前发放并全额划转至某建设集团公司专项资金账户，若在上述规定期限内未能全额归还某市国有资产经营公司向某建设集团公司发放的应急循环资金借款或因该行违约导致某市国有资产经营公司应急资金损失的，该行同意承担上述资金归还、补足的清偿责任。当日，某市国有资产经营公司与某建设集团公司签订《借款合同》，同时与某建设集团公司的法定代表人吴某某及其近亲属吴某、江某签订《最高额保证合同》。该两份合同约定：某建设集团公司借款1700万元作为应急循环资金，借款期限为2016年12月22日至12月31日，日利率为万分之五；吴某某、吴某、江某分别为某建设集团公司的前述借款提供最高额为2000万元和1700万元的连带责任保证。合同签订后，某市国有资产经营公司按约向某建设集团公司发放1700万元应急循环资金。后某银行分行未如约续贷，某建设集团公司仅向某市国有资产经营公司偿还了部分借款。某市国有资产经营公司提起诉讼。湖北省黄石市西塞山区人民法院考虑到某建设集团公司受疫情及房价下行等因素影响偿债能力不足，积极组织各方协商，努力寻找最佳纠纷解决方案。经多轮谈判磋商，某市国有资产经营公司与某银行分行达成《融资合作协议》，某银行分行为某市国有资产经营公司提供优惠资金支持，并协助某建设集团公司在2021年11月30日前将六套房屋抵押登记在某市国有资产经营公司名下，某市国有资产经营公司保证不再向某银行分行主张任何权利。此后，某市国有资产经营公司申请撤回了对某银行分行的起诉。法院在确认《融资合作协议》履行完毕且房屋抵押登记手续完成的情形下作出民事裁定书，依法准许撤诉。针对某市国有资产经营公司向某建设集团公司等主张的诉讼请求，依法判决某建设集团公司偿还借款并支付违约金，吴某某等承担连带清偿责任。

典型意义

人民法院助力地方政府为中小微企业纾困政策落地见效，积极整合地方政府中小微企业融资平台和商业银行融资渠道，为中小微企业获得信贷提供司法保障。本案系借用应急循环资金“过桥”而引发的借款合同纠纷案件，涉及地方政府融资平台公司、民营中小微企业和金融机构三方主体，法院在厘清各方权利义务的基础上，保障应急循环资金池的正常运作，引导银行持续为应急循环资金池提供资金支持，确保“池里有水”，使政府融资平台公司有能力持续为本市中小微企业纾困解难；释明法定利率保护上限及民营企业面临的生存困境，引导国资公司主动大幅度降息，减轻了企业的资金压力；引导银行协助将债务人的房屋进行抵押，给政府融资平台公司吃"定心丸"，保障了国有资金的安全。通过调判结合方式巧妙平衡各方利益，达到了依法妥善审理金融借款纠纷案件、切实降低中小微企业融资成本、发挥司法助力中小微企业发展的效果。

根据2015年12月4日公布的《最高人民法院发布19起合同纠纷典型案例》，其中案例16为王磊诉抚顺乐活房地产开发有限公司商品房销售合同纠纷案，典型意义如下：

在商品房买卖合同中，由于购房者与开发商所签订的购房合同系开发商事先拟定好的格式合同，在确定违约责任方面，购房者基本上处于弱势地位，无改变合同条款的权利，致使开发商尽可能减少自己的违约责任。在合同履行过程中，开发商因其自身原因致使合同未能如期履行时，造成购房者较大经济损失，而开发商会承担较小数额的违约责任，导致购房者在受损失和获得赔偿方面无法达到平衡。在此情况下，不能简单地机械适用双方签订合同中所约定的违约条款，而应综合考虑《中华人民共和国合同法》第一百一十四条第二款规定及《中华人民共和国民法通则》中有关公平原则的相关规定，才能更好地维护当事人的合法权益。

第五百八十六条　【定金担保】当事人可以约定一方向对方给付定金作为债权的担保。定金合同自实际交付定金时成立。

定金的数额由当事人约定；但是，不得超过主合同标的额的百分之二十，超过部分不产生定金的效力。实际交付的定金数额多于或者少于约定数额的，视为变更约定的定金数额。

根据1994年7月15日公布的《最高人民法院关于合同当事人仅给付了定金应当如何确定管辖问题的复函》（法经〔1994〕171号），在合同当事人仅履行了合同中定金条款的约定，而未履行合同的其他条款的情况下，不能依据《最高人民法院关于适用〈中华人民共和国民事诉讼法〉若干问题的意见》（以下简称《意见》）第十八条、第十九条的规定认定为"实际履行"。《意见》中的"实际履行"，对于购销合同，是指合同当事人实际履行了交货义务。因此，合同当事人因仅给付了定金而产生合同纠纷，应按照《意见》第十八条的规定确定管辖的人民法院。

第五百八十七条　【定金罚则】债务人履行债务的，定金应当抵作价款或者收回。给付定金的一方不履行债务或者履行债务不符合约定，致使不能实现合同目的的，无权请求返还定金；收受定金的一方不履行债务或者履行债务不符合约定，致使不能实现合同目的的，应当双倍返还定金。

根据2023年12月4日公布的《最高人民法院关于适用〈中华人民共和国民法典〉合同编通则若干问题的解释》（法释〔2023〕13号），规定如下：

第六十七条　当事人交付留置金、担保金、保证金、订约金、押金或者订金等，但是没有约定定金性质，一方主张适用民法典第五百八十七条规定的定金罚则的，人民法院不予支持。当事人约定了定金性质，但是未约定定金类型或者约定不明，一方主张为违约定金的，人民法院应予支持。

当事人约定以交付定金作为订立合同的担保，一方拒绝订立合同或者在磋商订立合同时违背诚信原则导致未能订立合同，对方主张适用民法典第五百八十七条规定的定金罚则的，人民法院应予支持。

当事人约定以交付定金作为合同成立或者生效条件，应当交付定金的一方未交付定金，但是合同主要义务已经履行完毕并为对方所接受的，人民法院应当认定合同在对方接受履行时已经成立或者生效。

当事人约定定金性质为解约定金，交付定金的一方主张以丧失定金为代价解除合同的，或者收受定金的一方主张以双倍返还定金为代价解除合同的，人民法院应予支持。

第六十八条 双方当事人均具有致使不能实现合同目的的违约行为，其中一方请求适用定金罚则的，人民法院不予支持。当事人一方仅有轻微违约，对方具有致使不能实现合同目的的违约行为，轻微违约方主张适用定金罚则，对方以轻微违约方也构成违约为由抗辩的，人民法院对该抗辩不予支持。

当事人一方已经部分履行合同，对方接受并主张按照未履行部分所占比例适用定金罚则的，人民法院应予支持。对方主张按照合同整体适用定金罚则的，人民法院不予支持，但是部分未履行致使不能实现合同目的的除外。

因不可抗力致使合同不能履行，非违约方主张适用定金罚则的，人民法院不予支持。

根据2020年12月29日修正的《最高人民法院关于审理商品房买卖合同纠纷案件适用法律若干问题的解释》（法释〔2020〕17号），规定如下：

第四条 出卖人通过认购、订购、预订等方式向买受人收受定金作为订立商品房买卖合同担保的，如果因当事人一方原因未能订立商品房买卖合同，应当按照法律关于定金的规定处理；因不可归责于当事人双方的事由，导致商品房买卖合同未能订立的，出卖人应当将定金返还买受人。

根据1995年6月16日公布的《最高人民法院关于因第三人的过错导致合同不能履行应如何适用定金罚则问题的复函》（法函〔1995〕76号），凡当事人在合同中明确约定给付定金的，在实际交付定金后，如一方不履行合同除有法定免责的情况外，即应对其适用定金罚则。因该合同关系以外第三人的过错导致合同不能履行的，除该合同另有约定的外，仍应对违约方适用定金罚则。合同当事人一方在接受定金处罚后，可依法向第三人追偿。

根据孙宝荣与杨焕香、廊坊愉景房地产开发有限公司公司增资纠纷案：上海市高级人民法院（2015）民二终字第191号民事判决书［《最高人民法院公报》2017年第8期（总第250期）］，裁决如下：

收条作为当事人之间收付款的书证、直接证据，对证明当事人之间收付款的事实具有一定的证明效力，但如果收条记载的内容与当事人之间实际收付款的时间、金额存在不一致的情形，仅凭收条不足以充分证明实际收付款情况，人民法院还应结合汇款单、票据等资金结算凭证，对收条中记载的资金是否实际收付加以综合判断认定。

股权转让属于股权的继受取得，增资入股则是股权的原始取得。当事人之间协议将取得股权的方式由股权转让变更为增资入股后，原股权转让合同即被其后签订的增资入股合同所更替而终止。根据定金合同的从属特征，作为原股权转让合同从合同的定金合同亦相应消灭，定金罚则不应再适用。

根据戴雪飞诉华新公司商品房订购协议定金纠纷案：江苏省苏州市中级人民法院2005年5月18日民事判决书［《最高人民法院公报》2006年第8期（总第118期）］，购房者对开发商的样板房表示满意，与开发商签订订购协议并向其交付了定金，约定双方于某日订立商品房预售合同。后由于开发商提供的商品房预售格式合同中有样板房仅供参考等不利于购房者的条款，购房者对该格式条款提出异议要求删除，开发商不能立即给予答复。以致商品房预售合同没有在订购协议约定的日期订立的，属于《最高人民法院关于审理商品房买卖合同纠纷案件适用法律若干问题的解释》第四条规定的“不可归责于当事人双方的事由”，开发商应当将收取的定金返还给购房者。

根据泰丰大酒店有限公司诉大同市土地管理局土地使用权出让纠纷案：山西省高级人民法院1999年7月28日民事判决书［《最高人民法院公报》2000年第4期（总第66期）］，《中华人民共和国城镇国有土地使用权出让和转让暂行条例》第十一条规定，土地使用权出让合同应当按照平等、自愿、有偿的原则，由市、县人民政府土地管理部门与土地使用者签订。土地使用权出让合同的出让方与受让方之间，是平等的民事关系。当事人可以约定，以保证、抵押、给付定金的方式来担保合同的履行。在土地使用权出让合同中约定了定金条款，受让人未按合同约定期限内交清土地使用权出让金的，是不履行合同的行为，无权要求出让方返回定金，对于受让方已交纳的土地使用权出让金，出让方无权没收。

第五百八十八条　【违约金与定金竞合时的责任】当事人既约定违约金，又约定定金的，一方违约时，对方可以选择适用违约金或者定金条款。

定金不足以弥补一方违约造成的损失的，对方可以请求赔偿超过定金数额的损失。

根据2015年12月4日公布的《最高人民法院发布19起合同纠纷典型案例》，其中案例7为胡百卿诉临沂沂兴房地产开发有限公司房屋买卖合同纠纷案，典型意义如下：

本案是涉及商品房买卖合同中因出卖方故意隐瞒所售房屋已经出卖给第三人的事实，导致合同无效或者被撤销、解除的惩罚性赔偿条款适用的典型案件，也是对《合同法》第五十四条中关于一方以欺诈手段使对方在违背真实意思的情况下订立合同被撤销的适用。同时本案也对商品房买卖中惩罚性赔偿原则与定金罚则并存时应如何适用作出阐述。商品房买卖合同中，惩罚性赔偿原则并非以"双倍返还"为限，双方当事人愿意在合同中加入惩罚性赔偿的内容，并不违背法律法规的强制性规定，那么该条款可以视为双方给自己可能造成的损害，而采取的额外保护措施，法院对此应予支持。

第五百八十九条　【拒绝受领和受领迟延】债务人按照约定履行债务，债权人无正当理由拒绝受领的，债务人可以请求债权人赔偿增加的费用。

在债权人受领迟延期间，债务人无须支付利息。

第五百九十条　【不可抗力】当事人一方因不可抗力不能履行合同的，根据不可抗力的影响，部分或者全部免除责任，但是法律另有规定的除外。因不可抗力不能履行合同的，应当及时通知对方，以减轻可能给对方造成的损失，并应当在合理期限内提供证明。

当事人迟延履行后发生不可抗力的，不免除其违约责任。

根据**2020年5月15日公布的《最高人民法院关于依法妥善审理涉新冠肺炎疫情民事案件若干问题的指导意见（二）》（法发〔2020〕17号）**，通知如下：

3. 出卖人与买受人订立防疫物资买卖合同后，将防疫物资高价转卖他人致使合同不能履行，买受人请求将出卖人所得利润作为损失赔偿数额的，人民法院应予支持。因政府依法调用或者临时征用防疫物资，致使出卖人不能履行买卖合同，买受人请求出卖人承担违约责任的，人民法院不予支持。

根据2023年10月8日公布的《最高人民法院发布五起人民法院妥善化解灾后矛盾纠纷典型案例》，其中案例5是李某、洪某与献县某塑料编织袋厂定作合同纠纷案，具体如下：

基本案情

2023年7月，河北省献县某塑料编织袋厂与李某、洪某等批发商签订了塑料编织袋定作合同，约定献县某塑料编织袋厂为李某、洪某等生产一批塑料编织袋，定作费用10万余元。献县某塑料编织袋厂坐落于献县洪泛区某村庄内，因洪灾停工停产，导致定作合同不能按期履行。批发商李某、洪某比较急切，表示订单延误给其造成一定经济损失，并声称将不再与该厂合作。献县某塑料编织袋厂负责人向河北省献县人民法院洪泛区"司法服务专班"工作人员反映，该厂雇佣的工人都是附近村民，为配合转移避险工作，工人全部转移安置，不能正常上班，导致停工停产，害怕对方起诉要求解除合同并赔偿损失，担心因此造成客户流失、影响生产经营。了解情况后，献县法院法官当即给两位批发商致电沟通，说明洪泛区实际情况，讲解民法典有关规定，分析法律风险和诉讼成本，希望李某、洪某等人帮助工厂渡过难关。经过充分的法律解读和沟通解释，李某、洪某表示同意将订单交货日期延后，也愿意继续保持合作关系。经回访了解到，献县某塑料编织袋厂负责人表示工厂已经恢复生产，与李某、洪某等定作户未产生后续纠纷。

典型意义

本案中人民法院抽调员额法官和部分干警成立洪泛区"司法服务专班"，本着防范胜于补救的理念，深入开展对泛区企业的走访调研活动，排查矛盾纠纷隐患，做好法律宣传和政策宣讲，了解企业司法需求，提供"点对点"司法服务，助力企业恢复生产，优化泛区营商环境。人民法院坚持能动司法，把司法服务职能向前延伸，做实诉源治理工作，系统走访排查矛盾纠纷隐患，及时采取有效措施，努力从源头上予以化解，助力洪泛区优化营商环境。

第五百九十一条 【减损规则】当事人一方违约后，对方应当采取适当措施防止损失的扩大；没有采取适当措施致使损失扩大的，不得就扩大的损失请求赔偿。

当事人因防止损失扩大而支出的合理费用，由违约方负担。

根据海擎重工机械有限公司与江苏中兴建设有限公司、中国建设银行股份有限公司泰兴支行建设工程施工合同纠纷案：最高人民法院（2012）民提字第20号民事判决书［《最高人民法院公报》2015年第6期（总第224期）］，从事建设工程活动，必须严格执行基本建设程序，坚持先勘察、后设计、再施工原则。建设单位未提前交付地质勘查报告、施工图设计文件未经过建设主管部门审查批准的，应对于因双方签约前未曾预见的特殊地质条件导致工程质量问题承担主要责任。施工单位应秉持诚实信用原则，采取合理施工方案，避免损失扩大。人民法院应当根据合同约定、法律及行政法规规定的工程建设程序，依据诚实信用原则，合理确定建设单位与施工单位对于建设工程质量问题的责任承担。

第五百九十二条 【双方违约和与有过失】当事人都违反合同的，应当各自承担相应的责任。

当事人一方违约造成对方损失，对方对损失的发生有过错的，可以减少相应的损失赔偿额。

根据 **2020 年 12 月 29 日修正的《最高人民法院关于审理旅游纠纷案件适用法律若干问题的规定》(法释〔2020〕17 号)**,规定如下:

第十七条 旅游者在自行安排活动期间遭受人身损害、财产损失,旅游经营者未尽到必要的提示义务、救助义务,旅游者请求旅游经营者承担相应责任的,人民法院应予支持。

第二十二条 旅游经营者事先设计,并以确定的总价提供交通、住宿、游览等一项或者多项服务,不提供导游和领队服务,由旅游者自行安排游览行程的旅游过程中,旅游经营者提供的服务不符合合同约定,侵害旅游者合法权益,旅游者请求旅游经营者承担相应责任的,人民法院应予支持。

根据兰州滩尖子永昶商贸有限责任公司等与爱之泰房地产开发有限公司合作开发房地产合同纠纷案:最高人民法院(2012)民一终字第 126 号民事判决书[《最高人民法院公报》2015 年第 5 期(总第 223 期)],在双务合同中,双方均存在违约的情况下,应根据合同义务分配情况、合同履行程度以及各方违约程度大小等综合因素,判断合同当事人是否享有解除权。若解除合同将导致合同一方利益显著受损,则不宜解除合同。

根据北京新奥特公司诉华融公司股权转让合同纠纷案:最高人民法院 2003 年 11 月 7 日民事判决书[《最高人民法院公报》2005 年第 2 期(总第 100 期)],合同无效或者被撤销后,有过错的一方应当赔偿对方因此所受到的损失,双方都有过错或违反合同的,应当各自承担相应的责任。在公司股权转让协议中,转让方与受让方在都明知公司其他股东存在行使优先购买权的情形下仍然签订和履行股权转让协议,公司其他股东取得法院判决或者仲裁裁决后行使优先购买权而导致股权转让协议终止履行的,应当认定股权转让方与受让方在股权转让协议签订和履行过程中存在过错,双方均需在各自过错范围内承担责任;对于过错比例的裁量,由法院审理决定。

第五百九十三条 【第三人原因造成违约时违约责任承担】当事人一方因第三人的原因造成违约的,应当依法向对方承担违约责任。当事人一方和第三人之间的纠纷,依照法律规定或者按照约定处理。

根据 **2007 年 10 月 12 日公布的《最高人民法院关于就客运合同纠纷案件中,对无过错承运人如何适用法律有关问题的请示的答复》(〔2006〕年民监他字第 1 号)**,答复如下:

1. 请示报告显示,该交通事故系由第三人的过错造成,承运人和旅客均无过错。受到损害的旅客依据《中华人民共和国合同法》第一百二十一条的规定,仅选择承运人提起客运合同纠纷诉讼的,人民法院应当就该客运合同纠纷案件进行审理。

2. 承运人虽在交通事故中无过错,但在旅客提起的客运合同纠纷诉讼中,应按《中华人民共和国合同法》第三百零二条的规定,对旅客的伤亡承担损害赔偿责任。旅客关于精神损害的赔偿请求,应向造成交通事故的侵权人主张。在旅客仅选择提起客运合同纠纷诉讼的情况下,人民法院不应支持其向违约责任人主张精神损害赔偿的诉讼请求。

3. 承运人向旅客支付的损害赔偿金额构成承运人在该交通事故中损失的一部分,可以向造成交通事故的侵权人主张。

根据大连渤海建筑工程总公司与大连金世纪房屋开发有限公司、大连宝玉房地产开发有限公司、大连宝玉集团有限公司建设工程施工合同纠纷案:最高人民法院(2007)民一终字第 39 号民事判决书[《最高人民法院公报》2008 年第 11 期(总第 145 期)],债权属于相对权,相对性是债权的基础,故债权在法律性质上属于对人权。债是特定当事人之间的法律关系,债权人和债务人都是特定的。债权人只能向特定的债务人请求给付,债务人也只对特定的债权人负有给付义务。即使因合同当事人以外的第三人的行为致使债权不能实现,债权人不能依据债权的效力向第三人请求排除妨害,也不能在没有法律依据的情况下突破合同相对性原则要求第三人对债务承担连带责任。

第五百九十四条 【国际货物买卖合同和技术进出口合同的特殊时效规定】 因国际货物买卖合同和技术进出口合同争议提起诉讼或者申请仲裁的时效期间为四年。

第二分编 典型合同

第九章 买卖合同

第五百九十五条 【买卖合同定义】 买卖合同是出卖人转移标的物的所有权于买受人，买受人支付价款的合同。

根据 **2019 年 8 月 26 日修正的《中华人民共和国城市房地产管理法》**，对于房地产转让的含义与条件，规定如下：

第三十二条 房地产转让、抵押时，房屋的所有权和该房屋占用范围内的土地使用权同时转让、抵押。

第三十七条 房地产转让，是指房地产权利人通过买卖、赠与或者其他合法方式将其房地产转移给他人的行为。

第三十八条 下列房地产，不得转让：

（一）以出让方式取得土地使用权的，不符合本法第三十九条规定的条件的；

（二）司法机关和行政机关依法裁定、决定查封或者以其他形式限制房地产权利的；

（三）依法收回土地使用权的；

（四）共有房地产，未经其他共有人书面同意的；

（五）权属有争议的；

（六）未依法登记领取权属证书的；

（七）法律、行政法规规定禁止转让的其他情形。

第三十九条 以出让方式取得土地使用权的，转让房地产时，应当符合下列条件：

（一）按照出让合同约定已经支付全部土地使用权出让金，并取得土地使用权证书；

（二）按照出让合同约定进行投资开发，属于房屋建设工程的，完成开发投资总额的百分之二十五以上，属于成片开发土地的，形成工业用地或者其他建设用地条件。

转让房地产时房屋已经建成的，还应当持有房屋所有权证书。

第四十条 以划拨方式取得土地使用权的，转让房地产时，应当按照国务院规定，报有批准权的人民政府审批。有批准权的人民政府准予转让的，应当由受让方办理土地使用权出让手续，并依照国家有关规定缴纳土地使用权出让金。

以划拨方式取得土地使用权的，转让房地产报批时，有批准权的人民政府按照国务院规定决定可以不办理土地使用权出让手续的，转让方应当按照国务院规定将转让房地产所获收益中的土地收益上缴国家或者作其他处理。

第四十四条 以出让方式取得土地使用权的，转让房地产后，受让人改变原土地使用权出让合同约定的土地用途的，必须取得原出让方和市、县人民政府城市规划行政主管部门的同意，签订土地使用权出让合同变更协议或者重新签订土地使用权出让合同，相应调整土地使用权出让金。

第四十五条 商品房预售，应当符合下列条件：

（一）已交付全部土地使用权出让金，取得土地使用权证书；

（二）持有建设工程规划许可证；

（三）按提供预售的商品房计算，投入开发建设的资金达到工程建设总投资的百分之二十五以上，并已经确定施工进度和竣工交付日期；

（四）向县级以上人民政府房产管理部门办理预售登记，取得商品房预售许可证明。

商品房预售人应当按照国家有关规定将预售合同报县级以上人民政府房产管理部门和土地管理部门登记备案。

商品房预售所得款项，必须用于有关的工程建设。

第四十六条 商品房预售的，商品房预购人将购买的未竣工的预售商品房再行转让的问题，由国务院规定。

根据**2014年8月31日修正的《中华人民共和国政府采购法》**，对于政府采购合同，规定如下：

第四十三条 政府采购合同适用合同法。采购人和供应商之间的权利和义务，应当按照平等、自愿的原则以合同方式约定。

采购人可以委托采购代理机构代表其与供应商签订政府采购合同。由采购代理机构以采购人名义签订合同的，应当提交采购人的授权委托书，作为合同附件。

第四十四条 政府采购合同应当采用书面形式。

第四十五条 国务院政府采购监督管理部门应当会同国务院有关部门，规定政府采购合同必须具备的条款。

第四十六条 采购人与中标、成交供应商应当在中标、成交通知书发出之日起三十日内，按照采购文件确定的事项签订政府采购合同。

中标、成交通知书对采购人和中标、成交供应商均具有法律效力。中标、成交通知书发出后，采购人改变中标、成交结果的，或者中标、成交供应商放弃中标、成交项目的，应当依法承担法律责任。

第四十七条 政府采购项目的采购合同自签订之日起七个工作日内，采购人应当将合同副本报同级政府采购监督管理部门和有关部门备案。

第四十八条 经采购人同意，中标、成交供应商可以依法采取分包方式履行合同。

政府采购合同分包履行的，中标、成交供应商就采购项目和分包项目向采购人负责，分包供应商就分包项目承担责任。

第四十九条 政府采购合同履行中，采购人需追加与合同标的相同的货物、工程或者服务的，在不改变合同其他条款的前提下，可以与供应商协商签订补充合同，但所有补充合同的采购金额不得超过原合同采购金额的百分之十。

第五十条 政府采购合同的双方当事人不得擅自变更、中止或者终止合同。

政府采购合同继续履行将损害国家利益和社会公共利益的，双方当事人应当变更、中止或者终止合同。有过错的一方应当承担赔偿责任，双方都有过错的，各自承担相应的责任。

根据**2020年12月29日修正的《最高人民法院关于审理商品房买卖合同纠纷案件适用法律若干问题的解释》（法释〔2020〕17号）**，对于商品买卖合同和商品房包销合同等，规定如下：

第一条 本解释所称的商品房买卖合同，是指房地产开发企业（以下统称为出卖人）将尚未建成或者已竣工的房屋向社会销售并转移房屋所有权于买受人，买受人支付价款的合同。

第十六条 出卖人与包销人订立商品房包销合同，约定出卖人将其开发建设的房屋交由包销人以出卖人的名义销售的，包销期满未销售的房屋，由包销人按照合同约定的包销价格购买，但当事人另有约定的除外。

第十七条 出卖人自行销售已经约定由包销人包销的房屋，包销人请求出卖人赔偿损失的，应予支持，但当事人另有约定的除外。

第十八条 对于买受人因商品房买卖合同与出卖人发生的纠纷，人民法院应当通知包销人参加诉讼；出卖人、包销人和买受人对各自的权利义务有明确约定的，按照约定的内容确定各方的诉讼地位。

根据2005年8月26日公布的《最高人民法院关于吴江市益佰纺织有限公司与龙口市玲楠服装有限责任公司买卖合同纠纷管辖争议案指定管辖的通知》，规定如下：

一、吴江市益佰纺织有限公司与龙口市玲楠服装有限责任公司先后签订了7份《工矿产品购销合同》，合同约定双方发生纠纷解决的方式为："双方友好协商解决，如不能解决，则在起诉方法院起诉解决。"《工矿产品购销合同》属于买卖合同范畴，本案双方当事人因合同发生纠纷后，按照合同约定均向起诉方法院即吴江市人民法院及龙口市人民法院提起诉讼，两地法院均于同日分别以买卖合同纠纷受理了原告的起诉。两地法院受理的案件属于基于同一法律事实和法律关系引起纠纷的案件。

二、根据《最高人民法院关于合同双方当事人协议约定发生纠纷各自可向所在地人民法院起诉如何确定管辖的复函》的规定，双方当事人在合同中关于发生纠纷"在起诉方法院起诉解决"的约定有效。因两地法院受理本案的时间相同，本案双方当事人起诉时间的先后顺序无法确定，因此，本案可依据双方当事人约定的合同履行地点确定管辖。鉴于双方当事人在合同中有"提（交）货地点及方式：供方负责将货发到龙口市玲楠服装厂"的约定，依据《最高人民法院关于在确定经济纠纷案件管辖中如何确定管辖合同履行地的规定》，应当认定双方当事人在合同中约定的交货地点为本案合同的履行地，龙口市人民法院作为合同履行地法院，对本案享有管辖权。

三、依据《中华人民共和国民事诉讼法》第二十四条、第三十七条第二款的规定，本院指定本案由山东省龙口市人民法院管辖。请江苏省高级人民法院通知吴江市人民法院将其受理的〔2004〕吴民二初字第140号关于吴江市益佰纺织有限公司诉被告龙口市玲楠服装有限责任公司买卖合同纠纷一案移送至山东省龙口市人民法院合并审理。

根据2002年8月5日公布的《最高人民法院关于甘肃华亭煤矿与陕西宝鸡金联运输有限公司购销合同纠纷一案的指定管辖通知》（〔2002〕民他字第6号），本案两地法院立案案由不同，但双方当事人所诉案件均是由于购销合同而发生的运输结算纠纷，购销合同与运输结算交叉履行，滚动结算，故应合并审理。根据本案跨省城，且两地当事人争议较大的实际情况，为公正、公平处理本案，根据《中华人民共和国民事诉讼法》第三十七条第二款的规定，本院指定本案由河南省三门峡市中级人民法院管辖。请你们两院依法撤销本地法院对本案作出的裁决，并将全案诉讼材料移送至河南省三门峡市中级人民法院。

根据2001年12月29日公布的《最高人民法院关于秦皇岛市利滕实业有限公司与长春市星宇饲料有限责任公司、长春市大成生化工程开发有限公司购销合同纠纷案件的指定管辖的复函》（〔2001〕民他字第28号），秦皇岛市经济技术开发区法院受理的利滕公司诉星宇公司、第三人大成公司购销合同纠纷案与长春市宽城区法院受理的大成公司诉星宇公司合同纠纷案，不存在管辖争议。但秦皇岛市经济技术开发区人民法院受理并作出判决的利滕公司诉星宇公司、第三人大成公司合同纠纷案，将该合同的供方星宇公司的违约责任判归该购销合同的上家大成公司承担不当。为依法保护各方合法权益，妥善处理该案，请河北省高级人民法院指定秦皇岛市中级人民法院作为一审法院予以审理。

根据2001年10月22日公布的《最高人民法院关于武汉中南厦华销售有限公司、武汉中恒消费电子有限公司与武汉厦华中恒电子有限公司、厦门华侨电子有限公司债务纠纷案件指定管辖的通知》（〔2001〕民立他字第22号），1999年2月1日，武汉厦华中恒电子有限公司（以下简称厦中公司）与武汉中南厦华销售有限公司（以下简称中南公司）签订了协议，中南公司享有对厦中公司一定期间（1999年1月28日至2000年1月27日）货款回收权。同年厦门华侨电子有限公司（以下简称厦华公司）与中南公司签订协议，双方约定中南公司收取的"货款直接冲抵厦中公司应收厦华公司的货款"。因当事人之间对结算冲抵的货款数额有异议,2000年11月1日,武汉中恒消费电子有限公司(以下简称中恒公司)、中南公司依据结算协议,以欠款纠纷向武汉市中级人民法院起诉。同年11月23日,厦华公司依据《工矿产品购销合同》,以买卖合同纠纷向厦门市中级人民法院起诉。武汉市中级人民法院和厦门市中级人民法院先后受理后,中恒公司、中南公司、厦华公司均向受诉法院提出管辖异议。两地法院均以享有管辖权为由驳回了当事人提出的异议。鉴于两地法院各自受理的案件所涉及的主要证据是结算协议和购销合同,厦华公司与中恒公司之间虽然签订有购销合同,但购销合同中涉及的货款结算,因当事人之间另行签订了结算协议,导致本案法律关系性质发生了变化,即由购销合同法律关系转变为债权债务关系。中恒公司与厦华公司之间除货款结算外,并未因买卖合同货物的质量、违约责任等发生任何争议。涉及的货款纠纷,系基于有关联的同一事实,依法应当由同一法院审理。因此,厦门市中级人民法院以买卖合同纠纷确认合同履行地管辖本案缺乏事实根据,应以被告住所地确定管辖为宜。根据《中华人民共和国民事诉讼法》第二十二条第二款、第三十七条第二款的规定,本院指定本案由湖北省武汉市中级人民法院管辖,福建省高级人民法院应在接到本通知后将本案有关材料移送武汉市中级人民法院。湖北省高级人民法院应当监督下级法院对本案作出公正裁决。

根据**2001年10月22日公布的《最高人民法院关于湖南省平江县烟草公司与云南省卷烟烤烟交易市场购销合同纠纷一案指定管辖的通知》(〔2001〕民立他字第20号)**,答复如下:

一、云南省昆明市中级人民法院受理的云南卷烟烤烟市场诉湖南省平江县烟草公司、云南省烟草储运公司购销合同纠纷一案,云南省烟草储运公司不是购销合同的相对人,其被告主体不适格。云南省高级人民法院所持风险载移地应为合同实际履行地的意见不符合我院法发〔1996〕28号《关于在确定经济纠纷案件管辖中如何确定购销合同履行地问题的规定》的规定,本案在双方当事人无约定管辖和合同履行地不明确的情况下,应依被告住所地确定管辖。云南卷烟烤烟市场起诉湖南省平江县烟草公司,应由被告所在地的湖南省岳阳市中级人民法院管辖。

二、湖南省岳阳市中级人民法院受理的湖南省平江县烟草公司诉云南烟草储运公司、云南卷烟烤烟市场运输合同赔偿纠纷一案,与本案不是同一法律关系,应当分别审理。根据《中华人民共和国民事诉讼法》第三十七条第二款的规定,本案指定本案由湖南省岳阳市中级人民法院管辖。请云南省高级人民法院在接到本通知起15日内撤销生效裁定,通知昆明市中级人民法院将案件移送湖南省岳阳市中级人民法院审理。

第五百九十六条 【买卖合同条款】买卖合同的内容一般包括标的物的名称、数量、质量、价款、履行期限、履行地点和方式、包装方式、检验标准和方法、结算方式、合同使用的文字及其效力等条款。

根据**2020年11月29日修订的《城市房地产开发经营管理条例》**,规定如下:

第二十七条 商品房销售,当事人双方应当签订书面合同。合同应当载明商品房的建筑面积和使用面积、价格、交付日期、质量要求、物业管理方式以及双方的违约责任。

第五百九十七条 【无权处分效力】因出卖人未取得处分权致使标的物所有权不能转移的,买受人可以解除合同并请求出卖人承担违约责任。

法律、行政法规禁止或者限制转让的标的物,依照其规定。

根据 2018 年 3 月 11 日修正的《中华人民共和国宪法》，规定如下：

第十条　城市的土地属于国家所有。

农村和城市郊区的土地，除由法律规定属于国家所有的以外，属于集体所有；宅基地和自留地、自留山，也属于集体所有。

国家为了公共利益的需要，可以依照法律规定对土地实行征收或者征用并给予补偿。

任何组织或者个人不得侵占、买卖或者以其他形式非法转让土地。土地的使用权可以依照法律的规定转让。

一切使用土地的组织和个人必须合理地利用土地。

根据 2022 年 12 月 20 日修订的《中华人民共和国野生动物保护法》对于重点野生动物的保护，规定如下：

第二十八条　禁止出售、购买、利用国家重点保护野生动物及其制品。

因科学研究、人工繁育、公众展示展演、文物保护或者其他特殊情况，需要出售、购买、利用国家重点保护野生动物及其制品的，应当经省、自治区、直辖市人民政府野生动物保护主管部门批准，并按照规定取得和使用专用标识，保证可追溯，但国务院对批准机关另有规定的除外。

出售、利用有重要生态、科学、社会价值的陆生野生动物和地方重点保护野生动物及其制品的，应当提供狩猎、人工繁育、进出口等合法来源证明。

实行国家重点保护野生动物和有重要生态、科学、社会价值的陆生野生动物及其制品专用标识的范围和管理办法，由国务院野生动物保护主管部门规定。

出售本条第二款、第三款规定的野生动物的，还应当依法附有检疫证明。

利用野生动物进行公众展示展演应当采取安全管理措施，并保障野生动物健康状态，具体管理办法由国务院野生动物保护主管部门会同国务院有关部门制定。

根据 2021 年 4 月 29 日公布的《中华人民共和国草原法》，规定如下：

第九条　草原属于国家所有，由法律规定属于集体所有的除外。国家所有的草原，由国务院代表国家行使所有权。

任何单位或者个人不得侵占、买卖或者以其他形式非法转让草原。

根据 2019 年 8 月 26 日修正的《中华人民共和国土地管理法》，规定如下：

第二条　中华人民共和国实行土地的社会主义公有制，即全民所有制和劳动群众集体所有制。

全民所有，即国家所有土地的所有权由国务院代表国家行使。

任何单位和个人不得侵占、买卖或者以其他形式非法转让土地。土地使用权可以依法转让。

国家为了公共利益的需要，可以依法对土地实行征收或者征用并给予补偿。

国家依法实行国有土地有偿使用制度。但是，国家在法律规定的范围内划拨国有土地使用权的除外。

根据 2019 年 8 月 26 日修正的《中华人民共和国城市房地产管理法》，规定如下：

第三十八条　下列房地产，不得转让：

（一）以出让方式取得土地使用权的，不符合本法第三十九条规定的条件的；

（二）司法机关和行政机关依法裁定、决定查封或者以其他形式限制房地产权利的；

（三）依法收回土地使用权的；

（四）共有房地产，未经其他共有人书面同意的；

（五）权属有争议的；

（六）未依法登记领取权属证书的；

（七）法律、行政法规规定禁止转让的其他情形。

根据 2018 年 12 月 29 日修正的《中华人民共和国农村土地承包法》，规定如下：

第四条　农村土地承包后，土地的所有权性质不变。承包地不得买卖。

根据**2017年11月4日修正的《中华人民共和国文物保护法》**，规定如下：

第五十一条 公民、法人和其他组织不得买卖下列文物：

（一）国有文物，但是国家允许的除外；

（二）非国有馆藏珍贵文物；

（三）国有不可移动文物中的壁画、雕塑、建筑构件等，但是依法拆除的国有不可移动文物中的壁画、雕塑、建筑构件等不属于本法第二十条第四款规定的应由文物收藏单位收藏的除外；

（四）来源不符合本法第五十条规定的文物。

根据**2015年4月24日修正的《中华人民共和国枪支管理法》**对于枪支管制及涉枪犯罪行为，规定如下：

第三条 国家严格管制枪支。禁止任何单位或者个人违反法律规定持有、制造（包括变造、装配）、买卖、运输、出租、出借枪支。

国家严厉惩处违反枪支管理的违法犯罪行为。任何单位和个人对违反枪支管理的行为有检举的义务。国家对检举人给予保护，对检举违反枪支管理犯罪活动有功的人员，给予奖励。

根据**2009年8月27日修正的《中华人民共和国矿产资源法》**，规定如下：

第六条 除按下列规定可以转让外，探矿权、采矿权不得转让：

（一）探矿权人有权在划定的勘查作业区内进行规定的勘查作业，有权优先取得勘查作业区内矿产资源的采矿权。探矿权人在完成规定的最低勘查投入后，经依法批准，可以将探矿权转让他人。

（二）已取得采矿权的矿山企业，因企业合并、分立，与他人合资、合作经营，或者因企业资产出售以及有其他变更企业资产产权的情形而需要变更采矿权主体的，经依法批准可以将采矿权转让他人采矿。

前款规定的具体办法和实施步骤由国务院规定。

禁止将探矿权、采矿权倒卖牟利。

根据**2007年12月29日公布的《中华人民共和国禁毒法》**对于麻醉药品及毒品原植物的种植和管制，规定如下：

第十九条 国家对麻醉药品药用原植物种植实行管制。禁止非法种植罂粟、古柯植物、大麻植物以及国家规定管制的可以用于提炼加工毒品的其他原植物。禁止走私或者非法买卖、运输、携带、持有未经灭活的毒品原植物种子或者幼苗。

地方各级人民政府发现非法种植毒品原植物的，应当立即采取措施予以制止、铲除。村民委员会、居民委员会发现非法种植毒品原植物的，应当及时予以制止、铲除，并向当地公安机关报告。

第二十一条 国家对麻醉药品和精神药品实行管制，对麻醉药品和精神药品的实验研究、生产、经营、使用、储存、运输实行许可和查验制度。

国家对易制毒化学品的生产、经营、购买、运输实行许可制度。

禁止非法生产、买卖、运输、储存、提供、持有、使用麻醉药品、精神药品和易制毒化学品。

根据**2003年12月27日修正的《中华人民共和国中国人民银行法》**，规定如下：

第十九条 禁止伪造、变造人民币。禁止出售、购买伪造、变造的人民币。禁止运输、持有、使用伪造、变造的人民币。禁止故意毁损人民币。禁止在宣传品、出版物或者其他商品上非法使用人民币图样。

根据**2020年12月29日修正的《最高人民法院关于审理买卖合同纠纷案件适用法律问题的解释》（法释〔2020〕17号）**，规定如下：

第六条 出卖人就同一普通动产订立多重买卖合同，在买卖合同均有效的情况下，买受人均要求实际履行合同的，应当按照以下情形分别处理：

（一）先行受领交付的买受人请求确认所有权已经转移的，人民法院应予支持；

（二）均未受领交付，先行支付价款的买受人请求出卖人履行交付标的物等合同义务的，人民法院应予支持；

（三）均未受领交付，也未支付价款，依法成立在先合同的买受人请求出卖人履行交付标的物等合同义务的，人民法院应予支持。

第七条 出卖人就同一船舶、航空器、机动车等特殊动产订立多重买卖合同，在买卖合同均有效的情况下，买受人均要求实际履行合同的，应当按照以下情形分别处理：

（一）先行受领交付的买受人请求出卖人履行办理所有权转移登记手续等合同义务的，人民法院应予支持；

（二）均未受领交付，先行办理所有权转移登记手续的买受人请求出卖人履行交付标的物等合同义务的，人民法院应予支持；

（三）均未受领交付，也未办理所有权转移登记手续，依法成立在先合同的买受人请求出卖人履行交付标的物和办理所有权转移登记手续等合同义务的，人民法院应予支持；

（四）出卖人将标的物交付给买受人之一，又为其他买受人办理所有权转移登记，已受领交付的买受人请求将标的物所有权登记在自己名下的，人民法院应予支持。

根据**2019年3月2日公布的《古生物化石保护条例》**对于重点古生物化石的保护，规定如下：

第二十二条 国家鼓励单位和个人将其收藏的重点保护古生物化石捐赠给符合条件的收藏单位收藏。

除收藏单位之间转让、交换、赠与其收藏的重点保护古生物化石外，其他任何单位和个人不得买卖重点保护古生物化石。买卖一般保护古生物化石的，应当在县级以上地方人民政府指定的场所进行。具体办法由省、自治区、直辖市人民政府制定。

第二十三条 国有收藏单位不得将其收藏的重点保护古生物化石转让、交换、赠与给非国有收藏单位或者个人。

任何单位和个人不得将其收藏的重点保护古生物化石转让、交换、赠与、质押给外国人或者外国组织。

第二十四条 收藏单位之间转让、交换、赠与其收藏的重点保护古生物化石的，应当在事后向国务院自然资源主管部门备案。具体办法由国务院自然资源主管部门制定。

根据**2018年3月19日修正的《中华人民共和国人民币管理条例》**，对于人民币的流通和保护，规定如下：

第二十五条 禁止非法买卖流通人民币。

纪念币的买卖，应当遵守中国人民银行的有关规定。

第二十七条 人民币样币禁止流通。

人民币样币的管理办法，由中国人民银行制定。

第二十八条 任何单位和个人不得印制、发售代币票券，以代替人民币在市场上流通。

第三十条 禁止伪造、变造人民币。禁止出售、购买伪造、变造的人民币。禁止走私、运输、持有、使用伪造、变造的人民币。

第三十八条 人民币有下列情形之一的，不得流通：

（一）不能兑换的残缺、污损的人民币；

（二）停止流通的人民币。

根据**2017年10月7日修正的《中华人民共和国野生植物保护条例》**，规定如下：

第十八条 禁止出售、收购国家一级保护野生植物。

出售、收购国家二级保护野生植物的，必须经省、自治区、直辖市人民政府野生植物行政主管部门或者其授权的机构批准。

根据**2017年8月26日修订的《宗教事务条例》**，规定如下：

第五十四条 宗教活动场所用于宗教活动的房屋、构筑物及其附属的宗教教职人员生活用房不得转让、抵押或者作为实物投资。

根据2016年2月6日修订的《中华人民共和国陆生野生动物保护实施条例》，规定如下：

第二十六条 禁止在集贸市场出售、收购国家重点保护野生动物或者其产品。

持有狩猎证的单位和个人需要出售依法获得的非国家重点保护野生动物或者其产品的，应当按照狩猎证规定的种类、数量向经核准登记的单位出售，或者在当地人民政府有关部门指定的集贸市场出售。

根据2013年12月7日修订的《中华人民共和国水生野生动物保护实施条例》，规定如下：

第十八条 禁止出售、收购国家重点保护的水生野生动物或者其产品。因科学研究、驯养繁殖、展览等特殊情况，需要出售、收购、利用国家一级保护水生野生动物或者其产品的，必须向省、自治区、直辖市人民政府渔业行政主管部门提出申请，经其签署意见后，报国务院渔业行政主管部门批准；需要出售、收购、利用国家二级保护水生野生动物或者其产品的，必须向省、自治区、直辖市人民政府渔业行政主管部门提出申请，并经其批准。

根据2013年12月7日修订的《危险化学品安全管理条例》，规定如下：

第四十条 危险化学品生产企业、经营企业销售剧毒化学品、易制爆危险化学品，应当查验本条例第三十八条第一款、第二款规定的相关许可证件或者证明文件，不得向不具有相关许可证件或者证明文件的单位销售剧毒化学品、易制爆危险化学品。对持剧毒化学品购买许可证购买剧毒化学品的，应当按照许可证载明的品种、数量销售。

禁止向个人销售剧毒化学品（属于剧毒化学品的农药除外）和易制爆危险化学品。

根据2011年1月8日修订的《医疗废物管理条例》，规定如下：

第十四条 禁止任何单位和个人转让、买卖医疗废物。

禁止在运送过程中丢弃医疗废物；禁止在非贮存地点倾倒、堆放医疗废物或者将医疗废物混入其他废物和生活垃圾。

根据2011年1月8日修订的《中华人民共和国金银管理条例》，规定如下：

第七条 在中华人民共和国境内，一切单位和个人不得计价使用金银，禁止私相买卖和借贷抵押金银。

根据2007年3月31日公布的《人体器官移植条例》，规定如下：

第三条 任何组织或者个人不得以任何形式买卖人体器官，不得从事与买卖人体器官有关的活动。

根据万学全、万兵诉狄平等人房屋买卖合同纠纷案：江苏省扬州市中级人民法院2014年3月20日民事判决书［《最高人民法院公报》2018年第2期（总第256期）］，共同居住的家庭成员，以自己的名义将其他家庭成员名下的房屋出卖给他人，该行为对房屋所有人是否有效，须判断房屋所有人是否事前知晓且同意。为此，人民法院应当结合房屋产权证书、钥匙是否为房屋所有人持有，对价支付情况，买受人实际占有房屋持续时间以及相关证人证言等综合判定。

第五百九十八条 【出卖人基本义务】出卖人应当履行向买受人交付标的物或者交付提取标的物的单证，并转移标的物所有权的义务。

根据遵义市红花岗区长征镇沙坝村纪念街村民组诉遵义明顺房地产开发有限责任公司等商品房买卖合同纠纷案：贵州省遵义市中级人民法院2015年12月22日民事判决书［《最高人民法院公报》2018年第12期（总第266期）］，处理一房二卖情况下的合同履行问题，可从商品房买卖合同的缔约真实性、签约时间顺序、付款程度、合同备案情况、诉争不动产的占有事实、预登记情况等方面加以评判。

根据三门峡水利管理局诉郑州市配套建设公司房屋买卖合同纠纷案：最高人民法院2004年3月11日民事裁定书[《最高人民法院公报》2004年第8期（总第94期）]，房屋买卖合同的出卖人，在收取了买受人支付的大部分款项后，不能以房屋的工程价款需优先受偿为由，拒绝按合同约定向房屋买受人交付房屋。

第五百九十九条 【出卖人交付有关单证和资料义务】出卖人应当按照约定或者交易习惯向买受人交付提取标的物单证以外的有关单证和资料。

根据**2020年12月29日修正的《最高人民法院关于审理买卖合同纠纷案件适用法律问题的解释》（法释〔2020〕17号）**，规定如下：

第四条 民法典第五百九十九条规定的"提取标的物单证以外的有关单证和资料"，主要应当包括保险单、保修单、普通发票、增值税专用发票、产品合格证、质量保证书、质量鉴定书、品质检验证书、产品进出口检疫书、原产地证明书、使用说明书、装箱单等。

第五条 出卖人仅以增值税专用发票及税款抵扣资料证明其已履行交付标的物义务，买受人不认可的，出卖人应当提供其他证据证明交付标的物的事实。

合同约定或者当事人之间习惯以普通发票作为付款凭证，买受人以普通发票证明已经履行付款义务的，人民法院应予支持，但有相反证据足以推翻的除外。

第六百条 【知识产权归属】出卖具有知识产权的标的物的，除法律另有规定或者当事人另有约定外，该标的物的知识产权不属于买受人。

根据**2020年11月11日修正的《中华人民共和国著作权法》**，规定如下：

第二十条 作品原件所有权的转移，不改变作品著作权的归属，但美术、摄影作品原件的展览权由原件所有人享有。

作者将未发表的美术、摄影作品的原件所有权转让给他人，受让人展览该原件不构成对作者发表权的侵犯。

第二十六条 使用他人作品应当同著作权人订立许可使用合同，本法规定可以不经许可的除外。

许可使用合同包括下列主要内容：

（一）许可使用的权利种类；

（二）许可使用的权利是专有使用权或者非专有使用权；

（三）许可使用的地域范围、期间；

（四）付酬标准和办法；

（五）违约责任；

（六）双方认为需要约定的其他内容。

第二十七条 转让本法第十条第一款第五项至第十七项规定的权利，应当订立书面合同。

权利转让合同包括下列主要内容：

（一）作品的名称；

（二）转让的权利种类、地域范围；

（三）转让价金；

（四）交付转让价金的日期和方式；

（五）违约责任；

(六)双方认为需要约定的其他内容。

第二十八条 以著作权中的财产权出质的,由出质人和质权人依法办理出质登记。

第二十九条 许可使用合同和转让合同中著作权人未明确许可、转让的权利,未经著作权人同意,另一方当事人不得行使。

第三十条 使用作品的付酬标准可以由当事人约定,也可以按照国家著作权主管部门会同有关部门制定的付酬标准支付报酬。当事人约定不明确的,按照国家著作权主管部门会同有关部门制定的付酬标准支付报酬。

第三十一条 出版者、表演者、录音录像制作者、广播电台、电视台等依照本法有关规定使用他人作品的,不得侵犯作者的署名权、修改权、保护作品完整权和获得报酬的权利。

根据**2013年1月30日修订的《计算机软件保护条例》**,对于软件著作权的许可使用和转让,规定如下:

第十八条 许可他人行使软件著作权的,应当订立许可使用合同。

许可使用合同中软件著作权人未明确许可的权利,被许可人不得行使。

第十九条 许可他人专有行使软件著作权的,当事人应当订立书面合同。

没有订立书面合同或者合同中未明确约定为专有许可的,被许可行使的权利应当视为非专有权利。

第二十条 转让软件著作权的,当事人应当订立书面合同。

第二十一条 订立许可他人专有行使软件著作权的许可合同,或者订立转让软件著作权合同,可以向国务院著作权行政管理部门认定的软件登记机构登记。

第二十二条 中国公民、法人或者其他组织向外国人许可或者转让软件著作权的,应当遵守《中华人民共和国技术进出口管理条例》的有关规定。

第六百零一条 【标的物交付期限】出卖人应当按照约定的时间交付标的物。约定交付期限的,出卖人可以在该交付期限内的任何时间交付。

第六百零二条 【标的物交付期限不明时的处理】当事人没有约定标的物的交付期限或者约定不明确的,适用本法第五百一十条、第五百一十一条第四项的规定。

第六百零三条 【标的物交付地点】出卖人应当按照约定的地点交付标的物。

当事人没有约定交付地点或者约定不明确,依据本法第五百一十条的规定仍不能确定的,适用下列规定:

(一)标的物需要运输的,出卖人应当将标的物交付给第一承运人以运交给买受人;

(二)标的物不需要运输,出卖人和买受人订立合同时知道标的物在某一地点的,出卖人应当在该地点交付标的物;不知道标的物在某一地点的,应当在出卖人订立合同时的营业地交付标的物。

根据**2020年12月29日修正的《最高人民法院关于审理买卖合同纠纷案件适用法律问题的解释》(法释〔2020〕17号)**,规定如下:

第八条 民法典第六百零三条第二款第一项规定的"标的物需要运输的",是指标的物由出卖人负责办理托运,承运人系独立于买卖合同当事人之外的运输业者的情形。标的物毁损、灭失的风险负担,按照民法典第六百零七条第二款的规定处理。

第六百零四条 【标的物毁损、灭失风险负担的基本规则】标的物毁损、灭失的风险，在标的物交付之前由出卖人承担，交付之后由买受人承担，但是法律另有规定或者当事人另有约定的除外。

> 根据**2020年12月29日修正的《最高人民法院关于审理买卖合同纠纷案件适用法律问题的解释》(法释〔2020〕17号)**，对于标的物的风险负担规则，规定如下：
>
> **第八条** 民法典第六百零三条第二款第一项规定的“标的物需要运输的”，是指标的物由出卖人负责办理托运，承运人系独立于买卖合同当事人之外的运输业者的情形。标的物毁损、灭失的风险负担，按照民法典第六百零七条第二款的规定处理。
>
> **第十一条** 当事人对风险负担没有约定，标的物为种类物，出卖人未以装运单据、加盖标记、通知买受人等可识别的方式清楚地将标的物特定于买卖合同，买受人主张不负担标的物毁损、灭失的风险的，人民法院应予支持。
>
> 根据**2020年12月29日修正的《最高人民法院关于审理商品房买卖合同纠纷案件适用法律若干问题的解释》(法释〔2020〕17号)**，规定如下：
>
> **第八条** 对房屋的转移占有，视为房屋的交付使用，但当事人另有约定的除外。
>
> 房屋毁损、灭失的风险，在交付使用前由出卖人承担，交付使用后由买受人承担；买受人接到出卖人的书面交房通知，无正当理由拒绝接收的，房屋毁损、灭失的风险自书面交房通知确定的交付使用之日起由买受人承担，但法律另有规定或者当事人另有约定的除外。

第六百零五条 【因买受人原因标的物未按期交付的风险负担】因买受人的原因致使标的物未按照约定的期限交付的，买受人应当自违反约定时起承担标的物毁损、灭失的风险。

第六百零六条 【路货买卖中的标的物风险负担】出卖人出卖交由承运人运输的在途标的物，除当事人另有约定外，毁损、灭失的风险自合同成立时起由买受人承担。

> 根据**2020年12月29日修正的《最高人民法院关于审理买卖合同纠纷案件适用法律问题的解释》(法释〔2020〕17号)**，规定如下：
>
> **第十条** 出卖人出卖交由承运人运输的在途标的物，在合同成立时知道或者应当知道标的物已经毁损、灭失却未告知买受人，买受人主张出卖人负担标的物毁损、灭失的风险的，人民法院应予支持。

第六百零七条 【需要运输的标的物风险负担】出卖人按照约定将标的物运送至买受人指定地点并交付给承运人后，标的物毁损、灭失的风险由买受人承担。

当事人没有约定交付地点或者约定不明确，依据本法第六百零三条第二款第一项的规定标的物需要运输的，出卖人将标的物交付给第一承运人后，标的物毁损、灭失的风险由买受人承担。

第六百零八条 【买受人不收取标的物的风险负担】出卖人按照约定或者依据本法第六百零三条第二款第二项的规定将标的物置于交付地点，买受人违反约定没有收取的，标的物毁损、灭失的风险自违反约定时起由买受人承担。

第六百零九条 【未交付单证、资料不影响风险转移】出卖人按照约定未交付有关标的物的单证和资料的，不影响标的物毁损、灭失风险的转移。

第六百一十条 【出卖人根本违约的风险负担】因标的物不符合质量要求，致使不能实现合同目的的，买受人可以拒绝接受标的物或者解除合同。买受人拒绝接受标的物或者解除合同的，标的物毁损、灭失的风险由出卖人承担。

根据**2020年12月29日修正的《最高人民法院关于审理商品房买卖合同纠纷案件适用法律若干问题的解释》（法释〔2020〕17号）**，规定如下：

第十条 因房屋质量问题严重影响正常居住使用，买受人请求解除合同和赔偿损失的，应予支持。

交付使用的房屋存在质量问题，在保修期内，出卖人应当承担修复责任；出卖人拒绝修复或者在合理期限内拖延修复的，买受人可以自行或者委托他人修复。修复费用及修复期间造成的其他损失由出卖人承担。

根据**捷跑电子科技有限公司诉青岛海信进出口有限公司国际货物买卖合同纠纷案：山东省青岛市中级人民法院2012年8月24日民事判决书［《最高人民法院公报》2013年第11期（总第205期）］**，裁决如下：

一、标的物瑕疵担保责任中的质量要求，在国际货物买卖合同中，通常包括产品出口国与进口国规定的技术标准与质量要求。在买卖双方未就质量标准和要求事先作出明确、具体约定的情况下，由于产品交付前后两次检验在项目、技术规范方面的可比性，使得产品交付前后的检验变化更能有针对性地反映产品的质量状况。

二、产品召回制度通过召回本身防止损害的发生与扩大，并不以现实损害为前提，且召回措施的内容具有多样性。就产品召回所对应的风险防控而言，在产品已经输出的情况下谁更方便、有效地合理预防、消除风险，谁即应当及时、正确地采取相应措施。

第六百一十一条 【买受人承担风险与出卖人违约责任关系】标的物毁损、灭失的风险由买受人承担的，不影响因出卖人履行义务不符合约定，买受人请求其承担违约责任的权利。

第六百一十二条 【出卖人权利瑕疵担保义务】出卖人就交付的标的物，负有保证第三人对该标的物不享有任何权利的义务，但是法律另有规定的除外。

第六百一十三条 【出卖人权利瑕疵担保义务免除】买受人订立合同时知道或者应当知道第三人对买卖的标的物享有权利的，出卖人不承担前条规定的义务。

第六百一十四条 【买受人的中止支付价款权】买受人有确切证据证明第三人对标的物享有权利的，可以中止支付相应的价款，但是出卖人提供适当担保的除外。

第六百一十五条 【标的物的质量要求】出卖人应当按照约定的质量要求交付标的物。出卖人提供有关标的物质量说明的，交付的标的物应当符合该说明的质量要求。

根据**2020年12月29日修正的《最高人民法院关于审理买卖合同纠纷案件适用法律问题的解释》(法释〔2020〕17号)**,规定如下:

第二十四条 买受人在缔约时知道或者应当知道标的物质量存在瑕疵,主张出卖人承担瑕疵担保责任的,人民法院不予支持,但买受人在缔约时不知道该瑕疵会导致标的物的基本效用显著降低的除外。

根据**程浩诉南京欧尚超市有限公司江宁店等产品生产者、销售者责任案:江苏省南京市中级人民法院2017年3月13日民事判决书[《最高人民法院公报》2018年第9期(总第263期)]**,食品标签欠缺成分含量标注的可认定为标签瑕疵食品,但标签瑕疵食品不等于不安全食品。消费者以食品标签存在瑕疵为由,依据《中华人民共和国食品安全法》第一百四十八条第二款规定索赔十倍价款或三倍损失赔偿的,应由消费者继续就标签瑕疵食品存在其他不符合食品安全标准的情形或该标签瑕疵对食品安全造成影响或对消费者造成误导进行举证证明。

根据**赵晓红与北京泛美卓越家具有限责任公司买卖合同纠纷案:北京市第二中级人民法院2012年11月20日民事判决书[《最高人民法院公报》2014年第9期(总第215期)、2014年3月12日公布的《最高人民法院公布10起维护消费者权益典型案例》案例2]**,具体如下:

(一)基本案情。2010年10月1日,赵晓红在北京泛美卓越家具有限责任公司(以下简称泛美公司)购买家具若干件,合计价款23960元。涉案家具上有该公司注明的“桦木”“美国赤桦木”“胡桃木”等字样,且家具送货单上加注了上述家具为“实木”。后赵晓红发现涉案家具材质为板木结合,遂诉至北京市朝阳区人民法院,请求退还涉案家具及货款等,并赔偿23960元。

泛美公司承认涉案的部分产品存在质量瑕疵,但否认构成产品质量问题,并认为其在销售过程中告知过赵晓红涉案产品为板木结合,但是泛美公司并不能提供涉案家具的进货凭证、购货发票、产品合格证、说明书等。

(二)裁判结果。一审法院经审理认为,泛美公司提供的证据不足以证明涉案家具的真实信息及品质,应承担相应的产品质量责任。同时,结合送货单上的加注以及泛美公司产品宣传图片中关于产品的文字介绍,表述均为“某某木”或“实木”,该家具公司存在引人误解的虚假宣传行为,构成对赵晓红的欺诈。故判决支持赵晓红的诉讼请求。泛美公司上诉至北京市第二中级人民法院。2012年11月20日,二审法院判决维持原判。

根据**苏向前与徐州百鑫商业有限责任公司百惠超市分公司、徐州百鑫商业有限责任公司侵犯消费者权益纠纷案:江苏省徐州市中级人民法院2013年6月19日民事判决书[《最高人民法院公报》2013年第12期(总第206期)]**,产品标识为消费者认识和判断商品特征、价值、适当性和效用的基本依据,是消费者选择和判断是否进行产品消费的重要信息来源。依照《中华人民共和国产品质量法》第五条的规定,销售者应确保产品标识内容的真实性,该内容为对消费者所负真实义务的最低标准。如因产品标识记载的内容不真实而导致消费者受损,经营者应当依法承担相应的责任。

第六百一十六条 【标的物质量要求不明时的处理】当事人对标的物的质量要求没有约定或者约定不明确,依据本法第五百一十条的规定仍不能确定的,适用本法第五百一十一条第一项的规定。

根据**1992年5月14日公布的《最高人民法院经济审判庭关于购销羊绒合同中出现两个质量标准如何认定问题的复函》(法经〔1992〕79号)**,甘肃省农工商联合企业公司(以下简称企业公司)与宁夏海原县土畜产品议购议销公司(以下简称议购议销公司)签订的购销合同规定，议购议销公司供给企业公司白山羊原绒20吨，紫山羊绒10吨，质量标准为91路90分。在合同的“其他”一栏中又规定，需方要求过轮后白绒达到58分头，紫绒达到54分头，除去土沙等杂质后每市斤实收8两绒，实际按1斤计算，不做深加工，不抽尖毛，超出分头收入各分一半。你院报告称，过轮后的过轮绒质量完全取决于过轮加工的设备条件和加工精细的程度，过轮加工又是需方的行为。按合同规定，议购议销公司供给企业公司的是山羊原绒。因此，只要供方交付的山羊原绒达到91路90分，即应视为符合合同规定的质量标准。

第六百一十七条 【质量瑕疵担保责任】出卖人交付的标的物不符合质量要求的，买受人可以依据本法第五百八十二条至第五百八十四条的规定请求承担违约责任。

根据**2013年10月25日修正的《中华人民共和国消费者权益保护法》**，规定如下：

第二十三条 经营者应当保证在正常使用商品或者接受服务的情况下其提供的商品或者服务应当具有的质量、性能、用途和有效期限；但消费者在购买该商品或者接受该服务前已经知道其存在瑕疵，且存在该瑕疵不违反法律强制性规定的除外。

经营者以广告、产品说明、实物样品或者其他方式表明商品或者服务的质量状况的，应当保证其提供的商品或者服务的实际质量与表明的质量状况相符。

经营者提供的机动车、计算机、电视机、电冰箱、空调器、洗衣机等耐用商品或者装饰装修等服务，消费者自接受商品或者服务之日起六个月内发现瑕疵，发生争议的，由经营者承担有关瑕疵的举证责任。

根据**2022年3月15日公布的《最高人民法院发布10起消费者权益保护典型案例》，其中案例5是张某与某房地产开发公司房屋买卖合同纠纷案（购房后无法正常用电，买受人有权要求开发商赔偿损失）**，具体如下：

基本案情

张某从开发商处购买房屋一套，入住后发现房屋负一层所有电源插座无法使用，只要一经合闸，全单元总闸跳闸。张某多次联系物业公司和开发商未果。为此，张某将开发商诉至法院，要求开发商承担电路修缮费用。开发商辩称，房屋已经通过竣工验收并交付使用，不认可案涉工程质量有问题，不同意张某的诉讼请求。审理过程中，张某申请对房屋用电无法正常使用的具体原因、修复方案及修复费用进行鉴定，鉴定机构出具鉴定意见，认为用户无法正常用电的具体原因为地下一层插座线路之间存在短路，修复方案分为明敷设和拆除原装插座线路恢复原状修复，其中明敷设修复费用为5000元，恢复原状修复费用为3万元。

裁判结果

法院认为，开发商作为建设单位，对其交付的房屋应当承担质量瑕疵担保责任，对存在质量问题的房屋应当及时予以修复。本案中，出现质量问题的电路系统虽然不属于房屋主体结构，但仍然是房屋整体的组成部分。尽管房屋整体通过竣工验收，但不影响开发商对经鉴定确定存在的问题承担修复责任，开发商始终未予修复，应当赔偿张某的修复损失。关于修复费用的标准，虽然鉴定机构在出具鉴定意见时，给出了两种不同的修复方案，但是张某不同意适用明敷设配管配线的修复方案，综合考虑案件质量问题的起因、质量问题的程度、质量问题持续的时间、开发商在解决问题过程中的作为情况，法院最终判决开发商按照恢复原状修复方案赔偿张某修缮费用并承担本案鉴定费用。

典型意义

住有所居、安居宜居，是万千家庭的共同心愿。商品房房款动辄几百万元，普通家庭要举一家几代人的力量才能负担。商品房质量直接关系群众的居住体验，关系老百姓的安居幸福感。电路插座也是房屋的重要组成部分，尽管该瑕疵在房屋交付验收时不易被发现，但实际影响了张某的日常用电和生活起居，且持续多年未得到解决。本案裁判不仅明确了开发商对出售房屋的质量瑕疵担保责任，而且明确了全面、充分保护的原则。就修复方案的考量，还考虑了房屋质量问题的起因、程度、持续时间以及开发商在解决问题过程中的作为情况，最大限度地保障了房屋买受人的合法权益，有助于引导房地产企业重品质、守诚信，对构建诚实、守信、和谐的房地产市场环境贡献了司法力量。

第六百一十八条 【减轻或者免除瑕疵担保责任的例外】当事人约定减轻或者免除出卖人对标的物瑕疵承担的责任，因出卖人故意或者重大过失不告知买受人标的物瑕疵的，出卖人无权主张减轻或者免除责任。

第六百一十九条 【标的物包装方式】出卖人应当按照约定的包装方式交付标的物。对包装方式没有约定或者约定不明确，依据本法第五百一十条的规定仍不能确定的，应当按照通用的方式包装；没有通用方式的，应当采取足以保护标的物且有利于节约资源、保护生态环境的包装方式。

第六百二十条 【买受人的检验义务】买受人收到标的物时应当在约定的检验期限内检验。没有约定检验期限的，应当及时检验。

第六百二十一条 【买受人的通知义务】当事人约定检验期限的，买受人应当在检验期限内将标的物的数量或者质量不符合约定的情形通知出卖人。买受人怠于通知的，视为标的物的数量或者质量符合约定。

当事人没有约定检验期限的，买受人应当在发现或者应当发现标的物的数量或者质量不符合约定的合理期限内通知出卖人。买受人在合理期限内未通知或者自收到标的物之日起二年内未通知出卖人的，视为标的物的数量或者质量符合约定；但是，对标的物有质量保证期的，适用质量保证期，不适用该二年的规定。

出卖人知道或者应当知道提供的标的物不符合约定的，买受人不受前两款规定的通知时间的限制。

根据2020年12月29日修正的《最高人民法院关于审理买卖合同纠纷案件适用法律问题的解释》（法释〔2020〕17号），对于买受人的通知义务，规定如下：

第十二条 人民法院具体认定民法典第六百二十一条第二款规定的“合理期限”时，应当综合当事人之间的交易性质、交易目的、交易方式、交易习惯、标的物的种类、数量、性质、安装和使用情况、瑕疵的性质、买受人应尽的合理注意义务、检验方法和难易程度、买受人或者检验人所处的具体环境、自身技能以及其他合理因素，依据诚实信用原则进行判断。

民法典第六百二十一条第二款规定的“二年”是最长的合理期限。该期限为不变期间，不适用诉讼时效中止、中断或者延长的规定。

第十三条 买受人在合理期限内提出异议，出卖人以买受人已经支付价款、确认欠款数额、使用标的物等为由，主张买受人放弃异议的，人民法院不予支持，但当事人另有约定的除外。

第十四条 民法典第六百二十一条规定的检验期限、合理期限、二年期限经过后，买受人主张标的物的数量或者质量不符合约定的，人民法院不予支持。

出卖人自愿承担违约责任后，又以上述期限经过为由翻悔的，人民法院不予支持。

第六百二十二条 【检验期限过短时的处理】当事人约定的检验期限过短，根据标的物的性质和交易习惯，买受人在检验期限内难以完成全面检验的，该期限仅视为买受人对标的物的外观瑕疵提出异议的期限。

约定的检验期限或者质量保证期短于法律、行政法规规定期限的，应当以法律、行政法规规定的期限为准。

第六百二十三条 【检验期限未约定时的处理】当事人对检验期限未作约定，买受人签收的送货单、确认单等载明标的物数量、型号、规格的，推定买受人已经对数量和外观瑕疵进行检验，但是有相关证据足以推翻的除外。

第六百二十四条 【向第三人履行情形下的检验标准】出卖人依照买受人的指示向第三人交付标的物，出卖人和买受人约定的检验标准与买受人和第三人约定的检验标准不一致的，以出卖人和买受人约定的检验标准为准。

第六百二十五条 【出卖人回收义务】依照法律、行政法规的规定或者按照当事人的约定，标的物在有效使用年限届满后应予回收的，出卖人负有自行或者委托第三人对标的物予以回收的义务。

第六百二十六条 【买受人支付价款的数额和方式】买受人应当按照约定的数额和支付方式支付价款。对价款的数额和支付方式没有约定或者约定不明确的，适用本法第五百一十条、第五百一十一条第二项和第五项的规定。

根据**2020年7月5日公布的《保障中小企业款项支付条例》**，规定如下：

第一条 为了促进机关、事业单位和大型企业及时支付中小企业款项，维护中小企业合法权益，优化营商环境，根据《中华人民共和国中小企业促进法》等法律，制定本条例。

第二条 机关、事业单位和大型企业采购货物、工程、服务支付中小企业款项，应当遵守本条例。

第三条 本条例所称中小企业，是指在中华人民共和国境内依法设立，依据国务院批准的中小企业划分标准确定的中型企业、小型企业和微型企业；所称大型企业，是指中小企业以外的企业。

中小企业、大型企业依合同订立时的企业规模类型确定。中小企业与机关、事业单位、大型企业订立合同时，应当主动告知其属于中小企业。

第四条 国务院负责中小企业促进工作综合管理的部门对机关、事业单位和大型企业及时支付中小企业款项工作进行宏观指导、综合协调、监督检查；国务院有关部门在各自职责范围内，负责相关管理工作。

县级以上地方人民政府负责本行政区域内机关、事业单位和大型企业及时支付中小企业款项的管理工作。

第五条 有关行业协会商会应当按照法律法规和组织章程，完善行业自律，禁止本行业大型企业利用优势地位拒绝或者迟延支付中小企业款项，规范引导其履行及时支付中小企业款项义务，保护中小企业合法权益。

第六条 机关、事业单位和大型企业不得要求中小企业接受不合理的付款期限、方式、条件和违约责任等交易条件，不得违约拖欠中小企业的货物、工程、服务款项。

中小企业应当依法经营，诚实守信，按照合同约定提供合格的货物、工程和服务。

第七条 机关、事业单位使用财政资金从中小企业采购货物、工程、服务，应当严格按照批准的预算执行，不得无预算、超预算开展采购。

政府投资项目所需资金应当按照国家有关规定确保落实到位，不得由施工单位垫资建设。

第八条 机关、事业单位从中小企业采购货物、工程、服务，应当自货物、工程、服务交付之日起30日内支付款项；合同另有约定的，付款期限最长不得超过60日。

大型企业从中小企业采购货物、工程、服务，应当按照行业规范、交易习惯合理约定付款期限并及时支付款项。

合同约定采取履行进度结算、定期结算等结算方式的，付款期限应当自双方确认结算金额之日起算。

第九条 机关、事业单位和大型企业与中小企业约定以货物、工程、服务交付后经检验或者验收合格作为支付中小企业款项条件的，付款期限应当自检验或者验收合格之日起算。

合同双方应当在合同中约定明确、合理的检验或者验收期限，并在该期限内完成检验或者验收。机关、事业单位和大型企业拖延检验或者验收的，付款期限自约定的检验或者验收期限届满之日起算。

第十条 机关、事业单位和大型企业使用商业汇票等非现金支付方式支付中小企业款项的，应当在合同中作出明确、合理约定，不得强制中小企业接受商业汇票等非现金支付方式，不得利用商业汇票等非现金支付方式变相延长付款期限。

第十一条 机关、事业单位和国有大型企业不得强制要求以审计机关的审计结果作为结算依据，但合同另有约定或者法律、行政法规另有规定的除外。

第十二条 除依法设立的投标保证金、履约保证金、工程质量保证金、农民工工资保证金外，工程建设中不得收取其他保证金。保证金的收取比例应当符合国家有关规定。

机关、事业单位和大型企业不得将保证金限定为现金。中小企业以金融机构保函提供保证的，机关、事业单位和大型企业应当接受。

机关、事业单位和大型企业应当按照合同约定，在保证期限届满后及时与中小企业对收取的保证金进行核实和结算。

第十三条 机关、事业单位和大型企业不得以法定代表人或者主要负责人变更，履行内部付款流程，或者在合同未作约定的情况下以等待竣工验收批复、决算审计等为由，拒绝或者迟延支付中小企业款项。

第十四条 中小企业以应收账款担保融资的，机关、事业单位和大型企业应当自中小企业提出确权请求之日起30日内确认债权债务关系，支持中小企业融资。

第十五条 机关、事业单位和大型企业迟延支付中小企业款项的，应当支付逾期利息。双方对逾期利息的利率有约定的，约定利率不得低于合同订立时1年期贷款市场报价利率；未作约定的，按照每日利率万分之五支付逾期利息。

第十六条 机关、事业单位应当于每年3月31日前将上一年度逾期尚未支付中小企业款项的合同数量、金额等信息通过网站、报刊等便于公众知晓的方式公开。

大型企业应当将逾期尚未支付中小企业款项的合同数量、金额等信息纳入企业年度报告，通过企业信用信息公示系统向社会公示。

第十七条 省级以上人民政府负责中小企业促进工作综合管理的部门应当建立便利畅通的渠道，受理对机关、事业单位和大型企业拒绝或者迟延支付中小企业款项的投诉。

受理投诉部门应当按照“属地管理、分级负责，谁主管谁负责”的原则，及时将投诉转交有关部门、地方人民政府处理，有关部门、地方人民政府应当依法及时处理，并将处理结果告知投诉人，同时反馈受理投诉部门。

机关、事业单位和大型企业不履行及时支付中小企业款项义务，情节严重的，受理投诉部门可以依法依规将其失信信息纳入全国信用信息共享平台，并将相关涉企信息通过企业信用信息公示系统向社会公示，依法实施失信惩戒。

第十八条 被投诉的机关、事业单位和大型企业及其工作人员不得以任何形式对投诉人进行恐吓、打击报复。

第十九条 对拒绝或者迟延支付中小企业款项的机关、事业单位，应当在公务消费、办公用房、经费安排等方面采取必要的限制措施。

第二十条 审计机关依法对机关、事业单位和国有大型企业支付中小企业款项情况实施审计监督。

第二十一条 省级以上人民政府建立督查制度，对及时支付中小企业款项工作进行监督检查。

第二十二条 国家依法开展中小企业发展环境评估和营商环境评价时，应当将及时支付中小企业款项工作情况纳入评估和评价内容。

第二十三条 国务院负责中小企业促进工作综合管理的部门依据国务院批准的中小企业划分标准，建立企业规模类型测试平台，提供中小企业规模类型自测服务。

对中小企业规模类型有争议的，可以向主张为中小企业一方所在地的县级以上地方人民政府负责中小企业促进工作综合管理的部门申请认定。

第二十四条 国家鼓励法律服务机构为与机关、事业单位和大型企业存在支付纠纷的中小企业提供法律服务。

新闻媒体应当开展对及时支付中小企业款项相关法律法规政策的公益宣传，依法加强对机关、事业单位和大型企业拒绝或者迟延支付中小企业款项行为的舆论监督。

第二十五条 机关、事业单位违反本条例，有下列情形之一的，由其上级机关、主管部门责令改正；拒不改正的，对直接负责的主管人员和其他直接责任人员依法给予处分：

（一）未在规定的期限内支付中小企业货物、工程、服务款项；

（二）拖延检验、验收；

（三）强制中小企业接受商业汇票等非现金支付方式，或者利用商业汇票等非现金支付方式变相延长付款期限；

（四）没有法律、行政法规依据或者合同约定，要求以审计机关的审计结果作为结算依据；

（五）违法收取保证金，拒绝接受中小企业提供的金融机构保函，或者不及时与中小企业对保证金进行核实、结算；

（六）以法定代表人或者主要负责人变更，履行内部付款流程，或者在合同未作约定的情况下以等待竣工验收批复、决算审计等为由，拒绝或者迟延支付中小企业款项；

（七）未按照规定公开逾期尚未支付中小企业款项信息；

（八）对投诉人进行恐吓、打击报复。

第二十六条 机关、事业单位有下列情形之一的，依照法律、行政法规和国家有关规定追究责任：

（一）使用财政资金从中小企业采购货物、工程、服务，未按照批准的预算执行；

（二）要求施工单位对政府投资项目垫资建设。

第二十七条 大型企业违反本条例，未按照规定在企业年度报告中公示逾期尚未支付中小企业款项信息或者隐瞒真实情况、弄虚作假的，由市场监督管理部门依法处理。

国有大型企业没有合同约定或者法律、行政法规依据，要求以审计机关的审计结果作为结算依据的，由其主管部门责令改正；拒不改正的，对直接负责的主管人员和其他直接责任人员依法给予处分。

第二十八条 部分或者全部使用财政资金的团体组织采购货物、工程、服务支付中小企业款项，参照本条例对机关、事业单位的有关规定执行。

军队采购货物、工程、服务支付中小企业款项，按照军队的有关规定执行。

第二十九条 本条例自 2020 年 9 月 1 日起施行。

第六百二十七条 【买受人支付价款的地点】买受人应当按照约定的地点支付价款。对支付地点没有约定或者约定不明确,依据本法第五百一十条的规定仍不能确定的,买受人应当在出卖人的营业地支付;但是,约定支付价款以交付标的物或者交付提取标的物单证为条件的,在交付标的物或者交付提取标的物单证的所在地支付。

第六百二十八条 【买受人支付价款的时间】买受人应当按照约定的时间支付价款。对支付时间没有约定或者约定不明确,依据本法第五百一十条的规定仍不能确定的,买受人应当在收到标的物或者提取标的物单证的同时支付。

第六百二十九条 【出卖人多交标的物的处理】出卖人多交标的物的,买受人可以接收或者拒绝接收多交的部分。买受人接收多交部分的,按照约定的价格支付价款;买受人拒绝接收多交部分的,应当及时通知出卖人。

> **根据 2020 年 12 月 29 日修正的《最高人民法院关于审理买卖合同纠纷案件适用法律问题的解释》(法释〔2020〕17 号)**,规定如下:
>
> **第三条** 根据民法典第六百二十九条的规定,买受人拒绝接收多交部分标的物的,可以代为保管多交部分标的物。买受人主张出卖人负担代为保管期间的合理费用的,人民法院应予支持。
>
> 买受人主张出卖人承担代为保管期间非因买受人故意或者重大过失造成的损失的,人民法院应予支持。

第六百三十条 【标的物孳息的归属】标的物在交付之前产生的孳息,归出卖人所有;交付之后产生的孳息,归买受人所有。但是,当事人另有约定的除外。

第六百三十一条 【从物与合同解除】因标的物的主物不符合约定而解除合同的,解除合同的效力及于从物。因标的物的从物不符合约定被解除的,解除的效力不及于主物。

第六百三十二条 【数物同时出卖时的合同解除】标的物为数物,其中一物不符合约定的,买受人可以就该物解除。但是,该物与他物分离使标的物的价值显受损害的,买受人可以就数物解除合同。

第六百三十三条 【分批交付标的物的合同解除】出卖人分批交付标的物的,出卖人对其中一批标的物不交付或者交付不符合约定,致使该批标的物不能实现合同目的的,买受人可以就该批标的物解除。

出卖人不交付其中一批标的物或者交付不符合约定,致使之后其他各批标的物的交付不能实现合同目的的,买受人可以就该批以及之后其他各批标的物解除。

买受人如果就其中一批标的物解除,该批标的物与其他各批标的物相互依存的,可以就已经交付和未交付的各批标的物解除。

第六百三十四条 【分期付款买卖合同】分期付款的买受人未支付到期价款的数额达到全部价款的五分之一,经催告后在合理期限内仍未支付到期价款的,出卖人可以请求买受人支付全部价款或者解除合同。

出卖人解除合同的,可以向买受人请求支付该标的物的使用费。

根据2020年12月29日修正的《最高人民法院关于审理买卖合同纠纷案件适用法律问题的解释》(法释〔2020〕17号),规定如下:

第二十七条 民法典第六百三十四条第一款规定的"分期付款",系指买受人将应付的总价款在一定期限内至少分三次向出卖人支付。

分期付款买卖合同的约定违反民法典第六百三十四条第一款的规定,损害买受人利益,买受人主张该约定无效的,人民法院应予支持。

第二十八条 分期付款买卖合同约定出卖人在解除合同时可以扣留已受领价金,出卖人扣留的金额超过标的物使用费以及标的物受损赔偿额,买受人请求返还超过部分的,人民法院应予支持。

当事人对标的物的使用费没有约定的,人民法院可以参照当地同类标的物的租金标准确定。

根据2016年9月19日公布的《最高人民法院关于发布第14批指导性案例的通知》(法〔2016〕311号),其中指导案例67号是汤长龙诉周士海股权转让纠纷案,具体如下:

裁判要点

有限责任公司的股权分期支付转让款中发生股权受让人延迟或者拒付等违约情形,股权转让人要求解除双方签订的股权转让合同的,不适用《中华人民共和国合同法》第一百六十七条关于分期付款买卖中出卖人在买受人未支付到期价款的金额达到合同全部价款的五分之一时即可解除合同的规定。

相关法条

《中华人民共和国合同法》第94条、第167条

基本案情

原告汤长龙与被告周士海于2013年4月3日签订《股权转让协议》及《股权转让资金分期付款协议》。双方约定:周士海将其持有的青岛变压器集团成都双星电器有限公司6.35%的股权转让给汤长龙。股权合计710万元,分四期付清,即2013年4月3日付150万元;2013年8月2日付150万元;2013年12月2日付200万元;2014年4月2日付210万元。此协议双方签字生效,永不反悔。协议签订后,汤长龙于2013年4月3日依约向周士海支付第一期股权转让款150万元。因汤长龙逾期未支付约定的第二期股权转让款,周士海于同年10月11日,以公证方式向汤长龙送达了《关于解除协议的通知》,以汤长龙根本违约为由,提出解除双方签订的《股权转让资金分期付款协议》。次日,汤长龙即向周士海转账支付了第二期150万元的股权转让款,并按照约定的时间和数额履行了后续第三、四期股权转让款的支付义务。周士海以其已经解除合同为由,如数退回汤长龙支付的4笔股权转让款。汤长龙遂向人民法院提起诉讼,要求确认周士海发出的解除协议通知无效,并责令其继续履行合同。

另查明,2013年11月7日,青岛变压器集团成都双星电器有限公司的变更(备案)登记中,周士海所持有的6.35%的股权已经变更登记至汤长龙名下。

裁判结果

四川省成都市中级人民法院于2014年4月15日作出(2013)成民初字第1815号民事判决:驳回原告汤长龙的诉讼请求。汤长龙不服,提起上诉。四川省高级人民法院于2014

年12月19日作出（2014）川民终字第432号民事判决：一、撤销原审判决；二、确认周士海要求解除双方签订的《股权转让资金分期付款协议》行为无效；三、汤长龙于本判决生效后十日内向周士海支付股权转让款710万元。周士海不服四川省高级人民法院的判决，以二审法院适用法律错误为由，向最高人民法院申请再审。最高人民法院于2015年10月26日作出（2015）民申字第2532号民事裁定，驳回周士海的再审申请。

裁判理由

法院生效判决认为：本案争议的焦点问题是周士海是否享有《中华人民共和国合同法》（以下简称《合同法》）第一百六十七条规定的合同解除权。

一、《合同法》第一百六十七条第一款规定，“分期付款的买受人未支付到期价款的金额达到全部价款的五分之一的，出卖人可以要求买受人支付全部价款或解除合同”。第二款规定，“出卖人解除合同的，可以向买受人要求支付该标的物的使用费”。《最高人民法院关于审理买卖合同纠纷案件适用法律问题的解释》第三十八条规定，“合同法第一百六十七条第一款规定的‘分期付款’，系指买受人将应付的总价款在一定期间内至少分三次向出卖人支付。分期付款买卖合同的约定违反合同法第一百六十七条第一款的规定，损害买受人利益，买受人主张该约定无效的，人民法院应予支持”。依据上述法律和司法解释的规定，分期付款买卖的主要特征为：一是买受人向出卖人支付总价款分三次以上，出卖人交付标的物之后买受人分两次以上向出卖人支付价款；二是多发、常见在经营者和消费者之间，一般是买受人作为消费者为满足生活消费而发生的交易；三是出卖人向买受人授予了一定信用，而作为授信人的出卖人在价款回收上存在一定风险，为保障出卖人剩余价款的回收，出卖人在一定条件下可以行使解除合同的权利。

本案系有限责任公司股东将股权转让给公司股东之外的其他人。尽管案涉股权的转让形式也是分期付款，但由于本案买卖的标的物是股权，因此具有与以消费为目的的一般买卖不同的特点：一是汤长龙受让股权是为参与公司经营管理并获取经济利益，并非满足生活消费；二是周士海作为有限责任公司的股权出让人，基于其所持股权一直存在于目标公司中的特点，其因分期回收股权转让款而承担的风险，与一般以消费为目的的分期付款买卖中出卖人收回价款的风险并不同等；三是双方解除股权转让合同，也不存在向受让人要求支付标的物使用费的情况。综上特点，股权转让分期付款合同，与一般以消费为目的的分期付款买卖合同有较大的区别。对案涉《股权转让资金分期付款协议》不宜简单适用《合同法》第一百六十七条规定的合同解除权。

二、本案中，双方订立《股权转让资金分期付款协议》的合同目的能够实现。汤长龙和周士海订立《股权转让资金分期付款协议》的目的是转让周士海所持青岛变压器集团成都双星电器有限公司6.35%的股权给汤长龙。根据汤长龙履行股权转让款的情况，除第2笔股权转让款150万元逾期支付两个月，其余3笔股权转让款均按约支付，周士海认为汤长龙逾期付款构成违约要求解除合同，退回了汤长龙所付710万元，不影响汤长龙按约支付剩余3笔股权转让款的事实的成立，且本案一、二审审理过程中，汤长龙明确表示愿意履行付款义务。因此，周士海签订案涉《股权转让资金分期付款协议》的合同目的能够得以实现。另查明，2013年11月7日，青岛变压器集团成都双星电器有限公司的变更（备案）登记中，周士海所持有的6.35%股权已经变更登记至汤长龙名下。

三、从诚实信用的角度，《合同法》第六十条规定，“当事人应当按照约定全面履行自己的义务。当事人应当遵循诚实信用原则，根据合同的性质、目的和交易习惯履行通知、协助、保密等义务”。鉴于双方在股权转让合同上明确约定“此协议一式两份，双方签字生效，永不反悔”，因此周士海即使依据《合同法》第一百六十七条的规定，也应当首先选择要求汤长龙支付全部价款，而不是解除合同。

四、从维护交易安全的角度，一项有限责任公司的股权交易，关涉诸多方面，如其他股东对受让人汤长龙的接受和信任（过半数同意股权转让），记载到股东名册和在工商部门登记股权，社会成本和影响已经倾注其中。本案中，汤长龙受让股权后已实际参与公司经营管理、股权也已过户登记到其名下，如果不是汤长龙有根本违约行为，动辄撤销合同可能对公司经营管理的稳定产生不利影响。

综上所述，本案中，汤长龙主张的周士海依据《合同法》第一百六十七条之规定要求解除合同依据不足的理由，于法有据，应当予以支持。

第六百三十五条　【凭样品买卖合同】凭样品买卖的当事人应当封存样品，并可以对样品质量予以说明。出卖人交付的标的物应当与样品及其说明的质量相同。

根据**2020年12月29日修正的《最高人民法院关于审理买卖合同纠纷案件适用法律问题的解释》(法释〔2020〕17号)**，规定如下：

第二十九条　合同约定的样品质量与文字说明不一致且发生纠纷时当事人不能达成合意，样品封存后外观和内在品质没有发生变化的，人民法院应当以样品为准；外观和内在品质发生变化，或者当事人对是否发生变化有争议而又无法查明的，人民法院应当以文字说明为准。

第六百三十六条　【凭样品买卖合同的隐蔽瑕疵处理】凭样品买卖的买受人不知道样品有隐蔽瑕疵的，即使交付的标的物与样品相同，出卖人交付的标的物的质量仍然应当符合同种物的通常标准。

第六百三十七条　【试用买卖的试用期限】试用买卖的当事人可以约定标的物的试用期限。对试用期限没有约定或者约定不明确，依据本法第五百一十条的规定仍不能确定的，由出卖人确定。

根据**2020年12月29日修正的《最高人民法院关于审理买卖合同纠纷案件适用法律问题的解释》(法释〔2020〕17号)**，规定如下：

第三十条　买卖合同存在下列约定内容之一的，不属于试用买卖。买受人主张属于试用买卖的，人民法院不予支持：

(一)约定标的物经过试用或者检验符合一定要求时，买受人应当购买标的物；

(二)约定第三人经试验对标的物认可时，买受人应当购买标的物；

(三)约定买受人在一定期限内可以调换标的物；

(四)约定买受人在一定期限内可以退还标的物。

第六百三十八条　【试用买卖的效力】试用买卖的买受人在试用期内可以购买标的物，也可以拒绝购买。试用期限届满，买受人对是否购买标的物未作表示的，视为购买。

试用买卖的买受人在试用期内已经支付部分价款或者对标的物实施出卖、出租、设立担保物权等行为的，视为同意购买。

第六百三十九条　【试用买卖使用费的负担】试用买卖的当事人对标的物使用费没有约定或者约定不明确的，出卖人无权请求买受人支付。

第六百四十条 【试用期间标的物灭失风险的承担】标的物在试用期内毁损、灭失的风险由出卖人承担。

第六百四十一条 【所有权保留】当事人可以在买卖合同中约定买受人未履行支付价款或者其他义务的，标的物的所有权属于出卖人。

出卖人对标的物保留的所有权，未经登记，不得对抗善意第三人。

根据**2020年12月31日公布的《最高人民法院关于适用〈中华人民共和国民法典〉有关担保制度的解释》（法释〔2020〕28号）**，规定如下：

第六十七条 在所有权保留买卖、融资租赁等合同中，出卖人、出租人的所有权未经登记不得对抗的“善意第三人”的范围及其效力，参照本解释第五十四条的规定处理。

根据**2020年12月29日修正的《最高人民法院关于适用〈中华人民共和国企业破产法〉若干问题的规定（二）》（法释〔2020〕18号）**，对于买卖合同中约定了标的物所有权保留，出卖人或买受人破产时该合同如何处理的问题，规定如下：

第二条 下列财产不应认定为债务人财产：

（一）债务人基于仓储、保管、承揽、代销、借用、寄存、租赁等合同或者其他法律关系占有、使用的他人财产；

（二）债务人在所有权保留买卖中尚未取得所有权的财产；

（三）所有权专属于国家且不得转让的财产；

（四）其他依照法律、行政法规不属于债务人的财产。

第三十四条 买卖合同双方当事人在合同中约定标的物所有权保留，在标的物所有权未依法转移给买受人前，一方当事人破产的，该买卖合同属于双方均未履行完毕的合同，管理人有权依据企业破产法第十八条的规定决定解除或者继续履行合同。

第三十五条 出卖人破产，其管理人决定继续履行所有权保留买卖合同的，买受人应当按照原买卖合同的约定支付价款或者履行其他义务。

买受人未依约支付价款或者履行完毕其他义务，或者将标的物出卖、出质或者作出其他不当处分，给出卖人造成损害，出卖人管理人依法主张取回标的物的，人民法院应予支持。但是，买受人已经支付标的物总价款百分之七十五以上或者第三人善意取得标的物所有权或者其他物权的除外。

因本条第二款规定未能取回标的物，出卖人管理人依法主张买受人继续支付价款、履行完毕其他义务，以及承担相应赔偿责任的，人民法院应予支持。

第三十六条 出卖人破产，其管理人决定解除所有权保留买卖合同，并依据企业破产法第十七条的规定要求买受人向其交付买卖标的物的，人民法院应予支持。

买受人以其不存在未依约支付价款或者履行完毕其他义务，或者将标的物出卖、出质或者作出其他不当处分情形抗辩的，人民法院不予支持。

买受人依法履行合同义务并依据本条第一款将买卖标的物交付出卖人管理人后，买受人已支付价款损失形成的债权作为共益债务清偿。但是，买受人违反合同约定，出卖人管理人主张上述债权作为普通破产债权清偿的，人民法院应予支持。

第三十七条 买受人破产，其管理人决定继续履行所有权保留买卖合同的，原买卖合同中约定的买受人支付价款或者履行其他义务的期限在破产申请受理时视为到期，买受人管理人应当及时向出卖人支付价款或者履行其他义务。

买受人管理人无正当理由未及时支付价款或者履行完毕其他义务，或者将标的物出卖、出质或者作出其他不当处分，给出卖人造成损害，出卖人依据民法典第六百四十一条等规定主张取回标的物的，人民法院应予支持。但是，买受人已支付标的物总价款百分之七十五以上或者第三人善意取得标的物所有权或者其他物权的除外。

因本条第二款规定未能取回标的物，出卖人依法主张买受人继续支付价款、履行完毕其他义务，以及承担相应赔偿责任的，人民法院应予支持。对因买受人未支付价款或者未履行完毕其他义务，以及买受人管理人将标的物出卖、出质或者作出其他不当处分导致出卖人损害产生的债务，出卖人主张作为共益债务清偿的，人民法院应予支持。

第三十八条 买受人破产，其管理人决定解除所有权保留买卖合同，出卖人依据企业破产法第三十八条的规定主张取回买卖标的物的，人民法院应予支持。

出卖人取回买卖标的物，买受人管理人主张出卖人返还已支付价款的，人民法院应予支持。取回的标的物价值明显减少给出卖人造成损失的，出卖人可从买受人已支付价款中优先予以抵扣后，将剩余部分返还给买受人；对买受人已支付价款不足以弥补出卖人标的物价值减损损失形成的债权，出卖人主张作为共益债务清偿的，人民法院应予支持。

根据**2020年12月29日修正的《最高人民法院关于审理买卖合同纠纷案件适用法律问题的解释》（法释〔2020〕17号）**，规定如下：

第二十五条 买卖合同当事人主张民法典第六百四十一条关于标的物所有权保留的规定适用于不动产的，人民法院不予支持。

根据**2002年7月30日公布的《最高人民法院关于审理企业破产案件若干问题的规定》（法释〔2002〕23号）**，规定如下：

第七十一条 下列财产不属于破产财产：

（一）债务人基于仓储、保管、加工承揽、委托交易、代销、借用、寄存、租赁等法律关系占有、使用的他人财产；

（二）抵押物、留置物、出质物，但权利人放弃优先受偿权的或者优先偿付被担保债权剩余的部分除外；

（三）担保物灭失后产生的保险金、补偿金、赔偿金等代位物；

（四）依照法律规定存在优先权的财产，但权利人放弃优先受偿权或者优先偿付特定债权剩余的部分除外；

（五）特定物买卖中，尚未转移占有但相对人已完全支付对价的特定物；

（六）尚未办理产权证或者产权过户手续但已向买方交付的财产；

（七）债务人在所有权保留买卖中尚未取得所有权的财产；

（八）所有权专属于国家且不得转让的财产；

（九）破产企业工会所有的财产。

根据**2000年12月1日公布的《最高人民法院关于购买人使用分期付款购买的车辆从事运输因交通事故造成他人财产损失，保留车辆所有权的出卖方不应承担民事责任的批复》（法释〔2000〕38号）**，采取分期付款方式购车，出卖方在购买方付清全部车款前保留车辆所有权的，购买方以自己名义与他人订立货物运输合同并使用该车运输时，因交通事故造成他人财产损失的，出卖方不承担民事责任。

根据**2020年12月22日公布的《国务院关于实施动产和权利担保统一登记的决定》（国发〔2020〕18号）**，决定如下：

一、自2021年1月1日起，在全国范围内实施动产和权利担保统一登记。

二、纳入动产和权利担保统一登记范围的担保类型包括：

（一）生产设备、原材料、半成品、产品抵押；

（二）应收账款质押；

（三）存款单、仓单、提单质押；

（四）融资租赁；

（五）保理；

（六）所有权保留；

（七）其他可以登记的动产和权利担保，但机动车抵押、船舶抵押、航空器抵押、债券质押、基金份额质押、股权质押、知识产权中的财产权质押除外。

三、纳入统一登记范围的动产和权利担保，由当事人通过中国人民银行征信中心（以下简称征信中心）动产融资统一登记公示系统自主办理登记，并对登记内容的真实性、完整性和合法性负责。登记机构不对登记内容进行实质审查。

四、中国人民银行要加强对征信中心的督促指导。征信中心具体承担服务性登记工作，不得开展事前审批性登记。征信中心要做好系统建设和维护工作，保障系统安全、稳定运行，建立高效运转的服务体系，不断提高服务效率和质量。

五、国家市场监督管理总局不再承担“管理动产抵押物登记”职责。中国人民银行负责制定生产设备、原材料、半成品、产品抵押和应收账款质押统一登记制度，推进登记服务便利化。中国人民银行、国家市场监督管理总局应当明确生产设备、原材料、半成品、产品抵押登记的过渡安排，妥善做好存量信息的查询、变更、注销服务和数据移交工作，确保有关工作的连续性、稳定性、有效性。

根据**2021年11月2日公布的《最高人民法院发布十四起人民法院服务和保障长三角一体化发展典型案例》，其中案例12是扬州市海力精密机械制造有限公司诉安徽奥泰粉末冶金有限公司取回权案**，具体如下：

基本案情

2013年9月至2015年5月，扬州市海力精密机械制造有限公司（以下简称海力公司）与安徽奥泰粉末冶金有限公司（以下简称奥泰公司）先后签订了5份《工矿产品购销合同》，约定海力公司向奥泰公司提供6台全自动粉末成型机，合同总价款3279075元，并约定货款未付清前，设备所有权归海力公司所有。海力公司按约定向奥泰公司供应6台成型机，但奥泰公司仅支付货款2122312.82元。2017年7月至2018年1月，奥泰公司将上述6台粉末成型机先后抵押给皖东农商行城中支行，并办理了抵押登记。2019年1月29日，安徽省滁州市中级人民法院裁定受理奥泰公司破产清算案，并指定由安徽省滁州市琅琊区人民法院审理。同年4月，海力公司向奥泰公司管理人发出《通知书》，向管理人主张两台全自动粉末成型机的所有权，并征询管理人是否解除或者继续履行合同。管理人向海力公司复函称，海力公司对奥泰公司主张的两台全自动粉末成型机不再享有所有权，仅享有货款普通债权，要求海力公司申报债权。此后，海力公司向奥泰公司管理人提交了申报书，要求将奥泰公司欠付海力公司货款本金1156763.18元及利息104108.686元作为共益债务进行清偿，管理人不予认可。海力公司遂提起诉讼，请求确认奥泰公司所欠货款及利息为共益债务。

裁判结果

安徽省滁州市琅琊区人民法院一审判决：一、确认奥泰公司所欠海力公司货款1156763.18元为共益债务，以奥泰公司财产清偿；二、驳回海力公司的其他诉讼请求。一审判决后，奥泰公司提起上诉。安徽省滁州市中级人民法院判决：驳回上诉，维持原判。

典型意义

支持长三角一体化发展并上升为国家战略是党中央作出的重大决策部署。充分发挥审判职能作用，妥善审理涉民营企业案件，平等保护各类产权，营造法治化营商环境，依法服务和保障长三角区域一体化发展，是人民法院的重要职责。

本案涉及的主要问题是所有权保留买卖合同的买受人进入破产程序后，在出卖人无法取回合同标的物的情况下，买受人所欠货款能否作为共益债务进行清偿。本案中，奥泰公司与海力公司系长三角地区跨省企业，奥泰公司向海力公司购买全自动粉末成型机，约定了所有权保留条款。奥泰公司在尚未付清价款的情况下进入破产程序，并对合同标的物进行了处分，向皖东农商行城中支行设定抵押，导致海力公司无法取回；而奥泰公司管理人对所欠货款又不予认定为共益债务，致使海力公司利益受损。本案裁判体现了人民法院为长三角一体化发展提供司法服务和保障的自觉性，实现了当事人诉求在长三角区域法院无差别受理、同标准审理，平等保护长三角区域企业的合法民事权益，为优化长三角区域法治化营商环境提供了有力的司法保障。

第六百四十二条 【出卖人的取回权】当事人约定出卖人保留合同标的物的所有权，在标的物所有权转移前，买受人有下列情形之一，造成出卖人损害的，除当事人另有约定外，出卖人有权取回标的物：

（一）未按照约定支付价款，经催告后在合理期限内仍未支付；

（二）未按照约定完成特定条件；

（三）将标的物出卖、出质或者作出其他不当处分。

出卖人可以与买受人协商取回标的物；协商不成的，可以参照适用担保物权的实现程序。

> 根据**2020年12月31日公布的《最高人民法院关于适用〈中华人民共和国民法典〉有关担保制度的解释》（法释〔2020〕28号）**，规定如下：
>
> **第六十四条** 在所有权保留买卖中，出卖人依法有权取回标的物，但是与买受人协商不成，当事人请求参照民事诉讼法"实现担保物权案件"的有关规定，拍卖、变卖标的物的，人民法院应予准许。
>
> 出卖人请求取回标的物，符合民法典第六百四十二条规定的，人民法院应予支持；买受人以抗辩或者反诉的方式主张拍卖、变卖标的物，并在扣除买受人未支付的价款以及必要费用后返还剩余款项的，人民法院应当一并处理。
>
> 根据**2020年12月29日修正的《最高人民法院关于审理买卖合同纠纷案件适用法律问题的解释》（法释〔2020〕17号）**，规定如下：
>
> **第二十六条** 买受人已经支付标的物总价款的百分之七十五以上，出卖人主张取回标的物的，人民法院不予支持。
>
> 在民法典第六百四十二条第一款第三项情形下，第三人依据民法典第三百一十一条的规定已经善意取得标的物所有权或者其他物权，出卖人主张取回标的物的，人民法院不予支持。

第六百四十三条 【买受人的回赎权】出卖人依据前条第一款的规定取回标的物后，买受人在双方约定或者出卖人指定的合理回赎期限内，消除出卖人取回标的物的事由的，可以请求回赎标的物。

买受人在回赎期限内没有回赎标的物，出卖人可以以合理价格将标的物出卖给第三人，出卖所得价款扣除买受人未支付的价款以及必要费用后仍有剩余的，应当返还买受人；不足部分由买受人清偿。

第六百四十四条 【招标投标买卖】招标投标买卖的当事人的权利和义务以及招标投标程序等，依照有关法律、行政法规的规定。

> 根据**2017年12月27日修正的《中华人民共和国招标投标法》**，对于招标投标，规定如下：
>
> **第一章 总 则**
>
> **第一条** 为了规范招标投标活动，保护国家利益、社会公共利益和招标投标活动当事人的合法权益，提高经济效益，保证项目质量，制定本法。

第二条 在中华人民共和国境内进行招标投标活动,适用本法。

第三条 在中华人民共和国境内进行下列工程建设项目包括项目的勘察、设计、施工、监理以及与工程建设有关的重要设备、材料等的采购,必须进行招标:

(一)大型基础设施、公用事业等关系社会公共利益、公众安全的项目;

(二)全部或者部分使用国有资金投资或者国家融资的项目;

(三)使用国际组织或者外国政府贷款、援助资金的项目。

前款所列项目的具体范围和规模标准,由国务院发展计划部门会同国务院有关部门制订,报国务院批准。

法律或者国务院对必须进行招标的其他项目的范围有规定的,依照其规定。

第四条 任何单位和个人不得将依法必须进行招标的项目化整为零或者以其他任何方式规避招标。

第五条 招标投标活动应当遵循公开、公平、公正和诚实信用的原则。

第六条 依法必须进行招标的项目,其招标投标活动不受地区或者部门的限制。任何单位和个人不得违法限制或者排斥本地区、本系统以外的法人或者其他组织参加投标,不得以任何方式非法干涉招标投标活动。

第七条 招标投标活动及其当事人应当接受依法实施的监督。

有关行政监督部门依法对招标投标活动实施监督,依法查处招标投标活动中的违法行为。

对招标投标活动的行政监督及有关部门的具体职权划分,由国务院规定。

第二章 招 标

第八条 招标人是依照本法规定提出招标项目、进行招标的法人或者其他组织。

第九条 招标项目按照国家有关规定需要履行项目审批手续的,应当先履行审批手续,取得批准。

招标人应当有进行招标项目的相应资金或者资金来源已经落实,并应当在招标文件中如实载明。

第十条 招标分为公开招标和邀请招标。

公开招标,是指招标人以招标公告的方式邀请不特定的法人或者其他组织投标。

邀请招标,是指招标人以投标邀请书的方式邀请特定的法人或者其他组织投标。

第十一条 国务院发展计划部门确定的国家重点项目和省、自治区、直辖市人民政府确定的地方重点项目不适宜公开招标的,经国务院发展计划部门或者省、自治区、直辖市人民政府批准,可以进行邀请招标。

第十二条 招标人有权自行选择招标代理机构,委托其办理招标事宜。任何单位和个人不得以任何方式为招标人指定招标代理机构。

招标人具有编制招标文件和组织评标能力的,可以自行办理招标事宜。任何单位和个人不得强制其委托招标代理机构办理招标事宜。

依法必须进行招标的项目,招标人自行办理招标事宜的,应当向有关行政监督部门备案。

第十三条 招标代理机构是依法设立、从事招标代理业务并提供相关服务的社会中介组织。

招标代理机构应当具备下列条件:

(一)有从事招标代理业务的营业场所和相应资金;

(二)有能够编制招标文件和组织评标的相应专业力量。

第十四条 招标代理机构与行政机关和其他国家机关不得存在隶属关系或者其他利益关系。

第十五条 招标代理机构应当在招标人委托的范围内办理招标事宜,并遵守本法关于招标人的规定。

第十六条 招标人采用公开招标方式的，应当发布招标公告。依法必须进行招标的项目的招标公告，应当通过国家指定的报刊、信息网络或者其他媒介发布。

招标公告应当载明招标人的名称和地址、招标项目的性质、数量、实施地点和时间以及获取招标文件的办法等事项。

第十七条 招标人采用邀请招标方式的，应当向三个以上具备承担招标项目的能力、资信良好的特定的法人或者其他组织发出投标邀请书。

投标邀请书应当载明本法第十六条第二款规定的事项。

第十八条 招标人可以根据招标项目本身的要求，在招标公告或者投标邀请书中，要求潜在投标人提供有关资质证明文件和业绩情况，并对潜在投标人进行资格审查；国家对投标人的资格条件有规定的，依照其规定。

招标人不得以不合理的条件限制或者排斥潜在投标人，不得对潜在投标人实行歧视待遇。

第十九条 招标人应当根据招标项目的特点和需要编制招标文件。招标文件应当包括招标项目的技术要求、对投标人资格审查的标准、投标报价要求和评标标准等所有实质性要求和条件以及拟签订合同的主要条款。

国家对招标项目的技术、标准有规定的，招标人应当按照其规定在招标文件中提出相应要求。

招标项目需要划分标段、确定工期的，招标人应当合理划分标段、确定工期，并在招标文件中载明。

第二十条 招标文件不得要求或者标明特定的生产供应者以及含有倾向或者排斥潜在投标人的其他内容。

第二十一条 招标人根据招标项目的具体情况，可以组织潜在投标人踏勘项目现场。

第二十二条 招标人不得向他人透露已获取招标文件的潜在投标人的名称、数量以及可能影响公平竞争的有关招标投标的其他情况。

招标人设有标底的，标底必须保密。

第二十三条 招标人对已发出的招标文件进行必要的澄清或者修改的，应当在招标文件要求提交投标文件截止时间至少十五日前，以书面形式通知所有招标文件收受人。该澄清或者修改的内容为招标文件的组成部分。

第二十四条 招标人应当确定投标人编制投标文件所需要的合理时间；但是，依法必须进行招标的项目，自招标文件开始发出之日起至投标人提交投标文件截止之日止，最短不得少于二十日。

第三章　投　标

第二十五条 投标人是响应招标、参加投标竞争的法人或者其他组织。

依法招标的科研项目允许个人参加投标的，投标的个人适用本法有关投标人的规定。

第二十六条 投标人应当具备承担招标项目的能力；国家有关规定对投标人资格条件或者招标文件对投标人资格条件有规定的，投标人应当具备规定的资格条件。

第二十七条 投标人应当按照招标文件的要求编制投标文件。投标文件应当对招标文件提出的实质性要求和条件作出响应。

招标项目属于建设施工的，投标文件的内容应当包括拟派出的项目负责人与主要技术人员的简历、业绩和拟用于完成招标项目的机械设备等。

第二十八条 投标人应当在招标文件要求提交投标文件的截止时间前，将投标文件送达投标地点。招标人收到投标文件后，应当签收保存，不得开启。投标人少于三个的，招标人应当依照本法重新招标。

在招标文件要求提交投标文件的截止时间后送达的投标文件，招标人应当拒收。

第二十九条 投标人在招标文件要求提交投标文件的截止时间前，可以补充、修改或者撤回已提交的投标文件，并书面通知招标人。补充、修改的内容为投标文件的组成部分。

第三十条 投标人根据招标文件载明的项目实际情况，拟在中标后将中标项目的部分非主体、非关键性工作进行分包的，应当在投标文件中载明。

第三十一条 两个以上法人或者其他组织可以组成一个联合体，以一个投标人的身份共同投标。

联合体各方均应当具备承担招标项目的相应能力；国家有关规定或者招标文件对投标人资格条件有规定的，联合体各方均应当具备规定的相应资格条件。由同一专业的单位组成的联合体，按照资质等级较低的单位确定资质等级。

联合体各方应当签订共同投标协议，明确约定各方拟承担的工作和责任，并将共同投标协议连同投标文件一并提交招标人。联合体中标的，联合体各方应当共同与招标人签订合同，就中标项目向招标人承担连带责任。

招标人不得强制投标人组成联合体共同投标，不得限制投标人之间的竞争。

第三十二条 投标人不得相互串通投标报价，不得排挤其他投标人的公平竞争，损害招标人或者其他投标人的合法权益。

投标人不得与招标人串通投标，损害国家利益、社会公共利益或者他人的合法权益。

禁止投标人以向招标人或者评标委员会成员行贿的手段谋取中标。

第三十三条 投标人不得以低于成本的报价竞标，也不得以他人名义投标或者以其他方式弄虚作假，骗取中标。

第四章 开标、评标和中标

第三十四条 开标应当在招标文件确定的提交投标文件截止时间的同一时间公开进行；开标地点应当为招标文件中预先确定的地点。

第三十五条 开标由招标人主持，邀请所有投标人参加。

第三十六条 开标时，由投标人或者其推选的代表检查投标文件的密封情况，也可以由招标人委托的公证机构检查并公证；经确认无误后，由工作人员当众拆封，宣读投标人名称、投标价格和投标文件的其他主要内容。

招标人在招标文件要求提交投标文件的截止时间前收到的所有投标文件，开标时都应当当众予以拆封、宣读。

开标过程应当记录，并存档备查。

第三十七条 评标由招标人依法组建的评标委员会负责。

依法必须进行招标的项目，其评标委员会由招标人的代表和有关技术、经济等方面的专家组成，成员人数为五人以上单数，其中技术、经济等方面的专家不得少于成员总数的三分之二。

前款专家应当从事相关领域工作满八年并具有高级职称或者具有同等专业水平，由招标人从国务院有关部门或者省、自治区、直辖市人民政府有关部门提供的专家名册或者招标代理机构的专家库内的相关专业的专家名单中确定；一般招标项目可以采取随机抽取方式，特殊招标项目可以由招标人直接确定。

与投标人有利害关系的人不得进入相关项目的评标委员会；已经进入的应当更换。

评标委员会成员的名单在中标结果确定前应当保密。

第三十八条 招标人应当采取必要的措施，保证评标在严格保密的情况下进行。

任何单位和个人不得非法干预、影响评标的过程和结果。

第三十九条 评标委员会可以要求投标人对投标文件中含义不明确的内容作必要的澄清或者说明，但是澄清或者说明不得超出投标文件的范围或者改变投标文件的实质性内容。

第四十条 评标委员会应当按照招标文件确定的评标标准和方法，对投标文件进行评审和比较；设有标底的，应当参考标底。评标委员会完成评标后，应当向招标人提出书面评标报告，并推荐合格的中标候选人。

招标人根据评标委员会提出的书面评标报告和推荐的中标候选人确定中标人。招标人也可以授权评标委员会直接确定中标人。

国务院对特定招标项目的评标有特别规定的，从其规定。

第四十一条 中标人的投标应当符合下列条件之一：

（一）能够最大限度地满足招标文件中规定的各项综合评价标准；

（二）能够满足招标文件的实质性要求，并且经评审的投标价格最低；但是投标价格低于成本的除外。

第四十二条 评标委员会经评审，认为所有投标都不符合招标文件要求的，可以否决所有投标。

依法必须进行招标的项目的所有投标被否决的，招标人应当依照本法重新招标。

第四十三条 在确定中标人前，招标人不得与投标人就投标价格、投标方案等实质性内容进行谈判。

第四十四条 评标委员会成员应当客观、公正地履行职务，遵守职业道德，对所提出的评审意见承担个人责任。

评标委员会成员不得私下接触投标人，不得收受投标人的财物或者其他好处。

评标委员会成员和参与评标的有关工作人员不得透露对投标文件的评审和比较、中标候选人的推荐情况以及与评标有关的其他情况。

第四十五条 中标人确定后，招标人应当向中标人发出中标通知书，并同时将中标结果通知所有未中标的投标人。

中标通知书对招标人和中标人具有法律效力。中标通知书发出后，招标人改变中标结果的，或者中标人放弃中标项目的，应当依法承担法律责任。

第四十六条 招标人和中标人应当自中标通知书发出之日起三十日内，按照招标文件和中标人的投标文件订立书面合同。招标人和中标人不得再行订立背离合同实质性内容的其他协议。

招标文件要求中标人提交履约保证金的，中标人应当提交。

第四十七条 依法必须进行招标的项目，招标人应当自确定中标人之日起十五日内，向有关行政监督部门提交招标投标情况的书面报告。

第四十八条 中标人应当按照合同约定履行义务，完成中标项目。中标人不得向他人转让中标项目，也不得将中标项目肢解后分别向他人转让。

中标人按照合同约定或者经招标人同意，可以将中标项目的部分非主体、非关键性工作分包给他人完成。接受分包的人应当具备相应的资格条件，并不得再次分包。

中标人应当就分包项目向招标人负责，接受分包的人就分包项目承担连带责任。

第五章 法律责任

第四十九条 违反本法规定，必须进行招标的项目而不招标的，将必须进行招标的项目化整为零或者以其他任何方式规避招标的，责令限期改正，可以处项目合同金额千分之五以上千分之十以下的罚款；对全部或者部分使用国有资金的项目，可以暂停项目执行或者暂停资金拨付；对单位直接负责的主管人员和其他直接责任人员依法给予处分。

第五十条 招标代理机构违反本法规定，泄露应当保密的与招标投标活动有关的情况和资料的，或者与招标人、投标人串通损害国家利益、社会公共利益或者他人合法权益的，处五万元以上二十五万元以下的罚款；对单位直接负责的主管人员和其他直接责任人员处单位罚款数额百分之五以上百分之十以下的罚款；有违法所得的，并处没收违法所得；情节严重的，禁止其一年至二年内代理依法必须进行招标的项目并予以公告，直至由工商行政管理机关吊销营业执照；构成犯罪的，依法追究刑事责任。给他人造成损失的，依法承担赔偿责任。

前款所列行为影响中标结果的，中标无效。

第五十一条 招标人以不合理的条件限制或者排斥潜在投标人的，对潜在投标人实行歧视待遇的，强制要求投标人组成联合体共同投标的，或者限制投标人之间竞争的，责令改正，可以处一万元以上五万元以下的罚款。

第五十二条 依法必须进行招标的项目的招标人向他人透露已获取招标文件的潜在投标人的名称、数量或者可能影响公平竞争的有关招标投标的其他情况的，或者泄露标底的，给予警告，可以并处一万元以上十万元以下的罚款；对单位直接负责的主管人员和其他直接责任人员依法给予处分；构成犯罪的，依法追究刑事责任。

前款所列行为影响中标结果的，中标无效。

第五十三条 投标人相互串通投标或者与招标人串通投标的，投标人以向招标人或者评标委员会成员行贿的手段谋取中标的，中标无效，处中标项目金额千分之五以上千分之十以下的罚款，对单位直接负责的主管人员和其他直接责任人员处单位罚款数额百分之五以上百分之十以下的罚款；有违法所得的，并处没收违法所得；情节严重的，取消其一年至二年内参加依法必须进行招标的项目的投标资格并予以公告，直至由工商行政管理机关吊销营业执照；构成犯罪的，依法追究刑事责任。给他人造成损失的，依法承担赔偿责任。

第五十四条 投标人以他人名义投标或者以其他方式弄虚作假，骗取中标的，中标无效，给招标人造成损失的，依法承担赔偿责任；构成犯罪的，依法追究刑事责任。

依法必须进行招标的项目的投标人有前款所列行为尚未构成犯罪的，处中标项目金额千分之五以上千分之十以下的罚款，对单位直接负责的主管人员和其他直接责任人员处单位罚款数额百分之五以上百分之十以下的罚款；有违法所得的，并处没收违法所得；情节严重的，取消其一年至三年内参加依法必须进行招标的项目的投标资格并予以公告，直至由工商行政管理机关吊销营业执照。

第五十五条 依法必须进行招标的项目，招标人违反本法规定，与投标人就投标价格、投标方案等实质性内容进行谈判的，给予警告，对单位直接负责的主管人员和其他直接责任人员依法给予处分。

前款所列行为影响中标结果的，中标无效。

第五十六条 评标委员会成员收受投标人的财物或者其他好处的，评标委员会成员或者参加评标的有关工作人员向他人透露对投标文件的评审和比较、中标候选人的推荐以及与评标有关的其他情况的，给予警告，没收收受的财物，可以并处三千元以上五万元以下的罚款，对有所列违法行为的评标委员会成员取消担任评标委员会成员的资格，不得再参加任何依法必须进行招标的项目的评标；构成犯罪的，依法追究刑事责任。

第五十七条 招标人在评标委员会依法推荐的中标候选人以外确定中标人的，依法必须进行招标的项目在所有投标被评标委员会否决后自行确定中标人的，中标无效，责令改正，可以处中标项目金额千分之五以上千分之十以下的罚款；对单位直接负责的主管人员和其他直接责任人员依法给予处分。

第五十八条 中标人将中标项目转让给他人的，将中标项目肢解后分别转让给他人的，违反本法规定将中标项目的部分主体、关键性工作分包给他人的，或者分包人再次分包的，转让、分包无效，处转让、分包项目金额千分之五以上千分之十以下的罚款；有违法所得的，并处没收违法所得；可以责令停业整顿；情节严重的，由工商行政管理机关吊销营业执照。

第五十九条 招标人与中标人不按照招标文件和中标人的投标文件订立合同的，或者招标人、中标人订立背离合同实质性内容的协议的，责令改正；可以处中标项目金额千分之五以上千分之十以下的罚款。

第六十条 中标人不履行与招标人订立的合同的，履约保证金不予退还，给招标人造成的损失超过履约保证金数额的，还应当对超过部分予以赔偿；没有提交履约保证金的，应当对招标人的损失承担赔偿责任。

中标人不按照与招标人订立的合同履行义务，情节严重的，取消其二年至五年内参加依法必须进行招标的项目的投标资格并予以公告，直至由工商行政管理机关吊销营业执照。

因不可抗力不能履行合同的，不适用前两款规定。

第六十一条 本章规定的行政处罚，由国务院规定的有关行政监督部门决定。本法已对实施行政处罚的机关作出规定的除外。

第六十二条 任何单位违反本法规定，限制或者排斥本地区、本系统以外的法人或者其他组织参加投标的，为招标人指定招标代理机构的，强制招标人委托招标代理机构办理招标事宜的，或者以其他方式干涉招标投标活动的，责令改正；对单位直接负责的主管人员和其他直接责任人员依法给予警告、记过、记大过的处分，情节较重的，依法给予降级、撤职、开除的处分。

个人利用职权进行前款违法行为的，依照前款规定追究责任。

第六十三条 对招标投标活动依法负有行政监督职责的国家机关工作人员徇私舞弊、滥用职权或者玩忽职守，构成犯罪的，依法追究刑事责任；不构成犯罪的，依法给予行政处分。

第六十四条 依法必须进行招标的项目违反本法规定，中标无效的，应当依照本法规定的中标条件从其余投标人中重新确定中标人或者依照本法重新进行招标。

第六章 附 则

第六十五条 投标人和其他利害关系人认为招标投标活动不符合本法有关规定的，有权向招标人提出异议或者依法向有关行政监督部门投诉。

第六十六条 涉及国家安全、国家秘密、抢险救灾或者属于利用扶贫资金实行以工代赈、需要使用农民工等特殊情况，不适宜进行招标的项目，按照国家有关规定可以不进行招标。

第六十七条 使用国际组织或者外国政府贷款、援助资金的项目进行招标，贷款方、资金提供方对招标投标的具体条件和程序有不同规定的，可以适用其规定，但违背中华人民共和国的社会公共利益的除外。

第六十八条 本法自2000年1月1日起施行。

根据**2019年3月2日修订的《中华人民共和国招标投标法实施条例》**，规定如下：

第一章 总 则

第一条 为了规范招标投标活动，根据《中华人民共和国招标投标法》(以下简称招标投标法)，制定本条例。

第二条 招标投标法第三条所称工程建设项目，是指工程以及与工程建设有关的货物、服务。

前款所称工程，是指建设工程，包括建筑物和构筑物的新建、改建、扩建及其相关的装修、拆除、修缮等；所称与工程建设有关的货物，是指构成工程不可分割的组成部分，且为实现工程基本功能所必需的设备、材料等；所称与工程建设有关的服务，是指为完成工程所需的勘察、设计、监理等服务。

第三条 依法必须进行招标的工程建设项目的具体范围和规模标准，由国务院发展改革部门会同国务院有关部门制订，报国务院批准后公布施行。

第四条 国务院发展改革部门指导和协调全国招标投标工作，对国家重大建设项目的工程招标投标活动实施监督检查。国务院工业和信息化、住房城乡建设、交通运输、铁道、水利、商务等部门，按照规定的职责分工对有关招标投标活动实施监督。

县级以上地方人民政府发展改革部门指导和协调本行政区域的招标投标工作。县级以上地方人民政府有关部门按照规定的职责分工，对招标投标活动实施监督，依法查处招标投标活动中的违法行为。县级以上地方人民政府对其所属部门有关招标投标活动的监督职责分工另有规定的，从其规定。

财政部门依法对实行招标投标的政府采购工程建设项目的政府采购政策执行情况实施监督。

监察机关依法对与招标投标活动有关的监察对象实施监察。

第五条 设区的市级以上地方人民政府可以根据实际需要，建立统一规范的招标投标交易场所，为招标投标活动提供服务。招标投标交易场所不得与行政监督部门存在隶属关系，不得以营利为目的。

国家鼓励利用信息网络进行电子招标投标。

第六条 禁止国家工作人员以任何方式非法干涉招标投标活动。

第二章 招 标

第七条 按照国家有关规定需要履行项目审批、核准手续的依法必须进行招标的项目，其招标范围、招标方式、招标组织形式应当报项目审批、核准部门审批、核准。项目审批、核准部门应当及时将审批、核准确定的招标范围、招标方式、招标组织形式通报有关行政监督部门。

第八条 国有资金占控股或者主导地位的依法必须进行招标的项目，应当公开招标；但有下列情形之一的，可以邀请招标：

（一）技术复杂、有特殊要求或者受自然环境限制，只有少量潜在投标人可供选择；

（二）采用公开招标方式的费用占项目合同金额的比例过大。

有前款第二项所列情形，属于本条例第七条规定的项目，由项目审批、核准部门在审批、核准项目时作出认定；其他项目由招标人申请有关行政监督部门作出认定。

第九条 除招标投标法第六十六条规定的可以不进行招标的特殊情况外，有下列情形之一的，可以不进行招标：

（一）需要采用不可替代的专利或者专有技术；

（二）采购人依法能够自行建设、生产或者提供；

（三）已通过招标方式选定的特许经营项目投资人依法能够自行建设、生产或者提供；

（四）需要向原中标人采购工程、货物或者服务，否则将影响施工或者功能配套要求；

（五）国家规定的其他特殊情形。

招标人为适用前款规定弄虚作假的，属于招标投标法第四条规定的规避招标。

第十条 招标投标法第十二条第二款规定的招标人具有编制招标文件和组织评标能力，是指招标人具有与招标项目规模和复杂程度相适应的技术、经济等方面的专业人员。

第十一条 国务院住房城乡建设、商务、发展改革、工业和信息化等部门，按照规定的职责分工对招标代理机构依法实施监督管理。

第十二条 招标代理机构应当拥有一定数量的具备编制招标文件、组织评标等相应能力的专业人员。

第十三条 招标代理机构在招标人委托的范围内开展招标代理业务，任何单位和个人不得非法干涉。

招标代理机构代理招标业务，应当遵守招标投标法和本条例关于招标人的规定。招标代理机构不得在所代理的招标项目中投标或者代理投标，也不得为所代理的招标项目的投标人提供咨询。

第十四条 招标人应当与被委托的招标代理机构签订书面委托合同，合同约定的收费标准应当符合国家有关规定。

第十五条 公开招标的项目，应当依照招标投标法和本条例的规定发布招标公告、编制招标文件。

招标人采用资格预审办法对潜在投标人进行资格审查的，应当发布资格预审公告、编制资格预审文件。

依法必须进行招标的项目的资格预审公告和招标公告，应当在国务院发展改革部门依法指定的媒介发布。在不同媒介发布的同一招标项目的资格预审公告或者招标公告的内容应当一致。指定媒介发布依法必须进行招标的项目的境内资格预审公告、招标公告，不得收取费用。

编制依法必须进行招标的项目的资格预审文件和招标文件，应当使用国务院发展改革部门会同有关行政监督部门制定的标准文本。

第十六条 招标人应当按照资格预审公告、招标公告或者投标邀请书规定的时间、地点发售资格预审文件或者招标文件。资格预审文件或者招标文件的发售期不得少于5日。

招标人发售资格预审文件、招标文件收取的费用应当限于补偿印刷、邮寄的成本支出，不得以营利为目的。

第十七条 招标人应当合理确定提交资格预审申请文件的时间。依法必须进行招标的项目提交资格预审申请文件的时间，自资格预审文件停止发售之日起不得少于5日。

第十八条 资格预审应当按照资格预审文件载明的标准和方法进行。

国有资金占控股或者主导地位的依法必须进行招标的项目，招标人应当组建资格审查委员会审查资格预审申请文件。资格审查委员会及其成员应当遵守招标投标法和本条例有关评标委员会及其成员的规定。

第十九条 资格预审结束后，招标人应当及时向资格预审申请人发出资格预审结果通知书。未通过资格预审的申请人不具有投标资格。

通过资格预审的申请人少于3个的，应当重新招标。

第二十条 招标人采用资格后审办法对投标人进行资格审查的，应当在开标后由评标委员会按照招标文件规定的标准和方法对投标人的资格进行审查。

第二十一条 招标人可以对已发出的资格预审文件或者招标文件进行必要的澄清或者修改。澄清或者修改的内容可能影响资格预审申请文件或者投标文件编制的，招标人应当在提交资格预审申请文件截止时间至少3日前，或者投标截止时间至少15日前，以书面形式通知所有获取资格预审文件或者招标文件的潜在投标人；不足3日或者15日的，招标人应当顺延提交资格预审申请文件或者投标文件的截止时间。

第二十二条 潜在投标人或者其他利害关系人对资格预审文件有异议的，应当在提交资格预审申请文件截止时间2日前提出；对招标文件有异议的，应当在投标截止时间10日前提出。招标人应当自收到异议之日起3日内作出答复；作出答复前，应当暂停招标投标活动。

第二十三条 招标人编制的资格预审文件、招标文件的内容违反法律、行政法规的强制性规定，违反公开、公平、公正和诚实信用原则，影响资格预审结果或者潜在投标人投标的，依法必须进行招标的项目的招标人应当在修改资格预审文件或者招标文件后重新招标。

第二十四条 招标人对招标项目划分标段的，应当遵守招标投标法的有关规定，不得利用划分标段限制或者排斥潜在投标人。依法必须进行招标的项目的招标人不得利用划分标段规避招标。

第二十五条 招标人应当在招标文件中载明投标有效期。投标有效期从提交投标文件的截止之日起算。

第二十六条 招标人在招标文件中要求投标人提交投标保证金的，投标保证金不得超过招标项目估算价的2%。投标保证金有效期应当与投标有效期一致。

依法必须进行招标的项目的境内投标单位，以现金或者支票形式提交的投标保证金应当从其基本账户转出。

招标人不得挪用投标保证金。

第二十七条 招标人可以自行决定是否编制标底。一个招标项目只能有一个标底。标底必须保密。

接受委托编制标底的中介机构不得参加受托编制标底项目的投标，也不得为该项目的投标人编制投标文件或者提供咨询。

招标人设有最高投标限价的，应当在招标文件中明确最高投标限价或者最高投标限价的计算方法。招标人不得规定最低投标限价。

第二十八条 招标人不得组织单个或者部分潜在投标人踏勘项目现场。

第二十九条 招标人可以依法对工程以及与工程建设有关的货物、服务全部或者部分实行总承包招标。以暂估价形式包括在总承包范围内的工程、货物、服务属于依法必须进行招标的项目范围且达到国家规定规模标准的，应当依法进行招标。

前款所称暂估价，是指总承包招标时不能确定价格而由招标人在招标文件中暂时估定的工程、货物、服务的金额。

第三十条 对技术复杂或者无法精确拟定技术规格的项目，招标人可以分两阶段进行招标。

第一阶段，投标人按照招标公告或者投标邀请书的要求提交不带报价的技术建议，招标人根据投标人提交的技术建议确定技术标准和要求，编制招标文件。

第二阶段，招标人向在第一阶段提交技术建议的投标人提供招标文件，投标人按照招标文件的要求提交包括最终技术方案和投标报价的投标文件。

招标人要求投标人提交投标保证金的，应当在第二阶段提出。

第三十一条 招标人终止招标的，应当及时发布公告，或者以书面形式通知被邀请的或者已经获取资格预审文件、招标文件的潜在投标人。已经发售资格预审文件、招标文件或者已经收取投标保证金的，招标人应当及时退还所收取的资格预审文件、招标文件的费用，以及所收取的投标保证金及银行同期存款利息。

第三十二条 招标人不得以不合理的条件限制、排斥潜在投标人或者投标人。

招标人有下列行为之一的，属于以不合理条件限制、排斥潜在投标人或者投标人：

（一）就同一招标项目向潜在投标人或者投标人提供有差别的项目信息；

（二）设定的资格、技术、商务条件与招标项目的具体特点和实际需要不相适应或者与合同履行无关；

（三）依法必须进行招标的项目以特定行政区域或者特定行业的业绩、奖项作为加分条件或者中标条件；

（四）对潜在投标人或者投标人采取不同的资格审查或者评标标准；

（五）限定或者指定特定的专利、商标、品牌、原产地或者供应商；

（六）依法必须进行招标的项目非法限定潜在投标人或者投标人的所有制形式或者组织形式；

（七）以其他不合理条件限制、排斥潜在投标人或者投标人。

第三章 投 标

第三十三条 投标人参加依法必须进行招标的项目的投标，不受地区或者部门的限制，任何单位和个人不得非法干涉。

第三十四条 与招标人存在利害关系可能影响招标公正性的法人、其他组织或者个人，不得参加投标。

单位负责人为同一人或者存在控股、管理关系的不同单位，不得参加同一标段投标或者未划分标段的同一招标项目投标。

违反前两款规定的，相关投标均无效。

第三十五条 投标人撤回已提交的投标文件，应当在投标截止时间前书面通知招标人。招标人已收取投标保证金的，应当自收到投标人书面撤回通知之日起5日内退还。

投标截止后投标人撤销投标文件的，招标人可以不退还投标保证金。

第三十六条 未通过资格预审的申请人提交的投标文件，以及逾期送达或者不按照招标文件要求密封的投标文件，招标人应当拒收。

招标人应当如实记载投标文件的送达时间和密封情况，并存档备查。

第三十七条 招标人应当在资格预审公告、招标公告或者投标邀请书中载明是否接受联合体投标。

招标人接受联合体投标并进行资格预审的，联合体应当在提交资格预审申请文件前组成。资格预审后联合体增减、更换成员的，其投标无效。

联合体各方在同一招标项目中以自己名义单独投标或者参加其他联合体投标的，相关投标均无效。

第三十八条 投标人发生合并、分立、破产等重大变化的，应当及时书面告知招标人。投标人不再具备资格预审文件、招标文件规定的资格条件或者其投标影响招标公正性的，其投标无效。

第三十九条 禁止投标人相互串通投标。

有下列情形之一的，属于投标人相互串通投标：

（一）投标人之间协商投标报价等投标文件的实质性内容；

（二）投标人之间约定中标人；

（三）投标人之间约定部分投标人放弃投标或者中标；

（四）属于同一集团、协会、商会等组织成员的投标人按照该组织要求协同投标；

（五）投标人之间为谋取中标或者排斥特定投标人而采取的其他联合行动。

第四十条 有下列情形之一的，视为投标人相互串通投标：

（一）不同投标人的投标文件由同一单位或者个人编制；

（二）不同投标人委托同一单位或者个人办理投标事宜；

（三）不同投标人的投标文件载明的项目管理成员为同一人；

（四）不同投标人的投标文件异常一致或者投标报价呈规律性差异；

（五）不同投标人的投标文件相互混装；

（六）不同投标人的投标保证金从同一单位或者个人的账户转出。

第四十一条 禁止招标人与投标人串通投标。

有下列情形之一的，属于招标人与投标人串通投标：

（一）招标人在开标前开启投标文件并将有关信息泄露给其他投标人；

（二）招标人直接或者间接向投标人泄露标底、评标委员会成员等信息；

（三）招标人明示或者暗示投标人压低或者抬高投标报价；

（四）招标人授意投标人撤换、修改投标文件；

（五）招标人明示或者暗示投标人为特定投标人中标提供方便；

（六）招标人与投标人为谋求特定投标人中标而采取的其他串通行为。

第四十二条 使用通过受让或者租借等方式获取的资格、资质证书投标的，属于招标投标法第三十三条规定的以他人名义投标。

投标人有下列情形之一的，属于招标投标法第三十三条规定的以其他方式弄虚作假的行为：

（一）使用伪造、变造的许可证件；

（二）提供虚假的财务状况或者业绩；

（三）提供虚假的项目负责人或者主要技术人员简历、劳动关系证明；

（四）提供虚假的信用状况；

（五）其他弄虚作假的行为。

第四十三条 提交资格预审申请文件的申请人应当遵守招标投标法和本条例有关投标人的规定。

第四章 开标、评标和中标

第四十四条 招标人应当按照招标文件规定的时间、地点开标。

投标人少于3个的，不得开标；招标人应当重新招标。

投标人对开标有异议的，应当在开标现场提出，招标人应当当场作出答复，并制作记录。

第四十五条 国家实行统一的评标专家专业分类标准和管理办法。具体标准和办法由国务院发展改革部门会同国务院有关部门制定。

省级人民政府和国务院有关部门应当组建综合评标专家库。

第四十六条 除招标投标法第三十七条第三款规定的特殊招标项目外，依法必须进行招标的项目，其评标委员会的专家成员应当从评标专家库内相关专业的专家名单中以随机抽取方式确定。任何单位和个人不得以明示、暗示等任何方式指定或者变相指定参加评标委员会的专家成员。

依法必须进行招标的项目的招标人非因招标投标法和本条例规定的事由，不得更换依法确定的评标委员会成员。更换评标委员会的专家成员应当依照前款规定进行。

评标委员会成员与投标人有利害关系的，应当主动回避。

有关行政监督部门应当按照规定的职责分工，对评标委员会成员的确定方式、评标专家的抽取和评标活动进行监督。行政监督部门的工作人员不得担任本部门负责监督项目的评标委员会成员。

第四十七条 招标投标法第三十七条第三款所称特殊招标项目，是指技术复杂、专业性强或者国家有特殊要求，采取随机抽取方式确定的专家难以保证胜任评标工作的项目。

第四十八条 招标人应当向评标委员会提供评标所必需的信息，但不得明示或者暗示其倾向或者排斥特定投标人。

招标人应当根据项目规模和技术复杂程度等因素合理确定评标时间。超过三分之一的评标委员会成员认为评标时间不够的，招标人应当适当延长。

评标过程中，评标委员会成员有回避事由、擅离职守或者因健康等原因不能继续评标的，应当及时更换。被更换的评标委员会成员作出的评审结论无效，由更换后的评标委员会成员重新进行评审。

第四十九条 评标委员会成员应当依照招标投标法和本条例的规定，按照招标文件规定的评标标准和方法，客观、公正地对投标文件提出评审意见。招标文件没有规定的评标标准和方法不得作为评标的依据。

评标委员会成员不得私下接触投标人，不得收受投标人给予的财物或者其他好处，不得向招标人征询确定中标人的意向，不得接受任何单位或者个人明示或者暗示提出的倾向或者排斥特定投标人的要求，不得有其他不客观、不公正履行职务的行为。

第五十条 招标项目设有标底的，招标人应当在开标时公布。标底只能作为评标的参考，不得以投标报价是否接近标底作为中标条件，也不得以投标报价超过标底上下浮动范围作为否决投标的条件。

第五十一条 有下列情形之一的，评标委员会应当否决其投标：

（一）投标文件未经投标单位盖章和单位负责人签字；

（二）投标联合体没有提交共同投标协议；

（三）投标人不符合国家或者招标文件规定的资格条件；

（四）同一投标人提交两个以上不同的投标文件或者投标报价，但招标文件要求提交备选投标的除外；

（五）投标报价低于成本或者高于招标文件设定的最高投标限价；

（六）投标文件没有对招标文件的实质性要求和条件作出响应；

（七）投标人有串通投标、弄虚作假、行贿等违法行为。

第五十二条 投标文件中有含义不明确的内容、明显文字或者计算错误，评标委员会认为需要投标人作出必要澄清、说明的，应当书面通知该投标人。投标人的澄清、说明应当采用书面形式，并不得超出投标文件的范围或者改变投标文件的实质性内容。

评标委员会不得暗示或者诱导投标人作出澄清、说明，不得接受投标人主动提出的澄清、说明。

第五十三条 评标完成后，评标委员会应当向招标人提交书面评标报告和中标候选人名单。中标候选人应当不超过3个，并标明排序。

评标报告应当由评标委员会全体成员签字。对评标结果有不同意见的评标委员会成员应当以书面形式说明其不同意见和理由，评标报告应当注明该不同意见。评标委员会成员拒绝在评标报告上签字又不书面说明其不同意见和理由的，视为同意评标结果。

第五十四条 依法必须进行招标的项目，招标人应当自收到评标报告之日起3日内公示中标候选人，公示期不得少于 3 日。

投标人或者其他利害关系人对依法必须进行招标的项目的评标结果有异议的，应当在中标候选人公示期间提出。招标人应当自收到异议之日起 3 日内作出答复；作出答复前，应当暂停招标投标活动。

第五十五条 国有资金占控股或者主导地位的依法必须进行招标的项目，招标人应当确定排名第一的中标候选人为中标人。排名第一的中标候选人放弃中标、因不可抗力不能履行合同、不按照招标文件要求提交履约保证金，或者被查实存在影响中标结果的违法行为等情形，不符合中标条件的，招标人可以按照评标委员会提出的中标候选人名单排序依次确定其他中标候选人为中标人，也可以重新招标。

第五十六条 中标候选人的经营、财务状况发生较大变化或者存在违法行为，招标人认为可能影响其履约能力的，应当在发出中标通知书前由原评标委员会按照招标文件规定的标准和方法审查确认。

第五十七条 招标人和中标人应当依照招标投标法和本条例的规定签订书面合同，合同的标的、价款、质量、履行期限等主要条款应当与招标文件和中标人的投标文件的内容一致。招标人和中标人不得再行订立背离合同实质性内容的其他协议。

招标人最迟应当在书面合同签订后 5 日内向中标人和未中标的投标人退还投标保证金及银行同期存款利息。

第五十八条 招标文件要求中标人提交履约保证金的，中标人应当按照招标文件的要求提交。履约保证金不得超过中标合同金额的 10%。

第五十九条 中标人应当按照合同约定履行义务，完成中标项目。中标人不得向他人转让中标项目，也不得将中标项目肢解后分别向他人转让。

中标人按照合同约定或者经招标人同意，可以将中标项目的部分非主体、非关键性工作分包给他人完成。接受分包的人应当具备相应的资格条件，并不得再次分包。

中标人应当就分包项目向招标人负责，接受分包的人就分包项目承担连带责任。

第五章 投诉与处理

第六十条 投标人或者其他利害关系人认为招标投标活动不符合法律、行政法规规定的，可以自知道或者应当知道之日起 10 日内向有关行政监督部门投诉。投诉应当有明确的请求和必要的证明材料。

就本条例第二十二条、第四十四条、第五十四条规定事项投诉的，应当先向招标人提出异议，异议答复期间不计算在前款规定的期限内。

第六十一条 投诉人就同一事项向两个以上有权受理的行政监督部门投诉的，由最先收到投诉的行政监督部门负责处理。

行政监督部门应当自收到投诉之日起 3 个工作日内决定是否受理投诉，并自受理投诉之日起 30 个工作日内作出书面处理决定；需要检验、检测、鉴定、专家评审的，所需时间不计算在内。

投诉人捏造事实、伪造材料或者以非法手段取得证明材料进行投诉的，行政监督部门应当予以驳回。

第六十二条 行政监督部门处理投诉，有权查阅、复制有关文件、资料，调查有关情况，相关单位和人员应当予以配合。必要时，行政监督部门可以责令暂停招标投标活动。

行政监督部门的工作人员对监督检查过程中知悉的国家秘密、商业秘密，应当依法予以保密。

第六章 法律责任

第六十三条 招标人有下列限制或者排斥潜在投标人行为之一的，由有关行政监督部门依照招标投标法第五十一条的规定处罚：

（一）依法应当公开招标的项目不按照规定在指定媒介发布资格预审公告或者招标公告；

（二）在不同媒介发布的同一招标项目的资格预审公告或者招标公告的内容不一致，影响潜在投标人申请资格预审或者投标。

依法必须进行招标的项目的招标人不按照规定发布资格预审公告或者招标公告，构成规避招标的，依照招标投标法第四十九条的规定处罚。

第六十四条 招标人有下列情形之一的，由有关行政监督部门责令改正，可以处 10 万元以下的罚款：

（一）依法应当公开招标而采用邀请招标；

（二）招标文件、资格预审文件的发售、澄清、修改的时限，或者确定的提交资格预审申请文件、投标文件的时限不符合招标投标法和本条例规定；

（三）接受未通过资格预审的单位或者个人参加投标；

（四）接受应当拒收的投标文件。

招标人有前款第一项、第三项、第四项所列行为之一的，对单位直接负责的主管人员和其他直接责任人员依法给予处分。

第六十五条 招标代理机构在所代理的招标项目中投标、代理投标或者向该项目投标人提供咨询的，接受委托编制标底的中介机构参加受托编制标底项目的投标或者为该项目的投标人编制投标文件、提供咨询的，依照招标投标法第五十条的规定追究法律责任。

第六十六条 招标人超过本条例规定的比例收取投标保证金、履约保证金或者不按照规定退还投标保证金及银行同期存款利息的，由有关行政监督部门责令改正，可以处 5 万元以下的罚款；给他人造成损失的，依法承担赔偿责任。

第六十七条 投标人相互串通投标或者与招标人串通投标的，投标人向招标人或者评标委员会成员行贿谋取中标的，中标无效；构成犯罪的，依法追究刑事责任；尚不构成犯罪的，依照招标投标法第五十三条的规定处罚。投标人未中标的，对单位的罚款金额按照招标项目合同金额依照招标投标法规定的比例计算。

投标人有下列行为之一的，属于招标投标法第五十三条规定的情节严重行为，由有关行政监督部门取消其 1 年至 2 年内参加依法必须进行招标的项目的投标资格：

（一）以行贿谋取中标；

（二）3 年内 2 次以上串通投标；

（三）串通投标行为损害招标人、其他投标人或者国家、集体、公民的合法利益，造成直接经济损失 30 万元以上；

（四）其他串通投标情节严重的行为。

投标人自本条第二款规定的处罚执行期限届满之日起 3 年内又有该款所列违法行为之一的，或者串通投标、以行贿谋取中标情节特别严重的，由工商行政管理机关吊销营业执照。

法律、行政法规对串通投标报价行为的处罚另有规定的，从其规定。

第六十八条 投标人以他人名义投标或者以其他方式弄虚作假骗取中标的，中标无效；构成犯罪的，依法追究刑事责任；尚不构成犯罪的，依照招标投标法第五十四条的规定处罚。依法必须进行招标的项目的投标人未中标的，对单位的罚款金额按照招标项目合同金额依照招标投标法规定的比例计算。

投标人有下列行为之一的，属于招标投标法第五十四条规定的情节严重行为，由有关行政监督部门取消其 1 年至 3 年内参加依法必须进行招标的项目的投标资格：

（一）伪造、变造资格、资质证书或者其他许可证件骗取中标；

（二）3 年内 2 次以上使用他人名义投标；

（三）弄虚作假骗取中标给招标人造成直接经济损失 30 万元以上；

（四）其他弄虚作假骗取中标情节严重的行为。

投标人自本条第二款规定的处罚执行期限届满之日起 3 年内又有该款所列违法行为之一的，或者弄虚作假骗取中标情节特别严重的，由工商行政管理机关吊销营业执照。

第六十九条 出让或者出租资格、资质证书供他人投标的，依照法律、行政法规的规定给予行政处罚；构成犯罪的，依法追究刑事责任。

第七十条 依法必须进行招标的项目的招标人不按照规定组建评标委员会，或者确定、更换评标委员会成员违反招标投标法和本条例规定的，由有关行政监督部门责令改正，可以处10万元以下的罚款，对单位直接负责的主管人员和其他直接责任人员依法给予处分；违法确定或者更换的评标委员会成员作出的评审结论无效，依法重新进行评审。

国家工作人员以任何方式非法干涉选取评标委员会成员的，依照本条例第八十条的规定追究法律责任。

第七十一条 评标委员会成员有下列行为之一的，由有关行政监督部门责令改正；情节严重的，禁止其在一定期限内参加依法必须进行招标的项目的评标；情节特别严重的，取消其担任评标委员会成员的资格：

（一）应当回避而不回避；

（二）擅离职守；

（三）不按照招标文件规定的评标标准和方法评标；

（四）私下接触投标人；

（五）向招标人征询确定中标人的意向或者接受任何单位或者个人明示或者暗示提出的倾向或者排斥特定投标人的要求；

（六）对依法应当否决的投标不提出否决意见；

（七）暗示或者诱导投标人作出澄清、说明或者接受投标人主动提出的澄清、说明；

（八）其他不客观、不公正履行职务的行为。

第七十二条 评标委员会成员收受投标人的财物或者其他好处的，没收收受的财物，处3000元以上5万元以下的罚款，取消担任评标委员会成员的资格，不得再参加依法必须进行招标的项目的评标；构成犯罪的，依法追究刑事责任。

第七十三条 依法必须进行招标的项目的招标人有下列情形之一的，由有关行政监督部门责令改正，可以处中标项目金额10‰以下的罚款；给他人造成损失的，依法承担赔偿责任；对单位直接负责的主管人员和其他直接责任人员依法给予处分：

（一）无正当理由不发出中标通知书；

（二）不按照规定确定中标人；

（三）中标通知书发出后无正当理由改变中标结果；

（四）无正当理由不与中标人订立合同；

（五）在订立合同时向中标人提出附加条件。

第七十四条 中标人无正当理由不与招标人订立合同，在签订合同时向招标人提出附加条件，或者不按照招标文件要求提交履约保证金的，取消其中标资格，投标保证金不予退还。对依法必须进行招标的项目的中标人，由有关行政监督部门责令改正，可以处中标项目金额10‰以下的罚款。

第七十五条 招标人和中标人不按照招标文件和中标人的投标文件订立合同，合同的主要条款与招标文件、中标人的投标文件的内容不一致，或者招标人、中标人订立背离合同实质性内容的协议的，由有关行政监督部门责令改正，可以处中标项目金额5‰以上10‰以下的罚款。

第七十六条 中标人将中标项目转让给他人的，将中标项目肢解后分别转让给他人的，违反招标投标法和本条例规定将中标项目的部分主体、关键性工作分包给他人的，或者分包人再次分包的，转让、分包无效，处转让、分包项目金额5‰以上10‰以下的罚款；有违法所得的，并处没收违法所得；可以责令停业整顿；情节严重的，由工商行政管理机关吊销营业执照。

第七十七条 投标人或者其他利害关系人捏造事实、伪造材料或者以非法手段取得证明材料进行投诉，给他人造成损失的，依法承担赔偿责任。

招标人不按照规定对异议作出答复，继续进行招标投标活动的，由有关行政监督部门责令改正，拒不改正或者不能改正并影响中标结果的，依照本条例第八十一条的规定处理。

第七十八条 国家建立招标投标信用制度。有关行政监督部门应当依法公告对招标人、招标代理机构、投标人、评标委员会成员等当事人违法行为的行政处理决定。

第七十九条 项目审批、核准部门不依法审批、核准项目招标范围、招标方式、招标组织形式的，对单位直接负责的主管人员和其他直接责任人员依法给予处分。

有关行政监督部门不依法履行职责，对违反招标投标法和本条例规定的行为不依法查处，或者不按照规定处理投诉、不依法公告对招标投标当事人违法行为的行政处理决定的，对直接负责的主管人员和其他直接责任人员依法给予处分。

项目审批、核准部门和有关行政监督部门的工作人员徇私舞弊、滥用职权、玩忽职守，构成犯罪的，依法追究刑事责任。

第八十条 国家工作人员利用职务便利，以直接或者间接、明示或者暗示等任何方式非法干涉招标投标活动，有下列情形之一的，依法给予记过或者记大过处分；情节严重的，依法给予降级或者撤职处分；情节特别严重的，依法给予开除处分；构成犯罪的，依法追究刑事责任：

（一）要求对依法必须进行招标的项目不招标，或者要求对依法应当公开招标的项目不公开招标；

（二）要求评标委员会成员或者招标人以其指定的投标人作为中标候选人或者中标人，或者以其他方式非法干涉评标活动，影响中标结果；

（三）以其他方式非法干涉招标投标活动。

第八十一条 依法必须进行招标的项目的招标投标活动违反招标投标法和本条例的规定，对中标结果造成实质性影响，且不能采取补救措施予以纠正的，招标、投标、中标无效，应当依法重新招标或者评标。

第七章 附 则

第八十二条 招标投标协会按照依法制定的章程开展活动，加强行业自律和服务。

第八十三条 政府采购的法律、行政法规对政府采购货物、服务的招标投标另有规定的，从其规定。

第八十四条 本条例自2012年2月1日起施行。

第六百四十五条 【拍卖】拍卖的当事人的权利和义务以及拍卖程序等，依照有关法律、行政法规的规定。

根据**2015年4月24日修正的《中华人民共和国拍卖法》**，规定如下：

第一章 总 则

第一条 为了规范拍卖行为，维护拍卖秩序，保护拍卖活动各方当事人的合法权益，制定本法。

第二条 本法适用于中华人民共和国境内拍卖企业进行的拍卖活动。

第三条 拍卖是指以公开竞价的形式，将特定物品或者财产权利转让给最高应价者的买卖方式。

第四条 拍卖活动应当遵守有关法律、行政法规，遵循公开、公平、公正、诚实信用的原则。

第五条 国务院负责管理拍卖业的部门对全国拍卖业实施监督管理。

省、自治区、直辖市的人民政府和设区的市的人民政府负责管理拍卖业的部门对本行政区域内的拍卖业实施监督管理。

第二章 拍卖标的

第六条 拍卖标的应当是委托人所有或者依法可以处分的物品或者财产权利。

第七条 法律、行政法规禁止买卖的物品或者财产权利,不得作为拍卖标的。

第八条 依照法律或者按照国务院规定需经审批才能转让的物品或者财产权利,在拍卖前,应当依法办理审批手续。

委托拍卖的文物,在拍卖前,应当经拍卖人住所地的文物行政管理部门依法鉴定、许可。

第九条 国家行政机关依法没收的物品,充抵税款、罚款的物品和其他物品,按照国务院规定应当委托拍卖的,由财产所在地的省、自治区、直辖市的人民政府和设区的市的人民政府指定的拍卖人进行拍卖。

拍卖由人民法院依法没收的物品,充抵罚金、罚款的物品以及无法返还的追回物品,适用前款规定。

第三章 拍卖当事人

第一节 拍卖人

第十条 拍卖人是指依照本法和《中华人民共和国公司法》设立的从事拍卖活动的企业法人。

第十一条 企业取得从事拍卖业务的许可必须经所在地的省、自治区、直辖市人民政府负责管理拍卖业的部门审核批准。拍卖企业可以在设区的市设立。

第十二条 企业申请取得从事拍卖业务的许可,应当具备下列条件:

(一)有一百万元人民币以上的注册资本;

(二)有自己的名称、组织机构、住所和章程;

(三)有与从事拍卖业务相适应的拍卖师和其他工作人员;

(四)有符合本法和其他有关法律规定的拍卖业务规则;

(五)符合国务院有关拍卖业发展的规定;

(六)法律、行政法规规定的其他条件。

第十三条 拍卖企业经营文物拍卖的,应当有一千万元人民币以上的注册资本,有具有文物拍卖专业知识的人员。

第十四条 拍卖活动应当由拍卖师主持。

第十五条 拍卖师应当具备下列条件:

(一)具有高等院校专科以上学历和拍卖专业知识;

(二)在拍卖企业工作两年以上;

(三)品行良好。

被开除公职或者吊销拍卖师资格证书未满五年的,或者因故意犯罪受过刑事处罚的,不得担任拍卖师。

第十六条 拍卖师资格考核,由拍卖行业协会统一组织。经考核合格的,由拍卖行业协会发给拍卖师资格证书。

第十七条 拍卖行业协会是依法成立的社会团体法人,是拍卖业的自律性组织。拍卖行业协会依照本法并根据章程,对拍卖企业和拍卖师进行监督。

第十八条 拍卖人有权要求委托人说明拍卖标的的来源和瑕疵。

拍卖人应当向竞买人说明拍卖标的的瑕疵。

第十九条 拍卖人对委托人交付拍卖的物品负有保管义务。

第二十条 拍卖人接受委托后,未经委托人同意,不得委托其他拍卖人拍卖。

第二十一条 委托人、买受人要求对其身份保密的,拍卖人应当为其保密。

第二十二条 拍卖人及其工作人员不得以竞买人的身份参与自己组织的拍卖活动,并不得委托他人代为竞买。

第二十三条 拍卖人不得在自己组织的拍卖活动中拍卖自己的物品或者财产权利。

第二十四条 拍卖成交后,拍卖人应当按照约定向委托人交付拍卖标的的价款,并按照约定将拍卖标的移交给买受人。

第二节 委托人

第二十五条 委托人是指委托拍卖人拍卖物品或者财产权利的公民、法人或者其他组织。

第二十六条 委托人可以自行办理委托拍卖手续，也可以由其代理人代为办理委托拍卖手续。

第二十七条 委托人应当向拍卖人说明拍卖标的的来源和瑕疵。

第二十八条 委托人有权确定拍卖标的的保留价并要求拍卖人保密。

拍卖国有资产，依照法律或者按照国务院规定需要评估的，应当经依法设立的评估机构评估，并根据评估结果确定拍卖标的的保留价。

第二十九条 委托人在拍卖开始前可以撤回拍卖标的。委托人撤回拍卖标的的，应当向拍卖人支付约定的费用；未作约定的，应当向拍卖人支付为拍卖支出的合理费用。

第三十条 委托人不得参与竞买，也不得委托他人代为竞买。

第三十一条 按照约定由委托人移交拍卖标的的，拍卖成交后，委托人应当将拍卖标的移交给买受人。

第三节 竞买人

第三十二条 竞买人是指参加竞购拍卖标的的公民、法人或者其他组织。

第三十三条 法律、行政法规对拍卖标的的买卖条件有规定的，竞买人应当具备规定的条件。

第三十四条 竞买人可以自行参加竞买，也可以委托其代理人参加竞买。

第三十五条 竞买人有权了解拍卖标的的瑕疵，有权查验拍卖标的和查阅有关拍卖资料。

第三十六条 竞买人一经应价，不得撤回，当其他竞买人有更高应价时，其应价即丧失约束力。

第三十七条 竞买人之间、竞买人与拍卖人之间不得恶意串通，损害他人利益。

第四节 买受人

第三十八条 买受人是指以最高应价购得拍卖标的的竞买人。

第三十九条 买受人应当按照约定支付拍卖标的的价款，未按照约定支付价款的，应当承担违约责任，或者由拍卖人征得委托人的同意，将拍卖标的再行拍卖。

拍卖标的再行拍卖的，原买受人应当支付第一次拍卖中本人及委托人应当支付的佣金。再行拍卖的价款低于原拍卖价款的，原买受人应当补足差额。

第四十条 买受人未能按照约定取得拍卖标的的，有权要求拍卖人或者委托人承担违约责任。

买受人未按照约定受领拍卖标的的，应当支付由此产生的保管费用。

第四章 拍卖程序

第一节 拍卖委托

第四十一条 委托人委托拍卖物品或者财产权利，应当提供身份证明和拍卖人要求提供的拍卖标的的所有权证明或者依法可以处分拍卖标的的证明及其他资料。

第四十二条 拍卖人应当对委托人提供的有关文件、资料进行核实。拍卖人接受委托的，应当与委托人签订书面委托拍卖合同。

第四十三条 拍卖人认为需要对拍卖标的进行鉴定的，可以进行鉴定。

鉴定结论与委托拍卖合同载明的拍卖标的的状况不相符的，拍卖人有权要求变更或者解除合同。

第四十四条 委托拍卖合同应当载明以下事项：

（一）委托人、拍卖人的姓名或者名称、住所；

（二）拍卖标的的名称、规格、数量、质量；

（三）委托人提出的保留价；
（四）拍卖的时间、地点；
（五）拍卖标的交付或者转移的时间、方式；
（六）佣金及其支付的方式、期限；
（七）价款的支付方式、期限；
（八）违约责任；
（九）双方约定的其他事项。

第二节　拍卖公告与展示

第四十五条　拍卖人应当于拍卖日七日前发布拍卖公告。

第四十六条　拍卖公告应当载明下列事项：
（一）拍卖的时间、地点；
（二）拍卖标的；
（三）拍卖标的展示时间、地点；
（四）参与竞买应当办理的手续；
（五）需要公告的其他事项。

第四十七条　拍卖公告应当通过报纸或者其他新闻媒介发布。

第四十八条　拍卖人应当在拍卖前展示拍卖标的，并提供查看拍卖标的的条件及有关资料。拍卖标的的展示时间不得少于两日。

第三节　拍卖的实施

第四十九条　拍卖师应当于拍卖前宣布拍卖规则和注意事项。

第五十条　拍卖标的无保留价的，拍卖师应当在拍卖前予以说明。

拍卖标的有保留价的，竞买人的最高应价未达到保留价时，该应价不发生效力，拍卖师应当停止拍卖标的的拍卖。

第五十一条　竞买人的最高应价经拍卖师落槌或者以其他公开表示买定的方式确认后，拍卖成交。

第五十二条　拍卖成交后，买受人和拍卖人应当签署成交确认书。

第五十三条　拍卖人进行拍卖时，应当制作拍卖笔录。拍卖笔录应当由拍卖师、记录人签名；拍卖成交的，还应当由买受人签名。

第五十四条　拍卖人应当妥善保管有关业务经营活动的完整账簿、拍卖笔录和其他有关资料。

前款规定的账簿、拍卖笔录和其他有关资料的保管期限，自委托拍卖合同终止之日起计算，不得少于五年。

第五十五条　拍卖标的需要依法办理证照变更、产权过户手续的，委托人、买受人应当持拍卖人出具的成交证明和有关材料，向有关行政管理机关办理手续。

第四节　佣金

第五十六条　委托人、买受人可以与拍卖人约定佣金的比例。

委托人、买受人与拍卖人对佣金比例未作约定，拍卖成交的，拍卖人可以向委托人、买受人各收取不超过拍卖成交价百分之五的佣金。收取佣金的比例按照同拍卖成交价成反比的原则确定。

拍卖未成交的，拍卖人可以向委托人收取约定的费用；未作约定的，可以向委托人收取为拍卖支出的合理费用。

第五十七条　拍卖本法第九条规定的物品成交的，拍卖人可以向买受人收取不超过拍卖成交价百分之五的佣金。收取佣金的比例按照同拍卖成交价成反比的原则确定。

拍卖未成交的，适用本法第五十六条第三款的规定。

第五章　法律责任

第五十八条　委托人违反本法第六条的规定，委托拍卖其没有所有权或者依法不得处分的物品或者财产权利的，应当依法承担责任。拍卖人明知委托人对拍卖的物品或者财产权利没有所有权或者依法不得处分的，应当承担连带责任。

第五十九条 国家机关违反本法第九条的规定，将应当委托财产所在地的省、自治区、直辖市的人民政府或者设区的市的人民政府指定的拍卖人拍卖的物品擅自处理的，对负有直接责任的主管人员和其他直接责任人员依法给予行政处分，给国家造成损失的，还应当承担赔偿责任。

第六十条 违反本法第十一条的规定，未经许可从事拍卖业务的，由工商行政管理部门予以取缔，没收违法所得，并可以处违法所得一倍以上五倍以下的罚款。

第六十一条 拍卖人、委托人违反本法第十八条第二款、第二十七条的规定，未说明拍卖标的的瑕疵，给买受人造成损害的，买受人有权向拍卖人要求赔偿；属于委托人责任的，拍卖人有权向委托人追偿。

拍卖人、委托人在拍卖前声明不能保证拍卖标的的真伪或者品质的，不承担瑕疵担保责任。

因拍卖标的存在瑕疵未声明的，请求赔偿的诉讼时效期间为一年，自当事人知道或者应当知道权利受到损害之日起计算。

因拍卖标的存在缺陷造成人身、财产损害请求赔偿的诉讼时效期间，适用《中华人民共和国产品质量法》和其他法律的有关规定。

第六十二条 拍卖人及其工作人员违反本法第二十二条的规定，参与竞买或者委托他人代为竞买的，由工商行政管理部门对拍卖人给予警告，可以处拍卖佣金一倍以上五倍以下的罚款；情节严重的，吊销营业执照。

第六十三条 违反本法第二十三条的规定，拍卖人在自己组织的拍卖活动中拍卖自己的物品或者财产权利的，由工商行政管理部门没收拍卖所得。

第六十四条 违反本法第三十条的规定，委托人参与竞买或者委托他人代为竞买的，工商行政管理部门可以对委托人处拍卖成交价百分之三十以下的罚款。

第六十五条 违反本法第三十七条的规定，竞买人之间、竞买人与拍卖人之间恶意串通，给他人造成损害的，拍卖无效，应当依法承担赔偿责任。由工商行政管理部门对参与恶意串通的竞买人处最高应价百分之十以上百分之三十以下的罚款；对参与恶意串通的拍卖人处最高应价百分之十以上百分之五十以下的罚款。

第六十六条 违反本法第四章第四节关于佣金比例的规定收取佣金的，拍卖人应当将超收部分返还委托人、买受人。物价管理部门可以对拍卖人处拍卖佣金一倍以上五倍以下的罚款。

第六章 附 则

第六十七条 外国人、外国企业和组织在中华人民共和国境内委托拍卖或者参加竞买的，适用本法。

第六十八条 本法自1997年1月1日起施行。

根据**2021年12月17日公布的《最高人民法院关于人民法院司法拍卖房产竞买人资格若干问题的规定》(法释〔2021〕18号)**，规定如下：

第一条 人民法院组织的司法拍卖房产活动，受房产所在地限购政策约束的竞买人申请参与竞拍的，人民法院不予准许。

第二条 人民法院组织司法拍卖房产活动时，发布的拍卖公告载明竞买人必须具备购房资格及其相应法律后果等内容，竞买人申请参与竞拍的，应当承诺具备购房资格及自愿承担法律后果。

第三条 人民法院在司法拍卖房产成交后、向买受人出具成交裁定书前，应当审核买受人提交的自其申请参与竞拍到成交裁定书出具时具备购房资格的证明材料；经审核买受人不符合持续具备购房资格条件，买受人请求出具拍卖成交裁定书的，人民法院不予准许。

第四条 买受人虚构购房资格参与司法拍卖房产活动且拍卖成交，当事人、利害关系人以违背公序良俗为由主张该拍卖行为无效的，人民法院应予支持。

依据前款规定，买受人虚构购房资格导致拍卖行为无效的，应当依法承担赔偿责任。

第五条 司法拍卖房产出现流拍等无法正常处置情形，不具备购房资格的申请执行人等当事人请求以该房抵债的，人民法院不予支持。

第六条 人民法院组织的司法拍卖房产活动，竞买人虚构购房资格或者当事人之间恶意串通，侵害他人合法权益或者逃避履行法律文书确定的义务的，人民法院应当根据情节轻重予以罚款、拘留；构成犯罪的，依法追究刑事责任。

第七条 除前六条规定的情形外，人民法院组织司法拍卖房产活动的其他事宜，适用《最高人民法院关于人民法院网络司法拍卖若干问题的规定》《最高人民法院关于人民法院民事执行中拍卖、变卖财产的规定》以及《最高人民法院关于适用〈中华人民共和国民事诉讼法〉的解释》的有关规定。

第八条 人民法院组织司法变卖房产活动的，参照适用本规定。

第九条 本规定自 2022 年 1 月 1 日起施行。

施行前最高人民法院公布的司法解释与本规定不一致的，以本规定为准。

根据 2014 年 12 月 18 日公布的《最高人民法院关于发布第八批指导性案例的通知》(法〔2014〕327 号)，其中指导案例 35 号是广东龙正投资发展有限公司与广东景茂拍卖行有限公司委托拍卖执行复议案，具体如下：

裁判要点

拍卖行与买受人有关联关系，拍卖行为存在以下情形，损害与标的物相关权利人合法权益的，人民法院可以视为拍卖行与买受人恶意串通，依法裁定该拍卖无效：(1)拍卖过程中没有其他无关联关系的竞买人参与竞买，或者虽有其他竞买人参与竞买，但未进行充分竞价的；(2)拍卖标的物的评估价明显低于实际价格，仍以该评估价成交的。

相关法条

《中华人民共和国民法通则》第 58 条

《中华人民共和国拍卖法》第 65 条

基本案情

广州白云荔发实业公司(以下简称荔发公司)与广州广丰房产建设有限公司(以下简称广丰公司)、广州银丰房地产有限公司(以下简称银丰公司)、广州金汇房产建设有限公司(以下简称金汇公司)非法借贷纠纷一案，广东省高级人民法院(以下简称广东高院)于 1997 年 5 月 20 日作出(1996)粤法经一初字第 4 号民事判决，判令广丰公司、银丰公司共同清偿荔发公司借款 160647776.07 元及利息，金汇公司承担连带赔偿责任。

广东高院在执行前述判决过程中，于 1998 年 2 月 11 日裁定查封了广丰公司名下的广丰大厦未售出部分，面积 18851.86 平方米。次日，委托广东景茂拍卖行有限公司(以下简称景茂拍卖行)进行拍卖。同年 6 月，该院委托广东粤财房地产评估所出具评估报告，结论为：广丰大厦该部分物业在 1998 年 6 月 12 日的拍卖价格为 102493594 元。后该案因故暂停处置。

2001 年年初，广东高院重新启动处置程序，于同年 4 月 4 日委托景茂拍卖行对广丰大厦整栋进行拍卖。同年 11 月初，广东高院在报纸上刊登拟拍卖整栋广丰大厦的公告，要求涉及广丰大厦的所有权利人或购房业主，于 2001 年 11 月 30 日前向景茂拍卖行申报权利和登记，待广东高院处理。根据公告要求，向景茂拍卖行申报的权利有申请交付广丰大厦预售房屋、回迁房屋和申请返还购房款、工程款、银行借款等，金额高达 15 亿多元，其中，购房人缴纳的购房款逾 2 亿元。

2003 年 8 月 26 日，广东高院委托广东财兴资产评估有限公司(原广东粤财房地产评估所)对广丰大厦整栋进行评估。同年 9 月 10 日，该所出具评估报告，结论为：整栋广丰大厦(用地面积 3009 平方米，建筑面积 34840 平方米)市值为 3445 万元，建议拍卖保留价为市值的 70% 即 2412 万元。同年 10 月 17 日，景茂拍卖行以 2412 万元将广丰大厦整栋拍卖给广东龙正投资发展有限公司（以下简称龙正公司）。广东高院于同年 10 月 28 日作出（1997）粤高法执字第 7 号民事裁定，确认将广丰大厦整栋以 2412 万元转给龙正公司所有。2004 年 1 月 5 日，该院向广州市国土房管部门发出协助执行通知书，要求将广丰大厦整栋产权过户给买受人龙正公司，并声明原广丰大厦的所有权利人，包括购房人、受让人、抵押权人、被拆迁人或拆迁户等的权益，由该院依法处理。龙正公司取得广丰大厦后，在原主体框架结构基础上继续投入资金进行续建，续建完成后更名为“时代国际大厦”。

2011 年 6 月 2 日，广东高院根据有关部门的意见对该案复查后，作出（1997）粤高法执字第 7-1 号执行裁定，认定景茂拍卖行和买受人龙正公司的股东系亲属，存在关联关系。广丰大厦两次评估价格差额巨大，第一次评估了广丰大厦约一半面积的房产，第二次评估了该大厦整栋房产，但第二次评估价格仅为第一次评估价格的 35%，即使考虑市场变化因素，其价格变化也明显不正常。根据景茂拍卖行报告，拍卖时有三个竞买人参加竞买，另外两个竞买人均未举牌竞价，龙正公司因而一次举牌即以起拍价 2412 万元竞买成功。但经该院协调有关司法机关无法找到该二人，后书面通知景茂拍卖行提供该二人的竞买资料，景茂拍卖行未能按要求提供；景茂拍卖行也未按照《拍卖监督管理暂行办法》第四条“拍卖企业举办拍卖活动，应当于拍卖日前 7 天内到拍卖活动所在地工商行政管理局备案……拍卖企业应当在拍卖活动结束后 7 天内，将竞买人名单、身份证明复印件送拍卖活动所在地工商行政管理局备案”的规定，向工商管理部门备案。现有证据不能证实另外两个竞买人参加了竞买。综上，可以认定拍卖人景茂拍卖行和竞买人龙正公司在拍卖广丰大厦中存在恶意串通行为，导致广丰大厦拍卖不能公平竞价、损害了购房人和其他债权人的利益。根据《中华人民共和国民法通则》（以下简称《民法通则》）第五十八条、《中华人民共和国拍卖法》（以下简称《拍卖法》）第六十五条的规定，裁定拍卖无效，撤销该院于 2003 年 10 月 28 日作出的（1997）粤高法执字第 7 号民事裁定。对此，买受人龙正公司和景茂拍卖行分别向广东高院提出异议。

龙正公司和景茂拍卖行异议被驳回后，又向最高人民法院申请复议。主要复议理由为：对广丰大厦前后两次评估的价值相差巨大的原因存在合理性，评估结果与拍卖行和买受人无关；拍卖保留价也是根据当时实际情况决定的，拍卖成交价是当时市场客观因素造成的；景茂拍卖行不能提供另外两名竞买人的资料，不违反《拍卖法》第五十四条第二款关于“拍卖资料保管期限自委托拍卖合同终止之日起计算，不得少于五年”的规定；拍卖广丰大厦的拍卖过程公开、合法，拍卖前曾四次在报纸上刊出拍卖公告，法律没有禁止拍卖行股东亲属的公司参与竞买。故不存在拍卖行与买受人恶意串通、损害购房人和其他债权人利益的事实。广东高院推定竞买人与拍卖行存在恶意串通行为是错误的。

【裁判结果】

广东高院于 2011 年 10 月 9 日作出（2011）粤高法执异字第 1 号执行裁定：维持（1997）粤高法执字第 7-1 号执行裁定意见，驳回异议。裁定送达后，龙正公司和景茂拍卖行向最高人民法院申请复议。最高人民法院于 2012 年 6 月 15 日作出（2012）执复字第 6 号执行裁定：驳回龙正公司和景茂拍卖行的复议请求。

【裁判理由】

最高人民法院认为：受人民法院委托进行的拍卖属于司法强制拍卖，其与公民、法人和其他组织自行委托拍卖机构进行的拍卖不同，人民法院有权对拍卖程序及拍卖结果的合法性进行审查。因此，即使拍卖已经成交，人民法院发现其所委托的拍卖行为违法，仍可以根据《民法通则》第五十八条、《拍卖法》第六十五条等法律规定，对在拍卖过程中恶意串通，导致拍卖不能公平竞价、损害他人合法权益的，裁定该拍卖无效。

买受人在拍卖过程中与拍卖机构是否存在恶意串通，应从拍卖过程、拍卖结果等方面综合考察。如果买受人与拍卖机构存在关联关系，拍卖过程没有进行充分竞价，而买受人和拍卖机构明知标的物评估价和成交价明显过低，仍以该低价成交，损害标的物相关权利人合法权益的，可以认定双方存在恶意串通。

本案中，在景茂拍卖行与买受人之间因股东的亲属关系而存在关联关系的情况下，除非能够证明拍卖过程中有其他无关联关系的竞买人参与竞买，且进行了充分的竞价，否则可以推定景茂拍卖行与买受人之间存在串通。该竞价充分的举证责任应由景茂拍卖行和与其有关联关系的买受人承担。2003 年拍卖结束后，景茂拍卖行给广东高院的拍卖报告中指出，还有另外两个自然人参加竞买，现场没有举牌竞价，拍卖中仅一次叫价即以保留价成交，并无竞价。而买受人龙正公司和景茂拍卖行不能提供其他两个竞买人的情况。经审核，其复议中提供的向工商管理部门备案的材料中，并无另外两个竞买人参加竞买的资料。拍卖资料经过了保存期，不是其不能提供竞买人情况的理由。据此，不能认定有其他竞买人参加了竞买，可以认定景茂拍卖行与买受人龙正公司之间存在串通行为。

鉴于本案拍卖系直接以评估机构确定的市场价的 70% 保留价成交的，故评估价是否合理对于拍卖结果是否公正合理有直接关系。之前对一半房产的评估价已达 1 亿多元，但是本次对全部房产的评估价格却只有原来一半房产评估价格的 35%。拍卖行明知价格过低，却通过亲属来购买房产，未经多轮竞价，严重侵犯了他人的利益。拍卖整栋楼的价格与评估部分房产时的价格相差悬殊，拍卖行和买受人的解释不能让人信服，可以认定两者间存在恶意串通。同时，与广丰大厦相关的权利有申请交付广丰大厦预售房屋、回迁房屋和申请返还购房款、工程款、银行借款等，总额达 15 亿多元，仅购房人登记所交购房款即超过 2 亿元。而本案拍卖价款仅为 2412 万元，对于没有优先受偿权的本案申请执行人毫无利益可言，明显属于无益拍卖。鉴于景茂拍卖行负责接受与广丰大厦相关的权利的申报工作，且买受人与其存在关联关系，可认定景茂拍卖行与买受人对上述问题也应属明知。因此，对于此案拍卖导致与广丰大厦相关的权利人的权益受侵害，景茂拍卖行与买受人龙正公司之间构成恶意串通。

综上，广东高院认定拍卖人景茂拍卖行和买受人龙正公司在拍卖广丰大厦中存在恶意串通行为，导致广丰大厦拍卖不能公平竞价、损害了购房人和其他债权人的利益，是正确的。故（1997）粤高法执字第 7-1 号及（2011）粤高法执异字第 1 号执行裁定并无不当，景茂拍卖行与龙正公司申请复议的理由不能成立。

根据青海红鼎房地产有限公司与青海省国有资产投资管理有限公司、青海省产权交易市场确认合同有效纠纷案：最高人民法院（2015）民二终字第 351 号民事判决书［《最高人民法院公报》2017 年第 3 期（总第 245 期）］，裁决如下：

一、网络竞价交易具有即时性和公开性的特点，产权人、竞买人、竞买组织方均应严格遵守相关交易规则。虽然网络竞价系统自动生成《竞价结果通知单》，但因违反交易规则，不能形成有效承诺的，交易依法不能成立。

二、网络竞拍是拍卖的一种特殊形式，在其有特别规定时依其规定，在无特别规定时，可以适用《拍卖法》的一般规定。

根据曾意龙与江西金马拍卖有限公司、中国银行股份有限公司上饶市分行、徐声炬拍卖纠纷案：最高人民法院（2005）民一终字第 43 号民事判决书［《最高人民法院公报》2006 年第 1 期（总第 111 期）］，根据合同法、拍卖法的有关规定，拍卖是以公开竞价的形式，将特定物品或者财产权利转让给最高应价者的买卖方式，拍卖活动必须遵守法律规定和行业惯例，必须符合公平、公正的原则。在拍卖活动中，拍卖师的拍卖行为违反法律规定和行业习惯做法，侵害有关竞买人的合法权益的，应认定其拍卖行为无效。

第六百四十六条 【买卖合同准用于有偿合同】法律对其他有偿合同有规定的，依照其规定；没有规定的，参照适用买卖合同的有关规定。

根据 **2020 年 12 月 29 日修正的《最高人民法院关于审理买卖合同纠纷案件适用法律问题的解释》(法释〔2020〕17 号)**,对于买卖合同的参照适用等,规定如下:

第三十二条 法律或者行政法规对债权转让、股权转让等权利转让合同有规定的,依照其规定;没有规定的,人民法院可以根据民法典第四百六十七条和第六百四十六条的规定,参照适用买卖合同的有关规定。

权利转让或者其他有偿合同参照适用买卖合同的有关规定的,人民法院应当首先引用民法典第六百四十六条的规定,再引用买卖合同的有关规定。

第三十三条 本解释施行前本院发布的有关购销合同、销售合同等有偿转移标的物所有权的合同的规定,与本解释抵触的,自本解释施行之日起不再适用。

本解释施行后尚未终审的买卖合同纠纷案件,适用本解释;本解释施行前已经终审,当事人申请再审或者按照审判监督程序决定再审的,不适用本解释。

第六百四十七条 【互易合同】当事人约定易货交易,转移标的物的所有权的,参照适用买卖合同的有关规定。

第十章 供用电、水、气、热力合同

第六百四十八条 【供用电合同定义及强制缔约义务】供用电合同是供电人向用电人供电,用电人支付电费的合同。

向社会公众供电的供电人,不得拒绝用电人合理的订立合同要求。

根据 **2018 年 12 月 29 日修正的《中华人民共和国电力法》**,规定如下:

第二十六条 供电营业区内的供电营业机构,对本营业区内的用户有按照国家规定供电的义务;不得违反国家规定对其营业区内申请用电的单位和个人拒绝供电。

申请新装用电、临时用电、增加用电容量、变更用电和终止用电,应当依照规定的程序办理手续。

供电企业应当在其营业场所公告用电的程序、制度和收费标准,并提供用户须知资料。

第二十七条 电力供应与使用双方应当根据平等自愿、协商一致的原则,按照国务院制定的电力供应与使用办法签订供用电合同,确定双方的权利和义务。

根据 **2019 年 3 月 2 日修订的《电力供应与使用条例》**,规定如下:

第三十二条 供电企业和用户应当在供电前根据用户需要和供电企业的供电能力签订供用电合同。

第三十五条 供用电合同的变更或者解除,应当依照有关法律、行政法规和本条例的规定办理。

第六百四十九条 【供用电合同内容】供用电合同的内容一般包括供电的方式、质量、时间,用电容量、地址、性质,计量方式,电价、电费的结算方式,供用电设施的维护责任等条款。

根据**2019年3月2日修订的《电力供应与使用条例》**，规定如下：

第三十三条 供用电合同应当具备以下条款：

（一）供电方式、供电质量和供电时间；

（二）用电容量和用电地址、用电性质；

（三）计量方式和电价、电费结算方式；

（四）供用电设施维护责任的划分；

（五）合同的有效期限；

（六）违约责任；

（七）双方共同认为应当约定的其他条款。

第六百五十条 【供用电合同履行地】供用电合同的履行地点，按照当事人约定；当事人没有约定或者约定不明确的，供电设施的产权分界处为履行地点。

第六百五十一条 【供电人的安全供电义务】供电人应当按照国家规定的供电质量标准和约定安全供电。供电人未按照国家规定的供电质量标准和约定安全供电，造成用电人损失的，应当承担赔偿责任。

根据**2018年12月29日修正的《中华人民共和国电力法》**，规定如下：

第二十八条 供电企业应当保证供给用户的供电质量符合国家标准。对公用供电设施引起的供电质量问题，应当及时处理。

用户对供电质量有特殊要求的，供电企业应当根据其必要性和电网的可能，提供相应的电力。

第五十九条 电力企业或者用户违反供用电合同，给对方造成损失的，应当依法承担赔偿责任。

电力企业违反本法第二十八条、第二十九条第一款的规定，未保证供电质量或者未事先通知用户中断供电，给用户造成损失的，应当依法承担赔偿责任。

第六十条 因电力运行事故给用户或者第三人造成损害的，电力企业应当依法承担赔偿责任。

电力运行事故由下列原因之一造成的，电力企业不承担赔偿责任：

（一）不可抗力；

（二）用户自身的过错。

因用户或者第三人的过错给电力企业或者其他用户造成损害的，该用户或者第三人应当依法承担赔偿责任。

根据**2019年3月2日修订的《电力供应与使用条例》**，规定如下：

第十九条 用户受电端的供电质量应当符合国家标准或者电力行业标准。

第二十条 供电方式应当按照安全、可靠、经济、合理和便于管理的原则，由电力供应与使用双方根据国家有关规定以及电网规划、用电需求和当地供电条件等因素协商确定。

在公用供电设施未到达的地区，供电企业可以委托有供电能力的单位就近供电。非经供电企业委托，任何单位不得擅自向外供电。

第二十一条 因抢险救灾需要紧急供电时，供电企业必须尽速安排供电。所需工程费用和应付电费由有关地方人民政府有关部门从抢险救灾经费中支出，但是抗旱用电应当由用户交付电费。

第二十二条 用户对供电质量有特殊要求的，供电企业应当根据其必要性和电网的可能，提供相应的电力。

> **第三十四条** 供电企业应当按照合同约定的数量、质量、时间、方式，合理调度和安全供电。
>
> 用户应当按照合同约定的数量、条件用电，交付电费和国家规定的其他费用。

第六百五十二条 【供电人中断供电时的通知义务】供电人因供电设施计划检修、临时检修、依法限电或者用电人违法用电等原因，需要中断供电时，应当按照国家有关规定事先通知用电人；未事先通知用电人中断供电，造成用电人损失的，应当承担赔偿责任。

> 根据 **2018 年 12 月 29 日修正的《中华人民共和国电力法》**，规定如下：
>
> **第二十九条** 供电企业在发电、供电系统正常的情况下，应当连续向用户供电，不得中断。因供电设施检修、依法限电或者用户违法用电等原因，需要中断供电时，供电企业应当按照国家有关规定事先通知用户。
>
> 用户对供电企业中断供电有异议的，可以向电力管理部门投诉；受理投诉的电力管理部门应当依法处理。
>
> 根据 **2019 年 3 月 2 日修订的《电力供应与使用条例》**，规定如下：
>
> **第二十八条** 除本条例另有规定外，在发电、供电系统正常运行的情况下，供电企业应当连续向用户供电；因故需要停止供电时，应当按照下列要求事先通知用户或者进行公告：
>
> （一）因供电设施计划检修需要停电时，供电企业应当提前 7 天通知用户或者进行公告；
>
> （二）因供电设施临时检修需要停止供电时，供电企业应当提前 24 小时通知重要用户；
>
> （三）因发电、供电系统发生故障需要停电、限电时，供电企业应当按照事先确定的限电序位进行停电或者限电。引起停电或者限电的原因消除后，供电企业应当尽快恢复供电。

第六百五十三条 【供电人的抢修义务】因自然灾害等原因断电，供电人应当按照国家有关规定及时抢修；未及时抢修，造成用电人损失的，应当承担赔偿责任。

第六百五十四条 【用电人的交付电费义务】用电人应当按照国家有关规定和当事人的约定及时支付电费。用电人逾期不支付电费的，应当按照约定支付违约金。经催告用电人在合理期限内仍不支付电费和违约金的，供电人可以按照国家规定的程序中止供电。

供电人依据前款规定中止供电的，应当事先通知用电人。

> 根据 **2019 年 3 月 2 日修订的《电力供应与使用条例》**，规定如下：
>
> **第二十三条** 申请新装用电、临时用电、增加用电容量、变更用电和终止用电，均应当到当地供电企业办理手续，并按照国家有关规定交付费用；供电企业没有不予供电的合理理由的，应当供电。供电企业应当在其营业场所公告用电的程序、制度和收费标准。
>
> **第二十四条** 供电企业应当按照国家标准或者电力行业标准参与用户受送电装置设计图纸的审核，对用户受送电装置隐蔽工程的施工过程实施监督，并在该受送电装置工程竣工后进行检验；检验合格的，方可投入使用。
>
> **第二十五条** 供电企业应当按照国家有关规定实行分类电价、分时电价。

第二十六条 用户应当安装用电计量装置。用户使用的电力、电量，以计量检定机构依法认可的用电计量装置的记录为准。用电计量装置，应当安装在供电设施与受电设施的产权分界处。

安装在用户处的用电计量装置，由用户负责保护。

第二十七条 供电企业应当按照国家核准的电价和用电计量装置的记录，向用户计收电费。

用户应当按照国家批准的电价，并按照规定的期限、方式或者合同约定的办法，交付电费。

第三十四条 供电企业应当按照合同约定的数量、质量、时间、方式，合理调度和安全供电。

用户应当按照合同约定的数量、条件用电，交付电费和国家规定的其他费用。

第三十九条 违反本条例第二十七条规定，逾期未交付电费的，供电企业可以从逾期之日起，每日按照电费总额的1‰至3‰加收违约金，具体比例由供用电双方在供用电合同中约定；自逾期之日起计算超过30日，经催交仍未交付电费的，供电企业可以按照国家规定的程序停止供电。

第六百五十五条 【用电人的安全用电义务】用电人应当按照国家有关规定和当事人的约定安全、节约和计划用电。用电人未按照国家有关规定和当事人的约定用电，造成供电人损失的，应当承担赔偿责任。

根据**2018年12月29日修正的《中华人民共和国电力法》**，规定如下：

第三十二条 用户用电不得危害供电、用电安全和扰乱供电、用电秩序。

对危害供电、用电安全和扰乱供电、用电秩序的，供电企业有权制止。

第五十九条 电力企业或者用户违反供用电合同，给对方造成损失的，应当依法承担赔偿责任。

电力企业违反本法第二十八条、第二十九条第一款的规定，未保证供电质量或者未事先通知用户中断供电，给用户造成损失的，应当依法承担赔偿责任。

第六十条 因电力运行事故给用户或者第三人造成损害的，电力企业应当依法承担赔偿责任。

电力运行事故由下列原因之一造成的，电力企业不承担赔偿责任：

(一)不可抗力；

(二)用户自身的过错。

因用户或者第三人的过错给电力企业或者其他用户造成损害的，该用户或者第三人应当依法承担赔偿责任。

根据**2019年3月2日修订的《电力供应与使用条例》**，对于禁止行为及责任承担，规定如下：

第三十条 用户不得有下列危害供电、用电安全，扰乱正常供电、用电秩序的行为：

(一)擅自改变用电类别；

(二)擅自超过合同约定的容量用电；

(三)擅自超过计划分配的用电指标的；

(四)擅自使用已经在供电企业办理暂停使用手续的电力设备，或者擅自启用已经被供电企业查封的电力设备；

(五)擅自迁移、更动或者擅自操作供电企业的用电计量装置、电力负荷控制装置、供电设施以及约定由供电企业调度的用户受电设备；

（六）未经供电企业许可，擅自引入、供出电源或者将自备电源擅自并网。

第三十一条 禁止窃电行为。窃电行为包括：

（一）在供电企业的供电设施上，擅自接线用电；

（二）绕越供电企业的用电计量装置用电；

（三）伪造或者开启法定的或者授权的计量检定机构加封的用电计量装置封印用电；

（四）故意损坏供电企业用电计量装置；

（五）故意使供电企业的用电计量装置计量不准或者失效；

（六）采用其他方法窃电。

第四十条 违反本条例第三十条规定，违章用电的，供电企业可以根据违章事实和造成的后果追缴电费，并按照国务院电力管理部门的规定加收电费和国家规定的其他费用；情节严重的，可以按照国家规定的程序停止供电。

第四十一条 违反本条例第三十一条规定，盗窃电能的，由电力管理部门责令停止违法行为，追缴电费并处应交电费5倍以下的罚款；构成犯罪的，依法追究刑事责任。

第四十二条 供电企业或者用户违反供用电合同，给对方造成损失的，应当依法承担赔偿责任。

第六百五十六条 【供用水、供用气、供用热力合同的参照适用】供用水、供用气、供用热力合同，参照适用供用电合同的有关规定。

根据盐城市天孜食品有限公司诉盐城市自来水有限公司供用水合同纠纷案：江苏省盐城市中级人民法院2019年5月28日民事判决书［《最高人民法院公报》2020年第3期（总第281期）］，在供水合同关系中，供水方自来水公司承担的安装、更换、维修水表以及供水等义务是一种公共服务。用水方系被动接受水表和计量结果。水表更换前后，在用水方生产量基本不变且无管道跑水故障的情况下，水表显示用于生产的用水量却大幅增加，有悖常理。由此引发争议时，人民法院应当根据民事诉讼证明原则和日常经验法则，对案件事实作出综合判断并公平合理地确定计算方法和损失数额。

第十一章 赠与合同

第六百五十七条 【赠与合同定义】赠与合同是赠与人将自己的财产无偿给予受赠人，受赠人表示接受赠与的合同。

根据2019年12月4日公布的《最高人民法院发布10起中国互联网司法典型案例》，其中案例2是俞彬华与广州华多网络科技有限公司、王子戎、哈尔滨兴戎文化传媒有限公司、刘奇琪网络服务合同纠纷案，具体如下：

典型意义

近年来，网络直播行业发展迅猛，成为一种新兴的互联网经济形态，相关纠纷也日益多发。本案清晰界定了网络直播中用户、直播发布者与直播平台之间法律关系，明确了“直播打赏”行为的法律性质。本案通过对网络直播相关法律关系和法律行为的界定，明确了各方主体的权利义务，有助于规范网络直播行为，促进网络直播行业健康发展。

基本案情

刘奇琪是哈尔滨兴戎文化传媒有限公司（以下简称兴戎公司）旗下主播，其在广州华多网络科技有限公司（以下简称华多公司）运营的 YY 直播平台开展直播，该直播间系用兴戎公司的法定代表人王子戎的 YY 账号开通。2017 年 2 月至 4 月，俞彬华在刘奇琪的直播间消费共计 59291.28 元（包括礼物和开通“公爵”“守护”）。2017 年 3 月 17 日，俞彬华成为当天打赏礼物最多的人，被刘奇琪设置为该直播间的频道总管理（VP）。2017 年 4 月 7 日，刘奇琪取消了俞彬华的 VP 权限，原因是刘奇琪不认可俞彬华私下通过微信转账、赠送礼物的行为。俞彬华诉至法院，提出撤销在直播间消费礼物的合同及华多公司、王子戎、兴戎公司、刘奇琪连带返还消费款项 49291.28 元等十项诉讼请求。

法院裁判

法院在本案中认定，直播平台为用户提供平台服务，通过用户购买和使用虚拟货币收取服务费，两者形成网络服务合同法律关系。用户对直播发布者的“打赏”，一般成立赠与合同，除非有证据证明直播发布者接受“打赏”前后须履行具体、明确的合同义务。本案中，原告俞彬华对被告刘奇琪的“打赏”，并未约定要求对方履行特定义务，没有提出“打赏”的对价，因此并非服务合同关系，应当认定为赠与合同。

广州互联网法院于 2019 年 1 月 7 日判决驳回原告全部诉讼请求。本案一审宣判并送达后，原、被告均未提出上诉，该判决已发生法律效力。

第六百五十八条 【赠与人任意撤销权及其限制】赠与人在赠与财产的权利转移之前可以撤销赠与。

经过公证的赠与合同或者依法不得撤销的具有救灾、扶贫、助残等公益、道德义务性质的赠与合同，不适用前款规定。

根据 **2023 年 12 月 29 日修正的《中华人民共和国慈善法》**，对于慈善捐赠，规定如下：

第三十四条 本法所称慈善捐赠，是指自然人、法人和非法人组织基于慈善目的，自愿、无偿赠与财产的活动。

第三十五条 捐赠人可以通过慈善组织捐赠，也可以直接向受益人捐赠。

第三十六条 捐赠人捐赠的财产应当是其有权处分的合法财产。捐赠财产包括货币、实物、房屋、有价证券、股权、知识产权等有形和无形财产。

捐赠人捐赠的实物应当具有使用价值，符合安全、卫生、环保等标准。

捐赠人捐赠本企业产品的，应当依法承担产品质量责任和义务。

第三十七条 自然人、法人和非法人组织开展演出、比赛、销售、拍卖等经营性活动，承诺将全部或者部分所得用于慈善目的的，应当在举办活动前与慈善组织或者其他接受捐赠的人签订捐赠协议，活动结束后按照捐赠协议履行捐赠义务，并将捐赠情况向社会公开。

第三十八条 慈善组织接受捐赠，应当向捐赠人开具由财政部门统一监（印）制的捐赠票据。捐赠票据应当载明捐赠人、捐赠财产的种类及数量、慈善组织名称和经办人姓名、票据日期等。捐赠人匿名或者放弃接受捐赠票据的，慈善组织应当做好相关记录。

第三十九条 慈善组织接受捐赠，捐赠人要求签订书面捐赠协议的，慈善组织应当与捐赠人签订书面捐赠协议。

书面捐赠协议包括捐赠人和慈善组织名称，捐赠财产的种类、数量、质量、用途、交付时间等内容。

第四十条 捐赠人与慈善组织约定捐赠财产的用途和受益人时，不得指定或者变相指定捐赠人的利害关系人作为受益人。

任何组织和个人不得利用慈善捐赠违反法律规定宣传烟草制品，不得利用慈善捐赠以任何方式宣传法律禁止宣传的产品和事项。

第四十一条 捐赠人应当按照捐赠协议履行捐赠义务。捐赠人违反捐赠协议逾期未交付捐赠财产，有下列情形之一的，慈善组织或者其他接受捐赠的人可以要求交付；捐赠人拒不交付的，慈善组织和其他接受捐赠的人可以依法向人民法院申请支付令或者提起诉讼：

（一）捐赠人通过广播、电视、报刊、互联网等媒体公开承诺捐赠的；

（二）捐赠财产用于本法第三条第一项至第三项规定的慈善活动，并签订书面捐赠协议的。

捐赠人公开承诺捐赠或者签订书面捐赠协议后经济状况显著恶化，严重影响其生产经营或者家庭生活的，经向公开承诺捐赠地或者书面捐赠协议签订地的县级以上人民政府民政部门报告并向社会公开说明情况后，可以不再履行捐赠义务。

第四十二条 捐赠人有权查询、复制其捐赠财产管理使用的有关资料，慈善组织应当及时主动向捐赠人反馈有关情况。

慈善组织违反捐赠协议约定的用途，滥用捐赠财产的，捐赠人有权要求其改正；拒不改正的，捐赠人可以向县级以上人民政府民政部门投诉、举报或者向人民法院提起诉讼。

第四十三条 国有企业实施慈善捐赠应当遵守有关国有资产管理的规定，履行批准和备案程序。

第八十七条 自然人、法人和非法人组织捐赠财产用于慈善活动的，依法享受税收优惠。企业慈善捐赠支出超过法律规定的准予在计算企业所得税应纳税所得额时当年扣除的部分，允许结转以后三年内在计算应纳税所得额时扣除。

境外捐赠用于慈善活动的物资，依法减征或者免征进口关税和进口环节增值税。

第八十九条 受益人接受慈善捐赠，依法享受税收优惠。

根据**1999年6月28日公布的《中华人民共和国公益事业捐赠法》**，对于公益事业捐赠，规定如下：

第一章 总 则

第一条 为了鼓励捐赠，规范捐赠和受赠行为，保护捐赠人、受赠人和受益人的合法权益，促进公益事业的发展，制定本法。

第二条 自然人、法人或者其他组织自愿无偿向依法成立的公益性社会团体和公益性非营利的事业单位捐赠财产，用于公益事业的，适用本法。

第三条 本法所称公益事业是指非营利的下列事项：

（一）救助灾害、救济贫困、扶助残疾人等困难的社会群体和个人的活动；

（二）教育、科学、文化、卫生、体育事业；

（三）环境保护、社会公共设施建设；

（四）促进社会发展和进步的其他社会公共和福利事业。

第四条 捐赠应当是自愿和无偿的，禁止强行摊派或者变相摊派，不得以捐赠为名从事营利活动。

第五条 捐赠财产的使用应当尊重捐赠人的意愿，符合公益目的，不得将捐赠财产挪作他用。

第六条 捐赠应当遵守法律、法规，不得违背社会公德，不得损害公共利益和其他公民的合法权益。

第七条 公益性社会团体受赠的财产及其增值为社会公共财产，受国家法律保护，任何单位和个人不得侵占、挪用和损毁。

第八条 国家鼓励公益事业的发展，对公益性社会团体和公益性非营利的事业单位给予扶持和优待。

国家鼓励自然人、法人或者其他组织对公益事业进行捐赠。

对公益事业捐赠有突出贡献的自然人、法人或者其他组织，由人民政府或者有关部门予以表彰。对捐赠人进行公开表彰,应当事先征求捐赠人的意见。

第二章 捐赠和受赠

第九条 自然人、法人或者其他组织可以选择符合其捐赠意愿的公益性社会团体和公益性非营利的事业单位进行捐赠。捐赠的财产应当是其有权处分的合法财产。

第十条 公益性社会团体和公益性非营利的事业单位可以依照本法接受捐赠。

本法所称公益性社会团体是指依法成立的,以发展公益事业为宗旨的基金会、慈善组织等社会团体。

本法所称公益性非营利的事业单位是指依法成立的,从事公益事业的不以营利为目的的教育机构、科学研究机构、医疗卫生机构、社会公共文化机构、社会公共体育机构和社会福利机构等。

第十一条 在发生自然灾害时或者境外捐赠人要求县级以上人民政府及其部门作为受赠人时,县级以上人民政府及其部门可以接受捐赠,并依照本法的有关规定对捐赠财产进行管理。

县级以上人民政府及其部门可以将受赠财产转交公益性社会团体或者公益性非营利的事业单位;也可以按照捐赠人的意愿分发或者兴办公益事业,但是不得以本机关为受益对象。

第十二条 捐赠人可以与受赠人就捐赠财产的种类、质量、数量和用途等内容订立捐赠协议。捐赠人有权决定捐赠的数量、用途和方式。

捐赠人应当依法履行捐赠协议,按照捐赠协议约定的期限和方式将捐赠财产转移给受赠人。

第十三条 捐赠人捐赠财产兴建公益事业工程项目,应当与受赠人订立捐赠协议,对工程项目的资金、建设、管理和使用作出约定。

捐赠的公益事业工程项目由受赠单位按照国家有关规定办理项目审批手续,并组织施工或者由受赠人和捐赠人共同组织施工。工程质量应当符合国家质量标准。

捐赠的公益事业工程项目竣工后,受赠单位应当将工程建设、建设资金的使用和工程质量验收情况向捐赠人通报。

第十四条 捐赠人对于捐赠的公益事业工程项目可以留名纪念;捐赠人单独捐赠的工程项目或者主要由捐赠人出资兴建的工程项目,可以由捐赠人提出工程项目的名称,报县级以上人民政府批准。

第十五条 境外捐赠人捐赠的财产,由受赠人按照国家有关规定办理入境手续;捐赠实行许可证管理的物品,由受赠人按照国家有关规定办理许可证申领手续,海关凭许可证验放、监管。

华侨向境内捐赠的,县级以上人民政府侨务部门可以协助办理有关入境手续,为捐赠人实施捐赠项目提供帮助。

第三章 捐赠财产的使用和管理

第十六条 受赠人接受捐赠后,应当向捐赠人出具合法、有效的收据,将受赠财产登记造册,妥善保管。

第十七条 公益性社会团体应当将受赠财产用于资助符合其宗旨的活动和事业。对于接受的救助灾害的捐赠财产,应当及时用于救助活动。基金会每年用于资助公益事业的资金数额,不得低于国家规定的比例。

公益性社会团体应当严格遵守国家的有关规定,按照合法、安全、有效的原则,积极实现捐赠财产的保值增值。

公益性非营利的事业单位应当将受赠财产用于发展本单位的公益事业,不得挪作他用。

对于不易储存、运输和超过实际需要的受赠财产,受赠人可以变卖,所取得的全部收入,应当用于捐赠目的。

第十八条 受赠人与捐赠人订立了捐赠协议的,应当按照协议约定的用途使用捐赠财产,不得擅自改变捐赠财产的用途。如果确需改变用途的,应当征得捐赠人的同意。

第十九条 受赠人应当依照国家有关规定,建立健全财务会计制度和受赠财产的使用制度,加强对受赠财产的管理。

第二十条 受赠人每年度应当向政府有关部门报告受赠财产的使用、管理情况,接受监督。必要时,政府有关部门可以对其财务进行审计。

海关对减免关税的捐赠物品依法实施监督和管理。

县级以上人民政府侨务部门可以参与对华侨向境内捐赠财产使用与管理的监督。

第二十一条 捐赠人有权向受赠人查询捐赠财产的使用、管理情况,并提出意见和建议。对于捐赠人的查询,受赠人应当如实答复。

第二十二条 受赠人应当公开接受捐赠的情况和受赠财产的使用、管理情况,接受社会监督。

第二十三条 公益性社会团体应当厉行节约,降低管理成本,工作人员的工资和办公费用从利息等收入中按照国家规定的标准开支。

第四章 优惠措施

第二十四条 公司和其他企业依照本法的规定捐赠财产用于公益事业,依照法律、行政法规的规定享受企业所得税方面的优惠。

第二十五条 自然人和个体工商户依照本法的规定捐赠财产用于公益事业,依照法律、行政法规的规定享受个人所得税方面的优惠。

第二十六条 境外向公益性社会团体和公益性非营利的事业单位捐赠的用于公益事业的物资,依照法律、行政法规的规定减征或者免征进口关税和进口环节的增值税。

第二十七条 对于捐赠的工程项目,当地人民政府应当给予支持和优惠。

第五章 法律责任

第二十八条 受赠人未征得捐赠人的许可,擅自改变捐赠财产的性质、用途的,由县级以上人民政府有关部门责令改正,给予警告。拒不改正的,经征求捐赠人的意见,由县级以上人民政府将捐赠财产交由与其宗旨相同或者相似的公益性社会团体或者公益性非营利的事业单位管理。

第二十九条 挪用、侵占或者贪污捐赠款物的,由县级以上人民政府有关部门责令退还所用、所得款物,并处以罚款;对直接责任人员,由所在单位依照有关规定予以处理;构成犯罪的,依法追究刑事责任。

依照前款追回、追缴的捐赠款物,应当用于原捐赠目的和用途。

第三十条 在捐赠活动中,有下列行为之一的,依照法律、法规的有关规定予以处罚;构成犯罪的,依法追究刑事责任:

(一)逃汇、骗购外汇的;

(二)偷税、逃税的;

(三)进行走私活动的;

(四)未经海关许可并且未补缴应缴税额,擅自将减税、免税进口的捐赠物资在境内销售、转让或者移作他用的。

第三十一条 受赠单位的工作人员,滥用职权,玩忽职守,徇私舞弊,致使捐赠财产造成重大损失的,由所在单位依照有关规定予以处理;构成犯罪的,依法追究刑事责任。

第六章 附 则

第三十二条 本法自1999年9月1日起施行。

根据**2020年12月29日公布的《最高人民法院关于适用〈中华人民共和国民法典〉婚姻家庭编的解释(一)》(法释〔2020〕22号)**,规定如下:

第三十二条 婚前或者婚姻关系存续期间,当事人约定将一方所有的房产赠与另一方或者共有,赠与方在赠与房产变更登记之前撤销赠与,另一方请求判令继续履行的,人民法院可以按照民法典第六百五十八条的规定处理。

根据 2015 年 12 月 4 日公布的《最高人民法院公布 49 起婚姻家庭纠纷典型案例》，其中案例 1 为于某某诉高某某离婚后财产纠纷案，典型意义如下：

本案中双方争议的焦点是在离婚协议中约定将夫妻共同共有的房产赠与未成年子女，离婚后一方在赠与房产变更登记之前是否有权予以撤销。在离婚协议中双方将共同财产赠与未成年子女的约定与解除婚姻关系、子女抚养、共同财产分割、共同债务清偿、离婚损害赔偿等内容互为前提、互为结果，构成了一个整体，是"一揽子"的解决方案。如果允许一方反悔，那么男女双方离婚协议的"整体性"将被破坏。在婚姻关系已经解除且不可逆的情况下如果允许当事人对于财产部分反悔将助长先离婚再恶意占有财产之有违诚实信用的行为，也不利于保护未成年子女的权益。因此，在离婚后一方欲根据《合同法》第一百八十六条第一款之规定单方撤销赠与时亦应取得双方合意，在未征得作为共同共有人的另一方同意的情况下，无权单方撤销赠与。

第六百五十九条 【赠与财产办理有关法律手续】赠与的财产依法需要办理登记或者其他手续的，应当办理有关手续。

第六百六十条 【受赠人的交付请求权以及赠与人的赔偿责任】经过公证的赠与合同或者依法不得撤销的具有救灾、扶贫、助残等公益、道德义务性质的赠与合同，赠与人不交付赠与财产的，受赠人可以请求交付。

依据前款规定应当交付的赠与财产因赠与人故意或者重大过失致使毁损、灭失的，赠与人应当承担赔偿责任。

第六百六十一条 【附义务赠与合同】赠与可以附义务。

赠与附义务的，受赠人应当按照约定履行义务。

根据蒋鲜丽诉陈马烈、《家庭教育导报》社返还公益捐赠纠纷案：浙江省杭州市中级人民法院 2002 年 9 月 19 日民事判决书[《最高人民法院公报》2003 年第 4 期(总第 84 期)]，捐款人在行使赠与权利时，有权与受赠人签订捐赠协议，并对捐助对象附加条件或者义务；受赠人在接受捐款时，有义务遵守赠与人为捐款特别设定的条件。因此，在附条件的公益事业捐赠协议中，捐赠人约定捐赠款不得由受益人保管的，受益人无权要求自己保管。

第六百六十二条 【赠与人瑕疵担保责任】赠与的财产有瑕疵的，赠与人不承担责任。附义务的赠与，赠与的财产有瑕疵的，赠与人在附义务的限度内承担与出卖人相同的责任。

赠与人故意不告知瑕疵或者保证无瑕疵，造成受赠人损失的，应当承担赔偿责任。

第六百六十三条 【赠与人的法定撤销权及其行使期间】受赠人有下列情形之一的，赠与人可以撤销赠与：

(一)严重侵害赠与人或者赠与人近亲属的合法权益；

(二)对赠与人有扶养义务而不履行；

(三)不履行赠与合同约定的义务。

赠与人的撤销权，自知道或者应当知道撤销事由之日起一年内行使。

第六百六十四条 【赠与人继承人或者法定代理人的撤销权】因受赠人的违法行为致使赠与人死亡或者丧失民事行为能力的，赠与人的继承人或者法定代理人可以撤销赠与。

赠与人的继承人或者法定代理人的撤销权，自知道或者应当知道撤销事由之日起六个月内行使。

第六百六十五条 【撤销赠与的法律后果】撤销权人撤销赠与的，可以向受赠人请求返还赠与的财产。

第六百六十六条 【赠与人穷困抗辩】赠与人的经济状况显著恶化，严重影响其生产经营或者家庭生活的，可以不再履行赠与义务。

第十二章 借款合同

第六百六十七条 【借款合同定义】借款合同是借款人向贷款人借款，到期返还借款并支付利息的合同。

根据2022年12月26日公布的《最高人民法院关于为稳定就业提供司法服务和保障的意见》（法发〔2022〕36号），规定如下：

3. 推动落实金融支持政策，增强服务行业就业吸纳能力。依法审理金融借款合同纠纷案件，充分考虑延期还本付息、加大普惠小微贷款支持等金融支持政策，对金融机构违反金融支持政策提出的借款提前到期、解除合同等诉讼请求，人民法院不予支持。批发零售、住宿餐饮、物流运输、文化旅游等服务行业企业、个体工商户等，因受疫情影响生产经营、复工复产暂时困难、无力还款，主张延期还款、分期还款、减免逾期利息、降低利率的，应当积极引导当事人双方协商解决纠纷；协商解决不成，借款人的主张依据充分或者符合政策条件的，人民法院应当依法支持。

根据2020年12月29日公布的《最高人民法院关于新民间借贷司法解释适用范围问题的批复》（法释〔2020〕27号），批复如下：

一、关于适用范围问题。经征求金融监管部门意见，由地方金融监管部门监管的小额贷款公司、融资担保公司、区域性股权市场、典当行、融资租赁公司、商业保理公司、地方资产管理公司等七类地方金融组织，属于经金融监管部门批准设立的金融机构，其因从事相关金融业务引发的纠纷，不适用新民间借贷司法解释。

二、其他两问题已在修订后的司法解释中予以明确，请遵照执行。

三、本批复自2021年1月1日起施行。

根据2020年12月29日公布的《最高人民法院关于审理建设工程施工合同纠纷案件适用法律问题的解释（一）》（法释〔2020〕25号），对于垫资条款，规定如下：

第二十五条 当事人对垫资和垫资利息有约定，承包人请求按照约定返还垫资及其利息的，人民法院应予支持，但是约定的利息计算标准高于垫资时的同类贷款利率或者同期贷款市场报价利率的部分除外。

当事人对垫资没有约定的，按照工程欠款处理。

当事人对垫资利息没有约定，承包人请求支付利息的，人民法院不予支持。

第二十六条 当事人对欠付工程价款利息计付标准有约定的，按照约定处理。没有约定的，按照同期同类贷款利率或者同期贷款市场报价利率计息。

第二十七条 利息从应付工程价款之日开始计付。当事人对付款时间没有约定或者约定不明的，下列时间视为应付款时间：

（一）建设工程已实际交付的，为交付之日；

（二）建设工程没有交付的，为提交竣工结算文件之日；

（三）建设工程未交付，工程价款也未结算的，为当事人起诉之日。

根据**2020年12月29日修正的《最高人民法院关于审理民间借贷案件适用法律若干问题的规定》（法释〔2020〕17号）**，规定如下：

第一条 本规定所称的民间借贷，是指自然人、法人和非法人组织之间进行资金融通的行为。

经金融监管部门批准设立的从事贷款业务的金融机构及其分支机构，因发放贷款等相关金融业务引发的纠纷，不适用本规定。

第二条 出借人向人民法院提起民间借贷诉讼时，应当提供借据、收据、欠条等债权凭证以及其他能够证明借贷法律关系存在的证据。

当事人持有的借据、收据、欠条等债权凭证没有载明债权人，持有债权凭证的当事人提起民间借贷诉讼的，人民法院应予受理。被告对原告的债权人资格提出有事实依据的抗辩，人民法院经审查认为原告不具有债权人资格的，裁定驳回起诉。

第三条 借贷双方就合同履行地未约定或者约定不明确，事后未达成补充协议，按照合同相关条款或者交易习惯仍不能确定的，以接受货币一方所在地为合同履行地。

第四条 保证人为借款人提供连带责任保证，出借人仅起诉借款人的，人民法院可以不追加保证人为共同被告；出借人仅起诉保证人的，人民法院可以追加借款人为共同被告。

保证人为借款人提供一般保证，出借人仅起诉保证人的，人民法院应当追加借款人为共同被告；出借人仅起诉借款人的，人民法院可以不追加保证人为共同被告。

第五条 人民法院立案后，发现民间借贷行为本身涉嫌非法集资等犯罪的，应当裁定驳回起诉，并将涉嫌非法集资等犯罪的线索、材料移送公安或者检察机关。

公安或者检察机关不予立案，或者立案侦查后撤销案件，或者检察机关作出不起诉决定，或者经人民法院生效判决认定不构成非法集资等犯罪，当事人又以同一事实向人民法院提起诉讼的，人民法院应予受理。

第六条 人民法院立案后，发现与民间借贷纠纷案件虽有关联但不是同一事实的涉嫌非法集资等犯罪的线索、材料的，人民法院应当继续审理民间借贷纠纷案件，并将涉嫌非法集资等犯罪的线索、材料移送公安或者检察机关。

第七条 民间借贷纠纷的基本案件事实必须以刑事案件的审理结果为依据，而该刑事案件尚未审结的，人民法院应当裁定中止诉讼。

第八条 借款人涉嫌犯罪或者生效判决认定其有罪，出借人起诉请求担保人承担民事责任的，人民法院应予受理。

第十条 法人之间、非法人组织之间以及它们相互之间为生产、经营需要订立的民间借贷合同，除存在民法典第一百四十六条、第一百五十三条、第一百五十四条以及本规定第十三条规定的情形外，当事人主张民间借贷合同有效的，人民法院应予支持。

第十一条 法人或者非法人组织在本单位内部通过借款形式向职工筹集资金，用于本单位生产、经营，且不存在民法典第一百四十四条、第一百四十六条、第一百五十三条、第一百五十四条以及本规定第十三条规定的情形，当事人主张民间借贷合同有效的，人民法院应予支持。

第十二条 借款人或者出借人的借贷行为涉嫌犯罪，或者已经生效的裁判认定构成犯罪，当事人提起民事诉讼的，民间借贷合同并不当然无效。人民法院应当依据民法典第一百四十四条、第一百四十六条、第一百五十三条、第一百五十四条以及本规定第十三条之规定，认定民间借贷合同的效力。

担保人以借款人或者出借人的借贷行为涉嫌犯罪或者已经生效的裁判认定构成犯罪为由，主张不承担民事责任的，人民法院应当依据民间借贷合同与担保合同的效力、当事人的过错程度，依法确定担保人的民事责任。

第十三条 具有下列情形之一的，人民法院应当认定民间借贷合同无效：

（一）套取金融机构贷款转贷的；

（二）以向其他营利法人借贷、向本单位职工集资，或者以向公众非法吸收存款等方式取得的资金转贷的；

（三）未依法取得放贷资格的出借人，以营利为目的向社会不特定对象提供借款的；

（四）出借人事先知道或者应当知道借款人借款用于违法犯罪活动仍然提供借款的；

（五）违反法律、行政法规强制性规定的；

（六）违背公序良俗的。

第十四条 原告以借据、收据、欠条等债权凭证为依据提起民间借贷诉讼，被告依据基础法律关系提出抗辩或者反诉，并提供证据证明债权纠纷非民间借贷行为引起的，人民法院应当依据查明的案件事实，按照基础法律关系审理。

当事人通过调解、和解或者清算达成的债权债务协议，不适用前款规定。

第十五条 原告仅依据借据、收据、欠条等债权凭证提起民间借贷诉讼，被告抗辩已经偿还借款的，被告应当对其主张提供证据证明。被告提供相应证据证明其主张后，原告仍应就借贷关系的存续承担举证责任。

被告抗辩借贷行为尚未实际发生并能作出合理说明的，人民法院应当结合借贷金额、款项交付、当事人的经济能力、当地或者当事人之间的交易方式、交易习惯、当事人财产变动情况以及证人证言等事实和因素，综合判断查证借贷事实是否发生。

第十六条 原告仅依据金融机构的转账凭证提起民间借贷诉讼，被告抗辩转账系偿还双方之前借款或者其他债务的，被告应当对其主张提供证据证明。被告提供相应证据证明其主张后，原告仍应就借贷关系的成立承担举证责任。

第十七条 依据《最高人民法院关于适用〈中华人民共和国民事诉讼法〉的解释》第一百七十四条第二款之规定，负有举证责任的原告无正当理由拒不到庭，经审查现有证据无法确认借贷行为、借贷金额、支付方式等案件主要事实的，人民法院对原告主张的事实不予认定。

第十八条 人民法院审理民间借贷纠纷案件时发现有下列情形之一的，应当严格审查借贷发生的原因、时间、地点、款项来源、交付方式、款项流向以及借贷双方的关系、经济状况等事实，综合判断是否属于虚假民事诉讼：

（一）出借人明显不具备出借能力；

（二）出借人起诉所依据的事实和理由明显不符合常理；

（三）出借人不能提交债权凭证或者提交的债权凭证存在伪造的可能；

（四）当事人双方在一定期限内多次参加民间借贷诉讼；

（五）当事人无正当理由拒不到庭参加诉讼，委托代理人对借贷事实陈述不清或者陈述前后矛盾；

（六）当事人双方对借贷事实的发生没有任何争议或者诉辩明显不符合常理；

（七）借款人的配偶或者合伙人、案外人的其他债权人提出有事实依据的异议；

（八）当事人在其他纠纷中存在低价转让财产的情形；

（九）当事人不正当放弃权利；

（十）其他可能存在虚假民间借贷诉讼的情形。

第十九条 经查明属于虚假民间借贷诉讼，原告申请撤诉的，人民法院不予准许，并应当依据民事诉讼法第一百一十二条之规定，判决驳回其请求。

诉讼参与人或者其他人恶意制造、参与虚假诉讼，人民法院应当依据民事诉讼法第一百一十一条、第一百一十二条和第一百一十三条之规定，依法予以罚款、拘留；构成犯罪的，应当移送有管辖权的司法机关追究刑事责任。

单位恶意制造、参与虚假诉讼的，人民法院应当对该单位进行罚款，并可以对其主要负责人或者直接责任人员予以罚款、拘留；构成犯罪的，应当移送有管辖权的司法机关追究刑事责任。

第二十条 他人在借据、收据、欠条等债权凭证或者借款合同上签名或者盖章，但是未表明其保证人身份或者承担保证责任，或者通过其他事实不能推定其为保证人，出借人请求其承担保证责任的，人民法院不予支持。

第二十一条 借贷双方通过网络贷款平台形成借贷关系，网络贷款平台的提供者仅提供媒介服务，当事人请求其承担担保责任的，人民法院不予支持。

网络贷款平台的提供者通过网页、广告或者其他媒介明示或者有其他证据证明其为借贷提供担保，出借人请求网络贷款平台的提供者承担担保责任的，人民法院应予支持。

第二十二条 法人的法定代表人或者非法人组织的负责人以单位名义与出借人签订民间借贷合同，有证据证明所借款项系法定代表人或者负责人个人使用，出借人请求将法定代表人或者负责人列为共同被告或者第三人的，人民法院应予准许。

法人的法定代表人或者非法人组织的负责人以个人名义与出借人订立民间借贷合同，所借款项用于单位生产经营，出借人请求单位与个人共同承担责任的，人民法院应予支持。

第二十三条 当事人以订立买卖合同作为民间借贷合同的担保，借款到期后借款人不能还款，出借人请求履行买卖合同的，人民法院应当按照民间借贷法律关系审理。当事人根据法庭审理情况变更诉讼请求的，人民法院应当准许。

按照民间借贷法律关系审理作出的判决生效后，借款人不履行生效判决确定的金钱债务，出借人可以申请拍卖买卖合同标的物，以偿还债务。就拍卖所得的价款与应偿还借款本息之间的差额，借款人或者出借人有权主张返还或者补偿。

第三十一条 本规定施行后，人民法院新受理的一审民间借贷纠纷案件，适用本规定。

2020年8月20日之后新受理的一审民间借贷案件，借贷合同成立于2020年8月20日之前，当事人请求适用当时的司法解释计算自合同成立到2020年8月19日的利息部分的，人民法院应予支持；对于自2020年8月20日到借款返还之日的利息部分，适用起诉时本规定的利率保护标准计算。

本规定施行后，最高人民法院以前作出的相关司法解释与本规定不一致的，以本规定为准。

根据**2019年11月8日公布的《最高人民法院关于印发〈全国法院民商事审判工作会议纪要〉的通知》（法〔2019〕254号）**，对于借款合同，通知如下：

人民法院在审理借款合同纠纷案件过程中，要根据防范化解重大金融风险、金融服务实体经济、降低融资成本的精神，区别对待金融借贷与民间借贷，并适用不同规则与利率标准。要依法否定高利转贷行为、职业放贷行为的效力，充分发挥司法的示范、引导作用，促进金融服务实体经济。要注意到，为深化利率市场化改革，推动降低实体利率水平，自2019年8月20日起，中国人民银行已经授权全国银行间同业拆借中心于每月20日（遇节假日顺延）9时30分公布贷款市场报价利率（LPR），中国人民银行贷款基准利率这一标准已经取消。因此，自此之后人民法院裁判贷款利息的基本标准应改为全国银行间同业拆借中心公布的贷款市场报价利率。应予注意的是，贷款利率标准尽管发生了变化，但存款基准利率并未发生相应变化，相关标准仍可适用。

51.**【变相利息的认定】**金融借款合同纠纷中，借款人认为金融机构以服务费、咨询费、顾问费、管理费等为名变相收取利息，金融机构或者由其指定的人收取的相关费用不合理的，人民法院可以根据提供服务的实际情况确定借款人应否支付或者酌减相关费用。

52.【**高利转贷**】民间借贷中，出借人的资金必须是自有资金。出借人套取金融机构信贷资金又高利转贷给借款人的民间借贷行为，既增加了融资成本，又扰乱了信贷秩序，根据民间借贷司法解释第十四条第一项的规定，应当认定此类民间借贷行为无效。人民法院在适用该条规定时，应当注意把握以下几点：一是要审查出借人的资金来源。借款人能够举证证明在签订借款合同时出借人尚欠银行贷款未还的，一般可以推定为出借人套取信贷资金，但出借人能够举反证予以推翻的除外；二是从宽认定"高利"转贷行为的标准，只要出借人通过转贷行为牟利的，就可以认定为是"高利"转贷行为；三是对该条规定的"借款人事先知道或者应当知道的"要件，不宜把握过苛。实践中，只要出借人在签订借款合同时存在尚欠银行贷款未还事实的，一般可以认为满足了该条规定的"借款人事先知道或者应当知道"这一要件。

53.【**职业放贷人**】未依法取得放贷资格的以民间借贷为业的法人，以及以民间借贷为业的非法人组织或者自然人从事的民间借贷行为，应当依法认定无效。同一出借人在一定期间内多次反复从事有偿民间借贷行为的，一般可以认定为是职业放贷人。民间借贷比较活跃的地方的高级人民法院或者经其授权的中级人民法院，可以根据本地区的实际情况制定具体的认定标准。

根据**2015年12月24日公布的《最高人民法院关于当前民事审判工作中的若干具体问题》**第十部分(关于《民间借贷司法解释》实施中需要注意的问题)，通知如下：

经过一段时间的实践检验和情况反馈，就民间借贷司法解释在理解和适用中比较集中的问题，我谈几点意见：

第一，关于举证证明责任问题。要正确理解民事诉讼法司法解释第九十条的规定。负有举证责任的当事人要完成的是举证证明责任。在没有达到证明责任标准的情况下，不能认定其完成了举证证明责任。民间借贷纠纷中，尤其是出借人主张大额现金交付的，对于借贷事实是否发生，是出借人需要举证证明的重要内容，欠缺这个事实，只提供借据、欠条等债权凭证的，不能视为其完成了举证证明责任，需要当事人进一步提供证据来证明。对于这一点，自2011年以来，应该说我们的司法政策是一贯的，包括2011年《最高人民法院关于依法妥善审理民间借贷纠纷案件促进经济发展维护社会稳定的通知》、2011年杭州会议纪要和2015年的民间借贷司法解释。总体要求就是对借贷事实是否发生要结合借贷金额、款项交付、当事人的经济能力、当地或者当事人之间的交易方式、交易习惯、当事人财产变动情况以及当事人陈述、证人证言等事实进行综合判断。只有在贷款人提供的证据能够证明待证事实的发生具有高度可能性、足以使法官对现金交付的存在形成内心确信的标准时，才能被视为完成证明责任。实践中，要注意不宜以借款数额大小为标准来划分举证责任轻重。

第二，关于刑民交叉问题。司法解释用多个条文对民间借贷中涉及的刑民交叉问题进行规定，对指导司法实践起到了重要作用。当然，我们也了解到，这个问题非常复杂，从各地审理的案件情况看，合法的民间借贷与集资诈骗、非法吸收公众存款等经济犯罪之间的界限多有交织。如何划定合法与非法之间的合理界限，需要进一步探索。要准确适用司法解释第五条的规定，不能机械地将所有涉嫌非法集资犯罪的民间借贷案件，一律以驳回起诉处理，对先刑后民原则要严格审慎适用。举个例子，只有在借贷行为本身可能认定为非法吸收公众存款或集资诈骗犯罪的，才能适用该解释第五条的规定，但是如果吸收非法公众存款或集资诈骗后又转贷的，对这种转贷产生的纠纷虽然与犯罪行为有牵连，也要按照民间借贷纠纷案件进行审理。

第三，关于合同履行地确定问题。司法解释第三条规定，合同履行地约定不明无法确定的，以"接受货币一方所在地"作为合同履行地。对此实践中有模糊认识，我专门强调一下，这里的"接受货币一方"有两个含义，一是只能是双方当事人中的一方，不包括当事人之外的第三人，二是起诉要求对方向自己给付货币，一般来讲，原告方是接受货币的一方，而不是实践中已经接受支付的一方。举个例子，对于诺成性的借款合同，签订合同后，出借人并没有实际出借该款项，借款人诉至法院要求出借人履行合同义务出借款项的，接受货币的一方就是借款人；反过来，如果借款人收到款项后，到期未还款，出借人起诉借款人要求还款的，该出借人就是接受货币一方。

根据2014年4月17日公布的《最高人民检察院关于强迫借贷行为适用法律问题的批复》（高检发释字〔2014〕1号），以暴力、胁迫手段强迫他人借贷，属于刑法第二百二十六条第二项规定的“强迫他人提供或者接受服务”，情节严重的，以强迫交易罪追究刑事责任；同时构成故意伤害罪等其他犯罪的，依照处罚较重的规定定罪处罚。以非法占有为目的，以借贷为名采用暴力、胁迫手段获取他人财物，符合刑法第二百六十三条或者第二百七十四条规定的，以抢劫罪或者敲诈勒索罪追究刑事责任。

根据上海浦东发展银行股份有限公司深圳分行与梅州地中海酒店有限公司等借款合同纠纷案：最高人民法院（2018）最高法民再54号民事判决书［《最高人民法院公报》2020年第4期（总第282期）］，委托贷款纳入国家金融监管范围，由金融机构作为贷款人履行相应职责，另外又因其资金来源等特性与民间借贷存在相通之处，在不同方面体现出金融借款与民间借贷的特点。在现行法律及司法解释未作明确规定的情况下，可通过分析委托贷款更近似金融借款还是民间借贷的特点，进而确定可参照的规则。鉴于委托贷款系根据委托人的意志确定贷款对象、金额、期限、利率等合同主要条款，且委托人享有贷款利息收益等合同主要权利，同时考虑到委托贷款与民间借贷在资金来源相同的基础上亦可推定其资金成本大致等同，人民法院确定委托贷款合同的利率上限时应参照民间借贷的相关规则。

根据北京长富投资基金与武汉中森华世纪房地产开发有限公司等委托贷款合同纠纷案：最高人民法院（2016）最高法民终124号民事判决书［《最高人民法院公报》2016年第11期（总第241期）］，委托人、受托银行与借款人三方签订委托贷款合同，由委托人提供资金、受托银行根据委托人确定的借款人、用途、金额、币种、期限、利率等代为发放、协助监督使用并收回贷款，受托银行收取代理委托贷款手续费，并不承担信用风险，其实质是委托人与借款人之间的民间借贷。委托贷款合同的效力、委托人与借款人之间的利息、逾期利息、违约金等权利义务均应受有关民间借贷的法律、法规和司法解释的规制。

根据中国银行杭州市开元支行诉浙江外事旅游汽车公司、杭州银河贸工（集团）公司借款合同纠纷抗诉案：最高人民法院（2002）民二抗字第22号民事判决书［《最高人民检察院公报》2003年第5号（总第76号）］，对于“流动资金周转”的用途问题，即是否可以将流动资金用于归还借款，我国现行法律、法规对此无禁止性规定，《商业银行法》及《贷款通则》对于“将借款用于归还前笔贷款”行为均无禁止性规定，以贷还贷即用贷款归还借款是流动资金使用方式之一。本案中，当事人签订的委托贷款合同明确约定，借款用途为流动资金周转，故借款人将该笔贷款用于归还其欠银行到期借款，并未超出流动资金的使用范围，也未违反法律、法规的禁止性规定。

根据2015年12月4日公布的《最高人民法院发布19起合同纠纷典型案例》，具体如下：

案例6是王风明诉孙元丽、孙子明买卖合同纠纷案，典型意义如下：

该案是一例普通的买卖合同案件，但是裁判的说理十分透彻。一是关于举证责任的划分，债务人在主张还款后，负有举证证明已还款的义务，这是毋庸置疑的，在举证不充分的情况下，要承担败诉的风险，举证责任不发生转移。在本案中，孙元丽以银行存款凭条举证，但是该证据不能充分证明其已还款，孙元丽仍负有举证证明该事实的义务。二是银行存款业务凭证作为证据时效力的认定，尤其是关联性的认定。银行存款凭条是银行向存款人出具的证明银行与存款人之间发生交易的业务凭据，不是由债权人向存款人出具的收款条，该业务凭据只能证明存款人存款的事实，不能证明存款的用途，即是否偿还了欠款，在有多笔欠款的情况下，更不能证明存款是用于偿还了哪笔欠款。即银行存款凭条本身不能证明欠款存在关联性。三是雇用人员职务行为的认定。本案中，孙子明既是孙元丽的哥哥，又是板材厂的雇用人员，根据以往的交易习惯，应视孙子明签字收货的行为为职务行为。该案中买卖合同的一方当事人孙元丽违约，不履行付款义务。人民法院依法裁判，具有积极导向意义。

案例 9 是郑某诉冉某民间借贷纠纷案，典型意义如下：

大量民间借贷纠纷都是发生于熟人之间，比如朋友、同事，甚至兄弟，在生活中，熟人之间出于面子、人情等因素的考虑，一般很少写借条以及其他凭证，而一旦对方违约，出借人一般很难拿出有效的直接证据来认定借款行为成立的事实，在这种情况下，法院在判决时应结合各方提供的间接证据，在证据之间能够相互印证、能够形成证据锁链的情况下，对借贷行为予以确认，以维护社会诚信，实现公平正义。

案例 13 是郑某某诉雷某、刘某某、重庆某文化传播有限公司民间借贷纠纷案，典型意义如下：

民间借贷中，以物权法规定的必须办理抵押登记、质押登记的财产或财产权利作为担保的，应当到相关登记机关办理登记手续。未依法登记的，抵押权、质押权未设立，出借人对担保财产或财产权利不享有优先受偿权。

案例 14 是李某诉段某民间借贷纠纷案，典型意义如下：

1. 贯彻司法解释的立法意图

民间借贷实践中，借贷双方当事人通过签订买卖合同作为借贷合同的担保，是比较典型的纠纷类型。一旦借款期限届满债务人无法偿还借款本息时，债权人往往要求履行买卖合同，从而直接取得标的物的所有权。债权人抛开主合同而要求直接履行作为从合同的买卖合同，实际上是颠倒了主从合同关系，故《最高人民法院关于审理民间借贷案件适用法律若干问题的规定》第二十四条对此作出了明确规定，认为此类案件应按照民间借贷法律关系进行审理。

2. 保持物权法理论的一致性

"禁止流押"是物权法中的一大原则，旨在防止债权人利用优势地位损害债务人的利益，造成对抵押人实质上的不公平。在买卖合同担保借贷合同的交易模式下，债权人通过买卖合同在债务到期前就固定了担保物的价值，且由于预售登记的存在，债务人不可能另行通过交易途径实现担保物的市场价值，买卖合同事实上达到了流押的效果，有违"禁止流押"的强制性规定。

3. 保护当事人的合法权益

债权人为保证其债权的顺利实现，签订的买卖合同标的物的价值通常都高于借贷合同的标的。如债权人直接取得买卖合同标的物的所有权，往往会给债务人带来一定的经济损失，同时可能会对其他债权人的合法权益造成损害。实践中，建议可在诉讼过程中对买卖合同标的物进行诉讼保全，通过合法手段保证债权人实现债权的可能性，对各方当事人的利益予以均衡保护。

案例 18 是黄某楼诉李某民间借贷纠纷案，典型意义如下：

这个案例是涉及我国民事诉讼中的举证责任的典型案例。举证责任在我国有两层含义：一是当事人对自己所的法律主张所依据的事实有提供证据加以证明的责任；二是当经过诉辩双方举证、质证之后，待证事实仍然处于真伪不明状态时，由负有举证责任的一方承担不利后果。根据举证责任分配原则，主张法律关系存在的一方应承担证明该法律关系发生的举证责任，主张法律关系不存在的一方应承担证明法律关系未发生或已消灭的举证责任，若任何一方举出的证据不足以证明以上事实，则应承担由此带来的不利后果。本案中，原告黄某楼提供借据来证明借款关系存在，已履行了举证义务；而被告李某对此不认可，应当承担证明该法律关系不存在或已消灭的举证责任，因其未提供充分证据证明自己的主张，应承担由此产生的不利后果，即败诉风险。

第六百六十八条 【借款合同形式和内容】借款合同应当采用书面形式，但是自然人之间借款另有约定的除外。

借款合同的内容一般包括借款种类、币种、用途、数额、利率、期限和还款方式等条款。

> 根据**2015年8月29日修正的《中华人民共和国商业银行法》**，规定如下：
> **第三十七条** 商业银行贷款，应当与借款人订立书面合同。合同应当约定贷款种类、借款用途、金额、利息、还款期限、还款方法、违约责任和双方认为需要约定的其他事项。
> 根据**2011年12月2日公布的《最高人民法院关于依法妥善审理民间借贷纠纷案件促进经济发展维护社会稳定的通知》（法〔2011〕336号）**第七部分，对于"注意防范、制裁虚假诉讼"，通知如下：
> 人民法院在审理民间借贷纠纷案件过程中，要依法全面、客观地审核双方当事人提交的全部证据，从各证据与案件事实的关联程度、各证据之间的联系等方面进行综合审查判断。对形式有瑕疵的"欠条"或者"收条"，要结合其他证据认定是否存在借贷关系；对现金交付的借贷，可根据交付凭证、支付能力、交易习惯、借贷金额的大小、当事人间关系以及当事人陈述的交易细节经过等因素综合判断。发现有虚假诉讼嫌疑的，要及时依职权或者提请有关部门调查取证，查清事实真相。经查证确属虚假诉讼的，驳回其诉讼请求，并对其妨害民事诉讼的行为依法予以制裁；对于以骗取财物、逃废债务为目的实施虚假诉讼，构成犯罪的，依法追究刑事责任。

第六百六十九条 【借款人应当提供真实情况义务】订立借款合同，借款人应当按照贷款人的要求提供与借款有关的业务活动和财务状况的真实情况。

> 根据**2015年8月29日修正的《中华人民共和国商业银行法》**，规定如下：
> **第三十五条** 商业银行贷款，应当对借款人的借款用途、偿还能力、还款方法等情况进行严格审查。
> 商业银行贷款，应当实行审贷分离、分级审批的制度。

第六百七十条 【借款利息不得预先扣除】借款的利息不得预先在本金中扣除。利息预先在本金中扣除的，应当按照实际借款数额返还借款并计算利息。

> 根据**2020年12月29日修正的《最高人民法院关于审理民间借贷案件适用法律若干问题的规定》（法释〔2020〕17号）**，规定如下：
> **第二十六条** 借据、收据、欠条等债权凭证载明的借款金额，一般认定为本金。预先在本金中扣除利息的，人民法院应当将实际出借的金额认定为本金。
> 根据**2011年12月2日公布的《最高人民法院关于依法妥善审理民间借贷纠纷案件促进经济发展维护社会稳定的通知》（法〔2011〕336号）**第六部分，对于"依法保护合法的借贷利息"，通知如下：
> 人民法院在审理民间借贷纠纷案件时，要依法保护合法的借贷利息，依法遏制高利贷化倾向。出借人依照合同约定请求支付借款利息的，人民法院应当依据合同法和《最高人民法院关于人民法院审理借贷案件的若干意见》第六条、第七条的规定处理。出借人将利息预先

在本金中扣除的，应当按照实际借款数额返还借款并计算利息。当事人仅约定借期内利率，未约定逾期利率，出借人以借期内的利率主张逾期还款利息的，依法予以支持。当事人既未约定借期内利率，也未约定逾期利率的，出借人参照中国人民银行同期同类贷款基准利率，主张自逾期还款之日起的利息损失的，依法予以支持。

根据2021年9月3日公布的《最高人民法院发布十起人民法院助推民营经济高质量发展典型民商事案例》，其中案例4是华融国际信托有限责任公司与山西梅园华盛能源开发有限公司等金融借款合同纠纷案，具体如下：

基本案情

2013年5月30日，华融国际信托有限责任公司（以下简称华融信托）与山西梅园华盛能源开发有限公司（以下简称梅园华盛）（借款人）签订《信托贷款合同》，约定分期发放贷款4.1亿元，贷款期限30个月，并就利息、罚息、违约金等进行了约定。2014年6月20日，梅园华盛与华融信托签订《财务顾问协议》，约定梅园华盛根据贷款发放进度分期支付财务顾问费用3405万元。后因梅园华盛未能如期还款，华融信托诉至法院。

裁判结果

一审判令梅园华盛向华融信托支付借款本金3.893亿元及利息，以及按日0.05%标准计算的违约金，按借款总额支付20%的违约金等。最高人民法院二审认为，因华融信托不能举证证明其为梅园华盛提供了何种具体的财务顾问服务，应当认定其未提供。结合贷款实际发放和梅园华盛支付财务顾问费的时间，财务顾问费用分期支付之时，华融信托的贷款尚未发放完成，应当认定案涉3405万元财务顾问费为预先收取的利息，并在计算欠款本金时予以扣除。另外，《信托贷款合同》约定了贷款期限的前24个月按12%计息，后6个月按14%计息，逾期贷款本金按贷款日利率的150%按日计收罚息，并对应付未付利息按贷款日利率的150%按日计收复利；不按约定归集资金的，按贷款本金余额的0.05%按日计收违约金（年化为18%），未及时偿还全部借款的，还应另行支付已发放贷款本金20%的违约金。加上作为“砍头息”收取的财务顾问费用3405万元，约为贷款总额的8.3%，贷款人华融信托同时主张的利息、复利、罚息、违约金和其他费用过高，显著背离实际损失，应当依法予以调减。

典型意义

坚持以人民为中心的发展思想，就是要在高质量发展中促进共同富裕，正确处理效率和公平的关系，取缔非法收入，切实降低实体企业的实际融资成本，促进社会公平正义。该案贷款人共计借出款项4.098亿元，同时以财务顾问费的形式，在每次放款前均要求借款人提前支付“砍头息”，共计3405万元，约为贷款总额的8.3%。二审法院因贷款人不能举证证明其为借款人具体提供了何种财务顾问服务，故认定其实际未提供财务顾问服务，将收取的高额财务顾问费用认定为以顾问费名义预先收取利息，在计算欠款本金时予以扣除。同时，原借款合同约定了非常复杂的利息、复利、罚息、违约金以及其他费用的计算方式，给实体企业增加了沉重的违约负担。二审依法予以调整，体现了人民法院秉持以人民为中心促进共同富裕的理念，依法保护合法收入，坚决取缔非法收入。

第六百七十一条 【贷款人未按照约定提供借款以及借款人未按照约定收取借款的后果】贷款人未按照约定的日期、数额提供借款，造成借款人损失的，应当赔偿损失。

借款人未按照约定的日期、数额收取借款的，应当按照约定的日期、数额支付利息。

第六百七十二条 【贷款人的监督、检查权】贷款人按照约定可以检查、监督借款的使用情况。借款人应当按照约定向贷款人定期提供有关财务会计报表或者其他资料。

> 根据**2003年12月17日公布的《最高人民法院〈关于建设银行重庆观音桥支行与新原兴企业集团有限公司借款合同纠纷一案适用法律问题的请示〉的答复》(〔2003〕民二他字第43号)**,借款合同中约定银行有权对资金使用人使用资金进行监督,借款人将所借款项用于偿还旧贷,不能因合同中有银行有权监督借款人资金使用的约定而减轻或免除借款人的还款责任。

第六百七十三条 【借款人未按照约定用途使用借款的责任】借款人未按照约定的借款用途使用借款的,贷款人可以停止发放借款、提前收回借款或者解除合同。

第六百七十四条 【借款人支付利息的期限】借款人应当按照约定的期限支付利息。对支付利息的期限没有约定或者约定不明确,依据本法第五百一十条的规定仍不能确定,借款期间不满一年的,应当在返还借款时一并支付;借款期间一年以上的,应当在每届满一年时支付,剩余期间不满一年的,应当在返还借款时一并支付。

> 根据**2015年8月29日修正的《中华人民共和国商业银行法》**,规定如下:
>
> **第四十二条** 借款人应当按期归还贷款的本金和利息。
>
> 借款人到期不归还担保贷款的,商业银行依法享有要求保证人归还贷款本金和利息或者就该担保物优先受偿的权利。商业银行因行使抵押权、质权而取得的不动产或者股权,应当自取得之日起二年内予以处分。
>
> 借款人到期不归还信用贷款的,应当按照合同约定承担责任。

第六百七十五条 【借款人返还借款的期限】借款人应当按照约定的期限返还借款。对借款期限没有约定或者约定不明确,依据本法第五百一十条的规定仍不能确定的,借款人可以随时返还;贷款人可以催告借款人在合理期限内返还。

> **根据中国农业银行哈尔滨市太平支行与哈尔滨松花江奶牛有限责任公司、哈尔滨工大集团股份有限公司、哈尔滨中隆会计师事务所有限公司借款合同纠纷案:最高人民法院(2007)民二终字第178号民事判决书[《最高人民法院公报》2008年第9期(总第143期)]**,裁判要旨如下:
>
> 一、债务人在债权人发出的债务逾期催收通知书上签字或者盖章的行为,虽然并不必然表示债务人愿意履行债务,但可以表示其认可该债务的存在,属于当事人对民事债务关系的自认,人民法院可据此认定当事人之间存在债务关系。
>
> 二、国有企业改制后,原有债务应当由改制后的企业承担。债权人向改制后的企业发出债务逾期催收通知书的,应当视为债权人对债务人变更的认可。

三、上诉权是法律赋予当事人的一项诉讼权利，当事人可以行使，也可以放弃。根据《中华人民共和国民事诉讼法》第一百五十一条的规定，第二审人民法院审理上诉案件，应当针对当事人上诉请求的有关事实和适用法律问题进行审查。当事人未在法定期间内提起上诉，而在二审中对一审判决提出异议的，第二审人民法院不予审查。

第六百七十六条 【借款人逾期返还借款的责任】借款人未按照约定的期限返还借款的，应当按照约定或者国家有关规定支付逾期利息。

根据**2020年12月29日修正的《最高人民法院关于审理民间借贷案件适用法律若干问题的规定》(法释〔2020〕17号)**，对于利息，规定如下：

第二十四条 借贷双方没有约定利息，出借人主张支付利息的，人民法院不予支持。

自然人之间借贷对利息约定不明，出借人主张支付利息的，人民法院不予支持。除自然人之间借贷的外，借贷双方对借贷利息约定不明，出借人主张利息的，人民法院应当结合民间借贷合同的内容，并根据当地或者当事人的交易方式、交易习惯、市场报价利率等因素确定利息。

第二十五条 出借人请求借款人按照合同约定利率支付利息的，人民法院应予支持，但是双方约定的利率超过合同成立时一年期贷款市场报价利率四倍的除外。

前款所称"一年期贷款市场报价利率"，是指中国人民银行授权全国银行间同业拆借中心自2019年8月20日起每月发布的一年期贷款市场报价利率。

第二十七条 借贷双方对前期借款本息结算后将利息计入后期借款本金并重新出具债权凭证，如果前期利率没有超过合同成立时一年期贷款市场报价利率四倍，重新出具的债权凭证载明的金额可认定为后期借款本金。超过部分的利息，不应认定为后期借款本金。

按前款计算，借款人在借款期间届满后应当支付的本息之和，超过以最初借款本金与以最初借款本金为基数、以合同成立时一年期贷款市场报价利率四倍计算的整个借款期间的利息之和的，人民法院不予支持。

第二十八条 借贷双方对逾期利率有约定的，从其约定，但是以不超过合同成立时一年期贷款市场报价利率四倍为限。

未约定逾期利率或者约定不明的，人民法院可以区分不同情况处理：

（一）既未约定借期内利率，也未约定逾期利率，出借人主张借款人自逾期还款之日起参照当时一年期贷款市场报价利率标准计算的利息承担逾期还款违约责任的，人民法院应予支持；

（二）约定了借期内利率但是未约定逾期利率，出借人主张借款人自逾期还款之日起按照借期内利率支付资金占用期间利息的，人民法院应予支持。

第二十九条 出借人与借款人既约定了逾期利率，又约定了违约金或者其他费用，出借人可以选择主张逾期利息、违约金或者其他费用，也可以一并主张，但是总计超过合同成立时一年期贷款市场报价利率四倍的部分，人民法院不予支持。

根据**2015年12月4日公布的《最高人民法院发布19起合同纠纷典型案例》，其中案例15为马某诉张某民间借贷纠纷案**，典型意义如下：

民间借贷是指公民之间，公民与非金融机构企业之间的借贷行为。民间借贷是一种直接融资渠道，是民间资本的一种投资渠道，是民间金融的一种形式。对民间借贷的利息法律区分了有约定和无约定两种情形。本案双方当事人未约定利息和利息的计算方式，根据《中华人民共和国合同法》第二百零七条的规定当事人可以要求支付逾期利息。而本案马某未提供证据证明何时向张某主张了权利，何时应开始计算逾期利息，为了维护市场经济秩序的和谐稳定，故驳回马某对利息主张。

第六百七十七条 【借款人提前返还借款】借款人提前返还借款的，除当事人另有约定外，应当按照实际借款的期间计算利息。

> **根据2020年12月29日修正的《最高人民法院关于审理民间借贷案件适用法律若干问题的规定》（法释〔2020〕17号）**，规定如下：
> **第三十条** 借款人可以提前偿还借款，但是当事人另有约定的除外。
> 借款人提前偿还借款并主张按照实际借款期限计算利息的，人民法院应予支持。

第六百七十八条 【借款展期】借款人可以在还款期限届满前向贷款人申请展期；贷款人同意的，可以展期。

> **根据2000年2月13日公布的《最高人民法院关于展期贷款超过原贷款期限的效力问题的答复》（法函〔2000〕12号）**，展期贷款性质上是对原贷款合同期限的变更。对于展期贷款的期限不符合中国人民银行颁布的"贷款通则"的规定，应否以此认定该展期无效问题，根据我国法律规定，确认合同是否有效，应当依据我国的法律和行政法规，只要展期贷款合同是双方当事人在平等、自愿基础上真实的意思表示，并不违背法律和行政法规的禁止性规定，就应当认定有效。你院请示涉及案件中的担保人的责任，应当依据《中华人民共和国担保法》以及《最高人民法院关于审理经济合同纠纷案件有关保证的若干问题的规定》（法发〔1994〕8号）予以确认。

第六百七十九条 【自然人之间借款合同的成立时间】自然人之间的借款合同，自贷款人提供借款时成立。

> **根据2020年12月29日修正的《最高人民法院关于审理民间借贷案件适用法律若干问题的规定》（法释〔2020〕17号）**，规定如下：
> **第九条** 自然人之间的借款合同具有下列情形之一的，可以视为合同成立：
> （一）以现金支付的，自借款人收到借款时；
> （二）以银行转账、网上电子汇款等形式支付的，自资金到达借款人账户时；
> （三）以票据交付的，自借款人依法取得票据权利时；
> （四）出借人将特定资金账户支配权授权给借款人的，自借款人取得对该账户实际支配权时；
> （五）出借人以与借款人约定的其他方式提供借款并实际履行完成时。

第六百八十条 【禁止高利放贷以及对借款利息的确定】禁止高利放贷，借款的利率不得违反国家有关规定。

借款合同对支付利息没有约定的，视为没有利息。

借款合同对支付利息约定不明确，当事人不能达成补充协议的，按照当地或者当事人的交易方式、交易习惯、市场利率等因素确定利息；自然人之间借款的，视为没有利息。

根据 2020 年 12 月 29 日修正的《最高人民法院关于审理民间借贷案件适用法律若干问题的规定》（法释〔2020〕17 号），规定如下：

第二十四条 借贷双方没有约定利息，出借人主张支付利息的，人民法院不予支持。

自然人之间借贷对利息约定不明，出借人主张支付利息的，人民法院不予支持。除自然人之间借贷的外，借贷双方对借贷利息约定不明，出借人主张利息的，人民法院应当结合民间借贷合同的内容，并根据当地或者当事人的交易方式、交易习惯、市场报价利率等因素确定利息。

根据 2001 年 4 月 26 日公布的《中国人民银行办公厅关于以高利贷形式向社会不特定对象出借资金行为法律性质问题的批复》（银办函〔2001〕283 号），批复如下：

一、民间个人借贷应是个人之间因生产、生活需要的一种资金调剂行为，即个人以其本人合法收入的自有资金出借给另一特定的个人，目的是帮助解决借入人一时的生产、生活需要，出借人为此获取一定利息回报，但出借人一般并不将此作为经常性的牟利手段。若利率超过《最高人民法院关于人民法院审理借贷案件的若干意见》中规定的银行同类贷款利率的四倍，超出部分的利息不予保护，但行为性质仍为民间个人借贷，而不是《非法金融机构和非法金融业务活动取缔办法》中所指的非法发放贷款。

二、《非法金融机构和非法金融业务活动取缔办法》中的非法发放贷款行为是指：未经金融监管部门批准，以营利为目的，向不特定的对象出借资金，以此牟取高额非法收入的行为。非法发放贷款的行为主体可以是单位亦可以是个人，其行为特点是未经有权部门批准、没有合法的经营金融业务资格，经常性地向不特定的单位或个人出借资金，出借款项一般笔数多、累计金额大，多个借贷行为累计持续时间较长，客观上已形成的一种非法金融业务活动。

三、你分行请示中所述的借贷行为人冯祖学，未经人民银行批准，擅自以高于银行同类同期贷款利率四倍的利率向不特定单位和个人发放贷款，放贷笔数多，贷款数额大，扰乱了当地的金融秩序，因此，其行为应认定为非法发放贷款行为。

根据 2001 年 4 月 4 日公布的《中国人民银行办公厅关于高利贷认定标准问题的函》（银办函〔2001〕182 号），函告如下：

原则同意将超过银行同期同类贷款利率（不含浮动）4 倍的高利贷行为认定标准适当下调，修改为"借贷利率高于法律允许的金融机构同期、同档次贷款利率（不含浮动）3 倍的为高利借贷行为"。其理由是：根据《人民币利率管理规定》，中国人民银行制定的利率是法定利率。金融机构存、贷款利率和利率浮动幅度均属于法定利率的范围。金融机构根据中国人民银行公布的贷款利率和浮动幅度确定实际执行的贷款利率。因此，金融机构实际执行的贷款利率往往要高于人民银行公布的法定贷款利率。

目前，人民银行公布的一年期法定贷款利率为 5.85%，如把 3 倍作为认定标准，则年利率超过 17.55%的，应被认定为高利贷。

根据中国人民银行的规定，农村信用社可在一年期法定贷款利率（5.85%）的基础上最高上浮 50%，农村信用社实际执行的最高贷款利率为 8.775%。这样，高利贷认定标准等于农村信用社实际执行的最高贷款利率的 2 倍。考虑到农村信用社贷款利率的浮动幅度可能还会进一步扩大，高利贷利率与农村信用社贷款利率的差距会逐步缩小。因此，从 4 倍降至 3 倍是适度的。

根据 2015 年 12 月 4 日公布的《最高人民法院发布 19 起合同纠纷典型案例》，其中案例 12 是李某、王某诉陈某某民间借贷纠纷案，典型意义如下：

出借人明知或应当知道借款人借款用于违法犯罪活动，但为了谋取高息仍然提供借款，此现象在社会上时有发生，但在证据上能够认定出借人明知借款用于违法犯罪活动的案件并不多见，法院在该类案件中认定民间借贷合同无效，对当事人之间约定的高额利息、违约金等不予保护，在维护正常民间融资秩序方面起到了积极作用。

第十三章 保证合同

第一节 一般规定

第六百八十一条 【保证合同定义】保证合同是为保障债权的实现，保证人和债权人约定，当债务人不履行到期债务或者发生当事人约定的情形时，保证人履行债务或者承担责任的合同。

根据**2020年12月31日公布的《最高人民法院关于适用〈中华人民共和国民法典〉有关担保制度的解释》（法释〔2020〕28号）**，规定如下：

第一条 因抵押、质押、留置、保证等担保发生的纠纷，适用本解释。所有权保留买卖、融资租赁、保理等涉及担保功能发生的纠纷，适用本解释的有关规定。

根据**2006年10月11日公布的《最高人民法院关于交通银行香港分行与港云基业有限公司、云浮市人民政府等借款担保合同纠纷上诉一案〈承诺函〉是否构成担保问题的请示的复函》（〔2006〕民四他字第27号）**，对于云浮市人民政府出具的《承诺函》是否构成我国《担保法》意义上的保证，应由你院根据云浮市人民政府出具《承诺函》的背景情况、《承诺函》的内容以及查明的其他事实情况作出认定；在对外担保的案件中，我国境内公民个人向境外债权人提供的担保，若存在《最高人民法院关于适用〈中华人民共和国担保法〉若干问题的解释》第六条规定之情况，应依法认定为无效。本案中我国境内公民赖斌、陈兢向交通银行香港分行提供的担保是否存在上述情况，应由你院依法审查。

根据**1995年5月4日公布的《最高人民法院关于湖南省高级人民法院请示的株洲钢厂与湘潭亨发工贸公司等购销合同纠纷一案有关保证人保证责任问题的复函》（法函〔1995〕54号）**，答复如下：

一、按照本案当事人所订购销合同保证条款中关于“需方付出600万元预付款往农行湘潭县支行，此款由收款银行出具保证专款专用”的约定，供方湘潭亨发工贸公司的保证人农行湘潭县支行监督支付预付款专款专用的保证是明确的，可以认定。根据《最高人民法院关于审理经济合同纠纷案件有关保证的若干问题的规定》第九条，本案保证人如未尽监督义务造成预付款流失的，应对流失的资金承担连带责任。

在合同保证条款中关于“如供方违约，该银行将协助需方所付600万元的预付款的偿还责任，并负责追交5%的违约金给需方”的约定，按文意理解，系指保证人对预付款和违约金承担合同约定的协助偿还和追交的责任。“协助”偿还预付款和“负责追交”违约金都不是代为清偿，故保证人不应对此承担连带清偿责任。

二、在本案600万元预付款的支付中，哪些款项的支付属于专款专用，哪些款项的支付不属于专款专用，各方有何过错，你院可在二审中进一步查实、分清责任后，依法公正作出处理。

根据**2001年8月22日公布的《最高人民法院关于沈阳市信托投资公司是否应当承担保证责任问题的答复》（法民二〔2001〕50号）**，我国《担保法》所规定的保证，是指保证人和债权人约定，当债务人不履行债务时，保证人按照约定履行债务或者承担责任的行为。这里所称“保证人和债权人约定”系指双方均为特定人的一般情况。由于公司向社会公开发行债券时，认购人并不特定，不可能要求每一个认购人都与保证人签订书面保证合同，因此，不能机械地理解和套用《担保法》中关于“保证”的定义。向社会公开发行债券时，债券发行人与代理发行人或第三人签订担保合同，该担保合同同样具有证明担保人之真实意思表示的作用。而认购人的认购行为即表明其已接受担保人作出的担保意思表示。请示中的第一种意见，即只要沈阳市信托投资公司的保证意思是自愿作出的，且其内容真实，该保证合同即应为有效，该公司应对其担保的兑付债券承担保证责任，是有道理的。

根据**佛山市人民政府与交通银行香港分行担保纠纷案：最高人民法院（2004）民四终字第5号民事判决书［《最高人民法院公报》2005年第11期（总第109期）］**，根据《担保法》第三条的规定，担保活动应当遵循平等、自愿、公平、诚实信用的原则。与借贷合同无关的第三人向合同债权人出具承诺函，但未明确表示承担保证责任或代为还款的，不能推定其出具承诺函的行为构成担保法意义上的保证。

根据**广东国际信托投资公司破产案：广东省高级人民法院2003年3月8日民事裁定书［《最高人民法院公报》2003年第3期（总第83期）］**，安慰函不是特定债权人签订的，而是向不特定的第三人出具的介绍性函件，并无担保的意思表示，不具有保证担保的法律效力。

第六百八十二条 【保证合同的从属性及保证合同无效的法律后果】保证合同是主债权债务合同的从合同。主债权债务合同无效的，保证合同无效，但是法律另有规定的除外。

保证合同被确认无效后，债务人、保证人、债权人有过错的，应当根据其过错各自承担相应的民事责任。

根据**2020年12月31日公布的《最高人民法院关于适用〈中华人民共和国民法典〉有关担保制度的解释》（法释〔2020〕28号）**，规定如下：

第二条 当事人在担保合同中约定担保合同的效力独立于主合同，或者约定担保人对主合同无效的法律后果承担担保责任，该有关担保独立性的约定无效。主合同有效的，有关担保独立性的约定无效不影响担保合同的效力；主合同无效的，人民法院应当认定担保合同无效，但是法律另有规定的除外。

因金融机构开立的独立保函发生的纠纷，适用《最高人民法院关于审理独立保函纠纷案件若干问题的规定》。

第十七条 主合同有效而第三人提供的担保合同无效，人民法院应当区分不同情形确定担保人的赔偿责任：

（一）债权人与担保人均有过错的，担保人承担的赔偿责任不应超过债务人不能清偿部分的二分之一；

（二）担保人有过错而债权人无过错的，担保人对债务人不能清偿的部分承担赔偿责任；

（三）债权人有过错而担保人无过错的，担保人不承担赔偿责任。

主合同无效导致第三人提供的担保合同无效，担保人无过错的，不承担赔偿责任；担保人有过错的，其承担的赔偿责任不应超过债务人不能清偿部分的三分之一。

根据**吴国军诉陈晓富、王克祥及德清县中建房地产开发有限公司民间借贷、担保合同纠纷案：浙江省湖州市中级人民法院2010年8月2日民事判决书［《最高人民法院公报》2011年第11期（总第181期）］**，民间借贷涉嫌或构成非法吸收公众存款罪，合同一方当事人可能被追究刑事责任的，并不当然影响民间借贷合同以及相对应的担保合同的效力。如果民间借贷纠纷案件的审理并不必须以刑事案件的审理结果为依据，则民间借贷纠纷案件无须中止审理。

根据**四川省绵阳市涪城区农村合作基金会诉施碧武、四川长兴实业集团有限公司借款合同担保纠纷抗诉案：四川省高级人民法院（2000）川经再终字第 50 号民事判决书［《最高人民检察院公报》2002 年第 1 号（总第 66 号）］**，借款合同保证人明知其担保的合同违反法律的禁止性规定仍为其担保的，在借款合同被认定为无效后，如果被保证人应当返还财产或者赔偿损失的，该合同的保证人应承担连带责任。

根据**上海三泷房地产开发有限公司诉中国建设银行上海市浦东分行、上海市申浦对外技术投资总公司借款担保纠纷抗诉案：上海市高级人民法院（2000）沪高经再终字第 4 号民事判决书［《最高人民检察院公报》2001 年第 5 号（总第 64 号）］**，借款合同当事人约定以贷还债，即债务人向债权人银行借款以偿还其对银行的其他债务。但是债务人以开展业务为名，骗取保证人为其借款提供担保；债权人银行明知该项贷款的实际用途，却未在签订保证合同时告知保证人，应认定为主合同当事人双方串通、骗取保证人提供保证的情形，保证人不承担民事责任。债务人到期未还款的，银行不能要求保证人承担保证责任。

根据**中国工商银行青岛市市北区第一支行诉青岛华悦物资发展公司、青岛海尔空调器总公司、青岛海尔集团总公司借款合同担保纠纷上诉案：最高人民法院 1997 年 7 月 12 日民事判决书［《最高人民法院公报》1997 年第 4 期（总第 52 期）］**，债权人与债务人恶意串通，以虚假借款合同骗取第三人提供保证的，借款合同即主合同无效，保证合同作为从合同亦无效。因此，保证人无须对该虚假借款合同承担保证责任。

第六百八十三条　【不得担任保证人的主体范围】机关法人不得为保证人，但是经国务院批准为使用外国政府或者国际经济组织贷款进行转贷的除外。

以公益为目的的非营利法人、非法人组织不得为保证人。

根据 2020 年 12 月 31 日公布的《最高人民法院关于适用〈中华人民共和国民法典〉有关担保制度的解释》（法释〔2020〕28 号），规定如下：

第五条　机关法人提供担保的，人民法院应当认定担保合同无效，但是经国务院批准为使用外国政府或者国际经济组织贷款进行转贷的除外。

居民委员会、村民委员会提供担保的，人民法院应当认定担保合同无效，但是依法代行村集体经济组织职能的村民委员会，依照村民委员会组织法规定的讨论决定程序对外提供担保的除外。

第六条　以公益为目的的非营利性学校、幼儿园、医疗机构、养老机构等提供担保的，人民法院应当认定担保合同无效，但是有下列情形之一的除外：

（一）在购入或者以融资租赁方式承租教育设施、医疗卫生设施、养老服务设施和其他公益设施时，出卖人、出租人为担保价款或者租金实现而在该公益设施上保留所有权；

（二）以教育设施、医疗卫生设施、养老服务设施和其他公益设施以外的不动产、动产或者财产权利设立担保物权。

登记为营利法人的学校、幼儿园、医疗机构、养老机构等提供担保，当事人以其不具有担保资格为由主张担保合同无效的，人民法院不予支持。

根据 1999 年 6 月 30 日公布的《最高人民法院研究室关于县级以上供销合作社联合社能否作为保证人问题的复函》（法研〔1999〕10 号），答复如下：

根据 1999 年 1 月 28 日《国务院关于解决当前供销合作社几个突出问题的通知》（国发〔1999〕5 号）的规定，全国供销合作总社和省、市（地）级联社"所需经费列入同级财政预算，不再向所办企业提取管理费"；县级供销合作社的主要任务是对基层社进行指导、监督和协调，在性质、组织、经费等方面不同于一般的企业，还承担国家委托的政策性业务。因此，1999 年 1 月 28 日国发〔1999〕5 号文件发布后，县级以上供销合作社不符合《担保法》第七条的规定，不能作为保证人。但1995年2月28日印发的《中共中央、国务院关于深化供销合作社改革的决定》规定："各级供销合作社是自主经营、自负盈亏、独立核算、照章纳税、由社员民主管理的群众性经济组织，具有独立法人地位，依法享有独立进行经济、社会活动自主权。"所以，在1999年1月28日国发〔1999〕5号文件发布前，供销合作社联合社符合《担保法》第七条规定的，可以作担保人。

根据长乐自来水公司与工行五四支行借款担保纠纷案：最高人民法院（2004）民二终字第262号民事判决书［《最高人民法院公报》2005年第9期（总第107期）］，保证人领取企业法人执照，属于以营利为目的的企业法人，即使其经营活动具有一定的公共服务性质，亦不属于以公益为目的的事业单位。保证人作为具有完全民事行为能力的法人，应依法对其所从事民事法律行为独立承担民事责任，其所作保证是否受合同以外第三人影响的问题不涉及合同当事人之间的权利义务关系，亦不影响保证合同的效力。

根据东方公司南宁办事处诉舞阳神公司等借款担保合同纠纷案：最高人民法院（2003）民二终字第47号民事判决书［《最高人民法院公报》2005年第1期（总第99期）］，企业改制过程中采用由职工全额出资购买企业净资产的方式进行改制的，改制后变更的只是企业法人的出资主体、企业性质和企业名称，作为承担民事责任的主体而言，并未发生改变，所以，对改制前形成的债务责任，应由改制后企业继续承担。改制后企业不得以此为由对债权人拒绝履行保证责任。

第六百八十四条 【保证合同内容】保证合同的内容一般包括被保证的主债权的种类、数额，债务人履行债务的期限，保证的方式、范围和期间等条款。

根据重庆市渝北区水电建设总公司诉中国银行重庆渝北支行借款合同纠纷抗诉案：最高人民法院（2001）民二抗字第9号民事判决书［《最高人民检察院公报》2003年第1号（总第72号）］，保证人在保证合同签章处加注保证期限条款，且该保证期限长于借款合同还款期限，债权人在其后于保证合同上签章时未提出异议的，应认定该保证期限条款有效，债权人起诉时已超过该约定的保证期限的，保证人免除保证责任。

第六百八十五条 【保证合同形式】保证合同可以是单独订立的书面合同，也可以是主债权债务合同中的保证条款。

第三人单方以书面形式向债权人作出保证，债权人接收且未提出异议的，保证合同成立。

根据**1998年9月14日公布的《最高人民法院关于正确确认企业借款合同纠纷案件中有关保证合同效力问题的通知》（法〔1998〕85号）**，各级人民法院在处理上述有关保证问题时，应当准确理解法律，严格依法确认保证合同（包括主合同中的保证条款）的效力。除确系因违反担保法及有关司法解释的规定等应当依法确认为无效的情况外，不应仅以保证人的保证系因地方政府指令而违背了保证人的意志，或该保证人已无财产承担保证责任等原因，而确认保证合同无效，并以此免除保证责任。

根据沈阳化工总公司诉本溪热电厂等建设工程施工合同纠纷案：最高人民法院（2004）民一终字第98号民事调解书［《最高人民法院公报》2005年第3期（总第101期）］，在诉讼调解中，案外人同意为当事人担保履行调解协议的，人民法院应当准许，并将保证人及其保证责任的承担记录在调解协议中。调解书一经签收即对各方包括保证人产生法律效力。

第六百八十六条 【保证方式】保证的方式包括一般保证和连带责任保证。

当事人在保证合同中对保证方式没有约定或者约定不明确的，按照一般保证承担保证责任。

> **根据东方国际集团上海市对外贸易有限公司与兰州金城旅游服务（集团）有限责任公司保证合同关系确认纠纷上诉案：最高人民法院1999年4月24日民事判决书［《最高人民法院公报》1999年第3期（总第59期）］**，《最高人民法院关于审理经济合同纠纷案件有关保证的若干问题的规定》第七条规定："保证合同没有约定保证人承担何种保证责任，或者约定不明确的，视为保证人承担赔偿责任。当被保证人不履行合同时，债权人应当首先请求被保证人清偿债务。强制执行被保证人的财产仍不足以清偿其债务的，由保证人承担赔偿责任。"由此可见，保证合同没有约定保证人承担何种保证责任或者约定不明确时，保证人应承担一般保证的补充赔偿责任。

第六百八十七条 【一般保证人先诉抗辩权】当事人在保证合同中约定，债务人不能履行债务时，由保证人承担保证责任的，为一般保证。

一般保证的保证人在主合同纠纷未经审判或者仲裁，并就债务人财产依法强制执行仍不能履行债务前，有权拒绝向债权人承担保证责任，但是有下列情形之一的除外：

（一）债务人下落不明，且无财产可供执行；

（二）人民法院已经受理债务人破产案件；

（三）债权人有证据证明债务人的财产不足以履行全部债务或者丧失履行债务能力；

（四）保证人书面表示放弃本款规定的权利。

> **根据2022年4月1日修正的《最高人民法院关于适用〈中华人民共和国民事诉讼法〉的解释》（法释〔2022〕11号）**，规定如下：
>
> **第六十六条** 因保证合同纠纷提起的诉讼，债权人向保证人和被保证人一并主张权利的，人民法院应当将保证人和被保证人列为共同被告。保证合同约定为一般保证，债权人仅起诉保证人的，人民法院应当通知被保证人作为共同被告参加诉讼；债权人仅起诉被保证人的，可以只列被保证人为被告。
>
> **根据2020年12月31日公布的《最高人民法院关于适用〈中华人民共和国民法典〉有关担保制度的解释》（法释〔2020〕28号）**，规定如下：
>
> **第二十五条** 当事人在保证合同中约定了保证人在债务人不能履行债务或者无力偿还债务时才承担保证责任等类似内容，具有债务人应当先承担责任的意思表示的，人民法院应当将其认定为一般保证。
>
> 当事人在保证合同中约定了保证人在债务人不履行债务或者未偿还债务时即承担保证责任、无条件承担保证责任等类似内容，不具有债务人应当先承担责任的意思表示的，人民法院应当将其认定为连带责任保证。
>
> **第二十六条** 一般保证中，债权人以债务人为被告提起诉讼的，人民法院应予受理。债权人未就主合同纠纷提起诉讼或者申请仲裁，仅起诉一般保证人的，人民法院应当驳回起诉。

一般保证中，债权人一并起诉债务人和保证人的，人民法院可以受理，但是在作出判决时，除有民法典第六百八十七条第二款但书规定的情形外，应当在判决书主文中明确，保证人仅对债务人财产依法强制执行后仍不能履行的部分承担保证责任。

债权人未对债务人的财产申请保全，或者保全的债务人的财产足以清偿债务，债权人申请对一般保证人的财产进行保全的，人民法院不予准许。

第二十七条 一般保证的债权人取得对债务人赋予强制执行效力的公证债权文书后，在保证期间内向人民法院申请强制执行，保证人以债权人未在保证期间内对债务人提起诉讼或者申请仲裁为由主张不承担保证责任的，人民法院不予支持。

第二十八条 一般保证中，债权人依据生效法律文书对债务人的财产依法申请强制执行，保证债务诉讼时效的起算时间按照下列规则确定：

（一）人民法院作出终结本次执行程序裁定，或者依照民事诉讼法第二百五十七条第三项、第五项的规定作出终结执行裁定的，自裁定送达债权人之日起开始计算；

（二）人民法院自收到申请执行书之日起一年内未作出前项裁定的，自人民法院收到申请执行书满一年之日起开始计算，但是保证人有证据证明债务人仍有财产可供执行的除外。

一般保证的债权人在保证期间届满前对债务人提起诉讼或者申请仲裁，债权人举证证明存在民法典第六百八十七条第二款但书规定情形的，保证债务的诉讼时效自债权人知道或者应当知道该情形之日起开始计算。

根据**2020年12月29日修正的《最高人民法院关于适用〈中华人民共和国企业破产法〉若干问题的规定（三）》（法释〔2020〕18号）**，规定如下：

第四条 保证人被裁定进入破产程序的，债权人有权申报其对保证人的保证债权。

主债务未到期的，保证债权在保证人破产申请受理时视为到期。一般保证的保证人主张行使先诉抗辩权的，人民法院不予支持，但债权人在一般保证人破产程序中的分配额应予提存，待一般保证人应承担的保证责任确定后再按照破产清偿比例予以分配。

保证人被确定应当承担保证责任的，保证人的管理人可以就保证人实际承担的清偿额向主债务人或其他债务人行使求偿权。

根据2019年12月24日公布的《最高人民法院关于发布第23批指导性案例的通知》（法〔2019〕294号），其中指导案例120号是青海金泰融资担保有限公司与上海金桥工程建设发展有限公司、青海三工置业有限公司执行复议案，具体如下：

裁判要点

在案件审理期间保证人为被执行人提供保证，承诺在被执行人无财产可供执行或者财产不足清偿债务时承担保证责任的，执行法院对保证人应当适用一般保证的执行规则。在被执行人虽有财产但严重不方便执行时，可以执行保证人在保证责任范围内的财产。

相关法条

《中华人民共和国民事诉讼法》第225条

《中华人民共和国担保法》第17条第1款、第2款

基本案情

青海省高级人民法院（以下简称青海高院）在审理上海金桥工程建设发展有限公司（以下简称金桥公司）与青海海西家禾酒店管理有限公司（后更名为青海三工置业有限公司，以下简称家禾公司）建设工程施工合同纠纷一案期间，依金桥公司申请采取财产保全措施，冻结家禾公司账户存款1500万元（账户实有存款余额23万余元），并查封该公司32438.8平方米土地使用权。之后，家禾公司以需要办理银行贷款为由，申请对账户予以解封，并由担保人宋万玲以银行存款1500万元提供担保。青海高院冻结宋万玲存款1500万元后，解除对家禾公司账户的冻结措施。2014年5月22日，青海金泰融资担保有限公司（以下简称金泰公司）向青海高院提供担保书，承诺家禾公司无力承担责任时，愿承担家禾公司应承担的责任，担保最高限额1500万元，并申请解除对宋万玲担保存款的冻结措施。青海高院据此解除对宋万玲1500万元担保存款的冻结措施。案件进入执行程序后，经青海高院调查，被执行人

青海三工置业有限公司（原青海海西家禾酒店管理有限公司）除已经抵押的土地使用权及在建工程外（在建工程价值4亿余元），无其他可供执行财产。保全阶段冻结的账户，因提供担保解除冻结后，进出款8900余万元。执行中，青海高院作出执行裁定，要求金泰公司在三日内清偿金桥公司债务1500万元，并扣划担保人金泰公司银行存款820万元。金泰公司对此提出异议称，被执行人青海三工置业有限公司尚有在建工程及相应的土地使用权，请求返还已扣划的资金。

裁判结果

青海省高级人民法院于2017年5月11日作出（2017）青执异12号执行裁定：驳回青海金泰融资担保有限公司的异议。青海金泰融资担保有限公司不服，向最高人民法院提出复议申请。最高人民法院于2017年12月21日作出（2017）最高法执复38号执行裁定：驳回青海金泰融资担保有限公司的复议申请，维持青海省高级人民法院（2017）青执异12号执行裁定。

裁判理由

最高人民法院认为，《最高人民法院关于人民法院执行工作若干问题的规定（试行）》第八十五条规定："人民法院在审理案件期间，保证人为被执行人提供保证，人民法院据此未对被执行人的财产采取保全措施或解除保全措施的，案件审结后如果被执行人无财产可供执行或其财产不足清偿债务时，即使生效法律文书中未确定保证人承担责任，人民法院有权裁定执行保证人在保证责任范围内的财产。"上述规定中的保证责任及金泰公司所做承诺，类似于担保法规定的一般保证责任。《中华人民共和国担保法》第十七条第一款及第二款规定："当事人在保证合同中约定，债务人不能履行债务时，由保证人承担保证责任的，为一般保证。一般保证的保证人在主合同纠纷未经审判或者仲裁，并就债务人财产依法强制执行仍不能履行债务前，对债权人可以拒绝承担保证责任。"《最高人民法院关于适用〈中华人民共和国担保法〉若干问题的解释》第一百三十一条规定："本解释所称'不能清偿'指对债务人的存款、现金、有价证券、成品、半成品、原材料、交通工具等可以执行的动产和其他方便执行的财产执行完毕后，债务仍未能得到清偿的状态。"依据上述规定，在一般保证情形，并非只有在债务人没有任何财产可供执行的情形下，才可以要求一般保证人承担责任，即债务人虽有财产，但其财产严重不方便执行时，可以执行一般保证人的财产。参照上述规定精神，由于青海三工置业有限公司仅有在建工程及相应的土地使用权可供执行，既不经济也不方便，在这种情况下，人民法院可以直接执行金泰公司的财产。

根据**中国信达资产管理公司贵阳办事处与贵阳开磷有限责任公司借款合同纠纷案：最高人民法院（2008）民二终字第106号民事判决书［《最高人民法院公报》2009年第10期（总第156期）］**，连带责任保证和一般保证相区别的重要标志在于：一般保证的保证人享有先诉抗辩权，即债权人必须先行对主债务人主张权利，在经强制执行仍不能得到清偿的情况下，方能要求保证人承担保证责任；而连带责任保证的保证人不享有先诉抗辩权。在担保债务已经开始计算诉讼时效的情形下，不再适用有关保证期间的规定。

根据**中信实业银行诉北京市京工房地产开发总公司保证合同纠纷案：北京市高级人民法院2002年5月20日民事判决书［《最高人民法院公报》2002年第6期（总第80期）］**，一般保证人依法享有先诉抗辩权，在主合同纠纷未经审判或仲裁，并就债务人财产依法强制执行仍不能履行债务前，一般保证人可以对债权人拒绝承担保证责任。但是，根据《担保法》第十七条第三款第一项的规定，当行使先诉抗辩权会致使债权人履行债务遇到重大困难时，一般保证人的先诉抗辩权不得行使。

第六百八十八条　【连带责任保证】当事人在保证合同中约定保证人和债务人对债务承担连带责任的，为连带责任保证。

连带责任保证的债务人不履行到期债务或者发生当事人约定的情形时，债权人可以请求债务人履行债务，也可以请求保证人在其保证范围内承担保证责任。

> 根据 **2020 年 12 月 31 日公布的《最高人民法院关于适用〈中华人民共和国民法典〉有关担保制度的解释》（法释〔2020〕28 号）**，规定如下：
>
> **第二十五条** 当事人在保证合同中约定了保证人在债务人不能履行债务或者无力偿还债务时才承担保证责任等类似内容，具有债务人应当先承担责任的意思表示的，人民法院应当将其认定为一般保证。
>
> 当事人在保证合同中约定了保证人在债务人不履行债务或者未偿还债务时即承担保证责任、无条件承担保证责任等类似内容，不具有债务人应当先承担责任的意思表示的，人民法院应当将其认定为连带责任保证。

第六百八十九条 【反担保】保证人可以要求债务人提供反担保。

> 根据 **2020 年 12 月 31 日公布的《最高人民法院关于适用〈中华人民共和国民法典〉有关担保制度的解释》（法释〔2020〕28 号）**，规定如下：
>
> **第十九条** 担保合同无效，承担了赔偿责任的担保人按照反担保合同的约定，在其承担赔偿责任的范围内请求反担保人承担担保责任的，人民法院应予支持。
>
> 反担保合同无效的，依照本解释第十七条的有关规定处理。当事人仅以担保合同无效为由主张反担保合同无效的，人民法院不予支持。

第六百九十条 【最高额保证合同】保证人与债权人可以协商订立最高额保证的合同，约定在最高债权额限度内就一定期间连续发生的债权提供保证。

最高额保证除适用本章规定外，参照适用本法第二编最高额抵押权的有关规定。

> 根据 **2020 年 12 月 31 日公布的《最高人民法院关于适用〈中华人民共和国民法典〉有关担保制度的解释》（法释〔2020〕28 号）**，规定如下：
>
> **第三十条** 最高额保证合同对保证期间的计算方式、起算时间等有约定的，按照其约定。
>
> 最高额保证合同对保证期间的计算方式、起算时间等没有约定或者约定不明，被担保债权的履行期限均已届满的，保证期间自债权确定之日起开始计算；被担保债权的履行期限尚未届满的，保证期间自最后到期债权的履行期限届满之日起开始计算。
>
> 前款所称债权确定之日，依照民法典第四百二十三条的规定认定。
>
> **根据 2016 年 5 月 30 日公布的《最高人民法院关于发布第 12 批指导性案例的通知》（法〔2016〕172 号），其中指导案例 57 号是温州银行股份有限公司宁波分行诉浙江创菱电器有限公司等金融借款合同纠纷案，具体如下：**
>
> **裁判要点**
>
> 在有数份最高额担保合同情形下，具体贷款合同中选择性列明部分最高额担保合同，如债务发生在最高额担保合同约定的决算期内，且债权人未明示放弃担保权利，未列明的最高

额担保合同的担保人也应当在最高债权限额内承担担保责任。

相关法条

《中华人民共和国担保法》第14条

基本案情

原告浙江省温州银行股份有限公司宁波分行(以下简称温州银行)诉称:其与被告宁波婷微电子科技有限公司(以下简称婷微电子公司)、岑建锋、宁波三好塑模制造有限公司(以下简称三好塑模公司)分别签订了"最高额保证合同",约定三被告为浙江创菱电器有限公司(以下简称创菱电器公司)一定时期和最高额度内借款,提供连带责任担保。创菱电器公司从温州银行借款后,不能按期归还部分贷款,故诉请判令被告创菱电器公司归还原告借款本金250万元,支付利息、罚息和律师费用;岑建锋、三好塑模公司、婷微电子公司对上述债务承担连带保证责任。

被告创菱电器公司、岑建锋未作答辩。

被告三好塑模公司辩称:原告诉请的律师费不应支持。

被告婷微电子公司辩称:其与温州银行签订的最高额保证合同,并未被列入借款合同所约定的担保合同范围,故其不应承担保证责任。

法院经审理查明:2010年9月10日,温州银行与婷微电子公司、岑建锋分别签订了编号为温银9022010年高保字01003号、01004号的最高额保证合同,约定婷微电子公司、岑建锋自愿为创菱电器公司在2010年9月10日至2011年10月18日发生的余额不超过1100万元的债务本金及利息、罚息等提供连带责任保证担保。

2011年10月12日,温州银行与岑建锋、三好塑模公司分别签署了编号为温银9022011年高保字00808号、00809号最高额保证合同,岑建锋、三好塑模公司自愿为创菱电器公司在2010年9月10日至2011年10月18日发生的余额不超过550万元的债务本金及利息、罚息等提供连带责任保证担保。

2011年10月14日,温州银行与创菱电器公司签署了编号为温银9022011企贷字00542号借款合同,约定温州银行向创菱电器公司发放贷款500万元,到期日为2012年10月13日,并列明担保合同编号分别为温银9022011年高保字00808号、00809号。贷款发放后,创菱电器公司于2012年8月6日归还了借款本金250万元,婷微电子公司于2012年6月29日、10月31日、11月30日先后支付了贷款利息31115.3元、53693.71元、21312.59元。截至2013年4月24日,创菱电器公司尚欠借款本金250万元、利息141509.01元。另查明,温州银行为实现本案债权而发生律师费用95200元。

裁判结果

浙江省宁波市江东区人民法院于2013年12月12日作出(2013)甬东商初字第1261号民事判决:一、创菱电器公司于本判决生效之日起十日内归还温州银行借款本金250万元,支付利息141509.01元,并支付自2013年4月25日起至本判决确定的履行之日止按借款合同约定计算的利息、罚息;二、创菱电器公司于本判决生效之日起十日内赔偿温州银行为实现债权而发生的律师费用95200元;三、岑建锋、三好塑模公司、婷微电子公司对上述第一、二项款项承担连带清偿责任,其承担保证责任后,有权向创菱电器公司追偿。宣判后,婷微电子公司以其未被列入借款合同,不应承担保证责任为由,提起上诉。浙江省宁波市中级人民法院于2014年5月14日作出(2014)浙甬商终字第369号民事判决,驳回上诉,维持原判。

裁判理由

法院生效裁判认为:温州银行与创菱电器公司之间签订的编号为温银9022011企贷字00542号借款合同合法有效,温州银行发放贷款后,创菱电器公司未按约还本付息,已经构成违约。原告要求创菱电器公司归还贷款本金250万元,支付按合同约定方式计算的利息、罚息,并支付原告为实现债权而发生的律师费95200元,应予支持。岑建锋、三好塑模公司自愿为上述债务提供最高额保证担保,应承担连带清偿责任,其承担保证责任后,有权向创菱电器公司追偿。

本案的争议焦点为，婷微电子公司签订的温银 9022010 年高保字 01003 号最高额保证合同未被选择列入温银 9022011 企贷字 00542 号借款合同所约定的担保合同范围，婷微电子公司是否应当对温银 9022011 企贷字 00542 号借款合同项下债务承担保证责任。对此，法院经审理认为，婷微电子公司应当承担保证责任。理由如下：第一，民事权利的放弃必须采取明示的意思表示才能发生法律效力，默示的意思表示只有在法律有明确规定及当事人有特别约定的情况下才能发生法律效力，不宜在无明确约定或者法律无特别规定的情况下，推定当事人对权利进行放弃。具体到本案，温州银行与创菱电器公司签订的温银 9022011 企贷字 00542 号借款合同虽未将婷微电子公司签订的最高额保证合同列入，但原告未以明示方式放弃婷微电子公司提供的最高额保证，故婷微电子公司仍是该诉争借款合同的最高额保证人。第二，本案诉争借款合同签订时间及贷款发放时间均在婷微电子公司签订的编号温银 9022010 年高保字 01003 号最高额保证合同约定的决算期内（2010 年 9 月 10 日至 2011 年 10 月 18 日），温州银行向婷微电子公司主张权利并未超过合同约定的保证期间，故婷微电子公司应依约在其承诺的最高债权限额内为创菱电器公司对温州银行的欠债承担连带保证责任。第三，最高额担保合同是债权人和担保人之间约定担保法律关系和相关权利义务关系的直接合同依据，不能以主合同内容取代从合同的内容。具体到本案，温州银行与婷微电子公司签订了最高额保证合同，双方的担保权利义务应以该合同为准，不受温州银行与创菱电器公司之间签订的温州银行非自然人借款合同约束或变更。第四，婷微电子公司曾于 2012 年 6 月、10 月、11 月三次归还过本案借款利息，上述行为也是婷微电子公司对本案借款履行保证责任的行为表征。综上，婷微电子公司应对创菱电器公司的上述债务承担连带清偿责任，其承担保证责任后，有权向创菱电器公司追偿。

根据**中国长城资产管理股份有限公司山西省分公司与山西朔州平鲁区华美奥崇升煤业有限公司等借款合同纠纷案：最高人民法院（2019）最高法民终 823 号民事判决书［《最高人民法院公报》2020 年第 5 期（总第 283 期）］**，裁判要旨如下：

在最高额保证合同关系中，如果合同明确约定所担保的最高债权额包括主债权的数额和相应的利息、违约金、损害赔偿金以及实现债权的费用，保证人即应当依照约定对利息、违约金、损害赔偿金以及实现债权的费用承担保证责任，而不受主债权数额的限制。

根据**风神轮胎股份有限公司与中信银行股份有限公司天津分行、河北宝硕股份有限公司借款担保合同纠纷案：最高人民法院（2007）民二终字第 36 号民事判决书［《最高人民法院公报》2008 年第 2 期（总第 136 期）］**，裁判要旨如下：

一、《中华人民共和国担保法》第十四条规定：保证人与债权人可以就单个主合同分别订立保证合同，也可以协议在最高债权额限度内就一定期间连续发生的借款合同或者某项商品交易合同订立一个保证合同。上述规定中的最高额保证，通常是为将来一定期间连续发生的债务提供保证，其中某一笔交易的效力并不影响最高额保证合同的效力，而普通保证则因主合同无效而无效。因此，最高额保证较之普通保证最大的区别，即在于最高额保证与主债务的关系具有更强的独立性。最高额保证人的责任是在订立合同时确立的，通过最高额保证期间和最高限额限定保证责任，即只要是发生在最高额保证期间内、不超过最高限额的债务余额，最高额保证人均应承担保证责任。在最高额保证的情形下，即使主债务无效，基于主债务无效而确定的债务额也要作为最高额保证计算债务余额的基数。

二、根据《最高人民法院关于适用〈中华人民共和国担保法〉若干问题的解释》第二十三条关于最高额保证合同的不特定债权确定后，保证人应当对在最高债权额限度内就一定期间连续发生的债权余额承担保证责任的规定，最高额保证范围为最高额保证期间已经发生的债权和偿还债务的差额，并非指最高额保证期间已经到期的债权余额。

三、根据票据无因性理论，票据基础关系（包括票据原因关系）独立于票据关系，票据基础关系（包括票据原因关系）的效力不影响票据关系的效力。

第二节 保证责任

第六百九十一条 【保证范围】保证的范围包括主债权及其利息、违约金、损害赔偿金和实现债权的费用。当事人另有约定的，按照其约定。

> 根据**2020年12月31日公布的《最高人民法院关于适用〈中华人民共和国民法典〉有关担保制度的解释》(法释〔2020〕28号)**，规定如下：
>
> **第三条** 当事人对担保责任的承担约定专门的违约责任，或者约定的担保责任范围超出债务人应当承担的责任范围，担保人主张仅在债务人应当承担的责任范围内承担责任的，人民法院应予支持。
>
> 担保人承担的责任超出债务人应当承担的责任范围，担保人向债务人追偿，债务人主张仅在其应当承担的责任范围内承担责任的，人民法院应予支持；担保人请求债权人返还超出部分的，人民法院依法予以支持。
>
> **根据株洲硬质合金集团有限公司诉中国光大银行长沙华升支行、中国建设银行股份有限公司株洲市分行、茶陵县大蒜制品厂借款担保合同纠纷抗诉案：最高人民法院2006年8月22日民事判决书[《最高人民检察院公报》2007年第4号(总第99号)]**，当事人对保证担保的范围没有约定或者约定不明确的，保证人应当对全部债务承担责任。但因法院错判引起债权利息损失扩大的，因为该部分不是因债务人未按照合同约定履行义务而产生的利息，不属于保证担保的范围，保证人不承担责任。

第六百九十二条 【保证期间】保证期间是确定保证人承担保证责任的期间，不发生中止、中断和延长。

债权人与保证人可以约定保证期间，但是约定的保证期间早于主债务履行期限或者与主债务履行期限同时届满的，视为没有约定；没有约定或者约定不明确的，保证期间为主债务履行期限届满之日起六个月。

债权人与债务人对主债务履行期限没有约定或者约定不明确的，保证期间自债权人请求债务人履行债务的宽限期届满之日起计算。

> 根据**2020年12月31日公布的《最高人民法院关于适用〈中华人民共和国民法典〉有关担保制度的解释》(法释〔2020〕28号)**，规定如下：
>
> **第三十二条** 保证合同约定保证人承担保证责任直至主债务本息还清时为止等类似内容的，视为约定不明，保证期间为主债务履行期限届满之日起六个月。
>
> **第三十四条** 人民法院在审理保证合同纠纷案件时，应当将保证期间是否届满、债权人是否在保证期间内依法行使权利等事实作为案件基本事实予以查明。
>
> 债权人在保证期间内未依法行使权利的，保证责任消灭。保证责任消灭后，债权人书面通知保证人要求承担保证责任，保证人在通知书上签字、盖章或者按指印，债权人请求保证人继续承担保证责任的，人民法院不予支持，但是债权人有证据证明成立了新的保证合同的除外。

根据**2003年9月8日公布的《最高人民法院关于在保证期间内保证人在债权转让协议上签字并承诺履行原保证义务能否视为债权人向担保人主张过债权及认定保证合同的诉讼时效如何起算等问题请示的答复》(〔2003〕民二他字第25号)**,《中华人民共和国担保法》(以下简称《担保法》)第二十六条第一款规定的债权人要求保证人承担保证责任应包括债权人在保证期间内向保证人主动催收或提示债权,以及保证人在保证期间内向债权人作出承担保证责任的承诺两种情形。请示所涉案件的保证人——个旧市配件公司于保证期间内,在所担保的债权转让协议上签字并承诺"继续履行原保证合同项下的保证义务"即属《担保法》第二十六条第一款所规定的债权人要求保证人承担保证责任的规定精神。依照本院《关于适用〈中华人民共和国担保法〉若干问题的解释》第三十四条第二款的规定,自保证人个旧市配件公司承诺之日起,保证合同的诉讼时效开始计算。

根据**2003年6月12日公布的《最高人民法院关于债权人在保证期间以特快专递向保证人发出逾期贷款催收通知书但缺乏保证人对邮件签收或拒收的证据能否认定债权人向保证人主张权利的请示的复函》(〔2003〕民二他字第6号)**,债权人通过邮局以特快专递的方式向保证人发出逾期贷款催收通知书,在债权人能够提供特快专递邮件存根及内容的情况下,除非保证人有相反证据推翻债权人所提供的证据,应当认定债权人向保证人主张了权利。

根据**2002年8月1日公布的《最高人民法院关于处理担保法生效前发生保证行为的保证期间问题的通知》(法〔2002〕144号)**,规定如下:

一、对于当事人在担保法生效前签订的保证合同中没有约定保证期限或者约定不明确的,如果债权人已经在法定诉讼时效期间内向主债务人主张权利,使主债务没有超过诉讼时效期间,但未向保证人主张权利的,债权人可以自本通知发布之日起6个月(自2002年8月1日至2003年1月31日)内,向保证人主张权利。逾期不主张的,保证人不再承担责任。

二、主债务人进入破产程序,债权人没有申报债权的,债权人亦可以在上述期间内向保证人主张债权;如果债权人已申报了债权,对其在破产程序中未受清偿的部分债权,债权人可以在破产程序终结后6个月内向保证人主张。

三、本通知发布时,已经终审的案件、再审案件以及主债务已超过诉讼时效的案件,不适用本通知。

根据**2017年7月20日公布的《最高人民法院第三巡回法庭发布十个典型案例》,其中案例5是陈昭海与陈骏、胡秀娟、淮安市浩宇科技有限责任公司、张德全民间借贷纠纷案(保证期间内债权人向保证人主张权利的方式应参照诉讼时效的规定)**,典型意义如下:

本案再审判决明确了债权人在保证期间内向保证人主张权利的方式。我国法律仅规定债权人在保证期间内得向保证人主张权利,但具体应以何种方式主张权利,法律未有明确规定。债权人是否在保证期间内依法向保证人主张权利,直接决定着债权人和保证人之间的债权债务关系,对双方当事人存在重大影响。本案再审判决阐明,在连带责任保证中,债权人向保证人主张权利的方式,可以参照《中华人民共和国民法通则》第一百四十条的规定,凡是债权人在保证期间内,以提起诉讼、申请仲裁,以及采用直接、委托或公告送达清收通知书等方式向保证人主张权利,或者保证人自行认诺愿意承担保证责任的,都可以产生解除保证期间、开始计算诉讼时效的法律效果。债权人在保证期间内以公告方式向保证人主张权利,应符合三个前提条件:(1)保证人下落不明;(2)公告的内容需有主张权利的意思表示;(3)公告的媒体应当是国家级或者保证人住所地省级有影响的媒体。债权人不符合上述条件采取公告方式主张权利的,不产生主张权利的法律效果。

第六百九十三条 【保证期间经过的法律效果】一般保证的债权人未在保证期间对债务人提起诉讼或者申请仲裁的,保证人不再承担保证责任。

连带责任保证的债权人未在保证期间请求保证人承担保证责任的，保证人不再承担保证责任。

> 根据 **2020 年 12 月 31 日公布的《最高人民法院关于适用〈中华人民共和国民法典〉有关担保制度的解释》（法释〔2020〕28 号）**，规定如下：
>
> **第二十六条** 一般保证中，债权人以债务人为被告提起诉讼的，人民法院应予受理。债权人未就主合同纠纷提起诉讼或者申请仲裁，仅起诉一般保证人的，人民法院应当驳回起诉。
>
> 一般保证中，债权人一并起诉债务人和保证人的，人民法院可以受理，但是在作出判决时，除有民法典第六百八十七条第二款但书规定的情形外，应当在判决书主文中明确，保证人仅对债务人财产依法强制执行后仍不能履行的部分承担保证责任。
>
> 债权人未对债务人的财产申请保全，或者保全的债务人的财产足以清偿债务，债权人申请对一般保证人的财产进行保全的，人民法院不予准许。
>
> **第三十一条** 一般保证的债权人在保证期间内对债务人提起诉讼或者申请仲裁后，又撤回起诉或者仲裁申请，债权人在保证期间届满前未再行提起诉讼或者申请仲裁，保证人主张不再承担保证责任的，人民法院应予支持。
>
> 连带责任保证的债权人在保证期间内对保证人提起诉讼或者申请仲裁后，又撤回起诉或者仲裁申请，起诉状副本或者仲裁申请书副本已经送达保证人的，人民法院应当认定债权人已经在保证期间内向保证人行使了权利。
>
> **第三十三条** 保证合同无效，债权人未在约定或者法定的保证期间内依法行使权利，保证人主张不承担赔偿责任的，人民法院应予支持。
>
> **第三十四条** 人民法院在审理保证合同纠纷案件时，应当将保证期间是否届满、债权人是否在保证期间内依法行使权利等事实作为案件基本事实予以查明。
>
> 债权人在保证期间内未依法行使权利的，保证责任消灭。保证责任消灭后，债权人书面通知保证人要求承担保证责任，保证人在通知书上签字、盖章或者按指印，债权人请求保证人继续承担保证责任的，人民法院不予支持，但是债权人有证据证明成立了新的保证合同的除外。

第六百九十四条 【保证债务诉讼时效】一般保证的债权人在保证期间届满前对债务人提起诉讼或者申请仲裁的，从保证人拒绝承担保证责任的权利消灭之日起，开始计算保证债务的诉讼时效。

连带责任保证的债权人在保证期间届满前请求保证人承担保证责任的，从债权人请求保证人承担保证责任之日起，开始计算保证债务的诉讼时效。

> 根据 **2020 年 12 月 31 日公布的《最高人民法院关于适用〈中华人民共和国民法典〉有关担保制度的解释》（法释〔2020〕28 号）**，规定如下：
>
> **第二十八条** 一般保证中，债权人依据生效法律文书对债务人的财产依法申请强制执行，保证债务诉讼时效的起算时间按照下列规则确定：
>
> （一）人民法院作出终结本次执行程序裁定，或者依照民事诉讼法第二百五十七条第三项、第五项的规定作出终结执行裁定的，自裁定送达债权人之日起开始计算；
>
> （二）人民法院自收到申请执行书之日起一年内未作出前项裁定的，自人民法院收到申请执行书满一年之日起开始计算，但是保证人有证据证明债务人仍有财产可供执行的除外。

一般保证的债权人在保证期间届满前对债务人提起诉讼或者申请仲裁，债权人举证证明存在民法典第六百八十七条第二款但书规定情形的，保证债务的诉讼时效自债权人知道或者应当知道该情形之日起开始计算。

第三十五条 保证人知道或者应当知道主债权诉讼时效期间届满仍然提供保证或者承担保证责任，又以诉讼时效期间届满为由拒绝承担保证责任或者请求返还财产的，人民法院不予支持；保证人承担保证责任后向债务人追偿的，人民法院不予支持，但是债务人放弃诉讼时效抗辩的除外。

第六百九十五条 【主合同变更对保证责任影响】债权人和债务人未经保证人书面同意，协商变更主债权债务合同内容，减轻债务的，保证人仍对变更后的债务承担保证责任；加重债务的，保证人对加重的部分不承担保证责任。

债权人和债务人变更主债权债务合同的履行期限，未经保证人书面同意的，保证期间不受影响。

根据**2020年12月31日公布的《最高人民法院关于适用〈中华人民共和国民法典〉有关担保制度的解释》（法释〔2020〕28号）**，规定如下：

第十六条 主合同当事人协议以新贷偿还旧贷，债权人请求旧贷的担保人承担担保责任的，人民法院不予支持；债权人请求新贷的担保人承担担保责任的，按照下列情形处理：

（一）新贷与旧贷的担保人相同的，人民法院应予支持；

（二）新贷与旧贷的担保人不同，或者旧贷无担保新贷有担保的，人民法院不予支持，但是债权人有证据证明新贷的担保人提供担保时对以新贷偿还旧贷的事实知道或者应当知道的除外。

主合同当事人协议以新贷偿还旧贷，旧贷的物的担保人在登记尚未注销的情形下同意继续为新贷提供担保，在订立新的贷款合同前又以该担保财产为其他债权人设立担保物权，其他债权人主张其担保物权顺位优先于新贷债权人的，人民法院不予支持。

第二十条 人民法院在审理第三人提供的物的担保纠纷案件时，可以适用民法典第六百九十五条第一款、第六百九十六条第一款、第六百九十七条第二款、第六百九十九条、第七百条、第七百零一条、第七百零二条等关于保证合同的规定。

根据**1996年10月30日公布的《最高人民法院关于四川省汽车运输成都公司与四川省农村信托投资公司担保借款纠纷一案中四川省汽车运输成都公司应否承担保证责任的复函》**，借款方四川省汽车运输成都公司商业公司（以下简称商业公司）在担保方四川省汽车运输公司（以下简称成都公司）不知晓的情况下，擅自改变合同约定的贷款用途，将贷得的250万元挪作他用，属改变合同的主要内容。贷款方四川省农村信托投资公司（以下简称投资公司）收到借款方商业公司的退回款250万元后，以“代单位转款”名义擅自划转170万元给借款方商业公司使用，是投资公司的过错。据此，成都公司不应承担担保责任。

根据卞松祥与许峰、徐州利峰木业有限公司等民间借贷纠纷案：江苏省高级人民法院2018年8月23日民事判决书［《最高人民法院公报》2021年第1期（总第291期）］，民间借贷中，债权人与债务人协议以新贷偿还旧贷，等同于新贷保证人为旧贷提供担保，在前后保证人并非同一人且新贷保证人不知情的情况下，有违保证人的真实意思，保证人不承担民事责任。

根据大竹县农村信用合作联社与西藏药业集团有限公司保证合同纠纷案：最高人民法院（2011）民申字第429号民事裁定书［《最高人民法院公报》2012年第4期（总第186

期)],《最高人民法院关于适用〈中华人民共和国担保法〉若干问题的解释》第三十九条第一款规定,主合同当事人双方协议以新贷偿还旧贷,除保证人知道或者应当知道的外,保证人不承担民事责任。判断是否属于保证人知道或者应当知道的情形,应当根据案情全面分析。保证人与借款人具有关联关系,在保证合同中承诺对借款人转移贷款用途等违反合同的行为承担连带责任,并实际履行了部分主债务的,可以认定保证人知道或者应当知道主债务系以新贷偿还旧贷。在此情形下,保证人以上述规定为由,主张不承担民事责任的,人民法院不予支持。

根据桂林市基本建设领导小组旧城改造办公室诉中国工商银行桂林分行借款合同纠纷抗诉案:最高人民法院(2008)民抗字第29号民事判决书[《最高人民检察院公报》2010年第4号(总第117号)],裁决如下:

一、保证期间,债权人与债务人对主合同数量、价款、币种、利率等内容作了变动,未经保证人同意的,如果减轻债务人的债务的,保证人仍应当对变更后的合同承担保证责任;如果加重债务人的债务的,保证人对加重的部分不承担保证责任。

二、债权人与债务人对主合同履行期限作了变动,未经保证人书面同意的,保证期间为原合同约定的或者法律规定的期间。

三、债权人与债务人协议变动主合同内容,但并未实际履行的,保证人仍应当承担保证责任。

四、保证人在合同中依约承担保证责任后,主合同双方当事人变更合同约定保证人承担抵押担保责任,但并未得到保证人的同意,保证人也表示了异议。依照法律规定,保证人不再承担保证责任。

根据中国农业银行长沙市先锋支行与湖南金帆投资管理有限公司、长沙金霞开发建设有限公司借款担保合同纠纷案:最高人民法院(2007)民二终字第33号民事判决书[《最高人民法院公报》2009年第1期(总第147期)],《最高人民法院关于适用〈中华人民共和国担保法〉若干问题的解释》第三十九条规定,主合同当事人双方协议以新贷偿还旧贷,除保证人知道或者应当知道的外,保证人不承担民事责任。新贷与旧贷系同一保证人的,不适用前款的规定。本案中金霞公司就同一抵押物先后为金帆公司的新旧贷款提供抵押担保,金帆公司以新贷偿还旧贷,并未加重金霞公司的担保责任,金霞公司要求免除其担保责任的上诉主张与上述规定不符。金霞公司关于本案利息计算有误的上诉主张,亦没有相应的事实和法律依据,本院不予支持。

根据上海国际信托投资有限公司与上海市综合信息交易所、上海三和房地产公司委托贷款合同纠纷案:最高人民法院(2005)民二提字第8号民事判决书[《最高人民法院公报》2008年第10期(总第144期)],《最高人民法院关于适用〈中华人民共和国担保法〉若干问题的解释》第三十九条规定:"主合同当事人双方协议以新贷偿还旧贷,除保证人知道或者应当知道的外,保证人不承担民事责任。新贷与旧贷系同一保证人的,不适用前款的规定。"据此,借贷合同双方当事人基于以新贷偿还旧贷的合意,先后订立多个借贷合同,同一担保人在应当知道的情况下在该多个借贷合同上盖章同意担保的,应当依法承担担保责任。担保人以上述多个借贷合同之间没有形式及内在联系为由,否认以新贷偿还旧贷的合同性质,进而拒绝履行担保责任的,人民法院不予支持。

根据抚宁县新兴包装材料厂、抚宁公有资产经营有限公司与抚宁县农村信用合作联社、秦皇岛远东石油炼化有限公司、秦皇岛骊骅淀粉股份有限公司借款担保合同纠纷案:最高人民法院(2006)民二终字第236号民事判决书[《最高人民法院公报》2007年第9期(总第131期)],依据《最高人民法院关于适用〈中华人民共和国担保法〉若干问题的解释》第三十九条的规定,主合同当事人双方协议以新贷偿还旧贷,除保证人知道或者应当知道的外,保证人不承担民事责任。但是新贷与旧贷系同一保证人的,不能免除保证人的保证责任。

根据中国电子租赁有限公司诉无锡湖光电炉厂、中国建设银行锡山市支行借款担保合

同纠纷抗诉案：北京市高级人民法院（2000）年高经再终字第35号民事判决书［《最高人民检察院公报》2001年第3号（总第62号）］，借款合同到期后，债权人与债务人签订展期合同延迟还款，而保证人明确表示不再对展期合同提供担保，且并未成为展期合同当事人，应认为其保证责任已终止，原保证人不再是新合同的保证人。因此，债务人在展期合同到期后仍未还款的，债权人不能请求原保证人承担保证责任。

根据十堰市北方物资贸易有限责任公司与中国农业银行十堰市三堰支行、十堰市堰茂物产总公司借款担保合同纠纷抗诉案：湖北省十堰市中级人民法院（1999）十法经再初字第1号民事判决书［《最高人民检察院公报》2000年第2号（总第55号）］，债权人与债务人在未经保证人同意的情况下对借款合同进行变更，约定以新贷还旧贷，使保证人在违背真实意思的情况下提供担保。变更后的借款合同有效，但保证合同无效。债务人到期未还款的，保证人无须承担连带责任。

根据北京国际信托投资公司诉韩俄式大酒楼有限公司、华北电力成套设备公司借款合同纠纷上诉案：北京市高级人民法院1999年1月27日民事判决书［《最高人民法院公报》1999年第4期（总第60期）］，《最高人民法院关于借款合同双方当事人未经保证人同意达成延期还款协议后保证人是否继续承担担保责任的批复》规定，借款合同双方当事人未经保证人同意达成延期还款协议后，保证人不再承担该借款合同担保责任。因此，在担保借款合同中，未经保证人同意，主合同双方达成延期还款协议的，保证人的保证责任免除。

第六百九十六条 【债权转让对保证责任影响】债权人转让全部或者部分债权，未通知保证人的，该转让对保证人不发生效力。

保证人与债权人约定禁止债权转让，债权人未经保证人书面同意转让债权的，保证人对受让人不再承担保证责任。

根据2020年12月31日公布的《最高人民法院关于适用〈中华人民共和国民法典〉有关担保制度的解释》（法释〔2020〕28号），规定如下：

第二十条 人民法院在审理第三人提供的物的担保纠纷案件时，可以适用民法典第六百九十五条第一款、第六百九十六条第一款、第六百九十七条第二款、第六百九十九条、第七百条、第七百零一条、第七百零二条等关于保证合同的规定。

根据2003年10月20日公布的《最高人民法院关于甘肃省高级人民法院就在诉讼时效期间债权人依法将主债权转让给第三人保证人是否继续承担保证责任等问题请示的答复》（〔2003〕民二他字第39号），答复如下：

一、在诉讼时效期间，凡符合《中华人民共和国合同法》第八十一条和《中华人民共和国担保法》第二十二条规定的，债权人将主债权转让给第三人，保证债权作为从权利一并转移，保证人在原保证担保的范围内继续承担保证责任。

二、按照《关于适用〈中华人民共和国担保法〉若干问题的解释》第三十六条第一款的规定，主债务诉讼时效中断，连带保证债务诉讼时效不因主债务诉讼时效中断而中断。按照上述解释第三十四条第二款的规定，连带责任保证的债权人在保证期间内要求保证人承担保证责任的，自该要求之日起开始计算连带保证债务的诉讼时效。《最高人民法院对〈关于贯彻执行最高人民法院"十二条"司法解释有关问题的函〉的答复》是答复四家资产管理公司的，其目的是最大限度地保全国有资产。因此，债权人对保证人有公告催收行为的，人民法院应比照适用《最高人民法院关于审理涉及金融资产公司收购、管理、处置国有银行不良贷款形成的资产的案件适用法律若干问题的规定》第十条的规定，认定债权人对保证债务的诉讼时效中断。

第六百九十七条 【债务承担对保证责任影响】债权人未经保证人书面同意，允许债务人转移全部或者部分债务，保证人对未经其同意转移的债务不再承担保证责任，但是债权人和保证人另有约定的除外。

第三人加入债务的，保证人的保证责任不受影响。

根据**2020年12月31日公布的《最高人民法院关于适用〈中华人民共和国民法典〉有关担保制度的解释》（法释〔2020〕28号）**，规定如下：

第二十条 人民法院在审理第三人提供的物的担保纠纷案件时，可以适用民法典第六百九十五条第一款、第六百九十六条第一款、第六百九十七条第二款、第六百九十九条、第七百条、第七百零一条、第七百零二条等关于保证合同的规定。

第三十六条 第三人向债权人提供差额补足、流动性支持等类似承诺文件作为增信措施，具有提供担保的意思表示，债权人请求第三人承担保证责任的，人民法院应当依照保证的有关规定处理。

第三人向债权人提供的承诺文件，具有加入债务或者与债务人共同承担债务等意思表示的，人民法院应当认定为民法典第五百五十二条规定的债务加入。

前两款中第三人提供的承诺文件难以确定是保证还是债务加入的，人民法院应当将其认定为保证。

第三人向债权人提供的承诺文件不符合前三款规定的情形，债权人请求第三人承担保证责任或者连带责任的，人民法院不予支持，但是不影响其依据承诺文件请求第三人履行约定的义务或者承担相应的民事责任。

根据信达公司石家庄办事处与中阿公司等借款担保合同纠纷案：最高人民法院（2005）民二终字第200号民事判决书［《最高人民法院公报》2006年第3期（总第113期）］，保证合同是当事人之间意思表示一致的结果，保证人的变更必须经债权人同意。债权人和保证人之间没有形成消灭保证责任的合意，即使债务人或第三人为债权人另外提供了相应的担保，债权人亦表示接受，也不能因此免除保证人的保证责任。

第六百九十八条 【一般保证人保证责任免除】一般保证的保证人在主债务履行期限届满后，向债权人提供债务人可供执行财产的真实情况，债权人放弃或者怠于行使权利致使该财产不能被执行的，保证人在其提供可供执行财产的价值范围内不再承担保证责任。

第六百九十九条 【共同保证】同一债务有两个以上保证人的，保证人应当按照保证合同约定的保证份额，承担保证责任；没有约定保证份额的，债权人可以请求任何一个保证人在其保证范围内承担保证责任。

根据**2020年12月31日公布的《最高人民法院关于适用〈中华人民共和国民法典〉有关担保制度的解释》（法释〔2020〕28号）**，规定如下：

第二十条 人民法院在审理第三人提供的物的担保纠纷案件时，可以适用民法典第六百九十五条第一款、第六百九十六条第一款、第六百九十七条第二款、第六百九十九条、第七百条、第七百零一条、第七百零二条等关于保证合同的规定。

第二十九条 同一债务有两个以上保证人，债权人以其已经在保证期间内依法向部分保证人行使权利为由，主张已经在保证期间内向其他保证人行使权利的，人民法院不予支持。

同一债务有两个以上保证人，保证人之间相互有追偿权，债权人未在保证期间内依法向部分保证人行使权利，导致其他保证人在承担保证责任后丧失追偿权，其他保证人主张在其不能追偿的范围内免除保证责任的，人民法院应予支持。

根据顾善芳诉张小君、林兴钢、钟武军追偿权纠纷案：浙江省宁波市中级人民法院 2014 年 4 月 24 日民事判决书［《最高人民法院公报》2017 年第 10 期（总第 252 期）］，对格式条款的理解发生争议的，首先应当按照通常理解予以解释。只有按照通常理解对格式条款有两种以上解释的，才应采用不利解释原则。连带共同保证中保证人减少时，应按实际保证人人数平均分配保证份额。

根据英贸公司诉天元公司保证合同追偿权纠纷案：云南省高级人民法院 2002 年 7 月 22 日民事判决书［《最高人民法院公报》2002 年第 6 期（总第 80 期）］，在连带共同保证中，连带共同保证人之间因追偿而产生的法律关系，固然与债权人和保证人之间的保证合同法律关系分属于两个不同的法律关系，但是因追偿而产生的法律关系，必须建立在保证合同法律关系有效的基础上。当保证人的保证责任已免除，保证合同法律关系失效时，追偿和被追偿的法律关系就失去了存在的基础。因此，连带共同保证人中如有一个被免除保证责任，则其他连带保证人不能再向该保证人追偿。

第七百条 【保证人追偿权】保证人承担保证责任后，除当事人另有约定外，有权在其承担保证责任的范围内向债务人追偿，享有债权人对债务人的权利，但是不得损害债权人的利益。

根据 **2020 年 12 月 31 日公布的《最高人民法院关于适用〈中华人民共和国民法典〉有关担保制度的解释》（法释〔2020〕28 号）**，规定如下：

第十八条 承担了担保责任或者赔偿责任的担保人，在其承担责任的范围内向债务人追偿的，人民法院应予支持。

同一债权既有债务人自己提供的物的担保，又有第三人提供的担保，承担了担保责任或者赔偿责任的第三人，主张行使债权人对债务人享有的担保物权的，人民法院应予支持。

第二十条 人民法院在审理第三人提供的物的担保纠纷案件时，可以适用民法典第六百九十五条第一款、第六百九十六条第一款、第六百九十七条第二款、第六百九十九条、第七百条、第七百零一条、第七百零二条等关于保证合同的规定。

根据 **2006 年 8 月 27 日公布的《中华人民共和国企业破产法》**，规定如下：

第五十一条 债务人的保证人或者其他连带债务人已经代替债务人清偿债务的，以其对债务人的求偿权申报债权。

债务人的保证人或者其他连带债务人尚未代替债务人清偿债务的，以其对债务人的将来求偿权申报债权。但是，债权人已经向管理人申报全部债权的除外。

根据 **2020 年 12 月 29 日修正的《最高人民法院关于适用〈中华人民共和国企业破产法〉若干问题的规定（三）》（法释〔2020〕18 号）**，规定如下：

第五条 债务人、保证人均被裁定进入破产程序的，债权人有权向债务人、保证人分别申报债权。

债权人向债务人、保证人均申报全部债权的，从一方破产程序中获得清偿后，其对另一方的债权额不作调整，但债权人的受偿额不得超出其债权总额。保证人履行保证责任后不再享有求偿权。

根据 **2003 年 12 月 24 日公布的《最高人民法院关于对云南省高级人民法院就如何适用〈关于适用《中华人民共和国担保法》若干问题的解释〉第四十四条请示的答复》（〔2003〕民**

二他字第49号),《关于适用〈中华人民共和国担保法〉若干问题的解释》(以下简称担保法司法解释)第四十四条第二款规定的债权人应在破产程序终结后六个月内要求保证人承担保证责任的规定,仅适用于债务人在破产程序开始时保证期间尚未届满,而在债权人申报债权参加清偿破产财产程序期间保证期间届满的情形。即在上述情况下,考虑到债权人在债务人破产期间不便对保证人行使权利,债权人可以在债务人破产终结后六个月内要求保证人承担保证责任。你院请示的昆明电缆厂与交通银行昆明分行、昆明电缆股份有限公司担保借款合同纠纷案中,债权人交通银行昆明分行已经在保证期间内、债务人破产程序前要求保证人承担保证责任,因此,不适用担保法司法解释第四十四条第二款的规定。

根据2002年11月22日公布的《最高人民法院对〈关于担保期间债权人向保证人主张权利的方式及程序问题的请示〉的答复》(〔2002〕民二他字第32号),答复如下:

1. 本院2002年8月1日下发的《关于处理担保法生效前发生保证行为的保证期间问题的通知》第一条规定的"向保证人主张权利"和第二条规定的"向保证人主张债权",其主张权利的方式可以包括"提起诉讼"和"送达清收债权通知书"等。其中"送达"既可由债权人本人送达,也可以委托公证机关送达或公告送达(在全国或省级有影响的报纸上刊发清收债权公告)。

2. 该通知第二条规定的意义在于,明确当主债务人进入破产程序,在"债权人没有申报债权"或"已经申报债权"两种不同情况下,债权人应当向保证人主张权利的期限。根据《最高人民法院关于适用〈中华人民共和国担保法〉若干问题的解释》第四十四条第一款的规定,在上述情况下,债权人可以向人民法院申报债权,也可以向保证人主张权利。因此,对于债权人申报了债权,同时又起诉保证人的保证纠纷案件,人民法院应当受理。在具体审理并认定保证人应承担保证责任的金额时,如需等待破产程序结束的,可依照《中华人民共和国民事诉讼法》第一百三十六条第一款第(五)项的规定,裁定中止诉讼。人民法院如径行判决保证人承担保证责任,应当在判决中明确应扣除债权人在债务人破产程序中可以分得的部分。

根据农业发展银行青海分行营业部诉青海农牧总公司担保合同纠纷案:最高人民法院(2003)民二终字第83号民事判决书[《最高人民法院公报》2004年第8期(总第94期)],在债务人被宣告破产前,债权人已在保证债务的诉讼时效期间内向保证人主张了权利,破产程序终结后,债权人对其在破产程序中未受清偿的部分债权继续向保证人主张权利的,根据《最高人民法院关于适用〈中华人民共和国担保法〉若干问题的解释》第四十四条的规定,保证人应承担法律责任。

第七百零一条 【保证人抗辩权】保证人可以主张债务人对债权人的抗辩。债务人放弃抗辩的,保证人仍有权向债权人主张抗辩。

根据2020年12月31日公布的《最高人民法院关于适用〈中华人民共和国民法典〉有关担保制度的解释》(法释〔2020〕28号),规定如下:

第二十条 人民法院在审理第三人提供的物的担保纠纷案件时,可以适用民法典第六百九十五条第一款、第六百九十六条第一款、第六百九十七条第二款、第六百九十九条、第七百条、第七百零一条、第七百零二条等关于保证合同的规定。

根据中国东方资产管理公司大连办事处诉辽宁华曦集团公司等借款担保纠纷上诉案:最高人民法院(2003)民二终字第93号民事判决书[《最高人民法院公报》2003年第6期(总第86期)],担保人时代公司在《不可撤销担保书》中明确承诺:"本保证书在中行同意延期还款时继续有效",但因无证据证明省中行与畜产公司之间存在约定延期还款的事实,主债权已经超过诉讼时效,根据《中华人民共和国担保法》(以下简称《担保法》)第二十条第一款的规定，依法取得了主债务人享有的主债权诉讼时效届满产生的抗辩权。虽然嗣后畜产公司在催收通知书上盖章，放弃了原债权诉讼时效届满的抗辩权，但依照《担保法》第二十条第一款的规定，对于债务人放弃的抗辩权，担保人仍然可以行使，畜产公司放弃时效届满抗辩权的行为，对时代公司不发生法律效力。另外，本院（2002）144号通知第一条规定债权人对保证人的权利，应以主债务没有超过诉讼时效期间为条件。故上诉人东方公司关于担保人时代公司应当承担担保责任的上诉理由不能成立，原审裁判正确，本院予以维持。

第七百零二条 【保证人拒绝履行权】债务人对债权人享有抵销权或者撤销权的，保证人可以在相应范围内拒绝承担保证责任。

根据**2020年12月31日公布的《最高人民法院关于适用〈中华人民共和国民法典〉有关担保制度的解释》（法释〔2020〕28号）**，规定如下：

第二十条 人民法院在审理第三人提供的物的担保纠纷案件时，可以适用民法典第六百九十五条第一款、第六百九十六条第一款、第六百九十七条第二款、第六百九十九条、第七百条、第七百零一条、第七百零二条等关于保证合同的规定。

第十四章 租赁合同

第七百零三条 【租赁合同定义】租赁合同是出租人将租赁物交付承租人使用、收益，承租人支付租金的合同。

根据**2019年8月26日修正的《中华人民共和国城市房地产管理法》**，对于房屋租赁，规定如下：

第五十三条 房屋租赁，是指房屋所有权人作为出租人将其房屋出租给承租人使用，由承租人向出租人支付租金的行为。

第五十四条 房屋租赁，出租人和承租人应当签订书面租赁合同，约定租赁期限、租赁用途、租赁价格、修缮责任等条款，以及双方的其他权利和义务，并向房产管理部门登记备案。

第五十五条 住宅用房的租赁，应当执行国家和房屋所在城市人民政府规定的租赁政策。租用房屋从事生产、经营活动的，由租赁双方协商议定租金和其他租赁条款。

第五十六条 以营利为目的，房屋所有权人将以划拨方式取得使用权的国有土地上建成的房屋出租的，应当将租金中所含土地收益上缴国家。具体办法由国务院规定。

根据**2020年12月29日修正的《最高人民法院关于审理城镇房屋租赁合同纠纷案件具体应用法律若干问题的解释》（法释〔2020〕17号）**，对于城镇房屋租赁合同的效力等，规定如下：

第一条 本解释所称城镇房屋，是指城市、镇规划区内的房屋。

乡、村庄规划区内的房屋租赁合同纠纷案件，可以参照本解释处理。但法律另有规定的，适用其规定。

当事人依照国家福利政策租赁公有住房、廉租住房、经济适用住房产生的纠纷案件，不适用本解释。

第二条 出租人就未取得建设工程规划许可证或者未按照建设工程规划许可证的规定

建设的房屋,与承租人订立的租赁合同无效。但在一审法庭辩论终结前取得建设工程规划许可证或者经主管部门批准建设的,人民法院应当认定有效。

第三条 出租人就未经批准或者未按照批准内容建设的临时建筑,与承租人订立的租赁合同无效。但在一审法庭辩论终结前经主管部门批准建设的,人民法院应当认定有效。

租赁期限超过临时建筑的使用期限,超过部分无效。但在一审法庭辩论终结前经主管部门批准延长使用期限的,人民法院应当认定延长使用期限内的租赁期间有效。

第四条 房屋租赁合同无效,当事人请求参照合同约定的租金标准支付房屋占有使用费的,人民法院一般应予支持。

当事人请求赔偿因合同无效受到的损失,人民法院依照民法典第一百五十七条和本解释第七条、第十一条、第十二条的规定处理。

第五条 出租人就同一房屋订立数份租赁合同,在合同均有效的情况下,承租人均主张履行合同的,人民法院按照下列顺序确定履行合同的承租人:

(一)已经合法占有租赁房屋的;

(二)已经办理登记备案手续的;

(三)合同成立在先的。

不能取得租赁房屋的承租人请求解除合同、赔偿损失的,依照民法典的有关规定处理。

第十六条 本解释施行前已经终审,本解释施行后当事人申请再审或者按照审判监督程序决定再审的案件,不适用本解释。

根据**2020年11月29日修订的《中华人民共和国城镇国有土地使用权出让和转让暂行条例》**第四章,对于土地使用权出租,规定如下:

第二十八条 土地使用权出租是指土地使用者作为出租人将土地使用权随同地上建筑物、其他附着物租赁给承租人使用,由承租人向出租人支付租金的行为。

未按土地使用权出让合同规定的期限和条件投资开发、利用土地的,土地使用权不得出租。

第二十九条 土地使用权出租,出租人与承租人应当签订租赁合同。

租赁合同不得违背国家法律、法规和土地使用权出让合同的规定。

第三十条 土地使用权出租后,出租人必须继续履行土地使用权出让合同。

第三十一条 土地使用权和地上建筑物、其他附着物出租,出租人应当依照规定办理登记。

根据**2009年10月14日公布的《最高人民法院关于李晓波诉红十字国际委员会东亚地区代表处房屋租赁合同纠纷一案豁免问题的请示的复函》(〔2009〕民四他字第25号)**,中国公民李晓波因与红十字国际委员会东亚地区代表处(以下简称东亚地区代表处)就房屋租赁合同产生纠纷,以东亚地区代表处为被告向北京市朝阳区人民法院提起诉讼,东亚地区代表处向人民法院提出豁免申请。《中华人民共和国政府和红十字国际委员会协议》第四条第一款规定,红十字国际委员会及其财产和资产享有法律程序豁免,包括免受搜查、征用、没收、征收。在特殊情况下,经红十字国际委员会明示放弃其豁免时,不在此限。东亚地区代表处作为红十字国际委员会在我国境内设立的代表机构,享有该条规定的法律程序豁免。双方当事人在租赁合同第十条中的约定系对准据法的约定,并不构成东亚地区代表处对豁免权的放弃,也没有其他证据证实该会愿意接受我国法院的管辖。同意你院请示报告的处理意见。

第七百零四条 【租赁合同主要内容】租赁合同的内容一般包括租赁物的名称、数量、用途、租赁期限、租金及其支付期限和方式、租赁物维修等条款。

根据**2019年8月26日修正的《中华人民共和国城市房地产管理法》**，规定如下：

第五十四条 房屋租赁，出租人和承租人应当签订书面租赁合同，约定租赁期限、租赁用途、租赁价格、修缮责任等条款，以及双方的其他权利和义务，并向房产管理部门登记备案。

第五十五条 住宅用房的租赁，应当执行国家和房屋所在城市人民政府规定的租赁政策。租用房屋从事生产、经营活动的，由租赁双方协商议定租金和其他租赁条款。

第七百零五条 【租赁最长期限】租赁期限不得超过二十年。超过二十年的，超过部分无效。

租赁期限届满，当事人可以续订租赁合同；但是，约定的租赁期限自续订之日起不得超过二十年。

第七百零六条 【租赁合同的登记备案手续对合同效力影响】当事人未依照法律、行政法规规定办理租赁合同登记备案手续的，不影响合同的效力。

第七百零七条 【租赁合同形式】租赁期限六个月以上的，应当采用书面形式。当事人未采用书面形式，无法确定租赁期限的，视为不定期租赁。

第七百零八条 【出租人交付租赁物义务和适租义务】出租人应当按照约定将租赁物交付承租人，并在租赁期限内保持租赁物符合约定的用途。

第七百零九条 【承租人按约定使用租赁物的义务】承租人应当按照约定的方法使用租赁物。对租赁物的使用方法没有约定或者约定不明确，依据本法第五百一十条的规定仍不能确定的，应当根据租赁物的性质使用。

第七百一十条 【承租人按约定使用租赁物的免责义务】承租人按照约定的方法或者根据租赁物的性质使用租赁物，致使租赁物受到损耗的，不承担赔偿责任。

第七百一十一条 【租赁人未按约定使用租赁物的责任】承租人未按照约定的方法或者未根据租赁物的性质使用租赁物，致使租赁物受到损失的，出租人可以解除合同并请求赔偿损失。

根据**2020年12月29日修正的《最高人民法院关于审理城镇房屋租赁合同纠纷案件具体应用法律若干问题的解释》（法释〔2020〕17号）**，规定如下：

第六条 承租人擅自变动房屋建筑主体和承重结构或者扩建，在出租人要求的合理期限内仍不予恢复原状，出租人请求解除合同并要求赔偿损失的，人民法院依照民法典第七百一十一条的规定处理。

根据**新疆维吾尔自治区建筑木材加工总厂与中国民主同盟新疆实业发展总公司房屋租赁纠纷上诉案：最高人民法院（2000）民终字第115号民事判决书［《最高人民法院公报》2002年第1期（总第75期）］**，裁判要旨如下：

一、房屋承租人超出约定使用范围，造成租赁物损失的，出租人可以选择提起违约之诉或者侵权之诉要求承租人赔偿因房屋改造所造成的损失。

二、合同双方当事人改变合同条款，但约定不明确的，视为合同未变更，原合同继续有效，当事人仍应按照原合同行使权利和履行义务。

第七百一十二条 【出租人维修义务】出租人应当履行租赁物的维修义务，但是当事人另有约定的除外。

第七百一十三条 【出租人不履行维修义务的法律后果】承租人在租赁物需要维修时可以请求出租人在合理期限内维修。出租人未履行维修义务的，承租人可以自行维修，维修费用由出租人负担。因维修租赁物影响承租人使用的，应当相应减少租金或者延长租期。

因承租人的过错致使租赁物需要维修的，出租人不承担前款规定的维修义务。

第七百一十四条 【承租人妥善保管租赁物义务】承租人应当妥善保管租赁物，因保管不善造成租赁物毁损、灭失的，应当承担赔偿责任。

第七百一十五条 【承租人对租赁物进行改善或增设他物】承租人经出租人同意，可以对租赁物进行改善或者增设他物。

承租人未经出租人同意，对租赁物进行改善或者增设他物的，出租人可以请求承租人恢复原状或者赔偿损失。

根据**2020年12月29日修正的《最高人民法院关于审理城镇房屋租赁合同纠纷案件具体应用法律若干问题的解释》(法释〔2020〕17号)**，规定如下：

第七条 承租人经出租人同意装饰装修，租赁合同无效时，未形成附合的装饰装修物，出租人同意利用的，可折价归出租人所有；不同意利用的，可由承租人拆除。因拆除造成房屋毁损的，承租人应当恢复原状。

已形成附合的装饰装修物，出租人同意利用的，可折价归出租人所有；不同意利用的，由双方各自按照导致合同无效的过错分担现值损失。

第八条 承租人经出租人同意装饰装修，租赁期间届满或者合同解除时，除当事人另有约定外，未形成附合的装饰装修物，可由承租人拆除。因拆除造成房屋毁损的，承租人应当恢复原状。

第九条 承租人经出租人同意装饰装修，合同解除时，双方对已形成附合的装饰装修物的处理没有约定的，人民法院按照下列情形分别处理：

（一）因出租人违约导致合同解除，承租人请求出租人赔偿剩余租赁期内装饰装修残值损失的，应予支持；

（二）因承租人违约导致合同解除，承租人请求出租人赔偿剩余租赁期内装饰装修残值损失的，不予支持。但出租人同意利用的，应在利用价值范围内予以适当补偿；

（三）因双方违约导致合同解除，剩余租赁期内的装饰装修残值损失，由双方根据各自的过错承担相应的责任；

（四）因不可归责于双方的事由导致合同解除的，剩余租赁期内的装饰装修残值损失，由双方按照公平原则分担。法律另有规定的，适用其规定。

第十条 承租人经出租人同意装饰装修，租赁期间届满时，承租人请求出租人补偿附合装饰装修费用的，不予支持。但当事人另有约定的除外。

第十一条 承租人未经出租人同意装饰装修或者扩建发生的费用，由承租人负担。出租人请求承租人恢复原状或者赔偿损失的，人民法院应予支持。

第十二条 承租人经出租人同意扩建，但双方对扩建费用的处理没有约定的，人民法院按照下列情形分别处理：

（一）办理合法建设手续的，扩建造价费用由出租人负担；

（二）未办理合法建设手续的，扩建造价费用由双方按照过错分担。

第七百一十六条 【承租人对租赁物转租】承租人经出租人同意，可以将租赁物转租给第三人。承租人转租的，承租人与出租人之间的租赁合同继续有效；第三人造成租赁物损失的，承租人应当赔偿损失。

承租人未经出租人同意转租的，出租人可以解除合同。

第七百一十七条 【超过承租人剩余租赁期限的转租期间效力】承租人经出租人同意将租赁物转租给第三人，转租期限超过承租人剩余租赁期限的，超过部分的约定对出租人不具有法律约束力，但是出租人与承租人另有约定的除外。

第七百一十八条 【推定出租人同意转租】出租人知道或者应当知道承租人转租，但是在六个月内未提出异议的，视为出租人同意转租。

第七百一十九条 【次承租人的代为清偿权】承租人拖欠租金的，次承租人可以代承租人支付其欠付的租金和违约金，但是转租合同对出租人不具有法律约束力的除外。

次承租人代为支付的租金和违约金，可以充抵次承租人应当向承租人支付的租金；超出其应付的租金数额的，可以向承租人追偿。

> 根据**2020年12月29日修正的《最高人民法院关于审理城镇房屋租赁合同纠纷案件具体应用法律若干问题的解释》（法释〔2020〕17号）**，规定如下：
>
> **第十三条** 房屋租赁合同无效、履行期限届满或者解除，出租人请求负有腾房义务的次承租人支付逾期腾房占有使用费的，人民法院应予支持。

第七百二十条 【租赁物收益归属】在租赁期限内因占有、使用租赁物获得的收益，归承租人所有，但是当事人另有约定的除外。

第七百二十一条 【租金支付期限】承租人应当按照约定的期限支付租金。对支付租金的期限没有约定或者约定不明确，依据本法第五百一十条的规定仍不能确定，租赁期限不满一年的，应当在租赁期限届满时支付；租赁期限一年以上的，应当在每届满一年时支付，剩余期限不满一年的，应当在租赁期限届满时支付。

第七百二十二条 【承租人违反支付租金义务的法律后果】承租人无正当理由未支付或者迟延支付租金的，出租人可以请求承租人在合理期限内支付；承租人逾期不支付的，出租人可以解除合同。

> 根据**2022年12月26日公布的《最高人民法院关于为稳定就业提供司法服务和保障的意见》（法发〔2022〕36号）**，规定如下：
>
> 2. 推动落实阶段性减免房产租金等助企纾困政策，支持中小微企业稳就业规模。依法妥善审理房屋租赁合同纠纷等案件，推动落实阶段性减免国有房产租金等政策，引导出租人减免或者缓收租金，依法减轻中小微企业、个体工商户等负担，稳住中小微企业就业规模。承租国有企业房屋或者行政事业单位房屋用于经营，符合政策条件的服务业中小微企业、个

体工商户等请求按照国家有关政策减免一定期限内租金的，人民法院应当依法支持。承租非国有房屋的承租人请求减免或者延期支付租金的，可以引导当事人参照有关租金减免政策、条件进行和解；和解不成的，结合案件实际情况，依照民法典有关规定处理。

根据2022年12月26日公布的《最高人民法院关于为促进消费提供司法服务和保障的意见》(法发〔2022〕35号)，具体如下：

22. 妥善处理房屋租赁合同纠纷。疫情或者疫情防控措施导致小微企业、个体工商户等承租人没有收入或者收入明显减少，造成支付租金困难，出租人请求解除房屋租赁合同、由承租人承担违约责任的，人民法院应当加强调解，引导出租人和承租人合理分担损失，共克时艰。对国有房屋租金数额发生争议，承租人请求按照有关政府机关的规定减免租金的，人民法院应当依法支持。出租人减免租金后主张税务机关按照相关规定减免当年房产税、城镇土地使用税，符合法律规定或者国家税收政策的，人民法院应当依法支持。

根据2000年12月25日公布的《最高人民法院研究室关于对租赁合同债务人因欠付租金而出具的“欠款结算单”不适用普通诉讼时效的复函》(法研〔2000〕122号)，租赁合同债务人因欠付租金而出具的“欠款结算单”只表明未付租金的数额，并未改变其与债权人之间的租赁关系。因此，租赁合同当事人之间就该欠款结算单所发生纠纷的诉讼时效期间适用《中华人民共和国民法通则》第一百三十六条的规定。

根据成都泰华房地产开发有限公司与四川远通物业管理有限责任公司房屋租赁纠纷案：最高人民法院(2004)民一抗字第7号民事判决书[《最高人民检察院公报》2005年第3号(总第86号)]，房屋所有人将已经设定抵押权的房屋进行出租，抵押权人对该项抵押物的出租，不仅事先未表示异议、事后亦表示同意与支持，且事实上在抵押期间均未行使抵押权、未干涉承租人对房屋的实际使用的，承租人不得以出租人未告知先行抵押为由，要求认定合同无效。出租人事先未告知的情节，仅构成违约，承租人可以要求违约赔偿。在合同履行过程中，承租人拖欠租金的，仍然应当承担违约责任。

根据2023年10月9日公布的《最高人民法院发布六起人民法院服务保障京津冀协同发展典型案例》，其中案例5是唐山市某劳务公司诉北京市某机电设备安装工程公司建筑设备租赁合同纠纷案，具体如下：

基本案情

原告唐山市某劳务公司与被告北京市某机电设备安装工程公司签订了建筑设备租赁合同，商定由原告唐山市某劳务公司向被告北京市某机电设备安装工程公司提供吊车，用于其承包的河北某特钢集团有限公司环保除尘治理设施升级改造工程。此后被告北京市某机电设备安装工程公司使用原告唐山市某劳务公司交付的吊车入场施工，但未在约定期限内支付租金。原告唐山市某劳务公司多次催要，经过近一年等待仍未收到剩余待付租金，故向河北省滦州市人民法院提起诉讼，申请对被告北京市某机电设备安装工程公司进行财产保全并判令其履行租金给付义务。

裁判结果

河北省滦州市人民法院在立案过程中了解到，被告北京市某机电设备安装工程公司是一家位于北京市的以科技为支撑，从事京津冀环保设备安装的“专精特新”企业。其承包的环保除尘治理设施升级改造工程是为了落实推动钢铁行业超低排放、做好碳达峰碳中和工作等国家宏观政策，推进美丽宜居京津冀建设而实施的系列改造工程。河北某特钢集团有限公司得益于该工程实现了产业结构升级、全面绿色转型。但被告北京市某机电设备安装工程公司因受新冠疫情影响回款暂遇困难，加之资金投放在刚中标的天津杨柳青某热电厂综合整治改造工程中，以致无法一次性偿还拖欠的租金。本案当事人就合同履行情况、结算金额等均没有争议，且原告唐山市某劳务公司曾予以宽限还款，说明双方具备调解可能性。于是法官灵活运用多元纠纷化解平台促使双方在线深度沟通，耐心向其剖析利害关系，最终促成双方达成和解，确认三期还款计划。此后，被告如约履行支付款项义务，该纠纷得到妥善化解。

典型意义

本案是人民法院着力保障新型环保企业项目运营，服务京津冀协同发展的典型案例。被告作为专业环保设备安装工程公司，在京津冀区域内服务钢铁产业减污降碳、厚积绿色发展动能。案件审理过程中，法院立足于服务保障京津冀协同发展大局，充分发挥非诉讼纠纷解决方式灵活、高效、成本低、非对抗等优势，积极促成各方调解，实质性化解纠纷，为促进案涉重点环保项目顺利运营，助力新型环保企业可持续发展，优化京津冀区域营商环境提供了有力司法保障。

根据2023年10月8日公布的《最高人民法院发布五起人民法院妥善化解灾后矛盾纠纷典型案例》，其中案例4是某商贸公司诉某童鞋场、王某租赁合同纠纷案，具体如下：

基本案情

2023年7月，原告某商贸公司以被告某童鞋场及王某拖欠租金为由，向河北省涿州市人民法院提起诉讼，请求解除合同并支付拖欠租金及滞纳金。案件审理过程中，受台风“杜苏芮”影响，某童鞋场存放于某商贸公司地下仓库的童鞋被水浸泡。考虑到某童鞋场经济承受能力与受灾情况，涿州法院办案法官多次与双方耐心沟通，从童鞋场的继续经营、某商贸公司的继续营业、灾后共渡难关等多角度分析本案利弊，并规划调解方案。经过法院调解，某商贸公司最终同意减免一个月租金，并且同意前两个月的款项延迟支付，双方达成调解协议，案件圆满解决。

典型意义

本案虽已达到了解除合同的程度，但因某童鞋场在此次汛情中受损严重，暂时无力偿还租金，直接判决解除合同不仅无法实现某商贸公司追求租金的目的，也会导致某童鞋场因无法继续经营而陷入更大的困局。考虑到灾情的实际情况，某商贸公司减免租金、某童鞋场延期支付、合同继续履行是本案最好的解决方式。某童鞋场继续在卖场出售童鞋，既不影响其正常经营，又为某商贸公司收取租金提供了保障。涿州法院聚力灾后重建，通过提供精准的司法服务、打造良好的司法环境，帮助受灾企业排忧解难，携手共渡难关，为经济社会高质量发展保驾护航。

根据2022年7月25日公布的《最高人民法院发布十起人民法院助力全国统一大市场建设典型案例》，其中案例1是北京市通州区梨园镇大马庄村村民委员会与北京前榆顺达养殖有限公司房屋租赁合同纠纷案，具体如下：

基本案情

2011年，原告北京市通州区梨园镇大马庄村村民委员会（以下简称村委会）与被告北京市前榆顺达养殖有限公司（以下简称前榆顺达公司）签订《房屋租赁合同》，村委会将集体所有一栋建筑面积13000平米四层建筑物出租给前榆顺达公司，租期20年。前榆顺达公司将涉案房屋转租给案外人，用于经营宾馆、健身房、美容院等。2022年2月9日，村委会以“合同约定逾期三个月未足额交纳租金，甲方有权解除合同”为由，将前榆顺达公司起诉至法院，要求解除《房屋租赁合同》，前榆顺达公司支付占用费及违约金。前榆顺达公司辩称涉案房屋经营宾馆、健身房、美容院等受疫情冲击大，资金紧张导致迟延支付租金；涉案房屋涉及多家企业和经营者，若解除合同，将影响众多中小微企业切身利益。

本案经开庭审理后，为充分了解涉案房屋使用情况、前榆顺达公司经营状况，承办法官至现场进行调查勘验。根据庭审及现场勘验情况，承办人有针对性地在现场开展调解工作，最终促成双方调解并当场履行完毕。

调解结束后，双方均表示理解对方，前榆顺达公司现场捐助5万元防疫物资款，感谢村委会在常态化防疫工作中辛苦付出。

裁判结果

本案涉及受疫情影响的中小微企业违约行为判断认定问题。根据双方合同约定，村委会已然享有合同解除权。前榆顺达公司是否受到疫情因素的影响，能否对抗村委会行使合同解除权是本案争议焦点。经现场走访调查发现，案涉宾馆入住率极低、健身房大门紧闭、美容院生意惨淡，前榆顺达公司与次承租人的租赁合同纠纷也在法院审理过程中，前榆顺达公司确实遭遇严重经济困难。本案在现场勘验过程中立足于前榆顺达公司受到疫情影响进行现场调解，最终促使双方达成调解协议，并及时履行完毕。

双方达成调解协议如下：一、双方继续履行《房屋租赁合同》及补充协议；二、2022 年度租金标准调整为 4603366 元，前榆顺达公司于 2022 年 3 月 25 日前支付村委会 2301683 元(已履行完毕)，于 2022 年 6 月 15 日前支付 2301683 元；以后租金的递增以本条款调整的 2022 年度租金金额为基数，按照补充协议约定的方式和标准递增。

典型意义

一是准确评价受疫情影响的中小微企业违约行为，司法助力中小微企业健康发展。本案租赁合同存续是关乎被告公司生存发展的重大事件。人民法院贯彻落实最高人民法院《关于充分发挥司法职能作用助力中小微企业发展的指导意见》，立足前榆顺达公司受疫情影响较大，促成双方和解并及时履行，有效保护前榆顺达公司生存大计，强力为中小微企业发展解忧纾困。

二是全面依法平等保护不同所有制经济主体的合法权益。坚持对各类市场主体平等对待，依法保护基层群众性自治组织和民营企业的合法权益，降低纠纷解决成本。本案立案后，及时组织开庭审理、现场勘验，并在勘验现场过程中，抓住时机，促成调解。本案从立案到结案，用时 45 天，及时高效化解纠纷。

三是汇聚正能量，调解助企又助疫。对手变朋友，从针锋相对到互相理解再到互让一步，让社会关系不再那么冰冷，调解结果折射出时代温度。纠纷变公益，在疫情防控的大背景下，作为企业能充分理解防疫工作，力所能及为防疫工作贡献自己的力量，携手抗疫，展现和谐、友善的社会主义核心价值观。

第七百二十三条 【出租人权利瑕疵担保责任】因第三人主张权利，致使承租人不能对租赁物使用、收益的，承租人可以请求减少租金或者不支付租金。

第三人主张权利的，承租人应当及时通知出租人。

第七百二十四条 【非承租人构成根本性违约承租人可以解除合同】有下列情形之一，非因承租人原因致使租赁物无法使用的，承租人可以解除合同：

(一)租赁物被司法机关或者行政机关依法查封、扣押；

(二)租赁物权属有争议；

(三)租赁物具有违反法律、行政法规关于使用条件的强制性规定情形。

第七百二十五条 【所有权变动不破租赁】租赁物在承租人按照租赁合同占有期限内发生所有权变动的，不影响租赁合同的效力。

根据 **2020 年 12 月 29 日修正的《最高人民法院关于人民法院办理执行异议和复议案件若干问题的规定》(法释〔2020〕21 号)**，规定如下：

第三十一条 承租人请求在租赁期内阻止向受让人移交占有被执行的不动产，在人民法院查封之前已签订合法有效的书面租赁合同并占有使用该不动产的，人民法院应予支持。

承租人与被执行人恶意串通，以明显不合理的低价承租被执行的不动产或者伪造交付租金证据的，对其提出的阻止移交占有的请求，人民法院不予支持。

根据 **2020 年 12 月 29 日修正的《最高人民法院关于人民法院民事执行中拍卖、变卖财产的规定》(法释〔2020〕21 号)**，规定如下：

第二十八条 拍卖财产上原有的担保物权及其他优先受偿权，因拍卖而消灭，拍卖所得价款，应当优先清偿担保物权人及其他优先受偿权人的债权，但当事人另有约定的除外。

拍卖财产上原有的租赁权及其他用益物权，不因拍卖而消灭，但该权利继续存在于拍卖财产上，对在先的担保物权或者其他优先受偿权的实现有影响的，人民法院应当依法将其除去后进行拍卖。

根据2020年12月29日修正的《最高人民法院关于审理城镇房屋租赁合同纠纷案件具体应用法律若干问题的解释》（法释〔2020〕17号），规定如下：

第十四条 租赁房屋在承租人按照租赁合同占有期限内发生所有权变动，承租人请求房屋受让人继续履行原租赁合同的，人民法院应予支持。但租赁房屋具有下列情形或者当事人另有约定的除外：

（一）房屋在出租前已设立抵押权，因抵押权人实现抵押权发生所有权变动的；

（二）房屋在出租前已被人民法院依法查封的。

根据唐学富、庞华与合肥建鑫房地产开发有限公司给付瑕疵担保责任纠纷案：安徽省高级人民法院2018年4月13日民事判决书［《最高人民法院公报》2020年第2期（总第280期）］，买卖尚处于租赁期间的房屋，出卖人应当告知买受人房屋租赁合同的内容，但承租人的履约能力属于商业风险范畴，不属于出卖人先合同义务，买受人应自行审查与承担。租赁期间房屋产权发生变更，除当事人有特别约定外，租金自产权变更之日归买受人所有。买受人在产权变更后，因租金难以收取，以出卖人有缔约过失、交付房屋存在瑕疵为由，要求出卖人承担租金损失的，人民法院不予支持。

根据北京金悦物业管理有限责任公司诉北京长信汇金投资咨询有限公司、北京置地商贸有限责任公司租赁合同纠纷抗诉案：最高人民法院（2014）民抗字第23号民事判决书［《最高人民检察院公报》2015年第3号（总第146号）］，在租赁关系存续期间，即使所有权人将租赁物让与他人，对租赁关系不产生任何影响，买受人不能以其已成为租赁物的所有人为由否认原租赁关系的存在并要求承租人返还租赁物。

第七百二十六条 【房屋承租人优先购买权】出租人出卖租赁房屋的，应当在出卖之前的合理期限内通知承租人，承租人享有以同等条件优先购买的权利；但是，房屋按份共有人行使优先购买权或者出租人将房屋出卖给近亲属的除外。

出租人履行通知义务后，承租人在十五日内未明确表示购买的，视为承租人放弃优先购买权。

根据2020年12月29日修正的《最高人民法院关于人民法院办理执行异议和复议案件若干问题的规定》（法释〔2020〕21号），规定如下：

第五条 有下列情形之一的，当事人以外的自然人、法人和非法人组织，可以作为利害关系人提出执行行为异议：

（一）认为人民法院的执行行为违法，妨碍其轮候查封、扣押、冻结的债权受偿的；

（二）认为人民法院的拍卖措施违法，妨碍其参与公平竞价的；

（三）认为人民法院的拍卖、变卖或者以物抵债措施违法，侵害其对执行标的的优先购买权的；

（四）认为人民法院要求协助执行的事项超出其协助范围或者违反法律规定的；

（五）认为其他合法权益受到人民法院违法执行行为侵害的。

根据2020年12月29日修正的《最高人民法院关于人民法院民事执行中拍卖、变卖财产的规定》（法释〔2020〕21号），规定如下：

第十一条 人民法院应当在拍卖五日前以书面或者其他能够确认收悉的适当方式，通知当事人和已知的担保物权人、优先购买权人或者其他优先权人于拍卖日到场。

优先购买权人经通知未到场的，视为放弃优先购买权。

第十三条 拍卖过程中，有最高应价时，优先购买权人可以表示以该最高价买受，如无更高应价，则拍归优先购买权人；如有更高应价，而优先购买权人不作表示的，则拍归该应价最高的竞买人。

顺序相同的多个优先购买权人同时表示买受的，以抽签方式决定买受人。

根据2020年12月29日修正的《最高人民法院关于审理城镇房屋租赁合同纠纷案件具体应用法律若干问题的解释》(法释〔2020〕17号)，规定如下：

第十五条 出租人与抵押权人协议折价、变卖租赁房屋偿还债务，应当在合理期限内通知承租人。承租人请求以同等条件优先购买房屋的，人民法院应予支持。

根据2005年7月26日公布的《最高人民法院关于承租部分房屋的承租人在出租人整体出卖房屋时是否享有优先购买权的复函》(〔2004〕民一他字第29号)，答复如下：

第一，从房屋使用功能上看，如果承租人承租的部分房屋与房屋的其他部分是可分的、使用功能可相对独立的，则承租人的优先购买权应仅及于其承租的部分房屋；如果承租人的部分房屋与房屋的其他部分是不可分的、使用功能整体性较明显的，则其对出租人所卖全部房屋享有优先购买权。

第二，从承租人承租的部分房屋占全部房屋的比例看，承租人承租的部分房屋占出租人出卖的全部房屋一半以上的，则其对出租人出卖的全部房屋享有优先购买权；反之则不宜认定其对全部房屋享有优先购买权。

根据杨巧丽诉中州泵业公司优先购买权侵权纠纷案：河南省郑州市中级人民法院2003年3月14日民事判决书[《最高人民法院公报》2004年第5期(总第91期)]，《合同法》第二百三十条规定，房屋出租人出卖租赁房屋时，承租人在同等条件下享有的优先购买权，应为购买自己承租的房屋，而不是出租人出卖的其他房屋。

第七百二十七条 【委托拍卖情况下房屋承租人优先购买权】出租人委托拍卖人拍卖租赁房屋的，应当在拍卖五日前通知承租人。承租人未参加拍卖的，视为放弃优先购买权。

第七百二十八条 【房屋承租人优先购买权受到侵害的法律后果】出租人未通知承租人或者有其他妨害承租人行使优先购买权情形的，承租人可以请求出租人承担赔偿责任。但是，出租人与第三人订立的房屋买卖合同的效力不受影响。

第七百二十九条 【不可归责于承租人的租赁物毁损、灭失的法律后果】因不可归责于承租人的事由，致使租赁物部分或者全部毁损、灭失的，承租人可以请求减少租金或者不支付租金；因租赁物部分或者全部毁损、灭失，致使不能实现合同目的的，承租人可以解除合同。

第七百三十条 【租赁期限没有约定或约定不明确时的法律后果】当事人对租赁期限没有约定或者约定不明确，依据本法第五百一十条的规定仍不能确定的，视为不定期租赁；当事人可以随时解除合同，但是应当在合理期限之前通知对方。

根据**2020年12月29日修正的《最高人民法院关于审理涉及农村土地承包纠纷案件适用法律问题的解释》(法释〔2020〕17号)**,规定如下:

第十六条 当事人对出租地流转期限没有约定或者约定不明的,参照民法典第七百三十条规定处理。除当事人另有约定或者属于林地承包经营外,承包地交回的时间应当在农作物收获期结束后或者下一耕种期开始前。

对提高土地生产能力的投入,对方当事人请求承包方给予相应补偿的,应予支持。

第七百三十一条 【租赁物质量不合格时承租人解除权】租赁物危及承租人的安全或者健康的,即使承租人订立合同时明知该租赁物质量不合格,承租人仍然可以随时解除合同。

根据**江卫民诉南京宏阳房产经纪有限公司房屋租赁合同纠纷案:江苏省南京市中级人民法院2022年2月17日民事裁定书[《最高人民法院公报》2022年第11期(总第315期)]**,出租人向承租人提供租赁物,应符合租赁用途。经营房屋租赁业务的出租人,应对室内空气质量进行检测、治理,使之符合国家有关环保标准。出租人如提供有害气体超标的租赁房屋,侵害了承租人的生命健康安全,致承租人的租赁目的无法实现,承租人要求解除合同并退还租金等费用的,人民法院应予支持。

根据**仪征市兴成塑业包装有限公司诉仪征市新城镇新华村村民委员会、郭玉年财产损害赔偿纠纷案:江苏省扬州市中级人民法院2013年12月18日民事判决书[《最高人民法院公报》2016年第3期(总第233期)]**,房屋出租人明知承租人生产易燃产品而将不符合消防安全要求或未经消防验收合格的房屋出租给承租人用于生产,租赁期间因房屋不符合消防安全要求导致火灾发生或扩大的,出租人存在过错,应依法承担相应的赔偿责任。

第七百三十二条 【房屋承租人死亡的租赁关系的处理】承租人在房屋租赁期限内死亡的,与其生前共同居住的人或者共同经营人可以按照原租赁合同租赁该房屋。

第七百三十三条 【租赁期限届满承租人返还租赁物】租赁期限届满,承租人应当返还租赁物。返还的租赁物应当符合按照约定或者根据租赁物的性质使用后的状态。

第七百三十四条 【租赁期限届满承租人继续使用租赁物及房屋承租人的优先承租权】租赁期限届满,承租人继续使用租赁物,出租人没有提出异议的,原租赁合同继续有效,但是租赁期限为不定期。

租赁期限届满,房屋承租人享有以同等条件优先承租的权利。

第十五章 融资租赁合同

第七百三十五条 【融资租赁合同定义】融资租赁合同是出租人根据承租人

对出卖人、租赁物的选择，向出卖人购买租赁物，提供给承租人使用，承租人支付租金的合同。

根据**2021年4月29日修正的《中华人民共和国民用航空法》**，对于民用航空器的融资租赁，规定如下：

第二十六条 民用航空器租赁合同，包括融资租赁合同和其他租赁合同，应当以书面形式订立。

第二十七条 民用航空器的融资租赁，是指出租人按照承租人对供货方和民用航空器的选择，购得民用航空器，出租给承租人使用，由承租人定期交纳租金。

第二十八条 融资租赁期间，出租人依法享有民用航空器所有权，承租人依法享有民用航空器的占有、使用、收益权。

第二十九条 融资租赁期间，出租人不得干扰承租人依法占有、使用民用航空器；承租人应当适当地保管民用航空器，使之处于原交付时的状态，但是合理损耗和经出租人同意的对民用航空器的改变除外。

第三十条 融资租赁期满，承租人应当将符合本法第二十九条规定状态的民用航空器退还出租人；但是，承租人依照合同行使购买民用航空器的权利或者为继续租赁而占有民用航空器的除外。

第三十一条 民用航空器融资租赁中的供货方，不就同一损害同时对出租人和承租人承担责任。

第三十二条 融资租赁期间，经出租人同意，在不损害第三人利益的情况下，承租人可以转让其对民用航空器的占有权或者租赁合同约定的其他权利。

第三十三条 民用航空器的融资租赁和租赁期限为六个月以上的其他租赁，承租人应当就其对民用航空器的占有权向国务院民用航空主管部门办理登记；未经登记的，不得对抗第三人。

根据**2020年12月29日修正的《最高人民法院关于审理融资租赁合同纠纷案件适用法律问题的解释》（法释〔2020〕17号）**，对于融资租赁合同的认定、融资租赁合同纠纷中的第三人以及诉讼时效，规定如下：

第一条 人民法院应当根据民法典第七百三十五条的规定，结合标的物的性质、价值、租金的构成以及当事人的合同权利和义务，对是否构成融资租赁法律关系作出认定。

对名为融资租赁合同，但实际不构成融资租赁法律关系的，人民法院应按照其实际构成的法律关系处理。

第二条 承租人将其自有物出卖给出租人，再通过融资租赁合同将租赁物从出租人处租回的，人民法院不应仅以承租人和出卖人系同一人为由认定不构成融资租赁法律关系。

第十三条 出卖人与买受人因买卖合同发生纠纷，或者出租人与承租人因融资租赁合同发生纠纷，当事人仅对其中一个合同关系提起诉讼，人民法院经审查后认为另一合同关系的当事人与案件处理结果有法律上的利害关系的，可以通知其作为第三人参加诉讼。

承租人与租赁物的实际使用人不一致，融资租赁合同当事人未对租赁物的实际使用人提起诉讼，人民法院经审查后认为租赁物的实际使用人与案件处理结果有法律上的利害关系的，可以通知其作为第三人参加诉讼。

承租人基于买卖合同和融资租赁合同直接向出卖人主张受领租赁物、索赔等买卖合同权利的，人民法院应通知出租人作为第三人参加诉讼。

第十四条 当事人因融资租赁合同租金欠付争议向人民法院请求保护其权利的诉讼时效期间为三年，自租赁期限届满之日起计算。

根据1990年7月20日公布的《最高人民法院关于中国东方租赁有限公司诉河南登封少林出租旅游公司等融资租赁合同纠纷一案的复函》(〔1990〕法经函字第61号)，答复如下：

国际融资租赁由国际货物买卖合同和国内租赁合同两部分组成，其标的物主要是各种设备、交通工具。在租赁期间，所有权属于出租方，承租方对租赁物具有使用权，但不得对租赁物进行处分，并按合同规定的期限和币种支付租金。

中国东方租赁有限公司诉河南登封少林出租旅游汽车公司、河南省对外经济贸易委员会融资租赁合同纠纷一案，属于国际融资租赁合同纠纷，有关支付租金的条款，不受《中华人民共和国经济合同法》第十三条第一款的规定的限制，可按租赁合同约定的币种进行支付。

中信实业银行，诉海南省海吉电子工业联合公司、海南省经济计划厅的租赁合同纠纷一案，由于租赁物是彩色电视机的关键散件，并允许承租方将散件组装成整机出售，因此不具备国际融资租赁合同的特征，应认定为买卖合同纠纷，有关支付租金条款，适用《中华人民共和国经济合同法》的有关规定。

第七百三十六条 【融资租赁合同内容和形式】融资租赁合同的内容一般包括租赁物的名称、数量、规格、技术性能、检验方法，租赁期限，租金构成及其支付期限和方式、币种，租赁期限届满租赁物的归属等条款。

融资租赁合同应当采用书面形式。

第七百三十七条 【融资租赁合同无效】当事人以虚构租赁物方式订立的融资租赁合同无效。

第七百三十八条 【租赁物经营许可对合同效力影响】依照法律、行政法规的规定，对于租赁物的经营使用应当取得行政许可的，出租人未取得行政许可不影响融资租赁合同的效力。

第七百三十九条 【融资租赁标的物交付】出租人根据承租人对出卖人、租赁物的选择订立的买卖合同，出卖人应当按照约定向承租人交付标的物，承租人享有与受领标的物有关的买受人的权利。

第七百四十条 【承租人拒绝受领标的物的条件】出卖人违反向承租人交付标的物的义务，有下列情形之一的，承租人可以拒绝受领出卖人向其交付的标的物：

(一)标的物严重不符合约定；

(二)未按照约定交付标的物，经承租人或者出租人催告后在合理期限内仍未交付。

承租人拒绝受领标的物的，应当及时通知出租人。

根据2020年12月29日修正的《最高人民法院关于审理融资租赁合同纠纷案件适用法律问题的解释》(法释〔2020〕17号)，规定如下：

第三条 承租人拒绝受领租赁物，未及时通知出租人，或者无正当理由拒绝受领租赁物，造成出租人损失，出租人向承租人主张损害赔偿的，人民法院应予支持。

第七百四十一条 【承租人行使索赔权】出租人、出卖人、承租人可以约定，出卖人不履行买卖合同义务的，由承租人行使索赔的权利。承租人行使索赔权利的，出租人应当协助。

第七百四十二条 【承租人行使索赔权不影响支付租金义务】承租人对出卖人行使索赔权利，不影响其履行支付租金的义务。但是，承租人依赖出租人的技能确定租赁物或者出租人干预选择租赁物的，承租人可以请求减免相应租金。

第七百四十三条 【索赔失败的责任承担】出租人有下列情形之一，致使承租人对出卖人行使索赔权利失败的，承租人有权请求出租人承担相应的责任：

（一）明知租赁物有质量瑕疵而不告知承租人；

（二）承租人行使索赔权利时，未及时提供必要协助。

出租人怠于行使只能由其对出卖人行使的索赔权利，造成承租人损失的，承租人有权请求出租人承担赔偿责任。

第七百四十四条 【出租人不得擅自变更买卖合同内容】出租人根据承租人对出卖人、租赁物的选择订立的买卖合同，未经承租人同意，出租人不得变更与承租人有关的合同内容。

> 根据**2020年12月29日修正的《最高人民法院关于审理融资租赁合同纠纷案件适用法律问题的解释》（法释〔2020〕17号）**，规定如下：
>
> **第四条** 出租人转让其在融资租赁合同项下的部分或者全部权利，受让方以此为由请求解除或者变更融资租赁合同的，人民法院不予支持。

第七百四十五条 【出租人所有权的登记对抗】出租人对租赁物享有的所有权，未经登记，不得对抗善意第三人。

> 根据**2020年12月31日公布的《最高人民法院关于适用〈中华人民共和国民法典〉有关担保制度的解释》（法释〔2020〕28号）**，规定如下：
>
> **第六十七条** 在所有权保留买卖、融资租赁等合同中，出卖人、出租人的所有权未经登记不得对抗的“善意第三人”的范围及其效力，参照本解释第五十四条的规定处理。

第七百四十六条 【融资租赁合同租金的确定】融资租赁合同的租金，除当事人另有约定外，应当根据购买租赁物的大部分或者全部成本以及出租人的合理利润确定。

> 根据**2022年4月19日公布的《最高人民法院发布12起人民法院助力中小微企业发展典型案例》，其中案例10是甲租赁公司与乙公司融资租赁合同纠纷案（对变相利息不予支持，降低企业融资成本）**，具体如下：
>
> **裁判要旨**
>
> 融资租赁公司以收取服务费、代收保险费为名扣收的款项属于变相高息，增加了中小微

企业的融资成本，对融资租赁公司收取的变相利息不予支持。

基本案情

乙公司为中小微企业。甲租赁公司与乙公司签订了《买卖合同》，甲租赁公司向乙公司购买标的物并出租给乙公司，合同约定标的物价款为100万元。双方还签订《融资租赁合同》，约定出租人根据承租人指定，购买租赁物并出租给承租人使用，约定逾期利息及违约责任，并约定每月租金金额。合同项下所有租赁物完成了交付，甲租赁公司扣除履约保证金200000元、服务费38500元、首付租金11280元、保险费2642元后，实际向乙公司支付款项仅为747578元。后乙公司无力还款，甲租赁公司起诉请求判令乙公司支付合同项下第19—35期全部未付租金509000元及第1—18期租金逾期利息、违约金等。一审判决认定的乙公司应付租金总额仅扣除了已支付的租金、履约保证金200000元、首付租金11280元，并未扣除服务费38500元及保险费2642元。广东省广州市中级人民法院二审认为，因甲租赁公司在本案中未能举证就其扣收的服务费具体提供了何种服务，也未能举证证明其代收保险费后缴纳了相应保险项目费用，故以收取服务费、代收保险费为名扣收的款项属于变相高息，增加了乙公司的融资成本，不应得到支持，上述费用亦应在未付租金中予以扣减，乙公司向甲租赁公司应计付的违约金基数也应作相应调整，遂予以改判。

典型意义

人民法院在审判工作中助力解决中小微企业融资贵的问题，依法审理融资纠纷，降低不合理的融资利率。对资金融出方收取的利息，以及以咨询费、担保费等其他费用为名收取的变相利息，依法严格认定，对超出法定保护范围的部分不予支持。本案中，租赁公司收取服务费、代收保险费，但未能举证就其扣收的服务费具体提供了何种服务，也未能举证证明其代收保险费后实际缴纳了相应保险项目费用，增加了用款企业的融资成本，人民法院依法认定该等费用属于变相高息，不予支持，降低了中小微企业的融资成本，解决了中小微企业发展面临的资金困难。

第七百四十七条 【租赁物质量瑕疵担保责任】租赁物不符合约定或者不符合使用目的的，出租人不承担责任。但是，承租人依赖出租人的技能确定租赁物或者出租人干预选择租赁物的除外。

根据**2020年12月29日修正的《最高人民法院关于审理融资租赁合同纠纷案件适用法律问题的解释》（法释〔2020〕17号）**，规定如下：

第八条 租赁物不符合融资租赁合同的约定且出租人实施了下列行为之一，承租人依照民法典第七百四十四条、第七百四十七条的规定，要求出租人承担相应责任的，人民法院应予支持：

（一）出租人在承租人选择出卖人、租赁物时，对租赁物的选定起决定作用的；

（二）出租人干预或者要求承租人按照出租人意愿选择出卖人或者租赁物的；

（三）出租人擅自变更承租人已经选定的出卖人或者租赁物的。

承租人主张其系依赖出租人的技能确定租赁物或者出租人干预选择租赁物的，对上述事实承担举证责任。

第七百四十八条 【出租人保证承租人占有和使用租赁物】出租人应当保证承租人对租赁物的占有和使用。

出租人有下列情形之一的，承租人有权请求其赔偿损失：

（一）无正当理由收回租赁物；

（二）无正当理由妨碍、干扰承租人对租赁物的占有和使用；

（三）因出租人的原因致使第三人对租赁物主张权利；

（四）不当影响承租人对租赁物占有和使用的其他情形。

> 根据**2020年12月29日修正的《最高人民法院关于审理融资租赁合同纠纷案件适用法律问题的解释》（法释〔2020〕17号）**，规定如下：
>
> **第六条** 因出租人的原因致使承租人无法占有、使用租赁物，承租人请求解除融资租赁合同的，人民法院应予支持。

第七百四十九条 【租赁物致人损害的责任承担】承租人占有租赁物期间，租赁物造成第三人人身损害或者财产损失的，出租人不承担责任。

第七百五十条 【承租人对租赁物的保管、使用和维修义务】承租人应当妥善保管、使用租赁物。

承租人应当履行占有租赁物期间的维修义务。

第七百五十一条 【租赁物毁损、灭失对租金给付义务的影响】承租人占有租赁物期间，租赁物毁损、灭失的，出租人有权请求承租人继续支付租金，但是法律另有规定或者当事人另有约定的除外。

第七百五十二条 【承租人支付租金义务】承租人应当按照约定支付租金。承租人经催告后在合理期限内仍不支付租金的，出租人可以请求支付全部租金；也可以解除合同，收回租赁物。

> 根据**2020年12月31日公布的《最高人民法院关于适用〈中华人民共和国民法典〉有关担保制度的解释》（法释〔2020〕28号）**，规定如下：
>
> **第六十五条** 在融资租赁合同中，承租人未按照约定支付租金，经催告后在合理期限内仍不支付，出租人请求承租人支付全部剩余租金，并以拍卖、变卖租赁物所得的价款受偿的，人民法院应予支持；当事人请求参照民事诉讼法"实现担保物权案件"的有关规定，以拍卖、变卖租赁物所得价款支付租金的，人民法院应予准许。
>
> 出租人请求解除融资租赁合同并收回租赁物，承租人以抗辩或者反诉的方式主张返还租赁物价值超过欠付租金以及其他费用的，人民法院应当一并处理。当事人对租赁物的价值有争议的，应当按照下列规则确定租赁物的价值：
>
> （一）融资租赁合同有约定的，按照其约定；
>
> （二）融资租赁合同未约定或者约定不明的，根据约定的租赁物折旧以及合同到期后租赁物的残值来确定；
>
> （三）根据前两项规定的方法仍然难以确定，或者当事人认为根据前两项规定的方法确定的价值严重偏离租赁物实际价值的，根据当事人的申请委托有资质的机构评估。
>
> 根据**2020年12月29日修正的《最高人民法院关于审理融资租赁合同纠纷案件适用法律问题的解释》（法释〔2020〕17号）**，规定如下：
>
> **第五条** 有下列情形之一，出租人请求解除融资租赁合同的，人民法院应予支持：
>
> （一）承租人未按照合同约定的期限和数额支付租金，符合合同约定的解除条件，经出租人催告后在合理期限内仍不支付的；

（二）合同对于欠付租金解除合同的情形没有明确约定，但承租人欠付租金达到两期以上，或者数额达到全部租金百分之十五以上，经出租人催告后在合理期限内仍不支付的；

（三）承租人违反合同约定，致使合同目的不能实现的其他情形。

第十条 出租人既请求承租人支付合同约定的全部未付租金又请求解除融资租赁合同的，人民法院应告知其依照民法典第七百五十二条的规定作出选择。

出租人请求承租人支付合同约定的全部未付租金，人民法院判决后承租人未予履行，出租人再行起诉请求解除融资租赁合同、收回租赁物的，人民法院应予受理。

第七百五十三条 【出租人解除融资租赁合同】承租人未经出租人同意，将租赁物转让、抵押、质押、投资入股或者以其他方式处分的，出租人可以解除融资租赁合同。

第七百五十四条 【出租人或承租人解除融资租赁合同】有下列情形之一的，出租人或者承租人可以解除融资租赁合同：

（一）出租人与出卖人订立的买卖合同解除、被确认无效或者被撤销，且未能重新订立买卖合同；

（二）租赁物因不可归责于当事人的原因毁损、灭失，且不能修复或者确定替代物；

（三）因出卖人的原因致使融资租赁合同的目的不能实现。

第七百五十五条 【承租人承担赔偿责任】融资租赁合同因买卖合同解除、被确认无效或者被撤销而解除，出卖人、租赁物系由承租人选择的，出租人有权请求承租人赔偿相应损失；但是，因出租人原因致使买卖合同解除、被确认无效或者被撤销的除外。

出租人的损失已经在买卖合同解除、被确认无效或者被撤销时获得赔偿的，承租人不再承担相应的赔偿责任。

根据**2020年12月29日修正的《最高人民法院关于审理融资租赁合同纠纷案件适用法律问题的解释》（法释〔2020〕17号）**，规定如下：

第七条 当事人在一审诉讼中仅请求解除融资租赁合同，未对租赁物的归属及损失赔偿提出主张的，人民法院可以向当事人进行释明。

第九条 承租人逾期履行支付租金义务或者迟延履行其他付款义务，出租人按照融资租赁合同的约定要求承租人支付逾期利息、相应违约金的，人民法院应予支持。

第十一条 出租人依照本解释第五条的规定请求解除融资租赁合同，同时请求收回租赁物并赔偿损失的，人民法院应予支持。

前款规定的损失赔偿范围为承租人全部未付租金及其他费用与收回租赁物价值的差额。合同约定租赁期间届满后租赁物归出租人所有的，损失赔偿范围还应包括融资租赁合同到期后租赁物的残值。

第七百五十六条 【租赁物意外毁损灭失】融资租赁合同因租赁物交付承租

人后意外毁损、灭失等不可归责于当事人的原因解除的，出租人可以请求承租人按照租赁物折旧情况给予补偿。

第七百五十七条 【租赁期限届满租赁物归属】出租人和承租人可以约定租赁期限届满租赁物的归属；对租赁物的归属没有约定或者约定不明确，依据本法第五百一十条的规定仍不能确定的，租赁物的所有权归出租人。

第七百五十八条 【租赁物价值返还及租赁物无法返还】当事人约定租赁期限届满租赁物归承租人所有，承租人已经支付大部分租金，但是无力支付剩余租金，出租人因此解除合同收回租赁物，收回的租赁物的价值超过承租人欠付的租金以及其他费用的，承租人可以请求相应返还。

当事人约定租赁期限届满租赁物归出租人所有，因租赁物毁损、灭失或者附合、混合于他物致使承租人不能返还的，出租人有权请求承租人给予合理补偿。

> 根据**2020年12月29日修正的《最高人民法院关于审理融资租赁合同纠纷案件适用法律问题的解释》**（法释〔2020〕17号），规定如下：
>
> **第十二条** 诉讼期间承租人与出租人对租赁物的价值有争议的，人民法院可以按照融资租赁合同的约定确定租赁物价值；融资租赁合同未约定或者约定不明的，可以参照融资租赁合同约定的租赁物折旧以及合同到期后租赁物的残值确定租赁物价值。
>
> 承租人或者出租人认为依前款确定的价值严重偏离租赁物实际价值的，可以请求人民法院委托有资质的机构评估或者拍卖确定。

第七百五十九条 【支付象征性价款后租赁物归属】当事人约定租赁期限届满，承租人仅需向出租人支付象征性价款的，视为约定的租金义务履行完毕后租赁物的所有权归承租人。

第七百六十条 【融资租赁合同无效租赁物归属】融资租赁合同无效，当事人就该情形下租赁物的归属有约定的，按照其约定；没有约定或者约定不明确的，租赁物应当返还出租人。但是，因承租人原因致使合同无效，出租人不请求返还或者返还后会显著降低租赁物效用的，租赁物的所有权归承租人，由承租人给予出租人合理补偿。

第十六章 保理合同

第七百六十一条 【保理合同定义】保理合同是应收账款债权人将现有的或者将有的应收账款转让给保理人，保理人提供资金融通、应收账款管理或者催收、应收账款债务人付款担保等服务的合同。

根据 **2015 年 12 月 24 日公布的《最高人民法院关于当前商事审判工作中的若干具体问题》**第七部分，关于保理合同纠纷案件的审理问题，通知如下：

保理业务是以债权人转让其应收账款债权为前提，集应收账款催收、管理、坏账担保及融资于一体的综合性金融服务，在国际贸易中运用广泛。近年来，保理业务在国内贸易领域的运用显著增多。从保理商的分类来看，主要包括银监会审批监管的银行类保理机构和商务部、地方商务主管机关审批监管的商业保理公司。二者虽然在设立主体、行业准入和监管要求上有差异，但在交易结构上并无不同。从各地法院受理的案件数量来看，各地并不均衡。北京、天津以及东南沿海地区法院受理的保理合同案件较多。

由于现行法律尚未就保理合同作出专门规定，因此，对相关法律问题仍存有争议。对此，我们高度关注，并已着手进行调研。就几个主要问题，我先提一些意见。

第一，关于保理合同的案由问题。

相对于传统合同类案件而言，保理合同案件属于新的案件类型。由于《合同法》未就保理合同作出专门规定，其属于无名合同，加之现行的案由规定中尚无"保理合同"的专门案由，所以有的法院直接将保理合同的案由确定为借款合同。

需要指出的是，保理法律关系的实质是应收账款债权转让，涉及三方主体和两个合同，这与单纯的借款合同有显著区别，故不应将保理合同简单视为借款合同。

在保理合同纠纷对应的案由方面，最高人民法院已将此纳入到新修订的案由规定中予以考虑，在新的案由规定尚未出台之前，可将其归入"其他合同纠纷"中。

应注意的是，实务中确实有部分保理商与交易相对人虚构基础合同，以保理之名行借贷之实。对此，应查明事实，从是否存在基础合同、保理商是否明知虚构基础合同、双方当事人之间实际的权利义务关系等方面审查和确定合同性质。如果确实是名为保理、实为借贷的，仍应当按照借款合同确定案由并据此确定当事人之间的权利义务。

第二，要正确认识保理的交易结构和当事人之间的权利义务关系。

保理合同涉及保理商与债权人、保理商与债务人之间不同的法律关系。债权人与债务人之间的基础合同是成立保理的前提，而债权人与保理商之间的应收账款债权转让则是保理关系的核心。

在合同效力上，只要不具有《合同法》第五十二条规定的合同无效情形，均应当认定有效。对于未来债权能否作为保理合同的基础债权的问题，在保理合同订立时，只要存在基础合同所对应的应收账款债权，则即使保理合同所转让的债权尚未到期，也不应当据此否定保理合同的性质及效力。

在确定当事人的权利义务方面，法院应当以当事人约定及《合同法》中有关债权转让的规定作为法律依据。债务人收到债权转让通知后，应当按照通知支付应收账款。当然，债务人依据基础合同享有的抵销权及抗辩权，可以对抗保理商，但保理商与债务人另有约定的除外。

第三，要正确认识保理合同与基础合同的关系。

基础合同的存在是保理合同缔约的前提。但是，二者并非主从合同关系，而是相对独立的两个合同。应当看到，二者有关权利义务关系的约定存有牵连。实践中，如果保理商明知基础合同约定应收账款债权不得转让，但仍然受让债权的，应当注意：

一方面，前述约定并不当然影响保理合同的效力；另一方面，保理商以保理合同为依据向基础合同债务人主张债权的，并不能以此约束债务人，债务人仍可以此抗辩。债权人、债务人及保理商就基础合同的变更作出约定的，依其约定处理。如果无三方约定，保理商受让债权后，债务人又与原债权人变更基础合同，导致保理商不能实现保理合同目的，保理商请求原债权人承担违约责任或者解除保理合同并赔偿损失的，应当支持。

第七百六十二条 【保理合同内容和形式】保理合同的内容一般包括业务类型、服务范围、服务期限、基础交易合同情况、应收账款信息、保理融资款或者服务报酬及其支付方式等条款。

保理合同应当采用书面形式。

第七百六十三条 【虚构应收账款的法律后果】应收账款债权人与债务人虚构应收账款作为转让标的，与保理人订立保理合同的，应收账款债务人不得以应收账款不存在为由对抗保理人，但是保理人明知虚构的除外。

第七百六十四条 【保理人表明身份义务】保理人向应收账款债务人发出应收账款转让通知的，应当表明保理人身份并附有必要凭证。

第七百六十五条 【无正当理由变更或者终止基础交易合同行为对保理人的效力】应收账款债务人接到应收账款转让通知后，应收账款债权人与债务人无正当理由协商变更或者终止基础交易合同，对保理人产生不利影响的，对保理人不发生效力。

第七百六十六条 【有追索权保理】当事人约定有追索权保理的，保理人可以向应收账款债权人主张返还保理融资款本息或者回购应收账款债权，也可以向应收账款债务人主张应收账款债权。保理人向应收账款债务人主张应收账款债权，在扣除保理融资款本息和相关费用后有剩余的，剩余部分应当返还给应收账款债权人。

> **根据 2017 年 7 月 20 日公布的《最高人民法院第三巡回法庭发布十个典型案例》，其中案例 1 是珠海华润银行股份有限公司与江西省电力燃料有限公司、广州大优煤炭销售有限公司保理合同纠纷案（次债务人不得以债权瑕疵为由对抗善意保理商）**，典型意义如下：
>
> 本案再审判决明确界定保理合同纠纷中各方当事人的法律关系，细化了保理合同纠纷的裁判规则。
>
> 1. 在有追索权的保理纠纷案件中，保理商向债务人的追索权、向次债务人的求偿权以及债权反转让的法律性质及其相互关系如下：债权反转让的法律效果应为解除债权转让合同，解除后保理商不再具备次债务人的债权人地位，故该项权利与保理商向次债务人的求偿权不得并存；而追索权的功能相当于债务人为次债务人的债务清偿能力提供担保，其功能与放弃先诉抗辩权的一般保证相当，其与保理商向次债务人的求偿权能够同时并存，其中一方的清偿行为相应减少另一方的清偿义务。
>
> 2. 对实践中经常出现的转让债权存在瑕疵的情况，若该瑕疵系债务人和次债务人共同的虚伪意思表示，根据当事人的虚伪意思表示在当事人之间绝对无效，但不得对抗善意第三人的基本原理，应审查保理商在受让债权时是否尽到审查义务，是否知道或应当知道该债权存在瑕疵。若保理商为善意，则次债务人不得以债权瑕疵为由对抗保理商。

第七百六十七条 【无追索权保理】当事人约定无追索权保理的，保理人应当向应收账款债务人主张应收账款债权，保理人取得超过保理融资款本息和相关费用的部分，无需向应收账款债权人返还。

第七百六十八条 【多重保理的清偿顺序】应收账款债权人就同一应收账款订立多个保理合同，致使多个保理人主张权利的，已经登记的先于未登记的取得应收账款；均已经登记的，按照登记时间的先后顺序取得应收账款；均未登记的，由最先到达应收账款债务人的转让通知中载明的保理人取得应收账款；既未登记也未通知的，按照保理融资款或者服务报酬的比例取得应收账款。

根据2020年12月31日公布的《最高人民法院关于适用〈中华人民共和国民法典〉有关担保制度的解释》（法释〔2020〕28号），规定如下：

第六十六条 同一应收账款同时存在保理、应收账款质押和债权转让，当事人主张参照民法典第七百六十八条的规定确定优先顺序的，人民法院应予支持。

在有追索权的保理中，保理人以应收账款债权人或者应收账款债务人为被告提起诉讼，人民法院应予受理；保理人一并起诉应收账款债权人和应收账款债务人的，人民法院可以受理。

应收账款债权人向保理人返还保理融资款本息或者回购应收账款债权后，请求应收账款债务人向其履行应收账款债务的，人民法院应予支持。

根据2020年12月22日公布的《国务院关于实施动产和权利担保统一登记的决定》（国发〔2020〕18号），决定如下：

一、自2021年1月1日起，在全国范围内实施动产和权利担保统一登记。

二、纳入动产和权利担保统一登记范围的担保类型包括：

（一）生产设备、原材料、半成品、产品抵押；

（二）应收账款质押；

（三）存款单、仓单、提单质押；

（四）融资租赁；

（五）保理；

（六）所有权保留；

（七）其他可以登记的动产和权利担保，但机动车抵押、船舶抵押、航空器抵押、债券质押、基金份额质押、股权质押、知识产权中的财产权质押除外。

三、纳入统一登记范围的动产和权利担保，由当事人通过中国人民银行征信中心（以下简称征信中心）动产融资统一登记公示系统自主办理登记，并对登记内容的真实性、完整性和合法性负责。登记机构不对登记内容进行实质审查。

四、中国人民银行要加强对征信中心的督促指导。征信中心具体承担服务性登记工作，不得开展事前审批性登记。征信中心要做好系统建设和维护工作，保障系统安全、稳定运行，建立高效运转的服务体系，不断提高服务效率和质量。

五、国家市场监督管理总局不再承担“管理动产抵押物登记”职责。中国人民银行负责制定生产设备、原材料、半成品、产品抵押和应收账款质押统一登记制度，推进登记服务便利化。中国人民银行、国家市场监督管理总局应当明确生产设备、原材料、半成品、产品抵押登记的过渡安排，妥善做好存量信息的查询、变更、注销服务和数据移交工作，确保有关工作的连续性、稳定性、有效性。

第七百六十九条 【适用债权转让规定】本章没有规定的，适用本编第六章债权转让的有关规定。

第十七章　承揽合同

第七百七十条　【承揽合同定义和承揽主要类型】承揽合同是承揽人按照定作人的要求完成工作，交付工作成果，定作人支付报酬的合同。

承揽包括加工、定作、修理、复制、测试、检验等工作。

根据**2002年11月20日公布的《最高人民法院关于扬州市化工设备厂与广西融安粤桂锌业有限责任公司加工承揽合同纠纷一案指定管辖的通知》（〔2002〕民立他字第9号）**，从1999年10月26日广西粤桂公司与扬州化工厂签订的《加工定作合同》内容看，本案属定作合同纠纷。鉴于双方当事人在合同中未明确约定合同的履行地，而承揽方扬州化工厂制作产品的主要行为地在江苏省扬州市邗江区，依据我院《关于适用〈中华人民共和国民事诉讼法〉若干问题的意见》第二十条关于"以加工行为地为合同履行地"的规定，扬州市邗江区应为合同履行地。该定作合同中约定的交货地及安装、调试地不应视为本案合同履行地，因此，广西壮族自治区融安县人民法院对本案无管辖权。依据《中华人民共和国民事诉讼法》第二十四条、第三十七条第二款之规定，本院指定本案由江苏省扬州市邗江区人民法院管辖。请广西壮族自治区高级人民法院依法撤销融安县人民法院（2001）融经初字第117-1号民事裁定，将案卷材料移送扬州市邗江区人民法院审理。

根据**2001年11月2日公布的《最高人民法院关于烟台海韵电子技术有限公司与广州市三电技术开发有限公司加工承揽合同纠纷一案指定管辖的通知》（〔2001〕民立他字第37号）**，本案系因加工承揽电控柜发生的纠纷。从双方当事人签订的合同内容看，加工的合同标的物是先由广州市三电技术开发有限公司按照烟台海韵电子技术有限公司提供的图纸要求生产出成柜产品，在此基础上再经天津西门子电气传动有限公司按照西门子有关标准生产、制造出来。因此，广州市三电技术开发有限公司住所地是主要加工行为地。基于被告住所地与主要加工行为地是同一地点。根据《中华人民共和国民事诉讼法》第二十四条、《最高人民法院关于适用〈中华人民共和国民事诉讼法〉若干问题的意见》第二十条和第三十六条规定，本案指定广州市三电技术开发有限公司住所地广州市海珠区人民法院管辖。烟台市中级人民法院应依法撤销对本案管辖权异议作出的终审裁定，将本案移送广州市海珠区人民法院审理。

根据**2001年5月11日公布的《最高人民法院关于常州市康达家私发展有限公司与山西省政协宾馆筹建处定作合同纠纷一案指定管辖的通知》（〔2001〕民立他字第14号）**，本案所涉合同名称虽为购销合同，但合同中约定了"以需方提供款式供方出图需方认可，产品质量以康达厂标要求交货"，"家具清单及施工说明，家具图纸与合同同时生效。具体要求按施工说明及家具图纸要求交货等"内容，即康达公司所供家具是按照宾馆筹建处要求的款式、规格，以自己的材料、设备和劳动亲自完成并交付的。因此，根据合同约定的权利义务内容，其性质应为定作合同，故应确定加工行为地（江苏省常州市）为合同履行地。双方当事人虽在合同争议解决方式中约定："在合同签订地双方协商解决或按合同法解决。"但未明确约定管辖法院，太原市杏花岭区人民法院虽立案在先，由于被告住所地和加工行为地均在常州，因此该院对本案没有管辖权。鉴于本案两省争议较大，为确保实体公正，根据《中华人民共和国民事诉讼法》第三十七条规定，本院指定本案由河北省廊坊市广阳区人民法院管辖。太原市杏花岭区人民法院关于对本案有管辖权的民事裁定应予撤销。请两省高级人民法院分别督促常州市中级人民法院和太原市杏花岭区人民法院将全案诉讼材料移送至河北省廊坊市广阳区人民法院。

根据**2001年3月2日公布的《最高人民法院关于合肥晓峰摩托车有限责任公司诉浙江黄岩模具六厂、许守德加工承揽合同纠纷一案指定管辖的通知》(〔2001〕民立他字第8号)**，本案加工承揽合同纠纷的双方当事人为晓峰公司和模具厂，许守德既不是合同的一方当事人，亦未以保证人身份在合同上签字盖章，其单方向晓峰公司法定代表人出具的保函，未经模具厂事先同意或事后认可，不能与模具厂处于共同被告的诉讼地位。原告将许守德列为本案共同被告有规避法律争夺管辖之嫌。本案被告模具厂所在地和加工行为地均在浙江省台州市，根据《中华人民共和国民事诉讼法》第二十四条和《最高人民法院关于适用〈中华人民共和国民事诉讼法〉若干问题的意见》第二十条规定，合肥市及合肥市高新技术产业开发区人民法院管辖本案于法无据，本案应由浙江省台州市中级人民法院管辖。根据《中华人民共和国民事诉讼法》第三十七条第二款规定，本院指定本案由浙江省台州市中级人民法院管辖。合肥市中级人民法院和合肥市高新技术产业开发区人民法院关于对本案有管辖权的民事裁定应予撤销，并将全案诉讼材料移送至浙江省台州市中级人民法院。台州市中级人民法院应依法公正审理，平等保护各方当事人的合法权益。

第七百七十一条 【承揽合同主要内容】承揽合同的内容一般包括承揽的标的、数量、质量、报酬，承揽方式，材料的提供，履行期限，验收标准和方法等条款。

第七百七十二条 【承揽工作主要完成人】承揽人应当以自己的设备、技术和劳力，完成主要工作，但是当事人另有约定的除外。

承揽人将其承揽的主要工作交由第三人完成的，应当就该第三人完成的工作成果向定作人负责；未经定作人同意的，定作人也可以解除合同。

第七百七十三条 【承揽辅助工作转交】承揽人可以将其承揽的辅助工作交由第三人完成。承揽人将其承揽的辅助工作交由第三人完成的，应当就该第三人完成的工作成果向定作人负责。

第七百七十四条 【承揽人提供材料时的义务】承揽人提供材料的，应当按照约定选用材料，并接受定作人检验。

第七百七十五条 【定作人提供材料时双方当事人的义务】定作人提供材料的，应当按照约定提供材料。承揽人对定作人提供的材料应当及时检验，发现不符合约定时，应当及时通知定作人更换、补齐或者采取其他补救措施。

承揽人不得擅自更换定作人提供的材料，不得更换不需要修理的零部件。

第七百七十六条 【定作人要求不合理时双方当事人的义务】承揽人发现定作人提供的图纸或者技术要求不合理的，应当及时通知定作人。因定作人怠于答复等原因造成承揽人损失的，应当赔偿损失。

第七百七十七条 【定作人变更工作要求的法律后果】定作人中途变更承揽工作的要求，造成承揽人损失的，应当赔偿损失。

第七百七十八条 【定作人协助义务】承揽工作需要定作人协助的，定作人有协助的义务。定作人不履行协助义务致使承揽工作不能完成的，承揽人可以催告定作人在合理期限内履行义务，并可以顺延履行期限；定作人逾期不履行的，承揽人可以解除合同。

第七百七十九条 【定作人监督检验】承揽人在工作期间，应当接受定作人必要的监督检验。定作人不得因监督检验妨碍承揽人的正常工作。

第七百八十条 【承揽人工作成果交付】承揽人完成工作的，应当向定作人交付工作成果，并提交必要的技术资料和有关质量证明。定作人应当验收该工作成果。

> **根据吉林冶金设备厂诉烟台冶金研究所加工承揽合同纠纷案：最高人民法院（2002）民二提字第16号民事判决书［《最高人民法院公报》2004年第6期（总第92期）］，裁决如下：**
>
> 一、协议经双方当事人协商签订后，一方当事人在盖章时对部分条款作了修改，另一方当事人对此没有提出书面异议的，应认定同意修改后的协议。
>
> 二、加工承揽合同约定，承揽人应对制造、安装的设备调试合格后交付定作人的，虽然承揽人进行了多次调试，但双方没有办理设备验收手续，也没有其他证据证明已将设备调试合格，不能仅以定作人已陆续支付设备款的行为主张定作设备已调试合格。

第七百八十一条 【工作成果不符合质量要求时的违约责任】承揽人交付的工作成果不符合质量要求的，定作人可以合理选择请求承揽人承担修理、重作、减少报酬、赔偿损失等违约责任。

> **根据2022年6月7日公布的《最高人民法院发布2021年全国海事审判典型案例》，其中案例4是万泽丰渔业有限公司与海洋工程装备研究院有限公司养殖设备建造合同纠纷案，**具体如下：
>
> **基本案情**
>
> 万泽丰公司与海洋工程公司等为全潜式渔业养殖装备设计、建造及样机研制事宜签署《研制合同》，万泽丰公司为出资方，海洋工程公司负责设计、建造。2018年5月底，全潜式深海养殖装备“深蓝一号”出坞，拖航过程中发生两次倾斜事故；投入使用后，又出现网箱网衣破损、部分鱼苗逃出网箱等情况。就“深蓝一号”建造质量问题，万泽丰公司与海洋工程公司协商未果，万泽丰公司向青岛海事法院提起诉讼，要求海洋工程公司赔偿各项损失；海洋工程公司提起反诉，要求万泽丰公司继续履行合同，支付欠付的工程款及修理费用等。
>
> **裁判结果**
>
> 青岛海事法院审理认为，案涉《研制合同》系承揽合同，依法有效。“深蓝一号”因不适拖和拖带时间过长发生倾斜事故，双方均有过错，应按责任比例分担救助和临时修复产生的费用。“深蓝一号”既已交接，万泽公司应依约支付欠付的费用，海洋工程公司应对“深蓝一号”的质量瑕疵依法承担修理义务和相应的损失赔偿责任。一审判决作出后，双方均提起上诉，山东省高级人民法院二审维持原判。
>
> **典型意义**
>
> 本案是一起助力我国海洋工程设备创新、保障海洋经济发展的新类型典型案例。案涉全潜式渔业养殖装备“深蓝一号”项目，是我国海洋养殖产业从浅海走向深海，从分散的个

体养殖走向集约化规模化养殖的重大突破。法院依法查明新型设备存在的缺陷及原因，为后续网箱的建造提供经验借鉴；合理划分双方的责任、确定损失的数额，既注意保护出资方的合法权益，也注意保护研制建造单位的创新积极性，鼓励其继续改进网箱工艺；积极探索判后调解模式，促成双方当事人在判决基础上达成和解并自动履行完毕，为双方化解纠纷、继续合作提供了可能。2021 年 6 月底，项目方宣布依靠"深蓝一号"网箱进行的首批国产深远海三文鱼规模化养殖收鱼成功。

第七百八十二条 【定作人支付报酬的期限】定作人应当按照约定的期限支付报酬。对支付报酬的期限没有约定或者约定不明确，依据本法第五百一十条的规定仍不能确定的，定作人应当在承揽人交付工作成果时支付；工作成果部分交付的，定作人应当相应支付。

第七百八十三条 【定作人未履行付款义务时承揽人权利】定作人未向承揽人支付报酬或者材料费等价款的，承揽人对完成的工作成果享有留置权或者有权拒绝交付，但是当事人另有约定的除外。

第七百八十四条 【承揽人保管义务】承揽人应当妥善保管定作人提供的材料以及完成的工作成果，因保管不善造成毁损、灭失的，应当承担赔偿责任。

第七百八十五条 【承揽人保密义务】承揽人应当按照定作人的要求保守秘密，未经定作人许可，不得留存复制品或者技术资料。

第七百八十六条 【共同承揽人连带责任】共同承揽人对定作人承担连带责任，但是当事人另有约定的除外。

第七百八十七条 【定作人任意解除权】定作人在承揽人完成工作前可以随时解除合同，造成承揽人损失的，应当赔偿损失。

根据 2022 年 3 月 15 日公布的《最高人民法院发布 10 起消费者权益保护典型案例》，其中案例 2 是李某、景某诉某影楼承揽合同纠纷案（消费者与影楼签订摄影合同后可依法行使解除权），具体如下：

基本案情

李某、景某为两在校大学生，看到某影楼发布 19.9 元古装写真广告，遂去店拍摄。后两人对照片、相册、化妆、服装等项目多次消费升级，与某影楼先后签订了五份协议，合计金额达 2.6 万余元。李某、景某通过向亲友借款和开通网贷支付了部分款项后，当天向该公司提出变更套餐内容，减少合同金额，遭拒。后两人向某区消保委投诉未果，遂诉至法院，要求解除五份协议，并退还已经支付的全部款项 2 万余元，尚未支付的 5900 元不再支付。

裁判结果

法院认为，某影楼按照李某、景某特定拍摄、化妆、选片、选相册等要求而与其签订多份合同，影楼以自己的设备、技术和劳力，根据李某、景某的指示进行相应工作，交付约定的工作成果，李某、景某向影楼支付约定的报酬。故双方为承揽合同关系，李某、景某作为定作人享有任意解除权。但是，任意解除权的行使应有三大限制条件：解除应有效通知到承揽人；解除通知应在承揽人完成承揽工作之前到达承揽人；如因解除行为给承揽人造成损失的，定作人应当赔偿损失。合同解除后，定作人按合同约定预先支付报酬的，承揽人在扣除已完成部分的报酬后，应当将剩余价款返还定作人。故法院判决五份协议中尚未履行的协议全部解除，未全部履行的协议部分解除，已履行完毕的协议不能解除，被告退还两原告合同款项1.86万元。

典型意义

当前，越来越多的消费者选择摄影、美容、美发、健身、婚庆、教育培训等可以满足精神需求的消费方式。本案中，两女大学生从商家19.9元的低价引流活动一路消费升级至2.6万余元。因无力支付，被商家引导现场开通网贷等消费贷款，后因合同协商解除不成引发纠纷。本案通过对系争合同解除争议作出正确判决，最大限度地维护了消费者合法权益的同时，充分发挥个案的指引、评价、教育功能，将司法裁判与倡导树立正确的消费观以及通过司法建议促进商家规范经营相结合，引导广大消费者理性消费，广大商家诚信经营。

第十八章 建设工程合同

第七百八十八条 【建设工程合同定义和种类】建设工程合同是承包人进行工程建设，发包人支付价款的合同。

建设工程合同包括工程勘察、设计、施工合同。

根据**2020年12月29日公布的《最高人民法院关于审理建设工程施工合同纠纷案件适用法律问题的解释（一）》（法释〔2020〕25号）**，规定如下：

第十五条 因建设工程质量发生争议的，发包人可以以总承包人、分包人和实际施工人为共同被告提起诉讼。

第十八条 因保修人未及时履行保修义务，导致建筑物毁损或者造成人身损害、财产损失的，保修人应当承担赔偿责任。

保修人与建筑物所有人或者发包人对建筑物毁损均有过错的，各自承担相应的责任。

第三十一条 当事人对部分案件事实有争议的，仅对有争议的事实进行鉴定，但争议事实范围不能确定，或者双方当事人请求对全部事实鉴定的除外。

第四十三条 实际施工人以转包人、违法分包人为被告起诉的，人民法院应当依法受理。

实际施工人以发包人为被告主张权利的，人民法院应当追加转包人或者违法分包人为本案第三人，在查明发包人欠付转包人或者违法分包人建设工程价款的数额后，判决发包人在欠付建设工程价款范围内对实际施工人承担责任。

根据**2017年10月7日修正的《建设工程勘察设计管理条例》**，规定如下：

第二条 从事建设工程勘察、设计活动，必须遵守本条例。

本条例所称建设工程勘察，是指根据建设工程的要求，查明、分析、评价建设场地的地质地理环境特征和岩土工程条件，编制建设工程勘察文件的活动。

本条例所称建设工程设计，是指根据建设工程的要求，对建设工程所需的技术、经济、资源、环境等条件进行综合分析、论证，编制建设工程设计文件的活动。

第三条 建设工程勘察、设计应当与社会、经济发展水平相适应，做到经济效益、社会效益和环境效益相统一。

第四条 从事建设工程勘察、设计活动，应当坚持先勘察、后设计、再施工的原则。

第七百八十九条 【建设工程合同的形式】建设工程合同应当采用书面形式。

根据**2019年4月23日修正的《中华人民共和国建筑法》**，规定如下：

第十五条 建筑工程的发包单位与承包单位应当依法订立书面合同，明确双方的权利和义务。

发包单位和承包单位应当全面履行合同约定的义务。不按照合同约定履行义务的，依法承担违约责任。

第七百九十条 【建设工程招投标活动的原则】建设工程的招标投标活动，应当依照有关法律的规定公开、公平、公正进行。

根据**2019年4月23日修正的《中华人民共和国建筑法》**，规定如下：

第十六条 建筑工程发包与承包的招标投标活动，应当遵循公开、公正、平等竞争的原则，择优选择承包单位。

建筑工程的招标投标，本法没有规定的，适用有关招标投标法律的规定。

第七百九十一条 【建设工程的发包、承包、分包】发包人可以与总承包人订立建设工程合同，也可以分别与勘察人、设计人、施工人订立勘察、设计、施工承包合同。发包人不得将应当由一个承包人完成的建设工程支解成若干部分发包给数个承包人。

总承包人或者勘察、设计、施工承包人经发包人同意，可以将自己承包的部分工作交由第三人完成。第三人就其完成的工作成果与总承包人或者勘察、设计、施工承包人向发包人承担连带责任。承包人不得将其承包的全部建设工程转包给第三人或者将其承包的全部建设工程支解以后以分包的名义分别转包给第三人。

禁止承包人将工程分包给不具备相应资质条件的单位。禁止分包单位将其承包的工程再分包。建设工程主体结构的施工必须由承包人自行完成。

根据**2019年4月23日修正的《中华人民共和国建筑法》**，规定如下：

第二十四条 提倡对建筑工程实行总承包，禁止将建筑工程肢解发包。

建筑工程的发包单位可以将建筑工程的勘察、设计、施工、设备采购一并发包给一个工程总承包单位，也可以将建筑工程勘察、设计、施工、设备采购的一项或者多项发包给一个工程总承包单位；但是，不得将应当由一个承包单位完成的建筑工程肢解成若干部分发包给几个承包单位。

第二十八条 禁止承包单位将其承包的全部建筑工程转包给他人，禁止承包单位将其承包的全部建筑工程肢解以后以分包的名义分别转包给他人。

第二十九条 建筑工程总承包单位可以将承包工程中的部分工程发包给具有相应资质条件的分包单位；但是，除总承包合同中约定的分包外，必须经建设单位认可。施工总承包的，建筑工程主体结构的施工必须由总承包单位自行完成。

建筑工程总承包单位按照总承包合同的约定对建设单位负责；分包单位按照分包合同的约定对总承包单位负责。总承包单位和分包单位就分包工程对建设单位承担连带责任。

禁止总承包单位将工程分包给不具备相应资质条件的单位。禁止分包单位将其承包的工程再分包。

根据**2020年12月29日公布的《最高人民法院关于审理建设工程施工合同纠纷案件适用法律问题的解释（一）》（法释〔2020〕25号）**，规定如下：

第一条 建设工程施工合同具有下列情形之一的，应当依据民法典第一百五十三条第一款的规定，认定无效：

（一）承包人未取得建筑业企业资质或者超越资质等级的；

（二）没有资质的实际施工人借用有资质的建筑施工企业名义的；

（三）建设工程必须进行招标而未招标或者中标无效的。

承包人因转包、违法分包建设工程与他人签订的建设工程施工合同，应当依据民法典第一百五十三条第一款及第七百九十一条第二款、第三款的规定，认定无效。

第三条 当事人以发包人未取得建设工程规划许可证等规划审批手续为由，请求确认建设工程施工合同无效的，人民法院应予支持，但发包人在起诉前取得建设工程规划许可证等规划审批手续的除外。

发包人能够办理审批手续而未办理，并以未办理审批手续为由请求确认建设工程施工合同无效的，人民法院不予支持。

第四条 承包人超越资质等级许可的业务范围签订建设工程施工合同，在建设工程竣工前取得相应资质等级，当事人请求按照无效合同处理的，人民法院不予支持。

第五条 具有劳务作业法定资质的承包人与总承包人、分包人签订的劳务分包合同，当事人请求确认无效的，人民法院依法不予支持。

第六条 建设工程施工合同无效，一方当事人请求对方赔偿损失的，应当就对方过错、损失大小、过错与损失之间的因果关系承担举证责任。

损失大小无法确定，一方当事人请求参照合同约定的质量标准、建设工期、工程价款支付时间等内容确定损失大小的，人民法院可以结合双方过错程度、过错与损失之间的因果关系等因素作出裁判。

第七条 缺乏资质的单位或者个人借用有资质的建筑施工企业名义签订建设工程施工合同，发包人请求出借方与借用方对建设工程质量不合格等因出借资质造成的损失承担连带赔偿责任的，人民法院应予支持。

第二十四条 当事人就同一建设工程订立的数份建设工程施工合同均无效，但建设工程质量合格，一方当事人请求参照实际履行的合同关于工程价款的约定折价补偿承包人的，人民法院应予支持。

实际履行的合同难以确定，当事人请求参照最后签订的合同关于工程价款的约定折价补偿承包人的，人民法院应予支持。

根据**2000年10月10日公布的《最高人民法院关于云南省昆明官房建筑经营公司与昆明柏联房地产开发有限公司建筑工程承包合同纠纷一案的复函》（〔2000〕经他字第5号）**，人民法院在审理民事、经济纠纷案件时，应当以法律和行政法规为依据。建设部、国家计委、财政部《关于严格禁止在工程建设中带资承包的通知》，不属于行政法规，也不是部门规章。从该通知内容看，主要以行政管理手段对建筑工程合同当事人带资承包进行限制，并给予行政处罚，而对于当事人之间的债权债务关系，仍应按照合同承担责任。因此，不应以当事人约定了带资承包条款，违反法律和行政法规的规定为由，而认定合同无效。

第七百九十二条 【订立国家重大建设工程合同】国家重大建设工程合同，应当按照国家规定的程序和国家批准的投资计划、可行性研究报告等文件订立。

第七百九十三条 【建设工程合同无效、验收不合格的处理】建设工程施工合同无效，但是建设工程经验收合格的，可以参照合同关于工程价款的约定折价补偿承包人。

建设工程施工合同无效，且建设工程经验收不合格的，按照以下情形处理：

（一）修复后的建设工程经验收合格的，发包人可以请求承包人承担修复费用；

（二）修复后的建设工程经验收不合格的，承包人无权请求参照合同关于工程价款的约定折价补偿。

发包人对因建设工程不合格造成的损失有过错的，应当承担相应的责任。

> 根据**莫志华、深圳市东深工程有限公司与东莞市长富广场房地产开发有限公司建设工程合同纠纷案：最高人民法院（2011）民提字第235号民事判决书［《最高人民法院公报》2013年第11期（总第205期）］**，鉴于建设工程的特殊性，虽然合同无效，但施工人的劳动和建筑材料已经物化在建筑工程中，依据《最高人民法院关于审理建设工程施工合同纠纷案件适用法律问题的解释》第二条的规定，建设工程合同无效，但建设工程经竣工验收合格，承包人请求参照有效合同处理的，应当参照合同约定来计算涉案工程价款，承包人不应获得比合同有效时更多的利益。

第七百九十四条 【勘察、设计合同的内容】勘察、设计合同的内容一般包括提交有关基础资料和概预算等文件的期限、质量要求、费用以及其他协作条件等条款。

第七百九十五条 【施工合同的内容】施工合同的内容一般包括工程范围、建设工期、中间交工工程的开工和竣工时间、工程质量、工程造价、技术资料交付时间、材料和设备供应责任、拨款和结算、竣工验收、质量保修范围和质量保证期、相互协作等条款。

> 根据**2020年12月29日公布的《最高人民法院关于审理建设工程施工合同纠纷案件适用法律问题的解释（一）》（法释〔2020〕25号）**，规定如下：
>
> **第二条** 招标人和中标人另行签订的建设工程施工合同约定的工程范围、建设工期、工程质量、工程价款等实质性内容，与中标合同不一致，一方当事人请求按照中标合同确定权利义务的，人民法院应予支持。
>
> 招标人和中标人在中标合同之外就明显高于市场价格购买承建房产、无偿建设住房配套设施、让利、向建设单位捐赠财物等另行签订合同，变相降低工程价款，一方当事人以该合同背离中标合同实质性内容为由请求确认无效的，人民法院应予支持。
>
> **第八条** 当事人对建设工程开工日期有争议的，人民法院应当分别按照以下情形予以认定：
>
> （一）开工日期为发包人或者监理人发出的开工通知载明的开工日期；开工通知发出后，尚不具备开工条件的，以开工条件具备的时间为开工日期；因承包人原因导致开工时间推迟的，以开工通知载明的时间为开工日期。
>
> （二）承包人经发包人同意已经实际进场施工的，以实际进场施工时间为开工日期。
>
> （三）发包人或者监理人未发出开工通知，亦无相关证据证明实际开工日期的，应当综合考虑开工报告、合同、施工许可证、竣工验收报告或者竣工验收备案表等载明的时间，并结合是否具备开工条件的事实，认定开工日期。

第十条 当事人约定顺延工期应当经发包人或者监理人签证等方式确认，承包人虽未取得工期顺延的确认，但能够证明在合同约定的期限内向发包人或者监理人申请过工期顺延且顺延事由符合合同约定，承包人以此为由主张工期顺延的，人民法院应予支持。

当事人约定承包人未在约定期限内提出工期顺延申请视为工期不顺延的，按照约定处理，但发包人在约定期限后同意工期顺延或者承包人提出合理抗辩的除外。

第二十九条 当事人在诉讼前已经对建设工程价款结算达成协议，诉讼中一方当事人申请对工程造价进行鉴定的，人民法院不予准许。

第三十条 当事人在诉讼前共同委托有关机构、人员对建设工程造价出具咨询意见，诉讼中一方当事人不认可该咨询意见申请鉴定的，人民法院应予准许，但双方当事人明确表示受该咨询意见约束的除外。

根据**1988年9月17日公布的《最高人民法院经济审判庭关于建筑工程承包合同纠纷中工期问题的电话答复》**，贵州省息烽县酒厂与四川省重庆市铜梁县第二建筑公司签订息烽县酒厂粮库、半成品库建筑工程承包合同约定的工期，是在《建筑安装工程工期定额》规定的工期之内。合同是经招标投标之后签订的，故不应以违反《建筑安装工程工期定额》规定为理由，确认合同约定的工期无效。如招标投标有违反主管部门主观规定之情形，则另当别论。息烽县酒厂窖酒车间建筑工程工期，《建筑安装工程工期定额》无明确规定。对双方当事人在承包合同中约定的工期，应认定为有效。

第七百九十六条 【建设工程监理】建设工程实行监理的，发包人应当与监理人采用书面形式订立委托监理合同。发包人与监理人的权利和义务以及法律责任，应当依照本编委托合同以及其他有关法律、行政法规的规定。

根据**2019年4月23日修正的《中华人民共和国建筑法》**第四章，对于建筑工程监理，规定如下：

第三十条 国家推行建筑工程监理制度。

国务院可以规定实行强制监理的建筑工程的范围。

第三十一条 实行监理的建筑工程，由建设单位委托具有相应资质条件的工程监理单位监理。建设单位与其委托的工程监理单位应当订立书面委托监理合同。

第三十二条 建筑工程监理应当依照法律、行政法规及有关的技术标准、设计文件和建筑工程承包合同，对承包单位在施工质量、建设工期和建设资金使用等方面，代表建设单位实施监督。

工程监理人员认为工程施工不符合工程设计要求、施工技术标准和合同约定的，有权要求建筑施工企业改正。

工程监理人员发现工程设计不符合建筑工程质量标准或者合同约定的质量要求的，应当报告建设单位要求设计单位改正。

第三十三条 实施建筑工程监理前，建设单位应当将委托的工程监理单位、监理的内容及监理权限，书面通知被监理的建筑施工企业。

第三十四条 工程监理单位应当在其资质等级许可的监理范围内，承担工程监理业务。

工程监理单位应当根据建设单位的委托，客观、公正地执行监理任务。

工程监理单位与被监理工程的承包单位以及建筑材料、建筑构配件和设备供应单位不得有隶属关系或者其他利害关系。

工程监理单位不得转让工程监理业务。

第三十五条 工程监理单位不按照委托监理合同的约定履行监理义务，对应当监督检查的项目不检查或者不按照规定检查，给建设单位造成损失的，应当承担相应的赔偿责任。

工程监理单位与承包单位串通，为承包单位谋取非法利益，给建设单位造成损失的，应当与承包单位承担连带赔偿责任。

根据 2019 年 4 月 23 日修正的《建设工程质量管理条例》，规定如下：

第十二条 实行监理的建设工程，建设单位应当委托具有相应资质等级的工程监理单位进行监理，也可以委托具有工程监理相应资质等级并与被监理工程的施工承包单位没有隶属关系或者其他利害关系的该工程的设计单位进行监理。

下列建设工程必须实行监理：

（一）国家重点建设工程；

（二）大中型公用事业工程；

（三）成片开发建设的住宅小区工程；

（四）利用外国政府或者国际组织贷款、援助资金的工程；

（五）国家规定必须实行监理的其他工程。

第三十四条 工程监理单位应当依法取得相应等级的资质证书，并在其资质等级许可的范围内承担工程监理业务。

禁止工程监理单位超越本单位资质等级许可的范围或者以其他工程监理单位的名义承担工程监理业务。禁止工程监理单位允许其他单位或者个人以本单位的名义承担工程监理业务。

工程监理单位不得转让工程监理业务。

第三十五条 工程监理单位与被监理工程的施工承包单位以及建筑材料、建筑构配件和设备供应单位有隶属关系或者其他利害关系的，不得承担该项建设工程的监理业务。

第三十六条 工程监理单位应当依照法律、法规以及有关技术标准、设计文件和建设工程承包合同，代表建设单位对施工质量实施监理，并对施工质量承担监理责任。

第三十七条 工程监理单位应当选派具备相应资格的总监理工程师和监理工程师进驻施工现场。

未经监理工程师签字，建筑材料、建筑构配件和设备不得在工程上使用或者安装，施工单位不得进行下一道工序的施工。未经总监理工程师签字，建设单位不拨付工程款，不进行竣工验收。

第三十八条 监理工程师应当按照工程监理规范的要求，采取旁站、巡视和平行检验等形式，对建设工程实施监理。

第七百九十七条 【发包人的检查权】发包人在不妨碍承包人正常作业的情况下，可以随时对作业进度、质量进行检查。

第七百九十八条 【隐蔽工程】隐蔽工程在隐蔽以前，承包人应当通知发包人检查。发包人没有及时检查的，承包人可以顺延工程日期，并有权请求赔偿停工、窝工等损失。

第七百九十九条 【建设工程的竣工验收】建设工程竣工后，发包人应当根据施工图纸及说明书、国家颁发的施工验收规范和质量检验标准及时进行验收。验收合格的，发包人应当按照约定支付价款，并接收该建设工程。

建设工程竣工经验收合格后，方可交付使用；未经验收或者验收不合格的，不得交付使用。

根据 2019 年 4 月 23 日修正的《中华人民共和国建筑法》，规定如下：

第六十一条 交付竣工验收的建筑工程，必须符合规定的建筑工程质量标准，有完整的工程技术经济资料和经签署的工程保修书，并具备国家规定的其他竣工条件。

建筑工程竣工经验收合格后，方可交付使用；未经验收或者验收不合格的，不得交付使用。

根据 2020 年 12 月 29 日公布的《最高人民法院关于审理建设工程施工合同纠纷案件适用法律问题的解释(一)》(法释〔2020〕25 号)，规定如下：

第九条 当事人对建设工程实际竣工日期有争议的，人民法院应当分别按照以下情形予以认定：

(一)建设工程经竣工验收合格的，以竣工验收合格之日为竣工日期；

(二)承包人已经提交竣工验收报告，发包人拖延验收的，以承包人提交验收报告之日为竣工日期；

(三)建设工程未经竣工验收，发包人擅自使用的，以转移占有建设工程之日为竣工日期。

第十一条 建设工程竣工前，当事人对工程质量发生争议，工程质量经鉴定合格的，鉴定期间为顺延工期期间。

第十四条 建设工程未经竣工验收，发包人擅自使用后，又以使用部分质量不符合约定为由主张权利的，人民法院不予支持；但是承包人应当在建设工程的合理使用寿命内对地基基础工程和主体结构质量承担民事责任。

根据 2006 年 4 月 25 日公布的《最高人民法院关于发包人收到承包人竣工结算文件后，在约定期限内不予答复，是否视为认可竣工结算文件的复函》(〔2005〕民一他字第 23 号)，适用《最高人民法院关于审理建设工程施工合同纠纷案件适用法律问题的解释》第二十条的前提条件是当事人之间约定了发包人收到竣工结算文件后，在约定期限内不予答复，则视为认可竣工结算文件。承包人提交的竣工结算文件可以作为工程款结算的依据。建设部制定的建设工程施工合同格式文本中的通用条款第三十三条第三款的规定，不能简单地推论出，双方当事人具有发包人收到竣工结算文件一定期限内不予答复，则视为认可承包人提交的竣工结算文件的一致意思表示，承包人提交的竣工结算文件不能作为工程款结算的依据。

根据 2019 年 4 月 23 日修正的《建设工程质量管理条例》，规定如下：

第十六条 建设单位收到建设工程竣工报告后，应当组织设计、施工、工程监理等有关单位进行竣工验收。

建设工程竣工验收应当具备下列条件：

(一)完成建设工程设计和合同约定的各项内容；

(二)有完整的技术档案和施工管理资料；

(三)有工程使用的主要建筑材料、建筑构配件和设备的进场试验报告；

(四)有勘察、设计、施工、工程监理等单位分别签署的质量合格文件；

(五)有施工单位签署的工程保修书。

建设工程经验收合格的，方可交付使用。

第十七条 建设单位应当严格按照国家有关档案管理的规定，及时收集、整理建设项目各环节的文件资料，建立、健全建设项目档案，并在建设工程竣工验收后，及时向建设行政主管部门或者其他有关部门移交建设项目档案。

第四十九条 建设单位应当自建设工程竣工验收合格之日起 15 日内，将建设工程竣工验收报告和规划、公安消防、环保等部门出具的认可文件或者准许使用文件报建设行政主管部门或者其他有关部门备案。

建设行政主管部门或者其他有关部门发现建设单位在竣工验收过程中有违反国家有关建设工程质量管理规定行为的，责令停止使用，重新组织竣工验收。

根据江苏南通二建集团有限公司与吴江恒森房地产开发有限公司建设工程施工合同纠纷案：江苏省高级人民法院2012年12月15日民事判决书[《最高人民法院公报》2014年第8期（总第214期）]，承包人交付的建设工程应符合合同约定的交付条件及相关工程验收标准。工程实际存在明显的质量问题，承包人以工程竣工验收合格证明等主张工程质量合格的，人民法院不予支持。在双方当事人已失去合作信任的情况下，为解决双方矛盾，人民法院可以判决由发包人自行委托第三方参照修复设计方案对工程质量予以整改，所需费用由承包人承担。

根据威海市鲸园建筑有限公司与威海市福利企业服务公司、威海市盛发贸易有限公司拖欠建筑工程款纠纷案：最高人民法院（2010）民提字第210号民事判决书[《最高人民法院公报》2013年第8期（总第202期）]，依照《中华人民共和国合同法》第二百七十九条、《建设工程质量管理条例》第十六条的规定，建设工程竣工后，发包人应当按照相关施工验收规定对工程及时组织验收，该验收既是发包人的义务，亦是发包人的权利。承包人未经发包人同意对工程组织验收，单方向质量监督部门办理竣工验收手续的，侵害了发包人工程验收权利。在此情况下，质检部门对该工程出具的验收报告及工程优良证书因不符合法定验收程序，不能产生相应的法律效力。

第八百条 【勘察人、设计人对勘察、设计的责任】勘察、设计的质量不符合要求或者未按照期限提交勘察、设计文件拖延工期，造成发包人损失的，勘察人、设计人应当继续完善勘察、设计，减收或者免收勘察、设计费并赔偿损失。

根据**2019年4月23日修正的《中华人民共和国建筑法》**，规定如下：

第五十六条 建筑工程的勘察、设计单位必须对其勘察、设计的质量负责。勘察、设计文件应当符合有关法律、行政法规的规定和建筑工程质量、安全标准、建筑工程勘察、设计技术规范以及合同的约定。设计文件选用的建筑材料、建筑构配件和设备，应当注明其规格、型号、性能等技术指标，其质量要求必须符合国家规定的标准。

第五十七条 建筑设计单位对设计文件选用的建筑材料、建筑构配件和设备，不得指定生产厂、供应商。

根据**2019年4月23日修正的《建设工程质量管理条例》**，规定如下：

第十八条 从事建设工程勘察、设计的单位应当依法取得相应等级的资质证书，并在其资质等级许可的范围内承揽工程。

禁止勘察、设计单位超越其资质等级许可的范围或者以其他勘察、设计单位的名义承揽工程。禁止勘察、设计单位允许其他单位或者个人以本单位的名义承揽工程。

勘察、设计单位不得转包或者违法分包所承揽的工程。

第十九条 勘察、设计单位必须按照工程建设强制性标准进行勘察、设计，并对其勘察、设计的质量负责。

注册建筑师、注册结构工程师等注册执业人员应当在设计文件上签字，对设计文件负责。

第二十条 勘察单位提供的地质、测量、水文等勘察成果必须真实、准确。

第二十一条 设计单位应当根据勘察成果文件进行建设工程设计。

设计文件应当符合国家规定的设计深度要求，注明工程合理使用年限。

第二十二条 设计单位在设计文件中选用的建筑材料、建筑构配件和设备，应当注明规格、型号、性能等技术指标，其质量要求必须符合国家规定的标准。

除有特殊要求的建筑材料、专用设备、工艺生产线等外，设计单位不得指定生产厂、供应商。

第二十三条 设计单位应当就审查合格的施工图设计文件向施工单位作出详细说明。

第二十四条 设计单位应当参与建设工程质量事故分析，并对因设计造成的质量事故，提出相应的技术处理方案。

第八百零一条 【施工人对建设工程质量承担的民事责任】因施工人的原因致使建设工程质量不符合约定的，发包人有权请求施工人在合理期限内无偿修理或者返工、改建。经过修理或者返工、改建后，造成逾期交付的，施工人应当承担违约责任。

根据**2019年4月23日修正的《中华人民共和国建筑法》**，规定如下：

第五十八条 建筑施工企业对工程的施工质量负责。

建筑施工企业必须按照工程设计图纸和施工技术标准施工，不得偷工减料。工程设计的修改由原设计单位负责，建筑施工企业不得擅自修改工程设计。

第五十九条 建筑施工企业必须按照工程设计要求、施工技术标准和合同的约定，对建筑材料、建筑构配件和设备进行检验，不合格的不得使用。

根据**2020年12月29日公布的《最高人民法院关于审理建设工程施工合同纠纷案件适用法律问题的解释（一）》（法释〔2020〕25号）**，规定如下：

第十二条 因承包人的原因造成建设工程质量不符合约定，承包人拒绝修理、返工或者改建，发包人请求减少支付工程价款的，人民法院应予支持。

第十六条 发包人在承包人提起的建设工程施工合同纠纷案件中，以建设工程质量不符合合同约定或者法律规定为由，就承包人支付违约金或者赔偿修理、返工、改建的合理费用等损失提出反诉的，人民法院可以合并审理。

根据**2019年4月23日修正的《建设工程质量管理条例》**，规定如下：

第二十五条 施工单位应当依法取得相应等级的资质证书，并在其资质等级许可的范围内承揽工程。

禁止施工单位超越本单位资质等级许可的业务范围或者以其他施工单位的名义承揽工程。禁止施工单位允许其他单位或者个人以本单位的名义承揽工程。

施工单位不得转包或者违法分包工程。

第二十六条 施工单位对建设工程的施工质量负责。

施工单位应当建立质量责任制，确定工程项目的项目经理、技术负责人和施工管理负责人。

建设工程实行总承包的，总承包单位应当对全部建设工程质量负责；建设工程勘察、设计、施工、设备采购的一项或者多项实行总承包的，总承包单位应当对其承包的建设工程或者采购的设备的质量负责。

第二十七条 总承包单位依法将建设工程分包给其他单位的，分包单位应当按照分包合同的约定对其分包工程的质量向总承包单位负责，总承包单位与分包单位对分包工程的质量承担连带责任。

第二十八条 施工单位必须按照工程设计图纸和施工技术标准施工，不得擅自修改工程设计，不得偷工减料。

施工单位在施工过程中发现设计文件和图纸有差错的，应当及时提出意见和建议。

第二十九条 施工单位必须按照工程设计要求、施工技术标准和合同约定，对建筑材料、建筑构配件、设备和商品混凝土进行检验，检验应当有书面记录和专人签字；未经检验或者检验不合格的，不得使用。

第三十条 施工单位必须建立、健全施工质量的检验制度，严格工序管理，作好隐蔽工程的质量检查和记录。隐蔽工程在隐蔽前，施工单位应当通知建设单位和建设工程质量监督机构。

第三十一条 施工人员对涉及结构安全的试块、试件以及有关材料，应当在建设单位或者工程监理单位监督下现场取样，并送具有相应资质等级的质量检测单位进行检测。

第三十二条 施工单位对施工中出现质量问题的建设工程或者竣工验收不合格的建设工程，应当负责返修。

第三十三条 施工单位应当建立、健全教育培训制度，加强对职工的教育培训；未经教育培训或者考核不合格的人员，不得上岗作业。

第八百零二条 【合理使用期限内质量保证责任】因承包人的原因致使建设工程在合理使用期限内造成人身损害和财产损失的，承包人应当承担赔偿责任。

根据**2019年4月23日修正的《中华人民共和国建筑法》**，规定如下：

第六十条 建筑物在合理使用寿命内，必须确保地基基础工程和主体结构的质量。

建筑工程竣工时，屋顶、墙面不得留有渗漏、开裂等质量缺陷；对已发现的质量缺陷，建筑施工企业应当修复。

第六十一条 交付竣工验收的建筑工程，必须符合规定的建筑工程质量标准，有完整的工程技术经济资料和经签署的工程保修书，并具备国家规定的其他竣工条件。

建筑工程竣工经验收合格后，方可交付使用；未经验收或者验收不合格的，不得交付使用。

第六十二条 建筑工程实行质量保修制度。

建筑工程的保修范围应当包括地基基础工程、主体结构工程、屋面防水工程和其他土建工程，以及电气管线、上下水管线的安装工程，供热、供冷系统工程等项目；保修的期限应当按照保证建筑物合理寿命年限内正常使用，维护使用者合法权益的原则确定。具体的保修范围和最低保修期限由国务院规定。

根据**2020年12月29日公布的《最高人民法院关于审理建设工程施工合同纠纷案件适用法律问题的解释(一)》(法释〔2020〕25号)**，规定如下：

第十七条 有下列情形之一，承包人请求发包人返还工程质量保证金的，人民法院应予支持：

(一)当事人约定的工程质量保证金返还期限届满；

(二)当事人未约定工程质量保证金返还期限的，自建设工程通过竣工验收之日起满二年；

(三)因发包人原因建设工程未按约定期限进行竣工验收的，自承包人提交工程竣工验收报告九十日后当事人约定的工程质量保证金返还期限届满；当事人未约定工程质量保证金返还期限的，自承包人提交工程竣工验收报告九十日后起满二年。

发包人返还工程质量保证金后，不影响承包人根据合同约定或者法律规定履行工程保修义务。

根据**2019年4月23日修正的《建设工程质量管理条例》**，规定如下：

第三十九条 建设工程实行质量保修制度。

建设工程承包单位在向建设单位提交工程竣工验收报告时，应当向建设单位出具质量保修书。质量保修书中应当明确建设工程的保修范围、保修期限和保修责任等。

第四十条 在正常使用条件下，建设工程的最低保修期限为：

(一)基础设施工程、房屋建筑的地基基础工程和主体结构工程，为设计文件规定的该工程的合理使用年限；

(二)屋面防水工程、有防水要求的卫生间、房间和外墙面的防渗漏，为5年；

（三）供热与供冷系统，为2个采暖期、供冷期；
（四）电气管线、给排水管道、设备安装和装修工程，为2年。
其他项目的保修期限由发包方与承包方约定。
建设工程的保修期，自竣工验收合格之日起计算。
第四十一条 建设工程在保修范围和保修期限内发生质量问题的，施工单位应当履行保修义务，并对造成的损失承担赔偿责任。
第四十二条 建设工程在超过合理使用年限后需要继续使用的，产权所有人应当委托具有相应资质等级的勘察、设计单位鉴定，并根据鉴定结果采取加固、维修等措施，重新界定使用期。

第八百零三条 【发包人未按约定的时间和要求提供相关物资的违约责任】发包人未按照约定的时间和要求提供原材料、设备、场地、资金、技术资料的，承包人可以顺延工程日期，并有权请求赔偿停工、窝工等损失。

第八百零四条 【因发包人原因造成工程停建、缓建所应承担责任】因发包人的原因致使工程中途停建、缓建的，发包人应当采取措施弥补或者减少损失，赔偿承包人因此造成的停工、窝工、倒运、机械设备调迁、材料和构件积压等损失和实际费用。

根据**2020年12月29日公布的《最高人民法院关于审理建设工程施工合同纠纷案件适用法律问题的解释（一）》（法释〔2020〕25号）**，规定如下：
第十三条 发包人具有下列情形之一，造成建设工程质量缺陷，应当承担过错责任：
（一）提供的设计有缺陷；
（二）提供或者指定购买的建筑材料、建筑构配件、设备不符合强制性标准；
（三）直接指定分包人分包专业工程。
承包人有过错的，也应当承担相应的过错责任。

第八百零五条 【因发包人原因造成勘察、设计的返工、停工或者修改设计所应承担责任】因发包人变更计划，提供的资料不准确，或者未按照期限提供必需的勘察、设计工作条件而造成勘察、设计的返工、停工或者修改设计，发包人应当按照勘察人、设计人实际消耗的工作量增付费用。

根据河南省偃师市鑫龙建安工程有限公司与洛阳理工学院、河南省第六建筑工程公司索赔及工程欠款纠纷案：最高人民法院（2011）民提字第292号民事判决书［《最高人民法院公报》2013年第1期（总第195期）］，因发包人提供错误的地质报告致使建设工程停工，当事人对停工时间未作约定或未达成协议的，承包人不应盲目等待而放任停工状态的持续以及停工损失的扩大。对于计算由此导致的停工损失所依据的停工时间的确定，也不能简单地以停工状态的自然持续时间为准，而是应根据案件事实综合确定一定的合理期间作为停工时间。

第八百零六条 【合同解除及后果处理的规定】承包人将建设工程转包、违法分包的，发包人可以解除合同。

发包人提供的主要建筑材料、建筑构配件和设备不符合强制性标准或者不履行协助义务，致使承包人无法施工，经催告后在合理期限内仍未履行相应义务的，承包人可以解除合同。

合同解除后，已经完成的建设工程质量合格的，发包人应当按照约定支付相应的工程价款；已经完成的建设工程质量不合格的，参照本法第七百九十三条的规定处理。

第八百零七条 【建设工程价款优先受偿权】发包人未按照约定支付价款的，承包人可以催告发包人在合理期限内支付价款。发包人逾期不支付的，除根据建设工程的性质不宜折价、拍卖外，承包人可以与发包人协议将该工程折价，也可以请求人民法院将该工程依法拍卖。建设工程的价款就该工程折价或者拍卖的价款优先受偿。

根据**2020年12月29日公布的《最高人民法院关于审理建设工程施工合同纠纷案件适用法律问题的解释（一）》（法释〔2020〕25号）**，规定如下：

第二条 招标人和中标人另行签订的建设工程施工合同约定的工程范围、建设工期、工程质量、工程价款等实质性内容，与中标合同不一致，一方当事人请求按照中标合同确定权利义务的，人民法院应予支持。

招标人和中标人在中标合同之外就明显高于市场价格购买承建房产、无偿建设住房配套设施、让利、向建设单位捐赠财物等另行签订合同，变相降低工程价款，一方当事人以该合同背离中标合同实质性内容为由请求确认无效的，人民法院应予支持。

第十九条 当事人对建设工程的计价标准或者计价方法有约定的，按照约定结算工程价款。

因设计变更导致建设工程的工程量或者质量标准发生变化，当事人对该部分工程价款不能协商一致的，可以参照签订建设工程施工合同时当地建设行政主管部门发布的计价方法或者计价标准结算工程价款。

建设工程施工合同有效，但建设工程经竣工验收不合格的，依照民法典第五百七十七条规定处理。

第二十条 当事人对工程量有争议的，按照施工过程中形成的签证等书面文件确认。承包人能够证明发包人同意其施工，但未能提供签证文件证明工程量发生的，可以按照当事人提供的其他证据确认实际发生的工程量。

第二十一条 当事人约定，发包人收到竣工结算文件后，在约定期限内不予答复，视为认可竣工结算文件的，按照约定处理。承包人请求按照竣工结算文件结算工程价款的，人民法院应予支持。

第二十二条 当事人签订的建设工程施工合同与招标文件、投标文件、中标通知书载明的工程范围、建设工期、工程质量、工程价款不一致，一方当事人请求将招标文件、投标文件、中标通知书作为结算工程价款的依据的，人民法院应予支持。

第二十三条 发包人将依法不属于必须招标的建设工程进行招标后，与承包人另行订立的建设工程施工合同背离中标合同的实质性内容，当事人请求以中标合同作为结算建设工程价款依据的，人民法院应予支持，但发包人与承包人因客观情况发生了在招标投标时难以预见的变化而另行订立建设工程施工合同的除外。

第二十六条 当事人对欠付工程价款利息计付标准有约定的,按照约定处理。没有约定的,按照同期同类贷款利率或者同期贷款市场报价利率计息。

第二十七条 利息从应付工程价款之日开始计付。当事人对付款时间没有约定或者约定不明的,下列时间视为应付款时间:

(一)建设工程已实际交付的,为交付之日;

(二)建设工程没有交付的,为提交竣工结算文件之日;

(三)建设工程未交付,工程价款也未结算的,为当事人起诉之日。

第二十八条 当事人约定按照固定价结算工程价款,一方当事人请求对建设工程造价进行鉴定的,人民法院不予支持。

第三十五条 与发包人订立建设工程施工合同的承包人,依据民法典第八百零七条的规定请求其承建工程的价款就工程折价或者拍卖的价款优先受偿的,人民法院应予支持。

第三十六条 承包人根据民法典第八百零七条规定享有的建设工程价款优先受偿权优于抵押权和其他债权。

第三十七条 装饰装修工程具备折价或者拍卖条件,装饰装修工程的承包人请求工程价款就该装饰装修工程折价或者拍卖的价款优先受偿的,人民法院应予支持。

第三十八条 建设工程质量合格,承包人请求其承建工程的价款就工程折价或者拍卖的价款优先受偿的,人民法院应予支持。

第三十九条 未竣工的建设工程质量合格,承包人请求其承建工程的价款就其承建工程部分折价或者拍卖的价款优先受偿的,人民法院应予支持。

第四十条 承包人建设工程价款优先受偿的范围依照国务院有关行政主管部门关于建设工程价款范围的规定确定。

承包人就逾期支付建设工程价款的利息、违约金、损害赔偿金等主张优先受偿的,人民法院不予支持。

第四十一条 承包人应当在合理期限内行使建设工程价款优先受偿权,但最长不得超过十八个月,自发包人应当给付建设工程价款之日起算。

第四十二条 发包人与承包人约定放弃或者限制建设工程价款优先受偿权,损害建筑工人利益,发包人根据该约定主张承包人不享有建设工程价款优先受偿权的,人民法院不予支持。

第四十三条 实际施工人以转包人、违法分包人为被告起诉的,人民法院应当依法受理。

实际施工人以发包人为被告主张权利的,人民法院应当追加转包人或者违法分包人为本案第三人,在查明发包人欠付转包人或者违法分包人建设工程价款的数额后,判决发包人在欠付建设工程价款范围内对实际施工人承担责任。

第四十四条 实际施工人依据民法典第五百三十五条规定,以转包人或者违法分包人怠于向发包人行使到期债权或者与该债权有关的从权利,影响其到期债权实现,提起代位权诉讼的,人民法院应予支持。

根据**2004年12月8日公布的《最高人民法院关于装修装饰工程款是否享有合同法第二百八十六条规定的优先受偿权的函复》(〔2004〕民一他字第14号)**,装修装饰工程属于建设工程,可以适用《中华人民共和国合同法》第二百八十六条关于优先受偿权的规定,但装修装饰工程的发包人不是该建筑的所有权人或者承包人与该建筑物的所有权人之间没有合同关系的除外。享有优先权的承包人只能在建筑物因装修装饰而增加价值的范围内优先受偿。

根据**2003年8月28日公布的《对福建高院〈关于执行中国建设银行厦门市分行诉远华集团有限公司、厦门东盛建设发展公司借款合同纠纷一案中涉及几个相关法律、政策问题的请示〉的答复函(节录)》(〔2002〕执他字第21号)**,关于该案执行中所涉及的工程款优先权问题，根据法律不溯及既往的原则和物权法定原则，如果作为执行标的的建设工程竣工或者停工于《中华人民共和国合同法》实施之前，则工程承包人从该建设工程价款中受偿的权利不得对抗已经在该工程上设定的抵押权。

根据**2001年4月2日公布的《最高人民法院关于建设工程承包合同案件中双方当事人已确认的工程决算价款与审计部门审计的工程决算价款不一致时如何适用法律问题的电话答复意见》(〔2001〕民一他字第2号)**，审计是国家对建设单位的一种行政监督，不影响建设单位与承建单位的合同效力。建设工程承包合同案件应以当事人的约定作为法院判决的依据。只有在合同明确约定以审计结论作为结算依据或者合同约定不明确、合同约定无效的情况下，才能将审计结论作为判决的依据。

根据**2021年11月9日公布的《最高人民法院关于发布第30批指导性案例的通知》(法〔2021〕272号)，其中指导案例171号是中天建设集团有限公司诉河南恒和置业有限公司建设工程施工合同纠纷案**，具体如下：

关键词

民事/建设工程施工合同/优先受偿权/除斥期间

裁判要点

执行法院依其他债权人的申请，对发包人的建设工程强制执行，承包人向执行法院主张其享有建设工程价款优先受偿权且未超过除斥期间的，视为承包人依法行使了建设工程价款优先受偿权。发包人以承包人起诉时行使建设工程价款优先受偿权超过除斥期间为由进行抗辩的，人民法院不予支持。

相关法条

《中华人民共和国合同法》第286条（注：现行有效的法律为《中华人民共和国民法典》第807条）

基本案情

2012年9月17日，河南恒和置业有限公司与中天建设集团有限公司签订一份《恒和国际商务会展中心工程建设工程施工合同》约定，由中天建设集团有限公司对案涉工程进行施工。2013年6月25日，河南恒和置业有限公司向中天建设集团有限公司发出《中标通知书》，通知中天建设集团有限公司中标位于洛阳市洛龙区开元大道的恒和国际商务会展中心工程。2013年6月26日，河南恒和置业有限公司和中天建设集团有限公司签订《建设工程施工合同》，合同中双方对工期、工程价款、违约责任等有关工程事项进行了约定。合同签订后，中天建设集团有限公司进场施工。施工期间，因河南恒和置业有限公司拖欠工程款，2013年11月12日、11月26日，2014年12月23日中天建设集团有限公司多次向河南恒和置业有限公司送达联系函，请求河南恒和置业有限公司立即支付拖欠的工程款，按合同约定支付违约金并承担相应损失。2014年4月、5月，河南恒和置业有限公司与德汇工程管理（北京）有限公司签订《建设工程造价咨询合同》，委托德汇工程管理（北京）有限公司对案涉工程进行结算审核。2014年11月3日，德汇工程管理（北京）有限公司出具《恒和国际商务会展中心结算审核报告》。河南恒和置业有限公司、中天建设集团有限公司和德汇工程管理（北京）有限公司分别在审核报告中的审核汇总表上加盖公章并签字确认。2014年11月24日，中天建设集团有限公司收到通知，河南省焦作市中级人民法院依据河南恒和置业有限公司其他债权人的申请将对案涉工程进行拍卖。2014年12月1日，中天建设集团有限公司第九建设公司向河南省焦作市中级人民法院提交《关于恒和国际商务会展中心在建工程拍卖联系函》中载明，中天建设集团有限公司系恒和国际商务会展中心在建工程承包方，自项目开工，中天建设集团有限公司已完成产值2.87亿元工程，中天建设集团有限公司请求依法确认优先受偿权并参与整个拍卖过程。中天建设集团有限公司和河南恒和置业有限公司均认可案涉工程于2015年2月5日停工。

2018年1月31日，河南省高级人民法院立案受理中天建设集团有限公司对河南恒和置业有限公司的起诉。中天建设集团有限公司请求解除双方签订的《建设工程施工合同》并请求确认河南恒和置业有限公司欠付中天建设集团有限公司工程价款及优先受偿权。

裁判结果

河南省高级人民法院于2018年10月30日作出（2018）豫民初3号民事判决：一、河南恒和置业有限公司与中天建设集团有限公司于2012年9月17日、2013年6月26日签订的两份《建设工程施工合同》无效；二、确认河南恒和置业有限公司欠付中天建设集团有限公司工程款288428047.89元及相应利息（以288428047.89元为基数，自2015年3月1日起至2018年4月10日止，按照中国人民银行公布的同期贷款利率计付）；三、中天建设集团有限公司在工程价款288428047.89元范围内，对其施工的恒和国际商务会展中心工程折价或者拍卖的价款享有行使优先受偿权的权利；四、驳回中天建设集团有限公司的其他诉讼请求。宣判后，河南恒和置业有限公司提起上诉，最高人民法院于2019年6月21日作出（2019）最高法民终255号民事判决：驳回上诉，维持原判。

裁判理由

最高人民法院认为：《最高人民法院关于审理建设工程施工合同纠纷案件适用法律问题的解释（二）》第二十二条规定："承包人行使建设工程价款优先受偿权的期限为六个月，自发包人应当给付建设工程价款之日起算。"根据《最高人民法院关于建设工程价款优先受偿权问题的批复》第一条的规定，建设工程价款优先受偿权的效力优先于设立在建设工程上的抵押权和发包人其他债权人所享有的普通债权。人民法院依据发包人的其他债权人或抵押权人申请对建设工程采取强制执行行为，会对承包人的建设工程价款优先受偿权产生影响。此时，如承包人向执行法院主张其对建设工程享有建设工程价款优先受偿权的，属于行使建设工程价款优先受偿权的合法方式。河南恒和置业有限公司和中天建设集团有限公司共同委托的造价机构德汇工程管理（北京）有限公司于2014年11月3日对案涉工程价款出具《审核报告》。2014年11月24日，中天建设集团有限公司收到通知，河南省焦作市中级人民法院依据河南恒和置业有限公司其他债权人的申请将对案涉工程进行拍卖。2014年12月1日，中天建设集团有限公司第九建设公司向河南省焦作市中级人民法院提交《关于恒和国际商务会展中心在建工程拍卖联系函》，请求依法确认对案涉建设工程的优先受偿权。2015年2月5日，中天建设集团有限公司对案涉工程停止施工。2015年8月4日，中天建设集团有限公司向河南恒和置业有限公司发送《关于主张恒和国际商务会展中心工程价款优先受偿权的工作联系单》，要求对案涉工程价款享有优先受偿权。2016年5月5日，中天建设集团有限公司第九建设公司又向河南省洛阳市中级人民法院提交《优先受偿权参与分配申请书》，依法确认并保障其对案涉建设工程价款享有的优先受偿权。因此，河南恒和置业有限公司关于中天建设集团有限公司未在6个月除斥期间内以诉讼方式主张优先受偿权，其优先受偿权主张不应得到支持的上诉理由不能成立。

根据2016年12月28日公布的《最高人民法院关于发布第15批指导性案例的通知》（法〔2016〕449号），其中指导案例73号是通州建总集团有限公司诉安徽天宇化工有限公司别除权纠纷案，具体如下：

裁判要点

符合《中华人民共和国企业破产法》第十八条规定的情形，建设工程施工合同视为解除的，承包人行使优先受偿权的期限应自合同解除之日起计算。

相关法条

《中华人民共和国合同法》第286条

《中华人民共和国企业破产法》第18条

基本案情

2006年3月，安徽天宇化工有限公司（以下简称安徽天宇公司）与通州建总集团有限公司（以下简称通州建总公司）签订了一份《建设工程施工合同》，安徽天宇公司将其厂区一期工程生产厂区的土建、安装工程发包给通州建总公司承建，合同约定，开工日期：暂定2006年4月28日（以实际开工报告为准），竣工日期：2007年3月1日，合同工期总日历天数300

天。发包方不按合同约定支付工程款，双方未达成延期付款协议，承包人可停止施工，由发包人承担违约责任。后双方又签订一份《合同补充协议》，对支付工程款又作了新的约定，并约定厂区工期为113天，生活区工期为266天。2006年5月23日，监理公司下达开工令，通州建总公司遂组织施工，2007年安徽天宇公司厂区的厂房等主体工程完工。后因安徽天宇公司未按合同约定支付工程款，致使工程停工，该工程至今未竣工。2011年7月30日，双方在仲裁期间达成和解协议，约定如处置安徽天宇公司土地及建筑物偿债时，通州建总公司的工程款可优先受偿。后安徽天宇公司因不能清偿到期债务，江苏宏远建设集团有限公司向安徽省滁州市中级人民法院申请安徽天宇公司破产还债。安徽省滁州市中级人民法院于2011年8月26日作出（2011）滁民二破字第00001号民事裁定，裁定受理破产申请。2011年10月10日，通州建总公司向安徽天宇公司破产管理人申报债权并主张对该工程享有优先受偿权。2013年7月19日，安徽省滁州市中级人民法院作出（2011）滁民二破字第00001-2号民事裁定，宣告安徽天宇公司破产。通州建总公司于2013年8月27日提起诉讼，请求确认其债权享有优先受偿权。

裁判结果

安徽省滁州市中级人民法院于2014年2月28日作出（2013）滁民一初字第00122号民事判决：确认原告通州建总集团有限公司对申报的债权就其施工的被告安徽天宇化工有限公司生产厂区土建、安装工程享有优先受偿权。宣判后，安徽天宇化工有限公司提出上诉。安徽省高级人民法院于2014年7月14日作出（2014）皖民一终字第00054号民事判决，驳回上诉，维持原判。

裁判理由

法院生效裁判认为：本案双方当事人签订的《建设工程施工合同》虽约定了工程竣工时间，但涉案工程因安徽天宇公司未能按合同约定支付工程款导致停工。现没有证据证明在工程停工后至法院受理破产申请前，双方签订的《建设工程施工合同》已经解除或终止履行，也没有证据证明在法院受理破产申请后，破产管理人决定继续履行合同。根据《中华人民共和国企业破产法》第十八条“人民法院受理破产申请后，管理人对破产申请受理前成立而债务人和对方当事人均未履行完毕的合同有权决定解除或继续履行，并通知对方当事人。管理人自破产申请受理之日起二个月未通知对方当事人，或者自收到对方当事人催告之日起三十日内未答复的，视为解除合同”之规定，涉案建设工程施工合同在法院受理破产申请后已实际解除，本案建设工程无法正常竣工。按照最高人民法院全国民事审判工作会议纪要精神，因发包人的原因，合同解除或终止履行时已经超出合同约定的竣工日期的，承包人行使优先受偿权的期限自合同解除之日起计算，安徽天宇公司要求按合同约定的竣工日期起算优先受偿权行使时间的主张，缺乏依据，不予采信。2011年8月26日，法院裁定受理对安徽天宇公司的破产申请，2011年10月10日通州建总公司向安徽天宇公司的破产管理人申报债权并主张工程款优先受偿权，因此，通州建总公司主张优先受偿权的时间是2011年10月10日。安徽天宇公司认为通州建总公司行使优先受偿权的时间超过了破产管理之日6个月，与事实不符，不予支持。

根据四川中成煤炭建设（集团）有限责任公司与成都泓昌嘉泰房地产有限公司建设工程施工合同纠纷案［《最高人民法院公报》2023年第3期（总第319期）］，裁决如下：

建设工程中基坑工程承包人投入的建筑材料和劳动力已物化到建筑物中，与建筑物不可分割，基坑施工合同的承包人应享有优先受偿权。

对于同一建设工程，可能存在多个承包人，如承包人完成的工程属于建设工程，且共同完成的建设工程易于折价、拍卖的，则应依法保障承包人的优先受偿权。根据建筑行业管理规范和办法，深基坑工程施工包括支护结构施工、地下水和地表水控制、土石方开挖等内容，故基坑支护、降水、土石方挖运工程施工合同的承包人，要求在未受偿工程款范围内享有优先受偿权的，人民法院应予支持。

根据江苏南通二建集团有限公司与上海农村商业银行股份有限公司浦东分行等建设工

程施工合同纠纷案：最高人民法院（2021）最高法民申3629号民事裁定书［《最高人民法院公报》2022年第9期（总第313期）］，承包人出具虚假的工程款收款证明，就其未获清偿的工程款债权主张享有建设工程价款优先受偿权的，人民法院不予支持。

根据**江苏省第一建筑安装集团股份有限公司与唐山市昌隆房地产开发有限公司建设工程施工合同纠纷案：最高人民法院（2017）最高法民终175号民事判决书［《最高人民法院公报》2018年第6期（总第260期）］**，裁决如下：

《最高人民法院关于审理建设工程施工合同纠纷案件适用法律问题的解释》第二十一条规定，当事人就同一建设工程另行订立的建设工程施工合同与经过备案的中标合同实质性内容不一致的，应当以备案的中标合同作为结算工程价款的依据，其适用前提应为备案的中标合同合法有效，无效的备案合同并非当然具有比其他无效合同更优先参照适用的效力。

在当事人存在多份施工合同且均无效的情况下，一般应参照符合当事人真实意思表示并实际履行的合同作为工程价款结算依据；在无法确定实际履行合同时，可以根据两份争议合同之间的差价，结合工程质量、当事人过错、诚实信用原则等予以合理分配。

根据**中铁二十二局集团第四工程有限公司与安徽省高速公路控股集团有限公司建设工程施工合同纠纷上诉案：最高人民法院（2014）民一终字第56号民事判决书［《最高人民法院公报》2016年第4期（总第234期）］**，《最高人民法院关于建设工程价款优先受偿权问题的批复》第三条规定："建筑工程价款包括承包人为建设工程应当支付的工作人员报酬、材料款等实际支出的费用，不包括承包人因发包人违约所造成的损失。"承包人诉讼请求中所主张的因发包人违约造成的停窝工损失和材料价差损失，不属于建设工程价款优先受偿权的权利行使范围，承包人请求对上述两部分款项行使优先受偿权的，人民法院不予支持。

根据**青海方升建筑安装工程有限责任公司与青海隆豪置业有限公司建设工程施工合同纠纷案：最高人民法院（2014）民一终字第69号民事判决书［《最高人民法院公报》2015年第12期（总第230期）］**，对于约定了固定价款的建设工程施工合同，双方未能如约履行，致使合同解除的，在确定争议合同的工程价款时，既不能简单地依据政府部门发布的定额计算工程价款，也不宜直接以合同约定的总价与全部工程预算总价的比值作为下浮比例，再以该比例乘以已完工程预算价格的方式计算工程价款，而应当综合考虑案件实际履行情况，并特别注重双方当事人的过错和司法判决的价值取向等因素来确定。

根据**吉林中城建中大房地产开发有限公司申诉案：最高人民法院（2011）执监字第15号驳回申诉通知书［《最高人民法院公报》2012年第2期（总第184期）］**，法定优先权是基于法律的直接规定而取得的，其效力优先于一般债权和其他担保物权。根据《合同法》第二百八十六条的规定，发包人未按照约定支付价款的，承包人可以催告发包人在合理期限内支付价款。发包人逾期不支付的，除按照建设工程的性质不宜折价、拍卖的以外，承包人可以与发包人协议将该工程折价，也可以申请人民法院将该工程依法拍卖。建设工程价款就该工程折价或者拍卖的价款优先受偿。

根据**西安市临潼区建筑工程公司与陕西恒升房地产开发有限公司建设工程施工合同纠纷案：最高人民法院（2007）民一终字第74号民事判决书［《最高人民法院公报》2008年第8期（总第142期）］**，《最高人民法院关于审理建设工程施工合同纠纷案件适用法律问题的解释》第二十一条关于当事人就同一建设工程另行订立的建设工程施工合同与经过备案的中标合同实质性内容不一致的，应当以备案的中标合同作为结算工程价款的根据的规定，是指当事人就同一建设工程签订两份不同版本的合同，发生争议时应当以备案的中标合同作为结算工程价款的根据，而不是指以存档合同文本作为结算工程价款的依据。

第八百零八条　【适用承揽合同】本章没有规定的，适用承揽合同的有关规定。

第十九章 运输合同

第一节 一般规定

第八百零九条 【运输合同定义】运输合同是承运人将旅客或者货物从起运地点运输到约定地点，旅客、托运人或者收货人支付票款或者运输费用的合同。

根据**2021年4月29日修正的《中华人民共和国民用航空法》**，规定如下：

第一百零七条 本法所称国内航空运输，是指根据当事人订立的航空运输合同，运输的出发地点、约定的经停地点和目的地点均在中华人民共和国境内的运输。

本法所称国际航空运输，是指根据当事人订立的航空运输合同，无论运输有无间断或者有无转运，运输的出发地点、目的地点或者约定的经停地点之一不在中华人民共和国境内的运输。

第一百零八条 航空运输合同各方认为几个连续的航空运输承运人办理的运输是一项单一业务活动的，无论其形式是以一个合同订立或者数个合同订立，应当视为一项不可分割的运输。

根据**2015年4月24日修正的《中华人民共和国铁路法》**，规定如下：

第十一条 铁路运输合同是明确铁路运输企业与旅客、托运人之间权利义务关系的协议。

旅客车票、行李票、包裹票和货物运单是合同或者合同的组成部分。

根据**1992年11月7日公布的《中华人民共和国海商法》**，规定如下：

第二条 本法所称海上运输，是指海上货物运输和海上旅客运输，包括海江之间、江海之间的直达运输。

本法第四章海上货物运输合同的规定，不适用于中华人民共和国港口之间的海上货物运输。

第四十一条 海上货物运输合同，是指承运人收取运费，负责将托运人托运的货物经海路由一港运至另一港的合同。

第四十二条 本章下列用语的含义：

（一）“承运人”是指本人或者委托他人以本人名义与托运人订立海上货物运输合同的人。

（二）“实际承运人”，是指接受承运人委托，从事货物运输或者部分运输的人，包括接受转委托从事此项运输的其他人。

（三）“托运人”是指：

1. 本人或者委托他人以本人名义或者委托他人为本人与承运人订立海上货物运输合同的人；

2. 本人或者委托他人以本人名义或者委托他人为本人将货物交给与海上货物运输合同有关的承运人的人。

（四）“收货人”，是指有权提取货物的人。

（五）“货物”，包括活动物和由托运人提供的用于集装货物的集装箱、货盘或者类似的装运器具。

第四十三条 承运人或者托运人可以要求书面确认海上货物运输合同的成立。但是，航次租船合同应当书面订立。电报、电传和传真具有书面效力。

第四十四条 海上货物运输合同和作为合同凭证的提单或者其他运输单证中的条款，违反本章规定的，无效。此类条款的无效，不影响该合同和提单或者其他运输单证中其他条款的效力。将货物的保险利益转让给承运人的条款或者类似条款，无效。

第四十五条 本法第四十四条的规定不影响承运人在本章规定的承运人责任和义务之外，增加其责任和义务。

第一百零七条 海上旅客运输合同，是指承运人以适合运送旅客的船舶经海路将旅客及其行李从一港运送至另一港，由旅客支付票款的合同。

第一百零八条 本章下列用语的含义：

（一）"承运人"，是指本人或者委托他人以本人名义与旅客订立海上旅客运输合同的人。

（二）"实际承运人"，是指接受承运人委托，从事旅客运送或者部分运送的人，包括接受转委托从事此项运送的其他人。

（三）"旅客"，是指根据海上旅客运输合同运送的人；经承运人同意，根据海上货物运输合同，随船护送货物的人，视为旅客。

（四）"行李"，是指根据海上旅客运输合同由承运人载运的任何物品和车辆，但是活动物除外。

（五）"自带行李"，是指旅客自行携带、保管或者放置在客舱中的行李。

第一百零九条 本章关于承运人责任的规定，适用于实际承运人。本章关于承运人的受雇人、代理人责任的规定，适用于实际承运人的受雇人、代理人。

根据2012年12月24日公布的《最高人民法院关于国内水路货物运输纠纷案件法律问题的指导意见》（法发〔2012〕28号），具体如下：

一、尊重当事人意思自治，准确适用法律法规，统一国内水路货物运输纠纷案件裁判尺度

本指导意见中的国内水路货物运输纠纷是指由海事法院专门管辖的沿海和内河水路货物运输纠纷。

1. 人民法院审理国内水路货物运输合同纠纷案件，应当适用民法通则、合同法等法律的有关规定，同时可以参照《国内水路货物运输规则》的有关规定。海商法第四章海上货物运输合同的规定，不适用于国内水路货物运输。人民法院参照《国内水路货物运输规则》确定当事人权利义务时，应当在判决书说理部分引用论述，但不应作为判决书引用的法律依据。

2. 当事人在国内水路货物运单或者其他运输合同文件中明确约定其权利义务适用《国内水路货物运输规则》规定的，人民法院可以按照《国内水路货物运输规则》的有关规定确定合同当事人的权利义务。

二、依法认定国内水路货物运输合同效力，维护国内水路货物运输市场秩序

3. 根据《国内水路运输管理条例》和《国内水路运输经营资质管理规定》的有关规定，从事国内水路运输的企业和个人，应当达到并保持相应的经营资质条件，并在核定的经营范围内从事水路运输经营活动。没有取得国内水路运输经营资质的承运人签订的国内水路货物运输合同，人民法院应当根据合同法第五十二条第（五）项的规定认定合同无效。

4. 国内水路货物运输合同无效，但是承运人已经按照运输合同的约定将货物安全运输到约定地点，承运人请求托运人或者收货人参照合同的约定支付运费，人民法院可以适当予以保护。

国内水路货物运输合同无效，而且运输过程中货物发生了毁损、灭失，托运人或者收货人向承运人主张损失赔偿的，人民法院可以综合考虑托运人或者收货人和承运人对合同无效和货物损失的过错程度，依法判定相应的民事责任。

5. 人民法院审理国内水路货物运输纠纷案件过程中发现从事国内水路货物运输的承运

人没有取得相应的运输经营资质,应及时向相关行政主管机关发出司法建议。

三、依法审理国内水路货物运输合同纠纷案件,准确认定合同承运人和实际承运人的责任,保障当事人的合法权益

6.国内水路货物运输的合同承运人将全部或者部分运输委托给实际承运人履行,托运人或者收货人就全部或部分运输向合同承运人、实际承运人主张权利的,人民法院应当准确认定合同承运人和实际承运人的法律地位和法律责任。人民法院可以参照《国内水路货物运输规则》第四十六条的规定判定合同承运人和实际承运人的赔偿责任,充分保护国内水路货物运输合同托运人或者收货人的合法权益,减少当事人的讼累。

四、准确理解有关留置的法律规定,妥善审理留置权纠纷

7.国内水路货物运输合同履行完毕,托运人或者收货人没有按照约定支付运费、保管费或者其他运输费用,依照合同法第三百一十五条的规定,承运人对相应的运输货物享有留置权。人民法院在审查承运人的留置权时,应当重点审查承运人留置货物的数量是否是在合理的限度之内,以及承运人留置的货物是否是其合法占有的货物。债务人对留置货物是否具有所有权并不必然影响承运人留置权的行使,除非运输合同当事人对承运人的留置权另有特殊约定。

五、妥善审理与船舶挂靠有关的纠纷,切实保障当事人的合法权益,维护国内水路运输市场的有序发展

8.没有运营资质的个体运输船舶的实际所有人,为了进入国内水路货物运输市场,规避国家有关水路运输经营资质的管理规定,将船舶所有权登记在具有水路运输经营资质的船舶运输企业名下,向该运输企业交纳管理费,并以该运输企业的名义从事国内水路货物运输活动,是国内水路货物运输中普遍存在的一种挂靠经营方式。这种挂靠经营方式导致挂靠船舶的所有权登记形同虚设,船舶管理混乱,被挂靠企业对挂靠船舶疏于安全管理,严重冲击了航运市场的安全秩序,导致大量国内水路货物运输纠纷的产生。人民法院在审理与船舶挂靠有关的合同纠纷时,应当严格依照现行船舶管理的法律规范确定法律关系,坚持合同相对性的基本原则,根据合同的签订主体和合同的履行等基本事实,准确认定合同当事人。

9.挂靠船舶的实际所有人以自己的名义签订运输合同,应当认定其为运输合同承运人,承担相应的合同责任。

10.挂靠船舶的实际所有人以被挂靠企业的名义签订运输合同,被挂靠企业亦签章予以确认,应当认定被挂靠企业为运输合同承运人,承担相应的合同责任。

11.在没有签订水路货物运输合同的情形下,可以依照运单上承运人的记载判断运输合同的承运人。如果运单上仅仅加盖了承运船舶的船名章,应当认定该承运船舶的登记所有人为运输合同的承运人,承担相应的合同责任。

12.挂靠船舶因侵权行为造成他人财产、人身损害,依据民法通则、侵权责任法、海商法和有关司法解释的规定,挂靠船舶的实际所有人和被挂靠企业应当承担连带赔偿责任。

六、正确适用关于诉讼时效制度的法律规定,保护当事人的合法权益

13.最高人民法院《关于如何确定沿海、内河货物运输赔偿请求权时效期间问题的批复》(法释〔2001〕18号)对国内水路货物运输赔偿请求权诉讼时效期间的中止、中断并没有作出特别规定,人民法院应当适用民法通则有关诉讼时效中止、中断的规定。

根据骏荣内衣有限公司诉宏鹰国际货运(深圳)有限公司等海上货运代理合同纠纷案:广东省高级人民法院2015年12月30日民事判决书[《最高人民法院公报》1997年第2期(总第73期)],裁决如下:

承运人可以签发除提单以外的运输单证,这些单证必须包含合同当事人的承托意思表示才可以构成运输合同的证明,不具有承托意思表示的货代货物收据不构成海上货物运输合同的证明。

货运代理企业的权利义务依货运代理合同的约定确定,其承担违约责任应适用过错

推定责任原则，货运代理企业证明其履行代理事项无过错的，无须对委托人的损失承担责任。

根据粤海公司与仓码公司、特发公司等海上货物运输无单放货、提货、代理放货纠纷再审案：最高人民法院1996年8月27日民事判决书[《最高人民法院公报》1997年第1期（总第49期）]，裁决如下：

仓码公司作为海上货物运输的承运人，自签发了以粤海公司为收货人的记名提单后，就与粤海公司之间形成了运输合同关系。根据提单背面条款的规定并参照《中华人民共和国海商法》第四章的规定，承运人履行运输义务应包括将货物交付给合法的提单持有人。记名提单应交货物交付给记名的收货人。对粤海公司持正本提单不能提货所造成的损失，仓码公司负有违约赔偿责任。

外代公司作为承运人的代理人，超越代理权限凭保函放货，应对仓码公司的损失负赔偿责任。

特发公司非买卖合同的当事人，但其以自己的名义报送、提货，其行为已构成对叶永明办理提货手续的追认。应对仓码公司的损失负赔偿责任。

华港公司系境外企业，违反海关法的规定进口货物，并实际提取了第一批5000套货物，其民事责任不能免除，应与特发公司、外代公司共同承担赔偿责任。

第八百一十条 【承运人强制缔约义务】从事公共运输的承运人不得拒绝旅客、托运人通常、合理的运输要求。

根据马士基（中国）航运有限公司及其厦门分公司与厦门瀛海实业发展有限公司、中国厦门外轮代理有限公司国际海上货运代理经营权损害赔偿纠纷再审案：最高人民法院（2010）民提字第213号民事判决书[《最高人民法院公报》2011年第10期（总第180期）]，公共运输履行着为社会公众提供运输服务的社会职能，具有公益性、垄断性等特征。为维护社会公众利益，《中华人民共和国合同法》第二百八十九条规定："从事公共运输的承运人不得拒绝旅客、托运人通常、合理的运输要求。"国际海上集装箱班轮运输是服务于国际贸易的商事经营活动，不属于公用事业，不具有公益性，也不具有垄断性，故不属于公共运输。托运人或者其货运代理人请求从事国际海上集装箱班轮运输的承运人承担强制缔约义务，没有法律依据，应予驳回。

第八百一十一条 【承运人安全运输义务】承运人应当在约定期限或者合理期限内将旅客、货物安全运输到约定地点。

根据**2015年4月24日修正的《中华人民共和国铁路法》**，规定如下：

第十条 铁路运输企业应当保证旅客和货物运输的安全，做到列车正点到达。

第八百一十二条 【承运人合理运输义务】承运人应当按照约定的或者通常的运输路线将旅客、货物运输到约定地点。

根据**2020年6月8日公布的《最高人民法院关于依法妥善审理涉新冠肺炎疫情民事案件若干问题的指导意见（三）》（法发〔2020〕20号）**，关于运输合同案件的审理，通知如下：

10. 根据《中华人民共和国合同法》第二百九十一条的规定，承运人应当按照约定的或者通常的运输路线将货物运输到约定地点。承运人提供证据证明因运输途中运输工具上发生疫情需要及时确诊、采取隔离等措施而变更运输路线，承运人已及时通知托运人，托运人主张承运人违反该条规定的义务的，人民法院不予支持。

承运人提供证据证明因疫情或者疫情防控，起运地或者到达地采取禁行、限行防控措施等而发生运输路线变更、装卸作业受限等导致迟延交付，并已及时通知托运人，承运人主张免除相应责任的，人民法院依法予以支持。

第十二条 铁路运输企业应当保证旅客按车票载明的日期、车次乘车，并到达目的站。因铁路运输企业的责任造成旅客不能按车票载明的日期、车次乘车的，铁路运输企业应当按照旅客的要求，退还全部票款或者安排改乘到达相同目的站的其他列车。

第八百一十三条 【支付票款或者运输费用】旅客、托运人或者收货人应当支付票款或者运输费用。承运人未按照约定路线或者通常路线运输增加票款或者运输费用的，旅客、托运人或者收货人可以拒绝支付增加部分的票款或者运输费用。

根据**2022年6月7日公布的《最高人民法院发布2021年全国海事审判典型案例》，其中案例6是马士基有限公司（MaerskA/S）与百鲜食品（福建）有限公司海上货物运输合同纠纷案**，具体如下：

基本案情

2020年8月15日，马士基公司作为承运人自阿根廷运输装载于集装箱的冻鱿鱼至中国福建马尾港，收货人为百鲜公司。因自2020年下半年起，境外进口至福州马尾港的冷链货物实行新冠病毒检疫措施，案涉货物于2020年11月6日运抵中转港厦门时先行卸下，直至2020年12月21日才运抵目的港马尾。双方就中转期间额外产生的集装箱滞留费用的负担发生纠纷，马士基公司向厦门海事法院起诉，要求百鲜公司承担全部费用。

裁判结果

厦门海事法院审理认为，本案运输合同确因目的港疫情防控因素而无法正常履行，马士基公司将货物安全存放在目的港的邻近港口厦门港后，根据《最高人民法院关于依法妥善审理涉新冠肺炎疫情民事案件若干问题的指导意见（三）》第13条的规定，其本可以主张已履行完毕货物运输合同项下义务，且无须因此承担违约责任，但其仍坚持等到目的港具备卸货条件时，继续完成支线转运任务。马士基公司因疫情防控承受了额外成本负担，百鲜公司作为收货人，从马士基公司提供的海运服务中实际受益。综合考虑疫情防控措施对集装箱货物中转滞留的影响以及双方当事人就合同履行的受益情况等因素，根据公平原则，酌定百鲜公司补偿马士基公司集装箱中转港滞留费用的50%。一审判决百鲜公司向马士基公司支付补偿款，驳回马士基公司的其他诉讼请求。双方当事人均未上诉。

典型意义

本案根据公平原则，合理认定中转港集装箱滞留费用数额，并判定双方对因疫情防控在中转港额外增加的履约成本和费用予以分摊。一审判决作出后，双方当事人均服判息诉，取得良好社会效果。本案对航运企业克服疫情影响，坚持等待目的港具备卸货条件后完成运输合同全部义务的行为给予了正面评价和司法支持，在目前航运经济遭受疫情巨大影响的背景下，对鼓励航运企业恪尽职守、促进航运复苏具有积极作用。判决合理确定相关费用数额，平衡船货双方利益，依法保护进出口企业的合法权益，为促进疫情影响下国际贸易顺畅有序发展提供了有力保障。

第二节 客运合同

第八百一十四条 【客运合同成立时间】客运合同自承运人向旅客出具客票时成立，但是当事人另有约定或者另有交易习惯的除外。

根据**2021年4月29日修正的《中华人民共和国民用航空法》**，规定如下：

第一百零九条 承运人运送旅客，应当出具客票。旅客乘坐民用航空器，应当交验有效客票。

第一百一十条 客票应当包括的内容由国务院民用航空主管部门规定，至少应当包括以下内容：

（一）出发地点和目的地点；

（二）出发地点和目的地点均在中华人民共和国境内，而在境外有一个或者数个约定的经停地点的，至少注明一个经停地点；

（三）旅客航程的最终目的地点、出发地点或者约定的经停地点之一不在中华人民共和国境内，依照所适用的国际航空运输公约的规定，应当在客票上声明此项运输适用该公约的，客票上应当载有该项声明。

第一百一十一条 客票是航空旅客运输合同订立和运输合同条件的初步证据。

旅客未能出示客票、客票不符合规定或者客票遗失，不影响运输合同的存在或者有效。

在国内航空运输中，承运人同意旅客不经其出票而乘坐民用航空器的，承运人无权援用本法第一百二十八条有关赔偿责任限制的规定。

在国际航空运输中，承运人同意旅客不经其出票而乘坐民用航空器的，或者客票上未依照本法第一百一十条第（三）项的规定声明的，承运人无权援用本法第一百二十九条有关赔偿责任限制的规定。

根据**1992年11月7日公布的《中华人民共和国海商法》**，规定如下：

第一百一十条 旅客客票是海上旅客运输合同成立的凭证。

第一百一十一条 海上旅客运输的运送期间，自旅客登船时起至旅客离船时止，客票票价含接送费用的，运送期间并包括承运人经水路将旅客从岸上接到船上和从船上送到岸上的时间，但是不包括旅客在港站内、码头上或者在港口其他设施内的时间。

旅客的自带行李，运送期间同前款规定，旅客自带行李以外的其他行李，运送期间自旅客将行李交付承运人或者承运人的受雇人、代理人时起至承运人或者承运人的受雇人、代理人交还旅客时止。

第八百一十五条 【旅客乘运义务的一般规定】旅客应当按照有效客票记载的时间、班次和座位号乘坐。旅客无票乘坐、超程乘坐、越级乘坐或者持不符合减价条件的优惠客票乘坐的，应当补交票款，承运人可以按照规定加收票款；旅客不支付票款的，承运人可以拒绝运输。

实名制客运合同的旅客丢失客票的，可以请求承运人挂失补办，承运人不得再次收取票款和其他不合理费用。

根据 **2021 年 4 月 29 日修正的《中华人民共和国民用航空法》**，规定如下：

第一百零九条 承运人运送旅客，应当出具客票。旅客乘坐民用航空器，应当交验有效客票。

根据 **1992 年 11 月 7 日公布的《中华人民共和国海商法》**，规定如下：

第一百一十二条 旅客无票乘船、越级乘船或者超程乘船，应当按照规定补足票款，承运人可以按照规定加收票款；拒不交付的，船长有权在适当地点令其离船，承运人有权向其追偿。

第八百一十六条 【旅客办理退票或者变更乘运手续】旅客因自己的原因不能按照客票记载的时间乘坐的，应当在约定的期限内办理退票或者变更手续；逾期办理的，承运人可以不退票款，并不再承担运输义务。

第八百一十七条 【行李携带及托运要求】旅客随身携带行李应当符合约定的限量和品类要求；超过限量或者违反品类要求携带行李的，应当办理托运手续。

第八百一十八条 【禁止旅客携带危险物品、违禁物品】旅客不得随身携带或者在行李中夹带易燃、易爆、有毒、有腐蚀性、有放射性以及可能危及运输工具上人身和财产安全的危险物品或者违禁物品。

旅客违反前款规定的，承运人可以将危险物品或者违禁物品卸下、销毁或者送交有关部门。旅客坚持携带或者夹带危险物品或者违禁物品的，承运人应当拒绝运输。

根据 **1992 年 11 月 7 日公布的《中华人民共和国海商法》**，规定如下：

第一百一十三条 旅客不得随身携带或者在行李中夹带违禁品或者易燃、易爆、有毒、有腐蚀性、有放射性以及有可能危及船上人身和财产安全的其他危险品。

承运人可以在任何时间、任何地点将旅客违反前款规定随身携带或者在行李中夹带的违禁品、危险品卸下、销毁或者使之不能为害，或者送交有关部门，而不负赔偿责任。

旅客违反本条第一款规定，造成损害的，应当负赔偿责任。

第八百一十九条 【承运人的告知义务和旅客的协助义务】承运人应当严格履行安全运输义务，及时告知旅客安全运输应当注意的事项。旅客对承运人为安全运输所作的合理安排应当积极协助和配合。

第八百二十条 【承运人按照约定运输的义务】承运人应当按照有效客票记载的时间、班次和座位号运输旅客。承运人迟延运输或者有其他不能正常运输情形的，应当及时告知和提醒旅客，采取必要的安置措施，并根据旅客的要求安排改乘其他班次或者退票；由此造成旅客损失的，承运人应当承担赔偿责任，但是不可归责于承运人的除外。

根据**2015年4月15日公布的《最高人民法院关于发布第十批指导性案例的通知》(法〔2015〕85号),其中指导案例51号是阿卜杜勒·瓦希德诉中国东方航空股份有限公司航空旅客运输合同纠纷案,**具体如下:

裁判要点

1. 对航空旅客运输实际承运人提起的诉讼,可以选择对实际承运人或缔约承运人提起诉讼,也可以同时对实际承运人和缔约承运人提起诉讼。被诉承运人申请追加另一方承运人参加诉讼的,法院可以根据案件的实际情况决定是否准许。

2. 当不可抗力造成航班延误,致使航空公司不能将换乘其他航班的旅客按时运抵目的地时,航空公司有义务及时向换乘的旅客明确告知到达目的地后是否提供转签服务,以及在不能提供转签服务时旅客如何办理旅行手续。航空公司未履行该项义务,给换乘旅客造成损失的,应当承担赔偿责任。

3. 航空公司在打折机票上注明"不得退票,不得转签",只是限制购买打折机票的旅客由于自身原因而不得退票和转签,不能据此剥夺旅客在支付票款后享有的乘坐航班按时抵达目的地的权利。

相关法条

《中华人民共和国民法通则》第142条

《经1955年海牙议定书修订的1929年华沙统一国际航空运输一些规则的公约》第19条、第20条、第24条第1款

《统一非立约承运人所作国际航空运输的某些规则以补充华沙公约的公约》第7条

基本案情

2004年12月29日,ABDUL WAHEED(阿卜杜勒·瓦希德,以下简称阿卜杜勒)购买了一张由香港国泰航空公司(以下简称国泰航空公司)作为出票人的机票。机票列明的航程安排为:2004年12月31日上午11点,从上海起飞至香港,同日16点香港起飞至卡拉奇;2005年1月31日卡拉奇起飞至香港,同年2月1日香港起飞至上海。其中,上海与香港间的航程由中国东方航空股份有限公司(以下简称东方航空公司)实际承运,香港与卡拉奇间的航程由国泰航空公司实际承运。机票背面条款注明,该合同应遵守华沙公约所指定的有关责任的规则和限制。该机票为打折票,机票上注明"不得退票、不得转签"。

2004年12月30日15点起上海浦东机场下中雪,导致机场于该日22点至23点被迫关闭1个小时,该日104个航班延误。31日,因飞机除冰、补班调配等原因,导致该日航班取消43架次、延误142架次,飞机出港正常率只有24.1%。东方航空公司的MU703航班也因为天气原因延误了3小时22分钟,导致阿卜杜勒及其家属到达香港机场后未能赶上国泰航空公司飞卡拉奇的衔接航班。东方航空公司工作人员告知阿卜杜勒只有两种处理方案:其一是阿卜杜勒等人在机场里等候三天,然后搭乘国泰航空公司的下一航班,三天费用自理;其二是阿卜杜勒等人出资,另行购买其他航空公司的机票至卡拉奇,费用为2.5万港元。阿卜杜勒当即表示无法接受该两种方案,其妻子杜琳打电话给东方航空公司,但该公司称有关工作人员已下班。杜琳对东方航空公司的处理无法接受,且因携带婴儿而焦虑、激动。最终由香港机场工作人员交涉,阿卜杜勒及家属共支付1.7万港元,购买了阿联酋航空公司的机票及行李票,搭乘该公司的航班绕道迪拜,到达卡拉奇。为此,阿卜杜勒支出机票款4721港元、行李票款759港元,共计5480港元。

阿卜杜勒认为,东方航空公司的航班延误,又拒绝重新安排航程,给自己造成了经济损失,遂提出诉讼,要求判令东方航空公司赔偿机票款和行李票款,并定期对外公布航班的正常率、旅客投诉率。

东方航空公司辩称,航班延误的原因系天气条件恶劣,属不可抗力;其已将此事通知了阿卜杜勒,阿卜杜勒亦明知将错过香港的衔接航班,其无权要求东方航空公司改变航程。阿卜杜勒称,其明知会错过衔接航班仍选择登上飞往香港的航班,系因为东方航空公司对其承诺会予以妥善解决。

裁判结果

上海市浦东新区人民法院于2005年12月21日作出(2005)浦民一(民)初字第12164号民事判决:一、中国东方航空股份有限公司应在判决生效之日起十日内赔偿阿卜杜勒损失共计人民币5863.60元;二、驳回阿卜杜勒的其他诉讼请求。宣判后,中国东方航空股份有限公司提出上诉。上海市第一中级人民法院于2006年2月24日作出(2006)沪一中民一(民)终字第609号民事判决:驳回上诉,维持原判。

裁判理由

法院生效裁判认为:原告阿卜杜勒是巴基斯坦国公民,其购买的机票,出发地为我国上海,目的地为巴基斯坦卡拉奇。《中华人民共和国民法通则》第一百四十二条第一款规定:"涉外民事关系的法律适用,依照本章的规定确定。"第二款规定:"中华人民共和国缔结或者参加的国际条约同中华人民共和国的民事法律有不同规定的,适用国际条约的规定,但中华人民共和国声明保留的条款除外。"我国和巴基斯坦都是《经1955年海牙议定书修订的1929年华沙统一国际航空运输一些规则的公约》(以下简称《1955年在海牙修改的华沙公约》)和1961年《统一非立约承运人所办国际航空运输的某些规则以补充华沙公约的公约》(以下简称《瓜达拉哈拉公约》)的缔约国,故这两个国际公约对本案适用。《1955年在海牙修改的华沙公约》第二十八条第一款规定:"有关赔偿的诉讼,应该按原告的意愿,在一个缔约国的领土内,向承运人住所地或其总管理处所在地或签订契约的机构所在地法院提出,或向目的地法院提出。"第三十二条规定:"运输合同的任何条款和在损失发生以前的任何特别协议,如果运输合同各方借以违背本公约的规则,无论是选择所适用的法律或变更管辖权的规定,都不生效力。"据此,在阿卜杜勒持机票起诉的情形下,中华人民共和国上海市浦东新区人民法院有权对这起国际航空旅客运输合同纠纷进行管辖。

《瓜达拉哈拉公约》第一条第二款规定:"'缔约承运人'指与旅客或托运人,或与旅客或托运人的代理人订立一项适用华沙公约的运输合同的当事人。"第三款规定:"'实际承运人'指缔约承运人以外,根据缔约承运人的授权办理第二款所指的全部或部分运输的人,但对该部分运输此人并非华沙公约所指的连续承运人。在没有相反的证据时,上述授权被推定成立。"第七条规定:"对实际承运人所办运输的责任诉讼,可以由原告选择,对实际承运人或缔约承运人提起,或者同时或分别向他们提起。如果只对其中的一个承运人提起诉讼,则该承运人应有权要求另一承运人参加诉讼。这种参加诉讼的效力以及所适用的程序,根据受理案件的法院的法律决定。"阿卜杜勒所持机票,是由国泰航空公司出票,故国际航空旅客运输合同关系是在阿卜杜勒与国泰航空公司之间设立,国泰航空公司是缔约承运人。东方航空公司与阿卜杜勒之间不存在直接的国际航空旅客运输合同关系,也不是连续承运人,只是推定其根据国泰航空公司的授权,完成该机票确定的上海至香港间运输任务的实际承运人。阿卜杜勒有权选择国泰航空公司或东方航空公司或两者同时为被告提起诉讼;在阿卜杜勒只选择东方航空公司为被告提起的诉讼中,东方航空公司虽然有权要求国泰航空公司参加诉讼,但由于阿卜杜勒追究的航班延误责任发生在东方航空公司承运的上海至香港段航程中,与国泰航空公司无关,根据本案案情,衡量诉讼成本,无须追加国泰航空公司为本案的当事人共同参加诉讼。故东方航空公司虽然有权申请国泰航空公司参加诉讼,但这种申请能否被允许,应由受理案件的法院决定。一审法院认为国泰航空公司与阿卜杜勒要追究的航班延误责任无关,根据本案旅客维权的便捷性、担责可能性、诉讼的成本等情况,决定不追加香港国泰航空公司为本案的当事人,并无不当。

《1955年在海牙修改的华沙公约》第十九条规定:"承运人对旅客、行李或货物在航空运输过程中因延误而造成的损失应负责任。"第二十条第一款规定:"承运人如果证明自己和他的代理人为了避免损失的发生,已经采取一切必要的措施,或不可能采取这种措施时,就不负责任。"2004年12月31日的MU703航班由于天气原因发生延误,对这种不可抗力造成的延误,东方航空公司不可能采取措施来避免发生,故其对延误本身无须承担责任。但还需证明其已经采取了一切必要的措施来避免延误给旅客造成的损失发生,否则即应对旅客因延误而遭受的损失承担责任。阿卜杜勒在浦东机场时由于预见到 MU703 航班的延误会使其错过国泰航空公司的衔接航班，曾多次向东方航空公司工作人员询问怎么办。东方航空公司应当知道国泰航空公司从香港飞往卡拉奇的衔接航班三天才有一次，更明知阿卜杜勒一行携带着婴儿，不便在中转机场长时间等候，有义务向阿卜杜勒一行提醒中转时可能发生的不利情形，劝告阿卜杜勒一行改日乘机。但东方航空公司没有这样做，却让阿卜杜勒填写《续航情况登记表》，并告知会帮助解决，使阿卜杜勒对该公司产生合理信赖，从而放心登机飞赴香港。鉴于阿卜杜勒一行是得到东方航空公司的帮助承诺后来到香港，但是东方航空公司不考虑阿卜杜勒一行携带婴儿要尽快飞往卡拉奇的合理需要，向阿卜杜勒告知了要么等待三天乘坐下一航班且三天中相关费用自理，要么自费购买其他航空公司机票的"帮助解决"方案。根据查明的事实，东方航空公司始终未能提供阿卜杜勒的妻子杜琳在登机前填写的《续航情况登记表》，无法证明阿卜杜勒系在明知飞往香港后会发生对己不利的情况仍选择登机，故法院认定"东方航空公司没有为避免损失采取了必要的措施"是正确的。东方航空公司没有采取一切必要的措施来避免因航班延误给旅客造成的损失发生，不应免责。阿卜杜勒迫于无奈自费购买其他航空公司的机票，对阿卜杜勒购票支出的 5480 港元损失，东方航空公司应承担赔偿责任。

在延误的航班到达香港机场后，东方航空公司拒绝为阿卜杜勒签转机票，其主张阿卜杜勒的机票系打折票，已经注明了"不得退票，不得转签"，其无须另行提醒和告知。法院认为，即使是航空公司在打折机票上注明"不得退票，不得转签"，只是限制购买打折机票的旅客由于自身原因而不得退票和转签；旅客购买了打折机票，航空公司可以相应地取消一些服务，但是旅客支付了足额票款，航空公司就要为旅客提供完整的运输服务，并不能剥夺旅客在支付了票款后享有的乘坐航班按时抵达目的地的权利。本案中的航班延误并非由阿卜杜勒自身的原因造成。阿卜杜勒乘坐延误的航班到达香港机场后肯定需要重新签转机票，东方航空公司既未能在始发机场告知阿卜杜勒在航班延误时机票仍不能签转的理由，在中转机场亦拒绝为其办理签转手续。因此，东方航空公司未能提供证据证明损失的产生系阿卜杜勒自身原因所致，也未能证明其为了避免损失扩大采取了必要的方式和妥善的补救措施，故判令东方航空公司承担赔偿责任。

第八百二十一条　【承运人擅自降低或者提高服务标准的后果】承运人擅自降低服务标准的，应当根据旅客的请求退票或者减收票款；提高服务标准的，不得加收票款。

第八百二十二条　【承运人救助义务】承运人在运输过程中，应当尽力救助患有急病、分娩、遇险的旅客。

根据朱杭诉长阔出租汽车公司、付建启赔偿纠纷案：北京市朝阳区人民法院民事判决书［《最高人民法院公报》2002 年第 3 期（总第 77 期）］，承运人在履行运输职责时，对突发疾病的乘客不尽救助的法定义务，反而弃之不理，使乘客的生命处于危险状态下，侵犯了乘客应当享有的合法权利，应当承担民事责任。同时，该行为违背社会公德侵害，受害人以侵权为由向人民法院起诉请求赔偿精神损害的，人民法院应当支持。

第八百二十三条　【旅客人身伤亡责任】承运人应当对运输过程中旅客的伤亡承担赔偿责任；但是，伤亡是旅客自身健康原因造成的或者承运人证明伤亡是旅客故意、重大过失造成的除外。

前款规定适用于按照规定免票、持优待票或者经承运人许可搭乘的无票旅客。

根据 **2021 年 4 月 29 日修正的《中华人民共和国民用航空法》**，规定如下：

第一百二十四条 因发生在民用航空器上或者在旅客上、下民用航空器过程中的事件，造成旅客人身伤亡的，承运人应当承担责任；但是，旅客的人身伤亡完全是由于旅客本人的健康状况造成的，承运人不承担责任。

第一百二十七条 在旅客、行李运输中，经承运人证明，损失是由索赔人的过错造成或者促成的，应当根据造成或者促成此种损失的过错的程度，相应免除或者减轻承运人的责任。旅客以外的其他人就旅客死亡或者受伤提出赔偿请求时，经承运人证明，死亡或者受伤是旅客本人的过错造成或者促成的，同样应当根据造成或者促成此种损失的过错的程度，相应免除或者减轻承运人的责任。

在货物运输中，经承运人证明，损失是由索赔人或者代行权利人的过错造成或者促成的，应当根据造成或者促成此种损失的过错的程度，相应免除或者减轻承运人的责任。

第一百二十八条 国内航空运输承运人的赔偿责任限额由国务院民用航空主管部门制定，报国务院批准后公布执行。

旅客或者托运人在交运托运行李或者货物时，特别声明在目的地点交付时的利益，并在必要时支付附加费的，除承运人证明旅客或者托运人声明的金额高于托运行李或者货物在目的地点交付时的实际利益外，承运人应当在声明金额范围内承担责任；本法第一百二十九条的其他规定，除赔偿责任限额外，适用于国内航空运输。

第一百二十九条 国际航空运输承运人的赔偿责任限额按照下列规定执行：

（一）对每名旅客的赔偿责任限额为 16600 计算单位；但是，旅客可以同承运人书面约定高于本项规定的赔偿责任限额。

（二）对托运行李或者货物的赔偿责任限额，每公斤为 17 计算单位。旅客或者托运人在交运托运行李或者货物时，特别声明在目的地点交付时的利益，并在必要时支付附加费的，除承运人证明旅客或者托运人声明的金额高于托运行李或者货物在目的地点交付时的实际利益外，承运人应当在声明金额范围内承担责任。

托运行李或者货物的一部分或者托运行李、货物中的任何物件毁灭、遗失、损坏或者延误的，用以确定承运人赔偿责任限额的重量，仅为该一包件或者数包件的总重量；但是，因托运行李或者货物的一部分或者托运行李、货物中的任何物件的毁灭、遗失、损坏或者延误，影响同一份行李票或者同一份航空货运单所列其他包件的价值的，确定承运人的赔偿责任限额时，此种包件的总重量也应当考虑在内。

（三）对每名旅客随身携带的物品的赔偿责任限额为 332 计算单位。

第一百三十条 任何旨在免除本法规定的承运人责任或者降低本法规定的赔偿责任限额的条款，均属无效；但是，此种条款的无效，不影响整个航空运输合同的效力。

第一百三十一条 有关航空运输中发生的损失的诉讼，不论其根据如何，只能依照本法规定的条件和赔偿责任限额提出，但是不妨碍谁有权提起诉讼以及他们各自的权利。

第一百三十二条 经证明，航空运输中的损失是由于承运人或者其受雇人、代理人的故意或者明知可能造成损失而轻率地作为或者不作为造成的，承运人无权援用本法第一百二十八条、第一百二十九条有关赔偿责任限制的规定；证明承运人的受雇人、代理人有此种作为或者不作为的，还应当证明该受雇人、代理人是在受雇、代理范围内行事。

第一百三十三条 就航空运输中的损失向承运人的受雇人、代理人提起诉讼时，该受雇人、代理人证明他是在受雇、代理范围内行事的，有权援用本法第一百二十八条、第一百二十九条有关赔偿责任限制的规定。

在前款规定情形下，承运人及其受雇人、代理人的赔偿总额不得超过法定的赔偿责任限额。

经证明，航空运输中的损失是由于承运人的受雇人、代理人的故意或者明知可能造成损失而轻率地作为或者不作为造成的，不适用本条第一款和第二款的规定。

第一百三十四条 旅客或者收货人收受托运行李或者货物而未提出异议，为托运行李或者货物已经完好交付并与运输凭证相符的初步证据。

托运行李或者货物发生损失的，旅客或者收货人应当在发现损失后向承运人提出异议。托运行李发生损失的，至迟应当自收到托运行李之日起七日内提出；货物发生损失的，至迟应当自收到货物之日起十四日内提出。托运行李或者货物发生延误的，至迟应当自托运行李或者货物交付旅客或者收货人处置之日起二十一日内提出。

任何异议均应当在前款规定的期间内写在运输凭证上或者另以书面提出。

除承运人有欺诈行为外，旅客或者收货人未在本条第二款规定的期间内提出异议的，不能向承运人提出索赔诉讼。

第一百三十五条 航空运输的诉讼时效期间为二年，自民用航空器到达目的地点、应当到达目的地点或者运输终止之日起计算。

第一百三十六条 由几个航空承运人办理的连续运输，接受旅客、行李或者货物的每一个承运人应当受本法规定的约束，并就其根据合同办理的运输区段作为运输合同的订约一方。

根据**2015年4月24日修正的《中华人民共和国铁路法》**，规定如下：

第五十八条 因铁路行车事故及其他铁路运营事故造成人身伤亡的，铁路运输企业应当承担赔偿责任；如果人身伤亡是因不可抗力或者由于受害人自身的原因造成的，铁路运输企业不承担赔偿责任。

违章通过平交道口或者人行过道，或者在铁路线路上行走、坐卧造成的人身伤亡，属于受害人自身的原因造成的人员伤亡。

根据**1992年11月7日公布的《中华人民共和国海商法》**，规定如下：

第一百一十四条 在本法第一百一十一条规定的旅客及其行李的运送期间，因承运人或者承运人的受雇人、代理人在受雇或者受委托的范围内过失引起事故，造成旅客人身伤亡或者行李灭失、损坏的，承运人应当负赔偿责任。

请求人对承运人或者承运人的受雇人、代理人的过失，应当负举证责任；但是，本条第三款和第四款规定的情形除外。

旅客的人身伤亡或者自带行李的灭失、损坏，是由于船舶的沉没、碰撞、搁浅、爆炸、火灾所引起或者是由于船舶的缺陷所引起的，承运人或者承运人的受雇人、代理人除非提出反证，应当视为其有过失。

旅客自带行李以外的其他行李的灭失或者损坏，不论由于何种事故所引起，承运人或者承运人的受雇人、代理人除非提出反证，应当视为其有过失。

第一百一十五条 经承运人证明，旅客的人身伤亡或者行李的灭失、损坏，是由于旅客本人的过失或者旅客和承运人的共同过失造成的，可以免除或者相应减轻承运人的赔偿责任。

经承运人证明，旅客的人身伤亡或者行李的灭失、损坏，是由于旅客本人的故意造成的，或者旅客的人身伤亡是由于旅客本人健康状况造成的，承运人不负赔偿责任。

第一百一十七条 除本条第四款规定的情形外，承运人在每次海上旅客运输中的赔偿责任限额，依照下列规定执行：

(一)旅客人身伤亡的，每名旅客不超过46666计算单位；

(二)旅客自带行李灭失或者损坏的，每名旅客不超过833计算单位；

(三)旅客车辆包括该车辆所载行李灭失或者损坏的，每一车辆不超过3333计算单位；

(四)本款第(二)、(三)项以外的旅客其他行李灭失或者损坏的，每名旅客不超过1200

计算单位。

承运人和旅客可以约定,承运人对旅客车辆和旅客车辆以外的其他行李损失的免赔额。但是,对每一车辆损失的免赔额不得超过117计算单位,对每名旅客的车辆以外的其他行李损失的免赔额不得超过13计算单位。在计算每一车辆或者每名旅客的车辆以外的其他行李的损失赔偿数额时,应当扣除约定的承运人免赔额。

承运人和旅客可以书面约定高于本条第一款规定的赔偿责任限额。

中华人民共和国港口之间的海上旅客运输,承运人的赔偿责任限额,由国务院交通主管部门制订,报国务院批准后施行。

第一百一十八条 经证明,旅客的人身伤亡或者行李的灭失、损坏,是由于承运人的故意或者明知可能造成损害而轻率地作为或者不作为造成的,承运人不得援用本法第一百一十六条和第一百一十七条限制赔偿责任的规定。

经证明,旅客的人身伤亡或者行李的灭失、损坏,是由于承运人的受雇人、代理人的故意或者明知可能造成损害而轻率地作为或者不作为造成的,承运人的受雇人、代理人不得援用本法第一百一十六条和第一百一十七条限制赔偿责任的规定。

第一百二十一条 承运人将旅客运送或者部分运送委托给实际承运人履行的,仍然应当依照本章规定,对全程运送负责。实际承运人履行运送的,承运人应当对实际承运人的行为或者实际承运人的受雇人、代理人在受雇或者受委托的范围内的行为负责。

第一百二十二条 承运人承担本章未规定的义务或者放弃本章赋予的权利的任何特别协议,经实际承运人书面明确同意的,对实际承运人发生效力;实际承运人是否同意,不影响此项特别协议对承运人的效力。

第一百二十三条 承运人与实际承运人均负有赔偿责任的,应当在此项责任限度内负连带责任。

第一百二十四条 就旅客的人身伤亡或者行李的灭失、损坏,分别向承运人、实际承运人以及他们的受雇人、代理人提出赔偿请求,赔偿总额不得超过本法第一百一十七条规定的限额。

第一百二十五条 本法第一百二十一条至第一百二十四条的规定,不影响承运人和实际承运人之间相互追偿。

第一百二十六条 海上旅客运输合同中含有下列内容之一的条款无效:

(一)免除承运人对旅客应当承担的法定责任;

(二)降低本章规定的承运人责任限额;

(三)对本章规定的举证责任作出相反的约定;

(四)限制旅客提出赔偿请求的权利。

前款规定的合同条款的无效,不影响合同其他条款的效力。

根据**2021年12月8日修正的《最高人民法院关于审理铁路运输人身损害赔偿纠纷案件适用法律若干问题的解释》(法释〔2021〕19号)**,规定如下:

第一条 人民法院审理铁路行车事故及其他铁路运营事故造成的铁路运输人身损害赔偿纠纷案件,适用本解释。

铁路运输企业在客运合同履行过程中造成旅客人身损害的赔偿纠纷案件,不适用本解释;与铁路运输企业建立劳动合同关系或者形成劳动关系的铁路职工在执行职务中发生的人身损害,依照有关调整劳动关系的法律规定及其他相关法律规定处理。

第二条 铁路运输人身损害的受害人以及死亡受害人的近亲属为赔偿权利人,有权请求赔偿。

第三条 赔偿权利人要求对方当事人承担侵权责任的,由事故发生地、列车最先到达地或者被告住所地铁路运输法院管辖。

前款规定的地区没有铁路运输法院的,由高级人民法院指定的其他人民法院管辖。

第四条 铁路运输造成人身损害的,铁路运输企业应当承担赔偿责任;法律另有规定的，依照其规定。

第五条 铁路行车事故及其他铁路运营事故造成人身损害，有下列情形之一的，铁路运输企业不承担赔偿责任：

（一）不可抗力造成的；

（二）受害人故意以卧轨、碰撞等方式造成的；

（三）法律规定铁路运输企业不承担赔偿责任的其他情形造成的。

第六条 因受害人的过错行为造成人身损害，依照法律规定应当由铁路运输企业承担赔偿责任的，根据受害人的过错程度可以适当减轻铁路运输企业的赔偿责任，并按照以下情形分别处理：

（一）铁路运输企业未充分履行安全防护、警示等义务，铁路运输企业承担事故主要责任的，应当在全部损害的百分之九十至百分之六十之间承担赔偿责任；铁路运输企业承担事故同等责任的，应当在全部损害的百分之六十至百分之五十之间承担赔偿责任；铁路运输企业承担事故次要责任的，应当在全部损害的百分之四十至百分之十之间承担赔偿责任；

（二）铁路运输企业已充分履行安全防护、警示等义务，受害人仍施以过错行为的，铁路运输企业应当在全部损害的百分之十以内承担赔偿责任。

铁路运输企业已充分履行安全防护、警示等义务，受害人不听从值守人员劝阻强行通过铁路平交道口、人行过道，或者明知危险后果仍然无视警示规定沿铁路线路纵向行走、坐卧故意造成人身损害的，铁路运输企业不承担赔偿责任，但是有证据证明并非受害人故意造成损害的除外。

第七条 铁路运输造成无民事行为能力人人身损害的，铁路运输企业应当承担赔偿责任；监护人有过错的，按照过错程度减轻铁路运输企业的赔偿责任。

铁路运输造成限制民事行为能力人人身损害的，铁路运输企业应当承担赔偿责任；监护人或者受害人自身有过错的，按照过错程度减轻铁路运输企业的赔偿责任。

第八条 铁路机车车辆与机动车发生碰撞造成机动车驾驶人员以外的人人身损害的，由铁路运输企业与机动车一方对受害人承担连带赔偿责任。铁路运输企业与机动车一方之间的责任份额根据各自责任大小确定；难以确定责任大小的，平均承担责任。对受害人实际承担赔偿责任超出应当承担份额的一方，有权向另一方追偿。

铁路机车车辆与机动车发生碰撞造成机动车驾驶人员人身损害的，按照本解释第四条至第六条的规定处理。

第九条 在非铁路运输企业实行监护的铁路无人看守道口发生事故造成人身损害的，由铁路运输企业按照本解释的有关规定承担赔偿责任。道口管理单位有过错的，铁路运输企业对赔偿权利人承担赔偿责任后，有权向道口管理单位追偿。

第十条 对于铁路桥梁、涵洞等设施负有管理、维护等职责的单位，因未尽职责使该铁路桥梁、涵洞等设施不能正常使用，导致行人、车辆穿越铁路线路造成人身损害的，铁路运输企业按照本解释有关规定承担赔偿责任后，有权向该单位追偿。

第十一条 有权作出事故认定的组织依照《铁路交通事故应急救援和调查处理条例》等有关规定制作的事故认定书，经庭审质证，对于事故认定书所认定的事实，当事人没有相反证据和理由足以推翻的，人民法院应当作为认定事实的根据。

第十二条 在专用铁路及铁路专用线上因运输造成人身损害，依法应当由肇事工具或者设备的所有人、使用人或者管理人承担赔偿责任的，适用本解释。

第十三条 本院以前发布的司法解释与本解释不一致的，以本解释为准。

根据**2007年10月12日公布的《最高人民法院关于就客运合同纠纷案件中，对无过错承运人如何适用法律有关问题的请示的答复》(〔2006〕民监他字第1号)**，答复如下：

1. 请示报告显示，该交通事故系由第三人的过错造成，承运人和旅客均无过错。受到损害的旅客依据《中华人民共和国合同法》第一百二十一条的规定，仅选择承运人提起客运合同纠纷诉讼的，人民法院应当就该客运合同纠纷案件进行审理。

2. 承运人虽在交通事故中无过错，但在旅客提起的客运合同纠纷诉讼中，应按《中华人民共和国合同法》第三百零二条的规定，对旅客的伤亡承担损害赔偿责任。旅客关于精神损害的赔偿请求，应向造成交通事故的侵权人主张。在旅客仅选择提起客运合同纠纷诉讼的情况下，人民法院不应支持其向违约责任人主张精神损害赔偿的诉讼请求。

3. 承运人向旅客支付的损害赔偿金额构成承运人在该交通事故中损失的一部分，可以向造成交通事故的侵权人主张。

根据刘有祥诉洛阳铁路分局洛阳列车段、长沙铁路总公司郴州车务段铁路旅客运输人身伤亡赔偿纠纷案：广州铁路运输中级人民法院 1998 年 10 月 26 日民事判决书［《最高人民法院公报》1999 年第 3 期（总第 59 期）］，裁决如下：

《中华人民共和国铁路法》第五十八条第一款规定："因铁路行车事故及其他铁路运营事故造成人身伤亡的，铁路运输企业应当承担赔偿责任；如果人身伤亡是因不可抗力或者由于受害人自身的原因造成的，铁路运输企业不承担赔偿责任。"根据目前所掌握的情况，刘丰民"自己跳车"死亡一说不能成立，只能推定其坠车死亡。洛阳列车段在不能有效证实刘丰民是自身原因死亡的情况下，应当依照《中华人民共和国铁路法》第五十八条第一款的规定，承担赔偿责任。

第八百二十四条 【旅客随身携带物品毁损、灭失的责任承担】在运输过程中旅客随身携带物品毁损、灭失，承运人有过错的，应当承担赔偿责任。

旅客托运的行李毁损、灭失的，适用货物运输的有关规定。

根据 **2021 年 4 月 29 日修正的《中华人民共和国民用航空法》**，规定如下：

第一百二十五条 因发生在民用航空器上或者在旅客上、下民用航空器过程中的事件，造成旅客随身携带物品毁灭、遗失或者损坏的，承运人应当承担责任。因发生在航空运输期间的事件，造成旅客的托运行李毁灭、遗失或者损坏的，承运人应当承担责任。

旅客随身携带物品或者托运行李的毁灭、遗失或者损坏完全是由于行李本身的自然属性、质量或者缺陷造成的，承运人不承担责任。

本章所称行李，包括托运行李和旅客随身携带的物品。

因发生在航空运输期间的事件，造成货物毁灭、遗失或者损坏的，承运人应当承担责任；但是，承运人证明货物的毁灭、遗失或者损坏完全是由于下列原因之一造成的，不承担责任：

（一）货物本身的自然属性、质量或者缺陷；

（二）承运人或者其受雇人、代理人以外的人包装货物的，货物包装不良；

（三）战争或者武装冲突；

（四）政府有关部门实施的与货物入境、出境或者过境有关的行为。

本条所称航空运输期间，是指在机场内、民用航空器上或者机场外降落的任何地点，托运行李、货物处于承运人掌管之下的全部期间。

航空运输期间，不包括机场外的任何陆路运输、海上运输、内河运输过程；但是，此种陆路运输、海上运输、内河运输是为了履行航空运输合同而装载、交付或者转运，在没有相反证据的情况下，所发生的损失视为在航空运输期间发生的损失。

第一百二十六条 旅客、行李或者货物在航空运输中因延误造成的损失，承运人应当承担责任；但是，承运人证明本人或者其受雇人、代理人为了避免损失的发生，已经采取一切必要措施或者不可能采取此种措施的，不承担责任。

根据 **2015 年 4 月 24 日修正的《中华人民共和国铁路法》**，规定如下：

第十六条 铁路运输企业应当按照合同约定的期限或者国务院铁路主管部门规定的期

限，将货物、包裹、行李运到目的站；逾期运到的，铁路运输企业应当支付违约金。

铁路运输企业逾期三十日仍未将货物、包裹、行李交付收货人或者旅客的，托运人、收货人或者旅客有权按货物、包裹、行李灭失向铁路运输企业要求赔偿。

第十七条 铁路运输企业应当对承运的货物、包裹、行李自接受承运时起到交付时止发生的灭失、短少、变质、污染或者损坏，承担赔偿责任：

（一）托运人或者旅客根据自愿申请办理保价运输的，按照实际损失赔偿，但最高不超过保价额。

（二）未按保价运输承运的，按照实际损失赔偿，但最高不超过国务院铁路主管部门规定的赔偿限额；如果损失是由于铁路运输企业的故意或者重大过失造成的，不适用赔偿限额的规定，按照实际损失赔偿。

托运人或者旅客根据自愿可以向保险公司办理货物运输保险，保险公司按照保险合同的约定承担赔偿责任。

托运人或者旅客根据自愿，可以办理保价运输，也可以办理货物运输保险；还可以既不办理保价运输，也不办理货物运输保险。不得以任何方式强迫办理保价运输或者货物运输保险。

第十八条 由于下列原因造成的货物、包裹、行李损失的，铁路运输企业不承担赔偿责任：

（一）不可抗力。

（二）货物或者包裹、行李中的物品本身的自然属性，或者合理损耗。

（三）托运人、收货人或者旅客的过错。

根据**1992年11月7日公布的《中华人民共和国海商法》**第一百一十四条至第一百二十六条，对于旅客行李灭失、损坏的赔偿责任，参见民法典第八百二十三条的附注。

第三节 货运合同

第八百二十五条 【托运人如实申报义务】托运人办理货物运输，应当向承运人准确表明收货人的姓名、名称或者凭指示的收货人，货物的名称、性质、重量、数量，收货地点等有关货物运输的必要情况。

因托运人申报不实或者遗漏重要情况，造成承运人损失的，托运人应当承担赔偿责任。

第八百二十六条 【托运人提交有关文件义务】货物运输需要办理审批、检验等手续的，托运人应当将办理完有关手续的文件提交承运人。

根据**2021年4月29日修正的《中华人民共和国民用航空法》**，规定如下：

第一百二十三条 托运人应当提供必需的资料和文件，以便在货物交付收货人前完成法律、行政法规规定的有关手续；因没有此种资料、文件，或者此种资料、文件不充足或者不符合规定造成的损失，除由于承运人或者其受雇人、代理人的过错造成的外，托运人应当对承运人承担责任。

除法律、行政法规另有规定外，承运人没有对前款规定的资料或者文件进行检查的义务。

第八百二十七条 【托运人货物包装义务】托运人应当按照约定的方式包装货物。对包装方式没有约定或者约定不明确的，适用本法第六百一十九条的规定。

托运人违反前款规定的，承运人可以拒绝运输。

> 根据**2015年4月24日修正的《中华人民共和国铁路法》**，规定如下：
>
> **第二十条** 托运货物需要包装的，托运人应当按照国家包装标准或者行业包装标准包装；没有国家包装标准或者行业包装标准的，应当妥善包装，使货物在运输途中不因包装原因而受损坏。
>
> 铁路运输企业对承运的容易腐烂变质的货物和活动物，应当按照国务院铁路主管部门的规定和合同的约定，采取有效的保护措施。

第八百二十八条 【运输危险货物】托运人托运易燃、易爆、有毒、有腐蚀性、有放射性等危险物品的，应当按照国家有关危险物品运输的规定对危险物品妥善包装，做出危险物品标志和标签，并将有关危险物品的名称、性质和防范措施的书面材料提交承运人。

托运人违反前款规定的，承运人可以拒绝运输，也可以采取相应措施以避免损失的发生，因此产生的费用由托运人负担。

第八百二十九条 【托运人变更或者解除运输合同权利】在承运人将货物交付收货人之前，托运人可以要求承运人中止运输、返还货物、变更到达地或者将货物交给其他收货人，但是应当赔偿承运人因此受到的损失。

> 根据**2019年2月25日公布的《最高人民法院关于发布第21批指导性案例的通知》（法〔2016〕172号），其中指导案例108号是浙江隆达不锈钢有限公司诉A.P.穆勒－马士基有限公司海上货物运输合同纠纷案**，具体如下：
>
> **裁判要点**
>
> 在海上货物运输合同中，依据《合同法》第三百零八条的规定，承运人将货物交付收货人之前，托运人享有要求变更运输合同的权利，但双方当事人仍要遵循《合同法》第五条规定的公平原则确定各方的权利和义务。托运人行使此项权利时，承运人也可相应行使一定的抗辩权。如果变更海上货物运输合同难以实现或者将严重影响承运人正常营运，承运人可以拒绝托运人改港或者退运的请求，但应当及时通知托运人不能变更的原因。
>
> **相关法条**
>
> 《中华人民共和国合同法》第308条
>
> 《中华人民共和国海商法》第86条
>
> **基本案情**
>
> 2014年6月，浙江隆达不锈钢有限公司（以下简称隆达公司）由中国宁波港出口一批不锈钢无缝产品至斯里兰卡科伦坡港，货物报关价值为366918.97美元。隆达公司通过货代向A.P.穆勒－马士基有限公司（以下简称马士基公司）订舱，涉案货物于同年6月28日装载于4个集装箱内装船出运，出运时隆达公司要求做电放处理。2014年7月9日，隆达公司通过货代向马士基公司发邮件称，发现货物运错目的地要求改港或者退运。马士基公司于同日回

复，因货物距抵达目的港不足2天，无法安排改港，如需退运则需与目的港确认后回复。次日，隆达公司的货代询问货物退运是否可以原船带回，马士基公司于当日回复“原船退回不具有操作性，货物在目的港卸货后，需要由现在的收货人在目的港清关后，再向当地海关申请退运。海关批准后，才可以安排退运事宜”。2014年7月10日，隆达公司又提出“这个货要安排退运，就是因为清关清不了，所以才退回宁波的，有其他办法吗”。此后，马士基公司再未回复邮件。

涉案货物于2014年7月12日左右到达目的港。马士基公司应隆达公司的要求于2015年1月29日向其签发了编号603386880的全套正本提单。根据提单记载，托运人为隆达公司，收货人及通知方均为VENUSSTEEL PVT LTD，起运港中国宁波，卸货港科伦坡。2015年5月19日，隆达公司向马士基公司发邮件表示已按马士基公司要求申请退运。马士基公司随后告知隆达公司涉案货物已被拍卖。

裁判结果

宁波海事法院于2016年3月4日作出（2015）甬海法商初字第534号民事判决，认为隆达公司因未采取自行提货等有效措施导致涉案货物被海关拍卖，相应货损风险应由该公司承担，故驳回隆达公司的诉讼请求。一审判决后，隆达公司提出上诉。浙江省高级人民法院于2016年9月29日作出（2016）浙民终222号民事判决：撤销一审判决；马士基公司于判决送达之日起十日内赔偿隆达公司货物损失183459.49美元及利息。二审法院认为依据《合同法》第三百零八条，隆达公司在马士基公司交付货物前享有请求改港或退运的权利。在隆达公司提出退运要求后，马士基公司既未明确拒绝安排退运，也未通知隆达公司自行处理，对涉案货损应承担相应的赔偿责任，酌定责任比例为50%。马士基公司不服二审判决，向最高人民法院申请再审。最高人民法院于2017年12月29日作出（2017）最高法民再412号民事判决：撤销二审判决；维持一审判决。

裁判理由

最高人民法院认为，合同法与海商法有关调整海上运输关系、船舶关系的规定属于普通法与特别法的关系。根据《海商法》第八十九条的规定，船舶在装货港开航前，托运人可以要求解除合同。本案中，隆达公司在涉案货物海上运输途中请求承运人进行退运或者改港，因海商法未就航程中托运人要求变更运输合同的权利进行规定，故本案可适用《合同法》第三百零八条关于托运人要求变更运输合同权利的规定。基于特别法优先适用于普通法的法律适用基本原则，《合同法》第三百零八条规定的是一般运输合同，该条规定在适用于海上货物运输合同的情况下，应该受到海商法基本价值取向及强制性规定的限制。托运人依据《合同法》第三百零八条主张变更运输合同的权利不得致使海上货物运输合同中各方当事人利益显失公平，也不得使承运人违反对其他托运人承担的安排合理航线等义务，或剥夺承运人关于履行海上货物运输合同变更事项的相应抗辩权。

合同法总则规定的基本原则是合同法立法的准则，是适用于合同法全部领域的准则，也是合同法具体制度及规范的依据。依据《合同法》第三百零八条的规定，在承运人将货物交付收货人之前，托运人享有要求变更运输合同的权利，但双方当事人仍要遵循《合同法》第五条规定的公平原则确定各方的权利和义务。海上货物运输具有运输量大、航程预先拟定、航线相对固定等特殊性，托运人要求改港或者退运的请求有时不仅不易操作，还会妨碍承运人的正常营运或者给其他货物的托运人或收货人带来较大损害。在此情况下，如果要求承运人无条件服从托运人变更运输合同的请求显失公平。因此，在海上货物运输合同下，托运人并非可以无限制地行使请求变更的权利，承运人也并非在任何情况下都应无条件服从托运人请求变更的指示。为合理平衡海上货物运输合同中各方当事人利益之平衡，在托运人行使要求变更权利的同时，承运人也相应地享有一定的抗辩权利。如果变更运输合同难以实现或者将严重影响承运人正常营运，承运人可以拒绝托运人改港或者退运的要求，但应当及时通知托运人不能执行的原因。如果承运人关于不能执行原因等抗辩成立，承运人未按照托运人退运或改港的指示执行则并无不当。

涉案货物采用的是国际班轮运输，载货船舶除运载隆达公司托运的4个集装箱外，还运载了其他货主托运的众多货物。涉案货物于2014年6月28日装船出运，于2014年7月12日左右到达目的港。隆达公司于2014年7月9日才要求马士基公司退运或者改港。马士基公司在航程已过大半，距离到达目的港只有两三天的时间，以航程等原因无法安排改港、原船退回不具有操作性为抗辩事由，符合案件事实情况，该抗辩事由成立，马士基公司未安排退运或者改港并无不当。

马士基公司将涉案货物运至目的港后，因无人提货，将货物卸载至目的港码头符合《海商法》第八十六条的规定。马士基公司于2014年7月9日通过邮件回复隆达公司距抵达目的港不足2日。隆达公司已了解货物到港的大体时间并明知涉案货物在目的港无人提货，但在长达8个月的时间里未采取措施处理涉案货物致其被海关拍卖。隆达公司虽主张马士基公司未尽到谨慎管货义务，但并未举证证明马士基公司存在管货不当的事实。隆达公司的该项主张缺乏依据。依据《海商法》第八十六条的规定，马士基公司卸货后所产生的费用和风险应由收货人承担，马士基公司作为承运人无须承担相应的风险。

第八百三十条 【承运人的通知义务与收货人的提货义务】货物运输到达后，承运人知道收货人的，应当及时通知收货人，收货人应当及时提货。收货人逾期提货的，应当向承运人支付保管费等费用。

第八百三十一条 【收货人检验货物】收货人提货时应当按照约定的期限检验货物。对检验货物的期限没有约定或者约定不明确，依据本法第五百一十条的规定仍不能确定的，应当在合理期限内检验货物。收货人在约定的期限或者合理期限内对货物的数量、毁损等未提出异议的，视为承运人已经按照运输单证的记载交付的初步证据。

第八百三十二条 【运输过程中货物毁损、灭失的责任承担】承运人对运输过程中货物的毁损、灭失承担赔偿责任。但是，承运人证明货物的毁损、灭失是因不可抗力、货物本身的自然性质或者合理损耗以及托运人、收货人的过错造成的，不承担赔偿责任。

根据**宏隆实业有限公司与上海铁路分局何家湾站等铁路货物运输合同逾期货损索赔纠纷再审案：最高人民法院2000年9月12日民事判决书［《最高人民法院公报》2001年第1期（总第69期）］**，因托运人对运输货物的包装不符合规定而导致货物损失的，应当认定为托运人的过错。但是，承运人逾期运到的，应当承担违约责任。因此，铁路货物运输中，因托运人对物品包装不符合规定导致货物损失，且承运人逾期运到的，承运人不对货物损失承担赔偿责任，但是应当承担逾期运到的违约责任。

根据**信达货运配载经营部诉中国农业机械西南公司运输合同纠纷案：四川省成都市中级人民法院1999年3月9日民事判决书［《最高人民法院公报》1999年第4期（总第60期）］**，运输合同是承运人将旅客或者货物从起运地点运输到约定地点，旅客、托运人或者收货人支付票款或者运输费用的合同。运输合同的成立与否，不受承运人是使用自己所有的运输工具，还是使用租赁的或者借用的运输工具来完成运输合同中约定的承运义务的影响。即使该运输工具尚在分期付款阶段，未在管理机关办理过户手续的情况下，因买卖合同与运输合同是两个法律关系，彼此不受影响。在运输合同履行过程中发生交通事故造成货物损失，风险责任的承担，根据《合同法》第三百一十一条对承运人赔偿责任的规定，承运人对运输过程中货物的毁损、灭失承担损害赔偿责任。

根据中国人民保险公司浙江省分公司诉广州远洋运输公司和中国对外贸易运输总公司上海分公司海上货物运输合同及代理纠纷案：上海市高级人民法院1991年8月22日民事判决书［《最高人民法院公报》1994年第1期（总第37期）］，海上集装箱运输的承运人接受货主托运申请后，负有满足发货人要求提供清洁、干燥、无味、适载的集装箱空箱的义务。本案茶叶受污染系集装箱内残留有精萘气味所引起，事实证明上诉人提供的集装箱确有一只曾经装载过精萘，将未彻底清洁的空箱投入使用，对集装箱的不适载负有责任。该责任因不属运输途中发生，上诉人不能享受"责任限制"的抗辩权。作为发货人的装箱代理人，明知对于集装箱的检验，应是其作为发货代理人的职责，但在装箱前没有尽到认真查箱体的责任，应当依法承担相应的民事责任。

根据2020年9月7日公布的《最高人民法院发布2019年全国海事审判典型案例》，其中案例3是深圳市恒通海船务有限公司与吉安恒康航运有限公司航次租船合同纠纷案，典型意义如下：

在海上货物运输实务中，台风是一个较为常见的自然灾害，因台风引发货主、码头、船舶损失进而诉至法院的情况屡见不鲜，责任方往往抗辩台风构成不可抗力而免责。台风是否构成不可抗力，目前司法实践对该问题存在分歧。本案对不可抗力的三个构成要件进行分析。首先，判断台风是否属于不可抗力，系针对案件当事人在案涉事故发生时的判断，需要结合案情具体分析，在同一次台风事故中，不同的承运人预见能力不同，不同的承运船舶防风能力不同，不能以相同的要求来衡量不同的承运人。其次，如果责任人以台风预报误差为不可抗力理由的，应举证证明其基于不同级别的台风采取了何种防台措施，以及台风实际强度与预报强度之间的差异足以影响其防台措施的效果。最后，在航运实践中，因台风造成货损的情况下，往往还同时存在承运人管货过失的因素，法官应正确区分管货过失与不可抗力之间就造成货损的原因力比例与作用大小，从而准确区分责任。本案对判断台风是否构成不可抗力的构成要件进行深入分析，为类似案件的处理提供了参考。

根据2015年7月7日公布的《最高人民法院为"一带一路"建设提供司法服务和保障的典型案例》，其中案例5是朗力（武汉）注塑系统有限公司与天地国际运输代理（中国）有限公司武汉分公司航空货物运输合同纠纷案，具体如下：

一、基本案情

2010年11月22日，朗力注塑系统有限公司（以下简称朗力公司）就委托办理国际航空快件运输事宜，与天地国际运输代理（中国）有限公司武汉分公司（以下简称天地国际分公司）签订《国际航空快件运输协议》，协议同时包括《TNT运输及其他服务条款》等三份附录文件。2011年3月至8月，朗力公司多次委托天地国际分公司以快递方式向在法国的收货人运送货物。8月30日，天地国际分公司提取了朗力公司托运的5件商品，9月13日运抵法国里昂的4件商品被法国收货方签收。9月23日，天地国际分公司以电子邮件通知收货人及朗力公司，失踪的1件商品已找到并将于当日到达法国里昂。收货人回复电子邮件，拒绝接收。此后，该件货物从法国通过海运方式运回中国并最终交付给朗力公司。朗力公司提起诉讼，请求确认合同解除，由天地国际分公司赔偿违约损失；天地国际分公司反诉朗力公司支付拖欠运费及利息。

二、裁判结果

武汉市中级人民法院审理认为，天地国际分公司以航空方式实施了货物的跨国运输行为，其出具的运单项下对应有多件货物，上述货物在运输过程中均可视为独立物，因此货物中的每一件之上，均可视为存在一个独立的运输合同关系。涉案1件货物滞后十余日方运抵法国，且法国收货方拒收。而本案争议发生前，双方已发生持续的航空货物运输服务交易的实际履行期限最长未超过10日。鉴于航空运输方式的快捷性以及先前交易形成的运输期限预期，天地国际分公司的运输迟延行为，构成根本违约。《TNT运输及其他服务条款》约定的承运人免责条款，因违反《统一国际航空运输某些规则的公约》（以下简称《蒙特利尔公约》）的规定而无效，天地国际分公司应就其运输迟延造成的损失在公约法定限额内承担赔偿责任。据此，判决确认所涉的迟延货物的运输合同解除，天地国际分公司赔偿朗力公司损失，朗力公司向天地国际分公司支付运费及相应利息。双方均未上诉，该判决于2014年7月22日生效。

三、典型意义

该案对明晰国际航空运输合同纠纷的裁判规则、规范国际航空物流权责关系具有示范意义。一是明确了以航空方式实施的跨国货物运输中，运输迟延导致收货人拒绝接受交付可构成承运人的根本违约，托运人可行使部分解除权，有权解除相关运输合同。二是明确了航空货物运输合同旨在免除公约规定的承运人责任或者降低责任限额的约定，违反《蒙特利尔公约》的规定无效，承运人应当在公约限额内向托运人承担赔偿责任。

第八百三十三条 【确定货物赔偿额】货物的毁损、灭失的赔偿额，当事人有约定的，按照其约定；没有约定或者约定不明确，依据本法第五百一十条的规定仍不能确定的，按照交付或者应当交付时货物到达地的市场价格计算。法律、行政法规对赔偿额的计算方法和赔偿限额另有规定的，依照其规定。

根据**哈池曼海运公司与上海申福化工有限公司、日本德宝海运株式会社海上货物运输合同货损纠纷案：最高人民法院（2013）民提字第6号民事判决书［《最高人民法院公报》2016年第2期（总第232期）］**，海上货物运输合同的承运人对其责任期间发生的货损依照《中华人民共和国海商法》第五十五条的规定承担赔偿责任。《中华人民共和国海商法》第五十五条规定的货物实际价值不包括市价损失。

第八百三十四条 【相继运输】两个以上承运人以同一运输方式联运的，与托运人订立合同的承运人应当对全程运输承担责任；损失发生在某一运输区段的，与托运人订立合同的承运人和该区段的承运人承担连带责任。

根据**2006年3月14日公布的《最高人民法院关于“吕洪斌与浙江象山县荣宁船务公司水路货物运输合同纠纷一案有关适用法律问题的请示”的复函》（〔2005〕民四他字第48号）**，吕洪斌为本案的实际托运人，运单上记载的托运人南海市西樵祥安货运贸易部仅为接受吕洪斌委托与承运人中国扬子江轮船股份有限公司（以下简称扬子江公司）签订合同的人。根据合同约定适用的《国内水路货物运输规则》（以下简称《货规》）的规定，收货人有权就水路货物运单上所载货物损坏、灭失或者迟延交付所造成的损害向承运人索赔。虽然吕洪斌向武汉海事法院提供了黄永明出具的证明其代理吕洪斌收货的“证明”，法院并未予以认定，你院请示报告以及武汉海事法院民事判决中并未认定吕洪斌为涉案货物收货人的地位，亦未说明有证据证明吕洪斌因货损而产生损失，故尽管吕洪斌与承运人之间存在运输合同关系，但尚无证据证明吕洪斌对承运人具有货损请求权。你院应当在二审程序中对此事实予以查明。在认定吕洪斌具有货损请求权的前提下，扬子江公司作为承运人签发了涉案运单，吕洪斌与扬子江公司之间存在以运单为证明的水路货物运输合同关系。作为实际完成运输任务的浙江象山县荣宁船务公司（以下简称荣宁公司）应当作为该航次水路货物运输的实际承运人。根据《合同法》以及《货规》的规定，承运人应当对运输货物发生的货损承担赔偿责任。承运人将货物运输或者部分运输委托给实际承运人履行的，承运人仍然应当对全程运输负责。故扬子江公司作为本次运输的承运人，应当对吕洪斌的货物损失承担赔偿责任。《货规》还规定：承运人与实际承运人都负有赔偿责任的，应当在该项责任范围内承担连带责任。但根据你院请示报告中认定的事实，本案货损的发生是“希望”轮全部责任所致，荣宁公司对货物发生损失无过错，不应承担赔偿责任，故要求实际承运人荣宁公司对吕洪斌的损失承担连带赔偿责任缺乏事实依据和法律依据。

第八百三十五条 【货物因不可抗力灭失的运费处理】货物在运输过程中因不可抗力灭失，未收取运费的，承运人不得请求支付运费；已经收取运费的，托运人可以请求返还。法律另有规定的，依照其规定。

第八百三十六条 【承运人留置权】托运人或者收货人不支付运费、保管费或者其他费用的，承运人对相应的运输货物享有留置权，但是当事人另有约定的除外。

根据**2012年12月24日公布的《最高人民法院关于国内水路货物运输纠纷案件法律问题的指导意见》（法发〔2012〕28号）**第四部分第7条，对于承运人对运输货物的留置权，参见民法典第八百零九条的附注。

第八百三十七条 【承运人提存货物】收货人不明或者收货人无正当理由拒绝受领货物的，承运人依法可以提存货物。

第四节 多式联运合同

第八百三十八条 【多式联运经营人应当负责履行或者组织履行合同】多式联运经营人负责履行或者组织履行多式联运合同，对全程运输享有承运人的权利，承担承运人的义务。

根据**2019年9月11日公布的《最高人民法院发布2018年全国海事审判典型案例》，其中三井住友海上火灾保险株式会社（Mitsui Sumitomo Insurance Company Limited）诉中远海运集装箱运输有限公司国际多式联运合同纠纷案**，典型意义如下：

本案是一起含海运在内的国际多式联运合同纠纷。海运始于马来西亚，中途经希腊转铁路，目的地为斯洛伐克，是一条典型的通过“21世纪海上丝绸之路”，经由地中海转铁路将货物运送至中欧内陆国家的海铁联运。随着“一带一路”国家和地区间贸易往来的日益密切，国际贸易对多式联运的需求也呈现快速增长趋势。在跨越多国、涉及多种运输方式的国际多式联运合同纠纷中，对“网状责任制”与确定运输区段准据法之间的关系，存在认识不统一的情况。本案中法院坚持意思自治原则，充分尊重当事人的选择，铁路运输区段适用希腊法律，其余争议问题适用中华人民共和国法律，并根据希腊法下的法律渊源适用《国际铁路运输公约》《国际铁路货物运输合同统一规则》的相关规定。此外，“一带一路”共建国家和地区的自然气候状况、地理水文条件差别很大，基础设施的建设和养护水平也参差不齐，货运事故的发生又往往出现多种因素相互交织、并存的复杂局面，本案在评判风险责任承担时，较好地运用了原因力分析的方法，论证充分，说理透彻，为类似纠纷的处理提供了借鉴思路。

第八百三十九条 【多式联运合同责任制度】多式联运经营人可以与参加多式联运的各区段承运人就多式联运合同的各区段运输约定相互之间的责任；但是，该约定不影响多式联运经营人对全程运输承担的义务。

第八百四十条 【多式联运单据】多式联运经营人收到托运人交付的货物时，应当签发多式联运单据。按照托运人的要求，多式联运单据可以是可转让单据，也可以是不可转让单据。

第八百四十一条 【托运人承担过错责任】因托运人托运货物时的过错造成多式联运经营人损失的，即使托运人已经转让多式联运单据，托运人仍然应当承担赔偿责任。

第八百四十二条 【多式联运经营人赔偿责任的法律适用】货物的毁损、灭失发生于多式联运的某一运输区段的，多式联运经营人的赔偿责任和责任限额，适用调整该区段运输方式的有关法律规定；货物毁损、灭失发生的运输区段不能确定的，依照本章规定承担赔偿责任。

第二十章 技术合同

第一节 一般规定

第八百四十三条 【技术合同定义】技术合同是当事人就技术开发、转让、许可、咨询或者服务订立的确立相互之间权利和义务的合同。

根据 2020 年 12 月 29 日修正的《最高人民法院关于审理技术合同纠纷案件适用法律若干问题的解释》(法释〔2020〕19 号)，对于与审理技术合同纠纷相关的程序问题，规定如下：

第四十二条 当事人将技术合同和其他合同内容或者将不同类型的技术合同内容订立在一个合同中的，应当根据当事人争议的权利义务内容，确定案件的性质和案由。

技术合同名称与约定的权利义务关系不一致的，应当按照约定的权利义务内容，确定合同的类型和案由。

技术转让合同或者技术许可合同中约定让与人或者许可人负责包销或者回购受让人、被许可人实施合同标的技术制造的产品，仅因让与人或者许可人不履行或者不能全部履行包销或者回购义务引起纠纷，不涉及技术问题的，应当按照包销或者回购条款约定的权利义务内容确定案由。

第四十三条 技术合同纠纷案件一般由中级以上人民法院管辖。

各高级人民法院根据本辖区的实际情况并报经最高人民法院批准，可以指定若干基层人民法院管辖第一审技术合同纠纷案件。

其他司法解释对技术合同纠纷案件管辖另有规定的，从其规定。

合同中既有技术合同内容，又有其他合同内容，当事人就技术合同内容和其他合同内容均发生争议的，由具有技术合同纠纷案件管辖权的人民法院受理。

第四十四条 一方当事人以诉讼争议的技术合同侵害他人技术成果为由请求确认合同无效，或者人民法院在审理技术合同纠纷中发现可能存在该无效事由的，人民法院应当依法通知有关利害关系人，其可以作为有独立请求权的第三人参加诉讼或者依法向有管辖权的人民法院另行起诉。

利害关系人在接到通知后15日内不提起诉讼的，不影响人民法院对案件的审理。

第四十五条 第三人向受理技术合同纠纷案件的人民法院就合同标的技术提出权属或者侵权请求时，受诉人民法院对此也有管辖权的，可以将权属或者侵权纠纷与合同纠纷合并审理；受诉人民法院对此没有管辖权的，应当告知其向有管辖权的人民法院另行起诉或者将已经受理的权属或者侵权纠纷案件移送有管辖权的人民法院。权属或者侵权纠纷另案受理后，合同纠纷应当中止诉讼。

专利实施许可合同诉讼中，被许可人或者第三人向国家知识产权局请求宣告专利权无效的，人民法院可以不中止诉讼。在案件审理过程中专利权被宣告无效的，按照专利法第四十七条第二款和第三款的规定处理。

第四十六条 计算机软件开发等合同争议，著作权法以及其他法律、行政法规另有规定的，依照其规定；没有规定的，适用民法典第三编第一分编的规定，并可以参照民法典第三编第二分编第二十章和本解释的有关规定处理。

根据**2001年6月19日公布的《最高人民法院关于印发全国法院知识产权审判工作会议关于审理技术合同纠纷案件若干问题的纪要的通知》(法〔2001〕84号)**第一部分和第五部分，对于技术合同的解除和违约责任、技术合同的定性、几种特殊标的技术合同的法律适用以及与审理技术合同有关的程序问题，具体如下：

一、一般规定

（六）技术合同的解除与违约

26. 技术合同当事人一方迟延履行主要债务，经催告后在30日内仍未履行的，另一方可以依据**合同法第九十四条第（三）项**的规定解除合同。

当事人在催告通知中附有履行期限且该期限长于30日的，自该期限届满时，方可解除合同。

27. 有下列情形之一，使技术合同的履行成为不必要或者不可能时，当事人可以依据合同法第九十四条第（四）项的规定解除合同：

（1）因一方违约致使履行合同必备的物质条件灭失或者严重破坏，无法替代或者修复的；

（2）技术合同标的的项目或者技术因违背科学规律或者存在重大缺陷，无法达到约定的技术、经济效益指标的。

28. 专利实施许可合同和技术秘密转让合同约定按照提成支付技术使用费，受让人无正当理由不实施合同标的技术，并以此为由拒绝支付技术使用费的，让与人可以依据合同法第九十四条第（四）项的规定解除合同。

29. 在技术秘密转让合同有效期内，由于非受让人的原因导致合同标的技术公开且已进入公有领域的，当事人可以解除合同，但另有约定的除外。

30. 技术合同履行中，当事人一方在技术上发生的能够及时纠正的差错，或者为适应情况变化所作的必要技术调整，不影响合同目的实现的，不认为是违约行为，因此发生的额外费用自行承担。但因未依照合同法第六十条第二款的规定履行通知义务而造成对方当事人损失的，应当承担相应的违约责任。

31. 在履行技术合同中，为提供技术成果或者咨询服务而交付的技术载体和内容等与约定不一致的，应当及时更正、补充。不按时更正、补充的和因更正、补充有关技术载体和内容等给对方造成损失或者增加额外负担的，应当承担相应的违约责任。但一方所作技术改进，使合同的履行产生了比原合同更为积极或者有利效果的除外。

（七）技术合同的定性

32. 当事人将技术合同和其他合同内容合订为一个合同，或者将不同类型的技术合同内容合订在一个合同中的，应当根据当事人争议的权利义务内容，确定案件的性质和案由，适用相应的法律、法规。

33. 技术合同名称与合同约定的权利义务关系不一致的，应当按照合同约定的权利义务内容，确定合同的类型和案由，适用相应的法律、法规。

34. 当事人以技术开发、转让、咨询或者服务为承包内容订立的合同，属于技术合同。

35. 转让阶段性技术成果并约定后续开发义务的合同，就该阶段性技术成果的重复试验效果方面发生争议的，按照技术转让合同处理；就后续开发方面发生争议的，按照技术开发合同处理。

36. 技术转让合同中约定让与人向受让人提供实施技术的专用设备、原材料或者提供有关的技术咨询、技术服务的，这类约定属于技术转让合同的组成部分。因这类约定发生纠纷的，按照技术转让合同处理。

37. 当事人以技术入股方式订立联营合同，但技术入股人不参与联营体的经营管理，并且以保底条款形式约定联营体或者联营对方支付其技术价款或者使用费的，属于技术转让合同。

38. 技术转让合同中约定含让与人负责包销（回购）受让人实施合同标的技术制造的产品。仅因让与人不履行或者不能全部履行包销（回购）义务引起纠纷，不涉及技术问题的，按照包销（回购）条款所约定的权利义务内容确定案由，并适用相应的法律规定处理。

39. 技术开发合同当事人一方仅提供资金、设备、材料等物质条件，承担辅助协作事项，另一方进行研究开发工作的合同，属于委托开发合同。

40. 当事人一方以技术转让的名义提供已进入公有领域的技术，并进行技术指导，传授技术知识等，为另一方解决特定技术问题所订立的合同，可以视为技术服务合同履行，但属于合同法第五十二条和第五十四条规定情形的除外。

（八）几种特殊标的技术合同的法律适用

41. 新药技术成果转让和植物新品种申请权转让、植物新品种权转让和使用许可等合同争议，适用合同法总则的规定，并可以参照合同法第十八章和本纪要关于技术转让合同的规定，但法律另有规定的，依照其规定。

42. 计算机软件开发、许可、转让等合同争议，著作权法以及其他法律另有规定的，依照其规定；没有规定的，适用合同法总则的规定，并可以参照合同法第十八章和本纪要的有关规定。

五、与审理技术合同纠纷有关的程序问题

（一）技术合同纠纷的管辖与受理

90. 技术合同纠纷属于与知识产权有关的纠纷，由中级以上人民法院管辖，但最高人民法院另行确定管辖的除外。

91. 合同中既有技术合同内容，又有其他合同内容，当事人就技术合同内容和其他合同内容均发生争议的，由具有技术合同纠纷案件管辖权的人民法院受理。

92. 一方当事人以诉讼争议的技术合同侵害他人技术成果为由主张合同无效或者人民法院在审理技术合同纠纷中发现可能存在该无效事由时，应当依法通知有关利害关系人作为有独立请求权的第三人参加诉讼。

93. 他人向受理技术合同纠纷的人民法院就该合同标的技术提出权属或者侵权主张时，

受诉人民法院对此亦有管辖权的，可以将该权属或者侵权纠纷与合同纠纷合并审理；受诉人民法院对此没有管辖权的，应当告知其向有管辖权的人民法院另行起诉。权属或者侵权纠纷另案受理后，合同纠纷应当中止诉讼。

94. 专利实施许可合同诉讼中，受让人（被许可人）或者第三人向专利复审委员会请求宣告该专利权无效的，人民法院可以不中止诉讼。在审理过程中该专利权被宣告无效的，按照专利法的有关规定处理。

95. 因技术中介合同中介人违反约定的保密义务发生的纠纷，可以与技术合同纠纷合并审理。

96. 中介人一般不作为委托人与第三人之间的技术合同诉讼的当事人，但下列情况除外：

（1）中介人与技术合同一方当事人恶意串通损害另一方利益的，恶意串通的双方应列为共同被告，承担连带责任；

（2）中介人隐瞒技术合同一方当事人的真实情况给另一方造成损失的，中介人应列为被告，并依其过错承担相应的责任；

（3）因中介人不履行技术中介合同或者中介条款约定的其他义务，导致技术合同不能依约履行的，可以根据具体情况将中介人列为诉讼当事人。

（二）技术合同标的技术的鉴定

97. 在技术合同纠纷诉讼中，需对合同标的技术进行鉴定的，除法定鉴定部门外，当事人协商推荐共同信任的组织或者专家进行鉴定的，人民法院可予指定；当事人不能协商一致的，人民法院可以从由省级以上科技行政主管部门推荐的鉴定组织或者专家中选择并指定，也可以直接指定相关组织或者专家进行鉴定。

指定专家进行鉴定的，应当组成鉴定组。

鉴定人应当是三人以上的单数。

98. 鉴定应当以合同约定由当事人提供的技术成果或者技术服务内容为鉴定对象，从原理、设计、工艺和必要的技术资料等方面，按照约定的检测方式和验收标准，审查其能否达到约定的技术指标和经济效益指标。

99. 当事人对技术成果的检测方式或者验收标准没有约定或者约定不明确，依照合同法第六十一条的规定不能达成补充协议的，可以根据具体案情采用本行业常用的或者合乎实用的检测方式或者验收标准进行检测鉴定、专家评议或者验收鉴定。

对合同约定的验收标准明确、技术问题并不复杂的，可以采取当事人现场演示、操作、制作等方式对技术成果进行鉴定。

100. 技术咨询合同当事人对咨询报告和意见的验收或者评价办法没有约定或者约定不明确，依照合同法第六十一条的规定不能达成补充协议的，按照合乎实用的一般要求进行鉴定。

101. 对已经按照国家有关规定通过技术成果鉴定、新产品鉴定等鉴定，又无相反的证据能够足以否定该鉴定结论的技术成果，或者已经实际使用证明是成熟可靠的技术成果，在诉讼中当事人又对该技术成果的评价发生争议的，不再进行鉴定。

102. 不能以授予专利权的有关专利文件代替对合同标的技术的鉴定结论。

第八百四十四条　【技术合同订立的目的】订立技术合同，应当有利于知识产权的保护和科学技术的进步，促进科学技术成果的研发、转化、应用和推广。

根据**2020年12月29日修正的《最高人民法院关于审理技术合同纠纷案件适用法律若干问题的解释》（法释〔2020〕19号）**，规定如下：

第一条　技术成果，是指利用科学技术知识、信息和经验作出的涉及产品、工艺、材料及其改进等的技术方案，包括专利、专利申请、技术秘密、计算机软件、集成电路布图设计、植物新品种等。

技术秘密，是指不为公众所知悉、具有商业价值并经权利人采取相应保密措施的技术信息。

根据2001年6月19日公布的《最高人民法院关于印发全国法院知识产权审判工作会议关于审理技术合同纠纷案件若干问题的纪要的通知》(法〔2001〕84号)，对于技术成果和技术秘密的含义，具体如下：

1. 合同法第十八章所称技术成果，是指利用科学技术知识、信息和经验作出的产品、工艺、材料及其改进等技术方案，包括专利、专利申请、技术秘密和其他能够取得知识产权的技术成果(如植物新品种、计算机软件、集成电路布图设计和新药成果等)。

2. 合同法第十八章所称的技术秘密，是指不为公众所知悉、能为权利人带来经济利益、具有实用性并经权利人采取保密措施的技术信息。前款所称不为公众所知悉，是指该技术信息的整体或者精确的排列组合或者要素，并非为通常涉及该信息有关范围的人所普遍知道或者容易获得；能为权利人带来经济利益、具有实用性，是指该技术信息因属于秘密而具有商业价值，能够使拥有者获得经济利益或者获得竞争优势；权利人采取保密措施，是指该技术信息的合法拥有者根据有关情况采取的合理措施，在正常情况下可以使该技术信息得以保密。合同法所称技术秘密与技术秘密成果是同义语。

第八百四十五条　【技术合同主要条款】技术合同的内容一般包括项目的名称，标的的内容、范围和要求，履行的计划、地点和方式，技术信息和资料的保密，技术成果的归属和收益的分配办法，验收标准和方法，名词和术语的解释等条款。

与履行合同有关的技术背景资料、可行性论证和技术评价报告、项目任务书和计划书、技术标准、技术规范、原始设计和工艺文件，以及其他技术文档，按照当事人的约定可以作为合同的组成部分。

技术合同涉及专利的，应当注明发明创造的名称、专利申请人和专利权人、申请日期、申请号、专利号以及专利权的有效期限。

根据2001年6月19日公布的《最高人民法院关于印发全国法院知识产权审判工作会议关于审理技术合同纠纷案件若干问题的纪要的通知》(法〔2001〕84号)，对于技术合同履行内容的确定，具体如下：

23. 当事人对技术合同的价款、报酬和使用费没有约定或者约定不明确，依照合同法第六十一条的规定不能达成补充协议的，人民法院可以按照以下原则处理：

(1)对于技术开发合同和技术转让合同，根据有关技术成果的研究开发成本、先进性、实施转化和应用的程度，当事人享有的权益和承担的责任，以及技术成果的经济效益和社会效益等合理认定；

(2)对于技术咨询合同和技术服务合同，根据有关咨询服务工作的数量、质量和技术含量，以及预期产生的经济效益和社会效益等合理认定。

技术合同价款、报酬、使用费中包含非技术性款项的，应当分项计算。

24. 当事人对技术合同的履行地点没有约定或者约定不明确，依照合同法第六十一条的规定不能达成补充协议的，技术开发合同以研究开发人所在地为履行地，但依据合同法第三百三十条第四款订立的合同以技术成果实施地为履行地；技术转让合同以受让人所在地为履行地；技术咨询合同以受托人所在地为履行地；技术服务合同以委托人所在地为履行地。

但给付合同价款、报酬、使用费的，以接受给付的一方所在地为履行地。

25. 技术合同当事人对技术成果的验收标准没有约定或者约定不明确，在适用合同法第六十二条的规定时，没有国家标准、行业标准或者专业技术标准的，按照本行业合乎实用的一般技术要求履行。

当事人订立技术合同时所作的可行性分析报告中有关经济效益或者成本指标的预测和分析，不应当视为合同约定的验收标准，但当事人另有约定的除外。

第八百四十六条 【技术合同价款、报酬及使用费】技术合同价款、报酬或者使用费的支付方式由当事人约定，可以采取一次总算、一次总付或者一次总算、分期支付，也可以采取提成支付或者提成支付附加预付入门费的方式。

约定提成支付的，可以按照产品价格、实施专利和使用技术秘密后新增的产值、利润或者产品销售额的一定比例提成，也可以按照约定的其他方式计算。提成支付的比例可以采取固定比例、逐年递增比例或者逐年递减比例。

约定提成支付的，当事人可以约定查阅有关会计账目的办法。

根据**2020年12月29日修正的《最高人民法院关于审理技术合同纠纷案件适用法律若干问题的解释》（法释〔2020〕19号）**，规定如下：

第十四条 对技术合同的价款、报酬和使用费，当事人没有约定或者约定不明确的，人民法院可以按照以下原则处理：

（一）对于技术开发合同和技术转让合同、技术许可合同，根据有关技术成果的研究开发成本、先进性、实施转化和应用的程度，当事人享有的权益和承担的责任，以及技术成果的经济效益等合理确定；

（二）对于技术咨询合同和技术服务合同，根据有关咨询服务工作的技术含量、质量和数量，以及已经产生和预期产生的经济效益等合理确定。

技术合同价款、报酬、使用费中包含非技术性款项的，应当分项计算。

根据**2001年6月19日公布的《最高人民法院关于印发全国法院知识产权审判工作会议关于审理技术合同纠纷案件若干问题的纪要的通知》（法〔2001〕84号）**，对于善意、有偿取得技术秘密的一方支付合理使用费等问题，具体如下：

20. 侵害他人技术秘密成果使用权、转让权的技术合同无效后，除法律、行政法规另有规定的以外，善意、有偿取得该技术秘密的一方可以继续使用该技术秘密，但应当向权利人支付合理的使用费并承担保密义务。除与权利人达成协议以外，善意取得的一方（使用人）继续使用该技术秘密不得超过其取得时确定的使用范围。当事人双方恶意串通或者一方明知或者应知另一方侵权仍然与其订立或者履行合同的，属于共同侵权，应当承担连带赔偿责任和保密义务，因该无效合同而取得技术秘密的当事人不得继续使用该技术秘密。

前款规定的使用费由使用人与权利人协议确定，不能达成协议的，任何一方可以请求人民法院予以裁决。使用人拒不履行双方达成的使用费协议的，权利人除可以请求人民法院判令使用人支付已使用期间的使用费以外，还可以请求判令使用人停止使用该技术秘密；使用人拒不执行人民法院关于使用费的裁决的，权利人除可以申请强制执行已使用期间的使用费外，还可以请求人民法院判令使用人停止使用该技术秘密。在双方就使用费达成协议或者人民法院作出生效裁决以前，使用人可以不停止使用该技术秘密。

21. 人民法院在裁决前条规定的使用费时，可以根据权利人善意对外转让该技术秘密的费用并考虑使用人的使用规模和经济效益等因素来确定；也可以依据使用人取得该技术秘密所支付的费用并考虑该技术秘密的研究开发成本、成果转化和应用程度和使用人的使用规模和经济效益等因素来确定。

人民法院应当对已使用期间的使用费和以后使用的付费标准一并作出裁决。

合同被确认无效后，使用人不论是否继续使用该技术秘密，均应当向权利人支付其已使用期间的使用费，其已向无效合同的让与人支付的费用应当由让与人负责返还，该费用中已由让与人作为侵权损害的赔偿直接给付权利人的部分，在计算使用人向权利人支付的使用费时相应扣除。

第八百四十七条 【职务技术成果的财产权权属】职务技术成果的使用权、转让权属于法人或者非法人组织的，法人或者非法人组织可以就该项职务技术成果订立技术合同。法人或者非法人组织订立技术合同转让职务技术成果时，职务技术成果的完成人享有以同等条件优先受让的权利。

职务技术成果是执行法人或者非法人组织的工作任务，或者主要是利用法人或者非法人组织的物质技术条件所完成的技术成果。

根据**2020年12月29日修正的《最高人民法院关于审理技术合同纠纷案件适用法律若干问题的解释》（法释〔2020〕19号）**，对于职务技术成果等问题，规定如下：

第二条 民法典第八百四十七条第二款所称"执行法人或者非法人组织的工作任务"，包括：

（一）履行法人或者非法人组织的岗位职责或者承担其交付的其他技术开发任务；

（二）离职后一年内继续从事与其原所在法人或者非法人组织的岗位职责或者交付的任务有关的技术开发工作，但法律、行政法规另有规定的除外。

法人或者非法人组织与其职工就职工在职期间或者离职以后所完成的技术成果的权益有约定的，人民法院应当依约定确认。

第三条 民法典第八百四十七条第二款所称"物质技术条件"，包括资金、设备、器材、原材料、未公开的技术信息和资料等。

第四条 民法典第八百四十七条第二款所称"主要是利用法人或者非法人组织的物质技术条件"，包括职工在技术成果的研究开发过程中，全部或者大部分利用了法人或者非法人组织的资金、设备、器材或者原材料等物质条件，并且这些物质条件对形成该技术成果具有实质性的影响；还包括该技术成果实质性内容是在法人或者非法人组织尚未公开的技术成果、阶段性技术成果基础上完成的情形。但下列情况除外：

（一）对利用法人或者非法人组织提供的物质技术条件，约定返还资金或者交纳使用费的；

（二）在技术成果完成后利用法人或者非法人组织的物质技术条件对技术方案进行验证、测试的。

第七条 不具有民事主体资格的科研组织订立的技术合同，经法人或者非法人组织授权或者认可的，视为法人或者非法人组织订立的合同，由法人或者非法人组织承担责任；未经法人或者非法人组织授权或者认可的，由该科研组织成员共同承担责任，但法人或者非法人组织因该合同受益的，应当在其受益范围内承担相应责任。

前款所称不具有民事主体资格的科研组织，包括法人或者非法人组织设立的从事技术研究开发、转让等活动的课题组、工作室等。

第十六条 当事人以技术成果向企业出资但未明确约定权属，接受出资的企业主张该技术成果归其享有的，人民法院一般应当予以支持，但是该技术成果价值与该技术成果所占出资额比例明显不合理损害出资人利益的除外。

当事人对技术成果的权属约定有比例的，视为共同所有，其权利使用和利益分配，按共有技术成果的有关规定处理，但当事人另有约定的，从其约定。

当事人对技术成果的使用权约定有比例的，人民法院可以视为当事人对实施该项技术成果所获收益的分配比例，但当事人另有约定的，从其约定。

根据2001年6月19日公布的《最高人民法院关于印发全国法院知识产权审判工作会议关于审理技术合同纠纷案件若干问题的纪要的通知》(法〔2001〕84号)第一部分，对于职务技术成果和非职务技术成果、技术合同的主体等问题，具体如下：

（二）职务技术成果和非职务技术成果

3. 法人或者其他组织与其职工在劳动合同或者其他协议中就职工在职期间或者离职以后所完成的技术成果的权益有约定的，依其约定确认。但该约定依法应当认定为无效或者依法被撤销、解除的除外。

4. 合同法第三百二十六条第二款所称执行法人或者其他组织的工作任务，是指：

（1）职工履行本岗位职责或者承担法人或者其他组织交付的其他科学研究和技术开发任务。

（2）离职、退职、退休后一年内继续从事与其原所在法人或者其他组织的岗位职责或者交付的任务有关的科学研究和技术开发，但法律、行政法规另有规定或者当事人另有约定的除外。

前款所称岗位职责，是指根据法人或者其他组织的规定，职工所在岗位的工作任务和责任范围。

5. 合同法第三百二十六条第二款所称物质技术条件，是指资金、设备、器材、原材料、未公开的技术信息和资料。

合同法第三百二十六条第二款所称主要利用法人或者其他组织的物质技术条件，是指职工在完成技术成果的研究开发过程中，全部或者大部分利用了法人或者其他组织的资金、设备、器材或者原材料，或者该技术成果的实质性内容是在该法人或者其他组织尚未公开的技术成果、阶段性技术成果或者关键技术的基础上完成的。但对利用法人或者其他组织提供的物质技术条件，约定返还资金或者交纳使用费的除外。

在研究开发过程中利用法人或者其他组织已对外公开或者已为本领域普通技术人员公知的技术信息，或者在技术成果完成后利用法人或者其他组织的物质条件对技术方案进行验证、测试的，不属于主要利用法人或者其他组织的物质技术条件。

（三）技术合同的主体

9. 法人或者其他组织设立的从事技术研究开发、转让等活动的不具有民事主体资格的科研组织（包括课题组、工作室等）订立的技术合同，经法人或者其他组织授权或者认可的，视为法人或者其他组织订立的合同，由法人或者其他组织承担责任；未经法人或者其他组织授权或者认可的，由该科研组织成员共同承担责任，但法人或者其他组织因该合同受益的，应当在其受益范围内承担相应的责任。

第八百四十八条　【非职务技术成果的财产权权属】非职务技术成果的使用权、转让权属于完成技术成果的个人，完成技术成果的个人可以就该项非职务技术成果订立技术合同。

根据2020年12月29日修正的《最高人民法院关于审理技术合同纠纷案件适用法律若干问题的解释》(法释〔2020〕19号)，对于非职务技术成果，规定如下：

第五条　个人完成的技术成果，属于执行原所在法人或者非法人组织的工作任务，又主要利用了现所在法人或者非法人组织的物质技术条件的，应当按照该自然人原所在和现所在法人或者非法人组织达成的协议确认权益。不能达成协议的，根据对完成该项技术成果的贡献大小由双方合理分享。

第六条 民法典第八百四十七条所称"职务技术成果的完成人"、第八百四十八条所称"完成技术成果的个人"，包括对技术成果单独或者共同作出创造性贡献的人，也即技术成果的发明人或者设计人。人民法院在对创造性贡献进行认定时，应当分解所涉及技术成果的实质性技术构成。提出实质性技术构成并由此实现技术方案的人，是作出创造性贡献的人。

提供资金、设备、材料、试验条件，进行组织管理，协助绘制图纸、整理资料、翻译文献等人员，不属于职务技术成果的完成人、完成技术成果的个人。

根据**2001年6月19日公布的《最高人民法院关于印发全国法院知识产权审判工作会议关于审理技术合同纠纷案件若干问题的纪要的通知》(法〔2001〕84号)**，对于非职务技术成果，具体如下：

6. 完成技术成果的个人既执行了原所在法人或者其他组织的工作任务，又就同一科学研究或者技术开发课题主要利用了现所在法人或者其他组织的物质技术条件所完成的技术成果的权益，由其原所在法人或者其他组织和现所在法人或者其他组织协议确定，不能达成协议的，由双方合理分享。

7. 职工于本岗位职责或者其所在法人或者其他组织交付的任务之外从事业余兼职活动或者与他人合作完成的技术成果的权益，按照其与聘用人(兼职单位)或者合作人的约定确认。没有约定或者约定不明确，依照合同法第六十一条的规定不能达成补充协议的，按照合同法第三百二十六条和第三百二十七条的规定确认。

依照前款规定处理时不得损害职工所在的法人或者其他组织的技术权益。

8. 合同法第三百二十六条和第三百二十七条所称完成技术成果的个人，是指对技术成果单独或者共同作出创造性贡献的人，不包括仅提供资金、设备、材料、试验条件的人员，进行组织管理的人员，协助绘制图纸、整理资料、翻译文献等辅助服务人员。

判断创造性贡献时，应当分解技术成果的实质性技术构成，提出实质性技术构成和由此实现技术方案的人是作出创造性贡献的人。对技术成果做出创造性贡献的人为发明人或者设计人。

第八百四十九条 【技术成果的人身权归属】完成技术成果的个人享有在有关技术成果文件上写明自己是技术成果完成者的权利和取得荣誉证书、奖励的权利。

第八百五十条 【技术合同无效】非法垄断技术或者侵害他人技术成果的技术合同无效。

根据**2020年12月29日修正的《最高人民法院关于审理技术合同纠纷案件适用法律若干问题的解释》(法释〔2020〕19号)**，对于技术合同的无效，规定如下：

第十条 下列情形，属于民法典第八百五十条所称的"非法垄断技术"：

(一)限制当事人一方在合同标的技术基础上进行新的研究开发或者限制其使用所改进的技术，或者双方交换改进技术的条件不对等，包括要求一方将其自行改进的技术无偿提供给对方、非互惠性转让给对方、无偿独占或者共享该改进技术的知识产权；

(二)限制当事人一方从其他来源获得与技术提供方类似技术或者与其竞争的技术；

(三)阻碍当事人一方根据市场需求，按照合理方式充分实施合同标的技术，包括明显不合理地限制技术接受方实施合同标的技术生产产品或者提供服务的数量、品种、价格、销售渠道和出口市场；

（四）要求技术接受方接受并非实施技术必不可少的附带条件，包括购买非必需的技术、原材料、产品、设备、服务以及接收非必需的人员等；

（五）不合理地限制技术接受方购买原材料、零部件、产品或者设备等的渠道或者来源；

（六）禁止技术接受方对合同标的技术知识产权的有效性提出异议或者对提出异议附加条件。

第十一条 技术合同无效或者被撤销后，技术开发合同研究开发人、技术转让合同让与人、技术许可合同许可人、技术咨询合同和技术服务合同的受托人已经履行或者部分履行了约定的义务，并且造成合同无效或者被撤销的过错在对方的，对其已履行部分应当收取的研究开发经费、技术使用费、提供咨询服务的报酬，人民法院可以认定为因对方原因导致合同无效或者被撤销给其造成的损失。

技术合同无效或者被撤销后，因履行合同所完成新的技术成果或者在他人技术成果基础上完成后续改进技术成果的权利归属和利益分享，当事人不能重新协议确定的，人民法院可以判决由完成技术成果的一方享有。

第十二条 根据民法典第八百五十条的规定，侵害他人技术秘密的技术合同被确认无效后，除法律、行政法规另有规定的以外，善意取得该技术秘密的一方当事人可以在其取得时的范围内继续使用该技术秘密，但应当向权利人支付合理的使用费并承担保密义务。

当事人双方恶意串通或者一方知道或者应当知道另一方侵权仍与其订立或者履行合同的，属于共同侵权，人民法院应当判令侵权人承担连带赔偿责任和保密义务，因此取得技术秘密的当事人不得继续使用该技术秘密。

第十三条 依照前条第一款规定可以继续使用技术秘密的人与权利人就使用费支付发生纠纷的，当事人任何一方都可以请求人民法院予以处理。继续使用技术秘密但又拒不支付使用费的，人民法院可以根据权利人的请求判令使用人停止使用。

人民法院在确定使用费时，可以根据权利人通常对外许可该技术秘密的使用费或者使用人取得该技术秘密所支付的使用费，并考虑该技术秘密的研究开发成本、成果转化和应用程度以及使用人的使用规模、经济效益等因素合理确定。

不论使用人是否继续使用技术秘密，人民法院均应当判令其向权利人支付已使用期间的使用费。使用人已向无效合同的让与人或者许可人支付的使用费应当由让与人或者许可人负责返还。

根据**2001年6月19日公布的《最高人民法院关于印发全国法院知识产权审判工作会议关于审理技术合同纠纷案件若干问题的纪要的通知》（法〔2001〕84号）**，对于技术合同的效力，具体如下：

10. 技术合同不因下列事由无效：

（1）合同标的技术未经技术鉴定；

（2）技术合同未经登记或者未向有关部门备案；

（3）以已经申请专利尚未授予专利权的技术订立专利实施许可合同。

11. 技术合同内容有下列情形的，属于合同法第三百二十九条所称“非法垄断技术，妨碍技术进步”：

（1）限制另一方在合同标的技术的基础上进行新的研究开发，或者双方交换改进技术的条件不对等，包括要求一方将其自行改进的技术无偿地提供给对方、非互惠性的转让给对方、无偿地独占或者共享该改进技术的知识产权；

（2）限制另一方从其他来源吸收技术；

（3）阻碍另一方根据市场的需求，按照合理的方式充分实施合同标的技术，包括不合理地限制技术接受方实施合同标的技术生产产品或者提供服务的数量、品种、价格、销售渠道和出口市场；

(4)要求技术接受方接受并非实施技术必不可少的附带条件，包括购买技术接受方并不需要的技术、服务、原材料、设备或者产品等和接收技术接受方并不需要的人才等；

(5)不合理地限制技术接受方自由选择从不同来源购买原材料、零部件或者设备等；

(6)禁止技术接受方对合同标的技术的知识产权的有效性提出异议的条件。

12. 技术合同内容有下列情形的，属于合同法第三百二十九条所称侵害他人技术成果：

(1)侵害他人专利权、专利申请权、专利实施权的；

(2)侵害他人技术秘密成果使用权、转让权的；

(3)侵害他人植物新品种权、植物新品种申请权、植物新品种实施权的；

(4)侵害他人计算机软件著作权、集成电路电路布图设计权、新药成果权等技术成果权的；

(5)侵害他人发明权、发现权以及其他科技成果权的。

侵害他人发明权、发现权以及其他科技成果权等技术成果完成人人身权利的合同，合同部分无效，不影响其他部分效力的，其他部分仍然有效。

13. 当事人使用或者转让其独立研究开发或者以其他正当方式取得的与他人的技术秘密相同或者近似的技术秘密的，不属于合同法第三百二十九条所称侵害他人技术成果。

通过合法的参观访问或者对合法取得的产品进行拆卸、测绘、分析等反向工程手段掌握相关技术的，属于前款所称以其他正当方式取得。但法律另有规定或者当事人另有约定的除外。

14. 除当事人另有约定或者技术成果的权利人追认的以外，技术秘密转让合同和专利实施许可合同的受让人，将合同标的技术向他人转让而订立的合同无效。

15. 技术转让合同中既有专利权转让或者专利实施许可内容，又有技术秘密转让内容，专利权被宣告无效或者技术秘密被他人公开的，不影响合同中另一部分内容的效力。但当事人另有约定的除外。

16. 当事人一方采取欺诈手段，就其现有技术成果作为研究开发标的与他人订立委托开发合同收取研究开发费用，或者就同一研究开发课题先后与两个或者两个以上的委托人分别订立委托开发合同重复收取研究开发费用的，受损害方可以依照合同法第五十四条第二款的规定请求变更或者撤销合同，但属于合同法第五十二条和第三百二十九条规定的情形应当对合同作无效处理的除外。

17. 技术合同无效或者被撤销后，研究开发人、让与人、受托人已经履行了约定的义务，且造成合同无效或者被撤销的过错在对方的，其按约定应当收取的研究开发经费、技术使用费和提供咨询服务的报酬，可以视为因对方原因导致合同无效或者被撤销给其造成的损失。

18. 技术合同无效或者被撤销后，当事人因合同取得的技术资料、样品、样机等技术载体应当返还权利人，并不得保留复制品；涉及技术秘密的，当事人依法负有保密义务。

19. 技术合同无效或者被撤销后，因履行合同所完成的新的技术成果或者在他人技术成果的基础上完成的后续改进部分的技术成果的权利归属和利益分享，当事人不能重新协议确定的，由完成技术成果的一方当事人享有。

根据大洋公司诉黄河公司专利实施许可合同纠纷案：最高人民法院(2003)民三终字第8号民事判决书[《最高人民法院公报》2004年第9期(总第95期)]，“非法垄断技术、妨碍技术进步”的行为，是指要求技术接受方接受非实施技术必不可少的附带条件，包括购买技术接受方非必需的技术、原材料、产品、设备、服务以及接收非必需的人员，和不合理地限制技术接受方购买原材料、零部件或者设备等的渠道或来源。专利技术实施许可合同生效后，专利技术许可方按合同的约定，向专利技术接受方提供包含专利技术的专用生产设备，使其用于生产和销售专利产品的，不构成《合同法》第三百二十九条规定的“非法垄断技术、妨碍技术进步”的情形。

第二节 技术开发合同

第八百五十一条 【技术开发合同定义及合同形式】技术开发合同是当事人之间就新技术、新产品、新工艺、新品种或者新材料及其系统的研究开发所订立的合同。

技术开发合同包括委托开发合同和合作开发合同。

技术开发合同应当采用书面形式。

当事人之间就具有实用价值的科技成果实施转化订立的合同，参照适用技术开发合同的有关规定。

> **根据2020年12月29日修正的《最高人民法院关于审理技术合同纠纷案件适用法律若干问题的解释》（法释〔2020〕19号）**，对于技术开发合同的定义，规定如下：
>
> **第十七条** 民法典第八百五十一条第一款所称“新技术、新产品、新工艺、新品种或者新材料及其系统”，包括当事人在订立技术合同时尚未掌握的产品、工艺、材料及其系统等技术方案，但对技术上没有创新的现有产品的改型、工艺变更、材料配方调整以及对技术成果的验证、测试和使用除外。
>
> **第十八条** 民法典第八百五十一条第四款规定的“当事人之间就具有实用价值的科技成果实施转化订立的”技术转化合同，是指当事人之间就具有实用价值但尚未实现工业化应用的科技成果包括阶段性技术成果，以实现该科技成果工业化应用为目标，约定后续试验、开发和应用等内容的合同。
>
> **根据2001年6月19日公布的《最高人民法院关于印发全国法院知识产权审判工作会议关于审理技术合同纠纷案件若干问题的纪要的通知》（法〔2001〕84号）**，对于技术开发合同的定义，具体如下：
>
> 43. 合同法第三百三十条所称新技术、新产品、新工艺、新材料及其系统，是指当事人在订立技术合同时尚未掌握的产品、工艺、材料及其系统等技术方案，但在技术上没有创新的现有产品的改型、工艺变更、材料配方调整以及技术成果的验证、测试和使用除外。
>
> 44. 合同法第三百三十条第四款所称当事人之间就具有产业应用价值的科技成果实施转化订立的合同，是指当事人之间就具有实用价值但尚未能够实现商品化、产业化应用的科技成果（包括阶段性技术成果），以实现该科技成果的商品化、产业化应用为目标，约定有关后续试验、开发和应用等内容的合同。

第八百五十二条 【委托开发合同的委托人义务】委托开发合同的委托人应当按照约定支付研究开发经费和报酬，提供技术资料，提出研究开发要求，完成协作事项，接受研究开发成果。

> **根据2001年6月19日公布的《最高人民法院关于印发全国法院知识产权审判工作会议关于审理技术合同纠纷案件若干问题的纪要的通知》（法〔2001〕84号）**，对于技术开发合同当事人的权利义务，具体如下：
>
> 48. 委托开发合同委托人在不妨碍研究开发人正常工作的情况下，有权依据合同法第六十条第二款的规定，对研究开发人履行合同和使用研究开发经费的情况进行必要的监督检

查,包括查阅帐册和访问现场。

研究开发人有权依据合同法第三百三十一条的规定,要求委托人补充必要的背景资料和数据等,但不得超过履行合同所需要的范围。

49. 研究开发成果验收时,委托开发合同的委托人和合作开发合同的当事人有权取得实施技术成果所必需的技术资料、试验报告和数据,要求另一方进行必要的技术指导,保证所提供的技术成果符合合同约定的条件。

第八百五十三条 【委托开发合同的研究开发人义务】委托开发合同的研究开发人应当按照约定制定和实施研究开发计划,合理使用研究开发经费,按期完成研究开发工作,交付研究开发成果,提供有关的技术资料和必要的技术指导,帮助委托人掌握研究开发成果。

第八百五十四条 【委托开发合同的违约责任】委托开发合同的当事人违反约定造成研究开发工作停滞、延误或者失败的,应当承担违约责任。

第八百五十五条 【合作开发合同的当事人主要义务】合作开发合同的当事人应当按照约定进行投资,包括以技术进行投资,分工参与研究开发工作,协作配合研究开发工作。

根据**2020年12月29日修正的《最高人民法院关于审理技术合同纠纷案件适用法律若干问题的解释》**(法释〔2020〕19号),规定如下:

第十九条 民法典第八百五十五条所称"分工参与研究开发工作",包括当事人按照约定的计划和分工,共同或者分别承担设计、工艺、试验、试制等工作。

技术开发合同当事人一方仅提供资金、设备、材料等物质条件或者承担辅助协作事项,另一方进行研究开发工作的,属于委托开发合同。

根据**2001年6月19日公布的《最高人民法院关于印发全国法院知识产权审判工作会议关于审理技术合同纠纷案件若干问题的纪要的通知》**(法〔2001〕84号),对于分工参与研究开发工作,具体如下:

45. 合同法第三百三十五条所称分工参与研究开发工作,是指按照约定的计划和分工共同或者分别承担设计、工艺、试验、试制等工作。

第八百五十六条 【合作开发合同的违约责任】合作开发合同的当事人违反约定造成研究开发工作停滞、延误或者失败的,应当承担违约责任。

第八百五十七条 【技术开发合同解除】作为技术开发合同标的的技术已经由他人公开,致使技术开发合同的履行没有意义的,当事人可以解除合同。

第八百五十八条 【技术开发合同风险负担及通知义务】技术开发合同履行过程中,因出现无法克服的技术困难,致使研究开发失败或者部分失败的,该风险由当事人约定;没有约定或者约定不明确,依据本法第五百一十条的规定仍不能确定的,风险由当事人合理分担。

当事人一方发现前款规定的可能致使研究开发失败或者部分失败的情形时,应当及时通知另一方并采取适当措施减少损失;没有及时通知并采取适当措施,致使损失扩大的，应当就扩大的损失承担责任。

第八百五十九条 【委托开发合同的技术成果归属】委托开发完成的发明创造，除法律另有规定或者当事人另有约定外，申请专利的权利属于研究开发人。研究开发人取得专利权的，委托人可以依法实施该专利。

研究开发人转让专利申请权的，委托人享有以同等条件优先受让的权利。

根据**2001年6月19日公布的《最高人民法院关于印发全国法院知识产权审判工作会议关于审理技术合同纠纷案件若干问题的纪要的通知》（法〔2001〕84号）**，对于技术成果的归属等，具体如下：

50.根据合同法第三百三十九条第一款和第三百四十条第一款的规定，委托开发或者合作开发完成的技术成果所获得的专利权为当事人共有的，实施该专利的方式和利益分配办法，由当事人约定。当事人没有约定或者约定不明确，依照合同法第六十一条的规定不能达成补充协议的，当事人均享有自己实施该专利的权利，由此所获得的利益归实施人。当事人不具备独立实施专利的条件，以普通实施许可的方式许可一个法人或者其他组织实施该专利，或者与一个法人、其他组织或者自然人合作实施该专利或者通过技术入股与之联营实施该专利，可以视为当事人自己实施专利。

第八百六十条 【合作开发合同的技术成果归属】合作开发完成的发明创造，申请专利的权利属于合作开发的当事人共有；当事人一方转让其共有的专利申请权的，其他各方享有以同等条件优先受让的权利。但是，当事人另有约定的除外。

合作开发的当事人一方声明放弃其共有的专利申请权的，除当事人另有约定外，可以由另一方单独申请或者由其他各方共同申请。申请人取得专利权的，放弃专利申请权的一方可以免费实施该专利。

合作开发的当事人一方不同意申请专利的，另一方或者其他各方不得申请专利。

第八百六十一条 【技术秘密成果归属与分享】委托开发或者合作开发完成的技术秘密成果的使用权、转让权以及收益的分配办法，由当事人约定；没有约定或者约定不明确，依据本法第五百一十条的规定仍不能确定的，在没有相同技术方案被授予专利权前，当事人均有使用和转让的权利。但是，委托开发的研究开发人不得在向委托人交付研究开发成果之前，将研究开发成果转让给第三人。

根据**2020年12月29日修正的《最高人民法院关于审理技术合同纠纷案件适用法律若干问题的解释》（法释〔2020〕19号）**，对于技术秘密成果的归属与分享，规定如下：

第二十条 民法典第八百六十一条所称“当事人均有使用和转让的权利”，包括当事人均有不经对方同意而自己使用或者以普通使用许可的方式许可他人使用技术秘密，并独占由此所获利益的权利。当事人一方将技术秘密成果的转让权让与他人，或者以独占或者排他使用许可的方式许可他人使用技术秘密，未经对方当事人同意或者追认的，应当认定该让与或者许可行为无效。

第二十一条 技术开发合同当事人依照民法典的规定或者约定自行实施专利或使用技

术秘密，但因其不具备独立实施专利或者使用技术秘密的条件，以一个普通许可方式许可他人实施或者使用的，可以准许。

根据**2001年6月19日公布的《最高人民法院关于印发全国法院知识产权审判工作会议关于审理技术合同纠纷案件若干问题的纪要的通知》（法〔2001〕84号）**，对于技术秘密成果的使用权和转让权等问题，具体如下：

46. 合同法第三百四十一条所称技术秘密成果的使用权、转让权，是指当事人依据法律规定或者合同约定所取得的使用、转让技术秘密成果的权利。使用权是指以生产经营为目的自己使用或者许可他人使用技术秘密成果的权利；转让权是指向他人让与技术秘密成果的权利。

47. 合同法第三百四十一条所称当事人均有使用和转让的权利，是指当事人均有不经对方同意而自己使用或者以普通使用许可的方式许可他人使用技术秘密并独占由此获得的利益的权利。当事人一方将技术秘密成果的使用权、转让权全部让与他人，或者以独占、排他使用许可的方式许可他人使用技术秘密的，必须征得对方当事人的同意。

51. 根据合同法第三百四十一条的规定，当事人一方仅享有自己使用技术秘密的权利，但其不具备独立使用该技术秘密的条件，以普通使用许可的方式许可一个法人或者其他组织使用该技术秘密，或者与一个法人、其他组织或者自然人合作使用该技术秘密或者通过技术入股与之联营使用该技术秘密，可以视为当事人自己使用技术秘密。

第三节 技术转让合同和技术许可合同

第八百六十二条 【技术转让合同和技术许可合同定义】技术转让合同是合法拥有技术的权利人，将现有特定的专利、专利申请、技术秘密的相关权利让与他人所订立的合同。

技术许可合同是合法拥有技术的权利人，将现有特定的专利、技术秘密的相关权利许可他人实施、使用所订立的合同。

技术转让合同和技术许可合同中关于提供实施技术的专用设备、原材料或者提供有关的技术咨询、技术服务的约定，属于合同的组成部分。

根据**2020年10月17日修正的《中华人民共和国专利法》**，规定如下：

第十条 专利申请权和专利权可以转让。

中国单位或者个人向外国人、外国企业或者外国其他组织转让专利申请权或者专利权的，应当依照有关法律、行政法规的规定办理手续。

转让专利申请权或者专利权的，当事人应当订立书面合同，并向国务院专利行政部门登记，由国务院专利行政部门予以公告。专利申请权或者专利权的转让自登记之日起生效。

第十二条 任何单位或者个人实施他人专利的，应当与专利权人订立实施许可合同，向专利权人支付专利使用费。被许可人无权允许合同规定以外的任何单位或者个人实施该专利。

第四十七条 宣告无效的专利权视为自始即不存在。

宣告专利权无效的决定，对在宣告专利权无效前人民法院作出并已执行的专利侵权的判决、调解书，已经履行或者强制执行的专利侵权纠纷处理决定，以及已经履行的专利实施许可合同和专利权转让合同，不具有追溯力。但是因专利权人的恶意给他人造成的损失，应当给予赔偿。

依照前款规定不返还专利侵权赔偿金、专利使用费、专利权转让费，明显违反公平原则的，应当全部或者部分返还。

第八百六十三条 【技术转让合同和技术许可合同类型和形式】技术转让合同包括专利权转让、专利申请权转让、技术秘密转让等合同。

技术许可合同包括专利实施许可、技术秘密使用许可等合同。

技术转让合同和技术许可合同应当采用书面形式。

根据**2020年12月29日修正的《最高人民法院关于审理技术合同纠纷案件适用法律若干问题的解释》（法释〔2020〕19号）**，对于技术转让合同，规定如下：

第二十二条 就尚待研究开发的技术成果或者不涉及专利、专利申请或者技术秘密的知识、技术、经验和信息所订立的合同，不属于民法典第八百六十二条规定的技术转让合同或者技术许可合同。

技术转让合同中关于让与人向受让人提供实施技术的专用设备、原材料或者提供有关的技术咨询、技术服务的约定，属于技术转让合同的组成部分。因此发生的纠纷，按照技术转让合同处理。

当事人以技术入股方式订立联营合同，但技术入股人不参与联营体的经营管理，并且以保底条款形式约定联营体或者联营对方支付其技术价款或者使用费的，视为技术转让合同或者技术许可合同。

第二十三条 专利申请权转让合同当事人以专利申请被驳回或者被视为撤回为由请求解除合同，该事实发生在依照专利法第十条第三款的规定办理专利申请权转让登记之前的，人民法院应当予以支持；发生在转让登记之后的，不予支持，但当事人另有约定的除外。

专利申请因专利申请权转让合同成立时即存在尚未公开的同样发明创造的在先专利申请被驳回，当事人依据民法典第五百六十三条第一款第（四）项的规定请求解除合同的，人民法院应当予以支持。

第二十四条 订立专利权转让合同或者专利申请权转让合同前，让与人自己已经实施发明创造，在合同生效后，受让人要求让与人停止实施的，人民法院应当予以支持，但当事人另有约定的除外。

让与人与受让人订立的专利权、专利申请权转让合同，不影响在合同成立前让与人与他人订立的相关专利实施许可合同或者技术秘密转让合同的效力。

第二十五条 专利实施许可包括以下方式：

（一）独占实施许可，是指许可人在约定许可实施专利的范围内，将该专利仅许可一个被许可人实施，许可人依约定不得实施该专利；

（二）排他实施许可，是指许可人在约定许可实施专利的范围内，将该专利仅许可一个被许可人实施，但许可人依约定可以自行实施该专利；

（三）普通实施许可，是指许可人在约定许可实施专利的范围内许可他人实施该专利，并且可以自行实施该专利。

当事人对专利实施许可方式没有约定或者约定不明确的，认定为普通实施许可。专利实施许可合同约定被许可人可以再许可他人实施专利的，认定该再许可为普通实施许可，但当事人另有约定的除外。

技术秘密的许可使用方式，参照本条第一、二款的规定确定。

第二十六条 专利实施许可合同许可人负有在合同有效期内维持专利权有效的义务，包括依法缴纳专利年费和积极应对他人提出宣告专利权无效的请求，但当事人另有约定的除外。

第二十七条 排他实施许可合同许可人不具备独立实施其专利的条件，以一个普通许可的方式许可他人实施专利的，人民法院可以认定为许可人自己实施专利，但当事人另有约定的除外。

根据**2001年6月19日公布的《最高人民法院关于印发全国法院知识产权审判工作会议关于审理技术合同纠纷案件若干问题的纪要的通知》(法〔2001〕84号)**，对于技术转让合同的一般规定，以及专利权转让合同、专利申请权转让合同、专利实施许可合同和技术秘密转让合同等几种类型，具体如下：

52. 合同法第三百四十二条所称技术转让合同，是指技术的合法拥有者包括有权对外转让技术的人将特定和现有的专利、专利申请、技术秘密的相关权利让与他人或者许可他人使用所订立的合同，不包括就尚待研究开发的技术成果或者不涉及专利、专利申请或者技术秘密的知识、技术、经验和信息订立的合同。其中：

(1)专利权转让合同，是指专利权人将其专利权让与受让人，受让人支付价款所订立的合同。

(2)专利申请权转让合同，是指让与人将其特定的技术成果申请专利的权利让与受让人，受让人支付价款订立的合同。

(3)技术秘密转让合同，是指技术秘密成果的权利人或者其授权的人作为让与人将技术秘密提供给受让人，明确相互之间技术秘密成果使用权、转让权，受让人支付价款或者使用费所订立的合同。

(4)专利实施许可合同，是指专利权人或者其授权的人作为让与人许可受让人在约定的范围内实施专利，受让人支付使用费所订立的合同。

53. 技术转让合同让与人应当保证受让人按约定的方式实施技术达到约定的技术指标。除非明确约定让与人保证受让人达到约定的经济效益指标，让与人不对受让人实施技术后的经济效益承担责任。

转让阶段性技术成果，让与人应当保证在一定条件下重复试验可以得到预期的效果。

54. 技术转让合同中约定受让人取得的技术须经受让人小试、中试、工业性试验后才能投入批量生产的，受让人未经小试、中试、工业性试验直接投入批量生产所发生的损失，让与人不承担责任。

…………

58. 订立专利权转让合同或者专利申请权转让合同前，让与人自己已经实施发明创造的，除当事人另有约定的以外，在合同生效后，受让人有权要求让与人停止实施。

专利权或者专利申请权依照专利法的规定让与受让人后，受让人可以依法作为专利权人或者专利申请人对他人行使权利。

59. 专利权转让合同、专利申请权转让合同不影响让与人在合同成立前与他人订立的专利实施许可合同或者技术秘密转让合同的效力。有关当事人之间的权利义务依照合同法第五章的规定确定。

60. 专利申请权依照专利法的规定让与受让人前专利申请被驳回的，当事人可以解除专利申请权转让合同；让与受让人后专利申请被驳回的，合同效力不受影响。但当事人另有约定的除外。

专利申请因专利申请权转让合同成立时即存在尚未公开的同样发明创造的在先专利申请而被驳回的，当事人可以依据合同法第五十四条第一款第(二)项的规定请求予以变更或者撤销合同。

61. 专利实施许可合同让与人应当在合同有效期内维持专利权有效，但当事人另有约定的除外。

在合同有效期内，由于让与人的原因导致专利权被终止的，受让人可以依据合同法第九十四条第（四）项的规定解除合同，让与人应当承担违约责任；专利权被宣告无效的，合同终止履行，并依据专利法的有关规定处理。

62. 专利实施许可合同对实施专利的期限没有约定或者约定不明确，依照合同法第六十一条的规定不能达成补充协议的，受让人实施专利不受期限限制。

63. 专利实施许可可以采取独占实施许可、排他实施许可、普通实施许可等方式。

前款所称排他实施许可，是指让与人在已经许可受让人实施专利的范围内无权就同一专利再许可他人实施；独占实施许可，是指让与人在已经许可受让人实施专利的范围内无权就同一专利再许可他人实施或者自己实施；普通实施许可，是指让与人在已经许可受让人实施专利的范围内仍可以就同一专利再许可他人实施。

当事人对专利实施许可方式没有约定或者约定不明确，依照合同法第六十一条的规定不能达成补充协议的，视为普通实施许可。

专利实施许可合同约定受让人可以再许可他人实施该专利的，该再许可为普通实施许可，但当事人另有约定的除外。

64. 除当事人另有约定的以外，根据实施专利的强制许可决定而取得的专利实施权为普通实施许可。

65. 除当事人另有约定的以外，排他实施许可合同让与人不具备独立实施其专利的条件，与一个法人、其他组织或者自然人合作实施该专利，或者通过技术入股实施该专利，可视为让与人自己实施专利。但让与人就同一专利与两个或者两个以上法人、其他组织或者自然人分别合作实施或者入股联营的，属于合同法第三百五十一条规定的违反约定擅自许可第三人实施专利的行为。

66. 除当事人另有约定的以外，专利实施许可合同的受让人将受让的专利与他人合作实施或者人股联营的，属于合同法第三百五十二条规定的未经让与人同意擅自许可第三人实施专利的行为。

67. 技术秘密转让合同对使用技术秘密的期限没有约定或者约定不明确，依照合同法第六十一条的规定不能达成补充协议的，受让人可以无限期地使用该技术秘密。

68. 合同法第三百四十七条所称技术秘密转让合同让与人的保密义务不影响其申请专利的权利，但当事人约定让与人不得申请专利或者明确约定让与人承担保密义务的除外。

69. 技术秘密转让可以采取本纪要第 63 条规定的许可使用方式，并参照适用合同法和本纪要关于专利实施许可使用方式的有关规定。

根据**2001 年 1 月 11 日公布的《最高人民法院民事审判第三庭关于黑龙江无线电一厂与王兴华等专利实施许可合同使用费纠纷案的函》（〔1998〕知监字第 68 号函）**，本案核心问题是 1991 年 3 月 20 日王兴华与无线电一厂所签“终止合同协议书”的效力的认定。该协议与 1990 年 11 月 1 日双方所签排他性的专利实施许可合同均是由王兴华签字的。在王兴华签订这两份协议时，其仍是专利证书所记载的惟一的专利权人。其他专利权共有人的身份是在 1995 年 5 月 15 日作出的（1994）哈经初字第 229 号民事判决书生效之后才得以确认的。在此之前，王兴华仍然是法律上所认可的专利权人，其可以依法独立行使对其专利的处分权，以其名义签订的这两份协议，其效力似应当均作有效的一致认定。即使在 1990 年 11 月 1 日的合同中已说明王兴华是同时代表其他人与无线电一厂签订合同，但在履约过程中专利权人身份未依法变更之前，所谓被代表的其他人也无权对专利权人的处分行为进行限制。况且，该合同也只是讲专利是三人的“非职务发明”“专利设计人王兴华等三名同志与无线电一厂协商一致”，并未明确指出专利的处分权属于三个人共有。作为与专利权人交易的相对人，除非其有明显过错，不能要求其承担——专利权人的身份在将来必然会产生变更——这样的注意义务，其并不对与其交易时专利证书记载的专利权人因该交易行为而对其他事后确认的专利权共有人产生的侵权行为承担。担从现有证据材料看，王兴华不能证明其并未与无线电一厂签有该“终止合同协议书”；王兴华、王振中、吕文富也不能证明无线电一厂在与王兴华签订该协议书时系明知或者应知王兴华并非为法律所承认的惟一的专利权人或者双方有恶意串通等行为。至于无线电一厂在该“终止合同协议书”签订之后仍继续向对方支付费用的问题，原审判决并未说明支付的是何期间的费用。如果无线电一厂是合同义务依法终止后仍继续付费，也属于对自己权利的处分。如无其他足够的证据可以就证，不能因此反推该“终止合同协议书”就不具有法律效力。如果“终止合同协议书”认定为有效，则王兴华等人依据1990年11月1日合同所主张的权利就不应予以支持，但其可以依法另行向无线电一厂主张专利侵权等其他权利。另外，在无线电一厂否认其生产的两种型号的产品系实施原告专利技术所得的情况下，原审判决示就已经完成的技术鉴定问题作出审查认定，也未进行其他技术对比判断，即依此来计算使用费，亦有不妥。

根据**2000年5月28日公布的《最高人民法院知识产权审判庭关于绍兴中药厂与上海医科大学附属华山医院技术转让合同纠纷案的函》（〔1998〕知监字第56号函）**，在四川省高级人民法院（1993）川高法经终字第31号终审判决已对绍兴药厂与华山医院的技术转让合同作出合同无效的认定并判决合同终止履行，绍兴市中级人民法院又就同一法律关系作出合同有效的认定并判决合同继续履行的相反判决，明显错误。不论（1993）川高法经终字第31号判决的认定和处理是否存在错误，绍兴市中级人民法院均不能另行重新认定并作出相反判决。如该判决确有错误，也应当通过审判监督程序予以纠正。

第八百六十四条 【技术转让合同和技术许可合同的限制性条款】技术转让合同和技术许可合同可以约定实施专利或者使用技术秘密的范围，但是不得限制技术竞争和技术发展。

根据**2020年12月29日修正的《最高人民法院关于审理技术合同纠纷案件适用法律若干问题的解释》（法释〔2020〕19号）**，规定如下：

第二十八条 民法典第八百六十四条所称“实施专利或者使用技术秘密的范围”，包括实施专利或者使用技术秘密的期限、地域、方式以及接触技术秘密的人员等。

当事人对实施专利或者使用技术秘密的期限没有约定或者约定不明确的，受让人、被许可人实施专利或者使用技术秘密不受期限限制。

根据**2001年6月19日公布的《最高人民法院关于印发全国法院知识产权审判工作会议关于审理技术合同纠纷案件若干问题的纪要的通知》（法〔2001〕84号）**，对于实施专利或者使用技术秘密的范围，具体如下：

55.合同法第三百四十三条所称实施专利或者使用技术秘密的范围，是指实施专利或者使用技术秘密的期限、地域和方式以及接触技术秘密的人员等。

第八百六十五条 【专利实施许可合同限制】专利实施许可合同仅在该专利权的存续期限内有效。专利权有效期限届满或者专利权被宣告无效的，专利权人不得就该专利与他人订立专利实施许可合同。

根据**北京朗坤生物科技有限公司与北京汇朗生物科技有限公司专利权转让合同纠纷案：最高人民法院（2019）最高法知民终394号民事判决书［《最高人民法院公报》2021年第1期（总第291期）］**，专利权被宣告无效的，之前已经签订的专利权许可或转让合同并不因此而无效，上述合同因专利权无效而不能履行的，当事人可以据此主张变更或解除合同；专利权被宣告无效后合同尚未履行的部分是否一概不再履行，应根据未履行部分涉及的利益是否系因行使专利权所直接获得的利益进行判断。专利权许可费、转让费、侵权损害赔偿等均属于专利权价值的对价，专利权被宣告无效后，权利人无权要求继续履行。如果未履行部分系因当事人违约行为而应承担的违约金，由于违约金通常并非直接对应于专利权的价值，而是对应当事人的违约行为，专利权宣告无效对此并不具有溯及力，专利权人有权要求违约方继续履行未支付的违约金。

第八百六十六条 【专利实施许可合同许可人主要义务】专利实施许可合同的许可人应当按照约定许可被许可人实施专利，交付实施专利有关的技术资料，提供必要的技术指导。

第八百六十七条 【专利实施许可合同被许可人主要义务】专利实施许可合同的被许可人应当按照约定实施专利，不得许可约定以外的第三人实施该专利，并按照约定支付使用费。

第八百六十八条 【技术秘密让与人和许可人主要义务】技术秘密转让合同的让与人和技术秘密使用许可合同的许可人应当按照约定提供技术资料，进行技术指导，保证技术的实用性、可靠性，承担保密义务。

前款规定的保密义务，不限制许可人申请专利，但是当事人另有约定的除外。

根据**2020年12月29日修正的《最高人民法院关于审理技术合同纠纷案件适用法律若干问题的解释》（法释〔2020〕19号）**，规定如下：

第二十九条 当事人之间就申请专利的技术成果所订立的许可使用合同，专利申请公开以前，适用技术秘密许可合同的有关规定；发明专利申请公开以后、授权以前，参照适用专利实施许可合同的有关规定；授权以后，原合同即为专利实施许可合同，适用专利实施许可合同的有关规定。

人民法院不以当事人就已经申请专利但尚未授权的技术订立专利实施许可合同为由，认定合同无效。

第八百六十九条 【技术秘密受让人和被许可人主要义务】技术秘密转让合同的受让人和技术秘密使用许可合同的被许可人应当按照约定使用技术，支付转让费、使用费，承担保密义务。

第八百七十条 【技术转让合同让与人和技术许可合同许可人保证义务】技术转让合同的让与人和技术许可合同的许可人应当保证自己是所提供的技术的合法拥有者，并保证所提供的技术完整、无误、有效，能够达到约定的目标。

第八百七十一条 【技术转让合同受让人和技术许可合同被许可人保密义务】技术转让合同的受让人和技术许可合同的被许可人应当按照约定的范围和期限，对让与人、许可人提供的技术中尚未公开的秘密部分，承担保密义务。

第八百七十二条 【许可人和让与人违约责任】许可人未按照约定许可技术的，应当返还部分或者全部使用费，并应当承担违约责任；实施专利或者使用技术秘密超越约定的范围的，违反约定擅自许可第三人实施该项专利或者使用该项技术秘密的，应当停止违约行为，承担违约责任；违反约定的保密义务的，应当承担违约责任。

让与人承担违约责任，参照适用前款规定。

第八百七十三条 【被许可人和受让人违约责任】被许可人未按照约定支付使用费的，应当补交使用费并按照约定支付违约金；不补交使用费或者支付违约金的，应当停止实施专利或者使用技术秘密，交还技术资料，承担违约责任；实施专利或者使用技术秘密超越约定的范围的，未经许可人同意擅自许可第三人实施该专利或者使用该技术秘密的，应当停止违约行为，承担违约责任；违反约定的保密义务的，应当承担违约责任。

受让人承担违约责任，参照适用前款规定。

第八百七十四条 【受让人和被许可人侵权责任】受让人或者被许可人按照约定实施专利、使用技术秘密侵害他人合法权益的，由让与人或者许可人承担责任，但是当事人另有约定的除外。

第八百七十五条 【后续技术成果的归属与分享】当事人可以按照互利的原则，在合同中约定实施专利、使用技术秘密后续改进的技术成果的分享办法；没有约定或者约定不明确，依据本法第五百一十条的规定仍不能确定的，一方后续改进的技术成果，其他各方无权分享。

根据**2001年6月19日公布的《最高人民法院关于印发全国法院知识产权审判工作会议关于审理技术合同纠纷案件若干问题的纪要的通知》(法〔2001〕84号)**，对于后续改进的含义等问题，具体如下：

56. 合同法第三百五十四条所称后续改进，是指在技术转让合同有效期内，当事人一方或各方对合同标的技术所作的革新或者改良。

57. 当事人之间就申请专利的技术成果所订立的许可使用合同，专利申请公开以前，适用技术秘密转让合同的有关规定；发明专利申请公开以后、授权以前，参照专利实施许可合同的有关规定；授权以后，原合同即为专利实施许可合同，适用专利实施许可合同的有关规定。

第八百七十六条 【其他知识产权的转让和许可】集成电路布图设计专有权、植物新品种权、计算机软件著作权等其他知识产权的转让和许可，参照适用本节的有关规定。

第八百七十七条 【技术进出口合同或者专利、专利申请合同法律适用】法律、行政法规对技术进出口合同或者专利、专利申请合同另有规定的，依照其规定。

根据**2022年12月30日修正的《中华人民共和国对外贸易法》**，对于货物进出口和技术进出口，规定如下：

第十三条 国家准许货物与技术的自由进出口。但是，法律、行政法规另有规定的除外。

第十四条 国务院对外贸易主管部门基于监测进出口情况的需要，可以对部分自由进出口的货物实行进出口自动许可并公布其目录。

实行自动许可的进出口货物，收货人、发货人在办理海关报关手续前提出自动许可申请的，国务院对外贸易主管部门或者其委托的机构应当予以许可；未办理自动许可手续的，海关不予放行。

进出口属于自由进出口的技术，应当向国务院对外贸易主管部门或者其委托的机构办理合同备案登记。

第十五条 国家基于下列原因，可以限制或者禁止有关货物、技术的进口或者出口：

（一）为维护国家安全、社会公共利益或者公共道德，需要限制或者禁止进口或者出口的；

（二）为保护人的健康或者安全，保护动物、植物的生命或者健康，保护环境，需要限制或者禁止进口或者出口的；

（三）为实施与黄金或者白银进出口有关的措施，需要限制或者禁止进口或者出口的；

（四）国内供应短缺或者为有效保护可能用竭的自然资源，需要限制或者禁止出口的；

（五）输往国家或者地区的市场容量有限，需要限制出口的；

（六）出口经营秩序出现严重混乱，需要限制出口的；

（七）为建立或者加快建立国内特定产业，需要限制进口的；

（八）对任何形式的农业、牧业、渔业产品有必要限制进口的；

（九）为保障国家国际金融地位和国际收支平衡，需要限制进口的；

（十）依照法律、行政法规的规定，其他需要限制或者禁止进口或者出口的；

（十一）根据我国缔结或者参加的国际条约、协定的规定，其他需要限制或者禁止进口或者出口的。

第十六条 国家对与裂变、聚变物质或者衍生此类物质的物质有关的货物、技术进出口，以及与武器、弹药或者其他军用物资有关的进出口，可以采取任何必要的措施，维护国家安全。

在战时或者为维护国际和平与安全，国家在货物、技术进出口方面可以采取任何必要的措施。

第十七条 国务院对外贸易主管部门会同国务院其他有关部门，依照本法第十五条和第十六条的规定，制定、调整并公布限制或者禁止进出口的货物、技术目录。

国务院对外贸易主管部门或者由其会同国务院其他有关部门，经国务院批准，可以在本法第十五条和第十六条规定的范围内，临时决定限制或者禁止前款规定目录以外的特定货物、技术的进口或者出口。

第十八条 国家对限制进口或者出口的货物，实行配额、许可证等方式管理；对限制进口或者出口的技术，实行许可证管理。

实行配额、许可证管理的货物、技术，应当按照国务院规定经国务院对外贸易主管部门或者经其会同国务院其他有关部门许可，方可进口或者出口。

国家对部分进口货物可以实行关税配额管理。

第十九条 进出口货物配额、关税配额，由国务院对外贸易主管部门或者国务院其他有关部门在各自的职责范围内，按照公开、公平、公正和效益的原则进行分配。具体办法由国务院规定。

第二十条 国家实行统一的商品合格评定制度，根据有关法律、行政法规的规定，对进出口商品进行认证、检验、检疫。

第二十一条 国家对进出口货物进行原产地管理。具体办法由国务院规定。

第二十二条 对文物和野生动物、植物及其产品等，其他法律、行政法规有禁止或者限制进出口规定的，依照有关法律、行政法规的规定执行。

根据 **2020 年 11 月 29 日修订的《中华人民共和国技术进出口管理条例》**，规定如下：

第一章 总 则

第一条 为了规范技术进出口管理，维护技术进出口秩序，促进国民经济和社会发展，根据《中华人民共和国对外贸易法》（以下简称对外贸易法）及其他有关法律的有关规定，制定本条例。

第二条 本条例所称技术进出口，是指从中华人民共和国境外向中华人民共和国境内，或者从中华人民共和国境内向中华人民共和国境外，通过贸易、投资或者经济技术合作的方式转移技术的行为。

前款规定的行为包括专利权转让、专利申请权转让、专利实施许可、技术秘密转让、技术服务和其他方式的技术转移。

第三条 国家对技术进出口实行统一的管理制度，依法维护公平、自由的技术进出口秩序。

第四条 技术进出口应当符合国家的产业政策、科技政策和社会发展政策，有利于促进我国科技进步和对外经济技术合作的发展，有利于维护我国经济技术权益。

第五条 国家准许技术的自由进出口；但是，法律、行政法规另有规定的除外。

第六条 国务院对外经济贸易主管部门（以下简称国务院外经贸主管部门）依照对外贸易法和本条例的规定，负责全国的技术进出口管理工作。省、自治区、直辖市人民政府外经贸主管部门根据国务院外经贸主管部门的授权，负责本行政区域内的技术进出口管理工作。

国务院有关部门按照国务院的规定，履行技术进出口项目的有关管理职责。

第二章 技术进口管理

第七条 国家鼓励先进、适用的技术进口。

第八条 有对外贸易法第十六条规定情形之一的技术，禁止或者限制进口。

国务院外经贸主管部门会同国务院有关部门，制定、调整并公布禁止或者限制进口的技术目录。

第九条 属于禁止进口的技术，不得进口。

第十条 属于限制进口的技术，实行许可证管理；未经许可，不得进口。

第十一条 进口属于限制进口的技术，应当向国务院外经贸主管部门提出技术进口申请并附有关文件。

技术进口项目需经有关部门批准的，还应当提交有关部门的批准文件。

第十二条 国务院外经贸主管部门收到技术进口申请后，应当会同国务院有关部门对申请进行审查，并自收到申请之日起 30 个工作日内作出批准或者不批准的决定。

第十三条 技术进口申请经批准的，由国务院外经贸主管部门发给技术进口许可意向书。

进口经营者取得技术进口许可意向书后，可以对外签订技术进口合同。

第十四条 进口经营者签订技术进口合同后，应当向国务院外经贸主管部门提交技术进口合同副本及有关文件，申请技术进口许可证。

国务院外经贸主管部门对技术进口合同的真实性进行审查，并自收到前款规定的文件之日起 10 个工作日内，对技术进口作出许可或者不许可的决定。

第十五条 申请人依照本条例第十一条的规定向国务院外经贸主管部门提出技术进口申请时，可以一并提交已经签订的技术进口合同副本。

国务院外经贸主管部门应当依照本条例第十二条和第十四条的规定对申请及其技术进口合同的真实性一并进行审查，并自收到前款规定的文件之日起 40 个工作日内，对技术进口作出许可或者不许可的决定。

第十六条 技术进口经许可的，由国务院外经贸主管部门颁发技术进口许可证。技术进口合同自技术进口许可证颁发之日起生效。

第十七条 对属于自由进口的技术，实行合同登记管理。

进口属于自由进口的技术，合同自依法成立时生效，不以登记为合同生效的条件。

第十八条 进口属于自由进口的技术，应当向国务院外经贸主管部门办理登记，并提交下列文件：

（一）技术进口合同登记申请书；

（二）技术进口合同副本；

（三）签约双方法律地位的证明文件。

第十九条 国务院外经贸主管部门应当自收到本条例第十八条规定的文件之日起3个工作日内，对技术进口合同进行登记，颁发技术进口合同登记证。

第二十条 申请人凭技术进口许可证或者技术进口合同登记证，办理外汇、银行、税务、海关等相关手续。

第二十一条 依照本条例的规定，经许可或者登记的技术进口合同，合同的主要内容发生变更的，应当重新办理许可或者登记手续。

经许可或者登记的技术进口合同终止的，应当及时向国务院外经贸主管部门备案。

第二十二条 国务院外经贸主管部门和有关部门及其工作人员在履行技术进口管理职责中，对所知悉的商业秘密负有保密义务。

第二十三条 技术进口合同的让与人应当保证自己是所提供技术的合法拥有者或者有权转让、许可者。

技术进口合同的受让人按照合同约定使用让与人提供的技术，被第三方指控侵权的，受让人应当立即通知让与人；让与人接到通知后，应当协助受让人排除妨碍。

第二十四条 技术进口合同的让与人应当保证所提供的技术完整、无误、有效，能够达到约定的技术目标。

第二十五条 技术进口合同的受让人、让与人应当在合同约定的保密范围和保密期限内，对让与人提供的技术中尚未公开的秘密部分承担保密义务。

在保密期限内，承担保密义务的一方在保密技术非因自己的原因被公开后，其承担的保密义务即予终止。

第二十六条 技术进口合同期满后，技术让与人和受让人可以依照公平合理的原则，就技术的继续使用进行协商。

第三章 技术出口管理

第二十七条 国家鼓励成熟的产业化技术出口。

第二十八条 有对外贸易法第十六条规定情形之一的技术，禁止或者限制出口。

国务院外经贸主管部门会同国务院有关部门，制定、调整并公布禁止或者限制出口的技术目录。

第二十九条 属于禁止出口的技术，不得出口。

第三十条 属于限制出口的技术，实行许可证管理；未经许可，不得出口。

第三十一条 出口属于限制出口的技术，应当向国务院外经贸主管部门提出申请。

第三十二条 国务院外经贸主管部门收到技术出口申请后，应当会同国务院科技管理部门对申请出口的技术进行审查，并自收到申请之日起30个工作日内作出批准或者不批准的决定。

限制出口的技术需经有关部门进行保密审查的，按照国家有关规定执行。

第三十三条 技术出口申请经批准的，由国务院外经贸主管部门发给技术出口许可意向书。

申请人取得技术出口许可意向书后，方可对外进行实质性谈判，签订技术出口合同。

第三十四条 申请人签订技术出口合同后，应当向国务院外经贸主管部门提交下列文件，申请技术出口许可证：

（一）技术出口许可意向书；

（二）技术出口合同副本；

（三）技术资料出口清单；

（四）签约双方法律地位的证明文件。

国务院外经贸主管部门对技术出口合同的真实性进行审查，并自收到前款规定的文件之日起15个工作日内，对技术出口作出许可或者不许可的决定。

第三十五条 技术出口经许可的，由国务院外经贸主管部门颁发技术出口许可证。技术出口合同自技术出口许可证颁发之日起生效。

第三十六条 对属于自由出口的技术，实行合同登记管理。

出口属于自由出口的技术，合同自依法成立时生效，不以登记为合同生效的条件。

第三十七条 出口属于自由出口的技术，应当向国务院外经贸主管部门办理登记，并提交下列文件：

（一）技术出口合同登记申请书；

（二）技术出口合同副本；

（三）签约双方法律地位的证明文件。

第三十八条 国务院外经贸主管部门应当自收到本条例第三十七条规定的文件之日起3个工作日内，对技术出口合同进行登记，颁发技术出口合同登记证。

第三十九条 申请人凭技术出口许可证或者技术出口合同登记证办理外汇、银行、税务、海关等相关手续。

第四十条 依照本条例的规定，经许可或者登记的技术出口合同，合同的主要内容发生变更的，应当重新办理许可或者登记手续。

经许可或者登记的技术出口合同终止的，应当及时向国务院外经贸主管部门备案。

第四十一条 国务院外经贸主管部门和有关部门及其工作人员在履行技术出口管理职责中，对国家秘密和所知悉的商业秘密负有保密义务。

第四十二条 出口核技术、核两用品相关技术、监控化学品生产技术、军事技术等出口管制技术的，依照有关行政法规的规定办理。

第四章 法律责任

第四十三条 进口或者出口属于禁止进出口的技术的，或者未经许可擅自进口或者出口属于限制进出口的技术的，依照刑法关于走私罪、非法经营罪、泄露国家秘密罪或者其他罪的规定，依法追究刑事责任；尚不够刑事处罚的，区别不同情况，依照海关法的有关规定处罚，或者由国务院外经贸主管部门给予警告，没收违法所得，处违法所得1倍以上5倍以下的罚款；国务院外经贸主管部门并可以撤销其对外贸易经营许可。

第四十四条 擅自超出许可的范围进口或者出口属于限制进出口的技术的，依照刑法关于非法经营罪或者其他罪的规定，依法追究刑事责任；尚不够刑事处罚的，区别不同情况，依照海关法的有关规定处罚，或者由国务院外经贸主管部门给予警告，没收违法所得，处违法所得1倍以上3倍以下的罚款；国务院外经贸主管部门并可以暂停直至撤销其对外贸易经营许可。

第四十五条 伪造、变造或者买卖技术进出口许可证或者技术进出口合同登记证的，依照刑法关于非法经营罪或者伪造、变造、买卖国家机关公文、证件、印章罪的规定，依法追究刑事责任；尚不够刑事处罚的，依照海关法的有关规定处罚；国务院外经贸主管部门并可以撤销其对外贸易经营许可。

第四十六条 以欺骗或者其他不正当手段获取技术进出口许可的，由国务院外经贸主管部门吊销其技术进出口许可证，暂停直至撤销其对外贸易经营许可。

第四十七条 以欺骗或者其他不正当手段获取技术进出口合同登记的，由国务院外经贸主管部门吊销其技术进出口合同登记证，暂停直至撤销其对外贸易经营许可。

第四十八条 技术进出口管理工作人员违反本条例的规定，泄露国家秘密或者所知悉的商业秘密的，依照刑法关于泄露国家秘密罪或者侵犯商业秘密罪的规定，依法追究刑事责任；尚不够刑事处罚的，依法给予行政处分。

第四十九条 技术进出口管理工作人员滥用职权、玩忽职守或者利用职务上的便利收受、索取他人财物的，依照刑法关于滥用职权罪、玩忽职守罪、受贿罪或者其他罪的规定，依法追究刑事责任；尚不够刑事处罚的，依法给予行政处分。

第五章 附 则

第五十条 对国务院外经贸主管部门作出的有关技术进出口的批准、许可、登记或者行政处罚决定不服的，可以依法申请行政复议，也可以依法向人民法院提起诉讼。

第五十一条 本条例公布前国务院制定的有关技术进出口管理的规定与本条例的规定不一致的，以本条例为准。

第五十二条 本条例自2002年1月1日起施行。1985年5月24日国务院发布的《中华人民共和国技术引进合同管理条例》和1987年12月30日国务院批准、1988年1月20日对外经济贸易部发布的《中华人民共和国技术引进合同管理条例施行细则》同时废止。

第四节 技术咨询合同和技术服务合同

第八百七十八条 【技术咨询合同和技术服务合同定义】技术咨询合同是当事人一方以技术知识为对方就特定技术项目提供可行性论证、技术预测、专题技术调查、分析评价报告等所订立的合同。

技术服务合同是当事人一方以技术知识为对方解决特定技术问题所订立的合同，不包括承揽合同和建设工程合同。

根据**2020年12月29日修正的《最高人民法院关于审理技术合同纠纷案件适用法律若干问题的解释》（法释〔2020〕19号）**，对于特定技术项目和特定技术问题的含义，规定如下：

第三十条 民法典第八百七十八条第一款所称“特定技术项目”，包括有关科学技术与经济社会协调发展的软科学研究项目，促进科技进步和管理现代化、提高经济效益和社会效益等运用科学知识和技术手段进行调查、分析、论证、评价、预测的专业性技术项目。

第三十三条 民法典第八百七十八条第二款所称“特定技术问题”，包括需要运用专业技术知识、经验和信息解决的有关改进产品结构、改良工艺流程、提高产品质量、降低产品成本、节约资源能耗、保护资源环境、实现安全操作、提高经济效益和社会效益等专业技术问题。

根据**2001年6月19日公布的《最高人民法院关于印发全国法院知识产权审判工作会议关于审理技术合同纠纷案件若干问题的纪要的通知》（法〔2001〕84号）**第四部分，对于技术咨询合同和技术服务合同，具体如下：

（一）技术咨询合同

70. 合同法第三百五十六条第一款所称的特定技术项目，包括有关科学技术与经济、社会协调发展的软科学研究项目和促进科技进步和管理现代化，提高经济效益和社会效益的技术项目以及其他专业性技术项目。

71. 除当事人另有约定的以外，技术咨询合同受托人进行调查研究、分析论证、试验测定等所需费用，由受托人自己负担。

72. 技术咨询合同委托人提供的技术资料和数据或者受托人提出的咨询报告和意见，当事人没有约定保密义务的，在不侵害对方当事人对此享有的合法权益的前提下。双方都有引用、发表和向第三人提供的权利。

73. 技术咨询合同受托人发现委托人提供的资料、数据等有明显错误和缺陷的，应当及时通知委托人。委托人应当及时答复并在约定的期限内予以补正。

受托人发现前款所述问题不及时通知委托人的，视为其认可委托人提供的技术资料、数据等符合约定的条件。

（二）技术服务合同

74. 合同法第三百五十六条第二款所称特定技术问题，是指需要运用科学技术知识解决专业技术工作中的有关改进产品结构、改良工艺流程、提高产品质量、降低产品成本、节约资源能耗、保护资源环境、实现安全操作、提高经济效益和社会效益等问题。

75. 除当事人另有约定的以外，技术服务合同受托人完成服务项目，解决技术问题所需费用，由受托人自己负担。

76. 技术服务合同受托人发现委托人提供的资料、数据、样品、材料、场地等工作条件不符合约定的，应当及时通知委托人。委托人应当及时答复并在约定的期限内予以补正。

受托人发现前款所述问题不及时通知委托人的，视为其认可委托人提供的技术资料、数据等工作条件符合约定的条件。

77. 技术服务合同受托人在履约期间，发现继续工作对材料、样品或者设备等有损坏危险时，应当中止工作，并及时通知委托人或者提出建议。委托人应当在约定的期限内作出答复。

受托人不中止工作或者不及时通知委托人并且未采取适当措施的，或者委托人未按期答复的，对因此发生的危险后果由责任人承担相应的责任。

第八百七十九条 【技术咨询合同委托人义务】技术咨询合同的委托人应当按照约定阐明咨询的问题，提供技术背景材料及有关技术资料，接受受托人的工作成果，支付报酬。

第八百八十条 【技术咨询合同受托人义务】技术咨询合同的受托人应当按照约定的期限完成咨询报告或者解答问题，提出的咨询报告应当达到约定的要求。

根据**2020年12月29日修正的《最高人民法院关于审理技术合同纠纷案件适用法律若干问题的解释》(法释〔2020〕19号)**，对于技术咨询合同受托人的主要义务等问题，规定如下：

第三十一条 当事人对技术咨询合同委托人提供的技术资料和数据或者受托人提出的咨询报告和意见未约定保密义务，当事人一方引用、发表或者向第三人提供的，不认定为违约行为，但侵害对方当事人对此享有的合法权益的，应当依法承担民事责任。

第三十二条 技术咨询合同受托人发现委托人提供的资料、数据等有明显错误或者缺陷，未在合理期限内通知委托人的，视为其对委托人提供的技术资料、数据等予以认可。委托人在接到受托人的补正通知后未在合理期限内答复并予补正的，发生的损失由委托人承担。

第八百八十一条 【技术咨询合同的违约责任】技术咨询合同的委托人未按照约定提供必要的资料，影响工作进度和质量，不接受或者逾期接受工作成果的，支付的报酬不得追回，未支付的报酬应当支付。

技术咨询合同的受托人未按期提出咨询报告或者提出的咨询报告不符合约定的，应当承担减收或者免收报酬等违约责任。

技术咨询合同的委托人按照受托人符合约定要求的咨询报告和意见作出决策

所造成的损失，由委托人承担，但是当事人另有约定的除外。

第八百八十二条 【技术服务合同委托人义务】技术服务合同的委托人应当按照约定提供工作条件，完成配合事项，接受工作成果并支付报酬。

第八百八十三条 【技术服务合同受托人义务】技术服务合同的受托人应当按照约定完成服务项目，解决技术问题，保证工作质量，并传授解决技术问题的知识。

> 根据**2020年12月29日修正的《最高人民法院关于审理技术合同纠纷案件适用法律若干问题的解释》（法释〔2020〕19号）**，对于技术服务合同的相关问题，规定如下：
>
> **第三十四条** 当事人一方以技术转让或者技术许可的名义提供已进入公有领域的技术，或者在技术转让合同、技术许可合同履行过程中合同标的技术进入公有领域，但是技术提供方进行技术指导、传授技术知识，为对方解决特定技术问题符合约定条件的，按照技术服务合同处理，约定的技术转让费、使用费可以视为提供技术服务的报酬和费用，但是法律、行政法规另有规定的除外。
>
> 依照前款规定，技术转让费或者使用费视为提供技术服务的报酬和费用明显不合理的，人民法院可以根据当事人的请求合理确定。
>
> **第三十五条** 技术服务合同受托人发现委托人提供的资料、数据、样品、材料、场地等工作条件不符合约定，未在合理期限内通知委托人的，视为其对委托人提供的工作条件予以认可。委托人在接到受托人的补正通知后未在合理期限内答复并予补正的，发生的损失由委托人承担。

第八百八十四条 【技术服务合同的违约责任】技术服务合同的委托人不履行合同义务或者履行合同义务不符合约定，影响工作进度和质量，不接受或者逾期接受工作成果的，支付的报酬不得追回，未支付的报酬应当支付。

技术服务合同的受托人未按照约定完成服务工作的，应当承担免收报酬等违约责任。

第八百八十五条 【创新技术成果归属】技术咨询合同、技术服务合同履行过程中，受托人利用委托人提供的技术资料和工作条件完成的新的技术成果，属于受托人。委托人利用受托人的工作成果完成的新的技术成果，属于委托人。当事人另有约定的，按照其约定。

第八百八十六条 【工作费用的负担】技术咨询合同和技术服务合同对受托人正常开展工作所需费用的负担没有约定或者约定不明确的，由受托人负担。

第八百八十七条 【技术中介合同和技术培训合同法律适用】法律、行政法规对技术中介合同、技术培训合同另有规定的，依照其规定。

> 根据**2020年12月29日修正的《最高人民法院关于审理技术合同纠纷案件适用法律若干问题的解释》（法释〔2020〕19号）**，对于技术培训合同和技术中介合同的相关问题，规定如下：
>
> **第三十六条** 民法典第八百八十七条规定的“技术培训合同”，是指当事人一方委托另

一方对指定的学员进行特定项目的专业技术训练和技术指导所订立的合同，不包括职业培训、文化学习和按照行业、法人或者非法人组织的计划进行的职工业余教育。

第三十七条 当事人对技术培训必需的场地、设施和试验条件等工作条件的提供和管理责任没有约定或者约定不明确的，由委托人负责提供和管理。

技术培训合同委托人派出的学员不符合约定条件，影响培训质量的，由委托人按照约定支付报酬。

受托人配备的教员不符合约定条件，影响培训质量，或者受托人未按照计划和项目进行培训，导致不能实现约定培训目标的，应当减收或者免收报酬。

受托人发现学员不符合约定条件或者委托人发现教员不符合约定条件，未在合理期限内通知对方，或者接到通知的一方未在合理期限内按约定改派的，应当由负有履行义务的当事人承担相应的民事责任。

第三十八条 民法典第八百八十七条规定的“技术中介合同”，是指当事人一方以知识、技术、经验和信息为另一方与第三人订立技术合同进行联系、介绍以及对履行合同提供专门服务所订立的合同。

第三十九条 中介人从事中介活动的费用，是指中介人在委托人和第三人订立技术合同前，进行联系、介绍活动所支出的通信、交通和必要的调查研究等费用。中介人的报酬，是指中介人为委托人与第三人订立技术合同以及对履行该合同提供服务应当得到的收益。

当事人对中介人从事中介活动的费用负担没有约定或者约定不明确的，由中介人承担。当事人约定该费用由委托人承担但未约定具体数额或者计算方法的，由委托人支付中介人从事中介活动支出的必要费用。

当事人对中介人的报酬数额没有约定或者约定不明确的，应当根据中介人所进行的劳务合理确定，并由委托人承担。仅在委托人与第三人订立的技术合同中约定中介条款，但未约定给付中介人报酬或者约定不明确的，应当支付的报酬由委托人和第三人平均承担。

第四十条 中介人未促成委托人与第三人之间的技术合同成立的，其要求支付报酬的请求，人民法院不予支持；其要求委托人支付其从事中介活动必要费用的请求，应当予以支持，但当事人另有约定的除外。

中介人隐瞒与订立技术合同有关的重要事实或者提供虚假情况，侵害委托人利益的，应当根据情况免收报酬并承担赔偿责任。

第四十一条 中介人对造成委托人与第三人之间的技术合同的无效或者被撤销没有过错，并且该技术合同的无效或者被撤销不影响有关中介条款或者技术中介合同继续有效，中介人要求按照约定或者本解释的有关规定给付从事中介活动的费用和报酬的，人民法院应当予以支持。

中介人收取从事中介活动的费用和报酬不应当被视为委托人与第三人之间的技术合同纠纷中一方当事人的损失。

根据2001年6月19日公布的《最高人民法院关于印发全国法院知识产权审判工作会议关于审理技术合同纠纷案件若干问题的纪要的通知》(法〔2001〕84号)第四部分，对于技术培训合同和技术中介合同，具体如下：

(三)技术培训合同

78. 合同法第三百六十四条所称技术培训合同，是指当事人一方委托另一方对指定的人员(学员)进行特定项目的专业技术训练和技术指导所订立的合同，不包括职业培训、文化学习和按照行业、单位的计划进行的职工业余教育。

79. 技术培训合同委托人的主要义务是按照约定派出符合条件的学员；保证学员遵守培训纪律，接受专业技术训练和技术指导；按照约定支付报酬。

受托人的主要义务是按照约定配备符合条件的教员；制定和实施培训计划，按期完成培训；实现约定的培训目标。

80. 当事人对技术培训必需的场地、设施和试验条件等的提供和管理责任没有约定或者约定不明确，依照合同法第六十一条的规定不能达成补充协议的，由委托人负责提供和管理。

81. 技术培训合同委托人派出的学员不符合约定条件，影响培训质量的，委托人应当按照约定支付报酬。

受托人配备的教员不符合约定条件，影响培训质量的，或者受托人未按照计划和项目进行培训，导致不能实现约定的培训目标的，应当承担减收或者免收报酬等违约责任。

受托人发现学员不符合约定条件或者委托人发现教员不符合约定条件的，应当及时通知对方改派。对方应当在约定的期限内改派。未及时通知或者未按约定改派的，责任人承担相应的责任。

（四）技术中介合同

82. 合同法第三百六十四条所称技术中介合同，是指当事人一方以知识、技术、经验和信息为另一方与第三人订立技术合同进行联系、介绍、组织商品化、产业化开发并对履行合同提供服务所订立的合同，但就不含有技术中介服务内容订立的各种居间合同除外。

83. 技术中介合同委托人的主要义务是提出明确的订约要求，提供有关背景材料；按照约定承担中介人从事中介活动的费用；按照约定支付报酬。

中介人的主要义务是如实反映委托人和第三人的技术成果、资信状况和履约能力；保守委托人和第三人的商业秘密；按照约定为委托人和第三人订立、履行合同提供服务。

84. 当事人对中介人从事中介活动的费用的负担没有约定或者约定不明确，依照合同法第六十一条的规定不能达成补充协议的，由中介人自己负担。当事人约定该费用由委托人承担但没有约定该费用的数额或者计算方法的，委托人应当支付中介人从事中介活动支出的必要费用。

前款所称中介人从事中介活动的费用，是指中介人在委托人和第三人订立技术合同前，进行联系、介绍活动所支出的通信、交通和必要的调查研究等费用。

85. 当事人对中介人的报酬数额没有约定或者约定不明确，依照合同法第六十一条的规定不能达成补充协议的，根据中介人的劳务合理确定，并由委托人负担。仅在委托人与第三人订立的技术合同中约定有中介条款，但对给付中介人报酬的义务没有约定或者约定不明确，依照合同法第六十一条的规定不能达成补充协议的，由委托人和第三人平均负担。

前款所称中介人的报酬，是指中介人为委托人与第三人订立技术合同，以及为其履行合同提供服务应当得到的收益。

86. 中介人未促成委托人与第三人之间的技术合同成立的，无权要求支付报酬，但可以要求委托人支付从事中介活动支出的必要费用。

87. 中介人故意隐瞒与订立技术合同有关的重要事实或者提供虚假情况，损害委托人利益的，应当承担免收报酬和损害赔偿责任。

88. 中介人收取的从事中介活动的费用和报酬不应视为委托人与第三人之间的技术合同纠纷中一方当事人的损失。

89. 中介人对造成委托人与第三人之间的技术合同的无效或者被撤销没有过错，且该技术合同无效或者被撤销不影响有关中介条款或者技术中介合同继续有效的，中介人仍有权按照约定收取从事中介活动的费用和报酬。

第二十一章　保管合同

第八百八十八条　【保管合同定义】保管合同是保管人保管寄存人交付的保管物，并返还该物的合同。

寄存人到保管人处从事购物、就餐、住宿等活动，将物品存放在指定场所的，视为保管，但是当事人另有约定或者另有交易习惯的除外。

第八百八十九条 【保管费】寄存人应当按照约定向保管人支付保管费。

当事人对保管费没有约定或者约定不明确，依据本法第五百一十条的规定仍不能确定的，视为无偿保管。

第八百九十条 【保管合同成立时间】保管合同自保管物交付时成立，但是当事人另有约定的除外。

根据李杏英诉上海大润发超市存包损害赔偿案：上海市第二中级人民法院 2002 年 10 月 10 日民事判决书［《最高人民法院公报》2002 年第 6 期（总第 80 期）］，保管合同为实践合同，即保管合同的成立，不仅需有当事人双方对保管寄存物品达成的一致意思表示，而且还需寄存人向保管人移转寄存物的占有。消费者在人工与自助寄存中选择了后者，没有将物品移给超市占有的意思，超市也没有收到消费者交付保管的物品。物品仍在消费者的控制和占有之下，他们之间不存在保管合同成立的必备要件——保管物转移占有的事实。因此，双方当事人就使用自助寄存柜形成的不是保管合同关系，而是借用合同关系。超市通过印制“操作步骤”和“寄包须知”，已经将自助寄存柜的正确使用方法告知消费者，对可能危及消费者财产安全的事项作出真实的说明和明确的警示。消费者没有证据证明在自助寄存柜中发生了财物的丢失，也没有证据证明超市存在过错以及寄存柜存在质量问题，因此，超市对消费者的财物损失不承担责任。

第八百九十一条 【保管人出具保管凭证义务】寄存人向保管人交付保管物的，保管人应当出具保管凭证，但是另有交易习惯的除外。

第八百九十二条 【保管人妥善保管义务】保管人应当妥善保管保管物。

当事人可以约定保管场所或者方法。除紧急情况或者为维护寄存人利益外，不得擅自改变保管场所或者方法。

第八百九十三条 【寄存人告知义务】寄存人交付的保管物有瑕疵或者根据保管物的性质需要采取特殊保管措施的，寄存人应当将有关情况告知保管人。寄存人未告知，致使保管物受损失的，保管人不承担赔偿责任；保管人因此受损失的，除保管人知道或者应当知道且未采取补救措施外，寄存人应当承担赔偿责任。

第八百九十四条 【保管人亲自保管保管物义务】保管人不得将保管物转交第三人保管，但是当事人另有约定的除外。

保管人违反前款规定，将保管物转交第三人保管，造成保管物损失的，应当承担赔偿责任。

第八百九十五条 【保管人不得使用或者许可他人使用保管物的义务】保管人不得使用或者许可第三人使用保管物，但是当事人另有约定的除外。

第八百九十六条 【保管人返还保管物及通知寄存人的义务】第三人对保管物主张权利的，除依法对保管物采取保全或者执行措施外，保管人应当履行向寄存人返还保管物的义务。

第三人对保管人提起诉讼或者对保管物申请扣押的，保管人应当及时通知寄存人。

第八百九十七条 【保管人赔偿责任】保管期内，因保管人保管不善造成保管物毁损、灭失的，保管人应当承担赔偿责任。但是，无偿保管人证明自己没有故意或者重大过失的，不承担赔偿责任。

第八百九十八条 【寄存人声明义务】寄存人寄存货币、有价证券或者其他贵重物品的，应当向保管人声明，由保管人验收或者封存；寄存人未声明的，该物品毁损、灭失后，保管人可以按照一般物品予以赔偿。

第八百九十九条 【领取保管物】寄存人可以随时领取保管物。

当事人对保管期限没有约定或者约定不明确的，保管人可以随时请求寄存人领取保管物；约定保管期限的，保管人无特别事由，不得请求寄存人提前领取保管物。

第九百条 【返还保管物及其孳息】保管期限届满或者寄存人提前领取保管物的，保管人应当将原物及其孳息归还寄存人。

第九百零一条 【消费保管合同】保管人保管货币的，可以返还相同种类、数量的货币；保管其他可替代物的，可以按照约定返还相同种类、品质、数量的物品。

第九百零二条 【保管费支付期限】有偿的保管合同，寄存人应当按照约定的期限向保管人支付保管费。

当事人对支付期限没有约定或者约定不明确，依据本法第五百一十条的规定仍不能确定的，应当在领取保管物的同时支付。

第九百零三条 【保管人留置权】寄存人未按照约定支付保管费或者其他费用的，保管人对保管物享有留置权，但是当事人另有约定的除外。

第二十二章 仓储合同

第九百零四条 【仓储合同定义】仓储合同是保管人储存存货人交付的仓储物，存货人支付仓储费的合同。

> **根据 2020 年 9 月 7 日公布的《最高人民法院发布 2019 年全国海事审判典型案例》，其中案例 4 是中化国际（控股）股份有限公司诉大连港股份有限公司港口货物保管合同纠纷案，**典型意义如下：
>
> 本案涉及提货单权利人与仓单持有人分离时，港口经营人所面临向谁货物交付货物的问题。一方面，仓储合同不以存货人是仓储物的所有权人为前提，港口经营人在签订港口货物保管合同时没有识别仓储物所有权人的法定义务；另一方面，在仓储合同未实际履行或无

法继续履行时，港口经营人作为海关监管的企业法人，在海关准予放行后，经生效判决确认的进口货物所有权人有权要求其交付货物。本案判决一方面肯定了依法成立的仓储合同的效力；另一方面维护了进口货物实际所有权人的物权，在司法实践中公平维护了各市场主体的合法权益，促进了国际贸易顺畅有序发展，对于营造诚实信用的营商环境发挥了良好的指引作用。

第九百零五条 【仓储合同成立时间】仓储合同自保管人和存货人意思表示一致时成立。

第九百零六条 【危险物品和易变质物品的储存】储存易燃、易爆、有毒、有腐蚀性、有放射性等危险物品或者易变质物品的，存货人应当说明该物品的性质，提供有关资料。

存货人违反前款规定的，保管人可以拒收仓储物，也可以采取相应措施以避免损失的发生，因此产生的费用由存货人负担。

保管人储存易燃、易爆、有毒、有腐蚀性、有放射性等危险物品的，应当具备相应的保管条件。

第九百零七条 【保管人验收义务以及损害赔偿】保管人应当按照约定对入库仓储物进行验收。保管人验收时发现入库仓储物与约定不符合的，应当及时通知存货人。保管人验收后，发生仓储物的品种、数量、质量不符合约定的，保管人应当承担赔偿责任。

第九百零八条 【保管人出具仓单、入库单义务】存货人交付仓储物的，保管人应当出具仓单、入库单等凭证。

第九百零九条 【仓单】保管人应当在仓单上签名或者盖章。仓单包括下列事项：

（一）存货人的姓名或者名称和住所；

（二）仓储物的品种、数量、质量、包装及其件数和标记；

（三）仓储物的损耗标准；

（四）储存场所；

（五）储存期限；

（六）仓储费；

（七）仓储物已经办理保险的，其保险金额、期间以及保险人的名称；

（八）填发人、填发地和填发日期。

第九百一十条 【仓单性质和转让】仓单是提取仓储物的凭证。存货人或者仓单持有人在仓单上背书并经保管人签名或者盖章的，可以转让提取仓储物的权利。

第九百一十一条 【存货人或者仓单持有人有权检查仓储物或者提取样品】保管人根据存货人或者仓单持有人的要求，应当同意其检查仓储物或者提取样品。

第九百一十二条 【保管人危险通知义务】保管人发现入库仓储物有变质或者其他损坏的，应当及时通知存货人或者仓单持有人。

第九百一十三条 【保管人危险催告义务和紧急处置权】保管人发现入库仓储物有变质或者其他损坏，危及其他仓储物的安全和正常保管的，应当催告存货人或者仓单持有人作出必要的处置。因情况紧急，保管人可以作出必要的处置；但是，事后应当将该情况及时通知存货人或者仓单持有人。

第九百一十四条 【储存期限不明确时仓储物提取】当事人对储存期限没有约定或者约定不明确的，存货人或者仓单持有人可以随时提取仓储物，保管人也可以随时请求存货人或者仓单持有人提取仓储物，但是应当给予必要的准备时间。

第九百一十五条 【储存期限届满仓储物提取】储存期限届满，存货人或者仓单持有人应当凭仓单、入库单等提取仓储物。存货人或者仓单持有人逾期提取的，应当加收仓储费；提前提取的，不减收仓储费。

第九百一十六条 【逾期提取仓储物】储存期限届满，存货人或者仓单持有人不提取仓储物的，保管人可以催告其在合理期限内提取；逾期不提取的，保管人可以提存仓储物。

第九百一十七条 【保管人的损害赔偿责任】储存期内，因保管不善造成仓储物毁损、灭失的，保管人应当承担赔偿责任。因仓储物本身的自然性质、包装不符合约定或者超过有效储存期造成仓储物变质、损坏的，保管人不承担赔偿责任。

第九百一十八条 【适用保管合同】本章没有规定的，适用保管合同的有关规定。

第二十三章 委托合同

第九百一十九条 【委托合同定义】委托合同是委托人和受托人约定，由受托人处理委托人事务的合同。

根据**2022年4月20日公布的《中华人民共和国期货和衍生品法》**，规定如下：

第六十六条 期货经营机构接受交易者委托为其进行期货交易，应当签订书面委托合同，以自己的名义为交易者进行期货交易，交易结果由交易者承担。

期货经营机构从事经纪业务，不得接受交易者的全权委托。

根据**2022年4月20日修订的《中华人民共和国职业教育法》**，规定如下：

第二十八条 联合举办职业学校、职业培训机构的，举办者应当签订联合办学协议，约定各方权利义务。

地方各级人民政府及行业主管部门支持社会力量依法参与联合办学，举办多种形式的职业学校、职业培训机构。

行业主管部门、工会等群团组织、行业组织、企业、事业单位等委托学校、职业培训机构实施职业教育的，应当签订委托合同。

根据刘中云诉中国银行股份有限公司衡阳分行、中国建设银行股份有限公司衡阳市分行财产损害赔偿纠纷案：湖南省衡阳市中级人民法院民事判决书［《最高人民法院公报》2014年第9期（总第215期）、2014年3月12日《最高人民法院公布10起维护消费者权益典型案例》案例7］，持卡人与发卡银行之间是储蓄合同关系，银行卡的发卡行有义务保证银行卡的安全。有义务保证银行卡卡内信息安全以及告知持卡人注意识别犯罪分子窃取银行卡信息方式。ATM所在银行与银行卡发卡行是委托代理关系，ATM所在行按照发卡行的委托，代为支付存款，其法律效果由被代理人承担。持卡人在使用ATM取款时被窃取银行卡号及密码，发卡行未尽到安全保障义务，其对持卡人的损失负有违约责任。

第九百二十条 【委托权限】委托人可以特别委托受托人处理一项或者数项事务，也可以概括委托受托人处理一切事务。

第九百二十一条 【委托费用的预付和垫付】委托人应当预付处理委托事务的费用。受托人为处理委托事务垫付的必要费用，委托人应当偿还该费用并支付利息。

第九百二十二条 【受托人应当按照委托人的指示处理委托事务】受托人应当按照委托人的指示处理委托事务。需要变更委托人指示的，应当经委托人同意；因情况紧急，难以和委托人取得联系的，受托人应当妥善处理委托事务，但是事后应当将该情况及时报告委托人。

根据**2021年8月20日公布的《中华人民共和国个人信息保护法》**，规定如下：

第二十一条 个人信息处理者委托处理个人信息的，应当与受托人约定委托处理的目的、期限、处理方式、个人信息的种类、保护措施以及双方的权利和义务等，并对受托人的个人信息处理活动进行监督。

受托人应当按照约定处理个人信息，不得超出约定的处理目的、处理方式等处理个人信息；委托合同不生效、无效、被撤销或者终止的，受托人应当将个人信息返还个人信息处理者或者予以删除，不得保留。

未经个人信息处理者同意，受托人不得转委托他人处理个人信息。

根据**2021年6月10日公布的《中华人民共和国数据安全法》**，规定如下：

第四十条 国家机关委托他人建设、维护电子政务系统，存储、加工政务数据，应当经过严格的批准程序，并应当监督受托方履行相应的数据安全保护义务。受托方应当依照法律、法规的规定和合同约定履行数据安全保护义务，不得擅自留存、使用、泄露或者向他人提供政务数据。

第九百二十三条 【受托人亲自处理委托事务】受托人应当亲自处理委托事务。经委托人同意，受托人可以转委托。转委托经同意或者追认的，委托人可以就委托事务直接指示转委托的第三人，受托人仅就第三人的选任及其对第三人的指示承担责任。转委托未经同意或者追认的，受托人应当对转委托的第三人的行为承担责任；但是，在紧急情况下受托人为了维护委托人的利益需要转委托第三人的除外。

> 根据**2003年5月28日公布的《最高人民法院关于对中国长江航运（集团）总公司与武汉港务管理局委托代收水运客货运附加费纠纷一案请示的复函》（〔2002〕民四他字第41号）**，水运客货运附加费属国家行政规费，交通部是唯一的法定征收单位。中国长江航运（集团）总公司（以下简称长航总公司）和武汉港务管理局虽是企业法人，但根据交财发〔1993〕456号和交财发〔1993〕541号两个文件的规定，它们是受交通部委托征收水运客货运附加费的代征单位和代收单位，因此与交通部形成行政委托法律关系，长航总公司与武汉港务管理局之间则构成该项行政委托的转委托关系，不应认定是民事委托关系。

第九百二十四条 【受托人的报告义务】受托人应当按照委托人的要求，报告委托事务的处理情况。委托合同终止时，受托人应当报告委托事务的结果。

第九百二十五条 【默示显名代理】受托人以自己的名义，在委托人的授权范围内与第三人订立的合同，第三人在订立合同时知道受托人与委托人之间的代理关系的，该合同直接约束委托人和第三人；但是，有确切证据证明该合同只约束受托人和第三人的除外。

> 根据**厦门航空开发股份有限公司与北京南钢金贸易有限公司及第三人厦门市东方龙金属材料有限公司买卖合同纠纷案：最高人民法院（2014）民申字第2225号民事裁定书〔《最高人民法院公报》2017年第1期（总第243期）〕**，《合同法》第四百零二条但书前的规定，仅仅适用于单纯的委托合同关系。实践中因委托合同产生的法律关系，往往不仅涉及委托关系，还可能涉及买卖、借贷以及担保等多重法律关系。在此情况下，如简单适用《合同法》第四百零二条但书前的规定，可能损害委托方合法权益，故应综合考虑全部案情，谨慎衡量，正确适用《合同法》第四百零二条的规定。

第九百二十六条 【委托人介入权】受托人以自己的名义与第三人订立合同时，第三人不知道受托人与委托人之间的代理关系的，受托人因第三人的原因对委托人不履行义务，受托人应当向委托人披露第三人，委托人因此可以行使受托人对第三人的权利。但是，第三人与受托人订立合同时如果知道该委托人就不会订立合同的除外。

受托人因委托人的原因对第三人不履行义务，受托人应当向第三人披露委托人，第三人因此可以选择受托人或者委托人作为相对人主张其权利，但是第三人不得变更选定的相对人。

委托人行使受托人对第三人的权利的，第三人可以向委托人主张其对受托人的抗辩。第三人选定委托人作为其相对人的，委托人可以向第三人主张其对受托人的抗辩以及受托人对第三人的抗辩。

根据上海闽路润贸易有限公司与上海钢翼贸易有限公司买卖合同纠纷案：最高人民法院（2015）民申字第956号民事裁定书［《最高人民法院公报》2016年第1期（总第231期）］，裁决如下：

受托人以自己的名义与第三人订立合同时，第三人不知道受托人与委托人之间的代理关系的，合同约束受托人与第三人。受托人因第三人的原因对委托人不履行义务，受托人向委托人披露第三人后，委托人可以选择是否行使介入权：委托人行使介入权的，则合同直接约束委托人与第三人，委托人可以要求第三人向其承担违约责任；委托人不行使介入权的，根据合同的相对性原则，合同仍约束受托人与第三人，受托人可以向第三人主张违约责任，受托人与委托人之间的纠纷根据委托合同的约定另行解决。

在判定合同的效力时，不能仅因合同当事人一方实施了涉嫌犯罪的行为，而当然认定合同无效。此时，仍应根据《合同法》等法律、行政法规的规定对合同的效力进行审查判断，以保护合同中无过错一方当事人的合法权益，维护交易安全和交易秩序。在合同约定本身不属于无效事由的情况下，合同中一方当事人实施的涉嫌犯罪的行为并不影响合同的有效性。

第九百二十七条　【受托人转移利益】受托人处理委托事务取得的财产，应当转交给委托人。

第九百二十八条　【委托人支付报酬】受托人完成委托事务的，委托人应当按照约定向其支付报酬。

因不可归责于受托人的事由，委托合同解除或者委托事务不能完成的，委托人应当向受托人支付相应的报酬。当事人另有约定的，按照其约定。

第九百二十九条　【受托人的赔偿责任】有偿的委托合同，因受托人的过错造成委托人损失的，委托人可以请求赔偿损失。无偿的委托合同，因受托人的故意或者重大过失造成委托人损失的，委托人可以请求赔偿损失。

受托人超越权限造成委托人损失的，应当赔偿损失。

根据周伟均、周伟达诉王煦琼委托合同纠纷案：上海市第一中级人民法院2015年1月29日民事判决书［《最高人民法院公报》2018年第3期（总第257期）］，裁决如下：

一、在借贷关系中，出借人为防止借款无法按期收回而要求借款人提供不动产作为债权担保的，双方应签订抵押合同并办理抵押物登记。出借人回避抵押担保制度，选择指定第三人与借款人签订委托合同并由该第三人取得出售借款人的不动产等重大权利的，此时委托合同虽意在实现抵押担保功能，但其项下的权利义务关系仍应受委托合同的法律规则之制约。

二、在委托合同项下，受托人负有遵照委托人指示，本着诚实信用的原则在授权范围内依法善意处理委托事务之法定义务。受托人无视委托人的真实意愿与切身利益，转而根据出借人指令恶意处分委托人财产，即使该处分行为对交易相对方发生效力，受托人仍应就其严重侵害委托人利益的行为承担相应赔偿责任。

根据苏州阳光新地置业有限公司新地中心酒店诉苏州文化国际旅行社有限公司新区塔园路营业部、苏州文化国际旅行社有限公司委托合同纠纷案：江苏省苏州市中级人民法院2011年11月30日民事判决书［《最高人民法院公报》2012年第8期（总第190期）］，旅游公司借用星级酒店POS机进行刷卡，并在星级酒店获得银行刷卡预付款项后与星级酒店进行结算，在款项的收取和结算上与星级酒店形成委托合同关系。由于星级酒店与银行就境外信用卡 POS 机刷卡签有特约商户协议，对境外银行卡的受理条件、操作流程、风险防范和控制有专门的约定，并对酒店刷卡人员进行了专业的培训，因此星级酒店在有关境外信用卡的刷卡业务上具有一般商事主体不具备的专业知识和风险防控能力。星级酒店在受委托操作 POS 机刷卡时，特别是受理如"无卡无密"这种风险较高的境外信用卡刷卡业务时，应进行认真核查，负有审慎和风险告知的义务。否则即构成重大过失，应对完成委托事务过程中造成的损害承担相应的赔偿责任。

根据西能科技公司诉国泰君安证券公司委托管理资产合同纠纷案：最高人民法院（2003）民二终字第 182 号民事判决书［《最高人民法院公报》2004 年第 8 期（总第 94 期）］，双方在委托协议中区分了谨慎、勤勉管理人义务与提供资产管理报告义务，资产管理人根据资产管理委托协议，在股市证券买卖交易中，基于商业判断而作出的正常投资行为，只要尽到了善良管理义务，不存在明显的过错，就不应承担交易损失的后果。

第九百三十条 【委托人的赔偿责任】受托人处理委托事务时，因不可归责于自己的事由受到损失的，可以向委托人请求赔偿损失。

第九百三十一条 【委托人另行委托他人处理事务】委托人经受托人同意，可以在受托人之外委托第三人处理委托事务。因此造成受托人损失的，受托人可以向委托人请求赔偿损失。

第九百三十二条 【共同委托】两个以上的受托人共同处理委托事务的，对委托人承担连带责任。

第九百三十三条 【委托合同解除】委托人或者受托人可以随时解除委托合同。因解除合同造成对方损失的，除不可归责于该当事人的事由外，无偿委托合同的解除方应当赔偿因解除时间不当造成的直接损失，有偿委托合同的解除方应当赔偿对方的直接损失和合同履行后可以获得的利益。

根据上海盘起贸易有限公司与盘起工业（大连）有限公司委托合同纠纷案：最高人民法院（2005）民二终字第 143 号民事判决书［《最高人民法院公报》2006 年第 4 期（总第 114 期）］，《合同法》第四百一十条规定，委托人或者受托人可以随时解除委托合同。因解除合同给对方造成损失的，除不可归责于该当事人的事由以外，应当赔偿损失。但是，当事人基于解除委托合同而应承担的民事赔偿责任，不同于基于故意违约而应承担的民事责任，前者的责任范围仅限于给对方造成的直接损失，不包括对方的预期利益。

第九百三十四条 【委托合同终止】委托人死亡、终止或者受托人死亡、丧失民事行为能力、终止的，委托合同终止；但是，当事人另有约定或者根据委托事务的性质不宜终止的除外。

第九百三十五条 【受托人继续处理委托事务】因委托人死亡或者被宣告破产、解散，致使委托合同终止将损害委托人利益的，在委托人的继承人、遗产管理人或者清算人承受委托事务之前，受托人应当继续处理委托事务。

第九百三十六条 【受托人的继承人等通知和采取措施的义务】因受托人死

亡、丧失民事行为能力或者被宣告破产、解散，致使委托合同终止的，受托人的继承人、遗产管理人、法定代理人或者清算人应当及时通知委托人。因委托合同终止将损害委托人利益的，在委托人作出善后处理之前，受托人的继承人、遗产管理人、法定代理人或者清算人应当采取必要措施。

第二十四章 物业服务合同

第九百三十七条 【物业服务合同定义】物业服务合同是物业服务人在物业服务区域内，为业主提供建筑物及其附属设施的维修养护、环境卫生和相关秩序的管理维护等物业服务，业主支付物业费的合同。

物业服务人包括物业服务企业和其他管理人。

根据2020年12月29日修正的《最高人民法院关于审理物业服务纠纷案件适用法律若干问题的解释》(法释〔2020〕17号)，规定如下：

第一条 业主违反物业服务合同或者法律、法规、管理规约，实施妨碍物业服务与管理的行为，物业服务人请求业主承担停止侵害、排除妨碍、恢复原状等相应民事责任的，人民法院应予支持。

第二条 物业服务人违反物业服务合同约定或者法律、法规、部门规章规定，擅自扩大收费范围、提高收费标准或者重复收费，业主以违规收费为由提出抗辩的，人民法院应予支持。

业主请求物业服务人退还其已经收取的违规费用的，人民法院应予支持。

第三条 物业服务合同的权利义务终止后，业主请求物业服务人退还已经预收，但尚未提供物业服务期间的物业费的，人民法院应予支持。

第四条 因物业的承租人、借用人或者其他物业使用人实施违反物业服务合同，以及法律、法规或者管理规约的行为引起的物业服务纠纷，人民法院可以参照关于业主的规定处理。

第五条 本解释自2009年10月1日起施行。

本解释施行前已经终审，本解释施行后当事人申请再审或者按照审判监督程序决定再审的案件，不适用本解释。

根据2018年3月19日修订的《物业管理条例》第三章和第四章，对于前期物业服务合同以及物业服务合同，参见民法典第二百八十四条的附注。

第九百三十八条 【物业服务合同内容和形式】物业服务合同的内容一般包括服务事项、服务质量、服务费用的标准和收取办法、维修资金的使用、服务用房的管理和使用、服务期限、服务交接等条款。

物业服务人公开作出的有利于业主的服务承诺，为物业服务合同的组成部分。

物业服务合同应当采用书面形式。

根据2016年8月22日公布的《最高人民法院发布十起关于弘扬社会主义核心价值观典型案例》，其中某小区业主委员会诉邓某某物业服务合同纠纷案，典型意义如下：

本案中双方争议的焦点是业主委员会是否是本案的适格主体。近几年，由于传统物业公司与业主之间的矛盾激化，业主不满意物业公司的服务不按时交纳物业管理费，物业公司收费率低，无法维持公司正常运营，最终撤出小区管理，或是业主不满物业公司的服务而将其“赶”出小区。这就造成小区无人管理的情况，为维护整洁、安全、和谐的小区环境，就出现了业主委员会自行管理小区的情况。目前，我国并没有一部专门的物业管理法律。在审理物业服务合同纠纷案件时，法院主要依据《物业管理条例》及物权法的相关规定。但这些法律对于类似业主委员会自管这种物业模式都没有明确的规定。在立案、审理、执行等各个环节都会遇到问题，也加大了案件审理难度。我们认为，根据《中华人民共和国物权法》第八十一条的规定，业主可以自行管理建筑物及其附属设施，也可以委托物业服务企业或者其他管理人管理。由此可见，法律赋予业主对所居住小区的物业管理予以选择的权利，业主有权对所居住小区进行自治管理。出于保护当事人合理诉求的考虑，同时业主委员会自管小区有利于营造舒适安全的环境，有利于维护小区和谐稳定的角度考虑，我们对现阶段业主委员会自管模式中业主委员会的主体资格予以认定。

根据夏浩鹏等人诉上海市闸北区精文城市家园小区业主委员会业主知情权纠纷案[《最高人民法院公报》2011年第10期(总第180期)]，业主知情权是指业主了解建筑区划内涉及业主共有权以及共同管理权相关事项的权利。根据《最高人民法院关于审理建筑物区分所有权纠纷案件具体应用法律若干问题的解释》第十三条的规定，业主请求公布、查阅建筑物及其附属设施的维修基金使用、业委会的决定及会议记录、共有部分的收益、物业服务合同等情况和资料的，人民法院应予支持。司法解释对于业主知情权的范围作出了明确的规定，业主以合理的方式行使知情权，应当受到法律保护。

第九百三十九条 【物业服务合同的效力】建设单位依法与物业服务人订立的前期物业服务合同，以及业主委员会与业主大会依法选聘的物业服务人订立的物业服务合同，对业主具有法律约束力。

第九百四十条 【前期物业服务合同法定终止条件】建设单位依法与物业服务人订立的前期物业服务合同约定的服务期限届满前，业主委员会或者业主与新物业服务人订立的物业服务合同生效的，前期物业服务合同终止。

第九百四十一条 【物业服务转委托的条件和限制性条款】物业服务人将物业服务区域内的部分专项服务事项委托给专业性服务组织或者其他第三人的，应当就该部分专项服务事项向业主负责。

物业服务人不得将其应当提供的全部物业服务转委托给第三人，或者将全部物业服务支解后分别转委托给第三人。

第九百四十二条 【物业服务人的一般义务】物业服务人应当按照约定和物业的使用性质，妥善维修、养护、清洁、绿化和经营管理物业服务区域内的业主共有部分，维护物业服务区域内的基本秩序，采取合理措施保护业主的人身、财产安全。

对物业服务区域内违反有关治安、环保、消防等法律法规的行为，物业服务人应当及时采取合理措施制止、向有关行政主管部门报告并协助处理。

根据2019年10月21日公布的《最高人民法院关于依法妥善审理高空抛物、坠物案件的意见》(法发〔2019〕25号),规定如下:

12. 依法确定物业服务企业的责任。物业服务企业不履行或者不完全履行物业服务合同约定或者法律法规规定、相关行业规范确定的维修、养护、管理和维护义务,造成建筑物及其搁置物、悬挂物发生脱落、坠落致使他人损害的,人民法院依法判决其承担侵权责任。有其他责任人的,物业服务企业承担责任后,向其他责任人行使追偿权的,人民法院应予支持。物业服务企业隐匿、销毁、篡改或者拒不向人民法院提供相应证据,导致案件事实难以认定的,应当承担相应的不利后果。

根据长城宽带网络服务有限公司江苏分公司诉中国铁通集团有限公司南京分公司恢复原状纠纷案:江苏省南京市江宁区人民法院2015年5月7日民事判决书[《最高人民法院公报》2019年第12期(总第278期)],小区内的通信管道在小区交付后属于全体业主共有。通信运营公司与小区房地产开发公司签订的小区内通信管线等通信设施由通信运营公司享有专有使用权的条款,侵犯了业主的共有权,侵犯了业主选择电信服务的自由选择权,应属无效。

根据汤某1诉连云港光鼎置业有限公司、灌南县开源物业管理有限公司人身损害赔偿纠纷案:江苏省灌南县人民法院2015年3月19日民事判决书[《最高人民法院公报》2017年第3期(总第245期)],物业公司作为小区健身器材的管理人,应当对健身器材进行日常管理和维护,器材存在安全隐患的,物业公司应设置安全警示标志并及时维修,以保障他人使用器材时的安全。物业公司未尽到该职责造成他人损害的,应依法承担相应赔偿责任。

根据陈书豪与南京武宁房地产开发有限公司、南京青和物业管理有限公司财产损害赔偿纠纷案:江苏省南京市中级人民法院2012年6月19日民事判决书[《最高人民法院公报》2013年第5期(总第199期)],裁决如下:

物业服务企业对小区共有部分负有保养、维护义务,对于可能对业主财产造成损害的小区共用部分的安全隐患,应当及时消除,否则致业主财产损害后,物业服务企业应承担违约责任,对业主的损失进行赔偿。即便该安全隐患是第三人造成,也不能免除物业服务企业的违约责任,因第三人侵权致小区共用部分对业主财产造成损害的,物业服务企业可以负责的情形是物业服务企业已履行了保养维护义务,而第三人侵权是不可预见、不可避免的。

价值较大的财物在受损后,虽经修复,但与原物相比,不仅在客观价值上可能降低,而且在人们心理上价值降低,这就是价值贬损,按照违约责任理论,承担违约责任的方式首先是恢复原状,而恢复原状肯定要求赔偿财物的价值贬损。

房地产开发企业作为商品房的出卖人,在出售房屋、转移房屋所有权,并且商品房小区已经封园后,在所售房屋及共用部分没有质量瑕疵的情形下,对于小区业主的义务已经履行完毕,不需要承担责任。

根据赵淑华与沈阳皇朝万鑫酒店管理有限公司、沈阳中一万鑫物业管理有限公司财产损害赔偿纠纷案:最高人民法院(2018)最高法民再206号民事判决书[《最高人民法院公报》2019年第5期(总第271期)],裁决如下:

消防安全事关人身、财产安全,属于社会公共利益,确保建筑物消防安全是建设单位的法定义务。商品房买卖合同的购房人一般不具有检测所购房屋是否符合消防安全规定的能力,难以适用一般商品买卖合同在标的物交付后买受人应当及时检验产品质量的规定。

案涉责任人在不同时期的数个行为密切结合致使火灾发生,侵权行为、致害原因前后接继而非叠加,责任人对火灾的发生均有重大过失,但没有共同故意或者共同过失,应各自承担相应的责任。建设单位并非主动积极的行为致受害人权益受损,不承担主要责任。

物业服务企业依法或依约在物业管理区域内负有安全防范义务,应协助做好安全事故、隐患等的防范、制止或救助工作。第三人原因致损,物业服务企业未尽到专业管理人的谨慎注意义务的,应在其能够预见和防范的范围内承担相应的补充责任。

第九百四十三条 【物业服务人信息公开义务】物业服务人应当定期将服务的事项、负责人员、质量要求、收费项目、收费标准、履行情况，以及维修资金使用情况、业主共有部分的经营与收益情况等以合理方式向业主公开并向业主大会、业主委员会报告。

> **根据孙庆军诉南京市清江花苑小区业主委员会业主知情权纠纷案：江苏省南京市鼓楼区人民法院（2015）鼓民初字第4041号民事判决书［《最高人民法院公报》2015年第12期（总第230期）］**，业主作为建筑物区分所有人，享有知情权，享有了解本小区建筑区划内涉及业主共有权及共同管理权等相关事项的权利，业主委员会应全面、合理公开其掌握的情况和资料。对于业主行使知情权亦应加以合理限制，防止滥用权利，其范围应限于涉及业主合法权益的信息，并遵循简便的原则。

第九百四十四条 【业主支付物业费义务】业主应当按照约定向物业服务人支付物业费。物业服务人已经按照约定和有关规定提供服务的，业主不得以未接受或者无需接受相关物业服务为由拒绝支付物业费。

业主违反约定逾期不支付物业费的，物业服务人可以催告其在合理期限内支付；合理期限届满仍不支付的，物业服务人可以提起诉讼或者申请仲裁。

物业服务人不得采取停止供电、供水、供热、供燃气等方式催交物业费。

第九百四十五条 【业主告知、协助义务】业主装饰装修房屋的，应当事先告知物业服务人，遵守物业服务人提示的合理注意事项，并配合其进行必要的现场检查。

业主转让、出租物业专有部分、设立居住权或者依法改变共有部分用途的，应当及时将相关情况告知物业服务人。

第九百四十六条 【业主合同任意解除权】业主依照法定程序共同决定解聘物业服务人的，可以解除物业服务合同。决定解聘的，应当提前六十日书面通知物业服务人，但是合同对通知期限另有约定的除外。

依据前款规定解除合同造成物业服务人损失的，除不可归责于业主的事由外，业主应当赔偿损失。

第九百四十七条 【物业服务合同的续订】物业服务期限届满前，业主依法共同决定续聘的，应当与原物业服务人在合同期限届满前续订物业服务合同。

物业服务期限届满前，物业服务人不同意续聘的，应当在合同期限届满前九十日书面通知业主或者业主委员会，但是合同对通知期限另有约定的除外。

第九百四十八条 【不定期物业服务合同】物业服务期限届满后，业主没有依法作出续聘或者另聘物业服务人的决定，物业服务人继续提供物业服务的，原物业服务合同继续有效，但是服务期限为不定期。

当事人可以随时解除不定期物业服务合同，但是应当提前六十日书面通知对方。

第九百四十九条 【物业服务人的移交义务及法律责任】物业服务合同终止的，原物业服务人应当在约定期限或者合理期限内退出物业服务区域，将物业服务用房、相关设施、物业服务所必需的相关资料等交还给业主委员会、决定自行管理的业主或者其指定的人，配合新物业服务人做好交接工作，并如实告知物业的使用和管理状况。

原物业服务人违反前款规定的，不得请求业主支付物业服务合同终止后的物业费；造成业主损失的，应当赔偿损失。

第九百五十条 【物业服务人的后合同义务】物业服务合同终止后，在业主或者业主大会选聘的新物业服务人或者决定自行管理的业主接管之前，原物业服务人应当继续处理物业服务事项，并可以请求业主支付该期间的物业费。

第二十五章 行纪合同

第九百五十一条 【行纪合同定义】行纪合同是行纪人以自己的名义为委托人从事贸易活动，委托人支付报酬的合同。

第九百五十二条 【行纪人承担费用的义务】行纪人处理委托事务支出的费用，由行纪人负担，但是当事人另有约定的除外。

第九百五十三条 【行纪人的保管义务】行纪人占有委托物的，应当妥善保管委托物。

第九百五十四条 【行纪人处置委托物的义务】委托物交付给行纪人时有瑕疵或者容易腐烂、变质的，经委托人同意，行纪人可以处分该物；不能与委托人及时取得联系的，行纪人可以合理处分。

第九百五十五条 【行纪人依照委托人指定价格买卖的义务】行纪人低于委托人指定的价格卖出或者高于委托人指定的价格买入的，应当经委托人同意；未经委托人同意，行纪人补偿其差额的，该买卖对委托人发生效力。

行纪人高于委托人指定的价格卖出或者低于委托人指定的价格买入的，可以按照约定增加报酬；没有约定或者约定不明确，依据本法第五百一十条的规定仍不能确定的，该利益属于委托人。

委托人对价格有特别指示的，行纪人不得违背该指示卖出或者买入。

第九百五十六条 【行纪人的介入权】行纪人卖出或者买入具有市场定价的商品，除委托人有相反的意思表示外，行纪人自己可以作为买受人或者出卖人。

行纪人有前款规定情形的，仍然可以请求委托人支付报酬。

第九百五十七条 【委托人及时受领、取回和处分委托物及行纪人提存委托物】行纪人按照约定买入委托物，委托人应当及时受领。经行纪人催告，委托人无正当理由拒绝受领的，行纪人依法可以提存委托物。

委托物不能卖出或者委托人撤回出卖，经行纪人催告，委托人不取回或者不处分该物的，行纪人依法可以提存委托物。

第九百五十八条 【行纪人的直接履行义务】行纪人与第三人订立合同的，行纪人对该合同直接享有权利、承担义务。

第三人不履行义务致使委托人受到损害的，行纪人应当承担赔偿责任，但是行纪人与委托人另有约定的除外。

第九百五十九条 【行纪人的报酬请求权及留置权】行纪人完成或者部分完成委托事务的，委托人应当向其支付相应的报酬。委托人逾期不支付报酬的，行纪人对委托物享有留置权，但是当事人另有约定的除外。

第九百六十条 【参照适用委托合同】本章没有规定的，参照适用委托合同的有关规定。

第二十六章　中介合同

第九百六十一条 【中介合同定义】中介合同是中介人向委托人报告订立合同的机会或者提供订立合同的媒介服务，委托人支付报酬的合同。

根据2011年12月20日公布的《最高人民法院关于发布第一批指导性案例的通知》(法〔2011〕354号)，其中指导案例1号为海中原物业顾问有限公司诉陶德华居间合同纠纷案，具体如下：

裁判要点

房屋买卖居间合同中关于禁止买方利用中介公司提供的房源信息却绕开该中介公司与卖方签订房屋买卖合同的约定合法有效。但是，当卖方将同一房屋通过多个中介公司挂牌出售时，买方通过其他公众可以获知的正当途径获得相同房源信息的，买方有权选择报价低、服务好的中介公司促成房屋买卖合同成立，其行为并没有利用先前与之签约中介公司的房源信息，故不构成违约。

相关法条

《中华人民共和国合同法》第424条

基本案情

原告上海中原物业顾问有限公司(以下简称中原公司)诉称：被告陶德华利用中原公司提供的上海市虹口区株洲路某号房屋销售信息，故意跳过中介，私自与卖方直接签订购房合同，违反了《房地产求购确认书》的约定，属于恶意“跳单”行为，请求法院判令陶德华按约支付中原公司违约金1.65万元。

被告陶德华辩称：涉案房屋原产权人李某某委托多家中介公司出售房屋，中原公司并非独家掌握该房源信息，也非独家代理销售。陶德华并没有利用中原公司提供的信息，不存在

"跳单"违约行为。

法院经审理查明：2008年下半年，原产权人李某某到多家房屋中介公司挂牌销售涉案房屋。2008年10月22日，上海某房地产经纪有限公司带陶德华看了该房屋；11月23日，上海某房地产顾问有限公司（以下简称某房地产顾问公司）带陶德华之妻曹某某看了该房屋；11月27日，中原公司带陶德华看了该房屋，并于同日与陶德华签订了《房地产求购确认书》。该确认书第2.4条约定，陶德华在验看过该房地产后6个月内，陶德华或其委托人、代理人、代表人、承办人等与陶德华有关联的人，利用中原公司提供的信息、机会等条件但未通过中原公司而与第三方达成买卖交易的，陶德华应按照与出卖方就该房地产买卖达成的实际成交价的1%，向中原公司支付违约金。当时中原公司对该房屋报价165万元，而某房地产顾问公司报价145万元，并积极与卖方协商价格。11月30日，在某房地产顾问公司居间下，陶德华与卖方签订了房屋买卖合同，成交价138万元。后买卖双方办理了过户手续，陶德华向某房地产顾问公司支付佣金1.38万元。

裁判结果

上海市虹口区人民法院于2009年6月23日作出（2009）虹民三（民）初字第912号民事判决：被告陶德华应于判决生效之日起十日内向原告中原公司支付违约金1.38万元。宣判后，陶德华提出上诉。上海市第二中级人民法院于2009年9月4日作出（2009）沪二中民二（民）终字第1508号民事判决：一、撤销上海市虹口区人民法院（2009）虹民三（民）初字第912号民事判决；二、中原公司要求陶德华支付违约金1.65万元的诉讼请求，不予支持。

裁判理由

法院生效裁判认为：中原公司与陶德华签订的《房地产求购确认书》属于居间合同性质，其中第2.4条约定，属于房屋买卖居间合同中常有的禁止"跳单"格式条款，其本意是为防止买方利用中介公司提供的房源信息却"跳"过中介公司购买房屋，从而使中介公司无法得到应得的佣金，该约定并不存在免除一方责任、加重对方责任、排除对方主要权利的情形，应认定有效。根据该条约定，衡量买方是否"跳单"违约的关键，是看买方是否利用了该中介公司提供的房源信息、机会等条件。如果买方并未利用该中介公司提供的信息、机会等条件，而是通过其他公众可以获知的正当途径获得同一房源信息，则买方有权选择报价低、服务好的中介公司促成房屋买卖合同成立，而不构成"跳单"违约。本案中，原产权人通过多家中介公司挂牌出售同一房屋，陶德华及其家人分别通过不同的中介公司了解到同一房源信息，并通过其他中介公司促成了房屋买卖合同成立。因此，陶德华并没有利用中原公司的信息、机会，故不构成违约，对中原公司的诉讼请求不予支持。

根据大连佳期置业代理有限公司诉大连德享房地产开发有限公司委托合同纠纷抗诉案：最高人民法院（2013）民抗字第18号民事判决书［《最高人民检察院公报》2014年第5号（总第142号）］，受托人依据合同为委托人办理贷款并收取代理费，属于居间合同，符合法律规定，并非违法发放贷款，也不会增加银行贷款风险，该合同有效。

根据北京诺米多餐饮管理有限责任公司与北京飞度网络科技有限公司居间合同纠纷上诉案：北京市第一中级人民法院（2015）一中民（商）终字第09220号民事判决书（2015年度人民法院十大民事行政案件之七），委托合同是委托人和受托人约定，由受托人处理委托人事务的合同；而居间合同是居间人向委托人报告订立合同的机会或者提供订立合同的媒介服务，委托人支付报酬的合同。本案中，虽然双方签订的合同名为《融资协议》，但委托融资只是双方当事人整体交易的一部分，相对于项目展示、筹集资金等服务，融资平台公司还提供信息审核、风险防控以至交易结构设计、交易过程监督等服务，其核心在于促成交易。从该角度分析，双方当事人之间的法律关系主要系居间合同关系。但是，界定为居间合同关系是基于对本案争议的相对概括，但众筹融资作为一种新型金融业态，众筹平台提供的服务以及功能仍在不断创新、变化和调整当中，其具体法律关系也会随之而发生变化。

根据2023年1月19日公布的《最高人民法院发布2022年全国法院十大商事案件》，其中案例6是张亚红诉陶军男、北京首创期货有限责任公司期货交易纠纷案（未履行“投资者适当性义务”，违反期货居间人诚实守信、勤勉尽责义务的期货居间人和对期货居间人疏于管理的期货公司应对投资者各自承担相应的赔偿责任），具体如下：

案情简介

张亚红（原告）通过居间人陶军男在北京首创期货有限责任公司（以下简称首创期货公司）从事期货交易并受到损失，认为陶军男和首创期货公司均存在过错造成其损失，遂将陶军男和首创期货公司诉至法院。

北京市第二中级人民法院一审判决陶军男、首创期货公司向张亚红连带赔偿损失772717元。陶军男、首创期货公司不服一审判决，向北京市高级人民法院提起上诉，北京市高级人民法院改判陶军男向张亚红赔偿损失579537.83元，首创期货公司向张亚红赔偿损失193179.28元。裁判理由为：作为期货居间人的陶军男应严格履行“投资者适当性义务”，同时对投资者应当负有诚实守信、勤勉尽责的义务。陶军男未履行“投资者适当性义务”，导致张亚红在对期货投资的高风险认知不充分的情况下进行了投资，增加了张亚红经济损失发生的客观可能性，且高风险随后被现实化。同时，陶军男因为张亚红的交易而获取高额比例的居间报酬。陶军男对于张亚红期货交易损失的发生具有较大的主观过错，该过错与损失之间具有法律上的因果关系。因此，陶军男应当承担相应的赔偿责任。虽然首创期货公司的履约行为对于张亚红期货交易损失的发生不具有直接因果关系，但首创期货公司对期货居间人疏于管理，导致期货居间人陶军男未履行“投资者适当性义务”，因此，首创期货公司具有一定过错，应承担相应的赔偿责任。张亚红作为一位有金融产品投资经验的投资者，其风险承受能力级别与其所交易的期货产品风险等级相适配。张亚红的损失发生直接源于期货交易市场的波动，并与张亚红采取的操作方式相关。张亚红对期货投资的高风险不作充分分析判断，对他人指定的期货居间人陶军男的身份未向首创期货公司进行核实，后发生期货交易损失。故虽然陶军男及首创期货公司分别实施的侵权行为造成了对张亚红期货交易结果的同一损害，但均不足以造成全部损害，且期货居间人应当独立承担基于居间经纪关系所产生的民事责任。因此，二审法院结合张亚红、陶军男及首创期货公司存在的过错、过错的性质及大小、过错和损失之间的因果关系等因素，酌定陶军男赔偿张亚红损失的30%，首创期货公司赔偿张亚红损失的10%。

专家点评 / 叶林

期货交易者可以直接委托期货公司从事期货交易，也可以借助居间人或者中介人的居间服务。委托期货公司从事期货交易，期货公司和经纪人在向交易者提供服务中，应当分别或者共同向交易者承担交易者适当性义务。期货居间人应当接受期货公司的管理，期货居间人对交易者承担适当性义务，并不免除期货公司对交易者承担的适当性义务，反之亦然。期货公司和期货居间人违反交易者适当性义务的行为往往相互交织，需要甄别交易者与期货居间人或者期货公司之间的法律关系，根据个案情况，交易者可以要求期货居间人承担责任，也可以要求期货公司承担责任，有时还可要求经纪人和期货公司承担赔偿责任。本案在处理中，清晰界定了交易者与居间人和期货公司之间的不同法律关系，分别认定了居间人和期货公司对交易者承担的适当性义务，夯实了案件处理的法理基础。

在我国期货市场的发展中，期货居间人正在发挥越来越大的作用，也开始受到越来越多的关注，已经成为期货交易中一个不可或缺的重要环节。期货居间人接受期货公司委托，作为期货公司与投资者之间的媒介，能够帮助期货公司展业，也能够帮助交易者尽快熟悉期货市场的交易规则，从而有效降低交易者与期货公司的交易成本，提高双方的缔约成功率。然而，我国针对期货居间服务缺少专门规定，期货市场居间服务监管不够完善，在实践中时常出现因期货居间人行为不规范引发的各类民事纠纷。本案即自然人作为期货居间人，因期货公司对期货居间人疏于管理，导致期货居间人未履行“投资者适当性义务”，违反了期货居间人诚实守信、勤勉尽责义务，进而给投资者造成损失的民事案件，具有典型性。

针对期货公司与期货居间人之间的权利义务和责任，我国相关法律法规及司法解释未作出明确规定，刚刚颁布实施的《期货和衍生品法》也未作出规定，需要结合民事基本法、既往裁判和行业做法等作出妥当裁判。本案基于《中华人民共和国民法典》《最高人民法院关于审理期货纠纷案件若干问题的规定》《期货公司居间人管理办法（试行）》等相关规定，对期货居间人的含义作出界定，明确期货居间人对投资者及期货公司提供的是居间服务，应当独立承担基于居间关系所产生的民事责任。特别是作为自然人的居间人，不隶属任何机构，应以自己的名义开展居间业务，并独立承担基于居间等行为产生的法律后果。在划分交易者、期货居间人和期货公司的法律责任时，应当根据各方当事人是否存在过错、过错的性质及大小、过错和损失之间的因果关系等进行确定。本案特别强调，期货公司与期货居间人之间相对独立，但并非“绝对隔离”，可以参照《期货公司居间人管理办法（试行）》等判断期货公司是否履行了对期货居间人的管理责任。期货公司具有一定过错的，亦应承担相应的赔偿责任。

该案在期货居间人法律地位的认定、期货公司合规经营的准则、期货交易者合法权益保护等方面，提出了遵守法律、符合法理的重要解释，填补了期货居间服务规则不明的漏洞，具有重要的典型意义。同时，本案审理结果参考《期货公司居间人管理办法（试行）》等期货行业惯例，有助于督促期货公司更好地履行对期货经纪人的管理职责，提高期货居间服务的水平，对今后此类案件的审理具有重要的示范和引导作用。

第九百六十二条 【中介人报告义务】中介人应当就有关订立合同的事项向委托人如实报告。

中介人故意隐瞒与订立合同有关的重要事实或者提供虚假情况，损害委托人利益的，不得请求支付报酬并应当承担赔偿责任。

根据**李彦东诉上海汉宇房地产顾问有限公司居间合同纠纷案：上海市第二中级人民法院 2013 年 5 月 9 日民事判决书［《最高人民法院公报》2015 年第 2 期（总第 220 期）］**，在房屋买卖居间活动中，中介公司（居间人）对于受托事项及居间服务应承担符合专业主体要求的注意义务，注重审查核实与交易相关的主体身份、房产权属、委托代理、信用资信等证明材料的真实性。中介公司因未尽必要的注意义务而未能发现一方提供的相关材料存在重大瑕疵、缺陷，由此使另一方受欺诈遭受损失的，应根据其过错程度在相应的范围内承担赔偿责任。

根据**应娟利诉亿贝易趣网络信息服务（上海）有限公司服务合同纠纷案：上海市黄浦区人民法院一审判决书［《最高人民法院公报》2007 年第 3 期（总第 125 期）］**，裁决如下：

一、在网络交易中，提供交易平台的网站与交易双方之间构成居间合同关系的，网站负有合同法所规定的居间人的义务，如应当就有关订立合同的事项向合同双方如实报告，不得故意隐瞒与订立合同有关的重要事实或者提供虚假情况等。如果违反这些义务，网站应当承担相应的法律责任。

二、当事人通过网站交易平台与他人订立网络买卖合同，但未实际履行该合同，而是利用网站提供的合同对方的个人信息，通过电话联系方式与对方订立了与网络买卖合同完全不同的新的合同，该新合同与网站无关，当事人因履行该新合同而遭受经济损失的，网站不承担赔偿责任。

第九百六十三条 【中介人报酬请求权】中介人促成合同成立的，委托人应当按照约定支付报酬。对中介人的报酬没有约定或者约定不明确，依据本法第五百一十条的规定仍不能确定的，根据中介人的劳务合理确定。因中介人提供订立合同的媒介服务而促成合同成立的，由该合同的当事人平均负担中介人的报酬。

中介人促成合同成立的，中介活动的费用，由中介人负担。

根据张正国诉江苏红战建设工程有限公司等居间合同纠纷案［《最高人民法院公报》2023年第5期（总第321期）］，当事人订立、履行合同，应当遵守法律法规，不得扰乱社会秩序，损害社会公共利益。居间合同约定的居间事项系促成签订违反法律法规强制性规定的无效建设工程施工合同的，该居间合同因扰乱建筑市场秩序，损害社会公共利益，应属无效合同，居间方据此主张居间费用的，人民法院不予支持。

根据2017年5月15日公布的《最高人民法院发布的第二批涉"一带一路"建设典型案例》，其中案例2是英属维尔京群岛万嘉融资咨询私人有限公司、马来西亚叶某某与中宇建材集团有限公司居间合同纠纷上诉案，具体如下：

基本案情

英属维尔京群岛注册成立的万嘉公司、叶某某于2009年2月26日与中宇建材集团有限公司（以下简称中宇公司）签订《融资服务及保密协议》，约定叶某某和万嘉公司为中宇公司募集资金引荐投资者，中宇公司支付实际投资资金总额9%的融资服务费，分两部分支付，其中4%于注资完成后的14天内以现金或汇款的方式支付，其余5%按照投资者的同等条款作为战略投资资金注入中宇公司或指定上市主体。此后，万嘉公司、叶某某成功为中宇公司引荐了投资者，但中宇公司未支付报酬，引发纠纷。万嘉公司、叶某某向福建省高级人民法院提起本案诉讼，请求判令中宇公司支付拖欠的融资服务费及其利息。

裁判结果

福建省高级人民法院一审判决部分支持了万嘉公司、叶某某的诉讼请求，酌情判令中宇公司向万嘉公司、叶某某支付引入投资金额5%的报酬。万嘉公司、叶某某以及中宇公司均不服，向最高人民法院提起上诉。

最高人民法院认为，本案系居间合同纠纷，一审法院根据当事人意思自治原则确定本案适用中华人民共和国法律审理是正确的。《融资服务及保密协议》是当事人之间的真实意思表示，并不违反中国法律的规定，一审法院认定该合同合法有效是正确的。万嘉公司、叶某某全面履行了合同义务，有权根据合同约定获得相应的报酬，即万嘉公司、叶某某可以从中宇公司获得融资总金额9%的报酬。合同约定第二部分报酬5%的支付方式不是现金方式，事实上会涉及万嘉公司、叶某某作为中宇公司或其指定的上市公司的投资者的问题，面临公司法上的障碍，难以实现，因此酌定与另外4%的报酬采取同样的方式支付。最高人民法院二审判决撤销一审判决，改判中宇公司向万嘉公司、叶某某支付中宇公司获得融资总金额9%的报酬，即人民币18280753元及其利息。

典型意义

该案对于合理保护居间人的报酬请求权具有重要意义。在"一带一路"战略推进过程中，居间人为投资者或者募集者提供居间服务，其报酬请求权应受法律保护。中国法院充分尊重当事人意思自治原则，根据合同约定确定居间报酬的金额，并根据实际情况适当调整居间报酬的支付方式，平等保护各方当事人的合法权益，维护交易秩序，有利于促进国际投资和国际交流。

第九百六十四条　【中介人必要费用请求权】中介人未促成合同成立的，不得请求支付报酬；但是，可以按照约定请求委托人支付从事中介活动支出的必要费用。

第九百六十五条 【委托人私下与第三人订立合同后果】委托人在接受中介人的服务后，利用中介人提供的交易机会或者媒介服务，绕开中介人直接订立合同的，应当向中介人支付报酬。

第九百六十六条 【参照适用委托合同】本章没有规定的，参照适用委托合同的有关规定。

第二十七章 合伙合同

第九百六十七条 【合伙合同定义】合伙合同是两个以上合伙人为了共同的事业目的，订立的共享利益、共担风险的协议。

根据 2017 年 9 月 1 日修正的《中华人民共和国律师法》，规定如下：

第十五条 设立合伙律师事务所，除应当符合本法第十四条规定的条件外，还应当有三名以上合伙人，设立人应当是具有三年以上执业经历的律师。

合伙律师事务所可以采用普通合伙或者特殊的普通合伙形式设立。合伙律师事务所的合伙人按照合伙形式对该律师事务所的债务依法承担责任。

第十七条 申请设立律师事务所，应当提交下列材料：

（一）申请书；

（二）律师事务所的名称、章程；

（三）律师的名单、简历、身份证明、律师执业证书；

（四）住所证明；

（五）资产证明。

设立合伙律师事务所，还应当提交合伙协议。

根据 2006 年 8 月 27 日修订的《中华人民共和国合伙企业法》第四条、第十八条和第十九条等，对于合伙协议，参见民法典第一百零二条的附注。

根据 2016 年 7 月 12 日公布的《最高人民法院发布十起审理矿业权民事纠纷案件典型案例》，其中案例 8 是黄国均与遵义市大林弯采矿厂、苏芝昌合伙纠纷案，典型意义如下：

矿产资源具有不可再生性。为保护和合理开发矿产资源，取得采矿许可证的企业必须严格执行矿产资源开发利用的法律法规。矿业权人与他人签订合伙协议，但并无实际合伙经营的事实，实施采矿行为一方缴纳挂靠费用，以矿业权人名义自行投资、自负盈亏、自担责任，独立从事矿产资源开采，以达到逃避行政监管的非法目的的，合伙协议应认定无效。矿业权人受到行政处罚，不影响其承担民事责任。人民法院在厘清当事人过错的基础上，根据过错大小确定各方当事人的民事责任，对规范矿业权人依法行使采矿权，维护矿产资源流转秩序具有积极意义。

第九百六十八条 【合伙人履行出资义务】合伙人应当按照约定的出资方式、数额和缴付期限，履行出资义务。

第九百六十九条 【合伙财产】合伙人的出资、因合伙事务依法取得的收益和其他财产，属于合伙财产。

合伙合同终止前，合伙人不得请求分割合伙财产。

第九百七十条 【合伙事务的执行】合伙人就合伙事务作出决定的，除合伙合同另有约定外，应当经全体合伙人一致同意。

合伙事务由全体合伙人共同执行。按照合伙合同的约定或者全体合伙人的决定，可以委托一个或者数个合伙人执行合伙事务；其他合伙人不再执行合伙事务，但是有权监督执行情况。

合伙人分别执行合伙事务的，执行事务合伙人可以对其他合伙人执行的事务提出异议；提出异议后，其他合伙人应当暂停该项事务的执行。

根据世欣荣和投资管理股份有限公司与长安国际信托股份有限公司等信托合同纠纷案：最高人民法院（2016）最高法民终19号民事判决书[《最高人民法院公报》2016年第12期（总第242期）]，裁决如下：

一、有限合伙企业中，如果执行事务合伙人怠于行使诉讼权利时，不执行合伙事务的有限合伙人可以为了合伙企业的利益以自己的名义提起诉讼。

二、资金信托设立时，受托人因承诺信托而从委托人处取得的资金是信托财产；资金信托设立后，受托人管理运用、处分该资金而取得的财产也属于信托财产。

三、信托财产的确定体现为该财产明确且特定。信托财产的确定要求其从委托人的自有财产中隔离和指定出来，而且在数量和边界上应当明确，以便受托人为实现信托目的对其进行管理运用、处分；信托财产上存在权利负担或者他人就该财产享有购买权益，与信托财产的确定属不同的法律问题，也不当然影响信托财产的确定。

四、当事人以信托财产上存在权利负担或者他人就该财产享有购买权益，主张信托无效的，不能成立。

第九百七十一条 【执行合伙事务报酬】合伙人不得因执行合伙事务而请求支付报酬，但是合伙合同另有约定的除外。

第九百七十二条 【合伙的利润分配与亏损分担】合伙的利润分配和亏损分担，按照合伙合同的约定办理；合伙合同没有约定或者约定不明确的，由合伙人协商决定；协商不成的，由合伙人按照实缴出资比例分配、分担；无法确定出资比例的，由合伙人平均分配、分担。

第九百七十三条 【合伙人的连带责任及追偿权】合伙人对合伙债务承担连带责任。清偿合伙债务超过自己应当承担份额的合伙人，有权向其他合伙人追偿。

根据**2014年8月31日修正的《中华人民共和国注册会计师法》**，规定如下：

第二十三条 会计师事务所可以由注册会计师合伙设立。

合伙设立的会计师事务所的债务，由合伙人按照出资比例或者协议的约定，以各自的财产承担责任。合伙人对会计师事务所的债务承担连带责任。

根据**南通双盈贸易有限公司诉镇江市丹徒区联达机械厂、魏恒聂等六人买卖合同纠纷案：江苏省高级人民法院 2009 年 11 月 17 日民事判决书［《最高人民法院公报》2011 年第 7 期（总第 177 期）］**，裁决如下：

一、在当事人约定合伙经营企业仍使用合资前个人独资企业营业执照，且实际以合伙方式经营企业的情况下，应据实认定企业的性质。各合伙人共同决定企业的生产经营活动，也应共同对企业生产经营过程中对外所负的债务负责。合伙人故意不将企业的个人独资企业性质据实变更为合伙企业的行为，不应成为各合伙人不承担法律责任的理由。

二、合伙企业债务的承担分为两个层次：第一顺序的债务承担人是合伙企业，第二顺序的债务承担人是全体合伙人。《合伙企业法》第三十九条所谓的"连带责任"，是指合伙人在第二顺序的责任承担中相互之间所负的连带责任，而非合伙人与合伙企业之间的连带责任。

第九百七十四条 【合伙人转让其财产份额】除合伙合同另有约定外，合伙人向合伙人以外的人转让其全部或者部分财产份额的，须经其他合伙人一致同意。

根据**邢福荣与北京鼎典泰富投资管理有限公司、丁世国等合伙企业财产份额转让纠纷案：最高人民法院（2020）最高法民终 904 号民事判决书［《最高人民法院公报》2021 年第 5 期（总第 295 期）］**，合伙协议就合伙企业财产份额转让的特别约定，不违反法律、行政法规的强制性规定，亦不违背公序良俗，应认定其合法有效，合伙人应严格遵守该约定。合伙协议已经明确约定合伙人之间转让合伙财产份额需经全体合伙人一致同意的，在其他合伙人未同意合伙财产份额转让之前，当事人就合伙财产份额转让签订的转让协议成立但未生效。如其他合伙人明确不同意该合伙财产份额转让，则转让协议确定不生效，不能在当事人之间产生履行力。当事人请求履行转让协议的，人民法院不予支持。

第九百七十五条 【合伙人权利代位】合伙人的债权人不得代位行使合伙人依照本章规定和合伙合同享有的权利，但是合伙人享有的利益分配请求权除外。

第九百七十六条 【合伙期限】合伙人对合伙期限没有约定或者约定不明确，依据本法第五百一十条的规定仍不能确定的，视为不定期合伙。

合伙期限届满，合伙人继续执行合伙事务，其他合伙人没有提出异议的，原合伙合同继续有效，但是合伙期限为不定期。

合伙人可以随时解除不定期合伙合同，但是应当在合理期限之前通知其他合伙人。

第九百七十七条 【合伙合同终止】合伙人死亡、丧失民事行为能力或者终止的，合伙合同终止；但是，合伙合同另有约定或者根据合伙事务的性质不宜终止的除外。

第九百七十八条 【合伙剩余财产分配顺序】合伙合同终止后，合伙财产在支付因终止而产生的费用以及清偿合伙债务后有剩余的，依据本法第九百七十二条的规定进行分配。

第三分编 准合同

第二十八章 无因管理

第九百七十九条 【无因管理定义】管理人没有法定的或者约定的义务，为避免他人利益受损失而管理他人事务的，可以请求受益人偿还因管理事务而支出的必要费用；管理人因管理事务受到损失的，可以请求受益人给予适当补偿。

管理事务不符合受益人真实意思的，管理人不享有前款规定的权利；但是，受益人的真实意思违反法律或者违背公序良俗的除外。

根据**2020年12月29日修正的《最高人民法院关于审理民事案件适用诉讼时效制度若干问题的规定》（法释〔2020〕17号）**，规定如下：

第七条 管理人因无因管理行为产生的给付必要管理费用、赔偿损失请求权的诉讼时效期间，从无因管理行为结束并且管理人知道或者应当知道本人之日起计算。

本人因不当无因管理行为产生的赔偿损失请求权的诉讼时效期间，从其知道或者应当知道管理人及损害事实之日起计算。

第九百八十条 【不真正无因管理】管理人管理事务不属于前条规定的情形，但是受益人享有管理利益的，受益人应当在其获得的利益范围内向管理人承担前条第一款规定的义务。

第九百八十一条 【管理人适当管理义务】管理人管理他人事务，应当采取有利于受益人的方法。中断管理对受益人不利的，无正当理由不得中断。

第九百八十二条 【管理人通知义务】管理人管理他人事务，能够通知受益人的，应当及时通知受益人。管理的事务不需要紧急处理的，应当等待受益人的指示。

第九百八十三条 【管理人报告和交付义务】管理结束后，管理人应当向受益人报告管理事务的情况。管理人管理事务取得的财产，应当及时转交给受益人。

第九百八十四条 【受益人追认的法律效果】管理人管理事务经受益人事后追认的，从管理事务开始时起，适用委托合同的有关规定，但是管理人另有意思表示的除外。

第二十九章 不当得利

第九百八十五条 【不当得利定义】得利人没有法律根据取得不当利益的，受损失的人可以请求得利人返还取得的利益，但是有下列情形之一的除外：

（一）为履行道德义务进行的给付；

（二）债务到期之前的清偿；

（三）明知无给付义务而进行的债务清偿。

根据江苏百锐特贸易有限公司诉张月红不当得利纠纷案：江苏省东台市人民法院2016年11月14日民事判决书［《最高人民法院公报》2018年第5期（总第259期）］，侵权人依据执行和解协议履行给付义务后，因受害人提前病故，又以不当得利为由请求受害人近亲属返还未达预期年限护理费的，不予支持。

根据中国建设银行石林县支行诉杨富斌不当得利纠纷案：最高人民法院2002年11月8日民事判决书［《最高人民法院公报》2003年第6期（总第86期）］，在民事诉讼过程中，法庭只能对各当事人提交证据所反映的情况进行综合评判，从而确认案件的法律事实，并以所确认的法律事实为前提，适用相关的法律规定作出裁判。这里必须强调的是，案件的法律事实，只能是法庭依照法律程序和规定所认定的客观事实。法庭认定案件事实时，只能以双方当事人提交的证据和发表的质证意见为基础。如果当事人具有举证责任却无法充分、有效地举证证明其主张，那么该当事人主张的事实，就不能被认定为案件的法律事实。本案中，石林建行认为杨富斌取走了3.1万元，主张其获得1万元的不当得利，该主张没有充分的证据，故依法不予支持。

根据王春林与银川铝型材厂有奖储蓄存单纠纷再审案：宁夏回族自治区高级人民法院1995年3月27日民事判决书［《最高人民法院公报》1995年第4期（总第44期）］，王春林取得1万元奖金的行为不属于不当得利。不当得利是指没有法律或者合同的根据，因他人财产受到损失而获得利益。银川铝型材厂以奖券顶替职工工资意思表示真实，厂方在一审起诉状中明确表示因厂方资金困难，将所购存单每张面值100元发给职工顶替工资，发放前对奖金部分无任何约定，原审上诉人获得有奖储蓄存单合法有效，因此所取得的1000元不属不当得利。

根据2015年12月4日公布的《最高人民法院公布49起婚姻家庭纠纷典型案例》，其中案例23是李某与杨某不当得利纠纷案，典型意义如下：

本案是因婚外情导致的不当得利纠纷，因现实生活中有类似情况的出现，故本案的处理引起了广泛的关注。法律明确规定，夫或妻在处理夫妻共同财产上的权利是平等的。因日常生活需要而处理夫妻共同财产的，任何一方均有权决定。夫或妻非因日常生活需要对夫妻共同财产做重要处理决定，夫妻双方应当平等协商，取得一致意见。他人有理由相信其为夫妻双方共同意思表示的，另一方不得以不同意或不知道为由对抗善意第三人。本案例中，杨某接受宋某赠与的财产并没有付出相应的对价，因此不属于有偿取得，不能适用善意取得制度。另外因该66万元数额巨大，且并非日常生活需要，宋某无权单独处理，其无偿赠与杨某的行为损害了李某的合法权益，有违公平原则。并且原告丈夫与情人的关系与我国提倡的社会主义道德是相违背的，违反了公序良俗，是不受法律保护的。因此，宋某的赠与行为应认定为无效，李某作为财产所有人和利害关系人有权要求杨某全部返还。

第九百八十六条 【善意得利人返还义务免除】得利人不知道且不应当知道取得的利益没有法律根据，取得的利益已经不存在的，不承担返还该利益的义务。

第九百八十七条 【恶意得利人返还义务】得利人知道或者应当知道取得的利益没有法律根据的，受损失的人可以请求得利人返还其取得的利益并依法赔偿损失。

> 根据 **2020 年 12 月 29 日修正的《最高人民法院关于审理民事案件适用诉讼时效制度若干问题的规定》(法释〔2020〕17 号)**,规定如下:
>
> **第六条** 返还不当得利请求权的诉讼时效期间,从当事人一方知道或者应当知道不当得利事实及对方当事人之日起计算。

第九百八十八条 【第三人返还义务】得利人已经将取得的利益无偿转让给第三人的,受损失的人可以请求第三人在相应范围内承担返还义务。